Inhaltsverzeichnis

Vorwort		9
1.	**Einleitung: Politik in Deutschland – Theorie und Praxis**	11
1.1	Modelle der politischen Ordnung: Staat oder politisches System?	11
1.1.1	Das politische Gemeinwesen als Staat	12
1.1.2	Der Staat als politisches System	15
1.2	Mehrheitsdemokratie und Konsensdemokratie	17
1.3	Modelle politischer Akteure: Homo sociologicus und homo oeconomicus	21
2.	**Zur politischen (Vor-)Geschichte der Bundesrepublik**	27
2.1	Aspekte des politischen Denkens von der Jahrhundertwende bis zum Ende der Weimarer Republik	27
2.2	Besatzungsherrschaft, Parlamentarischer Rat und die Entstehung des Grundgesetzes	34
2.3	Westintegration und Wiedervereinigung	40
2.3.1	Westintegration	41
2.3.2	Wiedervereinigung	44
2.4	Die Bundesrepublik und die Europäische Union	47
3.	**Das Grundgesetz: Die Verfassung der Bundesrepublik**	55
3.1	Vorüberlegungen: Ursprung, Inhalt und Geltung von Verfassungen	56
3.2	Der Organisationsteil des Grundgesetzes	58
3.3	Präambel und Grundrechtsteil des Grundgesetzes	60
3.3.1	Präambel und Art. 1 GG	60
3.3.2	Abwehrrechte	63
3.3.2.1	Freiheit der Persönlichkeit	63
3.3.2.2	Weitere Freiheitsgarantien	64
3.3.3	Partizipationsrechte	66
3.4	Die Verfassungsgrundsätze: Demokratie, Sozialstaatlichkeit, Rechtsstaatlichkeit und Bundesstaatlichkeit	67
3.4.1	Die Bundesrepublik als demokratischer Staat	68
3.4.2	Die Bundesrepublik als Sozialstaat	70

3.4.3	Die Bundesrepublik als Rechtsstaat	72
3.4.4	Deutschland als Bundesstaat	75
3.5	Die verfassungsrechtliche Gestaltung der deutschen Einheit	75
3.6	Grundgesetz und Europäische Union	79

4.	**Organisationen und Verfahren gesellschaftlicher Willensbildung**	**83**
4.1	Gesellschaft, organisierte Interessen und Politik	85
4.1.1	Interessen, Organisationen und organisierte Interessen	85
4.1.1.1	Interessen und Organisation	85
4.1.1.2	Funktionen der organisierten Interessen	92
4.1.2	Historische Aspekte	94
4.1.3	Interessenorganisationen in der Bundesrepublik	98
4.1.3.1	Wirtschaft und Arbeit	98
4.1.3.2	Sozialer Bereich	103
4.1.3.3	Bereich von Kultur, Politik und Religion	103
4.1.3.4	Freizeitbereich	107
4.1.4	Interessenorganisationen und politisches System	108
4.1.4.1	Der Einfluss der organisierten Interessen	108
4.1.4.2	Die Einbindung organisierter Interessen in das politische System	112
4.1.5	Nationale Interessenorganisationen und Europäische Union	117
4.2	Politische Parteien	119
4.2.1	Die rechtliche Verfassung der Parteien und ihre Organisation	120
4.2.2	Gesellschaftliche Konfliktlinien und Parteiensystem	126
4.2.3	Die relevanten Parteien in der Bundesrepublik Deutschland: Geschichte und Programmatik	135
4.2.4	Willensbildung und Politik in Parteien	151
4.2.5	Die Bundesrepublik – ein Parteienstaat?	154

5.	**Parlamentarische Demokratie in der Bundesrepublik**	**159**
5.1	Formen politischer Partizipation	160
5.2	Wahlen	164
5.2.1	Wahlrecht und Wahlsystem	165
5.2.2	Wahlen und Wähler	171
5.3	Das Parlament: Der Deutsche Bundestag	175
5.3.1	Geschichtliche Aspekte des Parlamentarismus	175
5.3.2	Der Bundestag als repräsentative Institution	178
5.3.3	Organisation des Bundestages	181
5.3.4	Funktionen des Bundestages im parlamentarische Regierungssystem	188
5.3.5	Bundestag und europäisches Recht	196
5.4	Repräsentative Demokratie und direkte Demokratie	198

6.	**Regierung und Verwaltung in der Bundesrepublik**	**203**
6.1	Die Bundesregierung	203
6.1.1	Funktionen der Bundesregierung	204

6.1.2	Prinzipien der „Kanzlerdemokratie"	209
6.1.3	Bundeskanzler und Regierungspolitik	213
6.1.4	Bundesregierung und Europäische Union	222
6.1.5	Der Bundespräsident	224
6.2	Die öffentliche Verwaltung	227
6.2.1	Funktionen der öffentlichen Verwaltung	227
6.2.2	Verwaltungsorganisation	230
6.2.3	Bürokratische Herrschaft und Berufsbeamtentum	238
6.2.4	Verwaltungsreform	242
6.2.5	Europäisierung der Verwaltung	245
7.	**Deutschland als Bundesstaat**	**249**
7.1	Geschichte, Prinzipien und Organisationen des Föderalismus	249
7.2	Entwicklung der Bundesstaatlichkeit in Deutschland und Bundesrat	251
7.3	Gesetzgebung im Bundesstaat und Politik der Länder	256
7.4	Föderale Finanzverfassung	259
7.5	Bundesstaat, Politikverflechtung und Föderalismusreform	263
8.	**Das Bundesverfassungsgericht**	**269**
8.1	Organisation und Kompetenzen	269
8.2	Ausgewählte Entscheidungen	274
8.3	Bundesverfassungsgericht und Europäischer Gerichtshof	274
9.	**Schlussbetrachtungen**	**283**
10.	**Literaturverzeichnis**	**291**

Vorwort

Der vorliegende Text ist aus der Bearbeitung bzw. Aktualisierung eines Manuskriptes hervorgegangen, das 2007 als Studienbrief am Institut für Politikwissenschaft der Fernuniversität Hagen erschienen ist. Professor Arthur Benz hatte den Entwurf und die Ausarbeitung dieses Lehrmaterials stets wohlwollend und konstruktiv begleitet, Frau Christina Zimmer M.A. war in allen redaktionellen Angelegenheiten eine unverzichtbare Unterstützung.

Bei der Überarbeitung des Manuskriptes hat stud. cand. Marcel Dorsch wertvolle Hilfe geleistet. Ihnen allen sei hiermit herzlich gedankt. Für alle verbliebenen Schwächen und Irrtümer des vorliegenden Textes bin ich selbst verantwortlich.

Mainz, im April 2011

1. Einleitung: Politik in Deutschland – Theorie und Praxis

Um die politischen Grundstrukturen in einem Staat wie der Bundesrepublik Deutschland mit Hilfe theoretischer Ausführungen besser verstehen zu können, bieten sich verschiedene Möglichkeiten an: es lässt sich z.B., an den alltäglichen Sprachgebrauch anschließend, die Bedeutung zentraler politikrelevanter Begriffe wie Bürger, Staat, Verfassung, Demokratie usw. darlegen; oder es lassen sich die wichtigsten, zu einem Typus oder Modell verdichteten Elemente der einen politischen Ordnung mit denjenigen einer anderen vergleichen; schließlich können komplexe Handlungsmuster mit einem vereinfachenden und darum die Wirklichkeit immer auch verfremdenden Instrumentarium analysiert werden. In diesem ersten, einführenden Kapitel wird von allen diesen Möglichkeiten Gebrauch gemacht.

Zunächst werden zwei unterschiedliche Möglichkeiten, die Grundstrukturen eines politischen Gemeinwesens auf den Begriff zu bringen, erörtert: dabei geht es zum einen um den „Staat", zum anderen um das „politische System" (1.1). Sodann wird dargelegt, wie unterschiedlich sich die demokratische Herrschaft in einem politischen Gemeinwesen einrichten lässt; in diesem Zusammenhang werden das Modell der Mehrheitsdemokratie einerseits und dasjenige der Konsensdemokratie anderseits kurz vorgestellt (1.2). Am Ende des Kapitels steht die Betrachtung zweier gegensätzlicher Modelle des Bürgers bzw. politischen Akteurs, porträtiert werden der homo politicus und der homo oeconomicus (1.3).

1.1 Modelle der politischen Ordnung: Staat oder politisches System?

Die beiden in der Politikwissenschaft am häufigsten gebrauchten Begriffe im Zusammenhang mit der öffentlichen Ordnung sind „Staat" (1.1.1) und „politisches System" (1.1.2). Beide Begriffe beziehen sich zwar auf denselben Gegenstand, betonen aber unterschiedliche Aspekte, setzen unterschiedliche Schwerpunkte und bewirken am Ende nicht unerheblich voneinander abweichende Gesamtdarstellungen des betrachteten Objektes. Zudem sind beide Begriffe unterschiedlich stark in den alltäglichen Sprachgebrauch eingebunden. Vom „Staat" zu sprechen ist für die meisten Bürger mehr oder weniger selbstverständlich. Vermutlich werden nur wenige von ihnen detailliertere Kenntnisse und Vorstellungen der staatlichen Ordnung haben, in der sie leben, aber das eher diffuse Wissen genügt durchaus, um den Staat als Adressaten anzusprechen, wenn es

Modelle politischer Ordnung

um Probleme in der schulischen Ausbildung, um ungerechte Steuersätze, um die öffentliche Sicherheit, die Qualität der Beziehungen zu anderen Nationen usw. geht. Bei dem „politischen System" verhält es sich anders. Zwar kennt auch die Umgangssprache solche Formulierungen, wonach eine Menge von Einzelteilen oder bestimmte Vorgehensweisen „ein System haben", wenn also eine sinnvolle Ordnung anzutreffen ist oder etwas nach Plan abläuft, und gelegentlich werden auch unzugängliche, korrupte Regierungen (abwertend) als „System" bezeichnet. Aber trotzdem ist „System" als Begriff für die politische Realität überwiegend in der Wissenschaft angesiedelt; mit ihm wird ein viel größeres Maß an Reflektiertheit und analytischer Durchdringung verbunden, als es beim Staats-Begriff (außerhalb der Rechts- und Sozialwissenschaft) der Fall ist.

1.1.1 Das politische Gemeinwesen als Staat

Staatsbegriff Die voranstehenden Bemerkungen zu den Bedeutungen von Staat und politischem System dürfen nicht so verstanden werden, als sei Staat ein unwissenschaftlicher Begriff. Das trifft deshalb nicht zu, weil das methodisch ausgewiesene und auf allgemeingültiges Wissen zielende Nachdenken über die öffentliche Ordnung bis zu den Anfängen der Politikwissenschaft bei den griechischen Philosophen zurückreicht – auch Platon und Aristoteles sprechen selbstverständlich über den Staat. Allerdings wurde damit im 4. vorchristlichen Jahrhundert ein Gebilde bezeichnet, das hinsichtlich seiner Größe, seiner (rechtlichen) Verfassung und (der Mentalität) seiner Bürger mit zeitgenössischen Staaten nur wenig verbindet. Das Gemeinsame beider Staatsvorstellungen und -realitäten über die Epochen hinweg besteht darin, dass es sich jeweils um menschengemachte und in Institutionen sich niederschlagende Ordnungen handelt.

Von der Wortbedeutung her lässt sich „Staat" über das italienische „stato" auf das lateinische „status" zurückführen. Mit „Status" bezeichnete man, früher wie heute, ganz allgemein einen gesellschaftlichen Zustand, in dem sich jemand befand, also seinen Stand oder Rang. Im Italien der Renaissance bzw. bei Machiavelli bezog sich „stato" auf die Regierungsform eines Stadtstaates; der damals ebenfalls auftauchende und zunehmend gebräuchlich werdende Begriff der „Staatsraison" auf das alles übertrumpfende, nach innen und nach außen gerichtete Interesse dieser politischen Einheiten. Im Laufe des 17. Jahrhunderts gewinnt „Staat" dann allmählich die heute gebräuchliche Bedeutung eines durch organisierte Herrschaft gekennzeichneten und territorial begrenzten Gemeinwesens. Die aus politischen Theorie und Praxis der Römer überkommenen Begriffe für politische Gemeinwesen, wie „res publica" oder „imperium", treten in den Hintergrund.

Drei-Elemente-Lehre Um einen Anfang im gleichwohl immer noch unübersichtlichen begrifflichen Gelände zu machen, lässt sich eine erste, weitgehend unumstrittene Definition von „Staat" mit Bezug auf den älteren Staatsbegriff des *Völkerrechts* geben. Dort hat sich Ende des 19., Anfang des 20. Jahrhunderts allmählich die sog. „Drei-Elemente-Lehre" des Staatsrechtslehrers Georg Jellinek durchgesetzt, nach der ein organisatorisches Gebilde folgende Merkmale aufweisen muss, um als Staat bezeichnet zu werden:

1. ein (Staats-)Gebiet oder ein Territorium, verstanden als ein relativ klar abgegrenzter Teil der Erdoberfläche;

2. ein (Staats-)Volk i.S. eines „*dauerhaften* Personenverbandes", der auf dem Territorium anwesend ist. Nomaden erfüllen dieses Kriterium der Dauerhaftigkeit genauso wenig wie geschäftliche oder andere freiwillige Zusammenschlüsse von Individuen;
3. schließlich bedarf es einer (Staats-)Gewalt in Form der organisierten Herrschaft. Es muss ein Monopol legitimer physischer Gewaltsamkeit existieren und es müssen Regierungsinstitutionen (zur Ausübung der staatlichen Herrschaft) vorhanden sein: Legislative, Exekutive, Judikative.

Dieser rein deskriptive Staatsbegriff aus dem frühen 20. Jahrhundert behandelt bei näherem Hinsehen äußerst heterogene politische Gebilde gleich: die verschiedenen Staaten der Europäischen Union z.B. sind nach seiner Maßgabe nicht zu unterscheiden von Staaten, die keine rechtsstaatliche Demokratien bzw. totalitäre Regime (wie z.B. Nordkorea) sind. Der Staatsbegriff Jellineks unternimmt mit anderen Worten keine normative Beurteilung der Qualität der innerstaatlichen Ordnung der einzelnen Mitglieder der Völkergemeinschaft. Was ihm fehlt, ist ein Kriterium zur Bestimmung eines, wie man früher zu sagen pflegte, „guten" Staates bzw. eines anerkennungswürdigen, d.h. legitimen Staates. Heutzutage wird der gute Staat in der Regel mit dem demokratischen Verfassungsstaat gleichgesetzt. Welche Art von Normen eine solche staatliche Ordnung beinhalten muss, lässt sich bei einem Blick auf die in der rechtswissenschaftlichen Staatstheorie entfaltete idealtypische Genese von Staaten näher bestimmen.[1]

Der Staat wurde bisher verstanden als die politische Organisationsform eines Kollektivs: dem des Volkes. Damit ein Staat oder eine staatliche Einheit überhaupt entstehen kann, muss idealerweise zuvor eine andere Art von Einheit existieren: die (nationale) Einheit eines Volkes. Und damit aus einer Menge von Menschen wiederum ein Volk werden *kann*, dafür gibt es unterschiedliche Voraussetzungen: in erster Linie ethnische, sprachliche oder religiöse Gemeinsamkeiten. Das *objektive* Vorhandensein dieser gemeinsamen Merkmale innerhalb einer angebbaren Gruppe alleine macht nun aber noch kein Volk aus, dazu bedarf es der *Bewusstwerdung* dieser Übereinstimmung sowie eines daraus resultierenden *Willens*, sich auf dieser Basis staatlich zusammenzuschließen. Ein objektiv vorhandenes Merkmal muss also intersubjektiv anerkannt werden.

Staat und Staatsvolk

Die zunächst rohe, sozusagen ungesättigte Form des Staates, der aus dem Willen zum Zusammenschluss hervorgeht, muss jedoch noch konkretisiert werden zum *Verfassungsstaat* – die Verfassung prägt und organisiert den mehr oder weniger unverwechselbaren *Staat eines bestimmten Volkes*. Legitimer Urheber der Staats-Verfassung kann niemand anderes als das (national) geeinte Volk sein. Obwohl das Volk souverän in dem Sinne ist, dass ihm die oberste, von keiner anderen Instanz oder Autorität einzuschränkenden politische Gewalt zukommt, ist es doch nicht in jeder Hinsicht frei in der inhaltlichen Gestaltung der Verfassung. Denn die verfassunggebende Macht operiert *nicht* von einer normativen tabula rasa aus, sie ist immer konstituierende Kraft in einem *gegebenen Umfeld*. Und zwar in zweierlei Hinsicht: Zu diesem Umfeld gehören zunächst soziale und ökonomische Bedingungen, eine politische Kultur sowie eine Rechtskultur, und, wenn man Montesquieu folgt, auch geografische (wie z.B.

Staat und Verfassung

---

1 Zum folgenden Josef Isensee, Staat und Verfassung, in: HStR, 2. Aufl., Heidelberg 1995, Band I, §13; aus politikwissenschaftlicher Sicht umfassend Arthur Benz, Der Staat. Grundlagen der politologischen Analyse, München/Wien 2001.

Größe und Lage des Landes) und sogar klimatische Voraussetzungen. In einer Verfassung werden sich deshalb alle diese Bedingungen mehr oder weniger deutlich niederschlagen. Über diese nationalen oder regionalen Besonderheiten hinaus, wird eine legitime Verfassung aber auch Normen allgemeiner Art, vor allem unveräußerliche Rechte enthalten. Insofern hierunter „negative Rechte" oder Abwehrrechte der Bürger verstanden werden, anerkennt die staatliche Gewalt normative Grenzen ihres Handlungsspielraumes. Der Staat „unterwirft" sich also einerseits in seinem Handeln dem von ihm nicht gesetzten Recht, andererseits unterfüttert er dieses Recht aber auch mit staatlicher (Zwangs-)Gewalt, damit es tatsächlich Wirksamkeit entfalten kann. Der Verfassungsstaat geht also insofern über den oben erwähnten völkerrechtlichen Begriff des Staates hinaus, als er ausdrücklich ein *legitimer* Staat sein will: er versteht sich als Verwirklichung der individuellen Freiheit unter Rechtsgesetzen.

Ideal und Realität

Dass dieser theoriegeleitete Blick auf den idealtypischen Ursprung eines Staates überhaupt bzw. eines Verfassungsstaates nicht vollkommen realitätsfern ist, das belegt – als zugegebenermaßen zunächst singuläres Ereignis – die Gründung der Vereinigten Staaten von Amerika 1787. Häufig verdanken sich Staaten und ihre Verfassungen jedoch weniger idealen Entstehungsbedingungen: sei es, dass über Verfassungen wie dem Grundgesetz der BRD nicht vom gesamten deutschen Volk hatte entschieden werden können[2]; sei es, dass Staaten, wie so oft im 20. Jahrhundert, aus einem ehemaligen Kolonialreich hervorgegangen sind, d.h. Völker in ihre Unabhängigkeit entlassen(!) wurden; oder sei es schließlich, dass unabhängige Staaten das Ergebnis eines Bürgerkrieges innerhalb eines über die Maßen heterogenen und darum letztlich instabilen Vielvölkerstaates (wie das frühere Jugoslawien) waren.

Verfassungsstaat

Gleichwohl: Die Grundidee des *Verfassungsstaates*[3], abgelesen an dem über zwei Jahrhunderte hinweg vielfach kopierten und abgewandelten Prototyp der USA, ist die Positivierung unveräußerlicher individueller Rechte sowie die Einrichtung und Begrenzung der staatlichen Gewalt. Mit einem Verfassungsstaat wird man also folgende Prinzipien in Verbindung bringen müssen:[4]

- die *Souveränität des Volkes*; das Volk verfügt über die verfassunggebende Gewalt (pouvoir constituant), die in natur- oder vernunftrechtlichen bzw. ethisch-kulturellen Grenzen ausgeübt wird
- Rahmung des normalen politischen Prozesses durch die *souverän gesetzte Verfassung*, die ihrerseits nur mit besonderen politischen Mehrheiten abzuändern ist

---

2   Immerhin aber wurde in der ursprünglichen (1990 im Zuge der Wiedervereinigung geänderten) Präambel des Grundgesetzes geradezu mustergültig auf die einzelnen Komponenten des oben geschilderten idealtypischen Prozesses der Entstehung eines Verfassungsstaates Bezug genommen. Es hieß dort, dass sich „das deutsche *Volk* ..., um dem *staatlichen* Leben für eine Übergangszeit eine *neue Ordnung* zu geben, kraft seiner verfassunggebenden Gewalt dieses *Grundgesetz* gegeben (hat)" (Hervorh. M.B.). Demnach verkörperte das Grundgesetz eine neue *Verfassung* für einen *zuvor* schon gegründeten bzw. noch bestehenden *Staat* der Deutschen.

3   Im angelsächsischen Sprachgebrauch ist der Begriff „Staat" allerdings eher unüblich.

4   Vgl. diese Merkmalsliste z.B. auch mit derjenigen bei Martin Kriele, Einführung in die Staatslehre. Die geschichtlichen Legitimationsgrundlagen des demokratischen Verfassungsstaates, Opladen 1988, 104 sowie die von Louis Henkin, Revolutionen und Verfassungen, in: Ulrich K. Preuß (Hrsg.), Zum Begriff der Verfassung. Die Ordnung des Politischen, Frankfurt a.M. 1994, 213-247, hier 230.

- politische *Gewaltenteilung*
- Achtung der bürgerlichen *Grundrechte* und deshalb
- *Verfassungsgerichtliche Kontrolle* der „normalen" Politik

Zu den bisher aufgelisteten Merkmalen eines modernen Verfassungsstaates muss schließlich noch ein weiteres hinzugefügt werden, wenn man berücksichtigt, dass Staaten und ihre Bürger auch politische Ziele verfolgen. Hermann Heller spricht in diesem Zusammenhang von der „Aktivierung des gebietsgesellschaftlichen Zusammenwirkens"[5]. Anders formuliert bringt die staatliche Organisation „Macht" dadurch hervor, dass Menschen auf einem bestimmten Territorium, um ihre Interessen realisieren zu können, zusammenhandeln und sich dabei an einer konstitutionellen Ordnung orientieren.

Abb. 1: Elemente und (idealtypische) Genese des Verfassungsstaates

Quelle: eigene Darstellung

1.1.2 Der Staat als politisches System

Mit den voranstehend angeführten Merkmalen lässt sich der moderne europäische Staat in seinen Grundzügen beschreiben und analysieren. Was kann vor diesem Hintergrund der Begriff des politischen Systems nun Neues bieten? Um besser verstehen zu können, wieso es überhaupt zur Einführung des Systembegriffs in die Politikwissenschaft kam, müssen zwei Punkte vorausgeschickt werden: Erstens war die allgemeine Systemtheorie in den USA noch vor dem 2. Weltkrieg zu einem einflussreichen sozialwissenschaftlichen (zunächst: soziolo-

Grenzen des Staatsbegriffs

---

5 Hermann Heller, Staatslehre, Tübingen 1983 [1934], 230.

Bürger eines Gemeinwesens hätten im Grunde die gleichen oder zumindest ähnliche Interessen, weshalb Volksherrschaft an sich problemlos durchführbar sei. Dies ist tatsächlich nur selten der Fall, und es müssen oft Vorkehrungen institutioneller und prozessualer Art getroffen werden, um mit der Tatsache eines heterogenen, also in sich gespaltenen Demos umgehen zu können. Zwei der gegenwärtig in der westlichen Hemisphäre am weitesten verbreiteten Demokratie-Varianten sind die *Mehrheits*demokratie einerseits und die *Konsens*demokratie andererseits. Mit einem Blick auf die wesentlichen Merkmale dieser beiden Modelle gelingt es, die Bundesrepublik Deutschland mit vergleichsweise allgemeinen Begriffen näher zu charakterisieren als ein politisches System, das im Großen und Ganzen dem Typus der Konsensdemokratie zuzurechnen ist. Deren einzelne Elemente werden in den nachfolgenden Kapiteln an vielen Stellen wieder aufzugreifen sein.

Konkurrenz und Konsens

In einer Demokratie, so wurde eben gesagt, herrscht das Volk, und diese Herrschaft soll außerdem zugunsten oder für das Volk ausgeübt werden. Vor dem Hintergrund einer mehr oder weniger pluralistischen Gesellschaft resp. Bürgerschaft können diese Erfordernisse auf zwei verschiedene Weisen umgesetzt werden: zum einen kann Volksherrschaft als *Herrschaft der Mehrheit* der Bürger verstanden werden, zum anderen als die *Herrschaft möglichst Vieler* – was weniger umfangreich wäre, als die Herrschaft Aller, aber umfangreicher als die Mehrheitsherrschaft. Die ‚Systemeigenschaften' beider Demokratievarianten lassen sich vor allem hinsichtlich der Gestaltung des politischen Prozesses, an dessen Ende die bindenden Entscheidungen stehen sollen, mit folgenden einschlägigen Merkmalen beschreiben: Gegnerschaft, Wettbewerb und Ausschluss stehen für die „Mehrheitsdemokratie", Verhandlungen und Kompromisse, Mäßigung sowie Einbeziehung von möglichst vielen Minderheiten kennzeichnen die „Konsensdemokratie". Diese beiden Modelle oder, wie man im Anschluss an Max Weber auch sagen könnte, Idealtypen der Demokratie haben mehr oder weniger passgenaue Pendants in der realen Staatenwelt: das Konsens-Modell wird z.B. in der Schweiz beinahe in Reinkultur angetroffen, das Mehrheits-Modell in Großbritannien, weswegen dieses Modell gelegentlich auch als „Westminster-Modell" (in Anspielung auf den Sitz des englischen Parlaments) bezeichnet wird.

Mehrheits- und Konsensdemokratie

Beiden Demokratie-Varianten liegen also unterschiedliche Prinzipien zugrunde, beide sind in reichlich unterschiedliche politische Kulturen eingebettet und beide ziehen verschiedene institutionelle Arrangements nach sich – obwohl die klassischen Institutionen der Gewaltenteilung als Hauptelemente selbstverständlich in beiden anzutreffen sind. Arend Lijphart[9] führt insgesamt 10 Merkmale bzw. Unterschiede zwischen den beiden Modellen an, die sich alle, wie er annimmt, aus dem jeweiligem Grundprinzip (Konkurrenz oder Konsens) ableiten lassen. Darüber hinaus hält er es für erwiesen, dass alle 10 durch das Grundprinzip vereinte Merkmale an zwei Stellen des politischen Systems sich deutlich häufen bzw. massiert in Erscheinung treten: erstens im Bereich von Regierungen und Parteien, sozusagen an deren „Schnittstelle", und zweitens im Bereich der entweder föderalen oder einheitsstaatlichen (unitarischen) Struktur des politi-

---

9 Siehe zum folgenden Arend Lijphart, Patterns of Democracy, New Haven und London 1999, Kap. 1-3.

schen Systems. Beide Demokratie-Bereiche oder –„Dimensionen" weisen je fünf Unterscheidungsmerkmale auf:[10]

i) Regierungen-Parteien-Dimension:

- Konzentration der Regierungsmacht in Ein-Parteien-Mehrheitskabinetten im Unterschied zur Machtteilung in Mehrparteien-Regierungen
- dominante Regierung im Verhältnis von Exekutive und Legislative im Unterschied zu einem ausgeglichenen Machtverhältnis
- Zweiparteiensystem im Unterschied zum Mehrparteiensystem
- Mehrheitswahlsystem im Unterschied zum Verhältniswahlsystem sowie
- pluralistisches Interessengruppensystem im Unterschied zu einem korporatistischen Interessengruppensystem

Was die Ausprägung der Merkmale der Regierungen-Parteien-Dimension in der Bundesrepublik angeht, lässt sich folgendes sagen: deutsche Bundesregierungen bestanden bisher fast ausschließlich aus Koalitionsregierungen, zweimal sogar, wie zuletzt von 2005-2009, teilten sich die beiden Volksparteien CDU und SPD in großen Koalitionen die Regierungsmacht; seit Gründung der Bundesrepublik existiert ein Mehrparteiensystem mit einer leicht schwankenden Zahl „relevanter", d.h. koalitionsfähiger Parteien – gleichwohl weist das Parteiensystem insgesamt eine nicht unerhebliche Spannung zwischen dem Rechts- und dem Linkspol der ideologischen Ausrichtung auf, weshalb es auch als „bipolar" bezeichnet werden kann und wodurch es dem Zweiparteiensystem in einer Mehrheitsdemokratie ähnelt. Bei Parlamentswahlen auf Bundes- und Landesebene dominiert das die jeweiligen politischen Kräfteverhältnisse abbildende Verhältniswahlsystem; die Stellung der Interessengruppen zur Politik trägt auf wichtigen Politikfeldern (Wirtschafts- und Gesundheitspolitik) *zeitweise* deutliche Züge des Korporatismus, d.h. die relevanten gesellschaftlichen Organisationen werden in bestimmten Phasen unmittelbar an der politischen Willensbildung beteiligt. Beim Verhältnis der Exekutive zur Legislative weicht die Bundesrepublik allerdings wiederum vom reinen Konsens-Modell ab, da sich hier, wie auch in der Mehrheitsdemokratie Englands, eine deutliche Dominanz der (parlamentarisch gewählten und gestützten) Bundesregierung über den Bundestag beobachten lässt.

ii) Föderalismus-Unitarismus-Dimension:

- unitarisches oder zentralisiertes Regierungssystem im Unterschied zu einem föderalistischen Regierungssystem
- Konzentration der Legislativmacht in einem Ein-Kammer-Parlament im Unterschied zur Aufteilung der Legislativmacht auf zwei gleichstarke Kammern
- leicht änderbare Verfassungen im Unterschied zu rigiden und nur schwer, mit besonderen Mehrheiten änderbaren Verfassungen
- souveräne, auch verfassungsgerichtlich nicht einschränkbare Parlamente im Unterschied zu politischen Systemen, die eine verfassungsgerichtliche Überprüfung des parlamentarischen Gesetzgebers vorsehen sowie schließlich

---

[10] In den nachstehend angeführten Gegensatzpaaren wird zunächst die Mehrheits-, dann die Konsensdemokratie angesprochen.

– von der Regierung stark abhängige Zentralbanken im Unterschied zu weitgehend unabhängigen Zentralbanken.

Bei der Föderalismus-Unitarismus-Dimension ergibt sich zunächst ein eindeutigeres Bild als bei der zuvor besprochenen Regierungen-Parteien-Dimension: Deutschland ist trotz aller Verflechtungen zwischen Bundes- und Landesebene kein zentralistischer, sondern ein Bundesstaat mit einer – verhältnismäßig – stark ausgebauten politischen Eigenständigkeit der Gliedstaaten; das Grundgesetz ist eine relativ schwer zu ändernde Verfassung, weil dies 2/3-Mehrheiten in Bundestag und Bundesrat voraussetzt; der parlamentarische Gesetzgeber unterliegt der abstrakten Normenkontrolle des Bundesverfassungsgerichtes und die Deutsche Bundesbank genießt bzw. genoss zumindest eine weitreichende Unabhängigkeit von den jeweiligen Bundesregierungen. Bei dem Merkmal „Zweikammer-System" wird man aber wiederum Abstriche von einem reinen Konsensmodell der Demokratie machen müssen, da der Bundesrat hinsichtlich der Bestellung der Mitglieder und mit Blick auf seine Kompetenzen keine dem Bundestag vollkommen gleichwertige Kammer darstellt.

Die Bundesrepublik lässt sich also nach Betrachtung der beiden Dimensionen, wenn auch mit den genannten wichtigen Einschränkungen, insgesamt eher als Ausprägung der Konsensdemokratie bezeichnen.

Grenzen der Demokratie

Demokratische Systeme lassen sich jedoch nicht nur hinsichtlich ihrer institutionellen Arrangements analysieren; ein anderer wichtiger Aspekt stellen ihre Ergebnisse, der Output in Form der Gesetze, dar. Unter bestimmten Umständen können Mehrheitsentscheidungen problematisch sein[11]: Was deren *Voraussetzungen oder Grundlagen* angeht, so hinterlassen Mehrheitsentscheidungen immer dann ein ungutes Gefühl, wenn entweder die Anliegen engagierter Minderheiten, etwa in Fragen des Naturschutzes oder der Kulturpolitik, dem Desinteresse der Mehrheit unterliegen oder wenn es in einer Gesellschaft strukturelle Minderheiten gibt, die in den wichtigen politischen Fragen *immer* zu den nicht berücksichtigten Gruppen gehören.

Die gesetzlichen *Folgen* von Mehrheitsentscheidungen werden demgegenüber oft dann beargwöhnt, wenn sie in die Privatsphäre der Minderheit(en) einzugreifen drohen (z.B. bei Fragen der Religion oder der Sexualmoral). Angezweifelt werden – verfahrensmäßig durchaus korrekt zustande gekommene – Gesetze vor allem dann, wenn sie nicht oder nur sehr schwer revidierbare Folgen nach sich ziehen. Eine solche Konstellation besteht auf dem schwierigen Terrain der Energiepolitik (Endlagerung von Atommüll vs. Erwärmung der Erdatmosphäre durch fossile Brennstoffe) oder dem der „Lebenswissenschaften" (z.B. Präimplantationsdiagnostik vs. Schutz auch des vorgeburtlichen Lebens).

Dieses Problem, dass die Legitimität einer Entscheidung letztlich von einem korrekten rechtsstaatlichen Verfahren bzw. von der Größe der sie unterstützenden Mehrheit abhängig ist, gute oder bessere Gründe dagegen nur von einer Minderheit vertreten werden, stellt sich letztlich aber allen demokratischen Systemen, ganz gleich, ob es sich um eine Mehrheits- oder eine Konsensdemokratie handelt. Darüber hinaus muss in Rechnung gestellt werden, dass in einigen Situationen lediglich das geringere moralische Übel gewählt werden kann, eine

---

11 Nach wie vor aktuell ist der Problemaufriss in Bernd Guggenberger und Claus Offe (Hrsg.): An den Grenzen der Mehrheitsdemokratie. Politik und Soziologie der Mehrheitsregel, Opladen 1984.

politische Entscheidung also in jedem Fall hohe Kosten bewirken kann. Solche Situationen der tragischen Wahl lassen sich vermutlich auch nicht durch einen noch so ausgeklügelten demokratischen Prozess vermeiden.

1.3 Modelle politischer Akteure: Homo sociologicus und homo oeconomicus

Ausgearbeitete politikwissenschaftliche Akteurstheorien oder Handlungsmodelle speziell für den politischen Bereich gibt es nur sehr wenige. In diesen Fragen ist die Politikwissenschaft hauptsächlich auf die Zulieferung aus den sozialwissenschaftlichen Nachbardisziplinen, vor allem aus der (Sozial-)Philosophie, der Soziologie und aus den Wirtschaftswissenschaften, angewiesen. Zu den einflussreichsten dort vertretenen Vorstellungen gehören einerseits diejenigen, wonach individuelle Akteure aus einem normativ bestimmten Sozialisationsvorgang hervorgehen und in ihrem Handeln und Verhalten gesellschaftliche Wertvorstellungen zur Anwendung bringen, und andererseits jene Modelle, wonach die in Interaktion tretenden Akteure grundsätzlich auf die Optimierung des eigenen Nutzens abzielen und allgemeine Wertstandards lediglich als eine äußere Restriktion unter anderen wahrnehmen. Diese beiden Akteursmodelle, von denen jeweils zahlreiche Varianten existieren, lassen sich einerseits als *homo sociologicus* und andererseits als *homo oeconomicus* bezeichnen. Ihre denkbar unterschiedlichen Ausgangspunkte haben, worauf gleich noch einzugehen sein wird, weitreichende Folgen für die Modellierung *politischer* Akteure – den *homo politicus*. Auch eine Beschäftigung mit den „Grundstrukturen der Politik" muss sich diese Modelle und ihr jeweiliges Erklärungspotenzial erschließen, um politische Institutionen und Prozesse angemessen analysieren zu können.

Welche politische Ordnung als erforderlich oder erstrebenswert erachtet wird, hängt also in erster Linie davon ab, mit welcher Art von Mensch bzw. Bürger diese Ordnung, je nach Sichtweise, entweder konstituiert wird oder aber zurechtkommen muss. Im Grunde genommen lassen sich beide eben angeführten Positionen bereits bei Klassikern der politischen Ideengeschichte finden, nämlich bei Aristoteles und Hobbes. Begreift man, wie Aristoteles, den Menschen als zoon politikon, dann liegt die Betonung auf dem Umstand, dass der Mensch ein „von Natur aus" auf die sittliche und sprachliche, letztlich die staatliche Gemeinschaft angewiesenes Lebewesen ist. Von der Natur des Menschen zu sprechen heißt in diesem Zusammenhang allerdings nicht, ihn so zu betrachten, wie er ohne alle Einflüsse aus der sozialen Umwelt, sozusagen als rein biologisches Lebewesen beschaffen wäre. Im Gegenteil: die „potenziellen" Anlagen des Menschen müssen erst noch entwickelt, d.h. zu „aktuellen" Merkmalen werden, und die „Natur" des Menschen ist demnach nicht mit einem Anfangszustand (Geburt), sondern eher mit einem fortgeschrittenen oder Endzustand (Erwachsenenalter) in Verbindung zu bringen. Der Mensch ist dann erst ein politisches Lebewesen, wenn er zu einem guten Bürger in einem guten Staat *erzogen worden ist*.[12]

Klassische Akteursmodelle

---

12 Der Vollständigkeit halber sei erwähnt, dass auch Aristoteles in seiner Regierungslehre mit schlechten Herrschern und, insofern bei ihm die Demokratie als die „Herrschaft der Vielen" begriffen wird, auch mit schlechten Menschen rechnete. Diese stehen aber nicht unbedingt im Zentrum seiner politischen und ethischen Schriften.

Eine ganz andere Auffassung des Menschen findet sich bei dem erklärten Anti-Aristoteliker Hobbes Mitte des 17. Jahrhunderts: bei ihm ist der Mensch und auch der Bürger, also der Mensch, der Angehöriger eines Staates ist, in erster Linie ein sich im Raum bewegender Körper, der seine ursprüngliche Bewegung entweder beibehält oder der gebremst wird, weil er auf ein Hindernis, einen anderen Körper stößt. Über diese rein physikalische Bestimmung hinaus ist der Mensch jedoch auch dadurch ausgezeichnet, dass er ein Lebewesen ist, das Begierden und Interessen hat, die auch gegen äußere Widerstände verfolgt werden, und bei der Befriedigung dieser Interessen auf seine Vernunft zurückgreifen kann. Vernunft wird dabei als dasjenige Vermögen verstanden, das zu gegebenen Zielen oder Zwecken die geeigneten Mittel angeben kann (Zweckrationalität). Der Staat ist für die von ihren Bedürfnissen getriebenen und zweckrational operierenden Individuen die unentbehrliche öffentliche Ordnung, die die sanktionsbewehrten Regeln für die Koordinierung der individuellen Interessenverfolgung vorgibt. Hobbes sagt nicht, dass die Menschen von Natur aus „schlecht" seien; sie sind, wie sie sind, aber bei der Konstruktion einer staatlichen Ordnung sollte man seiner Meinung nach die von ihm dem Menschen unterstellte Eigeninteressiertheit gebührend berücksichtigen.[13]

Selbstverständlich bleiben diese beiden klassischen Modelle, sofern sie für die zeitgenössische Theoriebildung herangezogen werden, nicht unverändert. Dies gilt insbesondere für Aussagen über die „Natur" des Menschen, die inzwischen längst zu einer Angelegenheit von Spezialdisziplinen geworden sind: Versteht man im Anschluss an Aristoteles unter Natur so etwas wie die „Idee" oder die „Bestimmung" des Menschen, so bleibt dies weiterhin in der Zuständigkeit der Philosophie oder der Theologie, wobei im Zeitalter des auch innerhalb der Sozialwissenschaften einflussreichen naturwissenschaftlichen Forschungsparadigmas solche Überlegungen schnell in den Verdacht der reinen Spekulation geraten. Bezieht sich „Natur" auf die physiologische Grundausstattung menschlicher Lebewesen, so fällt diese inzwischen eindeutig in die Kompetenz der Lebenswissenschaften.

Zeitgenössische Auffassungen

– homo sociologicus

Dennoch finden sich wesentliche Aspekte dieser beiden höchst einfluss- und wirkungsreichen anthropologischen Modelle auch weiterhin in der zeitgenössischen sozialwissenschaftlichen Handlungstheorie. So wird in dem einen Theorielager die Ansicht vertreten, dass Menschen, um überhaupt als Individuen bezeichnet werden zu können, einen Sozialisationsprozess (Elternhaus, Schule, Gleichaltrige etc.) durchlaufen müssen, in dem sie die gesellschaftlich vorherrschenden oder propagierten Wertvorstellungen internalisieren. Als sozialisierte Individuen verkörpern sie, und darin stimmen die verschiedenen Spielarten des homo sociologicus überein, die Gesellschaft quasi in ihrer Person und wenden

---

13 Eine Zuspitzung dieser skeptischen Akteurmodellierung findet sich bei David Hume, einem der bedeutendsten englischen Philosophen des 18. Jahrhunderts: Er empfiehlt für den „Entwurf eines Regierungssystems" von der Prämisse auszugehen, „daß jeder Mensch ein Schurke sei, der bei all seinen Handlungen kein anderes Ziel außer seinen privaten Interessen verfolge." Dieser Grundsatz solle aber *nur* in der Politik verfolgt werden, weil er „ansonsten den Tatsachen nicht entspricht" – die Menschen seien im privaten Umgang untereinander „ehrlicher"; siehe David Hume, Über die Unabhängigkeit des Parlaments, in: Politische und Ökonomische Essays, mit einer Einleitung herausgegeben von Udo Bermbach, Hamburg 1988, Teilbd. 1, 36-43, hier 36 und 38. Im Folgenden wird davon ausgegangen, dass die Unterstellung sinnvoll ist, Bürger und Politiker *könnten* sich ‚schurkenhaft' verhalten.

die erlernten Normen in der Bewältigung ihres alltäglichen Leben an. Durch den Vollzug individueller Handlungen wird der gesellschaftliche Normbestand zugleich gesichert und zum Teil auch weiterentwickelt oder modifiziert. Eine der Kernaussagen der zu diesem Lager gehörenden, im Detail oft sehr unterschiedlichen Theorien besteht darin, dass die überwiegende Zahl der Individuen ihre jeweils besonderen Interessen normalerweise unter Berücksichtigung des verinnerlichten normativen Rahmens verfolgt.

Von gänzlich anderen Annahmen geht das Modell des homo oeconomicus aus. Wie sein Name bereits unmissverständlich anzeigt, stellt es auf die ökonomischen Aktivitäten der Individuen ab, also auf das Haushalten und Wirtschaften mit in der Regel knappen Mitteln. Unterstellt wird dabei, dass beinahe alles und jeder zum Gegenstand ökonomischer Überlegungen werden kann. Was in diesem Zusammenhang als ‚rational' bezeichnet werden kann, ist erstens die Auswahl zwischen verschiedenen nebeneinander existierenden Alternativen der Bedürfnisbefriedigung oder „Zwecken" sowie die Art und Weise, die Strategie, wie das gewählte Ziel dann erreicht werden soll. Zweckrational (d.h. rational in Bezug auf einen selbst gesetzten Zweck) ist dann dasjenige Verhalten oder Handeln, das mit dem geringsten Aufwand an knappen Ressourcen die relativ größte Befriedigung erzielt. — homo oeconomicus

Nun haben seit jeher Wissenschaftler versucht, mit den Methoden ihrer eigenen Disziplin die genuinen Forschungsobjekte anderer Disziplinen zu analysieren. Das Gebiet der Ökonomie z.B. hat immer auch das Interesse von Soziologen gefunden, wie Webers religionssoziologische Ausführungen zum „Geist des Kapitalismus" belegen. Seit geraumer Zeit bereits ist eine Tendenz dergestalt zu beobachten, dass das Modell des zweckrational agierenden Individuums verstärkt auch im Zusammenhang mit nicht-ökonomischen Fragen bzw. in von Haus aus nicht zu den Wirtschaftswissenschaften gehörenden Disziplinen zur Anwendung gelangt. In der Politikwissenschaft resp. Politischen Theorie war diese Entwicklung bisher wesentlich stärker ausgeprägt als in anderen Disziplinen (wie etwa der Rechtswissenschaft), und nicht zufällig hat sich dort eine „ökonomische Theorie der Politik" etablieren können.

Die Ergebnisse dieses ökonomischen „Imperialismus" sind zweideutig: auf der einen Seite wird nicht ganz zu Unrecht beklagt, die *Ökonomik*[14] als diejenige Disziplin, die das wirtschaftswissenschaftliche Akteursmodell auch auf nicht wirtschaftliche Zusammenhänge anwendet, schränke die sozialwissenschaftliche Forschungsperspektive und vielleicht sogar die außerwissenschaftliche Wahrnehmung von Politik deshalb erheblich ein, weil sie politische Phänomene nur noch unter zweckrationalen Gesichtspunkten untersucht und andere, nicht auf zweckrationale Erwägungen reduzierbare Handlungsmaßstäbe ignoriert würden. Auch wurden bereits negative praktische Auswirkungen der verstärkten Beschäftigung mit dem homo oeconomicus-Modell beobachtet: angeblich ist die Zahl der Buchdiebstähle in den Bibliotheken der wirtschaftswissenschaftlichen Fakultäten am höchsten. Auf der anderen Seite sind jedoch auch beachtliche Erkenntnisgewinne dank des ökonomischen Verhaltensmodells zu verzeichnen: So lassen sich auch im Zusammenhang mit der Ehe, der Familie, der Freundschaft und vermutlich auch allen anderen gesellschaftlichen Institutionen durchaus zweckrationale, gewinnorientierte Verhaltensweisen erkennen. Wird seitens der Ökonomischer Imperialismus

---

14 Gebhard Kirchgässner, Homo oeconomicus, Tübingen 1991, 2 kennzeichnet die Ökonomik als „Methode der Wirtschaftswissenschaften".

Ökonomik auf den überzogenen Anspruch auf vollständige Erklärung der sozialen und politischen Phänomene verzichtet und werden zudem andere Forschungsansätze nicht für überflüssig gehalten, dann lässt sich durchaus von einer „ökonomischen Aufklärung" sprechen.

Für die Beschäftigung mit den Grundstrukturen der Politik der Bundesrepublik leisten jedenfalls beide angesprochenen Akteursmodelle gute Dienste. Das lässt sich in folgendem Zusammenhang zeigen: Die politischen Akteure, als Gesamtheit derer, die am Zustandekommen der bindenden Entscheidungen, aber auch an der Aufrechterhaltung der öffentlichen Ordnung und der für die liberale Demokratie erforderlichen politischen Kultur beteiligt sind, lassen sich, grob gesagt, in zwei Gruppen einteilen: in diejenige der Staatsbürger und diejenige der Amtsinhaber.

Der Akteur „Staatsbürger"

Der Begriff des *Staatsbürgers* ist seit jeher, und das nicht nur in Deutschland, mit einem erheblichen Pathos der Selbstlosigkeit verbunden. Das lag vor allem daran, dass sowohl in der Blütezeit der griechischen Stadtstaaten als auch im Gefolge der modernen politischen Revolutionen in den USA und in Frankreich zunächst buchstäblich das Überleben der staatlichen Gemeinschaften (und danach noch mehr der Erfolg der imperialen Politik der Großmächte im 19. und 20. Jahrhundert) maßgeblich von der Folge- und nicht selten von der Aufopferungsbereitschaft ihrer Bürger abhing. Der Einsatz von Leib und Leben für den Staat ist in ruhigeren Zeiten dann allerdings hinter das zwar weniger dramatische, aber gleichwohl unverzichtbare Eintreten der Bürger für die in einer Verfassung sich niederschlagenden Werte – die „freiheitlich-demokratische Grundordnung" der Bundesrepublik etwa – zurückgetreten. Diese und ähnliche Gelegenheiten rufen zweifellos das oben angesprochene normative Modell vom guten Bürger in Erinnerung. Allerdings ist diese rühmliche Vorstellung vom Staatsbürger seit längerer Zeit am Verblassen, zumindest ist sie ergänzungsbedürftig geworden.

Denn „Bürger" sind nicht nur die Verteidiger der öffentlichen Ordnung gegenüber inneren und äußeren Feinden, „Republikaner" im eigentlichen Sinn also, sondern auch und vermutlich in erster Linie eigensinnige Wirtschaftsbürger.[15] Als Steuerzahler treten sie dem „Fiskus" genannten Staat in einer durchaus strategischen Einstellung gegenüber, indem sie die Steuerzahlungen mit lauteren und gelegentlich wohl auch mit unlauteren Mitteln zu reduzieren oder zu umgehen versuchen. Im Falle der Steuerzahlung, aber auch beim Wehr- und Ersatzdienst und bei zahlreichen anderen kleineren Gelegenheiten wie beispielsweise dem Einsatz als Wahlhelfer macht sich so die Einstellung des „Schwarzfahrers" breit: Einerseits wünschen sich alle oder zumindest die meisten Bürger die Bereitstellung wichtiger öffentlicher Güter wie die militärische Landesverteidigung, die Gewährleistung fairer Wahlen oder die über Steuermittel finanzierte staatliche Bildung, den Ausbau der Verkehrswege und die Subventionierung des Kultursektors usw. Andererseits sind aber nicht alle bereit, für diese Güter zu zahlen, denn sie können sie, ohne Gefahr zu laufen bestraft zu werden, auch dann genießen, wenn sie keinen eigenen Betrag dazu geleistet haben. Diese Verhaltensweise ist sicherlich wenig patriotisch und nicht ‚gut', aber die ökonomische Theorie der Politik zeigt, dass sie dem Rationalitätsverständnis des homo oeconomicus entspringt: Mit Blick auf die Gesellschaft wäre es zwar durchaus rational, einen

---

15 Siehe dazu Otfried Höffe, Wirtschaftsbürger, Staatsbürger, Weltbürger. Politische Ethik im Zeitalter der Globalisierung, München 2004.

individuellen Beitrag zu dem wichtigen und u.U. sogar unverzichtbaren Gut zu leisten, individuell gesehen ist es jedoch gewinnbringender und in diesem Sinne rationaler, die eigene Leistung zurückzuhalten und das dann von den anderen finanzierte Gut beitragsfrei zu genießen. Die ökonomische Theorie zeigt aber auch, wie diesem kollektiv unerwünschten Verhalten durch entsprechende Restriktionen entgegengewirkt werden kann.

Eine ähnlich ambivalente Situation ergibt sich beim Blick auf die politischen Akteure als *Amtsinhaber*. Es erscheint zunächst plausibel, das Institutionenpersonal als selbstlose Akteure im Dienste der Herrschaftsausübung zu betrachten. Wie selbstverständlich wird dies zumindest für die im Verwaltungsdienst tätigen Personen unterstellt, deren Haupttugenden – Loyalität und Pflichtbewusstsein – eine Befolgung des Eigeninteresses kategorisch auszuschließen scheinen. Für eine gut funktionierende und nicht korrupte Verwaltung sind dies in der Tat unverzichtbare Anforderungen. Gleichwohl zeigt eine Betrachtung der Mikroebene, dass auch eine in den vergleichsweise engen Bahnen des Gesetzesvollzug verlaufende Verwaltungstätigkeit immer noch genügend Spielraum für die Beförderung individueller Interessen lässt bzw. die Ausübung dieser Exekutivaufgaben (aus der Perspektive des Amtsinhabers) sogar als *Mittel* für diese Beförderung angesehen werden können.[16]

Der Akteur „Amtsinhaber"

Dies gilt erst recht für die Amtsinhaber „Parlamentarier", die ebenfalls lange Zeit als interesselose Vertreter des Volkes betrachtet worden sind. Ganz gleich, ob sie durch ein imperatives Mandat eng an den Willen ihrer Wähler gebunden sind oder ob sie, wie es das Grundgesetz tut, mit einem freien Mandat ausgestattet werden und nur ihrem „Gewissen" unterworfen sind – mit keiner dieser beiden Varianten lässt sich das Bild von einem eigeninteressierten Akteur ohne weiteres vereinbaren: In der einen Variante ist der Abgeordnete konkret dem Willen der Mehrheit seiner Wähler unterworfen, in der anderen abstrakt dem Gemeinwohl verpflichtet. Demgegenüber lässt sich aus der ökonomisch-zweckrationalen Perspektive argumentieren, dass Parlamentarier sehr wohl eigene Interessen verfolgen, und zwar nicht dadurch, dass sie bei konkreten, inhaltlichen Fragen den eigenen egoistischen Standpunkt gegen die Vorstellungen ihrer Wähler durchsetzen wollen – das ist höchst unwahrscheinlich und sicher nicht karrieredienlich –, sondern vielmehr dadurch, dass sie mit allen Mitteln, vielleicht sogar unter Missachtung der eigenen politischen Auffassung, im Amt und somit an der Macht bleiben wollen. Die individuelle Nutzenmaximierung besteht dann also in dem über das Mittel „Repräsentation von Wählerinteressen" erlangten Machterwerb bzw. Machterhalt.

Noch einmal betont sei: als alleinige und darum ‚imperialistische' Erklärung vermag dieser Ansatz nicht zu überzeugen. Und es mag überdies beklagenswert sein, dass der homo oeconomicus, um eine Formulierung von Max Weber aufzugreifen, nur noch *von* der Politik lebt und nicht mehr *für* sie. Aber bereits ein flüchtiger Blick auf alltägliche Begebenheiten zeigt, dass die ökonomische Theorie der Politik einen erheblichen Beitrag zur Analyse sozialen und darum auch politischen Handelns leistet.

---

16 Vgl. unten, Kap. 6.2.3.

Zusammenfassung

Sinn und Zweck der Ausführungen in diesem Kapitel war es gewesen, im Rückgriff auf den einschlägigen Theoriefundus der Sozialwissenschaften im Allgemeinen und der Politikwissenschaft im Besonderen ein begriffliches Fundament für die Betrachtung des politischen Systems der Bundesrepublik zu legen. In diesem Zusammenhang wurden mit „Staat" ein traditioneller und mit „politischem System" ein moderner Rahmen für die Analyse politischer Gemeinwesen vorgestellt. Daran anschließend wurden mit der „Mehrheitsdemokratie" und der „Konsensdemokratie" zwei unterschiedliche Organisationsformen der demokratischen Herrschaft im liberalen Rechtsstaat skizziert. „Homo politicus" und „homo oeconomicus" verkörperten schließlich zwei divergierende, sich z.T. aber auch ergänzende Modelle politischer Akteure.

In den folgenden Kapiteln wird auf diese konzeptionellen Grundlagen immer wieder zurückgekommen, sie werden überdies an geeigneten Stellen auch noch weiter konkretisiert und ergänzt.

2. Zur politischen (Vor-)Geschichte der Bundesrepublik

Im Folgenden werden einige wenige, aber prägende Momente in der Geschichte bzw. Vorgeschichte der Bundesrepublik herausgearbeitet. Etwas näher untersucht werden in diesem Zusammenhang zunächst einige Besonderheiten, die sich in der deutschen Ideengeschichte im 18. und 19. Jahrhundert entwickelt hatten und die am Ende des Kaiserreiches bzw. während der Weimarer Republik einen z.T. unheilvollen Einfluss auf die Politik ausübten (2.1). Im Anschluss daran wird die politische Situation in Deutschland vom Ende des 2. Weltkrieges bis zur Verabschiedung des Grundgesetzes beschrieben. Aus der knappen Schilderung der wichtigsten politischen Ereignisse und Weichenstellungen dieser vier Jahre lassen sich zugleich lehrreiche Einblicke in den Prozess der Verfassungsgebung unter ungünstigen Bedingungen gewinnen (2.2). In den danach folgenden Abschnitten dieses Kapitels werden zwei Prozesse skizziert, die zunächst die junge und später die reifere Bundesrepublik nachhaltig beeinflusst haben: damit ist zum einen gemeint die Westintegration der alten Bundesrepublik, durch die der zuvor dargelegte deutsche Sonderweg kompensiert werden sollte; zum anderen die vom Grundgesetz zwar stets postulierte, aber in der Politik für immer unwahrscheinlicher gehaltene Vereinigung der beiden deutschen Staaten (2.3). Am Ende des Kapitels steht die Betrachtung der wichtigsten Etappen der wohl folgenreichsten Integration, nicht nur der Bundesrepublik, sondern einer kontinuierlich gestiegenen Zahl europäischer Staaten: der Einbindung in das zunehmend umfassendere und ausdifferenziertere politische System der Europäischen Union (2.4.).

2.1 Aspekte des politischen Denkens von der Jahrhundertwende bis zum Ende der Weimarer Republik

Alle Bedingungen und Einflüsse zu bestimmen, die zur Situation führten, in der sich Deutschland zu Beginn des 20. Jahrhunderts befand, ist schwierig. Zweifelsohne zählten als ausschlaggebende Faktoren dazu: das ökonomisch-industrielle System mit seiner relativ späten Industrialisierung sowie die damit einhergehende rasche und nachholende Entfaltung des Kapitalismus; die zerklüftete weltanschauliche Lage, die sich z.B. im „Kulturkampf" zwischen dem Protestantismus und dem Katholizismus sowie einer großen Zahl philosophischer Schulen niederschlug; schließlich die politische Situation, die sich innenpolitisch an der starken Polarisierung zwischen konservativen (z.B. Zentrum) und progressiven resp. revolutionären Kräften (Sozialdemokratie) ablesen ließ und außenpolitisch am spannungsreichen Verhältnis zu den westlichen Großmächten, v.a. zu England und Frankreich.

Deutscher Sonderweg

Von einem „Sonderweg" Deutschlands lässt sich insofern sprechen, als damit ein gewisser Vorbehalt gegenüber und die zeitweise Abkehr von demjenigen Weg gemeint ist, den zuvor v.a. England und Frankreich beschritten hatten. Diesen beiden Staaten gelang es nach erfolgreichen bürgerlichen Revolutionen bereits im 17. bzw. 18. Jahrhundert, die Weichen für die umfassende gesellschaftliche Modernisierung zu stellen: Das wirtschaftlich zunächst durch neue Produktionsmethoden, technische Erfindungen und den Geldverleih erstarkte Bürgertum hatte schließlich auch die politische Institutionalisierung seines Einflusses durchsetzen können – nicht zuletzt deshalb, um über die Politik die ihm vorteilhaften wirtschaftlichen Bedingungen herstellen bzw. sichern zu können. Diese Verschränkung von Wirtschaft und Politik, d.h. die enge Verbindung von wirtschaftlicher Macht und politischer Partizipation hatte sich zuerst v.a. in England ab dem 17. Jahrhundert allmählich herausgebildet und dies wurde Ende des 18. Jahrhunderts von den auf Ablösung vom englischen Mutterland drängenden Siedlern in den Neuengland-Staaten als Zusammenhang von staatlicher Besteuerung und politischer Partizipation in unüberbietbarer Kürze zum Ausdruck gebracht: „No taxation without representation!"

Im Unterschied zu wichtigen anderen Staaten Europas hatte Deutschland einen Sonderweg beschritten, weil das deutsche Bürgertum im Laufe des 19. Jahrhunderts es nicht vermocht hatte, sich nennenswerten politischen Einfluss zu verschaffen. Dies allein stellt zwar noch keine Besonderheit dar, auch in anderen europäischen Staaten waren damals erfolgreiche bürgerliche Revolutionen ausgeblieben. Aber im Zusammenhang mit spezifischen Interpretationen dieser verzögerten politischen Entwicklung und einschlägigen intellektuellen Reflexionen auf die vom Kapitalismus ausgehenden Umwälzungen auf gesellschaftlichem, vor allem wirtschaftlich-industriellem und kulturellem Gebiet zeichnete sich doch ein bedenkliches Selbstverständnis der Deutschen ab, das dann später die Entwicklung des Nationalsozialismus erheblich begünstigte. „Ideen" stellen gewiss nur einen Aspekt innerhalb der komplexen historischen Entwicklung eines Staates oder einer Gesellschaft dar, aber immerhin geben sie, wie Max Weber einmal formulierte, die „Bahnen" vor, in denen sich diese Entwicklung abspielt. Der so entstandene ideelle Sonderweg Deutschlands[1] wies folgende Merkmale auf:

Zivilisation versus Kultur

Da ist zunächst die etwas unscheinbare, aber nicht zu unterschätzende und bis in die Gegenwart hineinwirkende Differenzierung zwischen der „Zivilisation" und der „Kultur" – eine Unterscheidung, die von Immanuel Kant gegen Ende des 18. Jahrhunderts eher im Vorbeigehen vorgenommen wurde: Während die Zivilisation auf die zwischenmenschlichen Umgangsformen, die Errungenschaften in Wissenschaft und die Technik, also auf die Gesamtheit der nützlichen Äußerlichkeiten („Komfort") abstellt, bezeichnet die Kultur alle nicht unmittelbar oder gar nicht ‚verwertbare' Artefakte in Kunst, Religion und Philosophie. Kultur zielt somit auf die Hegung von Innerlichkeit, auf „Bildung", nicht im Sinne von Wissensvermittlung, sondern von „Formung", Gestaltung von Menschen und Völkern.

---

1   Für eine allgemeine historische Darstellung siehe z.B. Heinrich August Winkler, Der lange Weg nach Westen. Deutsche Geschichte 1806-1933, Bonn 2006.

Kants Unterscheidung von Zivilisation und Kultur hatte von Anfang zumindest latente politische Implikationen, weil mit ihr der damalige deutsche Adel, der sich überwiegend am französischen Vorbild orientierte, lediglich als „zivilisiert" galt, während demgegenüber das Wissenschaft und Kunst betreibende, aber politisch einflusslose (Bildungs-)Bürgertum als „kultiviert" angesehen wurde.² Und während überdies die „Zivilisation" die ansonsten bestehenden Unterschiede zwischen Nationen und Völkern eher in den Hintergrund drängte, wurden sie mit der „Kultur" noch verstärkt. Das zeigte sich z.B. im Zuge der Napoleonischen Kriege von 1806/7, als die genannten Implikationen manifest wurden und auf den Begriff der Kultur-Nation (im Unterschied zur Staats-Nation) übertragen wurden. Denn blickt man z.B. in die 1808 gehaltenen „Reden an die deutsche Nation" von Johann Gottlieb Fichte³, einem bedeutenden Philosophen des deutschen Idealismus, einem Zeitgenossen Kants und vormaligen Bewunderer der Französischen Revolution, so stellt man eine tiefe Ohnmacht angesichts der militärischen Überlegenheit des seine Revolution exportierenden Nachbarn Frankreich fest. Die deutsche Nation, so hieß es Fichtes Reden nach dem Zusammenbruch des Heiligen Römischen Reiches deutscher Nation im Jahr 1806, habe nun keinen politisch-staatlichen Ausdruck mehr, und die einzige Möglichkeit, sie „im Daseyn zu erhalten", so Fichte, sei ein gänzlich neues Erziehungssystem als „Erzeugungsmittel eines neuen Selbst" der Nation. Deutlich wird hier wieder das in Kapitel 1 angesprochene Schema, wonach eine Staatsgründung (idealerweise) die Existenz einer selbstbewussten und zur staatlichen Gemeinschaft entschlossenen Nation *voraussetzt*. Gemäß dieser bis heute sehr einflussreichen Lesart wäre es also die Nation (und der Nationalismus), die den Staat hervorbringt. Gleichwohl legen die Umstände, in denen Fichte schreibt, den Schluss nahe, dass seine National-Pädagogik aus der Not eine Tugend macht und in Ermangelung eines autonomen Staatsterritoriums sowie einer dazugehörigen Staatsgewalt sich zunächst die Aufgabe einer Formung der Staatsnation stellt. Genauso gut und vermutlich plausibler lässt sich behaupten, eine reale Staatsgründung habe die Schaffung einer Nation (und des Nationalismus) erst zur Folge.⁴

> Französische Zivilisation – deutsche Kultur

Das neben „Kultur" resp. „Kulturnation" und „Zivilisation" zweite Begriffspaar, mit dem sich eine Abgrenzung Deutschlands gegenüber den westlichen Nachbarn vornehmen lassen konnte, ist das von „Gemeinschaft" und „Gesellschaft". Der Soziologe Ferdinand Tönnies hatte ihm eine äußerst wirkungsmächtige Analyse gewidmet, indem er sog. „Normaltypen"⁵ zur Erfassung unter-

> Gemeinschaft versus Gesellschaft

---

2 Immanuel Kant, Idee zu einer allgemeinen Geschichte in weltbürgerlicher Absicht, in: ders., Werkausgabe, Frankfurt a. M. 1982, Bd. XI, 44. Siehe dazu auch aus soziologischer Sicht Norbert Elias, Über den Prozeß der Zivilisation, Frankfurt a. M. 1976, 2 Bde., Bd. 2, 1ff. Huntingtons „Kampf der Kulturen" (die deutsche Übersetzung des „Clash of Civilizations") macht von dieser Unterscheidung keinen Gebrauch; siehe Samuel P. Huntington, Kampf der Kulturen, München/Wien 1996, 49ff.

3 Johann Gottlieb Fichte, Reden an die deutsche Nation, in: Fichtes Werke, hrsg. von Immanuel Hermann Fichte, Bd. VII: Zur Politik, Moral und Philosophie der Geschichte, Göttingen 1971, 257-516.

4 Dass Staatsgründung und Nationenbildung – und zwar in dieser Reihenfolge – notwendige Schritte der staatlichen Integration darstellen, davon geht auch die politische Systemtheorie aus; vgl. Almond/Verba (1976), 154f. Zum Nationalismus allgemein siehe Hans-Ulrich Wehler, Nationalismus: Geschichte, Formen, Folgen, München 2006.

5 Diesen Begriff gebraucht Tönnies im Sinne von Webers „Idealtypus", d.h. es handelt sich bei beiden Begriffen um Abstraktionen bestimmter Formen sozialer Realität, die dem Ty-

schiedlicher Ausformungen des sozialen Lebens entwickelte. Konkrete (empirische) soziale Ordnungen sind demnach immer Mischungsverhältnisse, in die die beiden Normaltypen in unterschiedlichen Graden eingehen.

Der Gemeinschafts-Typus ist in erster Linie gekennzeichnet durch eine gemeinsame Abstammungslinie, also eine Blutsgemeinschaft, die sich zur Gemeinschaft des Ortes und der Dörfer sowie der Städte, Zünfte und Gemeinden entwickeln kann und schließlich in der Gemeinschaft des Geistes, als derjenigen der Gleichgesinnten, ihre höchste Ausprägung erfährt. Die die Gemeinschaft zusammenhaltenden Elemente sind die natürliche, also weder erfundene noch verabredete (Mutter-)Sprache und die gemeinsamen Bräuche und Sitten. In der sozialen Ordnung der Gesellschaft dagegen leben zwar ebenfalls viele einzelne friedlich neben einander, aber sie sind nicht in der eben geschilderten Weise miteinander verbunden. Denn die wichtigste ‚Sprache' der Gesellschaft ist das Medium Geld und die typische Interaktionsform ist der Gütertausch. An die Stelle der Sitten und Bräuche treten in der Gesellschaft die „Konventionen", also die willkürlichen Abmachungen. Der Austausch von Höflichkeit als „konventionelle Geselligkeit" wird analog zum Warentausch der bürgerlichen Gesellschaft vorgenommen. Diese abstrakt-theoretischen Bestimmungen sind nach Tönnies in solchen Unterscheidungen enthalten, die auch die Alltagssprache kennt: Gemeinschaft ist natürlich, dauernd und echt, Gesellschaft hingegen künstlich, vorübergehend, scheinbar; Gemeinschaft ist einem „vertraut" und wird „empfunden", Gesellschaft ist „öffentlich" und wird „geleistet"; man spricht von Güter-Gemeinschaft der Eheleute, aber von der Aktiengesellschaft usw.

Gemeinschaft und Kapitalismus

Nimmt man Gemeinschaft und Gesellschaft als die beiden begrifflichen Pole, zwischen denen sich das reale soziale Leben abspielt, und setzt man die Gemeinschaft als die ursprünglichere Sozialform, dann fragt es sich, wie es zur Ausbildung und vor allem zur Dominanz gesellschaftlicher Beziehungen kommen konnte. Die naheliegende Antwortet lautet: Vornehmlich das Wirtschaftssystem des Kapitalismus und die schier unendliche Zahl an „kapitalistischen Akten" ist für die Verdrängung, Umformung und Zerstörung der gemeinschaftlichen Beziehungen verantwortlich. Und im Hinblick auf seine Funktion für das Wirtschaftssystem ist der Staat, zumindest der moderne Staat, dann nur noch eine weitere „kapitalistische Institution" und wird folglich als gesellschaftliches, nicht als gemeinschaftliches oder auch nur zur Gemeinschaft passendes Phänomen aufgefasst. Wenn der Staat, der Idee nach, also nur noch auf Abmachung, Konvention oder Vertrag[6] unter einzelnen beruht und nicht (mehr) Ergebnis des willentlichen Entschlusses eines als Schicksals*gemeinschaft* aufgefassten Volkes ist, dann verkörpert er letztlich nur einen weiteren Verein unter Vereinen, wenn auch mit dem entscheidenden Unterschied, dass er allein über die kasernierte Zwangsgewalt verfügt.

Die Ideen von 1914

Die von dem skizzierten Gemeinschaftsverständnis bestimmte deutsche Sicht auf die gesellschaftliche Modernisierung im Allgemeinen und auf die Rolle des Staates, genauer: des liberalen oder Nachtwächter-Staates im Besonderen hatte, worauf gleich noch einzugehen sein wird, gravierende Folgen für die Wert- bzw. Geringschätzung der Institutionen und Verfahrensweisen der modernen Politik

---

pus nie hundertprozentig entsprechen, die aber von ihm hinreichend und aussagekräftig charakterisiert werden; Ferdinand Tönnies, Gemeinschaft und Gesellschaft. Grundbegriffe der reinen Soziologie, Darmstadt 1991 [zuerst 1887], 3. Auflage (Neudruck), XLII.

6   Das ist singuläre Thema der klassischen Vertragstheorie des Staates von Hobbes bis Kant.

überhaupt sowie derjenigen Staaten, die bei dieser Entwicklung an der Spitze standen. Das im Grunde sicher konservative und rückwärtsgewandte, aber deshalb nicht unbedingt reaktionäre Gemeinschafts-Denken kam dem Reaktionären und auch dem Chauvinistischen jedoch gefährlich nahe und verschmolz häufig auch mit ihm im Kontext der den 1. Weltkrieg von intellektueller Seite aus flankierenden „Ideen von 1914". Denn diese Ideen verstanden sich, und hier zeigt sich der deutsche Sonderweg sehr deutlich, als deutsche Antwort auf die „Ideen von 1789", d.h. auf diejenigen Gedanken, die am Anfang der modernen europäischen Demokratie bzw. Republik standen.[7]

Der Soziologe Georg Simmel, um eine noch vergleichsweise besonnene Position anzuführen, prognostiziert vor dem Hintergrund der Gemeinschafts-Gesellschafts-Terminologie zu Kriegsbeginn eine Wandlung im sozusagen „Aggregatzustand" des deutschen Volkes, derzufolge die „mechanische Teilung" zwischen dem „Individuellste(n)" und dem „Allgemeinste(n)" „untertauche" – und dies sei, trotz aller zu erwartenden Verlusten an Menschenleben – „einer der größten Gewinne dieser großen Zeit ..., der wieder einmal den *organischen* Charakter unseres Wesens fühlbar macht."[8] Den unvermeidbaren Verlusten an Menschenleben stehe als ‚Gewinn' die Zurückdrängung der Ideologie des „Mammonismus" (in Form des Gewinn- oder auch nur Konsumstrebens) gegenüber. Deutschland befinde sich jetzt in einer „absoluten Situation", in der sich die Frage stelle: „soll Deutschland sein oder nicht sein".

<small>Gemeinschaft und Krieg</small>

Hier wird die im damaligen Deutschland weit verbreitete Hoffnung deutlich, dass der Krieg indirekt auch zu einem Zusammenrücken der „mechanisch" getrennten Deutschen führen möge, dass also die zerstörerischen Auswirkungen des modernen Kapitalismus auf das überkommene soziale Gefüge teilweise zumindest wieder rückgängig gemacht werden könnten und das Volk der Deutschen endlich seine „Einheit und Ganzheit" finden und zu einer Nation werden möge. Politikwissenschaftlich betrachtet lässt sich dazu zunächst nüchtern feststellen, dass Simmel mit seinen Betrachtungen zur Vollendung der Entwicklung seit 1871 sich nach der damit angesprochenen *Staats*gründung der Deutschen nun eben ihre *Nation*werdung erhofft. Dass diese Form der Gemeinschaftsbildung durch den Krieg zustande kommen sollte, diese heute eher befremdliche und letztlich fatale Vorstellung schien den einzigen Weg aufzuzeigen, wie die im Vergleich zu den europäischen Nachbarn ohnehin „verspätete Nation"[9] Deutschland doch noch geschaffen werden konnte.

<small>Nation und Krieg</small>

---

7 Die immer noch beste Arbeit zu diesem Abschnitt deutscher Geistesgeschichte stammt von Hermann Lübbe, Politische Philosophie in Deutschland. Studien zu ihrer Geschichte, Basel/Stuttgart, 1963, Kap. 4.

8 Georg Simmel, Deutschlands innere Wandlung, in: ders., Gesamtausgabe Bd. 16, Frankfurt a.M. 1999, 13-29, hier 14. Simmels Position enthält zwar letztlich auch eine Kriegsbejahung, sie ist jedoch zu unterscheiden von anderen mehr oder weniger naiven Verherrlichungen des Krieges der damaligen Zeit; vgl. dazu Kurt Sontheimer, Antidemokratisches Denken in der Weimarer Republik. Die politischen Ideen des deutschen Nationalismus zwischen 1918 und 1933, München 1978, Kap. 5. Dass solche Anschauungen, wenn auch weniger exzessiv, bei Deutschlands Nachbarn ebenfalls gehegt wurden, sei nur am Rande bemerkt.

9 Siehe dazu die grundlegende und bereits 1935 erschienene Studie Die verspätete Nation. Über die politische Verführbarkeit bürgerlichen Geistes von Helmuth Plessner, in: ders., Gesammelte Schriften, Frankfurt a.M. 1982, Bd. VI, 34-212.

Weimarer Republik und Gegner der Verfassung

Die Diskussion um den politischen Weg, den Deutschland nehmen sollte, war vor und nach dem 1. Weltkrieg selbstredend nicht nur eine Angelegenheit der sozialwissenschaftlichen Fächer im engeren Sinne, sondern auch Thema der Rechtswissenschaft. Die folgenreiche theoretische Auseinandersetzung mit der institutionellen Ausgestaltung der konstitutionellen liberalen Demokratie wurde sogar vorrangig von dieser mit den Fragen von Staat, Recht und Verfassung betrauten Disziplin geführt. Hinsichtlich der dort vertretenen Standpunkte ließ sich anfänglich durchaus ein beachtlicher Pluralismus feststellen, weil sich an der Diskussion Naturrechtlicher und Positivisten, Sozialisten, Marxisten sowie Konservative beteiligten. Neben den überwiegend liberalen Verteidigern der Weimarer Verfassung gab es massive Kritik sowohl aus dem rechten als auch aus dem linken politischen Lager. Allmählich jedoch gewann die populäre Auffassung Oberwasser, dass die Weimarer Verfassung von 1919 und darüber hinaus die gesamte politische Weltanschauung, aus der sie hervorging: der angelsächsische Liberalismus, „undeutsch", weil westlich und „mechanisch", also nur mit dem sozialen Gefüge einer Gesellschaft, nicht jedoch mit demjenigen einer Gemeinschaft verträglich sei. Im Zusammenhang mit der Mechanik-Metapher wurde auch abwertend von dem Weimarer „System" gesprochen. Und vermutlich hatte die Verfassung von Weimar deshalb nie zu einer „lebendigen" Verfassung werden können, weil sich u.a. an ihr der aufgestaute Hass der Kulturnation Deutschland gegenüber den Segnungen des westlichen Zivilisation entlud.

Unter den intellektuellen Gegnern der Weimarer Republik herausragend war der Staatsrechtler Carl Schmitt. Aus einer ganzen Reihe von bis heute einflussreichen Schriften aus der Zeit der 1920er und 30er Jahre ist insbesondere die sogenannte „Parlamentarismusschrift" von Belang. Mit ihr versteht es Schmitt wie kaum ein Zweiter, die tradierten und bewährten Institutionen des liberalen Staates zu karikieren und zu delegitimieren. Schmitt kennzeichnet mit wenigen Strichen einerseits treffsicher die Grundsätze des klassischen Parlamentarismus und behauptet andererseits, unter den Bedingungen der modernen Massendemokratie würde dieser zwangsläufig ausgehöhlt und leer werden. Denn wenn die Institution „Parlament" nur noch nützlich, aber nicht mehr von einer Idee beseelt werde, dann sei sie „erledigt".[10] Schmitt leistet dazu seinen Beitrag, indem er die wichtigsten Grundsätze des Parlamentarismus vorführt:

Kritik des liberalen Parlamentarismus

Kritik des Öffentlichkeitsprinzips

Die Wertschätzung des Prinzips der *Öffentlichkeit* zeigt die Herkunft des Parlamentarismus aus dem Liberalismus an. Das Parlament wird dabei als derjenige Ort betrachtet, an dem sich Abgeordnete des Volkes treffen und ihre unterschiedlichen vernünftigen Ansichten austauschen. Die Vernünftigkeit der Ergebnisse der Beratung werde, so Schmitt, durch den freien Wettbewerb der vorgebrachten Meinungen gewährleistet. Aus der parlamentarischen Debatte resultiere aber nur *relative*, keine absolute Wahrheit. Gleichwohl hindere das nicht daran zu behaupten, das aus der Beratung der Abgeordneten hervorgehende Gesetz verkörpere die „Wahrheit": „veritas non auctoritas facit legem" laute der Wahlspruch der Liberalen.[11] Hier komme, so Schmitt, ein weiteres Prinzip des Liberalismus zum Vorschein, nämlich das Vertrauen in die positiven Wirkungen des

---

10 Carl Schmitt, Die geistesgeschichtliche Lage des heutigen Parlamentarismus, Berlin 1991 [1923]; vgl. dazu Hasso Hofmann, Legitimität gegen Legalität. Der Weg der politischen Philosophie Carl Schmitts, Berlin 2002, 89ff.

11 Und zwar in Umkehrung des in Hobbes' *Leviathan* angeführten Ausspruchs „auctoritas non veritas facit legem"; Schmitt ist Anhänger der Hobbesschen Sicht.

individuellen *Wettbewerbs* (der liberale Parlamentarismus ist also in das in Kapitel 1 erwähnte Konkurrenzmodell der Demokratie eingebettet), der zum einen beachtlichen materiellen Wohlstand hervorbringe, zum anderen die Annäherung an die Wahrheit in den politisch relevanten Sachfragen garantiere. Schließlich habe auch der Grundsatz der *Gewaltenteilung* seinen Ursprung im bürgerlichen Konkurrenz-Denken, denn durch die „Balancierung der Gewalten" soll Wahrheit zusätzlich abgesichert werden.

Die Demontage des liberalen *Demokratie*verständnisses geschieht unter implizitem Bezug auf den modernen Republikanismus, d.h. Jean-Jacques Rousseau. Eine wirkliche Demokratie erfordere nämlich, so Schmitt, die Gleichheit der sie konstituierenden Menschen und „nötigenfalls ... die Ausscheidung oder Vernichtung des Heterogenen"[12]. Die unabdingbare Gleichheit zwischen den Mitgliedern des Demos zeige sich dabei weniger in ökonomischer, d.h. materieller Hinsicht, sondern vor allem in der Zugehörigkeit zur Nation. Demokratie sei seit dem 19. Jahrhundert also maßgeblich nationale Demokratie. Darum müssten auch nicht alle Bewohner eines Staatsgebietes (vor allem nicht die „Fremden") an der politischen Gestaltung teilhaben – denn diese Forderung der politischen Gleichheit aller Bürger und sogar aller Menschen entspringe lediglich der liberalen Moral.

<small>Kritik der liberalen Demokratie</small>

Die „Erledigung" der Idee des Liberalismus und der mit ihm zwangsläufig verbundenen politischen Institutionen geht einher mit der Beobachtung eines grundlegenden Wandels in der realen Politik der Weimarer Zeit:

> „Die Wirklichkeit des parlamentarischen und parteipolitischen Lebens und die allgemeine Überzeugung sind heute von solchem (konstitutionellem und parlamentarischem; M.B.) Glauben weit entfernt. Große politische und wirtschaftliche Entscheidungen ... sind nicht mehr (wenn sie es jemals gewesen sein sollten) das Ergebnis einer Balancierung der Meinungen in öffentlicher Rede und Gegenrede und nicht das Resultat einer parlamentarischen Debatte".[13]

Schmitts damaliges Programm, das in diesem Zitat anklingt, lautet pointiert formuliert: Dezision statt Deliberation. Das heißt, über den Kurs eines politischen Gemeinwesens soll und kann nicht eine debattierende Institution bestimmen, sondern nur ein weithin anerkannter, plebiszitär legitimierter Führer. Das Parlament als Institution bzw. Ort des Übergangs des Volkswillens in den Staatswillen steht auch deshalb zur Disposition, weil Volkssouveränität für Schmitt auch in einer anderen Weise zum Ausdruck gelangen kann: nämlich über die „Akklamation", also die Zustimmung durch Zuruf oder auch nur Beifall.[14]

Der Sonderweg Deutschlands speiste sich, so lässt sich das Voranstehende zusammenfassen, aus einem tief liegenden Unbehagen gegenüber den Folgen der gesellschaftlichen Modernisierungen, die der Kapitalismus als Wirtschaftssystem mit sich brachte, und auch gegenüber den politischen Institutionen, die größtenteils der angelsächsischen Welt entstammten. Was in den meisten[15] anderen

<small>Deutschlands Sonderweg</small>

---

12 Schmitt (1991), 14.
13 Schmitt (1991), 62.
14 Schmitts diesbezügliche Ausführungen waren nicht unbedingt originell, sondern verkörperten in Teilen eine autoritäre Zuspitzung von Max Webers Modell einer „Führerdemokratie mit Maschine"; vgl. dazu ders., Parlament und Regierung im neugeordneten Deutschland [1917], in: ders. MWS I/15, Tübingen 1988, 202-302; siehe dazu auch unten Kap. 5.3.1.

Ländern als weitgehend unabänderlich und insgesamt eher als positive, weil sowohl individuellen Wohlstand als auch individuelle Sicherheit garantierende Entwicklung begrüßt wurde, galt in Deutschland (zu) vielen Zeitgenossen als sicheres Zeichen für eine dringend korrekturbedürftige Degeneration des Lebens der nationalen Gemeinschaft; einigen schien sogar der „Untergang des Abendlandes"[16] unvermeidlich. Viele der damals populären alternativen Politik- und Gesellschaftsmodelle versprachen, diese epochalen Umwälzungen vermeiden und die Kosten der Wiederherstellung des Alt-Gewohnten rechtfertigen zu können. Diese Anschauungen, die manchmal gut gemeint, oft aber borniert und nicht selten zutiefst unmenschlich und pervertiert waren, trugen schließlich ihren Teil zur „deutschen Katastrophe" bei.[17]

2.2 Besatzungsherrschaft, Parlamentarischer Rat und die Entstehung des Grundgesetzes

Mit dem Ende des 2. Weltkrieges wurden die ungeheuerlichen Ausmaße der Verbrechen der Nationalsozialisten und des Holocaust an den Juden vollends deutlich, in denen die Kulturnation Deutschland ihre barbarische Seite offenbart hatte. Deutschland hatte sich durch die nationalsozialistische Herrschaft und deren Untaten aus dem Kreis der zivilisierten resp. kultivierten Nationen selbst ausgeschlossen. Die Siegermächte hatten allen Grund gehabt, den ehemaligen Kriegs- und selbst ernannten Zivilisationsgegner Deutschland unerbittlich zu behandeln. Alles in allem betrachtet nahm die Entwicklung jedoch einen anderen, positiven Verlauf.

Bedingungslose Kapitulation und rechtliche Folgen

Das durch den massiven militärischen Einsatz aller Alliierter herbeigeführte Ende des 2. Weltkrieges war zweifelsohne als „Befreiung" der Deutschen anzusehen.[18] Die deutschen Streitkräfte hatten am 8. Mai 1945 bedingungslos kapituliert. An diesen Akt der Kapitulation schloss sich bald die Frage an, welche politisch-rechtliche Konsequenzen daraus für das am Boden liegende und in weiten Teilen zerstörte Deutschland erwachsen würden. Hinsichtlich der Fortexistenz des deutschen Staates bildeten sich zwei staatsrechtliche Auffassungen heraus[19]: Auf der einen Seite fanden sich Staatsrechtler, die die Kapitulation nicht nur auf das Militär, sondern auf den Staat Deutschland bezogen wissen wollten. Intuitiv nicht unplausibel erscheint die dabei hergestellte Verbindung zwischen der mi-

---

15 In Spanien und Italien hatten sich allerdings in der Zeit zwischen den Weltkriegen ebenfalls faschistische Regime mit einer z.T. modernisierungskritischen Ideologie etablieren können. Am Beginn des 21. Jahrhunderts sind es vor allem islami(sti)sche Staaten, die sich gegen die westliche Modernisierung wenden.
16 Das ist der Titel eines gegen Ende des 1. Weltkrieges erschienenen Buches von Oswald Spengler, das mit seiner pessimistischen Geschichtsphilosophie binnen kurzer Zeit größte Verbreitung fand, weil es offensichtlich die Grundstimmung vieler Deutscher traf.
17 Friedrich Meinecke, Die deutsche Katastrophe, Wiesbaden 1946.
18 Zu dieser im Nachkriegsdeutschland keineswegs von allen und jederzeit geteilten Sicht siehe die Rede des früheren Bundespräsidenten Richard von Weizsäcker, Der 8. Mai 1945 – 40 Jahre danach, in: ders., Von Deutschland aus, München 1987, 9-35.
19 Vgl. dazu Michael Stolleis, Besatzungsherrschaft und Wiederaufbau, in: Handbuch des Staatsrechts der Bundesrepublik Deutschland (HStR), hrsg. von Josef Isensee und Paul Kirchhof, Heidelberg 1995, Bd. I: Grundlagen von Staat und Verfassung, §5, hier Rn 34-42.

litärischen Niederlage einerseits und der damit einhergehenden Einbuße an nationaler Souveränität andererseits. Die allenthalben wahrnehmbare Realität der totalen Niederlage, die sich politisch auch in der Übernahme der an und für sich „unveräußerlichen" Souveränität durch die Alliierten niederschlug (obwohl auch ein von außen besiegter Staat in seinem Inneren grundsätzlich souverän bleiben könnte), sowie die bald errichtete Besatzungsherrschaft durch die Alliierten unterstützten diese Auffassung.

Auf der anderen Seite standen die Vertreter der „Kontinuitätsthese": Für sie verkörperte die Kapitulation einen rein militärischen, zudem auf Weisung der letzten deutschen Reichsregierung vorgenommenen Akt. Diese Ansicht, der die große Mehrheit der Staatsrechtler anhing, basierte allerdings auf einigen nicht immer leicht nachzuvollziehenden Konstruktionen: demnach hätten die Alliierten Deutschland lediglich „besetzt", nicht aber „annektiert", d.h. besetzt mit der Absicht der Aneignung des staatlichen Territoriums. Der naheliegende Einwand, das Deutschland der Nachkriegszeit sei aber nicht nur besetzt, sondern de facto politisch vollkommen handlungsunfähig (da ohne Souveränität), ließ sich u.a. durch das Postulat einer vorübergehend „ruhenden" deutschen Staatsgewalt entkräften. Eine dritte Konstruktion bezog sich schließlich auf das Staatselement „Staatsvolk" und den bei ihm weiterhin vorfindbaren und ungebrochenen Willen zur Staatlichkeit.

Im Anschluss an die oben in Kapitel 1.1 gemachten Ausführungen lässt sich also sagen, dass Deutschland als Staat nach Meinung der Mehrheit der damaligen Staatsrechtler deshalb nicht untergegangen war, weil mit dem Staatsvolk zumindest eines der drei Merkmale der Drei-Elemente-Lehre des Staates – Staatsterritorium, Staatsvolk, Staatsgewalt – mehr oder weniger ausgeprägt noch vorhanden war. Völlig unbestreitbar war Deutschland dagegen nicht mehr als *Verfassungs*staat mit einer aus dem Willen des Volkes hervorgehenden und das politische Leben prägenden Verfassung zu betrachten. Der Weg zum Grundgesetz von 1949 zeigt, auf welch verschlungenen Wegen ein solcher Prozess der Konstitutionalisierung, der oben theoretisch skizziert wurde, in der Praxis vor sich gehen kann.

Bevor es zu einer neuen deutschen Verfassung kommen konnte, errichteten die Besatzungsmächte auf deutschem Boden zuerst ihre separaten Regime.[20] Der Plan hierzu sowie die ungefähren Grenzen der verschiedenen Einflussbereiche bzw. „Zonen" waren schon einige Zeit vor der deutschen Kapitulation auf Konferenzen u.a. in Casablanca, Moskau und Jalta von den USA, Großbritannien und der Sowjetunion festgelegt worden; Frankreich kam als vierter Alliierter erst später, im Herbst 1944 hinzu. Legitimiert, d.h. eingesetzt wurden diese Militärregierungen mit den Militärgouverneuren an ihrer Spitze durch die jeweiligen zivilen Regierungen in ihren Heimatländern. Die alliierten Besatzungsregime, die gegenüber den noch existierenden Überresten deutscher Staatlichkeit auf der Länder- bzw. Kommunalebene weisungsbefugt waren, mussten ihrerseits ein Mindestmaß an Koordination gewährleisten. Zu diesem Zweck wurde der Alliierte Kontrollrat geschaffen, der sich auf ein allgemein gehaltenes 15-Punkte-Programm verständigte, nach dem sich die Verwaltung des besetzten Deutschland richten sollte.

Besatzungsherrschaft

---

20 Zum folgenden Wolfgang Benz, Von der Besatzungsherrschaft zur Bundesrepublik. Stationen einer Staatsgründung, Frankfurt a. M. 1989, Kap. 1.

Die Besatzungsregime hatten zunächst die überaus dringliche Aufgabe, den zusammengebrochenen Wirtschaftsprozess im Nachkriegsdeutschland wieder anzukurbeln. Dadurch sollten zum einen die enormen Reparationsforderungen der Alliierten befriedigt, zum anderen aber und vor allem sollte die große materielle Not überwunden werden, die in der deutschen Bevölkerung herrschte. Auch daran zeigt sich die weiter oben angesprochene, prinzipiell enge Verknüpfung von Wirtschaft und Staat oder von ökonomischem und politischem System: Die Politik setzt die verbindlichen Regeln, nicht zuletzt diejenigen, die das Eigentum betreffen, und nach denen sich die wirtschaftenden Akteure in Produktion und Distribution zu richten haben; die Wirtschaft stellt ihrerseits neben den nachgefragten Gütern auch die finanziellen Mittel zur Verfügung, die als Steuern abgeschöpft werden und ohne die der Staat nicht funktionieren kann.

Differenzen unter den Alliierten

Die Ausübung bzw. die Koordination der Besatzungsherrschaft in den vier Zonen gestaltete sich gleichwohl schwierig. Erhebliche Differenzen ergaben sich alleine schon daraus, dass die drei West-Alliierten, aufgrund ihrer eigenen unterschiedlichen politischen Systeme, über z.T. weit auseinandergehende Vorstellungen zur politischen Zukunft Deutschlands verfügten. Dies betraf insbesondere institutionelle Fragen: Die föderal strukturierten USA (aber auch das zentralistische Frankreich) versuchten z.B., in ihrem Einflussbereich bundesstaatliche und auch basisdemokratische Elemente zu installieren; Großbritannien bevorzugte dagegen zentralstaatliche Strukturen. Darüber hinaus zeichneten sich bald schon unüberbrückbare Differenzen zur Sowjetunion ab, die ja nicht nur ein anderes politisches System propagierte, sondern mit Kommunismus und Planwirtschaft auch ein anderes, dem Kapitalismus und der Marktwirtschaft in vielem diametral entgegengesetztes Gesellschaftssystem etablieren wollte. Und schließlich gab es auch noch die unterschiedlichen Vorstellungen auf Seiten derjenigen deutschen Politiker, die mittlerweile in den politischen und ökonomischen Wiederaufbau einbezogen waren.

1947 kam es dann zunächst zu einem Zusammenschluss der britischen und der amerikanischen Zone zur sog. „Bizone"; im Frühjahr 1948 zog sich die Sowjetunion aus dem Alliierten Kontrollrat zurück, so dass eine gemeinsame alliierte Deutschlandpolitik unmöglich wurde; im Juni 1948 wurde die Währungsreform in den nunmehr „Westzonen" genannten Einflussbereichen der Westalliierten durchgeführt, worauf die Sowjetunion mit der Blockade West-Berlins antwortete. Die Entwicklungen zwischen 1945 und 1948 insgesamt zeigten also, dass weder eine umfassende wirtschaftliche noch eine politisch-staatliche Einheit auf dem Boden Deutschlands möglich war. Die Westalliierten entschlossen sich daraufhin, in ihrem Einflussbereich die Gründung eines Weststaates in die Wege zu leiten und ließen über die sog. „Frankfurter Dokumente" den Ministerpräsidenten der Länder ihre Vorstellungen mitteilen.

Verfahren der Verfassungsgebung

Mit dem Vorangegangenen sollte an die alles andere als komfortable Situation erinnert werden, in der eine (bis heute gültige) Verfassung für Deutschland geschaffen werden musste. Die Bedingungen, unter denen die Gründung der Bundesrepublik hatte stattfinden müssen, wichen also erheblich von den oben geschilderten idealtypischen Umständen der Staatsgründung ab. Grundsätzlich sind folgende Einrichtungen bzw. Verfahren der Verfassungsgebung denk- bzw. durchführbar[21]:

---

21 S. hierzu Ernst-Wolfgang Böckenförde, Die verfassunggebende Gewalt des Volkes – Ein Grenzbegriff des Verfassungsrechts, in: ders., Staat, Verfassung, Demokratie. Studien zur Verfassungstheorie und zum Verfassungsrecht, Frankfurt a.M.1991, 90-112, hier 102ff.

- eine verfassung*gebende* Nationalversammlung, die zunächst ihrerseits demokratisch, d.h. vom Volk legitimiert ist und dann in ihrer Arbeit unabhängig ist
- eine verfassung*entwerfende* Nationalversammlung, die den von ihr erarbeiteten Entwurf dem Volk zur Abstimmung vorlegt
- eine allgemeine Volksabstimmung über einen von einem Staatsorgan oder von den Staatsbürgern selbst stammenden Vorschlag zur teilweisen oder umfassenden Änderung einer bestehenden Verfassung sowie
- eine allgemeine Volksabstimmung über eine (von einem Machthaber) bereits implementierte neue Verfassung; die alles in allem am wenigstens demokratische Variante, bei der die Zustimmung des Volkes nur symbolischen Wert hat.

Der Prozess, der schließlich mit der Annahme des Grundgesetzes endete, enthielt Elemente der ersten beiden Verfahren. Die Besonderheit der (west-)deutschen Situation im Jahr 1949 bestand darin, dies wurde bereits erwähnt, dass die Alliierten nach der Niederwerfung Deutschlands die Ausübung der höchsten Staatsgewalt, d.i. der Souveränität an sich bzw. für sich in Anspruch genommen hatten. Das deutsche Volk war demnach politisch nicht souverän, es konnte gar keine politische Selbstbestimmung durch Gebrauch seiner verfassunggebenden Gewalt ausüben. Die Schaffung einer legitimen rechtlichen Ordnung für den westlichen Teil Deutschlands erforderte somit eine Hilfskonstruktion in Sachen Legitimation, wonach eine neue Verfassung nicht, zumindest nicht in erster Linie, vom Willen der (Nation der) entmachteten Deutschen abhing, sondern von der Ermächtigung zur Verfassungsgebung durch die Westalliierten. Genauer gesagt wurden die Landesministerpräsidenten durch die Frankfurter Dokumente zur Einberufung einer verfassunggebenden Versammlung ermächtigt und vor dem Hintergrund des damals heraufziehenden Kalten Krieges wohl auch dazu gedrängt.

Verfassung der Westzone

Deutsche Politiker beurteilten dieses Vorhaben zur Gründung eines Weststaates eher zurückhaltend. Ausschlaggebend dafür war die Tatsache, dass derjenige Teil des deutschen Volkes, der in der sowjetischen Besatzungszone lebte, sowohl vom Prozess der Verfassungsgebung als auch von der Staatsbürgerschaft des neuen Staates ausgeschlossen sein würde. Außerdem befürchtete man eine verfassungsrechtliche Zementierung des zweigeteilten Deutschland. Diskutiert wurde deshalb auch, ob man es nicht bei einem bloßen „Verwaltungsstatut" belassen könne. Der durchaus strategische Gedanke dabei war, dass der Beitrag der Westdeutschen zu einer (provisorischen) politischen Ordnung dann lediglich in der Organisation der Regierungsgeschäfte im weiten Sinne bestehen würde, der rechtliche Rahmen einer Übergangsverfassung aber durch ein „Besatzungsstatut" der Alliierten geschaffen würde. Die gesamtdeutsche Souveränität würde somit weiterhin „ruhen" können, bis günstigere Umstände eine freie Entscheidung aller Deutschen zulassen würden. Die Alliierten ließen sich darauf jedoch nicht ein. Der von den verantwortlichen deutschen Partei- und Landespolitikern dann tatsächlich eingeschlagene Kurs sah vor, sich einerseits den alliierten Plänen nicht grundsätzlich zu widersetzen, diesen Prozess jedoch andererseits von einem gewöhnlichen Verfahren der Verfassungsgebung abzugrenzen. Darum sollte es weder eine verfassunggebende Versammlung noch eine „Verfassung" genanntes Regelwerk geben. Statt dessen wurden die Bezeichnungen „Parlamentarischer Rat" und „Grundgesetz" gewählt.[22]

Skepsis auf deutscher Seite

---

22 „Grundgesetz" wurde zunächst mit „Basic Law", dann aber, aufgrund von alliierten Einwänden, damit könne keine Verfassung in Verbindung gebracht werden, mit „Basic Con-

Vorgaben der Alliierten – die Frankfurter Dokumente

Die Initiierung der Staatsgründung seitens der West-Alliierten geschah also durch Bezugnahme auf bereits (wieder) bestehende politische Körperschaften, die deutschen Länder. Das erste und bei weitem wichtigste der insgesamt drei Frankfurter Dokumente enthielt nur ganz allgemein gehaltene Vorgaben zu Inhalts- und Verfahrensfragen der neu zu schaffenden Verfassung: Die zukünftige Verfassung der Westzonen sollte föderalistischen Grundsätzen entsprechen, die Freiheiten des Einzelnen garantieren und demokratisch legitimiert werden. Wie die von alliierter Seite in die Verantwortung genommenen Ministerpräsidenten ihrerseits die erforderliche verfassunggebende Versammlung einberufen sollten, war weitgehend offen gelassen worden; vorgegeben war lediglich, dass die Wahl zu dieser Versammlung nach Ländern getrennt stattfinden und das Gremium vergleichsweise klein (ein Vertreter auf 750 000 Einwohner) sein sollte. Bei einem Treffen in einem Jagdschloss bei Rüdesheim am Rhein kamen die Ministerpräsidenten überein, die Bestellung der „Parlamentarischer Rat" genannten verfassunggebenden Versammlung sowie die Einsetzung eines „Konvents" in die Wege zu leiten, der einen Verfassungsentwurf vorlegen sollte, der dann vom Rat erörtert werden konnte.

Herrenchiemeseer-Konvent

Der Verfassungskonvent, der seinen Namen vom Tagungsort auf einer Insel im bayerischen Chiemsee erhielt, setzte sich aus je einem Vertreter der Länder (v.a. Justizminister, Staatssekretäre, Juristen), also aus 11 Bevollmächtigten zuzüglich eines oder zweier Mitarbeiter zusammen und fungierte als Diskussionsforum für die Statuts- bzw. Verfassungsentwürfe, die die politischen Parteien zuvor intern und in Eigeninitiative bereits entworfen hatten.[23] Der Konvent plädierte für die Verabschiedung einer (wenn auch provisorischen) Verfassung anstelle eines Statuts, diskutierte Fragen der Konzeption des Grundrechte-Kataloges, des Bund-Länder-Verhältnisses und der Regierungsbildung und erörterte die Errichtung eines Verfassungsgerichtes. Am Ende der knapp vierzehntägigen Beratungen stand ein komplexer Verfassungsentwurf, der dem Parlamentarischen Rat als Grundlage seiner Beratungen diente.

Parlamentarischer Rat

Der Parlamentarische Rat verkörperte die eigentliche verfassunggebende Versammlung. Aufgrund der sehr eng bemessenen zeitlichen Vorgaben (die Übergabe der Frankfurter Dokumente erfolgte am 1. Juli 1948, die Beschlüsse der Ministerpräsidenten vom Niederwald stammten vom 22. Juli und der Parlamentarische Rat sollte bereits am 1. September seine Arbeit aufnehmen) entschlossen sich die Ministerpräsidenten zu einer Wahl der Ratsmitglieder durch die Landtage. Die Zahl der auf ein *Land* entfallenden Mandate war proportional zu dessen Einwohnerzahl; die daraus zu ermittelnde Zahl der Mandate, die den einzelnen *Parteien* eines Landes zugeteilt wurden, ergab sich aus dem Stimmenanteil, den die Parteien zuvor bei den Landtagswahlen erzielt hatten. Der so konstituierte Parlamentarische Rat hatte 65 Mitglieder, wovon u.a. je 27 Sitze auf die SPD und auf die CDU und CSU entfielen, auf das Lager der Liberalen ka-

---

stitutional Law" ins Englische übersetzt. Als Ersatz für das Wort „Staat" wurde häufig „Provisorium", gelegentlich auch „Zweckverband administrativer Qualität" verwendet; dazu und zu zahlreichen anderen Einzelheiten im Vorfeld der Gründung der Bundesrepublik siehe Benz (1989), Kap. IV. Für die staatsrechtlichen Aspekte siehe Reinhard Mußgnug, Zustandekommen des Grundgesetzes und Entstehen der Bundesrepublik, in: Isensee/Kirchhof (1995), §6.

23 Zu diesen und weiteren Details des Konvents vgl. Benz (1989), 184-191.

men fünf, auf DP und KPD je zwei Sitze. Zum Präsidenten des Rates wurde der spätere erste deutsche Bundeskanzler Konrad Adenauer gewählt.

Der in seinem Aufbau einem normalen Parlament nicht unähnliche Parlamentarische Rat verfügte u.a. über einen „Hauptausschuss" sowie über sieben Fachausschüsse.[24] In diesen Ausschüssen wurden allgemeine (Präambel, Grundrechte, Verfassungsgrundsätze) sowie eher spezielle (z.B. Finanzfragen und Rechtspflege) Materien des zukünftigen Grundgesetzes erörtert. Dies geschah zwar immer auch aus parteipolitischer Perspektive, aber grundsätzlich auf dem parteiübergreifenden und konsensfähigen Herrenchiemsee-Entwurf. Darüber hinaus waren aber auch Angelegenheiten zu klären, die von ausschließlich partiellem Interessen waren. Denn die quasi verfassunggebende Versammlung bestand ja nicht (nur) aus selbst-, d.h. interesselosen Repräsentanten der deutschen Nation, sondern zugleich auch aus Verbandsmitgliedern, die konkrete und nicht verallgemeinerbare Interessen durchgesetzt oder berücksichtigt wissen wollten.

Unter dem Gesichtspunkt der Interessenvertretung betrachtet bietet der Rat ein anderes Bild als unter der Konsens-Perspektive, weil dadurch einige der grundlegenden Konflikte deutlich wurden, die die deutsche Gesellschaft prägten.[25] Nun ging es nicht mehr darum, dass eine Gruppe von Abgeordneten um die objektiv beste Beantwortung einer allgemeinen, alle gleichermaßen betreffenden Frage ringt, sondern um die Durchsetzung eines partiellen Interesses innerhalb des politischen Prozesses, der das Grundgesetz hervorbringen sollte. An gesellschaftlich einflussreichen Großorganisationen waren insbesondere vertreten die Gewerkschaften und die Kirchen, die Beamten und die Juristen sowie die beiden großen Parteien SPD und CDU/CSU, die vielen Fragen unterschiedliche bzw. entgegengesetzte Auffassungen vertraten. Was die Beamten und Juristen angeht, so sind diese, obwohl sie erheblich in die nationalsozialistische Herrschaft verstrickt waren, in Bezug auf die Durchsetzung ihrer Interessen äußerst erfolgreich gewesen. Dies lag daran, dass Angehörige dieser Gruppen im Rat überdurchschnittlich stark repräsentiert waren, aber auch daran, dass die bürgerlichen Parteien ganz ähnliche Auffassungen wie diese vertraten. Die Interessen der Kirchen wurden von den christlichen Parteien massiv unterstützt, während die Anliegen von gewerkschaftlicher Seite nur geringe Beachtung fanden: zum einen, weil sie mit der Vorstellungen der bürgerlichen Mitte abwichen, zum anderen, weil der ‚natürliche' Verbündete SPD sich wegen des ursprünglich provisorischen Charakters des Grundgesetzes bei der Ausgestaltung der sozialen Grundordnung merklich zurückhielt.

<small>Interessenvertretung im Parlamentarischen Rat</small>

Die Beratungen des parlamentarischen Rates standen unter dem Vorbehalt der Westalliierten. Diese hatten, wie erinnerlich, die Deutschen in den drei Westzonen zwar zur Ausarbeitung einer Verfassung gedrängt, sich dann aber aus den konkreten Beratungen herausgehalten. Nachdem die für das Grundgesetz erforderlichen Vorarbeiten sich dem Ende näherten und ein konsensfähiger Entwurf vorlag, schalteten sich die Alliierten wieder ein. Denn im Zuge der

<small>Haltung der Alliierten</small>

---

24 Hinsichtlich der verschiedenen Aspekte der Beratungen im Parlamentarischen Rat aus politikwissenschaftlicher Perspektive unentbehrlich ist die Studie von Werner Sörgel, Konsensus und Interessen. Eine Studie zur Entstehung des Grundgesetzes, Opladen 1985 [1969]; siehe aber auch Michael F. Feldkamp, Die Entstehung des Grundgesetzes für die Bundesrepublik Deutschland 1949. Eine Dokumentation, Stuttgart 1999.

25 Zu grundsätzlichen Fragen gesellschaftlicher Interessen und ihrer Organisation siehe Kap. 4.1; zur Interessenvertretung im Parlamentarischen Rat siehe wiederum Sörgel (1985).

Konkretisierung der in den Frankfurter Dokumenten enthaltenen prinzipiellen Vorstellungen kam es unvermeidlicherweise zu Meinungsverschiedenheiten. Divergenzen gab es vor allem bei der Konzeption des Bund-Länder-Verhältnisses und dort insbesondere bei den Fragen der Gesetzgebungskompetenzen und der finanziellen, d.h. steuerlichen Ausstattung der Länder. Nach einigem Gerangel auf höchster politischer Ebene erhielten Ende April 1949 aber auch die letzten strittigen Passagen des Verfassungsentwurfes die erforderliche Zustimmung durch die westlichen Besatzungsmächte.

Inkrafttreten des Grundgesetzes

Die nunmehr endgültige Fassung des Grundgesetzes durchlief am 6. Mai 1949 die dritte und letzte Lesung im Plenum des Parlamentarischen Rates. Was die Ratifizierung der zukünftigen deutschen Verfassung anging, so benannte Art. 144 Abs. 1 GG die dafür erforderlichen Bedingungen:

> Dieses Grundgesetz bedarf der Annahme durch die Volksvertretungen in zwei Dritteln der deutschen Länder, in denen es zunächst gelten soll.

Die damals insgesamt 11 Landtage hatten über den Verfassungsentwurf zwischen dem 18. und dem 21. Mai zu entscheiden. Alle Länder stimmten dem Entwurf mehrheitlich zu, mit Ausnahme Bayerns, dem vor allem die Länderautonomie sowie die christliche Überzeugung nicht stark genug berücksichtigt schienen. Allerdings sollte nach dem Willen des Landtages das Grundgesetz auch für Bayern Gültigkeit besitzen, wenn es auf dem Wege des Art. 144 GG zustande kommen sollte. Nach seiner Verkündung im Bundesgesetzblatt am 23. Mai trat das Grundgesetz dann am 24. Mai 1949 in Kraft.[26]

2.3 Westintegration und Wiedervereinigung

Von der Gründung der beiden deutschen Staaten im Jahr 1949 an bis weit in die 80er Jahre des vergangenen Jahrhunderts hinein stellten die Ziele der Westintegration West-Deutschlands einerseits sowie der Wiedervereinigung der in politischer und gesellschaftlicher Hinsicht denkbar weit auseinander gedrifteten West- und Ostzone andererseits so etwas wie ein Nullsummenspiel dar: das eine schien nur auf Kosten des anderen machbar zu sein. Das am Ende des 20. Jahrhunderts trotzdem sowohl die Westeinbindung als auch die staatliche Vereinigung erreicht wurden, war lange Zeit nicht absehbar. Dabei war die schnelle Annäherung an und die schrittweise Einbindung in die nordatlantische Wertegemeinschaft (2.3.1) maßgeblich durch die rapide Abkühlung im Verhältnis der beiden ehemaligen Alliierten USA und Sowjetunion nach 1949 bedingt, während die Wiedervereinigung der beiden deutschen Staaten weniger eine Folge konsequenter bilateraler Entspannungspolitik, als vielmehr dem Zusammenbruch der Sowjetunion geschuldet war (2.3.2).

---

26 Art. 145 Abs. 2 GG besagt: „Dieses Grundgesetz tritt mit Ablauf des Tages der Verkündung in Kraft." Die Art. 144 und 145 GG sind zwei Beispiele für selbstbezügliche, also auf die Verfassung selbst bezogene Artikel.

2.3.1 Westintegration[27]

Die Verbrechen der Nationalsozialisten waren für die Alliierten derart ungeheuerlich, dass sie Deutschland aus dem Kreis der zivilisierten, modernen Völker ausschließen wollten. So zirkulierten unmittelbar nach Ende des 2. Weltkrieges verschiedene „Pläne" für die Behandlung des ehemaligen Kriegsgegners. Einer davon, der nach seinem Urheber benannte Morgenthau-Plan, sah vor, Deutschland durch Demontage seiner gesamten technischen Produktionsanlagen von einem Industrie- in einen Agrarstaat umzuwandeln. Gegen solche Vorhaben sprachen jedoch eine Reihe von Gründen: Der vollständige Abbau der Industrieanlagen z.B. hätte auf lange Sicht Reparationszahlungen so gut wie unmöglich gemacht und die deutsche Bevölkerung dem Westen womöglich noch weiter entfremdet anstatt sie ihm gegenüber aufgeschlossener zu machen. Vor allem aber war zu bedenken, dass West-Deutschland im sich allmählich abzeichnenden Kalten Krieg zwischen den Supermächten bzw. im Wettbewerb des liberalen mit dem kommunistischen Politik- und Gesellschaftssystems an vorderster Front stehen würde, wo nur ein innenpolitisch stabiler und in tragfähige Beziehungen eingebetteter Partner von Nutzen sein konnte.

Integration oder Einbeziehung Deutschlands in den Westen bedeutete dreierlei:
- Anschluss an die politischen Vorstellungen und Prinzipien des Westens zu erlangen,
- Übernahme der maßgeblichen (politischen) Werthaltungen seitens der Bürger resp. Bevölkerung und schließlich
- Mitgliedschaft in den wichtigen internationalen Organisationen.

Dem ersten Punkt war durch die Initiierung und Verabschiedung des Grundgesetzes in wesentlichen Hinsichten entsprochen worden. Die neue Verfassung für Westdeutschland folgte durch den umfassenden und gleich am Anfang angeführten Grundrechte-Katalog liberalen Überzeugungen: Die Freiheit des Einzelnen, aber auch diejenige der gesellschaftlichen Minderheiten in politischer, weltanschaulicher und religiöser Hinsicht sind die jederzeit zu respektierenden Grenzen des individuellen und des staatlichen Handelns. Auch in demokratischer Hinsicht schrieb das Grundgesetz westliche Standards fest: Demokratie bedeutet demnach nicht lediglich allseitige, aber passive Zustimmung (oder „Akklamation", wie es bei Schmitt hieß) zu einer einsamen Entscheidung einer Führerclique oder eines Führers, sondern aktive Teilnahme des Volkes am Zustandekommen der bindenden Entscheidungen. Dementsprechend wurden die erforderlichen umfangreichen institutionellen Vorkehrungen dafür getroffen, dass tatsächlich „alle Staatsgewalt ... vom Volke aus(gehen)" kann, wie es in Art. 20. Abs. 2 GG heißt. *Liberales Grundgesetz*

Mit einer solchen verfassungsförmigen Verankerung zentraler politischer und rechtlicher Vorstellungen sind allerdings erst die förmlichen, d.h. rechtlichen Voraussetzungen für die liberale Demokratie geschaffen. Eine staatliche Ordnung besteht jedoch nicht nur aus Grundrechten und aus Konstitutions- und Verfahrensregeln unterschiedlichster Art, sondern auch aus Individuen, d.h. aus Bürgern und Amtsinhabern, die im Rahmen der vorgegebenen Ordnung politi- *Entnazifizierung*

---
27 Siehe zum folgenden auch Gert-Joachim Glaeßner, Politik in Deutschland, Opladen 2006, Kap. 2.1-2.5.

sche Selbstbestimmung und ihre administrative Umsetzung bewerkstelligen. Das große diesbezügliche Problem bestand darin, ob der politische Wiederaufbau in Deutschland voranzutreiben war, ohne dabei zu sehr auf die unverbesserlichen Anhänger der illiberalen und undemokratischen Nazi-Diktatur zurückgreifen zu müssen. In einer solchen Situation befinden sich prinzipiell alle politisch Verantwortlichen als Nachfolger autoritärer oder totalitärer politischer Machthaber, wie in jüngerer Zeit die Beispiele Russland und Irak belegen. Im Grunde genommen ist dieses Problem nicht zufriedenstellend zu lösen, das Abfinden mit dem geringeren Übel ist oft das einzig Machbare.

Zwar wurden, was die junge Bundesrepublik angeht, führende Köpfe der Nazi-Regimes in den sog. Nürnberger Prozessen von 1946 angeklagt und verurteilt (Hitler hatte sich im April 1945 durch Selbstmord jeglicher Verantwortung entzogen).[28] Was aber die große Zahl der Amtsinhaber, der Beamten und Richter betraf, deren Verwicklung in die nationalsozialistische Herrschaft bereits erwähnt wurde, so war eine rechtliche Ahndung dieses Verhaltens weitaus schwieriger. Die Zerschlagung des Organisations-Apparates der NSDAP hatte dabei kaum mehr als symbolischen Wert. Die USA legten zwar ein umfangreiches Programm zur „Entnazifizierung" auf, mit dem schuldige oder belastete Personen mittels Fragebogen aufgespürt und aus öffentlichen Ämtern und Wirtschaftsposten entfernt werden sollten. Aber ein solches Vorhaben konnte von Anfang an nur eine sehr begrenzte Wirkung entfalten. Der von den Anhängern der 1968er Studentenbewegung und später auch von terroristischen Vereinigungen gemachte Vorwurf, ehemalige Nazis säßen nach wie vor unbehelligt an den Machthebeln der deutschen Gesellschaft, war also zwar durchaus berechtigt – wie diese Hypothek der jungen Bundesrepublik zufriedenstellender hätte abgetragen werden können, als es de facto geschah, blieb auch seitens der Kritiker weitgehend ungeklärt.

Politische Kultur Schließlich war auch die politische Einstellung der Bevölkerung in Deutschland problematisch. Auch wenn die gelegentlich von Historikern vorgebrachte These, bei den Deutschen handele es sich um ein Volk „williger Vollstrecker" in dieser Allgemeinheit nicht haltbar sein dürfte, so war die politische Unterstützung für den Nationalsozialismus ohne Zweifel weit verbreitet gewesen. Die eingangs dieses Kapitels gemachten Ausführungen zum politischen Sonderweg der Deutschen wiesen darauf hin, aus welchen Traditionen und Ideen heraus sie für die Praxis einer liberalen Demokratie noch nicht reif bzw. nicht bereit gewesen waren. Bedenklich war dies insofern, als diese ja nach wie vor

---

28 Die rechtliche Grundlage dieser Prozesse war durchaus umstritten, weil die relevanten Tatbestände (Führung eines Angriffskrieges, Verbrechen gegen die Menschheit sowie Völkermord) erst nach 1945, d.h. *nach* den Verbrechen der Nazis formuliert und in Rechtsform gebracht wurden. Eine Verurteilung im Nachhinein verstößt aber gegen den zentralen Grundsatz des liberalen Rechtsstaates, wonach keine rückwirkenden Gesetze erlassen werden dürfen. Deshalb hatte sich hinsichtlich der Nürnberger Prozesse schnell der populäre Vorwurf der „Siegerjustiz" eingestellt. Angesichts der Ungeheuerlichkeit der Kriegsverbrechen der Nazis musste dieser, wie gesagt, wichtige formale Grundsatz jedoch der weitverbreiteten Überzeugung bzw. Gerechtigkeitsauffassung weichen, wonach derartige Verbrechen nicht ungestraft bleiben dürfen. Die für die Nürnberger Prozesse formulierten Straftatbestände erwiesen sich, rückblickend betrachtet, als bahnbrechend für das internationale Strafrecht; s. dazu: Von Nürnberg nach den Haag. Menschenrechtsverbrechen vor Gericht. Zur Aktualität der Nürnberger Prozesse, hrsg. vom Nürnberger Menschenrechtszentrum, Hamburg 1996.

vorhandenen und verhaltenswirksamen Einstellungen der Bürger überwiegend nicht zu den vom Grundgesetz verkörperten politischen und rechtlichen Strukturen und Verfahren der staatlichen Ordnung passten – wie zu Zeiten der Weimarer Republik musste von einem erheblichen Entfremdungspotenzial in der Bevölkerung ausgegangen werden. Eine in großen Teilen von ihrer Verfassung entfremdete, zumindest ihr gleichgültig gegenüber stehende Bürgerschaft kann jedoch keine Grundlage eines stabilen Gemeinwesens sein. Eine maßgebliche vergleichende politikwissenschaftliche Studie zur politischen Kultur kam deshalb noch Anfang der 60er Jahre zu dem Schluss, dass Deutschland eine „Untertanen-Kultur" besitzt.[29]

Die Alliierten versuchten diesen Defiziten nach dem Krieg mit sog. „Umerziehungsmaßnahmen" zu begegnen, mit denen man den Westdeutschen eine „Reeducation" bzw. „Reorientation" angedeihen lassen wollte. Auch diese Bemühungen konnten, wie die Entnazifizierung, nur von begrenzter Wirkung sein: Politische Einstellungen erwachsener Bürger lassen sich, wenn überhaupt, nur bedingt von außen umformen.[30] Die Aneignung liberaler oder zumindest toleranter Auffassungen und das Einüben demokratischer Verhaltensweisen finden idealerweise in einer frühen Phase der Sozialisation unter Vermittlung durch glaubhafte Vorbilder statt. Die junge Bundesrepublik musste sich anfänglich aufgrund der unbrauchbaren alten bzw. wegen der noch nicht ausreichend entwickelten neuen politischen Kultur zunächst mit der bloßen Simulation der demokratiekompatiblen Einstellungen begnügen.

Reeducation

Als drittes Element der Westintegration war die Einbindung der Bundesrepublik in die internationalen Organisationen, d.h. in die formalisierten internationalen Beziehungen angeführt worden. Auch auf diesen Zusammenhang lässt sich der in Kapitel 1.1.2 eingeführte System-Begriff gut anwenden. Das System der internationalen Politik besteht aus zahlreichen Elementen: den gegenwärtig beinahe zweihundert staatlichen Akteuren („Regierungen") sowie einer noch viel größeren Zahl an Nichtregierungsorganisationen, die ebenfalls Einfluss auf die internationale Politik haben. Die Beziehungen (die Strukturen) zwischen diesen Akteuren werden durch bi- oder multilaterale Abkommen und zunehmend auch durch das Völkerrecht bestimmt. Einzelstaaten befinden sich also jeweils in einer Umwelt, in der andere Staaten oder Staatenbündnisse vorhanden sind, die durch ihre Entscheidungen und Handlungen ein nationales politisches System beeinflussen.[31]

Internationale Beziehungen

In den ersten zehn Jahren nach dem 2. Weltkrieg und in der Anfangsphase des Kalten Krieges sind mehrere internationale Organisationen entstanden, in die die alte Bundesrepublik mehr oder weniger schnell aufgenommen worden ist. Die umfassendste (hier aber weniger interessierende) internationale Organisation sind die bereits 1945 gegründeten *Vereinten Nationen*, denen die Bundesrepublik jedoch erst 1973 beigetreten ist. Weitaus wichtiger für die Innenpolitik der

UNO und NATO

---

29 Gabriel A. Almond und Sidney Verba, The Civic Culture. Political Attitudes and Democracy in Five Nations, Princeton 1963. Eine Nachfolgestudie der Autoren aus den 70er Jahren erbrachte hinsichtlich der Bundesrepublik jedoch deutlich positivere Ergebnisse.
30 Immerhin verdankte diesen Reedukationsbemühungen die nach dem 2. Weltkrieg noch junge deutsche Politikwissenschaft ihre Ausrichtung als „Demokratiewissenschaft"; s. dazu Wilhelm Bleek, Geschichte der Politikwissenschaft in Deutschland, München 2001, Kap. 8.
31 Die Anerkennung durch andere anerkannte Staaten der Staatengemeinschaft ist ein weiteres, gewissermaßen sekundäres Merkmal des Begriffes „Staat".

BRD war die Gründung der *NATO*, der „Nordatlantischen Vertragsorganisation". Ausgehend von dem in der Charta der Vereinten Nationen erwähnten Gedanken der kollektiven Selbstverteidigung gründeten 1949 12 westeuropäische Staaten und die USA ein Sicherheits- und Verteidigungsbündnis, dessen Kommando im Bündnisfall nationale Truppen unterstellt werden. Allerdings konnte die Bundesrepublik sich der NATO nicht ohne weiteres anschließen: weder vermochte sie anfangs, aufgrund der durch das Besatzungsstatut eingeschränkten politischen Souveränität, eine unabhängige Außenpolitik zu gestalten, noch verfügte sie über eigene Streitkräfte. Aufgrund der zunehmenden Spannungen zwischen den USA und der Sowjetunion, 1950 war der Korea-Krieg ausgebrochen, war es jedoch unerlässlich geworden, Deutschland in die NATO aufzunehmen. Durch die Pariser Verträge von 1955 wurde das Besatzungsstatut endgültig aufgehoben und die nunmehr weitgehend souveräne BRD Mitglied der nordatlantischen Verteidigungsgemeinschaft.

2.3.2 Wiedervereinigung

Beinahe spiegelbildlich zur skizzierten Entwicklung in Westdeutschland bzw. der BRD verlief der Integrationsprozess von Ostdeutschland bzw. der DDR in den sog. „Ostblock". Während in den westlichen Besatzungszonen sukzessive die Fundamente für eine liberale Demokratie geschaffen wurde, trafen die Sowjets in der Ostzone die Vorkehrungen zur Errichtung eines autoritären Regimes. Zwar war auch die sowjetische Besatzungsherrschaft streng antifaschistisch ausgerichtet, aber der Sowjetkommunismus verkörperte seinerseits eine Ideologie, die auf den radikalen Umbau der kapitalistischen Gesellschaft abzielte und dabei vor keinem noch so gravierenden Eingriff in die Freiheit einzelner oder der von Organisationen zurückschreckte.[32] Auf den Punkt gebracht ließ sich sagen, dass in der Sowjetunion und den von ihr dominierten Staaten die politische Willensbildung, anders als in den liberalen Demokratien, nicht vom Volk ausging und damit „von unten nach oben" verlief, sondern in umgekehrter Richtung: Die in den Staatsorganen verankerte Partei beruft sich auf die unumstößlichen Einsichten des wissenschaftlichen Sozialismus und gibt den politischen Kurs vor, dem sich die Bürger anzuschließen bzw. zu fügen haben.

Ostintegration

Auch für die DDR gab es also eine Phase der Integration – allerdings in ein grundsätzlich antiliberales politisches System – mit den noch lange nachwirkenden und schwerwiegenden Folgen für die politische Kultur. In diesem Zusammenhang seien nur wenige markante Ereignisse genannt: Unmittelbar nach Inkrafttreten des Grundgesetzes wurde Ende Mai 1949 die Verfassung der Deutschen Demokratischen Republik ratifiziert.[33] Durch den erzwungenen Zusam-

---

32 Diese ohne Frage totalitären Implikationen des Kommunismus, zumindest des Stalinismus, waren in den 80er Jahren für einige Historiker in der BRD Anlass dafür, nicht nur die Einzigartigkeit der Verbrechen des Nationalsozialismus in Frage zu stellen, sondern diese(n) auch noch als „Reaktion" auf den Stalinismus zu verstehen. Zu diesem Versuch des Geschichtsrevisionismus s. Rudolf Augstein u.a. Historikerstreit. Die Dokumentation der Kontroverse um die Einzigartigkeit der nationalsozialistischen Judenvernichtung, München/Zürich 1987.
33 Für Einzelheiten siehe: DDR. Das politische, wirtschaftliche und soziale System, hrsg. von Heinz Rausch und Theo Stammen, München 1981 sowie Glaeßner (2006), Kap. 4.1-4.3.

menschluss von KPD und SPD war 1946 die Sozialistische Einheitspartei Deutschlands (SED) entstanden, die alsbald auf die Lehren des Marxismus-Leninismus verpflichtet wurde. Nach Niederschlagung des Arbeiteraufstandes von 1953 unterwirft sich die Regierung der DDR demonstrativ dem Führungsanspruch der Sowjetunion. 1955 erfolgt die Aufnahme in den Warschauer Pakt, dem Militärbündnis der Ostblockstaaten, das als Antwort auf die NATO entstanden war. 1961 kam es zum Bau der Mauer in Berlin, die die Berliner Westsektoren vom Ostsektor und von der DDR abgrenzte, und in der Folge zur ‚Absicherung' der innerdeutschen Grenze durch Stacheldraht und Gräben, zuletzt durch Schussanlagen. Aus Sicht der DDR handelt es sich bei dieser Maßnahme um einen „antifaschistischen Schutzwall", in Wirklichkeit sollte die Mauer die Flucht der DDR-Bürger in das Wirtschaftswunderland des freien West-Deutschland verhindern.

Eingebettet in das atomare Wettrüsten der Supermächte und ihre untereinander unvereinbaren politischen und ökonomischen Systeme entwickelten sich die beiden deutschen Staaten in der Folgezeit denkbar weit auseinander. Was das wirtschaftliche Potenzial der kommunistischen Staaten anging, so mutet es im Rückblick geradezu aberwitzig an, dass sowohl die Sowjetunion als auch die DDR in Zeiten des Kalten Krieges mehrfach angekündigt hatten, die USA bzw. die BRD in der jeweils nächsten Phase ihrer Planwirtschaft hinsichtlich der ökonomischen Produktivität einzuholen und sogar zu übertreffen. Diese Möglichkeit war zu keinem Zeitpunkt real gewesen, und am Ende war die Ineffizienz der nach Plan gestalteten Volkswirtschaften ein wesentlicher Grund für den Zusammenbruch des Ostblocks. *Konkurrenz der Systeme*

Die innerdeutschen Angelegenheiten waren kompliziert. Seitens der Bundesrepublik wurde von Anfang an ein konfrontativer Kurs verfolgt: Gemäß der in einer Regierungserklärung von 1955 enthaltenen „Hallstein-Doktrin" vertrat die Bundesrepublik, völkerrechtlich gesehen, das gesamte, also auch das östliche Deutschland.[34] Außerdem durfte die BRD keine diplomatischen Beziehungen mit jenen Staaten unterhalten, die die DDR offiziell anerkannt hatten. Diese unter der Kanzlerschaft Adenauers eingeschlagene Linie wurde erst zwanzig Jahre später unter der Regierung Brandt aufgegeben. Die „deutsche Frage" wurde nunmehr realistischerweise in einen internationalen Kontext gestellt, und es setzte sich die Einsicht durch, dass sie ohne Entschärfung des Ost-Westkonflikts nicht zu lösen sein würde. Die daraufhin verfolgte pragmatische Politik zielte auf sichtbare Verbesserungen in der Beziehung zur DDR und hoffte auf einen „Wandel durch Annäherung". Als wichtige Erfolge der von der deutschen Sozialdemokratie eingeleiteten und damals innenpolitisch höchst umstrittenen Ostpolitik sind der 1973 in Kraft getretene Grundlagenvertrag[35] zwischen der BRD und DDR zu nennen sowie die Aufnahme der beiden deutschen Staaten in die Vereinten Nationen im selben Jahr. *Ostpolitik der BRD*

Während der 70er Jahre hatte sich das innerdeutsche Verhältnis einigermaßen normalisiert – soweit dies über die Block- bzw. Systemgrenzen hinweg *Normalisierung*

---

34 In der alten Präambel des Grundgesetzes hieß es, das deutsche Volk „hat auch für jene Deutschen gehandelt, denen mitzuwirken versagt war".

35 Dem Grundlagenvertrag voraus gingen die wichtigen Verträge der Bundesrepublik mit der Sowjetunion sowie mit Polen und der Tschechoslowakei. Diese bilateralen Abkommen waren notwendig geworden, weil nach dem Ende des 2. Weltkrieges keine Friedensverhandlungen mit diesen Staaten geführt worden waren. Die Texte dieser Verträge sind enthalten in der Sammlung Völkerrechtliche Verträge, hrsg. von Friedrich Berber und Albrecht Randelzhofer, München 1983.

überhaupt möglich war. Selbst die Belastungen, die zwischenzeitlich durch die Wahl einer konservativ-liberalen Regierung unter Helmut Kohl und durch den NATO-Doppelbeschluss von 1983 entstanden, konnten diese Normalisierung nicht nachhaltig stören. Die einst die Ostpolitik Brandts aufs Schärfste kritisierende CDU/CSU leitete keinen Kurswechsel gegenüber der DDR ein, und der damalige CSU-Vorsitzende Franz-Josef Strauß ermöglichte auch noch einen Milliardenkredit für den schwächelnden ostdeutschen Staat. Die darin zu Ausdruck kommende ‚Normalität' der innerdeutschen Beziehungen hatte die im Grundgesetz enthaltene „Aufforderung", die „Einheit und Freiheit Deutschlands zu vollenden", weitgehend zur bloßen Rhetorik werden lassen. Mit einer tatsächlichen Änderung des Status quo rechnete ernsthaft kaum noch jemand – weder die Politiker noch die Bürger und auch nicht die Politikwissenschaft.

Entwicklung in den 80er Jahren und Fall der Mauer

Der Fall der Berliner Mauer am 9. November 1989 kam dementsprechend überraschend. Rückblickend lässt sich sagen, dass es durchaus Anzeichen für eine dramatische Destabilisierung des Ostblocks gegeben hatte: In Polen weitete sich 1980 ein Streik unter Führung der Gewerkschaft Solidarnosc zu einer landesweiten, gegen die Sowjetunion und ihre polnischen Statthalter gerichteten Oppositionsbewegung aus, die zusätzlichen Rückhalt durch den aus Polen stammenden Papst Johannes Paul II. erhielt; der desolate Zustand der Volkswirtschaft und der Gesellschaft der Sowjetunion, die seit 1979 einen kräftezehrenden und umstrittenen Krieg gegen Afghanistan führte, ließ sich nicht länger verbergen, so dass unter dem neuen Generalsekretär der KPDSU, Michail Gorbatschow, 1985 längst überfällige, aber nicht für möglich gehaltenen Reformen auf ökonomischem und politischem Gebiet eingeleitet wurden. Die DDR allerdings zeigte sich von diesen Wetterleuchten weitgehend unbeeindruckt und verkörperte nach wie vor den sowjetischen Musterschüler, obwohl selbst Gorbatschow bei seinem DDR-Besuch Mitte 1989 Änderungen im Sinne von Liberalisierungen des Staats- und Parteiapparates angemahnt hatte.

Zusammenbruch der DDR und Verhandlungen zur Wiedervereinigung

Die Diskrepanz zwischen den eingeleiteten, zumindest bekundeten Reformen in weiten Teilen des Ostblocks und der Unbeweglichkeit des SED-Regimes unter Honecker musste zwangsläufig zur Auflösung einer vollkommen ausgehöhlten politischen Ordnung der DDR führen. Äußerer Anlass für ihren Zusammenbruch waren 1989 zum einen die plumpe Fälschung von Kommunalwahlergebnissen durch und zugunsten der SED sowie zum anderen der Sieg der Solidarnosc in Polen, das Massaker an Mitgliedern der chinesischen Oppositionsbewegung auf dem „Platz des himmlischen Friedens" sowie die Liberalisierung in Ungarn, die sich in der Normalisierung des Grenzverkehrs zu Österreich niederschlug, was wiederum erhebliche Flüchtlingsströme aus der DDR nach Ungarn zur Folge hatte.[36]

Anfänglich glaubte die Honecker-Regierung, den massiven Problemen durch punktuelle Maßnahmen begegnen zu können: z.B. mit der Ausreise der DDR-Bürger, die in die deutsche Botschaft in Prag geflohen waren, mit dem Zug über das Territorium der DDR oder mit der Ankündigung von allgemeinen Reiseerleichterungen. Solche Detailregelungen waren aber schon bald Makulatur und die politischen Ereignisse überschlugen sich: Nur wenige Tage nach dem noch mit großem Pomp gefeierten vierzigsten Jahrestag der DDR wurde Honecker am 17. Oktober 1989 als SED-Generalsekretär abgelöst, die gesamte Führungsriege der SED trat am 8. November zurück; die danach von der Volkskammer gewähl-

---

36 Vgl. Glaeßner (2006), 67.

te Regierung Modrow war nur bis März 1990 im Amt, als nach den ersten freien Wahlen in der DDR die konservative „Allianz für Deutschland" die Regierung de Maiziere stellte. Deren Hauptaufgabe war es, in Verhandlungen mit der bundesdeutschen Regierung die gesamtdeutsche Einheit zu gestalten.

Die Herbeiführung der Wiedervereinigung oder, wie Kritiker formulierten: die „Abwicklung" der DDR, hatte enorme Auswirkungen auf Ost- und Westdeutschland.[37] Die Zusammenführung der beiden Staaten bzw. die „Erweiterung" der alten Bundesrepublik wurde zu einem erheblichen Teil durch Übertragung der organisationellen Infrastruktur von West nach Ost bewältigt. Der Aufbau der Institutionen der konstitutionellen Demokratie war dabei noch vergleichsweise einfach zu bewältigen, ebenso die Eingliederung der neuen Länder in die bundesstaatliche Ordnung Westdeutschlands, obwohl dabei das Institut des Länderfinanzausgleichs an seine Grenzen stieß.[38] Schwieriger gestaltete sich die Implementation der neuen Rechtsordnung, z.B. deshalb, weil sie allein aufgrund des umstrittenen Prinzips „Rückgabe vor Entschädigung", das den unter dem DDR-Regime enteigneten Grundstückseigentümern einen Rechtsanspruch gegenüber den neuen Besitzern einräumte, eine regelrechte Prozessflut nach sich zog. Auch die Errichtung marktwirtschaftlicher Strukturen war – vorhersehbar – mühsam und verlief schleppend; die von der Treuhandanstalt durchgeführte Privatisierung der DDR-Staatsbetriebe wurde oft kritisiert, weil dabei angeblich einige der wenigen Filetstücke der ostdeutschen Wirtschaft an westliche Investoren verschleudert worden seien. Bei der Errichtung des neuen Wirtschaftssystems wurde allerdings ignoriert, dass die soziale Marktwirtschaft in der Bundesrepublik schon vor 1989 nicht mehr den Anforderungen einer globalisierten Ökonomie gewachsen und dringend selbst reformbedürftig war (z.B. in Sachen Deregulierung, Privatisierung und Rückbau des Sozialstaats). Zudem ergaben sich für die Bürger im Westen durch die riesigen Transferzahlungen ungewöhnlich große Steuerbelastungen; Investitionen der öffentlichen Hand in den alten Bundesländern wurden, auch zugunsten von nicht immer dringend notwendigen Prestigeprojekten (Infrastruktur, Industrieanlagen, Altstadtsanierung) im Osten, zurückgeschraubt. Vor allem die ökonomischen Folgen der bislang einzigartigen Wiedervereinigung zweier Staaten werden auf absehbare Zeit Politik und Bürger weiter beschäftigen.[39]

Die Folgen der Einheit

2.4 Die Bundesrepublik und die Europäische Union

Politische Systeme bzw. Nationalstaaten sind eingebunden in eine Umwelt, in der sich andere Systeme bzw. Staaten befinden. Im Rahmen der internationalen Politik (die genau genommen „zwischenstaatliche" Politik heißen müsste) lassen sich durch bi- oder multilaterale Verträge mehr oder weniger geregelte bzw. stabilisierte Beziehungen zwischen den einzelnen souveränen Akteuren herstellen.

---

37 Ausführlicher Glaeßner (2006), 151-160 sowie Eckhard Jesse und Armin Müller (Hrsg.), Die Gestaltung der deutschen Einheit, Bonn 1992.
38 Siehe dazu auch unten, Kap. 7.4.
39 Auf weitere Aspekte der Gestaltung bzw. des Ablaufs der Wiedervereinigung wird in den nachfolgenden Kapiteln noch einmal einzugehen sein: in Kap. 3.5 auf die verfassungsrechtlichen Implikationen, in Kap. 4.2.3. auf das Verhältnis von SED und PDS.

Auf solchen Abmachungen beruhen auch die unterschiedlich komplexen internationalen Organisationen: die NATO und die VN sind bekannte Beispiele dafür. Aus solchen Organisationen können jedoch auch, gewollt oder ungewollt, neue autonome Systeme bzw. neue politische Organisationen mit Staatsqualität hervorgehen. Bei der Europäischen Union handelt es sich um ein ambivalentes Gebilde, das in den 50er Jahren des vergangenen Jahrhunderts zwar aus multilateralen Verträgen einzelner europäischer Regierungen hervorgegangen ist, inzwischen aber – partiell zumindest – institutionelle Merkmale eines (National-) Staates aufweist. Nachstehend erfolgt ein knapper Überblick über die komplexe und keineswegs geradlinige Entwicklung der zunächst wirtschaftlichen und dann auch zunehmend politischen Integration in Europa.[40] Auf einige wichtige Auswirkungen, die die europäische Integration auf die nationale Politik hat bzw. auf die Effekte einer Europäisierung der Bundespolitik, wird in den folgenden Kapiteln noch eingegangen.

Gründung der EWG

Beinahe zeitgleich mit der Entstehung der NATO bzw. mit der Einbindung der BRD in die militärische Allianz wurden die Weichen für die Gründung einer zwar internationalen, aber regional begrenzten wirtschaftlichen Organisation: der *Europäischen Wirtschaftsgemeinschaft* (EWG) gestellt. Die Vorläuferin der EWG[41], die Europäische Gemeinschaft für Kohle und Stahl (EGKS), sollte gleich mehreren Zwecken dienen: Zunächst sollte, und das war insbesondere das Bestreben von Frankreich, eine zuverlässige Kontrolle potenziell kriegswichtiger Teile der deutschen Wirtschaft (Kohle- und Stahlsektor) erzielt werden; darüber hinaus hatte Deutschland ein erhebliches Interesse daran, das Verhältnis zu seinen europäischen Nachbarn im Westen so weit wie möglich zu normalisieren; auch wurde eine Überwindung des Nationalismus und des Faschismus angestrebt; und schließlich gab es Vorstellungen von einem Europa als dritter Kraft neben der beiden Supermächten USA und UDSSR.

Schuman-Plan und Montanunion

Konkret schlugen sich die Bemühungen um eine politische Integration in der sog. „Europäischen Bewegung" nieder, eine private und überparteiliche Organisation, die auf Betreiben des englischen Premiers Winston Churchill 1948 in Den Haag gegründet worden war, sowie in der daraus hervorgehenden, von damals 10 westeuropäischen Staaten betriebenen Gründung des *Europarates* mit Sitz in Straßburg.[42] Allerdings gab es in der Europäischen Bewegung von Anfang an unterschiedliche Auffassungen über die Reichweite der Integration, d.h. darüber, ob ein europäischer Staatenbund oder ein Bundesstaat angestrebt werden sollte. Die wirtschaftliche Integration wurde maßgeblich durch den *Schu-*

---

40 Einen Überblick über die geschichtliche Entwicklung der Europäischen Wirtschaftsgemeinschaft zur Europäischen Union gibt eine Vielzahl von politikwissenschaftlichen Einführungs- und Übersichtsdarstellungen. Statistische Informationen nach der letzten Erweiterungsrunde und mehr oder weniger ausführliche landeskundliche Porträts der Mitgliedstaaten bieten z.B. der Taschenatlas Europäische Union, Gotha und Stuttgart 2007 sowie Wolf D. Gruner und Wichard Woyke, Europa-Lexikon. Länder – Politik – Institutionen, München 2007. Die folgende Darstellung orientiert sich an Ingeborg Tömmel, Das politische System der EU, München 2003, Kap. 2.

41 Die EWG ist mittlerweile eine der insgesamt „drei Säulen" der *Europäischen Union*; vgl. dazu unten.

42 Der Europarat ist zu unterscheiden sowohl vom Europäischen Rat als auch vom Rat der Europäischen Union (s. dazu unten); er umfasst inzwischen 45 Mitgliedsstaaten; zu Einzelheiten siehe die Stichworte „Europäische Bewegung" und „Europarat" in: Werner Weidenfeld und Wolfgang Wessels (Hrsg.), Europa von A-Z. Taschenbuch der europäischen Integration, Bonn 1995, 149f. bzw. 204-208.

man-Plan vorangetrieben, der die deutsche und die französische Kohl- und Stahlproduktion unter eine gemeinsame Kontrolle stellen sollte. Aus diesem Grund trat 1952 die auch „Montanunion" genannte EGKS in Kraft, der neben Frankreich und Deutschland noch die Benelux-Staaten und Italien angehörten. Als supranationales[43] Exekutivorgan dieser Gemeinschaft wurde die sog. *Hohe Behörde* eingerichtet, deren erster Präsident Jean Monnet war.

Während die ökonomischen Beziehungen zwischen den sechs Staaten kontinuierlich ausgebaut wurden, kamen sowohl die militärische als auch die politische Integration vorerst nicht zustande: Zwar unterzeichneten 1952 die Mitglieder der Montanunion einen Vertrag zur Gründung der „Europäischen Verteidigungsgemeinschaft" (EGV), die u.a. eine gegenseitige Beistandspflicht für die Mitglieder vorsah. Anvisiert wurde überdies auch noch weiterreichende Projekt der „Europäischen Politischen Gemeinschaft" (EPG), die ein Zweikammersystem, eine dem Parlament verantwortliche Regierung und einen Ministerrat umfassen sollte. Aber beide Vorhaben scheiterten 1954 letztlich an der ablehnenden Haltung Frankreichs.

<small>Scheitern von EVG und EVP</small>

1957 unterzeichneten die sechs Gründerstaaten der EGKS in Rom die später sog. „Römischen Verträge", die die Gründung zweier weiterer Gemeinschaften einleiteten:

<small>Römische Verträge</small>

– die der Europäischen Atomgemeinschaft (EURATOM) sowie der
– Europäischen Wirtschaftsgemeinschaft (EWG).

Mit diesen beiden Formen der zwischenstaatlichen Kooperation konnten zunächst unterschiedliche (nationale) Interessen bedient werden: Frankreich lag an einer Kontrolle der deutschen Atompolitik bzw. –industrie und Deutschland begehrte die Einbindung in einen gemeinsamen Markt. Mitte der 60er Jahre zeigten sich dann erste größere Krisenphänomene: Zwischen Frankreich und den übrigen EWG-Staaten wurde die gemeinsame Agrarpolitik sowie der Beitrittswunsch Großbritanniens (der französische Präsident de Gaulle legte dagegen sein Veto ein) zum Streitpunkt. An Frankreich scheiterte auch die Neuregelung prozeduraler Fragen: Den im Ministerrat vertraglich vorgesehenen Übergang zu Mehrheitsentscheidungen boykottierte de Gaulle mit der „Politik des leeren Stuhls", d.h. durch vorübergehende Verweigerung der politischen Zusammenarbeit. Im Luxemburger Kompromiss kam man deshalb überein, weiterhin nach den Einstimmigkeitsprinzip zu verfahren.

<small>Luxemburger Kompromiss</small>

1969 wurde die Norderweiterung der Gemeinschaft beschlossen, und 1973 erfolgte der Beitritt Großbritanniens, Irlands und Dänemarks zur EWG. Anfang der 70er Jahre kamen auch erste Planungen für eine integrierte Wirtschaftspolitik als Voraussetzung für eine Währungsunion auf, die ursprünglich bis 1980 realisiert sein sollte. Die Ölkrise 1973 ließ diese Pläne zunächst jedoch scheitern. Einen Neuanlauf zum Europäischen Währungssystem (EWS) unternahmen 1978 Bundeskanzler Helmut Schmidt und der französische Staatspräsident Giscard d'Estaing. Ab 1974 kommt es zu regelmäßigen Gipfeltreffen der Staats- und Regierungschefs der EWG. Dieser „Europäische Rat" wird zum Motor der weiteren Integrationsbemühungen. Ebenfalls 1974 wurde die Direktwahl der Abgeordneten des Europäischen Parlaments vereinbart.

<small>Norderweiterung der EWG und institutionelle Neuerungen</small>

<small>Süderweiterung der EWG</small>

---

43 Auf den „Supranationalismus" und den „Intergouvernementalismus", den beiden widerstreitenden Konstruktionsprinzipien der EU, wird weiter unten in Kap. 3.6 etwas näher eingegangen.

1975 stellte Griechenland einen Beitrittsantrag, 1977 folgten die Anträge von Portugal und Spanien. Alle drei Staaten erhofften sich von der EWG-Mitgliedschaft eine Stabilisierung ihrer noch jungen Demokratien. Die Süderweiterung der EWG erfolgte dann in zwei Schritten: 1981 mit dem Beitritt Griechenlands und 1986 mit der Aufnahme Portugals und Spaniens. 1987 äußerste die Türkei erstmals ihren Beitrittswunsch.

Einheitliche Europäische Akte

Unter dem Einfluss des Präsidenten der Europäischen Kommission Delors (1985-1995) sowie unter dem ‚Dreiergespann' Thatcher/Mitterand/Kohl zeichnete sich ein neuer Integrationsschub ab. Angestrebt wurde die Vollendung des Binnenmarktes („Europa 1992"), v.a. über die Vereinheitlichung technischer Normen sowie durch die Abschaffung der Privilegierung nationaler Anbieter und versteckter Subventionen. Wichtige Punkte in der 1987 verabschiedeten Einheitlichen Europäische Akte (EEA) waren zum einen die Einführung des qualifizierten Mehrheitsentscheids im Ministerrat in bestimmten Politikfeldern sowie die Aufwertung des Europäischen Parlaments durch das sog. „Kooperationsverfahren"

Maastricht-Vertrag

Vor dem Hintergrund der politischen Umwälzungen in Osteuropa erhielt die Integration Europas neue Impulse insofern, als sich Bundeskanzler Kohl und der französische Staatspräsident Mitterrand für eine demokratisch legitimierte und leistungsstarke „politische Union" aussprachen. Seit den 90er Jahren wurden drei wichtige Verträge geschlossen, die eine „Vertiefung", im Sinne dieser Absichtsbekundung, und zusätzliche Erweiterungen der bestehenden Gemeinschaft mit sich brachten. Erstes greifbares Ergebnis war 1992 der im niederländischen Maastricht geschlossene „Vertrag über die Europäische Union"[44], wonach die EU auf drei Säulen basiert, nämlich

1. der Säule der Europäischen Gemeinschaft (EG; vormals EWG)
2. der Säule der Gemeinschaft der Außen- und Sicherheitspolitik (GASP)
3. der Säule der Zusammenarbeit bei der Justiz- und Innenpolitik.

Säulenkonstruktion des Vertrags

Der Vertrag von Maastricht ist Ausdruck der „Vertiefung" des europäischen Staatenbündnisses. Vertiefung meint dabei eine neue Qualität der Integration vor allem bei der Entscheidungsfindung. Dies wird in der Säulenstruktur der EU deutlich. Die erste und wichtigste Säule umfasst v.a. die Grundsätze, die Politiken sowie die Organe der „Gemeinschaft" (dazu unten) – diese Materien sind im EG-Vertrag (EGV) geregelt. Die zweite und dritte Säule sind Gegenstand des EU-Vertrages (EUV). Dieser Vertrag fungiert als sog. „Mantelvertrag" im Hinblick auf die generelle Gestaltung der EG. Die zweite Säule besteht in der „Gemeinsamen Außen- und Sicherheitspolitik" (GASP) der Union. Sie wird in Titel V des EU-Vertrages (Art. 12ff. EUV) umrissen. Zuständig für die GASP ist der Rat der Außenminister bzw. der Europäische Rat. Im Rat der Außenminister erfordern die Grundsatzbeschlüsse Einstimmigkeit (Art. 23 EUV). Des weiteren wird im Rahmen der zweiten Säule eine Gemeinsame Europäische Sicherheits- und Verteidigungspolitik verfolgt, die u.a. eine Bereitstellung von Truppen durch die Mitgliedstaaten vorsieht.

Die dritte Säule besteht in der „polizeilichen und justiziellen Zusammenarbeit in Strafsachen". Diese Zusammenarbeit entwickelte sich aus dem Schengener Abkommen von 1985, womit zunächst für einen Teil der Mitgliedstaaten ei-

---

44 Auch EU-Vertrag (EUV) oder „Vertrag von Maastricht" genannt.

ne verstärkte Kooperation bei Fragen der Einwanderung, der Verbrechensbekämpfung und des Polizeiwesens vereinbart wurden.[45] In diesem Zusammenhang werden auch einige der unerwünschten Folgen des EG-Binnenmarktes bearbeitet, Probleme, die sich aus den offenen Grenzen (illegale Einwanderung, organisierte Kriminalität, Subventionsbetrug u.a.) ergeben.

Weitere wichtige Gegenstände des Maastricht-Vertrages waren

- die Festlegung auf eine Wirtschafts- und Währungsunion mit Konvergenzkriterien – den „Maastricht-Kriterien" – als Anforderungen für den Beitritt zur angestrebten Währungsunion
- Einführung des Mitentscheidungsverfahrens (Kodezision) für das Europäische Parlament auf bestimmten Gebieten
- Ausweitung der Mehrheitsentscheidungen im Ministerrat
- Anerkennung des Europäischen Rates als oberste Entscheidungsinstanz
- Einrichtung des „Ausschusses der Regionen"
- Umbenennung der „Europäischen Gemeinschaft" in „Europäische Union"; Definition der EU-Bürgerschaft.

Der Maastricht-Vertrag stieß nicht in allen EG-Mitgliedsstaaten auf ungeteilte Zustimmung. Die Dänen z.B. lehnten ihn in einer Volksabstimmung 1992 zunächst ab, nahmen ihn aber nach Zugeständnissen und einem weiteren Referendum 1993 doch noch an. In der Bundesrepublik wartete die Regierung Kohl das Urteil des Bundesverfassungsgerichtes ab und ratifizierte als letztes Mitgliedsland den Vertrag. Vor dem Hintergrund der sich abzeichnenden *Osterweiterung* der nunmehr „Europäische Union" genannten „Europäischen Gemeinschaft" wurden Kriterien für den Beitritt neuer Staaten formuliert. Diese „Kopenhagener Kriterien" forderten v.a.[46]

Von Maastricht nach Amsterdam

- stabile politische Institutionen als Garantie für Rechtsstaatlichkeit, Demokratie und Schutz der Menschenrechte
- eine funktionierende Marktwirtschaft, die dem Wettbewerb des freien Marktes gewachsen ist
- generelle Fähigkeiten, alle Pflichten einer EU-Mitgliedschaft erfüllen zu können sowie grundsätzliches Einverständnis mit den Zielen der EU.

Zur gleichen Zeit, als die Vertiefung des Kern-Europas voranschritt, manifestierte sich eine eklatante Schwäche bzw. Uneinigkeit der EU in der letztlich vollkommen gescheiterten Außenpolitik, d.h. in der weitgehenden Konzeptlosigkeit gegenüber dem zerfallenden Jugoslawien und den nachfolgenden Balkankriegen. Nichtsdestotrotz wurde auf wirtschaftlichem Gebiet die Währungsunion verbindlich festgeschrieben durch die Errichtung der Europäischen Zentralbank (EZB) 1997 sowie durch den Plan, den Euro zum 1. Januar 2002 als alleiniges

---

45 Das Abkommen trat allerdings erst mit erheblicher Verzögerung 1995 in Kraft. Zu den ursprünglichen Schengen-Staaten gehörten Belgien, Deutschland, Frankreich, Luxemburg, Niederlande, Portugal, und Spanien. Hinzugekommen sind inzwischen Griechenland, Italien, Österreich, Schweden und Finnland. Grenzkontrollen können jedoch jederzeit – vorübergehend – wieder eingeführt werden (wie z.B. 2007 anlässlich des G8-Gipfels 2007 in der Bundesrepublik).
46 Vgl. Nicole Schley, Sabine Busse und Sebastian Brökelmann, Knaurs Handbuch Europa, München 2004, 90.

Amsterdam-Vertrag

Zahlungsmittel in den Staaten der Euro-Zone einzuführen, d.h. in allen Mitgliedstaaten der EU, außer in Schweden, Dänemark und Großbritannien.

Mit dem „Vertrag von Amsterdam" (1997) wurden einige der Beschlüsse von Maastricht modifiziert. So kam es zur[47]

- Ausweitung des Mitentscheidungsverfahrens zur Stärkung des EU-Parlaments (d.h. zu mehr „Kodezision" und weniger „Kooperation")
- Ausdehnung des qualifizierten Mehrheitsentscheids im Ministerrat
- Stärkung der EU-Kommission und ihres Präsidenten
- Anerkennung des Verfahrens einer abgestuften Integration, d.h. eines Europas der „zwei Geschwindigkeiten" durch das Institut der „verstärkten Zusammenarbeit" (Art. 43-45 EUV) zwischen den integrationswilligen Staaten
- Aufnahme von Beitrittsverhandlungen mit Estland, Polen, Slowenien, der Tschechischen Republik, Ungarn und Zypern.

Nizza-Vertrag

Der „Vertrag von Nizza" (2001) brachte weitere Neuerungen, mit denen auch Fehlentwicklungen der vorangegangenen Jahre korrigiert werden sollten. Dieser Vertrag enthielt u.a. eine

- Neugewichtung der Stimmen im Ministerrat, wodurch die Stimmen der großen Mitgliedsstaaten stärkeres Gewicht verliehen wurde
- auch die Sitzverteilung im EU-Parlament wurde neu geregelt, um die großen Staaten angemessener zu repräsentieren
- die Zahl der EU-Kommissare wurde auf 27 erhöht
- Abschaffung der Veto-Möglichkeit eines einzelnen Mitgliedsstaates.

Krise der EU

Das hohe Tempo, das in den 1990er Jahren durch die dichte Folge von Verträgen mit z.T. weitreichenden Änderungen aufgenommen wurde, schien zunächst auch im neuen Jahrtausend beibehalten werden zu können: 2002 kam es zur Konstituierung des „Konvents zur Erarbeitung eines Europäischen Verfassungsentwurfs", an dem neben den Vertretern der Mitgliedstaaten auch Repräsentanten der Beitrittskandidaten beteiligt werden sollten. Bald aber zeichneten sich, wie schon des öfteren in der Geschichte der EU, tief gehende Meinungsunterschiede ab, die das bisher erreichte Maß an Integration z.T. in Frage stellten und damit auch deutlich machten, dass das Europa der „zwei Geschwindigkeiten", in dem v.a. Deutschland und Frankreich als Motor fungierten, seine Tücken hatte. Zunächst konnte sich die EU, v.a. wegen der unterschiedlichen Auffassungen bzw. Interessen von Frankreich und England, während der Irak-Krise 2002-2003 auf keine gemeinsame Außenpolitik festlegen. Sodann kam es 2003 zu gemeinschaftsinternen Verstimmungen, als sich die Finanzminister der Eurozone nicht zur Einleitung eines Sanktionsverfahrens gegen die Bundesrepublik verständigen konnten, die sich wiederholt Verstöße gegen die Maastrichter Konvergenz-Kriterien (v.a. wegen der Überschreitung der 3%-Obergrenze bei der Haushaltsverschuldung) hatte zuschulden kommen lassen – eine diesbezügliche Einigung scheiterte insbesondere am massiven Druck, den die Bundesrepublik ausübte. Außerdem konnte 2003 der Europäische Rat von Brüssel nicht die allgemeine Zustimmung zum Verfassungsentwurf des Europäischen Konvents erzielen. Trotzdem wurde im Mai 2004 die seit dem Vertrag von Amsterdam angestrebte

---

[47] Vgl. Tömmel (2003), 42ff.

Osterweiterung der Union durch den gleichzeitigen Beitritt zehn neuer Mitgliedstaaten[48] vollzogen, wodurch die Zahl der Mitglieder auf 25 stieg.

Die Integration der EU sollte durch den „Vertrag über eine Verfassung für Europa" auf eine neue Stufe gehoben werden. Die Mitgliedstaaten hatten diesen Vertrag zwar schließlich Ende 2004 in Rom *unterzeichnet*, aber zum Inkrafttreten bedarf es der *Ratifizierung* des Vertrages durch alle Mitglieder. Die im Untergrund schwelende Krise erreichte ihren Höhepunkt im Mai 2005, als sich die Franzosen in einem fakultativen Referendum und kurz darauf im Juni die Niederländer in einem konsultativen Referendum mehrheitlich gegen die Annahme des Verfassungsvertrages aussprachen. Der Europäische Rat hatte sich daraufhin 2006 eine einjährige Denkpause in Bezug auf den Konstitutionalisierungsprozess der Union verordnet. Anfang 2007 sind schließlich Bulgarien und Rumänien planmäßig der Europäischen Union beigetreten, die seitdem 27 Mitgliedstaaten umfasst und mittelfristig vor weiteren Beitritten steht.

„Verfassung für Europa"

Mit dem Lissabon-Vertrag wurden die vorerst letzten Änderungen der rechtlichen Grundlagen der EU vorgenommen. Der unter portugiesischer Ratspräsidentschaft 2007 beschlossene und 2009 in Kraft getretene Vertrag enthält wichtige Neuerungen, die durch den gescheiterten EU-Verfassungsvertrag hatten eingeführt werden sollen. Dazu gehören[49]

Lissabon-Vertrag

- eine Stärkung der Gesetzgebungskompetenzen des Europäischen Parlaments
- eine stärkere Einbindung der nationalen Parlamente in die Arbeit der EU
- die Ausdehnung der Beschlussfassung mit qualifizierter Mehrheit im Rat der Europäischen Union
- die Schaffung des Amtes eines Präsidenten des Europäischen Rates
- die Schaffung des Amtes eines Hohen Vertreters der EU für die Außen-und Sicherheitspolitik
- die Einführung der Rechtspersönlichkeit der EU.

Mit dem letztgenannten Punkt wird die mit dem Vertrag vom Maastricht eingeführte „Säulenkonstruktion" der EU weitgehend obsolet: Die Kompetenzen der ersten Säule – der EG – gehen geschlossen auf die EU (der vormaligen ‚Dachkonstruktion für alle drei Säulen) über.

Zusammenfassung

Dieses Kapitel befasste sich mit einigen Besonderheiten in der (Vor-)Geschichte der Bundesrepublik, die für das Verständnis der (Grundstrukturen der) Politik in der Bundesrepublik wichtig sind. Im ersten Abschnitt wurden zunächst kulturelle, gewissermaßen mit dem Nationalcharakter zusammenhängende Gründe für den beschwerlichen Weg Deutschlands in die Moderne dargelegt. Abschnitt zwei skizzierte dann die schwierige Situation der ersten Nachkriegsjahre, in denen mit Unterstützung der Westalliierten der gesellschaftliche Wiederaufbau betrieben und mit dem als ‚Provisorium' verabschiedeten Grundgesetz die tragfähige Grundlage für einen mittlerweile bewährten liberalen Verfassungsstaat geschaffen wurde. Der dritte Abschnitt dieses Kapitels zeigte, dass die während

---

48 Dies waren Estland, Lettland, Litauen, Malta, Polen, die Slowakei, Slowenien, Tschechien, Ungarn und Zypern.
49 Ein Überblick über die wichtigen Vertragsinhalte findet sich unter www.europa.eu/ lisbon_treaty/glance (24. 1. 2011).

des Kalten Krieges erfolgte Westintegration zur Anerkennung und zur weiteren Stabilisierung der Bundesrepublik beigetragen hatte, so dass auch die immense und herausfordernde Aufgabe der Wiedervereinigung der beiden deutschen Staaten in der 1990er Jahren bewältigt werden konnte. Der vierte Abschnitt rekonstruierte die erstaunliche Entwicklung der von sechs europäischen Staaten im Jahr 1957 gegründeten EGKS zur inzwischen 27 Staaten umfassenden politischen Union Europas. Der bisherige Entwicklungsprozess verlief nicht geradlinig und war nie frei von Stillständen bzw. Rückschlägen gewesen, wie die unter der deutschen Ratspräsidentschaft 2007 allerdings entschärfte Verfassungs-Krise erneut unter Beweis stellte. Würde diese Krise endgültig in Richtung auf eine Konstitutionalisierung der EU überwunden, so wäre der Weg zu einem europäischen Bundesstaat eingeschlagen.

III. Das Grundgesetz – Die Verfassung der Bundesrepublik

Das Grundgesetz der Bundesrepublik verkörpert, trotz der nachvollziehbaren Bedenken, die deutsche Politiker anfänglich gegenüber allzu weitreichenden, womöglich endgültigen Entscheidungen geltend machten, eine vollständige Verfassung. Die wichtigsten Merkmale der bundesrepublikanischen Verfassung werden in diesem Kapitel betrachtet.[1]

Eine Verfassung bzw. das Verfassungsrecht unterscheidet sich von einfachen Gesetzen dadurch, dass es als Rahmen für das Gesetzesrecht und damit als höheres Recht fungiert. Dieses höhere Recht ist nicht nur durch seine im Vergleich mit einfachem Recht erschwerte Abänderbarkeit charakterisiert, sondern es enthält neben den Rechtsregeln auch sogenannte Rechtsprinzipien. Auf diese vor allem in den Grundrechten und in den Verfassungsgrundsätzen sich manifestierenden Prinzipien wird in den Abschnitten 3.3 und 3.4 näher eingegangen. Zuvor werden einige prinzipielle Überlegungen zur Entstehung, zum Inhalt und zur Geltung(sdauer) von Verfassungen angestellt (3.1); danach erfolgt ein Überblick über die grundgesetzliche Organisation der Politik in der Bundesrepublik (3.2). Eine kurze Betrachtung der verfassungsrechtlichen bzw. verfassungspolitischen Implikationen der deutschen Einheit (3.5) und des Verhältnisses von Grundgesetz und EU-Recht (3.6) beschließen dieses Kapitel.

---

1 Bereits die einführende Literatur zum Verfassungsrecht der Bundesrepublik ist nur schwer überschaubar. Gute Übersichtsdarstellungen sind z.B. Konrad Hesse, Grundzüge des Verfassungsrechts der Bundesrepublik Deutschland, Heidelberg 1990 sowie Ekkehart Stein, Staatsrecht, Tübingen 1998. Zur Vertiefung können die zahlreichen Einzelbeiträge im „Handbuch des deutschen Staatsrechts" sowie im „Handbuch des Verfassungsrechts" dienen. Aus der politikwissenschaftlichen Literatur siehe z.B. Wolfgang Seibel, Normen und Institutionen des demokratischen Verfassungsstaates, in: Ulrich von Alemann, Kay Loss und Gerhard Vowe (Hrsg.): Politik. Eine Einführung, Opladen 1994, 73-151, hier 84-108 sowie Arthur Benz, Selbstbindung des Souveräns: Der Staat als Rechtsordnung, in: Michael Becker und Ruth Zimmerling (Hrsg.), Politik und Recht (PVS-Sonderheft 36), Wiesbaden 2006, 143-163.

3.1 Vorüberlegungen:
Ursprung, Inhalt und Geltung von Verfassungen

Aus den in Kapitel 1.1 gemachten theoretischen Erörterungen ging hervor, dass ein Staat als Ergebnis des Willens einer Nation oder eines Volkes zur Verfassung betrachtet werden kann. Einem Verfassungsstaat bzw. einer Verfassung liegt somit – idealerweise – ein Entschluss eines Kollektivs, einer wie auch immer geeinten oder integrierten Menge von Menschen zugrunde, die das öffentliche Leben durch eine von ihnen selbst als zustimmungswürdig betrachtete Ordnung regeln wollen.

Politische Autonomie

Unumstritten ist dabei seit den Tagen der Französischen Revolution, dass das *Volk* der Träger der Souveränität, der höchsten politischen und darum auch der verfassunggebenden Gewalt sein muss. Der Grundsatz der politischen Autonomie stand seitdem im Zentrum des modernen Verfassungsstaates: Sollen Menschen auch innerhalb einer staatlichen Gemeinschaft ein größtmögliches Maß an Freiheit besitzen, dann ist es unumgänglich, so der einfache und einleuchtende, damals jedoch revolutionäre Gedanke, dass sie selbst die Urheber der konstitutionellen Ordnung sind, unter der sie später leben werden.[2] Unterdrückung, Ausbeutung und Entfremdung unter dem alten Regime, d.h. der Monarchie sollten aufhören – *Selbst*bestimmung bedeutete also zwangsläufig Abschaffung der *Fremd*bestimmung. Politische Autonomie in diesem Sinn musste folglich gegen Widerstände der bestehenden Ordnung und häufig mit Gewalt durchgesetzt werden. Das lässt sich deutlich an den beiden Großereignissen ablesen, die ihrerseits, wie unzulänglich und fragil auch immer, moderne demokratische Verfassungsstaaten hervorbrachten, nämlich an der Französischen und zuvor noch an der Amerikanischen Revolution.

An der Amerikanischen Revolution zeigt sich im übrigen auch, dass legitime Ordnungen ihrerseits nicht aus formal korrekten, d.h. demokratisch legitimierten Verfahren bzw. Institutionen wie einer verfassunggebenden Versammlung hervorgegangen sein müssen. Die bis heute gültige US-Verfassung aus dem Jahre 1787 wurde nämlich von einer Versammlung (Konvent) von Vertretern der Einzelstaaten beraten, die zwar ein Mandat zur Revision der Artikel der „Konföderation" (Staatenbund) besaßen, aber keinesfalls eines aber für die Verabschiedung einer Bundesverfassung. Der Konvent wandelte sich deshalb eigenmächtig in eine verfassunggebende Versammlung um.[3] Die Legitimierung des deutschen

---

[2] Gleich im ersten Kapitel von Rousseaus berühmtem, auch die französischen Revolutionäre inspirierenden Gesellschaftsvertrag von 1762 heißt es, der Mensch sei von Natur aus frei, also „frei geboren", und deshalb „muß eine Gesellschaftsform gefunden werden, ... in der jeder einzelne, mit allen verbündet, nur sich selbst gehorcht und so frei bleibt wie zuvor"; Jean-Jacques Rousseau, Vom Gesellschaftsvertrag oder Prinzipien des Staatsrechts, in: ders., Politische Schriften Bd. 1, Übersetzung und Einführung von Ludwig Schmidts, Paderborn 1977, 73.

[3] Die Federalist Papers, in denen die Befürworter einer Bundesverfassung ihre Argumente vorbrachten, rechtfertigten dieses eigenmächtige und formal unzulässige Vorgehen folgendermaßen: „Sie (die Mitglieder des Konvents bzw. die „Delegierten"; M.B.) müssen sich überlegt haben, daß bei allen großen Veränderungen etablierter Regierungen die *Form* dem *Inhalt* zu weichen hat; in solchen Fällen starr an der Form festzuhalten, würde ... das vorzügliche und wertvolle Recht des Volkes, ‚seine Regierung aufzuheben oder zu verändern, wie es ihm für seine Sicherheit und sein Glück am zuträglichsten zu sein

Parlamentarischen Rates lediglich durch die Landtage (vgl. Kapitel 2.2) erscheint vor dem Hintergrund solcher Begebenheiten sicher etwas weniger außergewöhnlich.

Eine in der politischen Philosophie bis heute umstrittene und bis in die konkrete Verfassungsrealität sich auswirkende Frage ist diejenige nach einer möglichen Bindung auch noch derjenigen ‚Kraft', in der die politische Autonomie in erster Linie sich zeigen soll: der verfassunggebenden Gewalt als Äußerungsform der Souveränität des Volkes. Die Bejahung einer Bindung der souveränen Gewalt könnte sich z.B. aus Normen ergeben, die unabhängig von ihr, ohne ihr Zutun gelten würden, etwa weil sie mit göttlicher Autorität ausgestattet sind. Der Rekurs auf Gott bzw. auf die von ihm herrührenden Normen ist nach der philosophischen Aufklärung und der institutionellen Trennung von Religion und Politik jedoch nicht mehr ohne weiteres möglich.[4] Und dennoch beinhalten viele philosophische Rechtfertigungstheorien des Staates einen Ausgangspunkt, der der Souveränität entzogen bleiben soll. Bevorzugter Kandidat für ein solches normatives Element der Unverfügbarkeit, das auch Eingang in die Verfassung realer Staaten gefunden hat, ist ein unveräußerliches oder natürliches, d.h. „angeborenes" Recht. Meistens wird ein solches vom Verfassungsgeber und seiner Souveränität zu respektierendes Recht als ein „Recht auf Freiheit" aufgefasst.[5]

<small>Unveräußerliche Rechte und verfassunggebende Gewalt</small>

In dem erwähnten Streit um das unverfügbare Fundament des säkularen Staates stehen sich zwei Auffassungen gegenüber, die dieses Recht auf Freiheit unterschiedlich interpretieren: Die eine geht davon aus, dass in einem Prozess der konstitutionellen Selbstbestimmung nichts anderes als diejenigen Bedingungen, d.h. die Normen zur Ausgestaltung dieses Prozesses als ‚gegeben' angenommen werden dürfen. Das bedeutet, dass eine konstitutionelle Ordnung nicht umhin kann anzuerkennen, dass politische Autonomie ein vorgängiges individuelles Recht auf Freiheit, verstanden als eines auf Teilnahme an dieser Selbstbestimmung, voraussetzt. Die andere Auffassung räumt zwar ein, dass Autonomie wichtig ist, bestreitet jedoch, dass das unveräußerliche Recht auf Freiheit sich in erster Line politisch, als Teilnahmerecht manifestieren muss. Freiheit verstanden als „negative Freiheit" meint vorrangig das Frei-sein eines Individuums von fremder Willkür.[6]

<small>Zwei konträre Auffassungen</small>

---

scheint', unwirksam machen"; Alexander Hamilton, James Madison und John Jay, Die Federalist Papers, Nr. 40, Darmstadt 1993, 255 (Hervorh. M.B.).

4   Das Nebeneinander von theologischer und säkularer Letztbegründung der staatlichen Ordnung lässt sich noch gut bei den Gesellschaftsvertragstheoretikern Thomas Hobbes und John Locke beobachten, bei denen als grundlegend betrachtete Rechte bzw. Gesetze zugleich als gottgegeben *und* als vernünftig bezeichnet werden. In der amerikanischen Unabhängigkeitserklärung von 1776 findet sich eine ähnliche Konstruktion: „Folgende Wahrheiten bedürfen für uns keines Beweises: Daß alle Menschen gleich geschaffen sind, daß sie von ihrem Schöpfer mit gewissen unveräußerlichen Rechten ausgestattet sind ..."; zitiert nach Udo Sautter, Geschichte der Vereinigten Staaten von Amerika, Stuttgart 1976, 536. Zum Gottesbezug in der Präambel des Grundgesetzes siehe unten.

5   Außer bei Rousseau findet sich ein grundlegendes Recht auf Freiheit auch in den Staatstheorien von Locke und Kant.

6   Vgl. in diesem Streit einerseits die Position des demokratischen Prozeduralismus von Ingeborg Maus, Zur Aufklärung der Demokratietheorie. Rechts- und demokratietheoretische Überlegungen im Anschluss an Kant, Frankfurt a.M. 1992, Kap. 8 und anderseits diejenige von Ernst-Wolfgang Böckenförde (1991a), 111, der von einer sittlichen oder ethischen Imprägnierung der verfassunggebenden Gewalt ausgeht.

Geltlungsdauer und Revision der Verfassung

Unumstritten ist dagegen, dass ein Volk kraft souveräner Gewalt die Verfassung, unter der es bisher gelebt hat, revidieren oder vollkommen neu gestalten kann. Obwohl eine konstitutionelle Ordnung ihre Existenz dem Willen des Souveräns[7] verdankt, sind ihre Tage gezählt, wenn sich der Souverän zu ihrer Aufhebung entschließen sollte. Ob überhaupt und wann eine solche Neukonstituierung stattfinden sollte, darüber gingen früher zumindest die Meinungen auseinander. Von einer in *regelmäßigen* Abständen, nämlich von jeder neuen Generation vorzunehmenden Neuverfassung ist z.B. noch Thomas Jefferson, Verfasser der amerikanischen Unabhängigkeitserklärung und einer der ersten Präsidenten der USA, ausgegangen. Als überzeugter Republikaner wollte er keiner Generation den grundlegendsten Akt der politischen Selbstbestimmung und die daraus resultierende Wertschätzung für die eigene konstitutionelle Ordnung vorenthalten. Gegenüber diesem Pathos aus der Anfangszeit des modernen Republikanismus werden heutzutage Stabilität und Kontinuität einer (legitimen) Verfassung geschätzt. Allerdings wird eine Verfassung normalerweise Angaben darüber machen, wann bzw. unter welchen Bedingungen ihre Gültigkeit aufgehoben werden soll.

So enthält z.B. die Schweizerischen Bundesverfassung einen Abschnitt über die Bedingungen einer „Revision der Bundesverfassung".[8] Und auch die Väter des Grundgesetzes hatten dessen Geltungsdauer, vor dem Hintergrund der für sie nicht unproblematischen Entstehungsbedingungen, von vornherein begrenzt: Art. 146 GG alter Fassung sprach vom Ende der Gültigkeit des Grundgesetzes in dem Fall, dass in einer günstigeren weltpolitischen Konstellation eine neue Verfassung „von dem deutschen Volke", und das hieß damals implizit: von den Deutschen in West- und in Ostdeutschland, „in freier Entscheidung beschlossen worden ist". Diese Formulierung ist auch in die neue Fassung von Art. 146 GG übernommen worden.

3.2 Der Organisationsteil des Grundgesetzes

Organisations- und Grundrechtsteil der Verfassung

Zeitgenössische Verfassungen enthalten normalerweise rechtliche Normen für zwei unterschiedliche Bereiche. Dabei handelt es sich zum einen um einen sogenannten *Organisationsteil*, der den Fragen der institutionellen Umsetzung der politischen Selbstbestimmung, d.h. der Konstituierung und der Begrenzung der Legislativ-, Exekutiv- und Judikativmacht gewidmet ist. Zum anderen enthalten moderne liberale Verfassungen einen *Grundrechtsteil*, der die konstitutionell gewährten individuellen Rechte aufführt. Historisch gesehen ist eine solche Auflistung nicht vollkommen unumstritten gewesen. So war bei der Diskussion der US-Verfassung das Argument vorgebracht worden, eine akribische Auflistung von einzelnen Rechten könne auch so missverstanden werden, dass ein Staat seinen Bürgern alle (noch) nicht aufgeführten Rechte vorenthalten könne. Das

---

7   Die Existenz einer verfassungsmäßigen Ordnung in einer globalisierten Welt hängt aber auch noch, wie bereits gesagt, vom Willen anderer Staaten bzw. Souveräne ab.
8   Siehe http://www.admin.ch/ch/d/sr/c101.html (1. 2. 2011). 1999 wurde in der Schweiz eine sog. „Totalrevision" vorgenommen, die allerdings alle wesentlichen Inhalte der alten Verfassung unangetastet ließ. Von diesem gleichwohl bemerkenswerten Ereignis bei den Schweizer Nachbarn ist hierzulande kaum Notiz genommen worden.

aber widerspreche dem Grundgedanken einer Ordnung, die eigens zum Schutz der Freiheit der einzelnen geschaffen werde. Eine ausdrückliche Anführung individueller Rechte sei demnach überflüssig und kontraproduktiv. Heutzutage werden solche Bedenken jedoch nicht mehr geteilt. Der Grundrechtsteil des Grundgesetzes ist zu einem bewährten und unentbehrlichen Bestandteil dieser Verfassung geworden.

Das Grundgesetz der Bundesrepublik gliedert sich in insgesamt 11 Abschnitte sowie die Präambel. Der erste Teil, der die Grundrechte der Bürger enthält, wird im nächsten Abschnitt dieses Kapitels ausführlicher besprochen. Die anderen zehn Abschnitte zählen zu dem sog. Organisationsteil des Grundgesetzes. „Organisation" ist dabei in einem weiten Sinn zu verstehen, darunter fallen nicht nur die für die politische Selbstbestimmung bzw. für die Hervorbringung der bindenden Entscheidungen erforderlichen Einrichtungen, sondern auch die eingangs erwähnten Verfassungsgrundsätze, die die Staatsorganisation ganz allgemein bestimmen. Die in den Abschnitten II bis XI enthaltenen Normen lassen sich wiederum danach unterscheiden, ob sie (im engeren Sinn) organisationeller oder funktioneller Art sind. Einige Grundgesetzartikel lassen sich keiner der beiden Gruppen zuordnen.[9]

Gliederung des Grundgesetzes

Folgende Artikel und Themen des Grundgesetzes sind für die in den weiteren Kapiteln darzulegenden „Grundstrukturen der Politik in Deutschland" wichtig:

Die erste Hälfte von *Abschnitt II* (Art. 20-37 GG) thematisiert mit den Art. 20-27 GG z.B. die in Art. 20 GG angeführten Verfassungsgrundsätze, das sog. Parteienprivileg in Art. 21 GG und die Einbindung der Bundesrepublik in internationale Organisationen (Art. 23 GG). Die zweite Hälfte des zweiten Abschnitts behandelt mit den Art. 28-37 GG Fragen der Bund-Länderbeziehungen.

Die Abschnitte III-VI des Grundgesetzes sind dann der Organisation der Verfassungsorgane gewidmet: *Abschnitt III* z.B. enthält wichtige Bestimmungen zum Deutschen Bundestag; *Abschnitt VI* regelt die Wahl (Art. 63 GG) und die Befugnisse (Art. 64 und 65 GG) des Bundeskanzlers; die Art. 67 GG (Misstrauensvotum) und 68 GG (Vertrauensfrage) regeln die Beziehungen zwischen ihm und dem Bundestag.

Die Abschnitte VII-X des Grundgesetzes beziehen sich auf die Staatsfunktionen bzw. auf die drei in Art. 20 Abs. 1 GG angesprochenen Staatsgewalten: die Legislative, die Exekutive und die Judikative. *Abschnitt VII* behandelt die Gesetzgebung im föderalen Deutschland; *Abschnitt VIII* ordnet die Ausführung der Bundesgesetze und die Bundesverwaltung; *Abschnitt IX* umreißt v.a. die Ordnung der Rechtsprechung inklusive des Bundesverfassungsgerichts (Art. 93 und 94 GG).

Der *X. Abschnitt* des Grundgesetzes ordnet das *Finanzwesen*, in dem nochmals die Gesetzgebungskompetenzen (Art. 105 GG), die Steuereinnahmen (Art. 106 GG) und der Finanzausgleich zwischen den Ländern (Art. 107 GG) geregelt werden. Der den Verteidigungsfall betreffende *Abschnitt Xa.* ist 1968 nachträglich in das Grundgesetz aufgenommen worden, und die Art. 115a-l enthalten zahlreiche Regelungen für die Aufrechterhaltung des im Falle einer äußeren militärischen Bedrohung zwangsläufig eingeschränkten politischen Lebens. Der umfangreiche *Abschnitt XI* des Grundgesetzes fällt hinsichtlich seiner Gegen-

---

9 Zu dieser Einteilung siehe Stein (1998), 2.

stände sehr heterogen aus und führt in beinahe 40 Artikeln die Übergangs- und Schlussbestimmungen (Art. 116-146 GG) an.

3.3 Präambel und Grundrechtsteil des Grundgesetzes

Verfassungen können nicht nur eine Auflistung von Grundrechten und Einrichtungen zur Gestaltung der Politik, sondern zudem auch Äußerungen und Bemerkungen grundsätzlicher Art enthalten. Solche Bekundungen werden als „Präambel" oder „Vorspruch" einer Verfassung vorangestellt (3.3.1). Der im Unterschied zur Weimarer Verfassung an den Anfang des Grundgesetzes gerückte Grundrechtsteil soll den herausragenden und vom Staat unbedingt zu schützenden Status nicht nur seiner Bürger, sondern aller Menschen, die in seinem Geltungsbereich leben, unterstreichen. Die zu diesem Zweck angeführten Abwehrrechte (3.3.2) werden ergänzt durch die Partizipationsrechte an der organisierten politischen Selbstbestimmung sowie durch weitere Garantien (3.3.3).[10]

3.3.1 Präambel und Art. 1 GG

Legitimation und Geltung des Grundgesetzes

Die alte Präambel des Grundgesetzes reflektierte zunächst die Besonderheiten der Verfassungsgebung 1949 und die nach der „deutschen Katastrophe" besondere Verantwortung der Verfassungsgeber. Eine weitere durch diese Situation bestimmte Aussage des *alten* Vorspruches, wonach das Grundgesetz provisorischen Charakter haben und nur „für eine Übergangszeit" gelten solle, war schon erwähnt worden. Diese Bestimmung wurde 1990 im Zuge der deutschen Wiedervereinigung durch eine Grundgesetzänderung aufgehoben. Weiterhin zum Ausdruck gebracht werden in der neuen Präambel die Legitimation des Grundgesetzes durch die „verfassunggebende Gewalt" des deutschen Volkes sowie die nunmehrige Geltung für „das gesamte Deutsche Volk".

Gottesbezug

Am auffälligsten an der Präambel ist nach wie vor ihr erster Satz, in dem von der Verantwortung des deutschen Volkes „vor Gott und den Menschen" die Rede ist. Dieser Passus war auf Anregung des damaligen FDP-Vorsitzenden und Mitglieds des parlamentarischen Rates Theodor Heuss in den Verfassungsentwurf von 1949 aufgenommen und auch für das Grundgesetz beibehalten worden.[11] Hieran zeigt sich noch einmal die Problematik der Begründung bzw. des

---

10 Das Grundgesetz selbst gebraucht diese in der politikwissenschaftlichen Literatur häufig anzutreffende Unterscheidung zwischen Abwehr- und Partizipationsrechten bzw. zwischen „negativen" und „positiven" Rechten nicht. Die Einteilung der Grundrechte in der rechtswissenschaftlichen Literatur wird von Mal zu Mal unterschiedlich vorgenommen: Hesse (1990) spricht von Freiheits- und von Gleichheitsrechten sowie von anderen „Garantien" des Grundgesetzes; Stein (1998) dagegen unterscheidet zwischen Freiheits- und Aktivbürgerrechten sowie zwischen prozeduralen und sozialen Rechten.

11 In den Staaten der Europäischen Union sind Präambeln den Verfassungen nicht immer vorangestellt – wenn doch, dann werden darin gelegentlich auch nur rein technische Fragen behandelt. Grundsätzliche normative Bekenntnisse werden lediglich in den Verfassungen Frankreichs, Spaniens und Portugals ausgesprochen. Außer im Grundgesetz ist der Gottesbezug noch in der irischen Verfassung enthalten, dort allerdings in einer ungleich stärkeren Variante: „Im Namen der Allerheiligsten Dreifaltigkeit, von der alle Autorität

Grundes einer Staatsverfassung. Unter prozeduralistischem Gesichtspunkt verhält sich die Sache noch vergleichsweise einfach: eine legitime Verfassung ist demnach diejenige, die aus einem ordnungsgemäßen Verfahren der Verfassungsgebung hervorgegangen ist, und ein solches bemisst sich daran, ob die Konstituante in ausreichendem Maße an die Souveränität des Volkes zurückgebunden war.[12] Wem diese rein verfahrensmäßige Auffassung der Verfassungsgebung nicht genügt, der wird sich entweder, wie oben ausgeführt, zusätzlich auf unveräußerliche („negative") Rechte oder, wie im Falle des Grundgesetzes, auf Gott berufen.

Vor dem Hintergrund des deutschen Sonderweges, dem Scheitern der Weimarer Verfassung und schließlich der nationalsozialistischen Gewaltherrschaft schien vielen Politikern und den Vätern der Verfassung eine ausschließlich vernünftige Verfassungsrechtfertigung offensichtlich nicht tragfähig genug. Aus diesem Grunde erfolgte die Formulierung, dass das deutsche Volk das Grundgesetz „im Bewusstsein seiner Verantwortung vor Gott und den Menschen" beschlossen habe. Die Bekundung dieser Verantwortung *vor Gott* bewirkt zum einen eine Entlastung der ‚letzten' vernünftigen Gründe des Grundgesetzes – eine Verfassung, und sei es eine provisorische, kann und soll also aus Sicht der Grundgesetzväter nicht ausschließlich Menschenwerk sein. Sich als verantwortlich gegenüber *den Menschen* zu fühlen bedeutet zum anderen, dass Deutschland nach den Jahren der nationalsozialistischen Barbarei bereit war, wieder in den Kreis der zivilisierten Menschheit zurückzukehren.

Auch der erste Artikel des Grundgesetzes ist vor dem Hintergrund des Unrechtsstaates der Nazis zu sehen. Genau genommen formuliert der erste Satz im ersten Abschnitt dieses Artikels gar keinen Rechtsanspruch, sondern er konstatiert eine grundlegende und darum notwendige, aber, wie die Jahre 1933-45 gezeigt hatten, keineswegs selbstverständliche Bedingung zivilisierten Zusammenlebens in staatlichen Gemeinschaften: „Die Würde des Menschen ist unantastbar". Allerdings wirft dieser Begriff Schwierigkeiten auf, es ist nicht hinreichend klar, was mit „Würde" genau gemeint ist. Auch ein Blick auf die in Kapitel 1 angeführten Akteur-Modelle hilft nicht weiter: Denn „Würde" ist ein auf den *Menschen als Individuum* bezogenes Wort, und diese Individualität kannten z.B. die klassischen Griechen noch nicht, jedenfalls ist er nicht in der Vorstellung des zoon politikon enthalten. Und das Modell des homo oeconomicus setzt Würdigkeit von Individuen im Sinne strategischer Akteure allenfalls voraus, es hat jedoch keine Mittel, sie zu explizieren.

Wenigstens die Grundbedeutung des Wortes lässt sich aber mit einer einfachen Unterscheidung verdeutlichen. Demnach lassen sich zwei Sorten von Dinge unterscheiden: zum einen gibt es Dinge, die man für die Realisierung eigener Zwecke gebrauchen kann. Diese Dinge haben einen „äußeren Wert" oder Preis, sie sind also verkäuflich oder erhältlich. Zum anderen gibt es aber ein Ding, das nicht Gegenstand eines Tauschs sein kann, vielmehr über jeden Preis erhaben ist – und dieses ‚Ding' ist der Mensch. Genauer gesagt: der Mensch als *moralisches*

Die Würde des Menschen – Art. 1 GG

---

kommt ... anerkennen wir, das Volk von Irland, in Demut alle unseren Verpflichtungen gegenüber unserem göttlichen Herrn, Jesus Christus ..."; zitiert nach: Adolf Kimmel (Hrsg.), Verfassungen der EU Mitgliedstaaten, München 2005, 255.

12 Zu den verschiedenen Verfahren der Verfassungsgebung vgl. Kap. 2.2.

Wesen, also als jemand, der prinzipiell dazu in der Lage ist, selbst gesetzten moralischen Gesetzen (und auch Lebensplänen) zu folgen.[13]

Autonome Verfassung für autonome Menschen

Dadurch, dass das Grundgesetz in seinem ersten Artikel die Unantastbarkeit der Würde des Menschen postuliert, rückt es ihn also als moralisch autonomes Wesen in seinen Mittelpunkt. So betrachtet ist das Grundgesetz eine aus der *politischen* Selbstbestimmung hervorgegangene rechtliche Ordnung für die prinzipiell der *moralischen* Selbstbestimmung fähigen Menschen. Art. 1 GG stand also damals, nach Kriegsende, und steht weiterhin für den Willen der Deutschen, zukünftig verhindern zu wollen, dass Menschen in Deutschland entweder von Seiten des Staates oder von Seiten der Bürger missachtet, erniedrigt, verfolgt und ermordet werden.[14]

Menschenrechte und Grundrechte

Menschenrechte sind diejenigen Rechte, die vernünftigerweise jedem Menschen zugebilligt werden müssen. Ihre Begründung geschieht auf zweierlei Weise: entweder sie werden als gottgegeben betrachtet oder aber als eine Forderung, die vernünftiger Überlegung entspringt und mit guten Argumenten nicht zurückgewiesen werden kann – weil nämlich für ein selbstbestimmtes Leben in einer Gemeinschaft erstens eine Grundausstattung mit Rechtsansprüchen unabdingbar ist und zweitens solche Rechte jedem Menschen gleichermaßen zuerkannt werden müssen. Solche Begründungsmuster beziehen sich nur auf die sog. Kernmenschenrechte (Recht auf Leben und Freiheit, Folterverbot, Recht auf Staatsangehörigkeit), andere, in den verschiedenen Menschenrechts-Pakten und -Konventionen ebenfalls angeführte Rechtsansprüche sind weniger fundamental. *Grundrechte* sind jene Rechte, die innerhalb einer besonderen staatlichen Gemeinschaft gewährt werden. Sie verdanken formal gesehen ihre „positive" Geltung (idealerweise) dem Beschluss einer verfassunggebenden Versammlung bzw. dem pouvoir constituant. Inhaltlich betrachtet beziehen sie sich insbesondere auf die unveräußerlichen Kernmenschenrechte; sie gestalten diese jedoch noch weiter aus, konkretisieren sie und umfassen teilweise auch noch weitergehende Ansprüche. Das Grundgesetz gewährt einige Grundrechte, wie gleich zu sehen sein wird, nur den „Deutschen", also denjenigen „Menschen" nicht, die

---

13 Diese Unterscheidung findet sich bei Kant; Die Metaphysik der Sitten, Tugendlehre, §11. Dort heißt es, der Mensch „besitzt eine Würde (einen absoluten innern Wert), wodurch er allen andern vernünftigen Weltwesen A c h t u n g für ihn abnötigt ..."; zitiert nach Immanuel Kant, Werkausgabe, hrsg. von Wilhelm Weischedel, Frankfurt a.M. 1982, A93-94. Friedrich Schiller erblickt „Würde" in der Fähigkeit des Menschen, seine Triebe durch die moralische Kraft zu beherrschen. Gegenüber dieser speziell deutschen, moralphilosophisch begründeten Würde sieht Locke die Sonderstellung des Menschen in der Welt daraus hervorgehen, dass er prinzipiell Eigentümer von allem und jedem werden könne, nur nicht von sich selbst, weil er Eigentum Gottes sei. Die historisch früheste Formulierung der Würde stellt die christliche Auffassung vom einzelnen Menschen als Ebenbild Gottes dar.

14 Zur eingehenderen Betrachtung der Menschenwürde siehe Ernst Benda, Menschenwürde und Persönlichkeitsrecht, in: Handbuch des Verfassungsrechts, hrsg. von dems., Werner Maihofer und Jochen Vogel, Berlin/New York 1995, §6. Der programmatische und keineswegs bloß symbolisch gedachte erste Satz des Art. 1 GG, der sich der Zustimmung aller liberalen Demokraten sicher sein kann, wirkt jedoch konfliktverstärkend immer dann, wenn er unvermittelt in die politische Diskussionen eingebracht wird – etwa beim Thema „Stammzellforschung". Zum nicht immer einfachen Umgang mit der Menschenwürde im politischen Alltag siehe Ulfrid Neumann, Die Tyrannei der Würde. Argumentationstheoretische Erwägungen zum Menschenwürdeprinzip, in: Archiv für Rechts- und Sozialphilosophie, 84/1998, 153-166.

zwar unter der grundgesetzlichen Ordnung leben, aber nicht deutsche Staatsbürger sind.

Nach der Feststellung der Unantastbarkeit der Menschenwürde in Art. 1 Abs. 1 GG heißt es in Art. 1 Abs. 2 GG: „Das Deutsche Volk bekennt sich darum zu unverletzlichen und unveräußerlichen Menschenrechten als Grundlage jeder menschlichen Gemeinschaft, des Friedens und der Gerechtigkeit in der Welt." Wenn die Menschenwürde der Angelpunkt des Grundgesetzes darstellt und die Würde wiederum maßgeblich mit dem Bild des Menschen als einem selbstbestimmten und in seinem Willen von anderen unabhängigen Wesen verbunden ist, dann ist es unumgänglich, dass eine Verfassung diesen Individuen Ansprüche einräumt, die ihnen Selbstbestimmung und Unabhängigkeit sichern bzw. überhaupt erst zu erlangen helfen. Die nach dem 2. Weltkrieg als maßgeblich zu betrachtende Formulierung solcher Ansprüche ist die *Allgemeine Erklärung der Menschenrechte*, die 1948 durch die Generalversammlung der Vereinten Nationen abgegeben wurde.[15] Bei den vom Grundgesetz gewährten *Grund*rechten handelt es sich also um eine Übernahme der wichtigsten Ansprüche dieses allgemeinen Kataloges der *Menschen*rechte.

3.3.2 Abwehrrechte

Die im Grundgesetz garantierten Grundrechte lassen sich als Schutzzäune betrachten, die die größtmögliche Unabhängigkeit der Individuen als Staatsbürger gegenüber dem Staat und den Mitbürgern gewährleisten sollen. Normativ gesehen stellen Grundrechte einer Verfassung jene letztlich auch mit staatlicher Zwangsgewalt durchzusetzenden allgemeinen Ansprüche dar, die die Menschen sich gegenseitig einräumen müssen, um ihre Integrität zu bewahren. Die Grundrechte einer Verfassung, vor allem die Abwehrrechte, sind demnach als Konkretisierung der Vorstellung von einem der Würde fähigen Wesen, das in Gemeinschaft mit anderen lebt, aufzufassen. Im Folgenden werden die Abwehrrechte noch einmal danach unterschieden, ob sie sich unmittelbar auf die Persönlichkeit und deren „innere" Freiheit (3.3.2.1) oder primär auf die Privatsphäre bzw. die „äußere" Freiheit beziehen (3.3.2.2).

3.3.2.1 Freiheit der Persönlichkeit

Das grundgesetzliche Verständnis vom Menschen als einem selbstbestimmten Wesen erfordert, wie gesagt, die Garantie der Möglichkeit, sein Leben nach eigenen Vorstellungen zu gestalten, also unabhängig von der Willkür anderer zu sein – dies gewährt ganz allgemein Art. 2 Abs. 1 GG. Die Entfaltungsfreiheit bzw. Unabhängigkeit kann jedoch keine absolute, grenzenlose Freiheit sein, und deshalb werden ihr Schranken auferlegt: Freie Entfaltung ist unstatthaft, wenn sie auf Kosten anderer vorgenommen wird oder gegen die „verfassungsmäßige Ordnung oder das Sittengesetz", verstanden als allgemein anerkannte moralische Maßstäbe, verstößt. Da Menschen nicht nur vernunftbestimmte geistige Wesen

Freie Entfaltung der Persönlichkeit und Freiheit der Person

---

15   1950 folgte der „Allgemeinen Erklärung der Menschenrechte" die „Europäische Menschenrechtskonvention"; die Texte beider Erklärungen sind abgedruckt in: Menschenrechte. Ihr internationaler Schutz, hrsg. Ulrich Fastenrath, München 2010.

sind, sondern auch Geschöpfe aus Fleisch und Blut, gewährt Art. 2 Abs. 2 GG das „Recht auf Leben und körperliche Unversehrtheit". Die Garantie freier Entfaltung wäre wertlos, wenn nicht zugleich auch das Leben und der Körper des Rechtssubjekts (der Person) rechtlich geschützt würden.

<small>Glaubens-, Gewissens- und Bekenntnisfreiheit</small>

Nähere Ausführungen zum Recht auf Persönlichkeitsentfaltung erfolgen dann in den Art. 4 und 5 des Grundgesetzes. *Art. 4 Abs. 1 GG* gewährt die Freiheit des Glaubens, des Gewissens und des Bekenntnisses. An welchen Gott Menschen glauben oder ob sie überhaupt glauben, hat den Staat nicht zu interessieren. Anders als z.B. zeitgenössische autoritäre Staaten mit religiösen Führern in den höchsten politischen Ämtern (Theokratien) schreibt der liberale Rechtsstaat kein religiöses Bekenntnis vor; er gewährleistet jedoch die *Ausübung* der nicht gegen die verfassungsmäßige Ordnung verstoßenden Religionen. Auch respektiert er das individuelle Gewissen als moralische Instanz, die dem Einzelnen unter Umständen bestimmte, von der staatlichen Gemeinschaft geforderte Handlungen untersagen (Beispiel Wehrdienst).

<small>Meinungs- und Pressefreiheit</small>

Während sich Art. 4 GG auf die grundsätzliche Zulässigkeit religiöser und weltlicher Überzeugungen bezieht, thematisiert Art. 5 Abs. 1 GG ausdrücklich deren Artikulation in der Öffentlichkeit. Individuelle Meinungen als „unmittelbarer Ausdruck der Persönlichkeit", dürfen aus Gründen der Rechtfertigung oder zwecks Werbung um Anhänger geäußert werden. „Meinungen" können, müssen aber nicht unbedingt einen politischen Inhalt haben bzw. in der Absicht geäußert werden, auf den politischen Prozess Einfluss zu nehmen. In diesem Zusammenhang wird auch das wichtige Institut der Pressefreiheit eingerichtet, eine freie und pluralistische Presse ist sowohl für die individuelle als auch für die gesellschaftliche Meinungsbildung unverzichtbar. Eine Zensur der artikulierten Meinungen, auch der erwiesenermaßen falschen, wird ausgeschlossen, gleichwohl unterliegt die Meinungsfreiheit den Einschränkungen der „allgemeinen Gesetze", des Jugendschutzes und der persönlichen Ehre, wie Art. 5 Abs. 2 GG festlegt.[16]

3.3.2.2 Weitere Freiheitsgarantien

Neben den bisher erwähnten, direkt auf die Individuen abzielenden Freiheitsrechten sind weitere Garantien anzuführen, die entweder grundsätzlich allen unter dem Grundgesetz lebenden Menschen oder aber nur „allen Deutschen", d.h. den Staatsbürgern der Bundesrepublik gewährt werden. Sinn und Zweck dieser Rechte ist der Schutz der „äußeren" Freiheit bzw. der Privatsphäre der Personen.

<small>Briefgeheimnis und Unverletzlichkeit der Wohnung</small>

Mit dem durch Art. 10 Abs. 1 GG garantierten Brief-, Post- und Fernmeldegeheimnis wird sichergestellt, dass die private Telekommunikation der Menschen, über welches Medium auch immer, grundsätzlich keiner staatlichen Kontrolle und auch nicht derjenigen des Dienstleisters unterliegt. Art. 10 Abs. 2 GG bestimmt wiederum die Beschränkungen dieses Grundrechts. Diese ergeben sich zum einen aus Bestimmungen der Strafprozessordnung, die eine Überwachung

---

16 Eine Besonderheit der Rechtslage in der Bundesrepublik ist der § 130 des Strafgesetzbuches (Volksverhetzung), nachdem z.B. Äußerungen, die geeignet sind, „den öffentlichen Frieden zu stören" untersagt werden. Im Unterschied zu anderen westlichen Staaten und aus naheliegenden Gründen ist demnach das Verbreiten der sog. „Auschwitz-Lüge" strafbar. Allerdings wurde 2006 in Frankreich ein Gesetz verabschiedet, welches das Leugnen des Völkermordes an den Armeniern unter Strafe stellt.

des Brief- und Fernmeldekontaktes im Zusammenhang mit schweren Straftaten ermöglichen. Zum anderen ist es auf gesetzlicher Grundlage möglich, eine Einschränkungen der in Art. 10 GG genannten Rechte ohne Wissen der Betroffenen vorzunehmen. Voraussetzung dazu ist z.B. eine Gefährdung der „freiheitlichen demokratischen Grundordnung". Ebenfalls dem Schutz der Privatsphäre dient Art. 13 GG, der die Unverletzlichkeit der Wohnung zum Gegenstand hat. Hierbei handelt es sich um einen alten liberalen Grundsatz („My home is my castle"), der es staatlichen Behörden untersagt, sich gegen den Willen der Bewohner Zutritt zu Wohnungen zu verschaffen. Hausdurchsuchungen der Polizei etwa dürfen nur aufgrund der Anordnung durch einen Richter vorgenommen werden. Auch die Observierung einer Wohnung bedarf einer vorherigen richterlichen Genehmigung.[17]

Im Unterschied zum Briefgeheimnis und zur Unverletzlichkeit der Wohnung stellen Freizügigkeit und freie Berufswahl Rechte für deutsche Staatsbürger dar, sie sind damit keine Grund-, sondern *Bürger*rechte. Die den Deutschen in Art. 11 Abs. 1 GG gewährte Freizügigkeit bezieht sich auf den Aufenthaltsort bzw. den Wohnsitz. Einschränkungen ergeben sich im Falle regional begrenzter politischer Unruhen, Seuchengefahr oder Naturkatastrophen.[18] Nach Art. 12. Abs. 1 GG haben alle Deutsche das Recht, „Beruf, Arbeitsplatz und Ausbildungsstätte frei zu wählen." Die freie Wahl des Berufes kann jedoch eingeschränkt werden durch nachzuweisende Qualifikationen (Schulabschluss) oder durch Festlegung einer Höchstzahl von Ausbildungsplätzen (numerus clausus). Auch die *Ausübung* eines Berufes kann gesetzlichen Beschränkungen unterliegen.

Freizügigkeit und Freiheit der Berufswahl

Das im Art. 14 Abs. 1 GG ausgesprochene Recht auf Eigentum regelt auf den ersten Blick eindeutig eine „äußere" Freiheit. Gleichwohl lässt es sich auch als weitere Vorkehrung zur Entfaltung der Persönlichkeit begreifen. Die bisherigen Persönlichkeitsrechte (Art. 2, 4 und 5 GG) hatten den Menschen als ein der Selbstbestimmung im Rahmen der Verfassung fähiges Wesen ausgezeichnet. Dessen Merkmale können sich nun aber nicht allein im Haben und Artikulieren von Überzeugungen erschöpfen, persönliche Entfaltung schlägt sich auch in der Verfügung über und im Gebrauch von Dingen und Gegenständen im weiten Sinne nieder. Existierte kein persönliches oder individuelles Eigentum (im Unterschied zum Kollektiv- oder Gemeineigentum einer Gruppe), so wäre vermutlich die Realisierung der meisten Lebenspläne nur sehr stark eingeschränkt oder gar nicht möglich. Das Recht auf individuelles Eigentum ist so gesehen ein grundlegendes und unentbehrliches Recht zumindest in liberalen[19] Verfassungen.

Garantie des Eigentums

---

17 Im Zuge des sog. „großen Lauschangriffes" soll(t)en auch die aufgrund des Berufsgeheimnisses bisher von Überwachungsmaßnahmen ausgenommenen Berufsgruppen der Ärzte und Journalisten sowie Geistliche überwacht werden können.
18 Eine partielle Aufweichung von Art. 11 Abs. 1 GG ergibt sich aus der EU-rechtlichen Bestimmung, die die Freizügigkeit der *Arbeitnehmer* innerhalb der Europäischen Union vorsieht.
19 Aus dem *Recht* auf Eigentum leiten Liberale jedoch nicht zwangsläufig die Forderung ab, *jeder* solle oder müsse tatsächlich Eigentum besitzen: „Es ist eine der Errungenschaften der modernen Gesellschaft, daß auch ein Mensch, der praktisch kein Eigentum besitzt (außer solchen Dingen wie Kleider – und sogar für diese gibt es Leihanstalten) völlige Freiheit genießen kann"; Friedrich A. von Hayek, Die Verfassung der Freiheit, Tübingen 1991, 170.

Die gesellschaftlichen Folgen dieses Rechts, auch in der Bundesrepublik, sind gravierend – im positiven Sinne ist es die Basis für eine individuelle Erwirtschaftung von beachtlichem materiellem Wohlstand; im negativen Sinne ist es mitverantwortlich zu machen für die weiter zunehmende Verarmung eines Teiles der an sich reichen deutschen Gesellschaft. Dieser liberalen (und kapitalistischen) Gesellschaften innewohnenden Tendenz lässt sich durch verschiedene fiskalische Mittel entgegensteuern (progressive Einkommensteuer, Erbschaftsteuer, Vermögensteuer etc.). Art. 14 Abs. 2 GG erwähnt mit seiner Formel „Eigentum verpflichtet" zwar die Sozialbindung des Eigentums und formuliert davon ausgehend die Anforderung, wonach der individuelle Gebrauch von Eigentum „zugleich dem Wohle der Allgemeinheit dienen (soll)". In der Praxis ist dieses Postulat, das vor allem die Eigner von Produktionsanlagen, Wohn- und Grundeigentum betrifft, aber nur schwer einzulösen. So ist z.B. in den 80er Jahren die Frage aufgetaucht, ob Hausbesitzer in Großstädten ihre Immobilien aus Spekulationsgründen (oder Desinteresse) auch ungenutzt oder verfallen lassen dürfen, obwohl ein objektiv feststellbarer Bedarf an Wohnraum besteht. Die illegale (aber nicht in jedem Fall illegitime) „Instandbesetzung" leer stehender Häuser durch Mitglieder der „autonomen Szene" in Berlin etwa ist von den örtlichen Behörden in vielen Fällen zugunsten der Hausbesitzer beendet worden.

3.3.3 *Partizipationsrechte*

Im Zuge der eingangs getroffenen Unterscheidung waren in den vorangegangenen Abschnitten Abwehrrechte betrachtet worden, die sich auf den Schutz der Person und deren Privatsphäre bezogen. Die derart grundrechtlich geschützten Einzelnen können, müssen sich aber nicht politisch, also als Staatsbürger betätigen. Die nun zu betrachtenden Partizipationsrechte ermöglichen die Mitwirkung bei der Gestaltung des öffentlichen, d.h. des gesellschaftlichen bzw. politischen Lebens. Bereits erwähnt worden war, dass das Recht auf Meinungsfreiheit (Art. 5 GG) auch politische Implikationen hat, wenn weltanschauliche oder auch religiöse Auffassungen in die politische Debatte eingespeist werden.

Versammlungsfreiheit
  Die nun anzuführenden Rechte stehen „allen Deutschen" zu, es handelt es sich also wieder um Bürgerrechte. Art. 8 Abs. 1 GG gewährt allen Deutschen „das Recht, sich ohne Anmeldung oder Erlaubnis friedlich und ohne Waffen zu versammeln." Eine informelle Versammlung, also die gleichzeitige Anwesenheit mehrerer Menschen resp. Bürger an einem Ort sowie deren direkte Kommunikation, ist eine Grundvoraussetzung politischer Meinungsbildung und genießt daher den besonderen Schutz des Grundgesetzes. Die modernen elektronischen Diskussionsforen mit virtueller Präsenz im Internet sind kein vollständiger Ersatz dafür. Art. 8 Abs. 2 sieht vor, dass Versammlungen unter freiem Himmel Einschränkungen unterliegen können, die das *Versammlungsgesetz*[20] benennt. Diese äußern sich z.B. darin, dass Versammlungen wie Demonstrationen in der Regel 48 Stunden vorher anzumelden sind. Außer einer Bewaffnung ist die Vermummung der Versammlungsteilnehmer, aber auch das Tragen einer Uni-

---

20 Dieses Versammlungsgesetz erlaubt „jedermann", also auch Ausländern, sich zu versammeln. Das damit gewährte Recht, ist jedoch anders als das im Grundgesetz angeführte, kein Grundrecht und deshalb einfacher einzuschränken.

form oder von Uniformteilen, als „Ausdruck gemeinsamer politischer Gesinnung", untersagt. [21]

Art. 9 Abs. 1 GG gewährleistet wiederum „allen Deutschen das Recht, Vereine und Gesellschaften zu bilden." Eine weitergehende rechtliche Regelung erhält die damit umrissene Vereinigungsfreiheit durch das *Vereinsgesetz*. Darin steht „Verein" als Oberbegriff für eine ganze Reihe von freiwilligen Zusammenschlüssen, die jeweils viele einzelne zur Verfolgung spezifischer Interessen bilden.[22] Besondere Erwähnung im Grundgesetz finden die „Gesellschaften" aus dem Wirtschaftsbereich (wie z.B. die Aktiengesellschaften). Zu unterscheiden sind des weiteren die *positive und die negative Vereinigungsfreiheit*, also die Möglichkeiten, einerseits einen Zusammenschluss frei zu gründen und andererseits bestehenden Organisationen jedweder Art *nicht* beitreten zu müssen. Die von Art. 9 Abs. 1 GG angesprochenen Vereine beziehen sich lediglich auf den privatrechtlichen, nicht jedoch auf den öffentlich-rechtlichen Sektor. Deshalb lässt sich der Grundsatz der negativen Vereinigungsfreiheit nicht gegen die Zwangsmitgliedschaft bestimmter Berufsgruppen in Körperschaften des öffentlichen Rechts (wie z.B. der Industrie- und Handelskammer) vorbringen. Ebenfalls nicht angesprochen werden mit Art. 9. Abs. 1 GG die politischen Parteien, denen mit Art. 21 GG jedoch ein eigener Grundgesetzartikel gewidmet ist.[23]

Vereinigungsfreiheit

Ein wiederum stärker auf die Politik bezogenes und „jedermann" zustehendes Recht ist das Petitionsrecht in Art. 17 GG. Mit einer Beschwerde oder Petition kann sich jeder „einzeln oder in Gemeinschaft mit anderen ... an die zuständigen Stellen und an die Volksvertretung wenden." „Zuständige Stelle" für eine Petition kann jede staatliche Behörde, ihr Gegenstand kann eine ganze Reihe von Sachverhalten sein. Die betroffene Behörde ist zur Prüfung der Angelegenheit und zur Information des Petenten über einen „Entscheid" verpflichtet. Eine Beschwerde an das Parlament wird von dem dort eingerichteten Petitionsausschuss angenommen. Aufgrund des umfassenden Rechtsschutzes, den das Grundgesetz gewährt, sind Petitionen, insgesamt gesehen, weniger wichtig geworden. Sie haben weiterhin ihre Bedeutung bei der Regelung nicht rechtlicher Probleme, bei denen nicht selten erhebliche Ermessensspielräume bestehen.

Petitionsrecht

3.4 Die Verfassungsgrundsätze: Demokratie, Sozialstaatlichkeit, Rechtsstaatlichkeit und Bundesstaatlichkeit

In Kapitel 3.3 waren in erster Linie wichtige Grundrechte, die das Grundgesetz garantiert, betrachtet worden. In diesem Zusammenhang ging es um den grundrechtlichen Schutz, den die Verfassung dem *Einzelnen*, ob er sich nun politisch betätigt oder nicht, einräumt. Im nun folgenden Abschnitt werden die *Prinzipien* erörtert, mit denen das Grundgesetz den Rahmen für die *Politik* in der Bundesrepublik vorgibt.

---

21 Juristische Interpretationsprobleme des Versammlungsrechts hatten in den 80er Jahren z.B. die sog. Sitzblockaden von Demonstranten aufgeworfen.
22 Siehe dazu auch unten, Kap. 4.1 zu den Interessengruppen.
23 Dazu Näheres in Kap. 4.2.1.

Die meisten dieser Prinzipien bzw. Verfassungsgrundsätze werden in Art. 20 Abs. 1 GG angeführt, der auch als „Verfassung in Kurzform" bezeichnet wird: „Die Bundesrepublik Deutschland ist ein demokratischer und sozialer Bundesstaat." Zu charakterisieren sind im Folgenden also das Demokratieprinzip (3.4.1), das Sozialstaatsprinzip (3.4.2), das Rechtsstaatsprinzip (3.4.3) und das Bundesstaatsprinzip (3.4.4).

3.4.1 Die Bundesrepublik als demokratischer Staat

Republik und Demokratie

In Art. 28 Abs. 1 GG wird der republikanische Grundsatz in einem Atemzug mit dem demokratischen erwähnt – das bedarf einer Erläuterung. Denn „Republik" und „Demokratie" beziehen sich zwar gleichermaßen auf die Herrschaft der Vielen, jedoch mit unterschiedlichen Akzenten: „Republik" leitet sich vom lateinischen „res publica" her, was als „öffentliche Sache", „öffentliche Angelegenheit" oder als „Gemeinwesen", in dem die allgemeinen Interessen verfolgt werden, zu übersetzen ist. Nach modernem Verständnis ist eine Republik ein solches politisches Gemeinwesen, in dem die Herrschaft des Gesetzes, Einrichtungen zur Vertretung des Volkes sowie die Gewaltenteilung installiert sind. Darüber hinaus war „Republik" früher auch als Gegenbegriff zur Monarchie und deren religiös begründeter Herrschaft gebraucht worden – eine Republik war demzufolge per definitionem eine Nicht-Monarchie. Das Wort „Demokratie" stammt dagegen aus dem Griechischen: mit den beiden Wortkomponenten „demos" (Volk) und „kratein" (herrschen) bzw. „kratos" (Herrscher) wird seit alters her die „Herrschaft des Volkes" bezeichnet, wobei „Herrschaft" in der Regel die Beteiligung des Volkes an allen drei politischen Gewalten (Legislative, Exekutive und Judikative) meinte.

Dass „Republik" und „Demokratie", obwohl jeweils auf die Herrschaft der Vielen bezogen, keineswegs immer als Synonyme gebraucht werden, lässt sich an zwei Beispielen zeigen: Der große Republikanhänger Rousseau z.B. reservierte das Wort „Demokratie" für die *Regierungs*form eines Staates. Die Regierungsform regelt, wer die Ausführung der vom Volk beschlossenen (und nur vom Volk zu beschließenden) Gesetze übernehmen soll. Das Volk kann entscheiden, dass es selbst diese Exekutivaufgaben übernimmt oder aber eine bestimmte Gruppe damit beauftragen; somit konnte es nach Rousseau sowohl demokratisch als auch aristokratisch *regierte* Republiken geben. Zeitgenössische Staatsrechtler z.B. belegen die Worte dagegen mit einer anderen Bedeutung: „Republik" wird hauptsächlich mit (staatlicher) Ordnung in Verbindung gebracht, mit Stabilität und „Festhalten" am Überkommenen, „Demokratie" dagegen mit dem Prozesshaft-Gestaltenden (innerhalb der republikanischen Ordnung). Der Vorrang wird dabei eindeutig der ‚Form' vor dem ‚Prozess' eingeräumt, d.h. die demokratische Gestaltung muss im institutionellen Rahmen der Republik stattfinden und die Demokratie muss ein Attribut der Republik sein, nicht umgekehrt die Republik (bloß) ein Merkmal der Demokratie. Weiter wird dazu ausgeführt: „Republikanische Demokratie wäre – meistens notdürftig und unsicher – geordnete Freiheit. Demokratische Republik ist Ordnung, die, ohne der blinden(!) Befreiung ihren Lauf zu lassen, der Freiheit dient".[24]

---

24 Wilhelm Henke, Die Republik, in: HdStR, Bd. 1, §21, (Rn 31). Deutlich wird hier die generelle staatsrechtliche Fixierung auf die Staats*ordnung* und deren Höherschätzung ge-

Das Grundgesetz enthält ein Bekenntnis zur Demokratie und zugleich eines zur Republik – letzteres kommt nicht in Art. 20 GG, sondern in Art. 28 Abs. 1 GG zum Ausdruck. In der staatsrechtlichen Literatur wird dieses Nebeneinander zusätzlich dadurch erklärt, dass ein inhaltlicher von einem formalen Republikbegriff unterschieden wird: Der *inhaltliche* Begriff meint ein freiheitliches Gemeinwesen, in dem Bürgertugend und Gemeinwohlorientierung vorherrschen, der *formale* erschöpft sich in der Bedeutung von „Nicht-Monarchie". Das Grundgesetz bezieht sich so gesehen eindeutig auf den formalen Republikbegriff, dem durch die in Art. 54 GG vorgesehene indirekte *Wahl* des Staatsoberhauptes Genüge getan ist.[25] Nun aber zum Demokratieverständnis des Grundgesetzes.

Deutschland – eine demokratische Republik

Art. 20 Abs. 2 Satz 1 GG bestimmt zunächst kategorisch: „Alle Staatsgewalt geht vom Volke aus", das heißt von der Gesamtheit der Staatsbürger und nicht von einer privilegierten Gruppe von Bürgern oder gar einem einzelnen. *Art. 20 Abs. 2 Satz 2 GG* erläutert dann näher, was „Demokratie" für die Bundesrepublik bedeuten soll:

> „Sie (die Staatsgewalt; M.B.) wird vom Volk in Wahlen und Abstimmungen und durch besondere Organe der Gesetzgebung, der vollziehenden Gewalt und der Rechtsprechung ausgeübt."

Herrschaft des deutschen Volkes heißt demnach *repräsentative, mittelbare* Demokratie und nicht direkte, unmittelbare Demokratie. Eine solche Form der direkten Herrschaft hatte Rousseau für kleine Gemeinwesen favorisiert. Seiner Vorstellung nach war es unabdingbar, dass sich das ganze Volk *an einem Ort* versammelt, um über Gesetze abzustimmen. Eine andere Form direkter Herrschaft wird in der Schweiz praktiziert: mehrmals im Jahr sind die Schweizer Bürger durch das Institut des Referendums unmittelbar an der Entscheidung über Bundesgesetze beteiligt. Im Unterschied zu Rousseaus Vorstellungen kommen die Bürger nicht an einem Ort zusammen; im Unterschied zur (rein) repräsentativen Demokratie entscheiden sie jedoch direkt, ohne dass repräsentative Instanzen eingeschaltet wären, über Sachfragen.

Repräsentative Demokratie

In Art. 20 GG werden die wichtigsten Vorkehrungen der repräsentativen Demokratie in Deutschland genannt: das sind zum einen die Wahlen (auf Bundes-, Landes- und Kommunalebene und seit geraumer Zeit auch der EU-Ebene) sowie „besondere Organe" der Herrschaft. Durch *Wahlen* wird die allgemeine Beteiligung an der Herrschaft ermöglicht, weil dadurch die Repräsentanten des Volkes, die in Stellvertretung die bindenden Entscheidungen bewirken sollen, gewählt werden. Aus republikanischer Sicht handelt es sich hierbei um eine vergleichsweise „magere" Demokratie, weil politische Selbstbestimmung beinahe vollständig auf den singulären Akt der Wahl eingeschränkt wird.[26] Die *besonderen Organe* zur Ausübung der Staatsgewalt auf Bundesebene werden allesamt und mehr oder weniger direkt durch demokratische Wahl, legitimiert: z.B. werden bei der Bundestagswahl zunächst die Abgeordneten des Parlaments, des

---

genüber dem *prozesshaften* der Politik; die im Zitat implizit auch vorgenommene Gleichsetzung von (demokratischer) „Befreiung" mit Blindheit, d.h. letztlich Unvernunft, ist wohl kaum zwingend.

25 So Ernst-Wolfgang Böckenförde, Demokratie als Verfassungsprinzip, in: ders. Staat, Verfassung, Demokratie. Studien zur Verfassungstheorie und zum Verfassungsrecht, Frankfurt a.M. 1991, 289-378, hier 373f.

26 Zu weiteren Möglichkeiten der politischen Einflussnahme im Rahmen der repräsentativen Demokratie siehe unten, Kap. 5.

Bundestages gewählt, die ihrerseits mit absoluter Mehrheit den Bundeskanzler als Chef der vollziehenden Gewalt bestimmen; die Richter des Bundesverfassungsgerichtes werden je zur Hälfte von einem Wahlausschuss des Bundestages und vom Bundesrat jeweils mit 2/3-Mehrheit gewählt.

3.4.2 Die Bundesrepublik als Sozialstaat

Sozialstaatlichkeit ist von den drei hier zu betrachteten Verfassungsgrundsätzen am schwierigsten zu bestimmen. Das hängt zum einen damit zusammen, dass der Sozialstaat, anders als der Rechts- oder Verfassungsstaat, sich viel weniger an bestimmten Rechtsinhalten oder juristischen Verfahren festmachen lässt. Das Grundgesetz hält sich in diesbezüglichen Bestimmungen zurück und gewährt, im Unterschied zu einigen Länderverfassungen, *keine sozialen Grundrechte.*[27] Der Grund dafür liegt auf der Hand: Im Unterschied zu den Abwehrrechten muss sich der Staat in sozialen Angelegenheiten nicht als „schützender", sondern als „leistender" Staat betätigen. Dazu ist er zwar auch auf anderen Gebieten – der Infrastruktur, der Energieversorgung, der Bildung etc., also kurz: im Rahmen der allgemeinen „Daseinsvorsorge" – gezwungen. Aber im Zusammenhang mit dem Sozialen gibt es weit auseinandergehende Vorstellungen von sozialer Gerechtigkeit, die der Staat womöglich zu realisieren hätte. Die sog. „Sozialstaatsklausel" des Grundgesetzes erlaubt eine relativ große Bandbreite an Konkretisierungen, die u.a. sowohl von der parteipolitischen Zusammensetzung einer Regierung als auch von der konjunkturellen Großwetterlage, d.h. von der Verfügbarkeit über Steuermittel abhängt.

Soziale Frage

Historisch gesehen folgt der *Sozial*staat auf den (liberalen) *Rechts*staat. Dass alle Bürger vor dem Gesetz gleich zu behandeln und alle mit den gleichen Rechten ausgestattet sein sollten, stellte zunächst eine revolutionäre Neuerung dar. Diese epochale Errungenschaft des modernen Europa im 18. und 19. Jahrhundert, die häufig als Emanzipation des Bürgertums beschrieben worden ist, sah sich jedoch bald mit einer wachsenden Verarmung und Verelendung großer Teile der Bevölkerung, d.h. insbesondere der Arbeiterschaft konfrontiert. Der sich damals rasch entfaltende Kapitalismus bedingte bzw. beschleunigte die Entwicklung von traditionellen, in der Familie zentrierten Gemeinschaften hin zu individualistischen Gesellschaften, in denen besitz-, aber auch haltlos gewordene Einzelne resp. Arbeiter einer öffentlichen Unterstützung bedurften. Diese Situation wuchs sich in den jungen Industrieländern, darunter auch Deutschland, schnell zur „sozialen Frage" aus, derer sich ein Staat, wenn schon nicht aus Gerechtigkeitserwägungen heraus, dann aus Gründen der politischen Stabilität hatte annehmen müssen. Der Staat als die politische Organisation eines Volkes übernimmt somit zunehmend die Fürsorge für die aus ihren traditionellen sozialen Beziehungen herausgelösten Bürger. Dies sind die äußeren Umstände, aus denen das deutsche Sozialversicherungssystem des deutschen Kaiserreiches hervorgegangen ist, welches eine besonders frühe und, im Vergleich mit den europäi-

---

27 In den Verfassungen von Bayern, Berlin, Brandenburg, Bremen, Hessen, Nordrhein-Westfalen, des Saarlandes und von Thüringen ist das Recht auf (und gelegentlich auch die Pflicht zur) Arbeit angeführt, siehe Christian Pestalozza (Hrsg.), Verfassungen deutscher Bundesländer, München 1995.

schen Nachbarn, umfangreiche Ausprägung von Sozialstaatlichkeit darstellt.[28] Das im Grundgesetz angeführte Sozialstaatsprinzip hat im wesentlichen zwei Dimensionen[29]:

Das ist erstens die sog. Sozialpflichtigkeit des Staates, die u.a. in der allgemeinen Daseinsvorsorge und den erwähnten sozialstaatlichen Maßnahmen, aber auch in anderen Einrichtungen zum Ausdruck kommt. Z.B. in der Gewährleistung einer Wirtschaftsordnung, die die Versorgung der Bevölkerung mit Konsumgütern ermöglicht, und diese ist wiederum maßgeblich von der Zulässigkeit privaten Wirtschaftens und Unternehmens bedingt, was u.a. Gegenstand des bereits erwähnten Art. 14 GG und des Art. 15 GG ist. Die Realisierung des Sozialstaatsprinzips hängt jedoch nicht nur vom Staat bzw. von der Wirksamkeit seiner spezifischen Instrumente (Gesetzgebung) ab. In einem Urteil aus dem Jahr 1967 stellte das Bundesverfassungsgericht fest:

<small>Sozialpflichtigkeit des Staates</small>

> „Das Sozialstaatsprinzip verpflichtet den Staat, für eine gerechte Sozialordnung zu sorgen. Es besagt jedoch nicht, daß der Gesetzgeber für die Verwirklichung dieses Ziels nur behördliche Maßnahmen vorsehen darf; es steht ihm frei, dafür auch die Mithilfe privater Wohlfahrtsorganisationen vorzusehen."[30]

Inwiefern der Staat gehalten bzw. überhaupt in der Lage ist, die maßgeblich aus der zwar gesetzlich geregelten, aber in diesem Rahmen freien Marktwirtschaft entstehenden materiellen Ungleichheiten auszugleichen, ist, wie gesagt, umstritten. Dass progressive Steuersätze alleine dazu beitragen, kann bezweifelt werden, weil z.B. höhere Steuern für Besserverdienende nicht selten durch legal gewährte und gelegentlich auch illegal erzielte Vorteile kompensiert werden. Darüber hinaus stehen die traditionellen sozialstaatlichen Einrichtungen wie die Arbeitslosen- und Sozialhilfe seit geraumer Zeit unter Legitimationsdruck: Auf der einen Seite wird bezweifelt, ob dadurch die Wiedereingliederung der Leistungsempfänger in die Leistungs- bzw. Arbeitsgesellschaft überhaupt erreicht werden kann und nicht vielmehr „falsche Anreize" gesetzt werden. Auf der anderen Seite sind die genannten sozialstaatlichen Maßnahmen nicht mehr, zumindest nicht im gewohnten Ausmaß, finanzierbar. Dies sind auch die kaum zu leugnenden Folgen der in Deutschland spät wahrgenommenen Erweiterung des EU-Wirtschaftsraumes und der Globalisierung des ökonomischen Systems. Eine nach wie vor diskutierte Frage ist, ob sozialstaatliche Mindeststandards in einem europäischen Rahmen institutionalisiert werden können.[31]

Die zweite Dimension des Sozialstaatsprinzips ist die Sozialbindung der Grundrechte. Das grundsätzlich gewährte Eigentumsrecht, aber auch das Vertragsrecht werden durch eine ganze Reihe von Gesetzen konkretisiert und auch eingeschränkt. In diesem Zusammenhang zu erwähnen sind z.B. der Mieter-, der Verbraucher- und der Kündigungsschutz. Diese und andere Gesetze schützen

<small>Sozialbindung der Grundrechte</small>

---

28 Vgl. Manfred G. Schmidt, Sozialpolitik. Historische Entwicklung und internationaler Vergleich, Opladen 1988, Teil I.
29 Siehe dazu Stein (1998), § 21.
30 BVerfGE 22, 180.
31 Das sog. Arbeitnehmer-Entsendegesetzes von 2009 verfügt, dass tariflich vereinbarte Mindestlöhne in bestimmten Branchen auch für Arbeitskräfte aus den EU-Mitgliedstaaten nicht unterschritten werden dürfen. Zu den Anfängen der Diskussion um die Reform des Sozial- bzw. Wohlfahrtsstaates siehe z.B. Sicherheit und Freiheit. Zur Ethik des Wohlfahrtsstaates, hrsg. von Christoph Sachße und H. Tristram Engelhardt, Frankfurt a.M. 1990.

Bürger als Mieter, als Konsumenten oder als Arbeitnehmer, also als Bürger, die über kein Wohneigentum oder Eigentum an Produktionsmitteln verfügen, vor unsozialen Folgen des Eigentumsrechts, z.B. vor unbegründeter fristloser Kündigung des Miets- oder Arbeitsverhältnisses. Vermieter und Arbeitgeber erfahren in dieser Hinsicht eine – legitime – Begrenzung in der Freiheit der Nutzung ihres Eigentums im Rahmen gesellschaftlicher Beziehungen. Rechtlich gewährte Garantien stoßen nämlich dann an eine Grenze, wenn sie zur schwerer Benachteiligung oder Ausnutzung anderer führen. Allerdings ist einschränkend hinzuzufügen, dass die Sozialbindung der Grundrechte einem Wandel unterliegt, weil z.B. das notwendige Ausmaß des Kündigungsschutzes in Zeiten des – je nach Sichtweise – Um- oder Rückbaus des Sozialstaates umstritten ist. Schließlich muss auch daran erinnert werden, dass die Gestaltung wenigstens annähernd gleicher Lebensverhältnisse nicht nur als Aufgabe des „leistenden" Staates und der Wohlfahrtsverbände verstanden werden darf, sondern auch „Sozialpflichtigkeiten der Glieder des Gemeinwesens untereinander sowie gegenüber dem Gemeinwesen"[32] begründet.

3.4.3 Die Bundesrepublik als Rechtsstaat

Geschichte

Mehr noch als die beiden bisher erörterten Verfassungsgrundsätze wird derjenige der Rechtsstaatlichkeit mit der öffentlichen Ordnung der Bundesrepublik in Verbindung gebracht. Der „Rechtsstaat" ist ein typisches Produkt der deutschen politischen Tradition und noch weniger als der Begriff „Staat" ohne weiteres auf andere politische Systeme der westlichen Welt anzuwenden. Natürlich bestimmte auch dort im Zeitalter der Aufklärung und Industrialisierung das Recht in zunehmenden Maße das öffentliche Leben, aber vor allem in Großbritannien wurde es lange Zeit viel weniger mit einem Gesetzgebungsstaat in Verbindung gebracht. Statt dessen sprach man dort von der „Herrschaft des Rechts" („rule of law"), welches im 17. und 18. Jahrhundert noch maßgeblich Common Law war. Das Common Law war kein gesetzliches, vom Parlament stammendes Recht, sondern Richterrecht, das aus der Entscheidung konkreter Rechtsstreitigkeiten unter Bezugnahme auf die Gründe früherer, ähnlich gelagerter Entscheidungen hervorging.

Hinzu kam, dass im 19. Jahrhundert in Deutschland der Staat zwar nach rechtsstaatlichen Grundsätzen organisiert, dies aber keine Errungenschaft des Bürgertums war. Auch hier handelte es sich sozusagen um eine Modernisierung von oben, der Staat (der Monarch) gewährte den Bürgern einige Freiheiten, vor allem auf ökonomischem Gebiet, indem er z.B. freies Unternehmertum zuließ. Aus dieser Situation kristallisierte sich gegen Ende des 19. Jahrhunderts ein weitgehend formaler Rechtsstaat heraus, in dessen Mittelpunkt die Beziehungen zwischen Gesetz, Verwaltung und Individuum standen.[33]

---

32 Hesse (1991), 82. Dieser im Subsidiaritätsprinzip wurzelnden Auffassung können sich auch, aus unterschiedlichen Gründen, z.B. Liberale und Vertreter der katholischen Soziallehre anschließen.

33 Vgl. Ernst-Wolfgang Böckenförde, Entstehung und Wandel des Rechtsstaatsbegriffs, in: ders., Recht, Staat, Freiheit. Studien zur Rechtsphilosophie, Staatstheorie und Verfassungsgeschichte, Frankfurt a.M. 1991, 143-169 sowie Kriele (1988), §25.

Der Grundsatz der *Rechtsstaatlichkeit* wird, anders als die Prinzipien der Demokratie sowie des Sozial- und des Bundesstaates, nicht in Art. 21. Abs. 1 GG erwähnt, sondern erst in Art. 28 Abs. 1 GG und bleibt dort ohne nähere Charakterisierung. Eine allgemeingültige und zugleich umfassende Definition von Rechtsstaat lässt sich auch nur schwer geben. Allerdings sind im Zuge der bisher gemachten Ausführungen zum Grundgesetz bereits eine ganze Reihe von wichtigen rechtsstaatlichen Merkmalen berührt worden.

<small>Rechtsstaat und Grundgesetz</small>

Zunächst wurde im Durchgang durch den Grundrechtsteil der Verfassung deutlich, dass die rechtliche Ordnung der Bundesrepublik nicht nur ein *formaler* Rechtsstaat sein soll, demzufolge Hierarchien und Verfahren, Organe und Kompetenzen das staatliche Handeln prägen und begrenzen. Der in Art. 1 GG ausgesprochene Schutz der Menschenwürde ist vielmehr der normative Fixpunkt eines auch *materialen* Rechtsstaates, der über seine Konkretisierung durch die Grundrechte auf die gesamte Verfassung ausstrahlt und der auch im politischen Alltag Wirksamkeit erlangen soll. In Art. 1 Abs. 3 GG heißt es darum: „Die nachfolgenden Grundrechte binden Gesetzgebung, vollziehende Gewalt und Rechtsprechung als unmittelbar geltendes Recht." Der Verfassungsgeber hat damit beschlossen, dass die staatlichen Organe bzw. die Ausübung der Staatsgewalten auch einer inhaltlichen, durch die Grundrechte formulierten Bindung unterliegen. Zusätzlich hält Art. 20. Abs. 3 GG noch einmal die Bindung der Gesetzgebung an die „verfassungsmäßige Ordnung" fest. Die bindenden Entscheidungen der normalen Politik unterliegen also konstitutionellen Beschränkungen, der „Primat der Verfassung", die ihrerseits nicht beliebige demokratisch beschlossene Inhalte aufweisen darf, ist gegeben.

<small>Formaler und materialer Rechtsstaat</small>

Ein weiterer zentraler Bestandteil des Rechtsstaates ist die Gewaltenteilung. Im Grundgesetz findet sie Erwähnung in Art. 20. Abs. 2, wonach die vom Volk ausgehende Staatsgewalt „durch besondere Organe der Gesetzgebung, der vollziehenden Gewalt und der Rechtsprechung ausgeübt (wird)". Eine Verfassung muss demnach Vorkehrungen treffen, mit denen die Grundbedürfnisse einer staatlichen Gemeinschaft – verbindliche öffentliche Ordnung, Daseinsvorsorge, friedliche Außenbeziehungen – erfüllt werden können. Unabdingbar bei der Bewältigung dieser Aufgaben ist das Medium Recht, so dass für dessen Produktion und Anwendung unterschiedliche Institutionen und Funktionen geschaffen werden und dauerhaft gewährleistet sein müssen. Jede dieser Einrichtungen – Gesetzgebung, Regierung und Rechtsprechung[34] – erhält spezifische Aufgaben und Kompetenzen zugewiesen, die sie weitgehend unbeeinträchtigt von den anderen erfüllen muss. Gewalten*teilung* bedeutet jedoch nicht vollständige Gewaltentrennung oder -isolierung. Dies zeigt sich normalerweise an der gerichtlichen Kontrolle der vollziehenden Gewalt. In der Bundesrepublik ist aber darüber hinaus die „Kontrolle aller staatlichen Gewalten durch die im Grundgesetz mit umfassenden Zuständigkeiten ausgestattete Verfassungsgerichtsbarkeit"[35] vorgesehen.

<small>Grundsatz der Gewaltenteilung</small>

Neben der inhaltlichen Bindung der Staatsgewalten sowie der Gewaltenteilung gehören noch folgende formale Elemente zum Prinzip der Rechtsstaatlichkeit:[36]

---

34 In der Sprache der politischen Systemtheorie: Regelsetzung, Regelausführung und Regelbeurteilung.
35 Hesse (1990), Rn 496.
36 Mit den angeführten Merkmale wird keine erschöpfende Definition des Rechtsstaates angestrebt; vgl. zum folgenden die (nicht identischen) Auflistungen bei Hesse (1990), 76-80;

Rechtsweggarantie —	Der (Grund-)Rechtsschutz der Bürger wird durch die sog. Rechtswegegarantie in Art. 19. Abs. 4 GG gewährt; überdies durch das gesetzlich geregelte Prozessrecht (faires Gerichtsverfahren) sowie durch die in Art. 97 GG angeführte Unabhängigkeit der Richter.
Vorrang des Gesetzes: —	*Der Vorrang des Gesetzes* wird angeführt in Art. 20 Abs. 3 GG, wonach vollziehende Gewalt und Rechtsprechung an das „Gesetz" des Gesetzgebers (die Rechtsprechung zusätzlich auch noch an das „Recht") gebunden sind. Dieser uneingeschränkte Vorrang des Gesetzes vor anderen staatlichen Akten wie etwa Verordnungen ergibt sich aus seiner demokratischen Legitimation: nur durch ein Gesetz kann der Staat „im Namen des Volkes" handeln. Damit einher geht das Postulat der *Gesetzmäßigkeit der Verwaltung*, staatliche Behörden dürfen nicht aus freien Stücken oder nach eigenem Ermessen tätig werden, sondern bedürfen der gesetzlichen Autorisierung.
Vorbehalt des Gesetzes —	Vom Vorrang des Gesetzes zu unterscheiden ist der *Vorbehalt* des Gesetzes. Dieser Vorbehalt bestand in der Frühzeit des bürgerlichen Rechtsstaates bei allen staatlichen Handlungsabsichten in Bezug auf „Freiheit und Eigentum" der Bürger. Ohne eine gesetzliche Ermächtigung waren (und sind weiterhin) derartige staatliche Eingriffe nicht erlaubt. In der Bundesrepublik bestehen solche Vorbehalte inzwischen für alle „wesentlichen Entscheidungen". Als „wesentlich" sind in jedem Fall Einschränkungen der Grundrechte einzustufen. Deshalb sind Gesetzesvorbehalte in vielen Grundrechtsartikeln eigens erwähnt: In Art. 2 Abs. 2 GG (Freiheit der Person; Recht auf Leben) heißt es z.B.: „In diese Rechte darf nur aufgrund eines Gesetzes eingegriffen werden." In anderen Artikeln finden sich ähnlich lautende Passagen.
Rechtssicherheit —	Der Anforderung nach *Rechtssicherheit* ist dadurch zu entsprechen, dass sowohl bei der Abfassung als auch bei der Anwendung von Rechtsnormen für die Rechtsunterworfenen, d.h. die Bürger, Unklarheiten zu vermeiden sind. Bei der Kompliziertheit und Komplexität vieler rechtlicher Materien ist dies allerdings nicht leicht zu bewerkstelligen, was ein Blick in einen beliebigen aktuellen Gesetzestext bestätigen wird. Bereits die tatsächliche Bedeutung einer rechtlichen Norm wird sich ohne juristischen Beistand nicht immer erschließen lassen.

Zur Rechtssicherheit beitragen können jedoch folgende Anforderungen, denen *Gesetze* entsprechen müssen:

– sie müssen allen, die von ihnen betroffen sind, bekannt, d.h. *öffentlich gemacht* worden sein
– sie dürfen keine Anforderungen enthalten, die *unmöglich zu erfüllen* sind und
– sie dürfen, sofern es sich um Strafgesetze handelt, *keine rückwirkende Geltung* haben, sie dürfen also keine Handlung als strafbar ausweisen, die zum Zeitpunkt der Ausführung legal war.[37] Rückwirkung *zugunsten* der Betroffenen, z.B. im Rahmen von Steuergesetzen, ist zulässig.[38]

Stein (1998), 154-168 sowie Eberhard Schmidt-Aßmann, Der Rechtsstaat, in: Isensee/ Kirchhof (1995), §24, Rn. 69ff.

[37] „Eine Tat kann nur bestraft werden, wenn die Strafbarkeit gesetzlich bestimmt war, bevor die Tat begangen wurde"; Art. 103 Abs. 2 GG.

[38] Die Forderung nach „Allgemeinheit" von Gesetzen, wonach sie nur *allgemeine* und keine gruppen- oder personenbezogene oder Einzelfallgesetze darstellen dürfen, lässt sich nicht

3.4.4 Deutschland als Bundesstaat

1949 waren, wie in Kapitel 2.2 geschildert, das Grundgesetz und damit der deutsche Bundesstaat von den zuvor bereits verfassten und die Vorgaben der Alliierten berücksichtigenden Ländern geschaffen worden. Schließen sich einzelne Länder zu einem Bundesstaat zusammen, so bedeutet dies in erster Linie, dass eine Bundesebene mit Staatsgewalt eingerichtet werden muss, dass die Beziehungen dieser in Deutschland „Bund" genannten Ebene zu den einzelnen Ländern geregelt werden muss und dass diese an der Gesetzgebung des „Bundes" beteiligt werden müssen.

Das Bundesstaatsprinzip erfährt im Grundgesetz eine erste Erwähnung in Abschnitt II („Der Bund und die Länder"). Das Verhältnis des Bundesstaates zu den Gliedstaaten wird dort in konstitutioneller Hinsicht geregelt: die Länderverfassungen müssen mit den in Art. 20 aufgeführten Verfassungsgrundsätzen übereinstimmen, außerdem geht das Recht der Bundes in einem Streitfall demjenigen der Länder vor – „Bundesrecht bricht Landesrecht". Art. 37 GG führt außerdem noch den „Bundeszwang" an, wonach ein Land durch den Bund gezwungen werden kann, seinen Bundespflichten nachzukommen. Generell weist das Grundgesetz aber die „Ausübung der staatlichen Befugnisse und die Erfüllung der staatlichen Aufgaben" den Ländern zu, sofern nicht ausdrücklich andere Regelungen getroffen wurden. Weitere Bestimmungen zur föderalen Struktur Deutschlands finden sich in den Abschnitten VII (Gesetzgebung des Bundes) und VIII (Ausführung der Bundesgesetze) des Grundgesetzes. In Art. 79 Abs. 3 GG, der das Verfahren zur Änderung des Grundgesetzes festlegt, wird auch die „Ewigkeitsgarantie" der Bundesstaatlichkeit eigens erwähnt: „Eine Änderung dieses Grundgesetzes, durch welche die Gliederung des Bundes in Länder" und „die grundsätzliche Mitwirkung der Länder bei der Gesetzgebung ... berührt werden, ist unzulässig."[39]

3.5 Die verfassungsrechtliche Gestaltung der deutschen Einheit

Aus der zonalen Aufteilung des Territoriums des Deutschen Reiches waren nach dem 2. Weltkrieg, wie in Kapitel 2 geschildert, zwei Staaten hervorgegangen, das deutsche Volk (die deutsche Nation) war folglich in zwei denkbar unterschiedliche politische Systeme eingebunden. Durch die unter der Regierung Brandt eingeleitete Ostpolitik erfolgte Ende der 60er, Anfang der 70er Jahre eine schrittweise Annäherung der beiden Staaten[40], die noch nicht in jeder Hinsicht

Innerdeutsche Beziehungen

---

für alle Rechtsgebiete durchhalten; siehe z.B. die Haushalts- oder Organisationsgesetze; siehe dazu Schmidt-Aßmann (1995), Rn. 35.
39 Auf die rechtliche Ausgestaltung des Föderalismus sowie auf die daraus hervorgehenden Probleme wird ausführlicher unten in Kap. 7. eingegangen.
40 In einer Regierungserklärung im Herbst 1968 wurde die Formel „Zwei Staaten in Deutschland" gebraucht; dazu und zu zahlreichen weiteren interessanten Einzelheiten des rechtlichen Verhältnisses zwischen der Bundesrepublik und der DDR siehe Georg Rees, Grundlagen und Entwicklung der innerdeutschen Beziehungen, in: Isensee/Kirchhof (1995), §11.

souverän waren: Die zu normalen staatlichen Beziehungen gehörenden bilateralen Vertragsabkommen erforderten, wie z.B. das innerdeutsche „Transitabkommen" zeigte, noch die Zustimmung der Alliierten. Die Bundesrepublik hatte damals zwar die DDR, die ihr Vertragspartner geworden war, in ihrer Staatlichkeit akzeptieren müssen, sie aber *völkerrechtlich nicht anerkannt*.

Nach Art. 146 GG sollte das Grundgesetz seine Gültigkeit an dem Tag verlieren, an dem vom gesamten deutschen Volk eine neue Verfassung beschließen würde. Das wäre z.B. dadurch möglich gewesen, dass nach der Beendung der Blockkonfrontation Ende der 80er Jahre die Deutschen in Ost und West eine neue Verfassung entworfen und verabschiedet hätten. Die Dynamik der Ereignisse, aber auch der Wille der politisch Verantwortlichen steuerten auf eine andere Regelung der Wiedervereinigung zu. Die allgemeine Ausgangssituation im Herbst 1989 war folgende:

In der Bundesrepublik hatte sich das Grundgesetz nach vierzigjähriger Gültigkeit zu einer stabilen, bewährten und darüber hinaus geschätzten und anerkannten Verfassung entwickelt. Sie war sichtbares Zeichen der Westintegration und unverzichtbares Element der Identität der Westdeutschen.

DDR-Verfassung

Mit der Verfassung der DDR verhielt es sich gänzlich anders. Nach dem 2. Weltkrieg war Ostdeutschland in den Sog des Sowjetmarxismus geraten, der vollkommen anders geartete politische und gesellschaftliche Vorstellungen hatte als der Westen. Staat und Verfassung waren – der Idee nach – in erster Linie ein Instrument zur Sicherung der Interessen der Arbeiter- und Bauernklasse.[41] In der Praxis galten sozialistische Verfassungen jedoch kaum als eigenständige rechtliche Grundordnung der Gesellschaft; sie wurden überall vom Herrschaftsanspruch der sich als Avantgarde betrachtenden sozialistischen Parteien überlagert bzw. instrumentalisiert. Auch in der DDR ergaben sich massive Probleme aus dem eklatanten Widerspruch von Theorie und Praxis der sozialistischen Gesellschaft, der auch durch eine neue Verfassung von 1968 und deren Revision im Jahr 1974 nicht aufgehoben werden konnte. Nach wie vor galt: „Die Deutsche Demokratische Republik ist ein sozialistischer Staat der Arbeiter und Bauern. Sie ist die politische Organisation der Werktätigen in Stadt und Land unter Führung der Arbeiterklasse und ihrer marxistisch-leninistischen Partei".[42]

Nach dem Fall der Mauer am 9. November 1989, aber noch vor den ersten demokratischen Volkskammerwahlen wurden einige einschneidende Änderungen in der DDR-Verfassung vorgenommen, wodurch z.B. die Vorherrschaft der SED abgeschafft und die Gründung privater Unternehmen möglich wurden. Schnell wurde ersichtlich, dass dies den Forderungen nach einer umfassenden

---

41 Die These, wonach die staatliche Ordnung (bis zum Zeitpunkt, da die kommunistische Gesellschaft erreicht sein würde) immer einer bestimmten gesellschaftlichen Klasse – zunächst des Bürgertums, dann der Arbeiter – dienlich sein würde, war Bestandteil der marxistischen Geschichtsphilosophie und so falsch nicht gewesen. Denn der bürgerliche Rechtsstaat erwies sich in seinen Anfängen, als er noch nicht durch sozialstaatliche Prinzipien ergänzt war, oft als parteilich im Hinblick auf die Wirtschaftsinteressen der Besitzenden. Siehe dazu Dieter Grimm, Die sozialgeschichtliche und verfassungsrechtliche Entwicklung zum Sozialstaat, in: ders., Recht und Staat der bürgerlichen Gesellschaft, Frankfurt a.M. 1987, 138-161; Thomas H. Marshall, Staatsbürgerrechte und soziale Klassen, in: ders., Bürgerrechte und soziale Klassen. Zur Soziologie des Wohlfahrstaates, Frankfurt a.M. 1992, 33-94.

42 Zitiert nach Glaeßner (2006), 181; zu weiteren Einzelheiten der DDR-Verfassungen siehe (ebd.), 179-183 sowie (ebd.), 269ff. zum Folgenden.

Liberalisierung und Demokratisierung von Staat und Gesellschaft nicht genügen würde. Das hieß aber auch, dass die DDR resp. die Repräsentanten des alten Unrechtsregimes kein Verhandlungspartner mehr für die weitere Gestaltung des deutsch-deutschen Verhältnisses, geschweige denn für eine sich allmählich als Ziel abzeichnende Wiedervereinigung sein konnte. Und selbst die erste, noch eilig demokratisch gewählte Regierung der DDR konnte hinsichtlich der Reputation nicht mit der politischen Führung der BRD konkurrieren.

Der im Einzelnen hier nicht darstellbare Wiedervereinigungsprozess umfasste folgende Etappen: *Etappen der Wiedervereinigung*

- zunächst die Einrichtung eines *Runden Tisches* noch durch die Regierung Modrow (Modrow war am 13. November 1989 von der ‚alten' DDR-Volkskammer zum Ministerpräsidenten gewählt worden). „Runde Tische" waren nach den revolutionären Umbrüchen in vielen Staaten des Ostblocks diejenigen ad hoc-Einrichtungen, mit denen zumindest die wesentlichsten Aspekte des anstehenden politischen Wandels diskutiert und bewältigt werden sollten. Charakteristisch für diese Runden Tische war, dass sie zum einen über keine demokratische Legitimation verfügten, die Teilnehmer also nicht vom Volk gewählt worden waren, zum anderen saßen an ihnen Vertreter sowohl der alten Nomenklatura als auch der Bürgerrechtler, die aktiv am Zusammenbruch der alten Regime mitgewirkt hatten. Diese Zusammensetzung des (zentralen) Runden Tisches in der DDR[43] war insofern problematisch, als diese Teilnehmer bzw. Teilnehmergruppen nicht gleich stark waren: Die Regierungsvertreter waren als Repräsentanten des alten autoritären DDR-Regimes immerhin die aktuellen Machthaber, die zunächst noch glaubten, sich gegenüber den Reformkräften wenig kompromissbereit zeigen zu können. Gleichwohl hatte der Runde Tisch im Dezember 1989 eine Art Ausschuss eingesetzt, der eine neue Verfassung für die DDR erarbeiten sollte. Bereits im Frühjahr des nächsten Jahres lag tatsächlich ein solcher Entwurf vor.
- Mindestens genauso bedeutend wie die konkreten Bemühungen um die neue politische Selbstbestimmung war der Umstand, dass die Situation in der DDR generell instabil und unübersichtlich war. Unmittelbar nach dem Mauerfall gingen, um nur ein Beispiel zu nennen, jeden Monat Zehntausende vom Osten in den Westen. Unter diesen Bedingungen erschien das Abwarten der Ergebnisse des Runden Tisches als unklug bzw. fahrlässig. Die im März 1990 gewählte Regierung de Maiziere, die erste durch freie Wahlen legitimierte Regierung der DDR, sah sich deshalb gezwungen, einen anderen Weg einzuschlagen, einen Weg der freilich schon seit einiger Zeit im Westen seitens der Regierung Kohl bevorzugt und nun auch forciert wurde. Der erste, vorbereitende Schritt zur *Wiedervereinigung* der beiden deutschen Staaten war demnach der Vertrag zur Währungs-, Wirtschafts- und Sozialunion, der insbesondere die Einführung der Deutschen Mark auf dem Gebiet der DDR zur Folge hatte. Der zweite Schritt erfolgte mit dem sogenannten „*Einigungsvertrag*".[44] Die Grundlage des darin zur Vereinigung vorgesehe-

---

43 Zur Vorgeschichte, zu den Teilnehmern und den Ergebnissen des Runden Tisches in der DDR siehe Uwe Thaysen, Der Runde Tisch. Oder: Wo blieb das Volk? Der Weg der DDR in die Demokratie, Opladen 1990.

44 Der Text dieses Vertrages ist z.B. abgedruckt in der kleinen Sammlung: Staatsrecht der Bundesrepublik Deutschland, Bonn 1995.

nen Prozederes war, rein verfassungsrechtlich betrachtet, Art. 23 GG a.F., der sich auf den Geltungsbereich des Grundgesetzes bezog und vorsah, dass es in „anderen Teilen Deutschlands ... nach deren Beitritt in Kraft zu setzen (ist)". Mit dieser Bestimmung existierte also eine Alternative zu der Regelung des Art. 146 GG. Art. 23 GG wurde aufgrund der geschilderten prekären Situation 1990 auch von der letzten DDR-Regierung der Vorzug gegeben – der Staat DDR ist als ein „anderer Teil Deutschlands" dem Geltungsbereich des Grundgesetzes beigetreten.[45]

– In Art. 5 des besagten Einigungsvertrages empfahlen „die Regierungen der beiden Vertragsparteien" die spätere Aufarbeitung solcher Verfassungsprobleme, die im Zuge der beschleunigten Wiedervereinigung nicht hatten behandelt werden können. Dieser Forderung versuchte die im November 1991 eingerichtete und paritätisch besetzte, 64 Mitglieder starke „*Gemeinsame Verfassungskommission von Bundestag und Bundesrat*" nachzukommen. Die ungefähr ein Jahr dauernde Arbeit brachte jedoch nur äußerst magere Ergebnisse in Form von „Empfehlungen" zu ungefähr einem halben Dutzend Grundgesetzartikeln hervor, die später auch größtenteils in das Grundgesetz übernommen wurden.[46]

Die in diesen Empfehlungen sich manifestierende verfassungsrechtliche Bewältigung der Wiedervereinigung hatte die Befürworter einer neuen Verfassung für die größer gewordene Bundesrepublik bzw. von umfangreicheren Ergänzungen des alten Grundgesetzes enttäuscht. Zu diesem Lager der Befürworter zählten allerdings nicht nur die ostdeutschen Bürgerrechtler, sondern auch westdeutsche Bürger, Verbandsmitglieder und Intellektuelle, die sich in der gesamtdeutschen Bürgerinitiative „Kuratorium für einen demokratisch verfassten Bund deutscher Länder" organisiert hatten.[47] Sie alle plädierten v.a. für

– einen (noch) umfangreicheren Grundrechtsteil
– die Einführung von Staatszielbestimmungen in den Bereichen Soziales und Umwelt
– mehr Partizipationsmöglichkeiten („plebiszitäre Elemente") sowie
– die demokratische Legitimation des Grundgesetzes, die in Art 146 GG a.F. und im Einigungsvertrag vorgesehen war.

Die Gegner einer neuen Verfassung bzw. umfangreicher Grundgesetzänderungen führten dagegen die letztlich für die Wiedervereinigung ausschlaggebenden Argumente an, wonach

– die alte bundesrepublikanische Verfassung eine anerkannte Verfassung einer liberalen Demokratie ist, die
– durch zahlreiche grundsätzliche Entscheidungen des Bundesverfassungsgerichtes in seiner Bedeutung konkretisiert (und stabilisiert) wurde;

---

45 Zur Übersicht über den Wiedervereinigungsprozess siehe auch Wolfgang Ullmann unter dem Stichwort „Deutsche Einheit II: historisch-politisch" in: Staatsbürgerlexikon, hrsg. von Gerlinde Sommer und Raban Graf von Westphalen, München 1999.
46 Diese „Empfehlungen" sind abgedruckt in: Helge-Lothar Batt, Die Grundgesetzreform nach der deutschen Einheit. Akteure, politischer Prozeß und Ergebnisse, Opladen 1996, 185-187.
47 Eine Verfassung für Deutschland. Manifest. Text. Plädoyers, hrsg. von Bernd Guggenberger, Ulrich K. Preuß und Wolfgang Ullmann, München und Wien 1991, 234-241.

– die gewaltigen Anstrengungen zur rechtlichen Bewältigung der Wiedervereinigung nur im Rahmen einer solchen bewährten Verfassung zu leisten wäre.

Die letztgenannten Punkte verkörpern insofern eine konservative Position, als sie sich in Sachen Verfassung klar für die Beibehaltung des Bewährten und für eine Zurückhaltung bei weitreichenden Neuerungen ausspricht. Die dadurch begründete Ablehnung einer umfassenden Überarbeitung des Grundgesetzes im Zuge der Wiedervereinigung wog hinsichtlich der einzelnen Forderungen der Revisionisten unterschiedlich schwer: Die von den Bürgerrechtlern geforderte Ausweitung der Grundrechte sowie die Einführung von Sozialstaatsbestimmungen haben, um nur ein Beispiel zu nennen, nach dem Abflauen der Reformdiskussion keine größere Rolle mehr gespielt[48] – der Schwerpunkt ostdeutscher Forderungen an die Politik lag und liegt weiterhin im materiell-ökonomischen Bereich. Der Verzicht auf mehr direkte Demokratie wiegt dagegen sicher schwerer, aber eine bis zum Fundament der bewährten repräsentativen Demokratie hinabreichende und deshalb wohl zu erwägende Änderung hatte sicher nicht in den unübersichtlichen und turbulenten Zeiten der Wiedervereinigung vorgenommen werden müssen. Am gravierendsten ist der Verzicht darauf, das Grundgesetz nicht einer Abstimmung durch das Volk vorgelegt zu haben. In diesem Zusammenhang ist die Chance verpasst worden, durch einen öffentlichen Akt der Zustimmung das Grundgesetz (zusätzlich) zu legitimieren. Gleichwohl hat sich das Eintreten für die Beibehaltung der (nur leicht veränderten) Verfassung als – insgesamt – gute Wahl herausgestellt.

3.6 Grundgesetz und Europäische Union

Dass die Europäische Union bislang noch kein normales bzw. vollständiges, mit autonomen Nationalstaaten vergleichbares politisches System darstellt bzw. Staatscharakter besitzt, ist unbestritten. Die Einschätzung, wie stark die EU bereits zum jetzigen Zeitpunkt an das Nationalstaatsmodell heranreicht, hängt jedoch wesentlich von dem dazu benutzten Analyserahmen ab: Wird die EU, ähnlich wie die VN, als eine internationale Organisation betrachtet, dann dient sie ausschließlich der Abwickelung der zwischenstaatlichen Kooperation sowie der Interessendurchsetzung der nationalen Akteure. Diese Sicht liegt dem *intergouvernementalistischen* Modell der EU zugrunde, bei dem die Regierungen der Nationalstaaten, v.a. über den Rat der Europäischen Union, die Fäden zur Politikgestaltung weiterhin in ihren Händen halten. Wird die EU dagegen als ein „Staat im Werden" begriffen, dann lässt sich behaupten, dass die Union zwar in

Nationalstaat und EU

---

48 In einigen Fällen waren die Erwartungen an die Leistungsfähigkeit der konstitutionellen Demokratie auch überzogen. Hinsichtlich der zwangsläufig unvollständigen Aufarbeitung der Folgen des DDR-Unrechtsregimes äußerte die Bürgerrechtlerin Bärbel Bohley: „Wir haben Gerechtigkeit erwartet und den Rechtsstaat erhalten." Für außenstehende Beobachter sind dagegen bereits einige der tatsächlich eingeleiteten rechtsstaatlichen Reparaturmaßnahmen im Sinne einer „ausgleichenden Gerechtigkeit" (z.B. im Zusammenhang mit der Regelung „Rückgabe vor Entschädigung") sehr bzw. zu weitgehend gewesen; vgl. Bruce Ackerman, Ein neuer Anfang für Europa. Nach dem utopischen Zeitalter, München 1993, Kap. 5.

Teilen immer noch einem Staatenbund entspricht, mit einigen institutionellen Arrangements, wie z.B. der Europäischen Kommission oder des Europäischen Gerichtshofes, jedoch bereits Merkmale eines Bundesstaates aufweist, weil Unions-Institutionen unabhängig von einzelstaatlichen Direktiven ‚Politik' machen bzw. Recht sprechen können. Diese Sicht vertritt das *supranationale* Modell der EU.[49]

Bisher konnte keines der beiden Modelle ausschließliche Erklärungskraft für sich beanspruchen, denn während die Bemühungen um eine Verfassung für die EU, d.h. um ihre Konstitutionalisierung eindeutig eine supranationale Tendenz darstellt, zeigt Rückbindung der EU an die nationalen politischen Systeme eher intergouvernementalistische Züge. Deshalb lässt sich mit ziemlicher Sicherheit sagen, dass das sowohl in den EU-Verträgen als auch in einzelstaatlichen Verfassungen beschworene Ziel eines vereinten Europa sich nicht so schnell bzw. einfach realisieren lassen wird, wie seiner Zeit die Umformung des nordamerikanischen Staatenbundes in die Vereinigten Staaten von Amerika.

Europäische Integration und Europa-Artikel

Die europäische Integration des nach dem 2. Weltkrieg neu zu schaffenden und zu verfassenden deutschen Staates war von Anfang an und von allen maßgeblichen Parteien intendiert gewesen. Das belegen z.B. zahlreiche Kommentare und Entwürfe der SPD, der CDU und der CSU zum geplanten deutschen Grundgesetz.[50] Innen- bzw. verfassungspolitisch sind die Integrationsbemühungen in der Bundesrepublik unterdessen nicht folgenlos geblieben, u.a. deshalb, weil die Länder im föderalen Deutschland befürchteten, die intergouvernementalistisch vorangetriebene europäische Einigung würde den Einfluss der Gliedstaaten im nationalen Entscheidungsprozess v.a. im Hinblick auf die Übertragung von Hoheitsrechten unterlaufen. Die Aufnahme des sog. „Europa-Artikels" in das Grundgesetz soll dem vorbeugen. Das Verhältnis der Bundesrepublik zur Europäischen Union ist in Art. 23 GG Abs. 1 folgendermaßen geregelt.

> „Zur Verwirklichung eines vereinten Europas wirkt die Bundesrepublik Deutschland bei der Entwicklung der Europäischen Union mit, die demokratischen, rechtsstaatlichen, sozialen und föderativen Grundsätzen und dem Grundsatz der Subsidiarität verpflichtet ist und einen diesem Grundgesetz im wesentlichen vergleichbaren Grundrechtsschutz gewährleistet. Der Bund kann hierzu durch Gesetz mit Zustimmung des Bundesrates Hoheitsrechte übertragen. Für die Begründung der Europäischen Union sowie für Änderungen ihrer vertraglichen Grundlagen und vergleichbare Regelungen, durch die dieses Grundgesetz seinem Inhalt nach geändert oder ergänzt wird oder solche Änderungen oder Ergänzungen ermöglicht werden, gilt Art. 79 Abs. 2 und 3."

Mit dieser Passage kommt zweierlei zum Ausdruck: zum einen, dass es ein (Staats-)Ziel der Bundesrepublik ist, an der Realisierung eines vereinten Europas mitzuwirken und der „Bund", das heißt in erster Linie die jeweilige Bundesregierung, befugt ist, „Hoheitsrechte" zu übertragen.[51] Zum anderen geht aus dem

---

49 Ausführlicher zum Intergouvernementalismus und zum Supranationalismus Berthold Rittberger und Frank Schimmelfennig, Integrationstheorien: Entstehung und Entwicklung der EU, in: Katharina Holzinger, Christoph Knill, Dirk Peters, dies., Wolfgang Wagner, Die Europäische Union. Theorien und Analysekonzepte, Paderborn 2005, 19-80, hier 22-40.
50 Siehe z.B. Sörgel (1985), 263ff.
51 Als Hoheitsrechte werden die von einem Staat zur Wahrung seiner Ordnung zwangsläufig auszuübenden Befugnisse bezeichnet, dazu zählen vor allem, aber nicht nur, die Zuständigkeit für die „bindenden Entscheidungen", also die Gesetzgebung. Art. 24 Abs. 1 GG ermöglicht die Übertragung von Hoheitsrechten auf „zwischenstaatliche Einrichtungen".

zitierten Grundgesetzartikel hervor, dass die Beteiligung an der Weiterentwicklung der EU in der Bundesrepublik vom *verfassungskonformen* Handeln der beteiligten politischen Organe abhängt. Denn insofern die Mitgestaltung der EU durch eine Bundesregierung ihrerseits Änderungen im Grundgesetz erforderlich macht, ist zu beachten, dass diese Änderungen einer Zweidrittelmehrheit in Bundestag und Bundesrat bedürfen und darüber hinaus auch die Grundsätze in Art. 1 und 20 GG unberührt lassen.

Die Gründung der Europäischen Union durch den Vertrag von Maastricht hat, außer in Art. 23 GG, noch folgenden Niederschlag im Grundgesetz gehabt:

- Art. 28 Abs. 1 GG gewährt das aktive und passive Wahlrecht für EU-Bürger in Kreisen und Gemeinden
- Art. 45 GG regelt die Bestellung eines Bundestagsausschusses für die Angelegenheiten der EU[52]
- Art. 52 Abs. 3a GG sieht die Möglichkeit der Bildung einer „Europakammer" des Bundesrates vor
- Art. 50 GG sichert die Mitwirkung der Länder (über den Bundesrat) bei europäischen Angelegenheiten.

Darüber hinaus wird von den Organen der EU unter Beteiligung der einzelnen Mitgliedstaaten ständig neues Recht geschaffen, das seinerseits Verbindlichkeit für bzw. Gültigkeit in den Unionsstaaten hat. Hinsichtlich des Normbestandes im Gemeinschaftsrecht der EU wird generell zwischen dem Primär- und dem Sekundärrecht unterschieden:

Primär- und Sekundärrecht der EU

- *Primärrecht* besteht aus den zahlreichen Verträgen, die die EU in mittlerweile über 50 Jahren geformt haben, also, um nur die wichtigsten zu nennen, aus den Römischen Verträgen (1957), der Einheitlichen Europäischen Akte (1987) sowie den Verträgen von Maastricht (1992), Amsterdam (1997) Nizza (2001) und Lissabon (2007).
- Das *Sekundärrecht* besteht aus den verschiedenen, auf der Grundlage des primären Rechts geschaffenen Normen. Insgesamt gehen aus den Rechtsakten der EU fünf verschiedene Norm-Sorten hervor: Verordnungen, Richtlinien, Entscheidungen, Empfehlungen, Stellungnahmen. Während die beiden letztgenannten Normen unverbindlich sind, stellen die ersten drei verbindliche Normen dar; nur die Richtlinien und Verordnungen durchlaufen jedoch den normalen Gesetzgebungsprozess.[53] Primär- und Sekundärrecht stellen, zusammen mit den Urteilen der Judikative, den Kern des im Recht sich äußernden „gemeinsamen Besitzstandes" („acquis communautaire") der EU dar.

Die Koexistenz zweier Rechtssysteme unterschiedlichen Ursprungs scheint nicht sonderlich problematisch zu sein – in der Bundesrepublik gibt es im Verhältnis von Bundes- und Landesrecht jedenfalls keine größeren Konflikte. Allerdings zeigt sich an diesem Beispiel auch, dass zwei Rechtssysteme, die auf ein- und demselben Territorium zur Anwendung und für ein- und dasselbe Staatsvolk

---

52 Siehe dazu auch unten, Kap. 5.3.5.
53 Vgl. Art. 249 EGV. Der 2005 gescheiterte EU-Verfassungsvertrag sah in Titel V, Art. I-33 eine neue Typologie der „Rechtsakte der Union" vor; zum Text der Verfassung siehe z.B. Verfassung für Europa. Der Taschenkommentar für Bürgerinnen und Bürger, von Carsten Berg und Georg Kampfer, Bielefeld 2005.

gelten sollen, nicht einfach nebeneinander bestehen können, sondern in eine Hierarchie gebracht werden müssen, z.B. gemäß der Regel „Bundesrecht bricht Landesrecht". Für das Verhältnis von EU-Recht und Grundgesetz (als nationalem Recht) gilt eine solche Vorrangregel zwar grundsätzlich auch, aber die Überordnung des europäischen Rechts über deutsches Verfassungsrecht versteht sich dennoch nicht von selbst, zumindest nicht in allen Hinsichten. So scheint die Forderung sinnvoll, dass z.B. der Grundrechtsschutz des übergeordneten und neueren Rechtssystems nicht geringer ausfällt als der des untergeordneten und älteren Systems. [54]

Zusammenfassung

Das Grundgesetz verkörpert die rechtliche Verfassung der Bundesrepublik. Als vollwertige Verfassung erhält es Normen, die zwei unterschiedliche Bereiche konstituieren: Der Organisationsteil des Grundgesetzes schafft die Einrichtungen und Prozesse einer demokratischen Republik und damit den öffentlichen Raum, in dem sich die politische Selbstbestimmung in Deutschland auf der Bundes-, der Landes- und der Kommunalebene abspielen kann. Der Grundrechtsteil enthält, ausgehend von der Würde des Menschen, eine Reihe von „unmittelbar" geltenden Rechten, die zum einen die Person und ihre Privatsphäre schützen und zum anderen die Mitwirkungen am politischen Leben garantieren.

Über die damit angesprochenen Organisationsnormen und Grundrechte hinaus enthält das Grundgesetz auch Verfassungsprinzipien, die als allgemeine Grundsätze der konstitutionellen Demokratie weitere Gestalt verleihen, ohne dass sie der Politik jedes Detail vorschreiben. Außerdem kann mit den entsprechenden Mehrheiten eine Bundesregierung ihrerseits auch noch den grundgesetzlichen Rahmen ändern – davon sind nur die Verfassungsprinzipien selbst sowie Art. 1 GG ausgenommen. Das Grundgesetz bestimmt somit also zwar die „normale" Politik, aber im Rahmen der von einer breiten Mehrheit getragenen „Verfassungspolitik" kann beinahe jeder Artikel des Grundgesetzes geändert werden.

Die deutsche Wiedervereinigung schließlich hat das Grundgesetz und vor allem den Bestand an einfachem Recht insgesamt weniger stark verändert als dies die europäische Integration bisher vermochte und in Zukunft vermutlich noch tun wird.

---

54 Das war bzw. ist zumindest die Auffassung des Bundesverfassungsgerichts; siehe dazu unten Kap. 8.2.

4. Organisationen und Verfahren gesellschaftlicher Willensbildung

Es war schon mehrfach die Rede davon gewesen, dass das wichtigste Ergebnis der Politik bindende Entscheidungen seien: Im Rahmen einer idealen Republik würde darunter die Selbstgesetzgebung der Bürger zu verstehen sein und gemäß dem demokratischen Prinzip des Grundgesetzes geht „alle Staatsgewalt" und somit auch die Kompetenz zur Setzung bindender Entscheidungen vom Volke aus. Aus dem republikanischem und aus dem demokratischem Blickwinkeln geht somit zwar hervor, dass die rechtlichen Regeln einer öffentlichen Ordnung – letztlich – von denen gewollt sein müssen, die von ihnen betroffen sind, unklar ist bisher jedoch geblieben, welches ‚Material' bei diesen Entscheidungen verarbeitet wird. Nachfolgend wird ausgeführt, dass es sich dabei v.a. um die Interessen von organisierten Individuen handelt. Dieser Zusammenhang von Interessen und Politik lässt sich unter Rückgriff auf die Begriffe „Staat" und „politisches System" ganz allgemein zunächst folgendermaßen veranschaulichen:

In Kapitel 1 wurde gezeigt, dass mit „Staat" eine territorial gebundene und durch eine rechtliche Ordnung verfasste „Menge von Menschen" zu verstehen sei. Diese Menge war als „Staatsvolk" bezeichnet worden, als durch die Staatsbürgerschaft bestimmte Gesamtheit der Bürger. Besagte Menge der vielen Einzelnen kann jedoch nicht ausschließlich unter dem politisch-rechtlichen, d.h. Pflichten und Rechte dieser Individuen umfassenden Aspekt thematisiert werden. Denn die Bürger liberaler Staaten verstehen sich nicht nur und vermutlich auch nicht in erster Linie als „politische Lebewesen"; einige werden mit der Politik auch gar nichts zu tun haben (wollen). Mit anderen Worten, *dieselbe* Menge an Menschen, die aus einer Perspektive ein *Staatsvolk* ausmacht, kann aus anderer Perspektive als *Gesellschaft* bezeichnet werden, dann nämlich, wenn sie als Einzelne betrachtet werden, die ihren je individuellen Plänen und Zielen, also ihren Interessen nachgehen und dabei auf die Kooperation mit anderen angewiesen sind. In der politischen Theorie sind für die beiden Merkmale des Bürgerseins die Bezeichnungen *citoyen* und *bourgeois* gebräuchlich geworden: jener ist der an Politik interessierte *Staats*bürger, dieser der auf den eigenen Vorteil achtende *Wirtschafts*bürger.[1] Beide Begriffe werden gelegentlich auch vorwurfsvoll gebraucht: den einen ist der citoyen ein zum Radikalismus neigender Republikaner, den anderen erscheint der bourgeois als borniter Nutzenmaximierer. Staat und Interessen

„Systeme", so wurde in Kapitel 1 ebenfalls gezeigt, sind in strukturierter Beziehung stehende Elemente, die sich gegenüber der Umwelt abgrenzen und die Politisches System und Interessen

---

1 S. dazu Höffe (2004) Kap. I und II.

eine bestimmte Funktion erfüllen. Ein politisches System ist ein *Subsystem* des gesellschaftlichen Systems (der Gesellschaft) und es erbringt Leistungen für andere gesellschaftliche Subsysteme: z.B. für das ökonomische (Wirtschaft) und das kulturelle (Kultur und Wissenschaft) in Form der bindenden Entscheidungen. Die Beziehungen zwischen dem politischen und den anderen Subsystemen lassen sich, wiederum stark verallgemeinernd, als ein Kreislauf darstellen, bei dem Einwirkungen des einen Systems auf ein anderes stattfinden: Die eine, eben angesprochene Hälfte eines solchen Kreislaufs besteht darin, dass die politisch bewirkten Entscheidungen quasi zu Bestandteilen oder zur Operationsgrundlage der anderen Systeme werden, vor allem dadurch, dass dort gesetzliche bzw. rechtliche Rahmenbedingungen geschaffen werden. Dieser Teil des Kreislaufs wird in der politikwissenschaftlichen Systemtheorie als „Output" bezeichnet. Die andere Hälfte des Kreislaufs umfasst keine Bewegung aus dem politischen System hinaus, sondern in es hinein, es handelt sich folglich um einen „Input". Wesentlicher Bestandteil der Inputs aus der Gesellschaft sind die Anforderungen („demands") der Bürger: ihre *Interessen* sollen von der Politik gebührend berücksichtigt werden. Die Entscheidungen, die das politische System produziert, setzen also zum großen Teil gesellschaftliche Interessen voraus bzw. haben sie zum Gegenstand.

Abb. 1: Politisches System

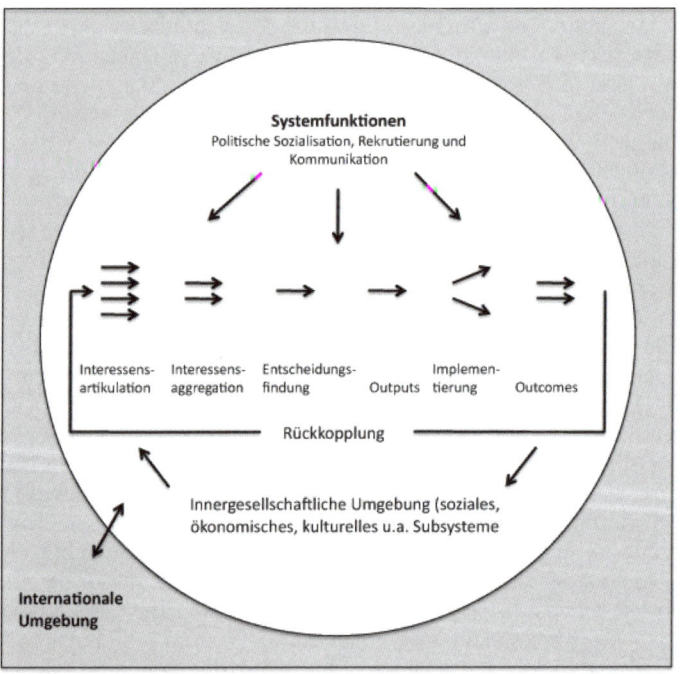

Quelle: Almond/Powell (1996).

Eine Besonderheit der gesellschaftlichen Willensbildung in der Bundesrepublik bedarf vorab noch der Erwähnung: Die *politischen Parteien* unterscheiden sich von den anderen Interessenorganisationen dadurch, dass ihnen eigens ein Grundgesetzartikel (Art. 21) sowie ein spezielles „Parteiengesetz" gewidmet sind. Dieser besonderen rechtlichen Stellung der Parteien wird in diesem Kapitel dadurch Rechnung getragen, dass im ersten Teil zunächst die nicht politischen bzw. nicht als Parteien auftretenden Interessenorganisationen abgehandelt werden (Kap. 4.1) und im zweiten Teil dann ausschließlich die Parteien Gegenstand der Betrachtungen sind (Kap. 4.2).

4.1 Gesellschaft, organisierte Interessen und Politik

Das Verhältnis der Interessenorganisationen zur Politik wird unter folgenden Gesichtspunkten erörtert: zunächst werden einige Präzisierungen zu den Begriffen „Interesse" und „Organisation" vorgenommen sowie die Funktion der „organisierten Interessen" betrachtet (4.1.1). Sodann erfolgt ein kurzer geschichtlicher Abriss zur Entstehung und zur Entfaltung organisierter Interessen in Deutschland (4.1.2). Danach wird die Situation in der Bundesrepublik sondiert: ausgehend von einer Typologie organisierter Interessen sollen die wichtigsten Ausformungen der Vereine und Verbände anhand von Beispielen vorgestellt werden (4.1.3). Im vierten Abschnitt dieses Teilkapitels werden zunächst die Möglichkeiten der Einflussnahme (einzelner) gesellschaftlicher Organisationen auf die Politik untersucht, daran anschließend die Varianten der Einbindung gesellschaftlicher Organisationen in das politische System der Bundesrepublik (4.1.4). Der Einfluss von Interessenorganisationen auf die Politik der Europäischen Union ist Thema des letzten Abschnittes (4.1.5).

4.1.1 Interessen, Organisationen und organisierte Interessen

Um besser nachvollziehen zu können, welche komplexe und auch komplizierte Formen die Interessenvermittlung im demokratischen Rechtsstaat annimmt, wird zunächst die Bedeutung von „Interesse" und „Organisation" im sozialwissenschaftlichen Diskurs erörtert (4.1.1.1). Im Anschluss daran sind die Aufgaben bzw. Funktionen der organisierten Interessen Thema (4.1.1.2).

4.1.1.1 Interessen und Organisation

In der Alltagssprache findet das Wort „Interesse" häufig Verwendung: jemand zeigt sich interessiert bzw. hat Interesse an einem inserierten Angebot (einem Auto, Haus oder Grundstück), einem bestimmten Sachgebiet (Kunst, Wissenschaft oder Sport) oder einer anderen Person (als Angestellter oder Lebenspartner). In einigen Fällen lässt sich „Interesse" als Wunsch des Besitzen-Wollens interpretieren, in anderen nicht. Interesse an der Politikwissenschaft z.B. meint, die Fragen und Antworten dieser Disziplin als lohnend für eine Beschäftigung mit ihnen einzuschätzen. Weitere Aspekte des Interesses bzw. des Interessiert-Seins zeigen sich, wenn man sie als Gegenbegriff zu den „Leidenschaften" nimmt. Ideengeschichtlich lässt sich zeigen, dass Interessen im Unterschied zu den negativen (Ruhmsucht), aber auch den positiven Leidenschaften (wie z.B. dem Enthusiasmus) das Merkmal der *Berechenbarkeit* besitzen: Das Verhalten

Interesse

desjenigen, der sein Interesse (mit Vernunft) verfolgt, ist kalkulierbar.[2] Grundsätzlich werden also eine mehr oder weniger legitime Vorteilsnahme bzw. die Eigeninteressiertheit mit Interessen verbunden – der homo oeconomicus in Kapitel 1 war ja nicht zufällig als derjenige Modellakteur vorgestellt worden, der sich um die optimale Realisierung seiner *Interessen* bemüht.

Die Realisierung von organisierten individuellen Interessen stößt häufig auf die differierenden Interessen anderer. Damit ist jederzeit die Möglichkeit eines gesellschaftlichen Konflikts gegeben. Solche Konflikte sowie das Bemühen um ihre Lösung sind der Stoff, aus dem die Politik hervorgeht.[3]

Differenzierungen

Weitere Unterscheidungen lassen sich am Begriff des Interesses vornehmen. Zunächst sind, und das war mit den Beispielen bereits angeklungen, die *Objekte* des individuellen Strebens, d.h. *materielle* und *ideelle* Interessen auseinanderzuhalten: Man kann interessiert sein am Erwerb und Gebrauch (Konsum) von Gegenständen oder aber am Zugang zu oder der Veränderung von geistigen Produkten, wie Kunstwerken und Theorien. Mit dieser Differenzierung fallen zunächst einmal die menschlichen *Bedürfnisse* aus dem Interessebegriff heraus: und zwar sowohl die grundlegendsten, existenziellen Bedürfnisse nach Nahrung und Behausung, aber auch die raffinierteren wie Zuwendung und Anerkennung. Diese Bedürfnisse werden im Folgenden von der Betrachtung ausgeschlossen, weil sich deren Befriedigung nur schlecht (im Falle der Ungeliebten und nicht Anerkannten) oder gar nicht (im Falle der Hungernden in den ärmsten Ländern der Welt) organisieren lässt; im zweiten Fall können allenfalls ausländische Wohlfahrtsorganisationen punktuell und temporär begrenzte Unterstützung leisten.

Das Vorhandensein „organisierter Interessen" setzt mit anderen Worten voraus, dass die existenziellen Probleme einer Gesellschaft und ihrer Angehörigen gelöst sind. Interessenorganisationen geht es nicht mehr um das bloße Überleben, sondern um die *Art und Weise der Lebensgestaltung*. „Materielle" Interessen beziehen sich nicht mehr, zumindest nicht im Normalfall, auf die Sicherung des Existenzminimums, sondern hauptsächlich auf das Niveau der individuellen Wohlfahrt, z.B. geht es um die Gestaltung der Arbeitsprozesse sowie um die Verteilung der daraus hervorgehenden Wertschöpfung. „Ideelle" Interessen beziehen sich demgegenüber auf das geistige Wohlergehen im weiten Sinne, wozu vor allem Kunst und Wissenschaft, aber auch die Sorge um gerechte Verhältnisse und das Wohl oder die Integrität anderer gehören.[4] Die Unterscheidung zwischen materiellen und ideellen Interessen darf jedoch nicht überzogen werden, denn es lassen sich auch materielle Interessen verfolgen, um letztlich ideelle Interessen zu befördern (wenn sich z.B. der milliardenschwere Börsenspekulant eine gemeinwohlorientierte Stiftung gründet), und mit der Realisierung eines primär ideellen Interesses, etwa dem an einer sauberen Umwelt, lassen sich auch finanzielle Gewinne machen.

Subjektivität von Interessen

Bisher war nicht nur von materiellen und ideellen Interessen, sondern implizit auch von *subjektiven* Interessen gesprochen worden. Genauer betrachtet kann

---

2 Zur facettenreichen Bedeutung des Interesse-Begriffes siehe die ideengeschichtliche Untersuchung von Albert O. Hirschman, Leidenschaften und Interessen. Politische Begründungen des Kapitalismus vor seinem Sieg, Frankfurt a.M. 1987.
3 Siehe unten, Kap. 4.1.1.2.
4 Ausgeschlossen werden in diesem Zusammenhang die verschiedenen Formen von „Erkenntnisinteressen" der menschlichen Vernunft an unterschiedlichen Weltaspekten.

man darunter zweierlei verstehen: zum einen nämlich Interessen, die ein Einzelner, eben ein Subjekt hat. Dann sind die subjektiven Interessen *individuelle* Interessen und keine *kollektiven*. In der zeitgenössischen Sozialwissenschaft (wie z.B. in der ökonomischen Theorie der Politik bzw. der Ökonomik) wird dieser mit Individuen in Verbindung gebrachte Interessenbegriff bevorzugt, weil der Ausgangspunkt vieler Theorien individualistisch und nicht, wie es gelegentlich heißt, „kollektivistisch" ist. Gegen diese beim Einzelnen vorgenommene Verankerung der Interessen lässt sich so schnell nichts einwenden, denn wer sollte besser wissen, was ihn interessiert, als der Betroffene selbst?

Gleichwohl ist die Sache etwas komplizierter. Zunächst nämlich können auch Zusammenschlüsse von zahlreichen Individuen, also Organisationen, durchaus Interessen haben und diese dann gegenüber anderen Organisationen vertreten. Das mit Interessen behaftete Kollektiv kann zudem sehr groß sein und sowohl die Nation (die wie auch immer berechtigte Formel vom „nationalen Interesse" ist in der internationalen Politik jedenfalls weit verbreitet) als auch die Weltgesellschaft meinen. Vorbehalte gegenüber den kollektiven Interessen stammen nun aber in erster Linie von deren Einbettung in die marxistische Ideologie und der damit verbundenen Befürchtung, das philosophisch oder elitär festgestellte Allgemeininteresse werde den vielen Einzelnen lediglich aufgepfropft oder aufgezwungen.

Dieser Punkt lässt sich noch etwas weiter verdeutlichen, wenn subjektive Interessen als das Gegenteil von *objektiven* Interessen aufgefasst werden. Erstere wären solche, die ein Individuum, ein Subjekt de facto besitzt und durch entsprechende Äußerungen oder Handlungen unter Beweis stellt; letztere wären solche, die Einzelne oder Gruppen, von einem vernünftigen Standpunkt aus betrachtet, *haben sollten*. Marx ging z.B. davon aus, dass die Arbeiterklasse im 19. Jahrhundert ein objektives Interesse an der Emanzipation von der unhaltbaren gesellschaftlichen Situation (d.h. den entfremdeten Arbeitsverhältnissen) und damit an einer sozialistischen Revolution hat. Diese Annahme ist zwar längst widerlegt, aber es gibt durchaus andere Kandidaten für, wenn schon nicht objektive, so doch *intersubjektiv geteilte* oder *schlecht bestreitbare* Interessen. Solche Interessen müssen (noch) nicht unbedingt von den Individuen selbst erkannt bzw. explizit vertreten werden, aber unparteiische und uninteressierte(!) Außenstehende können sie in diesem Fall advokatorisch, d.h. stellvertretend geltend machen. Auch der Staat bzw. gesellschaftliche Organisationen können bestimmte individuelle Interessen, wie z.B. den Schutz der Gesundheit, anstelle der Betroffenen wahrnehmen – das ist sogar bei Liberalen weitgehend unumstritten.[5] Die Annahme von intersubjektiv geteilten oder objektiven (zusätzlich zu den subjektiven) Interessen, die in der Politik zu berücksichtigen sind, macht also durchaus Sinn.

Objektivität von Interessen

Genauso wie das Wort „Interesse" finden auch die Wörter „Organisation" und „Organisieren" häufige Verwendung im Alltag: „Organisieren" meint zum einen – umgangssprachlich – das bloße und einmalige (u.U. illegale) Besorgen oder Beschaffen von Sachen, zum anderen das Planen und Durchführen von

Organisation

---

5   Locus classicus ist John Stuart Mill, Über die Freiheit [engl. O. 1859], Stuttgart 2004, Kap. 5. Selbst die dem medothischen Individualismus verpflichtete Sozialwissenschaft vermag das Thema „objektive Interessen", teilweise wenigstens, zu bearbeiten mit der Unterscheidung von kurzfristigen und langfristigen bzw. „aufgeklärten" Individualinteressen; siehe z.B. James S. Coleman, Grundlagen der Sozialtheorie, Bd. 2: Körperschaften und die moderne Gesellschaft, München/Wien 1995, 243-247.

mehr oder weniger komplexen Abläufen wie Geburtstagsfeiern oder Tagungen. Im Unterschied zu diesen *Tätigkeiten*, bei denen einzelne oder mehrere die „Organisation" von etwas übernehmen, lässt sich mit demselben Wort auch ein auf Beschluss von Individuen zurückführbares *Gebilde* oder eine *Einrichtung* bezeichnen, also z.B. eine Wohltätigkeitsorganisation, eine Hilfsorganisation, eine kriminelle Organisation usw. Sie sind dasjenige Mittel[6], mit dem eine Menge von Individuen einen gemeinsamen Zweck verfolgt. Organisationen können bereits von relativ wenigen Menschen gebildet werden, sie können aber auch mehrere Zehntausend Mitglieder oder mehr umfassen.

Merkmale von Organisationen

Organisationen gibt es in allen Bereichen des gesellschaftlichen Lebens – auf sozialem und kulturellem, auf politischem und wirtschaftlichem Gebiet. Der mit Abstand am meisten untersuchte Sektor ist jedoch der ökonomische, so dass nicht ganz zufällig auch die ökonomische Organisationstheorie innerhalb der Sozialwissenschaften am weitesten entwickelt ist. Ihr werden im Folgenden die Hauptmerkmale von „Organisationen überhaupt" entnommen, die Spezifizierungen für *politische* Institutionen werden in den weiteren Kapiteln an geeigneter Stelle vorgenommen.

Organisationen weisen, allgemein betrachtet, folgende untereinander in engem Zusammenhang stehende Charakteristika auf:[7]

– Ziel(e)
– Dauerhaftigkeit
– Mitglieder
– formale Struktur

Ziele

Organisationen verdanken ihre Existenz dem Entschluss bzw. Interesse von Individuen, folglich muss einem organisatorischen Zusammenschluss ein ‚Worumwillen' zugrunde liegen, die Organisationsgründer müssen einen gemeinsamen Zweck verfolgen. Bei Organisationen auf dem Wirtschaftssektor ist es naheliegend, die Gewinnmaximierung oder den Profit als alles überragendes Ziel zu nennen. Gleichwohl muss dieses übergeordnete Ziel noch konkretisiert werden, um operationalisierbar zu sein: es müssen, z.B. bei einem Automobilkonzern, Wachstumsziele gesteckt werden, Forschungsbudgets festgelegt, Innovationen und Investitionen vorgenommen, Modelloffensiven gestartet werden und vieles mehr. Diese Teil-Ziele können untereinander durchaus in Konkurrenz stehen und müssen von der Konzernspitze in eine Rangordnung gebracht werden. Die Zwecke einer Organisation sind nicht ein für allemal festgelegt. Eine Organisation mit einer stetig schrumpfenden Mitgliederzahl z.B. kann entweder mit ihrer Auflösung oder mit der Modifikation des Organisationszwecks reagieren, und eine diesbezügliche ‚Flexibilität' kann als Zeichen der Anpassungsfähigkeit der Organisation an eine gewandelte Umwelt gewertet werden. Organisationen, die mehrere Ziele gleichzeitig vertreten, können in Zeiten der Krise den Schwer-

---

6 Das aus dem Griechischen stammende Wort „Organ" lässt sich mit „Werkzeug" übersetzen.
7 Vgl. zum Folgenden Alfred Kieser und Peter Walgenbach, Organisation, Stuttgart 2003, Kap. 1 und Georg Schreyögg, Organisation. Grundlagen moderner Organisationsgestaltung, Wiesbaden 2003. Aus soziologischer Sicht siehe z.B. Helmut Gukenbiehl, Institution und Organisation, in: Korte, Hermann und Bernhard Schäfers (Hrsg.): Einführung in Hauptbegriffe der Soziologie, Wiesbaden 2006, 143-159. Beim Heranziehen vor allem der wirtschaftswissenschaftlichen Publikationen ist zu beachten, dass sie der normativen Dimension von *politischen* Institutionen, wie z.B. Parlamenten, nur selten bzw. gar nicht gerecht werden (können); siehe unten Kap. 5.3.2.

punkt ihrer Arbeit verlagern. Dementsprechend hat z.B. der „Verband der Kriegs- und Wehrdienstopfer, Behinderten und Rentner" (VdK), aufgrund der zwangsläufig immer kleiner werdenden Zahl der Kriegsopfer des 2. Weltkrieges, sein Hauptaugenmerk längst auf die Interessenvertretung für Behinderte und Rentner gelegt. In der Wirtschaft sind gelegentlich noch viel drastischere Kurswechsel zu beobachten. Und schließlich kann die Neuausrichtung sogar soweit gehen, dass die Erhaltung des organisationellen Apparates zum eigentlichen Ziel, die Arbeit der Organisation also selbstbezüglich wird.

Organisationen sind in der Regel dauerhafte Zusammenschlüsse. Auf ökonomischem Gebiet ist dies beinahe unumgänglich, weil es dort immer auch um Renditen für investiertes Kapital und von daher meist nur um mittelfristig erreichbare Ziele geht. Dauerhaftigkeit ist also ein generelles organisatorisches Merkmal, Zusammenschlüsse, die nur einem kurzfristigen oder zeitweise verfolgten Zweck dienen, genügen diesen Bedingungen nicht: Eine während des Strandurlaubs zufällig entstehende Volleyballmannschaft erfüllt dieses Kriterium genauso wenig wie die Nachbarschaftshilfe bei Hochwasser. Aus solchen eher spontan entstehenden Zusammenschlüssen *können* jedoch Organisationen hervorgehen, z.B. wenn der Urlauberkreis regelmäßig zusammenkommt oder die Nachbarn gegenüber zukünftigen Naturkatastrophen besser gerüstet sein wollen. Das Erfordernis „Dauerhaftigkeit" schließt die oben genannten internen bzw. auf den Zweck bezogenen Veränderungen einer Organisation im Zeitverlauf allerdings nicht aus. [Dauerhaftigkeit]

Organisationen als Einrichtungen, die Zwecke realisieren wollen, sind auf individuelle Leistungen angewiesen, sie brauchen mit anderen Worten Mitglieder. Die Organisationsmitgliedschaft ist normalerweise juristisch, durch Vertrag geregelt. Die Mitgliedschaft in vielen Wirtschaftsorganisationen (Betrieben) geht z.B. aus einem Arbeitsvertrag hervor, in dem ein Arbeitnehmer die Erbringung einer festgelegten Leistung und die Einordnung in eine ihm bekannte Hierarchie akzeptiert und dafür von der Organisation eine finanzielle Entschädigung (Lohn) enthält. Vertraglich geschaffene Mitgliedschaften beziehen sich normalerweise nicht auf die gesamte Person, sondern nur auf die gewünschte Leistung bzw. die davon geprägte „Rolle", die eine Person erbringen bzw. übernehmen muss. Daneben können auch weitergehende Verpflichtungen bestehen: etwa dass ein bestimmtes äußeres Erscheinungsbild (Standardbeispiel: Bekleidung der Bankangestellten) und eine grundsätzliche Übereinstimmung mit den Firmenzielen gefordert wird (was nicht ausschließt, dass Betriebsangehörige damit vereinbare *eigene* Ziele wie Profilierung, Weiterbildung, Einkommenssteigerung usw. verfolgen). Vorschriften, die den Privatbereich der Organisationsmitglieder berühren (wie z.B. Partnerwahl), sind nicht statthaft. Zwar ist auch die Mitgliedschaft in Sportvereinen und Parteien durch Vertrag geregelt, aber dadurch werden keine Leistungen bzw. Verhaltensweisen eingefordert. Zudem ist zu beachten, dass bei zentralen politischen Organisationen überhaupt keine vertraglichen Beziehungen zu den Mitgliedern bestehen: Die Mitglieder eines Parlamentes wie dem Deutschen Bundestag werden gewählt. [Mitglieder]

Um die Ziele einer Organisation realisieren zu können, bedarf es einer ganzen Reihe von Vorschriften und Regeln. Durch diese Vorkehrungen sollen die Tätigkeiten der einzelnen Mitglieder so koordiniert werden, dass die Organisation als ganze handlungsfähig und in Auseinandersetzung mit konkurrierenden Akteuren schlagkräftig wird. Sehr kleine, nur wenige Personen umfassende Zu- [Formale Strukturen] sammenschlüsse können u.U. darauf verzichten und sich jeweils spontan abstimmen, größere und große Organisationen können dies nicht. Der Grund dafür liegt in der Komplexität des Zieles. Eine moderne ökonomische Organisation etwa wird die Produktion eines Gutes nur arbeitsteilig bewerkstelligen können, und dies bedeutet zugleich die Einrichtung und Koordination aufeinander folgender Produktionsschritte und mehr oder weniger gleichberechtigter Abteilungen einerseits, die Etablierung von Hierarchien, innerhalb derer Weisungen gegeben und befolgt werden, andererseits. Zusammengehalten werden diese unterschiedlichen Ebenen und Abteilungen durch umfangreiche Regelwerke; Urheber all dieser Regeln sind letztlich die Organisations- bzw. Unternehmensgründer. Die hiermit angedeutete *formale Struktur* besteht zum einen also aus zahlreichen „Stellen" und zum anderen aus „Regeln", mit denen diese „beschrieben" und in Verbindung gesetzt werden. Darüber hinaus gibt es auch *informelle*, nicht schriftlich niedergelegte Regeln, die sich aus dem Organisationsalltag bzw. der *Anwendung* der formalen Regeln ergeben können. Formale und informelle Regeln zusammen bestimmen somit zweierlei: erstens selbstverständlich die Produktion eines gewünschten Gutes durch die Organisationsmitglieder, zweitens aber auch die Erhaltung und Weiterentwicklung der Organisation (bzw. ihrer Struktur).

Organisationen und Institutionen

Die voranstehende Skizze der Organisation erfolgte, es wurde bereits erwähnt, überwiegend aus wirtschaftswissenschaftlicher Sicht; und ökonomische Theorien werden inzwischen häufig in die Politikwissenschaft übernommen. Das ist einerseits naheliegend, weil die „ökonomische Theorie der Politik" mit den Wirtschaftswissenschaften ohnehin wesentliche Prämissen teilt. Andererseits ist dies nicht vollkommen unproblematisch, weil zumindest einige zentrale politikrelevante Einrichtungen – weniger die Parteien, wohl aber Parlamente oder Gerichte – durchaus Besonderheiten aufweisen. Eine speziell politikwissenschaftliche Beschäftigung mit Organisationen ist gleichwohl nur selten zu finden. Interessanterweise spricht die Politikwissenschaft auch eher von „Institutionen". Dieser zweite Begriff zur Bezeichnung zentraler, das gesellschaftliche Leben bestimmender Einrichtungen wird in der Soziologie und der Ökonomie oft für die Charakterisierung jener verhaltensregulierender Einrichtungen herangezogen, die sich im Unterschied zu Organisationen *keinem angebbaren Entschluss* von Individuen verdanken: Die Existenz eines Sportvereins oder einer Partei ist normalerweise auf einen Entschluss der Gründungsmitglieder zurückführen, bei der Taufe oder dem Versprechen hingegen, zwei Beispiele für gesellschaftliche Institutionen, lässt sich ein solcher personengebundener Ursprung nicht angeben.

Eine plausible Verknüpfung der Begriffe „Organisation" und „Institution" lässt sich so herstellen, dass man *Institutionen* als *anerkannte Organisationen* begreift. Eine Schule oder Universität, eine Partei oder ein Verfassungsgericht lassen sich zwar, im oben skizzierten Sinn, als vollumfängliche Organisationen schaffen, zu Institutionen werden sie aber nur dann, wenn sie im Laufe der Zeit weithin Anerkennung erfahren und dadurch sozusagen institutionalisiert worden sind.[8] Mit anderen Worten: Aus Organisationen können, müssen demnach aber nicht Institutionen hervorgehen.

---

8   Das ist die nicht sonderlich beachtete These von Samuel P. Huntington, Political Order in Changing Societies, New Haven und London 1968, 12ff. Zum soziologischen Institutionenbegriff siehe Gukenbiehl (2006). Beim Mitbegründer der sog. „Institutionen-Ökonomik", Douglass C. North, Institutionen, institutioneller Wandel und Wirtschaftsleistung,

Die bisher überwiegend soziologischen bzw. ökonomischen Betrachtungen zum Organisationsbegriff sind abschließend noch durch rechtliche zu ergänzen. Die Gründung einer Organisation, verstanden als freier Zusammenschluss von Individuen, wird in der Bundesrepublik durch Art. 9 GG als Grundrecht garantiert. Gleichwohl findet eine solche Gründung nicht im ansonsten rechtsfreien Raum statt, sie steht unter dem generellen Vorbehalt der Verfassungskompatibilität und sie wird zudem detailliert geregelt in den einschlägigen Passagen des Bürgerlichen Gesetzbuches (BGB)[9]:

Rechtlicher Rahmen

- unterschieden werden „wirtschaftliche" und „nichtwirtschaftliche", d.h. ideelle Vereine
- ihre *Rechtsfähigkeit*, d.h. ihren Status als Rechtssubjekt, erlangen Vereine entweder durch Verleihung vom Staat (wirtschaftliche Vereine) oder durch Eintragung in ein Vereinsregister (ideelle Vereine)
- *Satzungen*, als interne Verfassung eines Vereins, müssen mindestens eine *Mitgliederversammlung* (als oberstes Vereinsorgan) und einen von dieser Versammlung gewählten Vorstand enthalten. Sie müssen auch Angaben über „den Zweck, den Namen und den Sitz des Vereins" machen; zudem „soll" eine Satzung die Bedingungen der Vereinsmitgliedschaft (Beitritt und Ausschluss), die Änderung der Satzung sowie die finanzielle Haftung eines Vereins regeln
- Vereinen kann die Rechtsfähigkeit entzogen werden.[10]

Hinter dem, was unter Bezugnahme auf das BGB als *eingetragener Verein* bezeichnet wurde, verbergen sich meistens diejenigen Organisationen, die in der Politikwissenschaft als *Verbände* angesprochen werden, nämlich die Zusammenschlüsse wirtschaftlichem, sozialem oder kulturellem Gebiet, die allesamt ihre Interessen durch die Politik befördert wissen wollen. Bei einigen solcher Vereine wird dies auch durch den Namen deutlich, z.B. bei den Arbeitgeberverbänden oder den Wohlfahrtsverbänden. Im Folgenden werden „Interessenorganisation" und „organisiertes Interesse" als Oberbegriffe für „Verein" und „Verband", als den beiden wichtigsten Formen gesellschaftlicher Zusammenschlüsse, gebraucht. Während das BGB also nur wirtschaftliche und nicht wirtschaftliche „Vereine" kennt, hat sich in der politikwissenschaftlichen Beschäftigung mit den Interessenorganisationen die Regelung durchgesetzt, die primär wirtschaftliche Interessen vertretenden Organisationen „Verbände" zu nennen, die eher ideellen Interessen dienenden Zusammenschlüsse dagegen „Vereine".[11]

Tübingen 1992, 4 findet sich wiederum ein breiteres Verständnis von Institutionen: „Institutionen können geschaffen werden, wie die Verfassung der Vereinigten Staaten, oder sie können mit der Zeit einfach von selbst entstehen, wie das Common Law."

9 Das BGB, das am 1. 1. 1900 in Kraft getreten ist, regelt die Beziehungen von Privatpersonen untereinander; vgl. zum Folgenden §§ 21-79 BGB.

10 Das Vereinsgesetz von 1964 regelt darüber hinaus das *Verbot* von Vereinen; vgl. Klaus Weber (Hrsg.), Creifelds Rechtswörterbuch, München 2000, Stichwort „Vereinsgesetz": „Ein Verein darf erst dann als verboten i.S. des Art. II GG behandelt werden, wenn durch behördliche Verfügung festgestellt worden ist, dass seine Zwecke oder Tätigkeit den Strafgesetzen, der verfassungsmäßigen Ordnung oder der Völkerverständigung zuwiderlaufen. In dieser Verfügung ist die Auflösung des Vereins anzuordnen".

11 Siehe z.B. Martin Sebaldt und Alexander Straßner, Verbände in der Bundesrepublik Deutschland, Wiesbaden 2004, 23.

Definition   Interessenorganisationen bzw. organisierte Interessen sind in der Regel freiwillige[12] und rechtsförmige Zusammenschlüsse von Individuen, die gemeinsame Ziele in Form der Befriedigung materieller und ideeller Interessen arbeitsteilig und in Auseinandersetzung mit anderen gesellschaftlichen oder politischen Organisationen verfolgen.

4.1.1.2 Funktionen der organisierten Interessen

Zur Beantwortung der Frage, welche Funktionen die gesellschaftlichen Interessenorganisationen im Rahmen der Politik übernehmen, kann wiederum das systemtheoretische Modell herangezogen werden. Es wurde bereits erwähnt, dass in der politischen Systemtheorie die Verbindung von Gesellschaft und Politik über zwei ‚Kanäle' hergestellt wird: zum einen werden aus der Gesellschaft bzw. dem gesellschaftlichen System „Anforderungen" („demands" als eine Form der „Inputs") an das politische System gestellt; zum anderen werden bindende Entscheidungen, in denen solche Anforderungen verarbeitet worden sind, als „Output" an die Gesellschaft zurückgegeben. Anforderungen an das politische System entstehen nun aber weder von selbst noch sind sie normalerweise das Ergebnis individueller Anstrengung, vielmehr sind sie das Produkt der Arbeit von Interessenorganisationen. Zu unterscheiden sind in diesem Zusammenhang zwei Gruppen von *Funktionen*; die eine bezieht sich auf die Funktion der organisierten Interessen im politischen System, die andere auf das Verhältnis von Individuum und Organisation.

Interessenorganisation und politisches System   Zur ersten Gruppe gehören die Interessen*artikulation* und die Interessen*aggregation*. Artikulation und Aggregation im politischen Prozess lassen sich unterschiedlich modellieren: Mit einer älteren systemtheoretischen Auffassung lässt sich zum einen sagen, *Interessengruppen* seien verantwortlich für die *Artikulation*, also die Äußerung und die Verlautbarung konkreter Positionen, während die *politischen Parteien* für die Bündelung im Sinne der *Aggregation* dieser u.U. gesellschaftsweit verbreiteten Auffassungen und für ihre Umsetzung in politische Entscheidungen zuständig seien.[13] Im Unterschied dazu modellieren einige Verbändeforscher die Umwandlung von Interessen in Entscheidungen so, dass es die *Verbände* sind, die die zahlreichen individuellen Interessen zunächst *aggregieren* und zu konkreten Zielen eines Verbandes machen, und die diese Ziele dann gegenüber den politischen *Parteien* bzw. den Entscheidungsträgern im politischen System öffentlich *artikulieren* müssen.[14] Beide angeführten Varianten können Plausibilität für sich beanspruchen.

Organisationsinterne Willensbildung   Insbesondere bei der Bündelung von Interessen können Probleme auftauchen, wenn es sich um große, mitgliederstarke Organisationen handelt. Mit Aggregierung oder Bündelung ist zwangsläufig die Vorstellung verbunden, dass eine Organisation quasi automatisch und verzerrungsfrei alle diejenigen Meinungen aufnimmt und repräsentiert, die mit dem Organisationsziel direkt oder indirekt in Verbindung stehen. Dem ist jedoch nicht so: Alle größeren und großen Organisationen wie z.B. Gewerkschaften und, wie noch zu sehen sein wird, Parteien, weisen Strömungen und Fraktionen auf, die eine organisationsinterne

---

12   Zu den nicht freiwillig gegründeten Interessenorganisationen sind die öffentlich-rechtlichen Kammern zu zählen; siehe unten, Kap. 4.1.3.
13   Vgl. z.B. Almond/Powell (1976), 147.
14   S. z.B. Ulrich von Alemann, Organisierte Interessen in der Bundesrepublik, Opladen 1989, 187f.; grundsätzlich genauso, jedoch mit dem Zwischenschritt der „Selektion", Sebaldt/Straßner (2004), 59ff.

Willensbildung erschweren und manchmal auch blockieren. Außerdem ist zu bedenken, dass bei mitgliederstarken Organisationen die mit „Bündelung" verbundene Vorstellung irreführend ist: Die von der Verbandsspitze artikulierte Position resultiert oft gar nicht aus einem neutralen Zusammenfassen von Einzelmeinungen, sondern ist von „oben" entwickelt und vorgegeben und kann von der Basis dann nur noch rezipiert und abgesegnet werden. Auch bei der Bestimmung der zweiten Funktionen der organisierten Interessen, bei Partizipation und Integration, ist deshalb Vorsicht am Platze.

Partizipation, verstanden als direkte, indirekte oder wenigstens symbolische Teilnahme an der Formulierung der Verbandsposition, wird nicht in jedem Fall stattfinden: zum einen, weil, wie erwähnt, die Willensbildung in einem großen Verband nicht selten „von oben nach unten" verlaufen wird, und die „Teilnahme" der Basis auf das Akzeptieren eines vorformulierten Beschlusses hinausläuft. Allenfalls ließe sich dann eine stärkere Partizipation von Mitgliedern bei der Formulierung abweichender Meinungen bzw. organisationsinterner Opposition finden. Zum anderen muss aber berücksichtigt werden, dass nicht bei allen, vermutlich noch nicht einmal bei den meisten organisierten Interessen die Partizipation der Mitglieder an Entscheidungen überhaupt im Vordergrund steht. Dies gilt zumindest für die große Zahl der *Vereine* in den Bereichen Sport und Kultur und für die sog. Serviceorganisationen wie z.B. Verkehrsclubs.

<small>Partizipation</small>

Die Funktion der Integration meint zweierlei: Erstens wird darauf abgestellt, dass moderne Gesellschaften *individualistische* Gesellschaften sind, in denen ein Großteil der sozialen Kontakte bzw. die Einbeziehung in größere Gruppen künstlich hergestellt werden muss. Interessenorganisationen leisten insofern einen Beitrag zur Integration ihrer Mitglieder, als sie für diese, zumindest prinzipiell im Rahmen einer Mitgliederversammlung, die Möglichkeit des Zusammentreffens schaffen. Zweitens und vor allem meint Integration aber auch die durch die Organisationsarbeit bewirkte gesellschaftsweite Anerkennung, zumindest die Nichtdiskriminierung von Interessen. Organisationsmitglieder werden von daher, sozusagen im Gegenzug, eher bereit sein, die Spielregeln einer pluralistischen Gesellschaft zu akzeptieren, die ‚ihre' Organisation ermöglichen und zulassen.

<small>Integration</small>

In modernen Gesellschaften gibt es immer wieder neue Interessen, die anfänglich um ihre Anerkennung kämpfen müssen, und überdies ist nicht jedes Interesse, das sich organisiert hat, anerkennenswert bzw. integrierbar. Zum einen ist es möglich, dass Interessen von *politischen* Organisationen im Laufe der Zeit illegitim, d.h. unvereinbar mit der konstitutionellen Ordnung eines Staates werden. Zum anderen gibt es Interessen, die mehr oder weniger stark organisiert sind, die aber weder staatlich noch überhaupt öffentlich anerkannt werden können, nämlich diejenigen der kriminellen Organisationen. In solchen Fällen können die jeweiligen Zusammenschlüsse verboten werden.[15]

---

15 Ein Verbot kann jedoch auch daraus resultieren, dass sich nicht das Ziel einer Organisation, sondern ihr Umfeld, das politische System, verändert, indem es totalitär wird und unabhängige Gruppierungen unterdrückt.

4.1.2 Historische Aspekte

Übergang von der Gemeinschaft zur Gesellschaft

Gesellschaftliche Willensbildung unter Mitwirkung organisierter Interessen setzt eine bestimmte soziale Organisationsform voraus. Bereits aus dieser Formulierung geht hervor, dass es sich um eine *Gesellschaft* (und keine Gemeinschaft) handeln muss, also um einen Sozialverband, der wesentlich aus untereinander nur wenig bzw. schwach oder gar nicht verbundenen Einzelnen besteht. Diese Vereinzelung, die, je nach Sichtweise, positiv als „Individualisierung" oder negativ als „Atomisierung" angesprochen werden kann, ist ihrerseits ein Produkt epochaler Umwälzungen und kann für den europäischen Raum (der global gesehen sicherlich die Pionierrolle übernommen hatte) mit der Säkularisierung und der Industrialisierung in Verbindung gebracht werden. Der Übergang von der Gemeinschaft zur Gesellschaft muss generell als gewaltiger und langwieriger Prozess der Umgestaltung bzw. Neuorganisation sozialer Beziehungen gesehen werden, ein Prozess, der in Deutschland auf erheblichen Widerstand stieß.[16]

Ideengeschichtlich lässt sich diese Umwälzung wenigstens etwas präziser datieren, wenn man sie mit dem Aufkommen der Gesellschaftsvertragstheorie Mitte des 17. Jahrhunderts in Verbindung bringt. Deren Hauptanliegen bestand darin, die Rechtfertigung einer staatlichen Ordnung aus der *individuellen* Perspektive vorzunehmen. So gesehen ist diese bis heute einflussreich gebliebene Legitimationsfigur das theoretische Abbild der sich real abzeichnenden Neuformierung der Beziehungen von Individuum und Staat bzw. Gesellschaft.[17] In der Folgezeit ist dieses Problem sowohl in der politischen Praxis und dann auch weiterhin in der politischen Theorie immer deutlicher in den Vordergrund gerückt.

Ständegesellschaft

Selbstverständlich hatten auch andere geschichtliche Epochen soziale Organisationsformen gekannt. Die mittelalterliche Gesellschaft z.B. war eine in *Stände* (Adel, Klerus, Bürgertum sowie Bauern) gegliederte Gesellschaft, in der die Geburt über die gesellschaftliche Position entschied. Zudem war der Berufssektor dieser Ständegesellschaft durch Gilden und Zünfte geprägt. Zünfte umfassten z.B. die Handwerker eines Gewerbezweiges innerhalb der Städte; mit ihnen wurde die Ausbildung und vor allem die Ausübung eines Handwerks monopolistisch geregelt. Die durch die industrielle Revolution maßgeblich bedingten politischen Umwälzungen in England, Frankreich und auch in den USA zielten auf die Abschaffung dieser starren und jegliche gesellschaftliche Mobilität und den Aufstieg verhindernde Ordnung.[18] Dennoch standen nicht alle (revolutionären) politischen Theoretiker den dadurch zentral gewordenen Individualinteressen wohlgesonnen gegenüber: Rousseaus ideale Republik z.B. wäre eine gewesen, in der überhaupt keine (Interessen-)Gruppierungen vorhanden gewesen wären, sondern lediglich patriotische Republikaner; und die Gründerväter der Vereinigten Staaten von Amerika beargwöhnten mögliche negative Auswirkungen der in

---

16 Vgl. oben Kap. 2.1.
17 Ihre erste neuzeitliche und zugleich wirkmächtige Formulierung hat die Gesellschaftsvertragstheorie 1651 in Thomas Hobbes' *Leviathan* erfahren.
18 Karl Marx begrüßte die im Hinblick auf die überkommene Sozialordnung zerstörerische Tendenz des Kapitalismus: „Alle festen, eingerosteten Verhältnisse mit ihrem Gefolge von altehrwürdigen Vorstellungen und Anschauungen werden aufgelöst ... Alles Ständische und Stehende verdampft, alles Heilige wird entweiht"; Karl Marx und Friedrich Engels, Manifest der kommunistischen Partei[1848], Stuttgart 1979, 27.

Neuengland in der Politik allenthalben anzutreffenden „factions" auf die Politik und versuchten dem durch konstitutionelle Filter vorzubeugen.¹⁹

Weder diesseits noch jenseits des Atlantiks konnte der Siegeszug der freiwilligen Interessenorganisationen allerdings entscheidend aufgehalten werden. Im Gegenteil: sie haben sich schnell zu einem wichtigen, wenn auch nicht selten beklagten Bestandteil des gesellschaftlichen und politischen Lebens entwickelt. Dabei hatten die Nordamerikaner einen erheblichen Vorsprung: Als Einwanderer aus dem in industrieller und politischer Hinsicht in Europa ohnehin fortschrittlichen England hatten sie mit der Rückständigkeit und mit den Zwängen der kontinentaleuropäischen Stände-Gesellschaft wenig zu schaffen. Zwar waren große Teile der Wirtschaft, v.a. in den Südstaaten, für längere Zeit noch auf die für eine moderne Republik geradezu archaische ‚Institution' der Sklaverei angewiesen, gleichwohl zeichneten sich bereits Anfang des 19. Jahrhunderts deutlich die Umrisse eines neuen Gesellschaftstyps ab. Oft werden solche grundlegenden Neuerungen am intensivsten von Außenstehenden wahrgenommen. Im Falle der Interessenorganisationen in den USA war es der aus Frankreich stammende Aristokrat Alexis de Tocqueville, der schon in den 1830er Jahren anlässlich einer ausgedehnten Nordamerika-Reise folgende Beobachtung machte:

Tocqueville und die USA

„Amerikaner jeden Alters, jeden Ranges, jeder Geistesrichtung schließen sich fortwährend zusammen. Sie haben nicht nur kaufmännische oder Berufsvereine, denen alle angehören, sie haben auch noch unzählige andere Arten: religiöse, sittliche, ernste, oberflächliche, sehr allgemeine und sehr besondere, gewaltige und ganz kleine ... Überall, wo man in Frankreich die Regierung und in England einen großen Herrn an der Spitze eines neuen Unternehmens sieht, wird man in den Vereinigten Staaten mit Bestimmtheit eine Vereinigung finden."²⁰

In einer Gesellschaft, in der keine traditionellen Organisationsformen existieren und zudem auch keine Untertanenmentalität vorherrscht, sind Bürger bei der Lösung ihrer Probleme also auf Eigeninitiative angewiesen. Sie können diese Aufgabe bewältigen, wenn sie, wie Tocqueville es nennt, die „Kunst des Zusammenschlusses" beherrschen.

Was das damalige Deutschland angeht, so ist zunächst festzuhalten, dass es dort Ende des 18. Jahrhunderts (und auch Mitte des 19. Jahrhunderts) keine erfolgreiche politische Revolution gab und dass überdies, wie in Kapitel 2 kurz geschildert, die gesellschaftliche Modernisierung als sehr zwiespältig empfunden worden war. Dies hatte erheblichen Einfluss auf die Freiheit bzw. die Form der Vereinsgründung.²¹ Einige Erscheinungen des deutschen Assoziationswesens

Erste politische Organisationen in Deutschland

---

19 Vereinzelt gab es auch schon lange vor dem 18. Jahrhundert Zusammenschlüsse, die durchaus als Organisationen im modernen Verständnis bezeichnet werden können. In der Organisationsliteratur werden in diesem Zusammenhang die „Gesellschaften der Fernhandelskaufleute" aus dem späten 13. Jahrhundert genannt; s. z.B. Kieser/Walgenbach (2003), 5; andernorts firmieren die mittelalterlichen Schützengesellschaften und die im 17. und 18. Jahrhundert v.a. in städtischen Kaffeehäusern sich bildenden Lesegesellschaften als Vorläufer moderner Zusammenschlüsse; s. dazu Hans-Joachim Klein, Stichwort „Vereine", in: Bernhard Schäfers und Wolfgang Zapf (Hrsg.), Handwörterbuch zur Gesellschaft Deutschlands, Bonn 1998, 676-687.
20 Alexis de Tocqueville, Über die Demokratie in Amerika [1835; 1840], Stuttgart 1990, 248.
21 Vgl. zum Folgenden von Alemann (1989), Kap. III.1 und Sebaldt/Straßner (2004), Kap. II.1; aus soziologischer Sicht, Rainer Geißler, Die Sozialstruktur Deutschlands, Opladen

lassen sich dabei durchaus als organisatorische Ausprägungen des oben bereits mehrfach erwähnten deutschen Sonderweges auffassen:

- *Geheimgesellschaften* waren der Anfang des 18. Jahrhunderts von England aus auf dem Kontinent sich ausbreitenden und dem Liberalismus, der Aufklärung und der Toleranz verpflichteten Freimaurerei zuzurechnen. Eine der wichtigsten Organisationen in Deutschland war der 1785 gegründete Illuminatenorden. Beinahe paradoxer-, aber auch verständlicherweise, nämlich hinsichtlich der politischen Situation, erörterten diese Gesellschaften progressive politische und darum *öffentlich relevante* Themen im privaten bzw. *geheimen* Kreis. Daneben gab es
- *Jakobiner-Clubs*, die in Nacheiferung des französischen Vorbildes in Paris republikanisches Gedankengut in (Südwest-)Deutschland, z.B. in Köln, Mainz und Speyer zu verbreiten suchten
- *Burschenschaften*, die unmittelbar nach der französischen Revolution als studentische bzw. universitäre Organisationen gegründet worden waren und nach 1815 für die nationale Einheit Deutschlands eintraten
- *Turn- und Gesangvereine*, die nach der Auflösung des Deutschen Reiches und während der Restauration versuchten, die nationale bzw. „vaterländische" Gesinnung außerhalb der untersagten politischen Organisationen zu pflegen; von daher erklärt sich die sprunghafte Verbreitung des organisierten Sports (Turnvater Jahn) und Gesanges in den 1820er und 30er Jahre.[22]

Organisationen der Arbeitnehmer und Arbeitgeber

Abgesehen vom politischen Bereich und seinen spezifischen Formen der Zusammenschlüsse fand im Laufe des 19. Jahrhunderts der größte Schub an Organisationsbildung auf wirtschaftlichem Gebiet statt: Die Auswirkungen der Industrialisierung und des Frühkapitalismus bedingten erste Zusammenschlüsse sowohl bei den Benachteiligten als auch bei den Begünstigten der neuen Entwicklung, d.h. auf Seiten der Arbeiter und auf Seiten der Unternehmer. Die Arbeiter hatten bereits seit Anfang des Jahrhunderts „soziale Selbsthilfeorganisationen" gegründet, die im Falle von Streik, Krankheit oder Tod Unterstützung gewährleisteten, aber auch Bildungsangebote machten. 1863 wurde mit dem „Allgemeinen Deutschen Arbeiterverein" (ADAV) eine der beiden Vorläuferorganisationen der deutschen Sozialdemokratie gegründet. Gewerkschaftliche und später parteiförmige Arbeiterorganisationen wurden in der zweiten Jahrhunderthälfte zunächst massiv an der Vertretung der Interessen ihrer Mitglieder gehindert (z.B. durch die Sozialistengesetze Bismarcks). Organisationen der Arbeitgeberseite wie etwa der 1876 gegründete „Centralverband Deutscher Industrieller" sahen sich mit

---

1992; Kap. 2; aus historischer Sicht Hans-Ulrich Wehler, Deutsche Gesellschaftsgeschichte, Dritter Band: 1849-1914, München 1995, v.a. 106-195 und 700-847.

22 Alle diese frühen an – direkt oder indirekt – politischen Organisationsformen der Revolutions- und der Restaurationszeit werden in den meisten politikwissenschaftlichen(!) Abrissen zur Geschichte der Interessengruppen in Deutschland übergangen. Dies lässt sich auch als Ausdruck eines spezifischen Desinteresses an den insgesamt ohnehin bescheidenen deutschen Republikanismus verstehen. Als partielle Ausnahme von dieser Regel s. Klein (1998), bes. 679-682. Für eine interessante sozialphilosophische Analyse und Einordnung der oben genannten Organisationen aus der Zeit von 1780-1850 siehe Klaus Eder, Geschichte als Lernprozeß? Zur Pathogenese politischer Modernität in Deutschland, Frankfurt a.M. 1985, Teil III.2 (Politische Assoziationen als Lernmechanismus). Gesang- und Turnvereine bzw. Burschenschaften haben später einen zunehmend apolitischen bzw. reaktionären Kurs eingeschlagen.

solchen Repressalien nicht nur nicht konfrontiert, sondern die Politik des Kaiserreiches „schloß sich zu jener Zeit bereitwillig Verbandsinteressen aus Großindustrie und Großgrundbesitz auf und war weit davon entfernt, dem Bild des über der Gesellschaft mit ihren Parteiungen und Interessengruppen schwebenden Staates zu entsprechen."[23]

Seit der Jahrhundertwende regelte das BGB ganz allgemein die Gründung und Organisation der oben schon einmal erwähnten „freien Vereine". Eine deutsche Besonderheit stellte der 1898 gegründete „Deutsche Flottenverein" dar, der sich als Allianz maßgeblich von Großindustriellen und national gesinnten Politikern der Aufrüstung der deutschen Flotte widmete.[24] Nach dem Ersten Weltkrieg spiegelte sich die Zerrissenheit der Weimarer Republik und ihrer Gesellschaft auch in den politischen Positionen der wirtschaftlichen Interesseverbänden: die Gewerkschaften sahen sich in einem starken Aufwind und wähnten sich bereits auf dem Wege zur sozialistischen Umgestaltung des gesamten Wirtschaftssektors, während die konservativen Unternehmerkreise den starken Staat forderten, um gerade dies zu verhindern.

Unter den Nationalsozialisten wurde der insgesamt beachtliche Pluralismus der Interessenorganisationen in der Weimarer Republik umgehend aufgehoben. „Gleichschaltung"
Daran lässt sich zweierlei ablesen: zum einen, dass die Zahl der Unterstützer der neuen Machthaber bei den Verbandsmitgliedern und noch stärker bei den Verbandseliten (die Kirchen dabei nicht ausgenommen) sehr groß gewesen war, so dass diese „Gleichschaltung" ohne große Probleme vonstatten gehen konnte. Zum anderen zeigte sich, dass auch der totalitäre Staat der Nazis seinerseits auf gesellschaftliche Organisationen angewiesen war. Zwar konnte er das mehr oder weniger freie Agieren der Verbände und Vereine in Bezug auf die Politik und untereinander nicht mehr zulassen, aber die organisierte Gesellschaft mit ihren ursprünglich freiwilligen Zusammenschlüssen diente ihm nunmehr dazu, seine unmenschliche Ideologie gesellschaftsweit zu verbreiten und zu verankern. Die Interessenorganisationen konnten ihrerseits keinen Input ins politische System geben und waren zu willfährigen Instrumenten der totalitären Machthaber geworden.

Nach dem 2. Weltkrieg waren also große Teile der organisierten Gesellschaft – Industrielle, Kirchen, Beamtenschaft – aufgrund ihrer Verstrickung in das 3. Reich politisch gesehen stark diskreditiert. Das hinderte sie jedoch nicht daran, sofort wieder erheblichen Einfluss auf die Politik und das hieß zunächst vor allem auf die Gestaltung des Grundgesetzes auszuüben. Die, was das Gros der Mitglieder anging, relativ unbelasteten Gewerkschaften konnten dagegen ihre politischen Vorstellungen nur bedingt umsetzen.[25] In der jungen Bundesrepublik hatte sich dann nach 1949 schnell eine facettenreiche pluralistische Organisationslandschaft herausgebildet. Die Hauptbestandteile dieses Pluralismus werden nun im nächsten Abschnitt anhand von Beispielen betrachtet.

---

23 Von Alemann (1989), 148.
24 Dieser Verein brachte es immerhin „bis 1913 auf 1,125 Millionen Mitglieder, darunter 333500 individuelle und 790000 korporative", Wehler (1995), 1078.
25 Vgl. dazu noch einmal Sörgel (1985), 201-213.

4.1.3 Interessenorganisationen in der Bundesrepublik

In der Bundesrepublik gibt es eine enorme Zahl an wirtschaftlichen und nichtwirtschaftlichen „Vereinen" im Sinne des BGB. Gelegentlich wird ihre Zahl auf 200 000 geschätzt. In der sog. Lobbyliste des Deutschen Bundestages, in der alle Interessenorganisationen offiziell registriert sind, die politische Arbeit betreiben wollen, waren 2010 über 2 100 Verbände registriert.[26]

Handlungsfelder der Interessenorganisationen

Typologisierungen der Interessenorganisationen lassen sich anhand von unterschiedlichen Kriterien vornehmen. Denkbar wären die Orientierung an Verbandsgröße bzw. Mitgliederzahl oder an der rechtlichen Form der Organisationen (Vereine, Verbände, Körperschaften). Aussagekräftiger als solche Klassifizierungen ist allerdings eine Einordnung nach Gebieten („Handlungsfeldern"), auf denen die einzelnen Organisationen tätig werden. Demnach ließen sich Interessenorganisationen z.B. danach unterscheiden, ob sie im wirtschaftlichen, sozialen, kulturellen bzw. religiösen oder im Freizeit-Bereich tätig sind. Nicht unplausibel wäre auch eine Unterscheidung nach gesellschaftlichen Konflikten bzw. Konfliktlinien, entlang derer Interessenorganisationen entstehen. Aber auch in diesem Zusammenhang ist eine Thematisierung von Handlungsfeldern unumgänglich, und der Vorteil einer so konzipierten Analyse besteht darin, dass sie die Probleme und die daraus entstehenden Interessengruppen wenigstens in etwa chronologisch, also nach ihrem erstmaligen Auftreten, ordnen kann.

Deshalb wird im Folgenden von Bereichen bzw. Handlungsfeldern die Rede sein, in denen organisierte Interessen anzutreffen bzw. tätig sind:[27]

– Wirtschaft und Arbeit
– sozialer Bereich
– Bereich von Kultur, Politik und Religion
– Freizeitbereich.

Mit diesem Analyseraster soll, wie gesagt, die Landschaft der Interessenorganisationen nur grob strukturiert, keinesfalls aber umfassend dargestellt werden. Die einzelnen Bereiche werden nachstehend jeweils durch ein oder zwei Fallbeispiele illustriert.[28]

4.1.3.1 Wirtschaft und Arbeit

Wirtschaft und Arbeit

Das spannungsreiche Verhältnis von Arbeit(skraft) und Kapital(geber) ist einer der ältesten Konflikte moderner Gesellschaften und das dominante soziopoliti-

---

26 S. Sebaldt/Straßner (2004), 94.
27 Eine solche Einteilung findet sich z.B. bei Joachim Jens Hesse und Thomas Ellwein, Das Regierungssystem der Bundesrepublik Deutschland, Opladen 1992, Bd.1, 148f.; siehe auch von Alemann (1989), 70f. sowie Wolfgang Rudzio, Das politische System der Bundesrepublik Deutschland, Wiesbaden 2006, 59ff., wo sich eine ähnliche Untergliederung mit zahlreichen Beispielen findet. Auch Sebaldt/Straßner (2004), Kap. 4 folgen diesem Modell, führen jedoch noch zusätzliche Bereiche an. Siehe auch Rolf G. Heinze und Helmut Voelzkow, Interessengruppen, in; Uwe Andersen und Wichard Woyke (Hrsg.), Handwörterbuch des politischen Systems der Bundesrepublik Deutschland, Bonn 1995, 235-240, hier 237.
28 Die Auswahl der Einzelfälle orientiert sich weitgehend an von Alemann (1989) und an Sebaldt/Straßner (2004); die aktualisierte Darstellung weicht jedoch von dieser Vorlage ab.

sche Thema der Jahrzehnte zwischen 1850 und 1950 gewesen. Sieht man von der ursprünglich nationalstaatlichen Einbettung dieser Problematik ab, so lässt sich ihre Dominanz in der Politik auch in Zeiten der Regionalisierung bzw. Globalisierung behaupten. Die Gegenüberstellung „Arbeit versus Kapital" ist plakativ und zwangsläufig vereinfachend, aber sie trifft den Kern eines Problems, das sich seit dem 19. Jahrhundert den europäischen Industriegesellschaften stellt. Nachstehend finden sich Kurzporträts zunächst wichtiger Arbeitnehmer-, dann der Arbeitgeberorganisationen.

Den durch die Industrialisierung und durch den sich parallel dazu entfaltenden Kapitalismus unter Veränderungsdruck geratenen Gesellschaften ergab sich bald das Problem einer schnell wachsenden, sozial entwurzelten, ungebildeten und rechtlich ungesicherten Arbeiterschaft. Bedingt durch Landflucht, technische Neuerungen (Maschinen) sowie das Bevölkerungswachstum stand dem expandierenden industriellen Sektor ein Heer von Arbeitskräften zur Verfügung. Das Überangebot an Arbeitern sorgte für das rapide Sinken des Arbeitslohns und führte zur rücksichtslosen Ausbeutung und Verelendung der Arbeiterschaft. Die ersten Selbsthilfeorganisationen wurden von den Handwerkern im Druckgewerbe und in der Tabakindustrie (und nicht etwa von den Arbeitern der Textil- und Stahlindustrie) geschaffen: Im Revolutionsjahr 1848 erfolgte die Gründung der „Assoziation der Zigarrenarbeiter Deutschlands" sowie des „Nationalen Buchdruckervereins". Die *politische* Arbeiterbewegung, d.h. der 1863 gegründete „Allgemeine Deutschen Arbeiterverein" (ADAV) und die 1869 gegründete „Sozialdemokratische Arbeiterpartei" (SDAP), standen der auf *wirtschaftliche und soziale* Fragen fixierten Gewerkschaftsbewegung anfänglich skeptisch gegenüber.[29] Erst der Druck der Verhältnisse sorgte für eine engere Kooperation von Parteiorganisation und Gewerkschaften.

Entstehung der Arbeitnehmerorganisationen

Nach ihrer Unterdrückung durch Bismarcks Sozialistengesetze (1878-1890) im wilhelminischen Kaiserreich und ihrem Aufschwung an der Seite der Sozialdemokraten in der Weimarer Republik wurden die Gewerkschaften im Dritten Reich „zerschlagen", lebensgefährlicher Widerstand gegen das Nazi-Regime war nur punktuell möglich. In der Nachkriegszeit gelang der politisch weitgehend unbelasteten Gewerkschaftsbewegung ein schneller organisatorischer Wiederaufstieg, der 1949 zur Gründung des „Deutschen Gewerkschaftsbundes" (DGB) führte. Eine stärkere Einflussnahme auf die Demokratisierung von Wirtschaft und Gesellschaft blieb den Gewerkschaften jedoch aus innenpolitischen (bürgerlich-konservative Regierung) und aus außenpolitischen Gründen (Einfluss der Westalliierten und Beginn des Kalten Krieges) verwehrt.[30]

Der DGB ist nicht die einzige (Dach-)Organisation von Arbeitnehmern, daneben sind vor allem der „Deutsche Beamtenbund" (DBB) und der „Christliche Gewerkschaftsbund" (CGB) zu erwähnen, aber die wichtigste und mitgliederstärkste. „Dachorganisation" heißt, dass der DGB seinerseits einen Verband von insgesamt acht relativ eigenständigen Einzelgewerkschaften bildet.

Organisation

---

29 Zur Geschichte der Gewerkschaftsbewegung in Deutschland im Allgemeinen siehe Klaus Schönhoven, Die deutschen Gewerkschaften, Frankfurt a.M. 1987.
30 Für die Zeit nach 1945 siehe Siegfried Mielke, Gewerkschaften, in: Andersen/Woyke (1995), 211-218 sowie Schönhoven (1987), Kap. VI.

Abb. 2: Einzelgewerkschaften im DGB mit Mitgliederanteil in Prozent

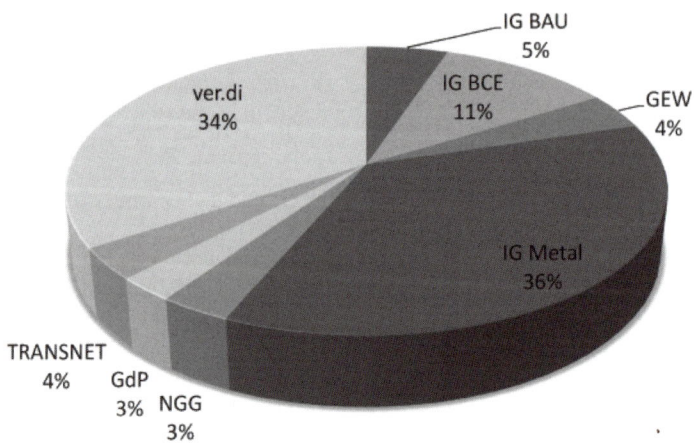

Quelle: www.dgb.de/uber-uns/dgb-heute/mitgliederzahlen/2000-2009 (28. 1. 2011).

Die mit Abstand größten Einzelgewerkschaften sind die IG Metall sowie die im Jahr 2002 aus Zusammenlegung früherer Einzelorganisationen hervorgegangene Vereinigte Dienstleistungsgewerkschaft (ver.di); beide mit einer 2005 beinahe gleichstarken Mitgliederzahl. Der DGB entspricht den Grundzügen der im BGB vorgegebenen Vereinsstruktur: es gibt einen von den Einzelgewerkschaften beschickten, ca. 400 Mitglieder umfassenden und alle vier Jahre tagenden Bundeskongress, auf dem die Richtlinien des Dachverbandes beschlossen werden und der den fünfköpfigen geschäftsführenden Bundesvorstand des DGB wählt. Die Zugehörigkeit zu den meisten Gewerkschaften wird nach dem *Industrieverbandsprinzip* geregelt: Alle Arbeitnehmer eines Betriebes gehören der gewerkschaftlichen Organisation desjenigen Industriezweiges an, dem der Betrieb zugerechnet wird. Ein Maurer in einem Metall verarbeitenden Betrieb ist demnach also nicht in der IG Bau (bzw. der IG Bauen Agrar Umwelt), sondern in der IG Metall organisiert.

Der DGB kämpft seit längerem mit stark sinkenden Mitgliederzahlen: Ursache sind zum einen der Wandel der Beschäftigungsstrukturen, d.h. das Schrumpfen des sekundären, produzierenden Sektors und das Expandieren des Dienstleistungssektors. Für die Beschäftigten dieses tertiären Sektors ist eine gewerkschaftliche Mitgliedschaft alles andere als selbstverständlich, gelegentlich wird sie sogar als anachronistisch bzw. störend aufgefasst (wie ehedem z.B. bei der Software-Firma SAP). Zum anderen sind auch die Zahlen der Teilzeit- und Geringbeschäftigten sowie nicht zuletzt diejenigen der Arbeitslosen gestiegen, die alle nicht zur traditionellen gewerkschaftlichen Klientel gehören. Um einige Zahlen zu nennen: Seit dem durch die Wiedervereinigung bedingten Höchststand von 1991 (11,8 Mio. Mitglieder) hat die Mitgliederzahl kontinuierlich abgenommen, 2005 betrug sie knapp 6,8 Mio., 2009 nur noch 6,3 Mio.[31] Parallel dazu ist der *Organisationsgrad* – verstanden als derjenige Prozentanteil aller ab-

---

31 Alle Zahlen nach DGB-Angaben: www.dgb.de/uber-uns/dgb-heute/mitgliederzahlen/ 2000-2009 (3. 1. 2011).

hängig Beschäftigten, der Mitglied einer DGB-Gewerkschaft ist, gesunken, und zwar von 33, 8% im Jahr 1991 auf 22,5% im Jahr 2000 – Tendenz weiter sinkend.[32]

Gewerkschaften als Interessenorganisationen haben eine Reihe von Aufgaben: als – relativ – mitgliederstarker Zusammenschluss von abhängig Beschäftigten verfolgen sie allgemeine soziale Ziele wie die Schaffung einer solidarischen und gerechte(re)n Gesellschaft unter Einschluss von Gleichstellungspolitiken und der Ökologie. Sozialpolitische Zielsetzungen im engeren Sinne sind zum einen die weitergehende Demokratisierung der Gesellschaft und: der Wirtschaft. (DGB-)Gewerkschaften vertreten also die Auffassung, dass Selbstbestimmung nicht auf den politischen Bereich und die Produktion verbindlicher Gesetze beschränkt bleiben darf, sondern auch im ökonomischen System einer Gesellschaft Anwendung finden muss. Dazu soll insbesondere das Instrument der innerbetrieblichen Mitbestimmung dienen.

Funktion

In Deutschland wurden Arbeitgeberorganisationen erstmals in der zweiten Hälfte des 19. Jahrhunderts gegründet:[33] 1876 der „Centralverband Deutscher Industrieller" sowie 1895 der „Bund der Industriellen". Diese Verbände organisierten zunächst unterschiedliche Branchen und deren Interessen; einer der Hauptstreitpunkte zwischen ihnen war damals die Frage, ob der Staat eine Freihandels- oder eine Schutzzollpolitik betreiben solle. Beide Verbände schlossen sich dann 1919 zum „Reichsverband der Deutschen Industrie" (RDI) zusammen, um der nach dem 1. Weltkrieg vom linken Parteilager und den Gewerkschaften geforderten und von der Weimarer Verfassung grundsätzlich ermöglichten Verstaatlichung bzw. „Sozialisierung der Großbetriebe" besser entgegentreten zu können. 1913 war zudem die „Vereinigung der Deutschen Arbeitgeberverbände" (VDA) gegründet worden. Zusammen mit anderen Unternehmerbänden wurden der RDI und der VDA im Dritten Reich gleichgeschaltet. Nach dem 2. Weltkrieg drängten die Westalliierten, v.a. die Amerikaner, auf eine schnelle Reorganisation des Wirtschaftssektors, der daraufhin mit dem „Bundesverband der Deutschen Industrie" (BDI) und der „Bundesvereinigung der Deutschen Arbeitgeberverbände" (BDA) 1950 seine beiden wichtigsten Organisationen schuf.[34]

Entstehung der Arbeitgeberorganisationen

Die Mitglieder des *BDI* sind keine Individuen und keine Einzelunternehmen, sondern „Wirtschaftsverbände" der Industrie und der industrienahen Dienstleister – auch der BDI ist also ein Dachverband. Er verfügt nach eigenen Angaben über 36 Mitglieds*verbände*, die ihrerseits ca. 100000 Unternehmen mit etwa 8 Mio. Beschäftigten repräsentieren.[35] Die BDI-Organisation umfasst eine Mitgliederversammlung sowie ein Präsidium und einen Vorstand. Im Vorstand sind die Präsidenten der 36 Mitgliedsverbände vertreten, die die Wahl des BDI-Präsidiums vornehmen. Darüber hinaus gibt es das Amt eines Hauptgeschäftsführers und es existieren mehrere, nach Sachgebieten untergliederte Abteilungen (z.B. Europa-Politik, Mittelstand, Technologie und Innovation).

Organisation

---

32 Mit einem inzwischen knapp zwanzigprozentigen Organisationsgrad liegt die Bundesrepublik europaweit auf einem Platz im unteren Mittelfeld; vgl. Thorsten Schulten, Perspektiven des gewerkschaftlichen Kerngeschäfts: Zur Reichweite der Tarifpolitik in Europa, in: Aus Politik und Zeitgeschichte, Nr. 13-14 v. 29. 3. 2010.
33 Vgl. von Alemann (1989), 74f. und 79.
34 Zur Nachkriegsgeschichte der Unternehmerverbände im Allgemeinen siehe Volker Berghahn, Unternehmer und Politik in der Bundesrepublik, Frankfurt a.M. 1985.
35 www.bdi.eu/BDI-Mitglieder (3. 1. 2011).

Die *BDA*[36] ist als freiwilliger Zusammenschluss der *Verbände der Arbeitgeber* ebenfalls ein Dachverband und ein eingetragener Verein *ohne* kommerziellen Nutzen (also kein wirtschaftlicher Verein im Sinne des BGB); er verfügt über 54 Bundesfachverbände und 14 Landesvereinigungen. Auch er besitzt einen Vorstand, ein Präsidium sowie verschiedene Ausschüsse, unter denen die für die Lohnpolitik zuständigen die größte Bedeutung hinsichtlich der Tarifverhandlungen besitzen.

Funktion

Der *BDI* ist um die „Pflege des selbstständigen Unternehmertums" bemüht; er plädiert für die größtmögliche Freiheit für verantwortungsbewusste Unternehmer.[37] Dies bedeutet zum einen die grundsätzliche Absage an das Vorhaben einer (weitergehenden) Demokratisierung der Wirtschaft bzw. an eine zu starke Einflussnahme seitens der organisierten Arbeitnehmerschaft – weil beide Entwicklungen die grundgesetzlich garantierte Institution des Privateigentums erheblich beeinträchtigen würden.[38] Zum anderen plädiert der Verband für die Senkung der Abgabenlast, d.h. z.B. für eine „erbschaftssteuerliche Entlastung bei der Unternehmensnachfolge" sowie für eine (weitere) Senkung der Unternehmensteuer. Die *BDA* stimmt in den meisten Vorstellungen mit dem BDI überein; ihre Hauptfunktion besteht in der Wahrnehmung der Tarifverhandlungen mit den Gewerkschaften.

Die Tarifpartner – einst und jetzt

Nach dem *Betriebsverfassungsgesetz*, das erstmals 1952 verabschiedet und danach mehrmals novelliert wurde, wird der Vertretung der Arbeitnehmer in den Betrieben, d.h. den Betriebsräten, die Mitsprache in sozialen, personellen und wirtschaftlichen Angelegenheiten gewährt. Sonderregelungen gelten für die Betriebe der Eisen- und Strahlindustrie sowie des Bergbaus, für die das sog. Montan-Mitbestimmungsgesetz eine paritätische, also gleichgewichtige Besetzung des Aufsichtsrates mit Arbeitgeber- und Arbeitnehmervertretern vorschreibt. Außerdem fungieren die Gewerkschaften, zusammen mit den Arbeitgebervertretern, als durch das Tarifvertragsgesetz autorisierte Tarifpartner, welche die Verträge über Arbeitslohn und Arbeitsbedingungen aushandeln. Diese verbindlichen Tarifverträge gelten für eine gewisse Zeit und für ein bestimmtes Gebiet (Bund, Land oder Betrieb). Durch die gesetzliche Autorisierung der Tarifpartner kann sich der Staat aus wichtigen Fragen des Wirtschaftslebens heraushalten.

In den letzten Jahren haben sich die Gegenstände der Verhandlungen und damit die Beziehungen von Arbeitnehmern und Arbeitgebern erheblich verän-

---

36 www.bda-online.de/www/arbeitgeber.nsf/id/Organisation (3. 1. 2011).
37 Von Alemann (1989), 77. Da sich die meisten Großunternehmen nicht mehr in Privat- bzw. Familienbesitz befinden, sondern von einem angestellten Management geleitet werden, hat die Beschwörung des Ideals vom eigenverantwortlichen, aber auch dem Gemeinwohl verpflichteten Unternehmer nur noch eine begrenzte Reichweite – „Manager" der international operierenden Großkonzerne hängen dieser (früher zumindest) durchaus wirksamen Unternehmerethik nicht zwangsläufig an.
38 Das Bundesverfassungsgericht sieht in der Mitbestimmung zwar durchaus einen Eingriff in das Eigentumsrecht privater Unternehmer, wägt ihn aber gegenüber der im Grundgesetz ebenfalls angeführten Sozialpflichtigkeit des Eigentums ab und hält sie in diesem Zusammenhang für gerechtfertigt; BVerfGE, 50, 290ff. Die Mitbestimmung, als typisches Merkmal des rheinischen Kapitalismus, hat bei sog. ‚Übernahmen' durch ausländische Firmen bzw. Investoren bisher auch kein größeres Problem dargestellt; vgl. dazu Werner Abelshauser, Der wahre Wert der Mitbestimmung, in: Die Zeit, Nr. 39 vom 21. 9. 2006, 28; s. darüber hinaus Volker Berghahn und Sigurt Vitols (Hrsg.), Gibt es einen deutschen Kapitalismus? Tradition und globale Perspektiven der sozialen Marktwirtschaft, Frankfurt a.M./New York 2006.

dert: Standen in Zeiten eines kontinuierlichen Wirtschaftswachstums vorwiegend Lohnanstiege und Arbeitszeitverkürzungen (35-Stunden-Woche) auf der Agenda, so sind seit Mitte der neunziger Jahre die von einem z.T. erheblichen Mitgliederschwund betroffenen Gewerkschaften immer stärker in die Defensive geraten. Vor dem Hintergrund einer in Deutschland mit einiger Verzögerung wahrgenommenen Globalisierung und dem für deutsche Unternehmen daraus resultierenden Kostendruck musste es bereits als gewerkschaftlicher Erfolg gelten, gegen das Zugeständnis einer Arbeitszeitverlängerung ohne Lohnausgleich eine (befristete) Arbeitsplatz- bzw. Standortgarantie zu erzielen. Gleichwohl sind auch noch, im Vergleich zu früher, schwache Gewerkschaften von Bedeutung für die deutsche Wirtschaftspolitik: dass die Bundesrepublik die Weltwirtschaftskrise 2008/9 relativ unbeschadet überstanden hatte, ging nicht zuletzt auf die moderate, auch von Arbeitgeberseite gelobte Lohnpolitik der Arbeitnehmervertretungen zurück.

Neben den Gewerkschaften und neben BDI und BDA ist schließlich noch eine weitere wichtige Organisation im Bereich „Arbeit und Wirtschaft" hervorzuheben: die der Kammern. Die *Kammern* sind Anfang des 19. Jahrhunderts als Nachfolgeorganisationen der Gilden und Zünfte vom Staat gegründet worden. Sie weisen insofern einen Sonderstatus auf, als die Mitgliedschaft in ihnen, anders als bei den bisher betrachteten Verbänden, auch heutzutage nicht frei ist. Kammern sind Körperschaften des öffentlichen Rechts und schreiben als solche die Mitgliedschaft vor. In den Kammern sind die Gewerbe bzw. Berufe eines bestimmten Gebietes (Bezirks) zusammengeschlossen; die einzelnen regionalen Kammern sind wiederum in Dachorganisationen integriert: z.B. im „Industrie- und Handelskammertag", in der „Bundesrechtsanwaltskammer oder der „Bundesärztekammer". Kammern erfüllen zweierlei Aufgaben, „indem sie sowohl hoheitliche Funktionen im Auftrag des Staates und unter dessen Rechtsaufsicht wahrnehmen als auch als Interessenvertretung ihrer Mitglieder gegenüber der öffentlichen Hand fungieren."[39] Die durch Zwangsmitgliedschaft konstituierten Kammern fördern also die Anliegen der verschiedenen Gewerbezweige organisationsintern und nach außen, sie gewähren die Berufszulassung und übernehmen die Aufsicht über berufsspezifische Ausbildung und Lehre.

Öffentlich-rechtliche Kammern

4.1.3.2 Sozialer Bereich

Auf sozialem Gebiet existiert eine ganze Reihe von Verbänden – die sog. Sozialverbände – mit im Einzelnen unterschiedlichen Zielsetzungen. Allgemein lassen sich Sozial*anspruchs*- und Sozial*leistungs*verbände unterscheiden.[40] Erstere stellen Zusammenschlüsse derjenigen dar, die die Interessen, d.h. Ansprüche bestimmter Gruppen gegenüber dem Staat vertreten (dazu gehört z.B. der bereits erwähnte VdK); letztere werden vor allem durch die sog. Wohlfahrtsverbände repräsentiert. Zu ihnen gehören der Deutsche Caritasverband, der „Arbeiter-Samariter-Bund", die „Arbeiterwohlfahrt", das „Deutsche Rote Kreuz" u.a.

Sozialer Bereich

Die Organisation des *Deutschen Roten Kreuzes* (DRK) ist 1921 aus dem Zusammenschluss der zahlreichen in Deutschland bereits existierenden „Hilfskomitees" für verwundete Soldaten hervorgegangen. Das DRK ist ein eingetragener Verein im Sinne des BGB. 1952, nach Beitritt der Bundesrepublik zur Genfer

Deutsches Rotes Kreuz

---

39 Sebaldt/Straßner (2004), 219.
40 Von Alemann (1989), 94.

Konvention, ist das DRK vom Internationalen Komitee des Roten Kreuzes als eines seiner nationalen Mitglieder anerkannt worden. Sehr bald hat sich eine Doppelfunktion des DRK herausgebildet, das einerseits eine nationale Rotkreuz-Gesellschaft, andererseits aber auch einen freien Wohlfahrtsverband verkörpern will.[41] In der ersten Funktion fällt ihm v.a. der Schutz der Zivilbevölkerung, die Hilfe für Kriegsopfer und die Suche nach (kriegsbedingt) Vermissten zu. Bestandteile seiner zweiten Funktion sind die Kranken- und Altenpflege, die Unterhaltung eines Rettungsdienstes, der Katastrophenschutz sowie ein Blutspendedienst.

Im sozialen Bereich sind auch die den beiden großen christlichen Kirchen unterstellten Hilfsdienste von großer Bedeutung, die im Prinzip dieselben Aufgaben übernehmen wie die nicht kirchlich gebundenen Wohlfahrtsverbände. Der zur Katholischen Kirche gehörende Deutsche Caritasverband z.B. ist gegenwärtig immerhin einer der größten privaten Arbeitgeber in der Bundesrepublik; er umfasst nach eigenen Angaben[42] ca. 500 000 hauptamtlich und genauso viele ehrenamtlich Beschäftigte. Bei der Evangelischen Kirche ist das „Diakonische Werk" mit den karitativen Aufgaben betraut, das ca. 435 000 hauptamtliche und ca. 400 000 ehrenamtliche Mitarbeiter beschäftigt.[43]

Insbesondere in individualistischen Gesellschaften, in denen mehrere Generationen umfassende Familien selten werden, ist die Bedeutung der organisierten und durch Staat und Sozialversicherungen finanzierten Krankenfürsorge und -pflege von großer und weiter zunehmender Bedeutung. Dass eine von den Mitarbeitern der Wohlfahrtsverbände oder anderen sozialen Einrichtungen erbrachte Pflege gleichwohl eine *Dienstleistung* darstellt, die ihrerseits betriebswirtschaftlichen Zwängen unterliegt und Patienten (auch) zu Objekten macht, steht wiederum auf einem ganz anderen Blatt.

Professionalisierung der Wohlfahrt

Die Strategien der Wohlfahrtsverbände im Allgemeinen und damit auch des DRK im Besonderen haben sich in den letzten Jahren erheblich verändern müssen: Der Rückgang der ehrenamtlichen Tätigkeit (ein gesellschaftsweites Phänomen, dem seitens der Politik immer wieder mit einer Pro-Ehrenamt-Kampagne begegnet wird), ein Schwund bei den Mitgliedern sowie ein verringertes Spendenaufkommen haben einerseits zu einer Professionalisierung der Verbandsführung beigetragen, andererseits aber auch eine offensivere, gelegentlich auch aggressive Mitglieder- und Spendenwerbung durch Fremdfirmen zur Folge gehabt. Darin spiegelt sich die schwierige Gratwanderung, die Wohlfahrtsverbände, wie andere Verbände des „Dritten Sektors"[44] auch, unternehmen müssen. Unter dem Dritten Sektor versteht man die Gesamtheit der gemeinnützigen Organisationen, die weder dem Sektor „Staat" noch dem der „Wirtschaft" zuzurechnen sind. Von wirtschaftlichen Unternehmen unterscheiden sie sich dadurch, dass evtl. erzielte finanzielle Gewinne nicht an die Mitarbeiter weitergegeben werden dürfen; deswegen werden solche gemeinnützigen Organisationen auch als Nonprofit-Organisationen bezeichnet.

---

41 Zur Satzung und zu den Grundsätzen des Roten Kreuzes siehe http://mydrk.de/generalsekretariat/satzung.htm (1. 2. 2011).
42 www.caritas.de (4. 1. 2011).
43 www.diakonie.de/selbstdarstellung (4. 1. 2011).
44 Vgl. dazu z.B. Eckhard Priller und Annette Zimmer, Dritte-Sektor-Organisationen zwischen „Markt" und „Mission", in: Dieter Gosewinkel, Dieter Rucht, Wolfgang van den Daele und Jürgen Kocka (Hrsg.), Zivilgesellschaft – national und transnational, Berlin 2004, 105-127.

Professionalisierung der im sozialen Bereich agierenden Organisationen bedeutet also meist auch Ökonomisierung oder „Verbetriebswirtschaftlichung", so dass in der Verbandsarbeit eine nicht immer leichte und wohl auch nicht immer gelingende Abwägung zwischen betriebswirtschaftlichen Erfordernissen und ideellem Anspruch notwendig wird. Blutspenden etwa, um ein nicht unproblematisches Beispiel anzuführen, werden z.T. mit moralischen Appellen von sozial eingestellten Bürgern eingeworben, danach aber als kostbare, weil knappe Ressource auf dem medizinischen Markt verkauft.

4.1.3.3 Bereich von Kultur, Politik und Religion

Der Bereich Kultur, Politik und Wissenschaft ist denkbar heterogen. Im gehören u.a. die christlichen Kirchen in Deutschland, der Zentralrat der Juden und der Zentralrat der Muslime in Deutschland an; der deutsche Bühnenverein, der Deutsche Kulturrat, der Deutsche Museumsbund; die Deutsche Forschungsgemeinschaft und die Deutsche Vereinigung für Politische Wissenschaft. Interessenorganisationen der genannten Art bestehen nicht um der Geselligkeit willen und sie wollen keinen Profit erzielen. Sie helfen aber auch keiner physischen Not ab, vielmehr verfolgen sie ein (oben so genanntes) *ideelles* Interesse, bei dem sie entweder auf staatliche Unterstützung angewiesen sind, wie z.B. Theater und Museen, oder aber Freiheit von staatlichen Eingriffen fordern, wie z.B. die Kirchen. Organisationen dieser Art sind im Rahmen der oben eingeführten Unterscheidung grundsätzlich als „Vereine" anzusprechen.

Die Kirchen werfen allerdings bei genauerem Hinsehen ein erhebliches Einordnungsproblem auf. Die christlichen Kirchen in der Bundesrepublik verstehen sich als „Glaubensgemeinschaften" und verkörpern deshalb einerseits keine Vereine im Sinn des BGB, denn dazu fehlt das für diese Art von Zusammenschluss konstitutive Element der Freiwilligkeit, andererseits stellen sie auch keine Verbände im politikwissenschaftlichen Verständnis (das gilt allenfalls für die zu den Kirchen gehörenden Wohlfahrtseinrichtungen, nicht aber für die Kirchen als Ganze). Zudem ist das von ihnen vorrangig vertretene Interesse: das Seelenheil der Menschen bzw. Gläubigen, aus ihrer Sicht kein partikulares Interesse, wie es die Verbände verfolgen, und der Adressat ist nicht in erster Linie der Staat oder ein anderer Verband (Gegenverband).[45] Das hält die Kirchen jedoch nicht davon ab, sich immer wieder in die gesellschaftliche bzw. politische Diskussion einzuschalten. Im Zuge der in den letzten Jahren allmählich stärker werdenden Organisation bzw. der politischen Partizipation der Muslime in der Bundesrepublik war einerseits ein gewisses Konfliktpotenzial zwischen den beiden

Einordnung der Kirchen

---

45 „Der ursprüngliche Organisationszweck (der Kirche; M.B.) liegt *nicht* im Erringen diesseitiger Vorteile; folglich ist auch der Adressat dieses ‚organisierten Interesses' primär Gott, *kein* Staat oder eine sonstige diesseitige Instanz"; Heidrun Abromeit, Sind die Kirchen Interessenverbände?, in: dies. und Göttrik Wewer (Hrsg.), Die Kirchen und die Politik, Opladen 1989, 244-257, hier 249. Die Kirchen sind in der politikwissenschaftlichen Organisationsforschung bisher weitgehend unberücksichtigt geblieben, was erstaunlich ist angesichts des erwähnten gesellschaftlichen und politischen Engagements der Kirchen, das sich u.a. aufgrund sog. „Kirchenverträge" (Konkordate) in der Mitsprache bei der Besetzung von Lehrstühlen (auch in der Politikwissenschaft!) äußert. Zur politikwissenschaftlichen Beschäftigung mit der Religion siehe die Publikationen des Arbeitskreises „Politik und Religion", z.B. Michael Minkenberg und Ulrich Willems (Hrsg.), Politik und Religion, Wiesbaden 2003 (PVS Sonderheft 33).

Weltreligionen Christentum und Islam deutlich geworden, andererseits ist seit der ersten Deutschen Islam Konferenz (DIK) 2006 die deutsche Politik auch offiziell um die längst überfällige politische und kulturelle Integration des organisierten Islam in das öffentliche Leben bemüht.[46]

Amnesty International

Ideelle Interessengruppen können sich auch an den Staat als Garanten (oder Bedrohungsinstanz) der Grund- bzw. Menschenrechte wenden. Darin liegt z.B. die Zielsetzung von Amnesty International (AI), einer wie das Rote Kreuz international operierenden Organisation. Amnesty wurde 1961 von dem britischen Rechtsanwalt Peter Benenson gegründet; im selben Jahr noch erfolgte die Gründung der deutschen Sektion durch die Journalisten Carola Stern und Gerhard Ruge. Nach eigenen Angaben hat ai weltweit ca. 2,8 Mio. Mitglieder bzw. „Unterstützer" in 150 Ländern[47], wovon etwa 9000 auf Deutschland entfallen. Diese sind in ungefähr 600 Gruppen organisiert, die zur „Sektion Deutschland" zusammengefasst sind. Die einzelnen Länder-Sektionen senden Vertreter in den alle zwei Jahre tagenden „Internationalen Rat", der seinerseits das internationale Exekutivkomitee wählt; dieses Komitee ernennt den Generalsekretär des Internationalen Sekretariats von ai.

AI versteht sich als eine von allen politischen, religiösen und wirtschaftlichen Interessen unabhängige *Menschenrechtsorganisation*. Deren Ziel ist die Aufdeckung und Beendung von schwerwiegenden Verletzungen der Menschenrechte auf körperliche und geistige Unversehrtheit sowie auf Meinungs- und Religionsfreiheit. In diesem Zusammenhang wendet sich ai vor allem gegen[48]

- die Inhaftierung von gewaltlosen politischen Gefangenen
- die Todesstrafe sowie
- die Folter

AI tritt ein für

- faire Gerichtsverfahren
- den Schutz von Migranten und Asylsuchenden.

ai erstellt und veröffentlicht einen Jahresbericht, in dem die gravierendsten Menschenrechtsverletzungen weltweit, aber auch die Erfolge der Organisation verzeichnet sind. Zudem werden regelmäßig „Kampagnen" sowie zahlreiche sogenannter „Eilaktionen" („urgent actions") veranstaltet, in deren Verlauf Tausende von Mitgliedern aus aller Welt sich in Fällen akuter Menschenrechtsverletzung an die verantwortlichen Behörden eines Staates wenden. Dabei handelt es sich in der Regel um autoritäre bzw. totalitäre Staaten, in denen Bürger aus politischen oder religiösen Gründen schwer diskriminiert, gefoltert oder mit dem Tod bedroht werden. Allerdings kann der Adressat der Öffentlichkeitsarbeit von ai auch ein liberaler Rechtsstaat sein: Eine Kampagne steht unter dem Motto „Guantánamo schließen" und fordert, im Zusammenhang mit dem von den USA nach 2001 geführten „Krieges gegen den Terror", das Ende der unhaltbaren, weil

---

46 Informationen dazu finden sich unter www.deutsche-islam-konferenz.de/ (4. 1. 2011). Ein interessantes Modell der Einbindung der (nicht fundamentalistischen) Religionen in den politischen Diskurs stammt vom Politischen Liberalismus; siehe dazu John Rawls, Nochmals: Die Idee der öffentlichen Vernunft, in: ders., Das Recht der Völker, Berlin/New York 2002, 165-218, §3 (Religiöse und öffentliche Gründe in der Demokratie).
47 Vgl. www.amnesty.de/amnesty-zahlen (4. 1. 2011).
48 www.amnesty.de/unsere-themen (4. 1. 2011).

vollkommen rechtlosen Zustände, in denen sich ‚Gefangene' auf einem US-Stützpunkt auf Kuba befinden. Eine weitere Kampagne im ersten Jahrzehnt des 20. Jahrhunderts ist dem Folterverbot in Rechtsstaaten gewidmet und bezieht Position in der 2002 u.a. in der Bundesrepublik aufgekommenen Diskussion um die Frage, ob der Staat, d.h. die Strafverfolgungsbehörden, in extremen und im vorhinein definierten Fällen zur Rettung menschlichen Lebens Gewalt gegenüber Personen (z.B. einem Entführer) einsetzen dürfen.[49]

Aus den genannten Zielsetzungen und den angeführten Fällen geht hervor, dass AI eine Organisation ist, die grundlegende Interessen von Menschen (Bürgern) advokatorisch vertritt: Die Betroffenen selbst können ihre Ansprüche in dem Staat, in dem sie leben, nicht ausreichend oder überhaupt nicht geltend machen und sind deshalb auf Unterstützung von Dritten bzw. vom Ausland angewiesen.

4.1.3.4 Freizeitbereich

Dem Freizeitbereich lassen sich die meisten der eingetragenen Vereine in Deutschland zuordnen. Hierher gehören vor allem die zahlreichen Zusammenschlüsse auf dem Gebiet von Sport und Musik und darüber hinaus alle diejenigen, die vorrangig geselliges Beisammensein organisieren. Etwas näher betrachtet wird im Folgenden, aufgrund seiner Größe, lediglich der „Allgemeine Deutsche Automobil-Club" (ADAC).

Freizeitbereich

Der ADAC ging aus der 1903 gegründeten Vereinigung deutscher Motorradfahrer hervor, der sich von 1911 an „Allgemeine Deutsche Automobil-Club" nannte. Der Club[50] weist eine enorme Mitgliederzahl auf, 2008 betrug sie nach eigenen Angaben über 16 Millionen.[51] Deren Mitgliedsbeiträge in Höhe von 600 Mio. € wurden ungefähr zur Hälfte in direkte Hilfeleistungen für Mitglieder investiert.

Allgemeiner Deutscher Automobil-Club

Laut Satzung verfolgt der Club die „Wahrung und Förderung der Interessen des Kraftfahrwesens, des Motorsports und des Tourismus". Bereits an dieser Zwecksetzung lässt sich ablesen, dass die Zuordnung des ADAC zum Freizeitbereich einerseits plausibel, andererseits aber nicht erschöpfend ist. Man kann ihn genauso gut als Verbraucherorganisation der „motorisierten Verkehrsteilnehmer" betrachten. Der ADAC selbst sieht sich dementsprechend als „Mobilitäts-Dienstleister", dessen Angebotspalette darüber hinaus auch Finanz- und Versicherungsdienste sowie Tochtergesellschaften auf den Gebieten Autovermietung, Luftrettung und Touristik umfasst. Die Organisation gliedert sich in ca. 1800 Ortsclubs, die in 18 „Regionalclubs" genannte Regionalvereine zusammengefasst sind. Die von diesen regionalen Organen gewählte Hauptversammlung wählt das Präsidium des Clubs.

§2 der Satzung bestimmt, dass der ADAC „Einfluss" auf die Verkehrspolitik nehmen will. Eine solche Einflussnahme ist alleine aufgrund der gewaltigen

---

49 Im sog. „Fall Daschner", in dem ein Polizeikommissar einem verhafteten Kindesentführer Gewalt androhte, sollte er das Versteck des entführten und, wie sich später herausstellte, ermordeten Kindes nicht preisgeben, vertrat AI im Zuge der Anti-Folter-Kampagne irritierend einseitig ausschließlich das Recht des Kindsmörders, nicht „gewaltsam befragt" zu werden, und erwähnte mit keinem Wort das Recht auf Leben des entführten Kindes.
50 Obwohl mit der Bezeichnung „Club" auch eine weniger formalisierte Art des Zusammenschlusses in Verbindung gebracht werden kann, ist der ADAC ein „eingetragener Verein"; zum Folgenden s. auch www.adac.de (4. 1. 2011).
51 Der Fahrgastverband „Pro Bahn" z.B. zählt nach eigenen Angaben dagegen nur ca. 5000 Mitglieder; www.pro-bahn.de (4.1. 2011).

Mitgliedszahlen legitim – vorausgesetzt, die Vereinspolitik ist tatsächlich an eine annähernd demokratische Willensbildung zurückgekoppelt. Obwohl die formalen Voraussetzungen dazu durchaus gegeben sind, sind die einzelnen Projekte wohl eher nicht basisdemokratisch unterfüttert. Darüber hinaus sind sie auch nicht parteipolitisch neutral. Der Club enthält sich zwar laut Vereinssatzung „jeder parteipolitischen Betätigung", aber gewichtige seiner Kampagnen decken sich mit dem Verkehrskonzept des konservativ-liberalen Lagers – sein Veto gegen Versuche, auf Autobahnen ein generelles und europaweit übliches Tempolimit einzuführen, ist in den letzten Jahrzehnten genauso obligatorisch gewesen wie das Plädoyer für den weiteren Ausbau des Straßennetzes.

4.1.4 Interessenorganisationen und politisches System

Im voranstehenden wurde das Augenmerk darauf gelegt, welche organisierten Interessen es in der Bundesrepublik gibt und wie sie organisiert sind. Nur in groben Zügen wurde dargelegt, wie die gesellschaftlichen Interessen in das politische System eingespeist werden.

4.1.4.1 Der Einfluss der organisierten Interessen

Dieser Punkt wird nun noch etwas genauer betrachtet. Ausgangspunkt ist dabei folgendes Schaubild:

Abb. 3: Adressaten und Methoden des Verbandseinflusses

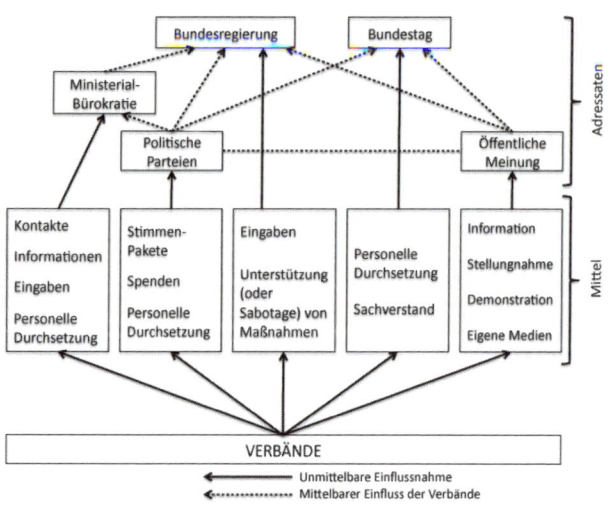

Quelle: aus: Wolfgang Rudzio, Die organisierte Demokratie. Parteien und Verbände in der Bundesrepublik, Stuttgart 1982, 41.

Unter der Annahme, dass Verbände die zuvor aggregierten Interessen ihrer Mitglieder gegenüber der Politik bzw. dem politischen System artikulieren, lassen sich verschiedene Strategien der Einflussnahme identifizieren: Verbände als organisierte Interessenvertretungen artikulieren ihre Anliegen also meistens gegenüber anderen Organisationen und wenden dabei spezifische Methoden an. In Betracht kommen in diesem Zusammenhang v.a. die Organisationen bzw. Institutionen „Parlament" und „Regierung" sowie die „Öffentlichkeit". Im Einzelnen:

Das gesetzgebende Organ eines Staates, das Parlament, ist das traditionelle Objekt der Einflussnahme der mehr oder weniger organisierten gesellschaftlichen Interessen. Der Begriff des *Lobbyismus*, also das gezielte Werben um oder das Einflussnehmen auf politische Amtsinhaber, stammt von „lobby" ab, dem englischen Wort für Foyer oder Vorraum des Parlaments. Dort fand die Interessenvertretung ursprünglich räumlich und zeitlich begrenzt statt. Inzwischen hat das Wort „lobby" nicht mehr nur eine ortsbezogene Bedeutung, sondern es wird auch zur Bezeichnung einer Gruppe oder der Gesamtheit der Interessenvertreter benützt. Folgende legale Wege der Beeinflussung sind in diesem Zusammenhang gegeben:

Parlament

- *direkte Kontaktaufnahme* zwischen Verbandsvertretern einerseits und Parlamentsabgeordneten andererseits; sie ist auch heute noch möglich und ihre statistische Erfassung zeigt, dass bestimmte Kombinationen gehäuft zustande kommen, also z.B. Industrieverbände eher mit Abgeordneten aus dem konservativ-liberalen Lager, Gewerkschaften eher mit den Sozialdemokraten sprechen. Eine stabilere bzw. kontinuierliche Form der Einflussnahme auf Parlamentarier ist möglich über
- die *personelle Durchsetzung* des Deutschen Bundestages, also dadurch, dass Verbandsmitglieder zugleich Bundestagsabgeordnete sind. Eine bloße ‚Doppelmitgliedschaft' in Verband und Bundestag alleine reicht für ein effektives Lobbying allerdings noch nicht aus, zweierlei ist dazu notwendig: Erstens dürfen die Verbandsmitglieder nicht lediglich formale Mitglieder einer Interessenorganisation sein, sondern müssen dort relevante Funktionen innehaben. Zweitens: Da der Bundestag ein Arbeitsparlament ist, in dem die Plenumsentscheidungen in den Ausschüssen vorbereitet werden, setzt eine erfolgreiche Einflussnahme auf die Parlamentsarbeit voraus, dass die Verbändevertreter auch an den richtigen Stellen, d.h. in den relevanten Ausschüssen platziert sind. Tatsächlich lässt ich eine solche „Verbandsfärbung" in maßgeblichen Ausschüssen erkennen.[52]
- die *Anhörung* von Verbandsvertretern ist eine dritte Möglichkeit der Beeinflussung. Die „Geschäftsordnung des Bundestages" sieht in §70 vor, dass die Ausschüsse des Bundestages öffentliche Anhörungen von „Sachverständigen, Interessenvertretern und anderen Auskunftspersonen" anberaumen können. Allerdings ist zu berücksichtigen, dass die im Rahmen einer solchen Anhörung im Ausschuss oder über die personelle Durchsetzung prinzipiell gegebene Einflussnahme auf die Gesetzgebung letztlich von begrenztem Wert ist, da die vom Parlament zu beratenden Gesetzesentwürfe zum großen Teil sog. Regierungsvorlagen sind und deshalb von den zuständigen Ministerien bereits zuvor weitgehend einwandsicher gemacht worden sind.

---

52 Da die Besetzung der Ausschüsse in die Zuständigkeit der Bundestagsfraktionen fällt, sind die politischen Parteien für Verbände in erster Linie als „Parteien im Bundestag", d.h. als *Fraktionen* interessant. Von Bedeutung sind allerdings auch die finanziellen Zuwendungen an Parteien in Form von Spenden; siehe dazu unten, Kap. 4.2.1. Inwiefern herausragende Verbandspositionen mit dem Abgeordnetenmandat vereinbar sind, dazu ebenfalls unten, Kap. 5.3.3.

Regierung und Ministerien

Die Bundesregierung und die Bundesministerien mit dem dazugehörigen bürokratischen Apparat sind weitere Adressaten der Verbandsarbeit – und zwar in viel stärkerem Maße als der Deutsche Bundestag. Das liegt daran, es war eben bereits angeklungen, dass der Deutsche Bundestag zumindest bei der Vorbereitung der Gesetze, d.h. der Ausarbeitung der Entwürfe, eine weniger wichtige Rolle einnimmt, weil dazu in den meisten Fällen der Sachverstand der Ministerialbehörden, aber eben auch derjenige von (betroffenen) Verbänden vonnöten ist:

– rein theoretisch ließen sich Verbandspositionen auch der Spitze der *Bundesregierung*, wenn schon nicht dem Kanzler, dann doch zumindest seiner organisationellen Stütze, dem Bundeskanzleramt vortragen. Diesen Einflusskanälen kommt in der Praxis jedoch keine größere Bedeutung zu, da beide zu wenig in die unmittelbare Gesetzesvorbereitung involviert sind[53]

– ungleich bedeutsamer sind dagegen die Kontakte zu den *Ministerien* und dabei insbesondere die Nutzung der von der „Gemeinsamen Geschäftsordnung der Bundesministerien" vorgesehenen Anhörung bzw. Mitwirkung der Verbände. Dort heißt es: „Bei der Vorbereitung von Gesetzen können die Vertretungen der beteiligten Fachkreise oder Verbände unterrichtet und um Überlassung von Unterlagen gebeten werden sowie Gelegenheit zur Stellungnahme erhalten. Zeitpunkt, Umfang und Auswahl bleiben ... dem Ermessen überlassen."[54]

Das heißt, die sachlich unumgängliche Einflussnahme der Verbände auf die Gesetzgebung findet im sog. Referentenstadium der Gesetze statt, wenn die einzelnen Abteilungen (Referate) der Ministerien einen Gesetzesentwurf erarbeiten oder aber wenn von Verbandsseite ein Gesetzesentwurf (Eingabe) vorgelegt wird. Bereits in diesem frühen Entwurfsstadium und nicht erst bei der parlamentarischen Beratung eines Gesetzes muss auf die Expertise sowie auf die Wünsche und Befürchtungen der Interessenorganisationen Bezug genommen werden. Als eine weitere Möglichkeit zur Einflussnahme auf einzelne Ministerien sind die sog. „Beiräte" zu erwähnen, in denen neben wissenschaftlichen Sachverständigen ebenfalls Verbandsvertreter sitzen und Politikberatung betreiben.

„Interessenvermittlung" durch Leihbeamte

Eine höchst besorgniserregende Art der ‚Interessenvermittlung' hatte ein Fernsehmagazin im Herbst 2006 aufgedeckt. In diesem Zusammenhang musste die Bundesregierung einräumen, dass über 100 sog. „Leihbeamte" in Berliner Ministerien eingesetzt worden waren. Ausgehend offenbar von der Idee des „schlanken Staates" wurden in der Absicht, Personalkosten einzusparen, befristete Arbeitsverträge mit Außenstehenden abgeschlossen. Von dieser Maßnahme Gebrauch machten u.a. das Verkehrs- und das Bauministerium-, das Gesund-

---

53 Siehe dazu das ‚Ranking' der am häufigsten kontaktierten politischen Adressaten bei Sebaldt/Straßner (2004), 153. Das heißt nicht, dass direkte Kontakte zum Kanzler gelegentlich, und dann in durchaus gewichtigen Fällen, erfolgreich sein können. Das Scheitern der geplanten EU-Altautoverordnung am Veto der rot-grünen Bundesregierung 1998 z.B. wird häufig mit den guten, allerdings eher informellen, weil auf die gemeinsame Zeit in Aufsichtsräten zurückgehenden Kontakten der Führungsspitzen in Politik (d.h. Bundeskanzler Schröder) und Wirtschaft (in diesem Fall der Automobilindustrie) in Verbindung gebracht.

54 §47 GGO; eine PDF-Datei mit der Geschäftsordnung findet sich unter www.bmi.bund.de/ (1. 2. 2011).

heits- und das Justizministerium. Das Prekäre an dieser Personalpolitik war, dass die Leihbeamten aus denjenigen Verbänden stammten, deren Interessen von den geplanten gesetzlichen Regelungen betroffen worden wären. Das heißt konkret, Mitarbeiter des Frankfurter Flughafenbetreibers, der „Fraport AG", wirkten im Verkehrsministerium an der ‚Abmilderung' eines vom Umweltministerium ursprünglich intendierten strikten Nachtflugverbotes mit („Lex Fraport"), Leihbeamte aus der Bankenbranche waren an Gesetzesplänen zur Begrenzung der Tätigkeiten sog. Hedge Fonds beteiligt. Befragte Leihbeamte kommentierten bzw. rechtfertigten ihren Einsatz in den Bundesministerien damit, und das überrascht wenig, dass das Einbringen der Verbandsinteressen im Rahmen des normalen Anhörungsverfahrens oft „zu spät" käme. Irritierend ist dagegen die Unempfindlichkeit der Behördenleiter gegenüber ihrer Verpflichtung, die grundsätzliche Unabhängigkeit ihres Ministeriums von Interessenorganisationen jedweder Art zu gewährleisten.

Bei diesen Einzelfällen ist es nicht geblieben, im Gegenteil: Inzwischen scheint es eher die Regel als die Ausnahme zu sein, dass zumindest sehr komplexe Gesetzesentwürfe nicht mehr aus den Ministerien selbst stammen, sondern aus Großkanzleien, in die sie zuvor ‚ausgelagert' wurden. Die Weltwirtschaftskrise 2008/9 zeigte zudem, dass einige wichtige und finanziell folgenreiche Entscheidungen in der Bundesrepublik (wie z.B. die Rettung „systemrelevanter" Großbanken) im engen Schulterschluss mit dem betroffenen Bankensektor getroffen wurden.[55]

Neben den Organisationen Parlament und Regierung ist schließlich noch die eher gestaltlose, weil größtenteils unorganisierte „Öffentlichkeit" als Adressat des Verbandseinflusses zu beachten. Diese Öffentlichkeit besteht sowohl aus informierten als auch aus wenig oder gar nicht informierten Bürgern, und beide Adressatenkreise müssen mit unterschiedlichen Strategien erreicht werden. *Öffentlichkeit*

- Dazu werden zum einen routinemäßig eher allgemein gehaltene ‚ideologische' Argumente vorgebracht. Im Rahmen von Tarifauseinandersetzungen und Standortfragen z.B. wurden von Gewerkschaftsseite früher gerechte Arbeitnehmeranteile am Produktivitätszuwachs und Arbeitszeitverkürzungen mit Lohnausgleich gefordert, in Zeiten des Globalisierungsdruckes stehen mittlerweile eher die Garantie hochwertiger Arbeitsplätze bzw. das Erstellen von Sozialplänen im Falle des Konkurses auf der Agenda; die Arbeitnehmerseite plädiert für mehr Eigenverantwortlichkeit und den Rückbau („Verschlankung") des Sozialstaates sowie für die Senkung der Abgabelasten.
- Zum anderen werden aber auch detaillierte Informationen veröffentlicht, vor allem von denjenigen Organisationen, denen die oben skizzierten Einflussmöglichkeiten von Verbänden nicht zur Verfügung stehen oder wenig nützen. Immer dann, wenn der Bundespräsident oder der Bundeskanzler (und in deren Schlepptau eine Abordnung von Vertretern der Wirtschaft) autoritäre Staaten besuchen oder deren Repräsentanten in der Bundesrepublik empfangen, lancieren z.B. AI oder die „Internationale Gesellschaft für Menschenrechte" konkrete Berichte zur Menschrechtssituation im betreffenden Land.

---

55 Siehe auch APuZ 19/2010 zum Thema „Lobbying und Politikberatung". In diesem Zusammenhang erscheinen Befürchtungen, westliche Gesellschaften befänden sich auf dem Weg in die „Postdemokratie", in der „reale Politik hinter verschlossenen Türen gemacht (wird): von gewählten Regierungen und Eliten, die vor allem die Interessen der Wirtschaft vertreten", nicht unrealistisch; Colin Crouch, Postdemokratie, Frankfurt a.M. 2008, 10.

– Umweltorganisationen können auch die Öffentlichkeit *mobilisieren*, um politische Entscheidungen, die ökologisch riskant sind, zu modifizieren, zu verhindern oder zu revidieren. Weit über nationale Grenzen hinaus beachtet wurde z.B. 1995 der Streit um die Ölbohrinsel *Brent Spar*. Die britische Regierung hatte sich damals dazu entschlossen, das ausgediente Gerät auf offener See zu versenken. Die Umweltorganisation *Greenpeace* stellte dies als einen groben Umweltfrevel dar und bewirkte mit massiver Unterstützung der internationalen Öffentlichkeit einen Rückzug der Regierung, d.h. das Abbrechen der geplanten Aktion. Im Nachhinein zeigte sich, dass die Umweltschützer ‚zu ihren Gunsten' von falschen Informationen ausgegangen waren. Mindestens genauso bedenklich wie die Fehlinformation war jedoch, dass eine demokratisch legitimierte Regierung eine von ihr getroffene Entscheidung nicht ausführen konnte, weil sie von einer Nicht-Regierungsorganisation daran gehindert wurde.[56]
– Schließlich lässt sich die Öffentlichkeit mit gezielt einseitigen Informationen *manipulieren*. Die westlichen Ölkonzerne z.B. stehen wegen ihrer Zusammenarbeit mit autoritären Staaten und ihrer Geringschätzung der allgemeinen ökologischen Folgen ihrer Unternehmungen nicht selten in der Kritik. Die von Umweltschutzverbänden in diesem Zusammenhang gemachten Vorwürfe sind aber in der Öffentlichkeit meist weitaus wirkungsloser als die Anzeigenkampagnen, mit den sich die Konzerne als verantwortungsvolle und fortschrittliche Umweltschützer präsentieren.

4.1.4.2 Die Einbindung organisierter Interessen in das politische System

Der Zusammenhang der gesellschaftlichen Interessenorganisationen und der Politik lässt sich nicht nur mit Blick auf die Einflusskanäle untersuchen, die einzelnen Zusammenschlüssen offenstehen, sondern auch mit Bezug auf ihre generelle Einbindung ins politische System. Auch dieser Zusammenhang zwischen Politik und Gesellschaft bzw. derjenige der organisierten Interessen untereinander hat systemische Aspekte, d.h. besagte Organisationen stehen untereinander in regelmäßigen, strukturierten Beziehungen und sie übernehmen dabei konkrete Funktionen für Gesellschaft und Politik.

Grundsätzlich lassen sich in demokratischen Systemen zwei Formen der Beziehung zwischen den Interessengruppen und der Politik formulieren:

Verhältnis von Interessengruppen und Politik

– der Staat bzw. das politische System überlässt die *Ausführung* von Gesetzen den einschlägigen Verbänden; in der Bundesrepublik ist dies der Fall etwa im sozialen Bereich durch die Tätigkeit der Wohlfahrtsverbände

---

56 Das soll nicht heißen, dass Interessenorganisationen keinen (ausschlaggebenden) Einfluss auf Regierungshandeln haben sollen. Das Entscheidende in dem angesprochenen Fall ist jedoch, dass es sich um eine Zielsetzungs- und nicht um eine Prinzipienfrage handelte. (Dazu grundlegend Ronald Dworkin, Das Regelmodell I, in: ders. Bürgerrechte ernstgenommen, Frankfurt a.M. 1984, 42-90, hier 54-64.) *Zielsetzungs- oder Policy-Fragen* werden nach dem Kriterium der Zweckmäßigkeit und normalerweise mit Mehrheit entschieden, und die britische Regierung hatte sich nach Prüfung der Alternativen für eine Entsorgung der Bohrinsel auf See und nicht an Land entschieden. *Prinzipienfragen* werden dagegen in Verbindung mit konstitutionell verbrieften Grundrechten aufgeworfen: Wenn z.B. eine Menschenrechtsorganisation eine Verletzung solcher Rechtsansprüche im In- oder Ausland kritisiert, dann wird diese prinzipielle Kritik nicht dadurch ungültig, dass sie womöglich nicht mehrheitsfähig oder nicht demokratisch zustande gekommen ist.

- der Staat beteiligt die Verbände am *Zustandekommen* von Gesetzen; wobei hinsichtlich der Beteiligung noch nach Graden der Intensität zu unterscheiden ist: im *pluralistischen* Modell wird darunter hauptsächlich die Interessenartikulation gegenüber der Politik verstanden; im *korporatistischen* Modell werden die Interessenorganisationen auf bestimmten Gebieten (v.a. der Wirtschaftspolitik und Sozialpolitik) entweder direkt in den Gesetzgebungsprozess eingebunden oder aber der Staat initiiert eine autonome Kooperation der wichtigsten Verbände (d.h. der Tarifpartner) untereinander.

Im Folgenden werden die beiden damit angesprochenen Varianten der Interessenvermittlung: der Pluralismus und der Korporatismus etwas näher betrachtet. Mit beiden Konzeptionen werden nicht nur bestimmte Formationen im Verhältnis von Politik und organisierten Interessen beschrieben, sondern auch Idealvorstellungen geäußert, denen ein normativer Status zugebilligt wird – die Interessenvermittlung *sollte* nach der einen oder der anderen Konzeption ablaufen. Außerdem lassen sich Verbindungen zu den beiden Demokratiekonzepten in Kapitel 1 herstellen: der Pluralismus steht in großer Nähe zum *Konkurrenz*modell der Demokratie, der Korporatismus in enger Beziehung zum *Konsens*modell. Zunächst also zum Pluralismus.

Die *pluralistische* Sicht auf die Beziehung von gesellschaftlichen Interessen und Politik ist eine weitgehend *liberale* Sicht, die in den angelsächsischen Ländern ihren Ursprung hat. Weiter oben war schon kurz von den Voraussetzungen dieses Pluralismus die Rede: Bedingung dafür ist ein Sozialverband, indem die Entwicklung von der „Gemeinschaft" zur individualistischen „Gesellschaft" eingesetzt hat bzw. gemeinschaftliche Beziehungen von Anfang an keine größere Rolle gespielt hatten. Dies traf insbesondere auf die USA zu, in denen sich anfänglich, wie gesagt, die Gründerväter noch um das Problem einflussreicher gesellschaftlicher „factions" sorgten, dann aber, ein halbes Jahrhundert später, Tocqueville die positive Kehrseite der auf Selbstorganisation angewiesenen individualistischen Gesellschaften studierte. Die vom Staat gewährte und seitens der Bürger vielfältig wahrgenommene Möglichkeit der Organisation sowie die daraus hervorgehende Chance der Einflussnahme auf die Politik sind die Hauptbestandteile aller Pluralismustheorien. Dementsprechend lässt sich zunächst folgende allgemeine Definition geben: [Pluralismus]

„Im Pluralismus konkurrieren eine Vielzahl verschiedener Gruppen und Organisationen mit- und gegeneinander um gesellschaftliche, wirtschaftliche und politische Macht. Sie versuchen ihren Einfluss in den politischen Prozess einzubringen und auf die staatliche Gewalt durchzusetzen."[57] [Definition]

Nach dem 2. Weltkrieg ist der *Neopluralismus* in der Bundesrepublik vor allem als antitotalitäre Demokratietheorie ausgearbeitet worden. Einer der Hauptkritikpunkte an der totalitären Ideologie der Nazis, aber auch derjenigen der Stalinisten ist aus neopluralistischer Sicht der im voraus feststehende bzw. festgelegte Kurs von Politik und Staat. Die im Falle des Stalinismus dem wissenschaftlichen Sozialismus verpflichteten Parteikader gingen von einem vorhersehbaren Geschichtsverlauf aus, an dessen Ende die herrschaftsfreie kommunistische Gesell- [Neopluralismus]

---

57 Wichard Woyke, Pluralismus, in: Andersen/ders. (1995), 448. Die einzelnen Ausprägungen des pluralistischen Ansatzes können hier nicht behandelt werden; für einen historischen Überblick siehe z.B. Rainer Eisfeld, Pluralismus/Pluralismustheorie, in: Nohlen (1991), 485-490.

schaft stehen würde. Die Politik kann nach dieser Auffassung nur dazu beitragen, den Durchbruch der quasi automatisch sich realisierenden neuen Ordnung zu beschleunigen; sie muss dabei auftretende Hindernisse aus dem Weg räumen. Dazu gehören z.B. diejenigen Interessenorganisationen, die abweichende politische Meinungen oder Ziele vertreten. In totalitären Staaten, wie dem der Nazis, kann diese Meinungsvielfalt nicht geduldet werden, die betreffenden Organisationen werden gleichgeschaltet und dienen nur noch als Multiplikatoren der offiziellen Ideologie – Verbände beeinflussen dann nicht mehr die Politik, sondern werden von dieser manipuliert und instrumentalisiert. Der Hauptvertreter des Neo-Pluralismus in der Bundesrepublik, Ernst Fraenkel, hat den grundsätzlichen Unterschied zwischen totalitären und pluralistischen Gesellschaften folglich darin gesehen, dass in jenen immer im vorhinein („a priori") feststehe, was das Gemeinwohl einer Gesellschaft ist, wohingegen es sich in freien pluralistischen Gesellschaften erst nach erfolgter Auseinandersetzung der unterschiedlichen organisierten Positionen, also im nachhinein („a posteriori") einstelle. Aus dieser Gegenüberstellung ergibt sich dann auch Fraenkels spezifische Auffassung des Neopluralismus:[58] „Ist es angesichts der Tatsache, dass die Hinwendung zum totalen Staat aus der Negation des Pluralismus gerechtfertigt worden ist, nicht geboten, durch eine Negation der Negation zu versuchen, den Totalitarismus durch einen Neo-Pluralismus zu überwinden?".

Das Gemeinsame der durchaus zahlreichen Pluralismustheorien lässt sich, unter Einschluss derjenigen Fraenkels und in Ergänzung der oben angeführten Definition, mit folgenden Postulaten angeben:[59]

– die wichtigsten gesellschaftlichen Interessen sind in Verbänden organisiert und die Gründung neuer Organisationen oder die Vertretung neuer Interessen ist jederzeit möglich
– zwischen den existierenden Verbänden eines (Bereiches) herrscht eine ungefähre Macht- und Chancengleichheit hinsichtlich der Politikbeeinflussung
– die rechtliche Verfassung des Verbände-Pluralismus findet allseitige Anerkennung.

Die Anforderungen, die ein dem Pluralismus-Ideal gemäßes System der Interessenvermittlung erfüllen muss, sind also durchaus anspruchsvoll: Vergleichsweise leicht erfüllbar, weil unumstritten dürften dabei noch die im dritten Punkt benannten verfassungsrechtlichen Voraussetzungen des Pluralismus sein. Die rechtlichen Regeln, unter denen der Verbandseinfluss überhaupt erst garantiert wird, können bzw. werden kaum selbst Gegenstand der Verbandsarbeit sein – es sei denn in den seltenen Fällen einer auch für die Allgemeinheit sinnvollen Verfassungsänderung. Weitaus weniger einfach zu erfüllen ist das Postulat der ungefähren Macht- und Chancengleichheit, vermutlich ist es selbst auf dem stark organisierten Feld der Wirtschaft nur teilweise realisiert. Das Machtungleichgewicht resultiert dort zum einen aus dem ungleich hohen Organisationsgrad der Arbeitgeber einerseits und der Arbeitnehmer andererseits; kann ein Verband wie die Gewerkschaft nur für einen Teil der Beschäftigten eines Bereichs sprechen, so schwächt das seine Position. Zum anderen hängt die Stärke einer Organisa-

---

58 Ernst Fraenkel, Der Pluralismus als Strukturelement der freiheitlich-rechtlichen Demokratie [1964], in: ders., Deutschland und die westlichen Demokratien, Frankfurt a.M. 1991 (erweiterte Ausgabe), 297-325, hier 307.
59 Vgl. dazu von Alemann (1989), 43.

tion davon ab, ob Konkurrenzorganisationen existieren. Ungleiche Macht von Wirtschaftsorganisationen erwächst zum Teil schließlich aus den, wenn überhaupt, nur sehr schwer steuerbaren Prozessen der Regionalisierung (Europäisierung) und der Globalisierung: In der Diskussion um die Senkung der Produktionskosten etwa sehen sich die Gewerkschaften den Arbeitgebern gegenüber meistens in der Defensive.

Die Achillesferse des Pluralismus zeigt sich schließlich im ersten Punkt, nämlich bei der allzu optimistischen Einschätzung der generellen Organisierbarkeit von Interessen – dass dies nicht der Fall ist, belegt allein der Blick auf das Verhältnis von Produzenten und Konsumenten. Denn während beispielsweise die Energieversorger in der Bundesrepublik über eine effektive Lobby verfügen, die ihre kartellartigen Interessen optimal vertritt, sind die vielen Millionen Energieverbraucher beinahe vollkommen unorganisiert. Als ‚Zusammenschlüsse' lassen sich auf diesem Gebiet allenfalls die von Verbraucherzentralen unterstützen Sammelklagen unzufriedener Kunden betrachten. Darüber hinaus sind auch die Interessen anderer großer gesellschaftlicher Gruppen so gut wie gar nicht organisiert: z.B. die der Arbeitslosen und die der alten Menschen.

Der *Korporatismus* ist im Unterschied zum angelsächsischen Pluralismus die sozusagen kontinentaleuropäische Variante des Zusammenspiels von Interessenorganisationen und Politik. Das Wort „Korporatismus"[60] lässt sich entweder von den „Korporationen" ableiten, die Bestandteil des vormodernen Ständestaats gewesen sind, oder aber von der „Inkorporierung" im Sinne der „Einbindung" der Verbände in die Politik. Auch korporatistische Theorien entwerfen Vorstellungen von einer ordnungsgemäßen, an einer Idee orientierten Gliederung einer Gesellschaft. Mit dem Korporatismus sind im Unterschied zum Pluralismus aber eher konservative Vorstellungen verbunden, weil er einen starken Staat erfordert(e), der bewusst Einfluss auf das Zustandekommen und die Form der Verbändekooperation nahm.[61] Dies lag u.a. auch an dem Argwohn, der den gesellschaftlichen Interessen seitens der Politik bzw. des Staates lange Zeit entgegengebracht worden war.

Korporatismus

Eine tragfähige Bestimmung des Korporatismus unternimmt folgende Definition:

Definition

> „Korporatismus kann definiert werden als ein System der Interessenvermittlung, dessen wesentliche Bestandteile organisiert sind in einer begrenzten Anzahl singulärer Zweckverbände, die nicht miteinander im Wettbewerb stehen, über eine hierarchische Struktur verfügen und nach funktionalen Aspekten voneinander abgegrenzt sind."[62]

---

60 Siehe Roland Czada, Korporatismus/Neo-Korporatismus, in: Dieter Nohlen (Hrsg.) Wörterbuch Staat und Politik, Bonn 1991, 322-326.
61 Eine *faschistische* Ausprägung, in der Staat die Verbände für seine eigenen Zwecke instrumentalisiert, erfuhr der Korporatismus z.B. in der Staatsvorstellung Mussolinis. Eine *konservative* korporatistische Position vertrat der deutsche Philosoph G.W.F. Hegel zu Anfang 19. Jahrhunderts. Hegel wird in den einschlägigen zeitgenössischen Arbeiten zu den Interessenorganisationen immer wieder als Gegner der Organisation bzw. Vermittlung gesellschaftlicher Interessen dargestellt. Diese Auffassung ist nicht haltbar, da Hegel z.B. in seiner „Rechtsphilosophie" von 1821 die politischen und gesellschaftlichen Funktionen der Korporationen durchaus schätzt.
62 So Philip Schmitter in dem Aufsatz „Interessenvermittlung und Regierbarkeit", zitiert nach Rolf G. Heinze, Verbändepolitik und Korporatismus. Zur politischen Soziologie organisierter Interessen, Opladen 1981, 85.

Neokorporatismus Der *Neokorporatismus* greift die älteren, aus dem Ständestaat hervorgegangenen Vorstellungen auf und versucht sie unter den Voraussetzungen der (post-) industriellen bzw. Dienstleistungsgesellschaft zu realisieren.[63] Basis der neokorporatistischen Politik sind die vergleichsweise heterogenen Gesellschaften mit jenen Institutionen, wie sie im Zusammenhang mit dem Konsensmodell der Demokratie vorgestellt wurden[64]. Zusätzlich müssen aber auch noch eine Reihe weiterer *Bedingungen*, vor allem auf Seiten der Verbände, erfüllt sein, damit von einem Neokorporatismus gesprochen werden kann. Die relevanten Verbände müssen[65]

- über ein *Bereichsmonopol* verfügen, d.h. es dürfen nur wenige bzw. nur schwache konkurrierende Verbände auf jeweils einem Politikfeld existieren
- zudem müssen die *politischen Parteien* bereit sein, die korporatistisch zu regelnden Politikfelder weitgehend aus ihrer Zuständigkeit zu entlassen (was jedoch nicht unbedingt für die Regierungspartei(en) gilt)
- die Verhandlungsführer der Verbände müssen *kompromissbereit* sein
- die Verbände müssen *hierarchisch* organisiert sein bzw. über hinreichende Sanktionsmöglichkeiten gegenüber den Mitgliedern verfügen, damit die von der Verbandsspitze ausgehandelten Lösungen verbandsintern akzeptiert werden
- schließlich werden nur mäßig zur *Partizipation* (d.h. hier: zur Ergebniskontrolle) neigende Bürger vorausgesetzt.

Von einer Einbindung organisierter Interessen in die Politik verspricht sich der Staat in erster Linie eine Entlastung von dem Druck, Entscheidungen (alleine) finden zu müssen, sowie eine Mäßigung der Forderungen der einbezogenen Verbände.

Konzertierte Aktion Bekannte Beispiele korporatistischer Interesseneinbindung sind die sog. „Konzertierten Aktionen" im Rahmen der Wirtschafts- und Gesundheitspolitik der Bundesrepublik. Das erste große korporatistische Arrangement auf wirtschaftlichem Gebiet stellt die „Konzertierte Aktion" der Jahre 1967-76. dar. Im Rahmen der ersten Großen Koalition von CDU/CSU und SPD (1966-69) waren vor allem auf Betreiben des sozialdemokratischen Wirtschaftsministers Karl Schiller ambitionierte Bestrebungen zu einer sog. „Globalsteuerung" der Wirtschaft durch den Staat unternommen worden. Den konstitutionellen Rahmen dafür bildete die damals vorgenommene Neufassung des Art. 109 GG, der Bund und Länder dazu anhielt, ihre Finanzhaushalte an den Anforderungen eines „gesamtwirtschaftlichen Gleichgewichts" auszurichten. Mit dem „Stabilitätsgesetz" von 1967 sollten dann konkrete staatliche Interventionen in die Wirtschaft ermöglicht werden.

Tripartismus Die von der Großen Koalition angestrebte Wirtschaftspolitik bedurfte neben der rechtlichen Rahmung jedoch auch der organisationellen Unterstützung. Dazu diente die Konzertierte Aktion, deren Einrichtung im Stabilitätsgesetz vorgesehen worden war. Beteiligt waren dreierlei Sorten von Akteuren (daher stammt

---

63 Zur Übersicht s. Helmut Voelzkow, Neokorporatismus, in: Andersen/Woyke (1995), 393-396; Wolfgang Streeck, Staat und Verbände: neue Fragen. Neue Antworten?, in: ders. (Hrsg.), Staat und Verbände, Opladen 1994 (PVS-Sonderheft 25), 7-34 bietet eine informative Bilanz der neueren Diskussion.
64 Vgl. oben, Kap. 1.2.
65 Vgl. dazu Heidrun Abromeit, Interessenvermittlung zwischen Konkurrenz und Konkordanz, Opladen 1993, 146ff., mit deutlicher Bezugnahme auf Schmitters Definition.

auch die Bezeichnung des Arrangements als „Tripartismus" bzw. „Drittelparität"):

- der *Staat* mit den Vertretern vor allem aus dem Wirtschafts- und Finanz-, aber auch aus dem Innen- und Arbeitsministerium
- die *Arbeitgeber* mit den Repräsentanten von BDI, BDA und DIHT
- schließlich die *Arbeitnehmer* mit Funktionären des DGB und wichtiger Einzelgewerkschaften.

„Die Beteiligten sollten dafür sorgen, dass Lohn- und Preisentwicklung im Rahmen der vom Jahreswirtschaftsbericht der Bundesregierung vorgegebenen ‚Orientierungsdaten' verblieben, hatten aber nicht das Recht, einzelne Lohnabschlüsse zu genehmigen oder gar die Preisbewegungen zu kontrollieren."[66]

Die Konzertierte Aktion in der Bundesrepublik entsprach somit nicht vollständig dem korporatistischen Ideal, nach dem die Verbände unmittelbar an der Gesetzgebung beteiligt sein müssen (ohne sie aber gleich ganz zu übernehmen); sie hat überdies auch nur mäßig erfolgreich agiert und zudem keine günstigen Umstände gehabt: Aufgrund der Rivalität der in den Dachorganisationen versammelten Einzelverbände begehrten diese immer mehr die Aufnahme in die Konzertierte Aktion, die schließlich an die 100 Teilnehmer umfasste und damit nahezu handlungsunfähig wurde. Bereits 1969 brach dann die Große Koalition auseinander und das Unternehmerlager ging zunehmend auf Distanz zur neuen sozialliberalen Regierung. Nach anfänglicher Zurückhaltung bei den Lohnforderungen sahen sich schließlich die Gewerkschaften im selben Jahr durch große Produktivitätszuwächse in der Wirtschaft übervorteilt und wechselten zu einer offensiven Strategie. 1976 wurde die konzertierte Aktion offiziell für beendet erklärt.

Als deren Neuauflage lässt sich das „Bündnis für Arbeit" betrachten.[67] 1995 von Gewerkschaftsseite angeregt, hatte es unter der konservativ-liberalen Regierung Kohl zunächst Startschwierigkeiten. Die rot-grüne Regierung Schröder griff den Vorschlag durch entsprechende Vereinbarungen in den Koalitionsverhandlungen wieder auf und richtete regelmäßige Treffen der Regierung mit den Arbeitnehmer- und Arbeitgebervertretern ein. Als Erfolg konnte das Bündnis die Schaffung einer größeren Zahl von Ausbildungsplätzen sowie die Bemühungen um den Abbau von Überstunden nachweisen. Unüberbrückbare Differenzen zwischen den Tarifpartnern führten jedoch auch hier zu einem baldigen Ende der Zusammenarbeit.[68]

Bündnis für Arbeit

4.1.5 Nationale Interessenorganisationen und Europäische Union

Die Europäisierung der Bundespolitik hat erhebliche Auswirkungen auf die Verbandsarbeit – sowohl in organisationeller als auch in prozeduraler Hinsicht. Denn wenn sich auf der transnationalen europäischen Ebene Institutionen herausbilden, die bindende Entscheidungen für die Nationalstaaten treffen können,

---

66 Abromeit (1993), 167.
67 S. Sebaldt/Straßner (2004), 224-227.
68 Dass korporatistische Formen der Politikgestaltung auch weniger zerbrechlich und zugleich erfolgreich sein können, zeigte sich z.B. im Österreich der Nachkriegszeit; siehe dazu Abromeit (1993), Kap. 5.2.1.

dann müssen Interessenorganisationen sicherstellen, dass sie sich an diesen neuen Verfahren beteiligen und ihre Interessen einbringen können. Da auf europäischer Ebene, ähnlich wie im Nationalstaat, verfestigte Konflikte einen großen Teil der Politik bestimmen, kam es zu zahlreichen Zusammenschlüssen bestehender nationaler Organisationen entlang klassischer Konfliktlinien.

Euro-Verbände

Im Zuge der EU-Integration haben sich nationale Interessenverbände aus bestimmten gesellschaftlichen Sektoren zu europäischen Interessenorganisationen, den „Euroverbänden", zusammengeschlossen. Eine der ersten und immer noch größten Organisationen ist der 1958 gegründete „Ausschuss der berufsständischen landwirtschaftlichen Organisationen"; die nationalen Arbeitgeberverbände haben ebenfalls 1958 die „Union der Industrie- und Arbeitgeberverbände Europas" (UNICE)[69] gebildet, die nationalen Gewerkschaften 1973 den „Europäischen Gewerkschaftsbund" (EGB). Diese internationalen Verbände ähneln weitestgehend den nationalen Dachverbänden in der Bundesrepublik, lassen allerdings im Unterschied zu diesen auch die Mitgliedschaft natürlicher Personen zu. Für die 90er Jahre wurde die Zahl von ca. 3000 in Brüssel ansässigen Verbänden genannt, darunter über 500 Euroverbände. Von diesen waren wiederum 95% der Unternehmerseite zuzurechnen. Darüber hinaus gibt es auch internationale Zusammenschlüsse auf den Gebieten „Umwelt" (Europäisches Umweltbüro) und „Zivilgesellschaft" (Europäische Frauenlobby).[70]

Allerdings sind alle Euro-Verbände, selbst diejenigen, die die Konfliktlinie „Arbeit versus Kapital" repräsentieren, nicht besonders personalstark; die Zahl der Repräsentanten schwankt zwischen 5-10 Mitarbeitern auf Seiten der Arbeitgeberverbände und ungefähr 35 beim EGB.

Europastrategien von Großunternehmen

Für einige Industriebranchen, wie z.B. die Automobilindustrie, ergibt sich die Möglichkeit, über verschiedene Kanäle (und u.U. mehrfach) auf die europäische Politik einzuwirken: entweder über den europäischen Dachverband, über den nationalen Spitzenverband (BDI) oder über eine eigene Vertretung, d.h. ein Firmenbüro in Brüssel.[71] Nationale Verbände werden einerseits um so eher selbst ihre Interessen gegenüber den mit der Rechtsetzung befassten Organen der EU vertreten, je schwächer der internationale bzw. Euroverband ihrer Branche auftritt. Andererseits ist bei der Regelung konkreter Probleme nicht immer sofort abzusehen, ob die EU überhaupt tätig werden wird oder nicht doch der nationale Gesetzgeber. Deshalb müssen Interessenorganisationen auf allen Ebenen des politischen Systems Europas handlungsfähig sein.

Organisierte Interessen und EU-Politik

Die Einbindung der organisierten Interessen in die europäische Politik unterscheidet sich von dem nationalstaatlichen Muster der Willensbildung, weil das politische System der Union bisher noch keine vollständig adäquate Struktur ausweist. Bei den politischen Entscheidungsprozessen innerhalb der EU sind zwei Materien zu unterscheiden:[72]

– das sind zum einen *Grundsatzentscheidungen*, die auf die weitere Gestaltung der europäischen Integration, die Reform des Systems sowie die Erweite-

---

69 Diese Organisation nennt sich seit Januar 2007 „BUSINESSEUROPE"(!).
70 Alle Angaben nach Tömmel (2003), 192. Sebaldt/Straßner (2004), 272, geben für die Zeit um die Jahrtausendwende die Zahl von 900 „paneuropäischen" Verbänden an; Rudzio (2006), 509 berichtet von über 4000 vom EU-Parlament registrierten Interessenvertretern im Jahr 2004.
71 Sebaldt/Straßner (2004), 266.
72 Siehe Tömmel (2003), Kap. 4.1.

rung der EU bezogen sind. Diese Entscheidungen fallen in einer vergleichsweise ‚offenen' bzw. informellen Situation, in denen ausschließlich der *Rat bzw. der Europäische Rat* agieren
- die *Recht- und Regelsetzung* innerhalb einzelner Politikfelder. Sie fallen in die Zuständigkeit der Europäischen *Kommission*, die das alleinige Initiativrecht besitzt, des *Ministerrates* und zunehmend in diejenige des Europäischen *Parlaments*

Das Lobbying der Euroverbände bezieht sich auf die zweite Materie (die die „Gemeinschaftspolitiken" der Säule I des Maastricht-Vertrages umfasst). Weil die Kommission alleine über das Initiativrecht verfügt, ist sie normalerweise der wichtigste Anlaufpunkt für die Lobbyisten. Diese sind bemüht, bereits auf die Regelungspläne der Generaldirektionen, die in etwa den Referentenentwürfen der Bundesministerien entsprechen, Einfluss zu nehmen. Nicht unwichtig für die Verbände sind auch die Experten in den Ausschüssen und Fraktionen des Parlaments sowie schließlich die Mitglieder der Ausschüsse des Ministerrats. Alle EU-Organe betonen zwar, dass sie die *europäischen* Verbände als ihre Gesprächspartner betrachten. Wegen der genannten personellen bzw. organisationellen Schwäche vieler europäischer Verbände kommt es jedoch häufiger vor, dass starke nationale Verbände den schwachen Dachverband für ihre Interessenartikulation der EU gegenüber instrumentalisieren.[73]

Lobbying der Euroverbände

4.2 Politische Parteien

Im ersten Teil dieses Kapitels sind die nicht in erster Linie politisch orientierten Interessenorganisationen Gegentand der Betrachtungen gewesen, nun folgen die speziell auf politische Ziele ausgerichteten Organisationen, die Parteien. Diese Aufteilung ist notwendig, weil die Parteien in der Bundesrepublik unter allen Interessenorganisationen einen Sonderstatus genießen, der sich in ihrer besonderen rechtlichen Verfassung niederschlägt. Die Ausführungen zu den politischen Parteien beginnen deshalb auch mit den einschlägigen gesetzlichen und grundgesetzlichen Passagen, in denen die Organisation und die Funktionen der Parteien in den Grundzügen vorgegeben sind (4.2.1). Im Anschluss daran wird untersucht, aus welchem gesellschaftlichen Umfeld, aus welchen sozialen Strukturen heraus Parteiensysteme im Allgemeinen entstehen und welche Entwicklung das deutsche Parteiensystem nach dem 2. Weltkrieg genommen hat (4.2.2). Danach erfolgen Kurzporträts der für die Bundesrepublik relevanten Parteien sowie ein Exkurs zum Rechtsextremismus (4.2.3). Die ambivalente Funktion von Parteiorganisationen – sie dienen einerseits natürlich der Willensbildung der Mitglieder, aber andererseits auch der mehr oder weniger ambitionierten parteiinternen ‚Politik' einzelner (prominenter) Mitglieder – wird im vierten Abschnitt kurz erörtert (4.2.4). Abschließend wird der Frage nachgegangen, ob und inwiefern die Bundesrepublik als ein Parteienstaat zu bezeichnen ist, also als ein Staat, indem die politischen Parteien nicht nur einflussreiche, sondern dominante Akteure geworden sind (4.2.5).

---

73 (Ebd.), 196.

4.2.1 Die rechtliche Verfassung der Parteien und ihre Organisation

Parteien und Verfassung

Die besondere politische Bedeutung von politischen Parteien geht bereits aus den eigens ihnen gewidmeten rechtlichen Bestimmungen hervor: Im Unterschied zu den Vereinen und Verbänden, als den beiden wichtigsten Ausformungen gesellschaftlicher Interessenorganisationen, befassen sich ein spezielles Gesetz – das Parteiengesetz – sowie ein Grundgesetzartikel mit ihnen. Die verfassungsrechtliche Verankerung bzw. rechtliche Ausgestaltung des Parteiwesens war lange, auch noch zur Zeit der Weimarer Republik, nicht selbstverständlich gewesen, weil vor allem in Deutschland sich die Einsicht nur allmählich durchsetzte, dass gesellschaftliche Organisationen eine unverzichtbare Aufgabe in einem demokratischen Staat haben. Politische Parteien sind inzwischen in vielen Staaten der westlichen Welt als zentrale politische Akteure anerkannt, wie ein Blick in die Verfassungen der EU-Mitgliedstaaten bestätigt.[74] Es gibt aber berechtigte Zweifel, ob ihre starke konstitutionelle Stellung nicht auch kontraproduktive Folgen für das politische System bzw. die Gesellschaft hat. Darauf wird am Schluss des Kapitels noch einmal zurückgekommen.

Parteien und Grundgesetz – Art. 21 Abs. 1 GG

Das vom Grundgesetz gewährte Recht auf Vereinigung ist konstitutiv für die Politik innerhalb einer liberalen Demokratie. Der Verfassungsgesetzgeber nimmt in *Art. 21 GG Abs. 1* darauf Bezug und macht darüber hinaus folgende Ausführungen:

„Die Parteien wirken bei der politischen Willensbildung des Volkes mit. Ihre Gründung ist frei. Ihre innere Ordnung muß demokratischen Grundsätzen entsprechen. Sie müssen über die Herkunft und Verwendung ihrer Mittel sowie über ihr Vermögen öffentlich Rechenschaft ablegen."

Nach herrschender juristischer Lehre sind die Parteien als freie, gleiche und öffentliche Institutionen zu betrachten – das heißt im Einzelnen:[75]

Innere und äußere Freiheit

Freiheit können bzw. müssen die Parteien in einem doppelten Sinne in Anspruch nehmen, nämlich als *äußere* Freiheit, insofern ihre Gründung frei ist und vom Staat nicht erzwungen werden kann; der Ein- oder Austritt von Mitgliedern muss ebenfalls frei sein; schließlich ist ein Partei*verbot* nur unter besonderen Bedingungen und nur vom Bundesverfassungsgericht auszusprechen. Dieser äußere Freiheitsaspekt, der die Parteien unter einen besonderen Schutz stellt, wird auch als *Parteienprivileg* bezeichnet. *Innere* Freiheit wird durch das Demokratiegebot bewirkt, dem die Parteien zu entsprechen haben. Hierin kommt der Gedanke zum Ausdruck, dass die Freiheit einer politischen Gruppierung aus deren Selbstbestimmung hervorgeht.

Gleichbehandlung

Die Parteien sind *gleich*, weil der Staat seinerseits keine der parteiförmigen Organisationen bevorzugen und z.B. nach Größe, aktueller Funktion (Regierungs- oder Oppositionspartei) oder politischen Zielen (soweit sie verfassungskonform sind) diskriminieren darf. Dass die Parteien gleich sind, heißt also in er-

---

74 Stellenwert und Funktion der Parteien in den einzelnen Staaten werden allerdings unterschiedlich bewertet; vgl. Kimmel (2005).
75 Hesse (1993), Rn. 172-177.

ster Linie, dass sie vom Staat *gleich behandelt* werden und dass Chancengleichheit hinsichtlich des Erfolges besteht, v.a. bei Wahlen.[76]

Die *Öffentlichkeit* der Parteien ergibt sich aus dem besonderen Umstand, dass sie zwar gesellschaftliche Vereinigungen darstellen und in dieser Hinsicht mit Vereinen vergleichbar sind, zugleich aber auch, mittels demokratischer Wahlen, Organe des Staates besetzen. Dieser Sonderstellung verleiht das Verfassungsrecht dadurch Anerkennung, dass die Parteien als „Verfassungsorgane"[77], wenn auch nicht als „Staatsorgane" (wie z.B. Legislative und Exekutive) betrachtet werden, die besonderen Schutz genießen.

Art. 21 Abs. 2 GG führt zur Schutzbedürftigkeit der Parteien aus, dass ein Parteiverbot nur durch das Zusammenspiel fast aller Staatsorgane erwirkt werden kann: Den Antrag auf ein Verbot können entweder Bundestag, Bundesrat oder Bundesregierung stellen, über die Zulässigkeit des Antrages und damit die tatsächliche Verfassungswidrigkeit einer Partei entscheidet dann das Bundesverfassungsgericht. *Art. 21 Abs. 3 GG* bestimmt schließlich, dass „Näheres" zu den Parteien von Bundesgesetzen geregelt wird. Das in dieser Hinsicht maßgebliche Gesetz ist das „Parteiengesetz".

Parteien als zentrale Akteure des politischen Systems müssen besonderen Anforderungen genügen. Insbesondere ihre Organisationsstruktur muss gewährleisten, dass sie die Aufgabe, an der politischen Willensbildung mitzuwirken, aber darüber hinaus auch zahlreiche andere wichtige Funktionen verantwortungsvoll wahrnehmen. Im „Gesetz über die politischen Parteien" oder kurz „Parteiengesetz" sind diese Anforderungen aufgeführt. Das Parteiengesetz i.d.F. vom 31.1. 1994 umfasst insgesamt acht Abschnitte. Die folgenden Ausführungen beschränken sich auf die im hiesigen Zusammenhang wichtigen Aspekte, die in den Abschnitten „allgemeine Bestimmungen", „innere Ordnung" sowie „staatliche Finanzierung" behandelt werden.

Im ersten Abschnitt des Parteiengesetz mit den „allgemeinen Bestimmungen" werden Begriff und Aufgaben der Parteien präzisiert. Die in § 2 Abs. 1 angeführte Definition von „Partei" ist verhältnismäßig komplex, sie besagt zunächst:

> „Parteien sind Vereinigungen von Bürgern, die dauernd oder für längere Zeit für den Bereich des Bundes oder eines Landes auf die politische Willensbildung Einfluss nehmen und an der Vertretung des Volkes im Deutschen Bundestag oder einem Landtag mitwirken wollen".

Das entscheidende Merkmal, das eine Organisation oder Vereinigung zu einer Partei macht, liegt also in dem Bestreben und dem tatsächlichen Versuch, politischen Einfluss ausüben und Mandate in Bundes- oder Landesparlamenten erhalten zu wollen.[78] Und dies ist wiederum nur glaubhaft, wie es in § 2 Abs. 1 dann weiter heißt,

---

76 Vom Grundsatz der Gleichbehandlung gibt es allerdings erlaubte Abweichungen, die z.B. aus dem Wahlrecht resultieren können.
77 Hesse (1993), Rn. 177. Die Auffassung, wonach Parteien „Verfassungsorgane" seien, ist allerdings umstritten. Für die Auslegung des in Art. 21 GG enthaltenen Parteienbegriffs wichtig sind auch die Auffassungen des Bundesverfassungsgerichts; siehe z.B. BVerfGE 91, 262- 276.
78 Das geht deutlich aus §2 Abs. 2 des Parteiengesetzes (PartG) hervor, demzufolge eine Vereinigung „ihre Rechtsstellung als Partei (verliert)", wenn sie innerhalb von sechs Jahren keine *Teilnahme* an Bundes- oder Landtagswahlen vorweisen kann.

„wenn sie (die Vereinigungen; M.B.) nach dem Gesamtbild der tatsächlichen Verhältnisse, insbesondere nach Umfang und Festigkeit ihrer Organisation, nach der Zahl ihrer Mitglieder und nach ihrem Hervortreten in der Öffentlichkeit eine ausreichende Gewähr für die Ernsthaftigkeit dieser Zielsetzung bieten."

In diesem „Begriff" der Partei tauchen alle wesentlichen Aspekte einer Organisation, wie sie in Kapitel 4.1 angeführt wurden, geradezu mustergültig wieder auf: angesprochen werden nämlich die formale Struktur („Festigkeit"), die Mitglieder, die Dauerhaftigkeit („dauernd oder für längere Zeit") und die Ziele (politischer „Einfluss" und Repräsentation) – wobei der z.B. in Parteiprogrammen formulierte Ziele-Katalog zumindest der größeren Parteien natürlich noch umfangreicher ist.

Aufgaben der Parteien

Auch das Parteiengesetz führt in §1 Abs. 2 weitere Ziele und Aufgaben an. U.a. sind dies

— die Förderung „der aktiven(n) Teilnahme der Bürger am politischen Leben"
— die Heranbildung von „zur Übernahme öffentlicher Verantwortung befähigten Bürgern"
— die Einflussnahme „auf die politische Entwicklung in Parlament und Regierung" und schließlich
— die Sorge um „eine ständige lebendige Verbindung zwischen dem Volk und den Staatsorganen".

Insbesondere die beiden letzten Bestimmungen geben Anlass zur Befürchtung, das Parteiengesetz ziele weit an der politischen Wirklichkeit vorbei: denn von einer „lebendigen Verbindung" zum Volk, für die die Parteien auch verantwortlich sein sollen, kann nur sehr eingeschränkt die Rede sein, zumindest dann, wenn die Vertreter der „Abkoppelungsthese" Recht haben, wonach sich die Parteien von der gesellschaftlichen bzw. bürgerlichen Basis schon seit längerem weit entfernt haben. Ebenfalls bezweifelt werden kann die Aufgabe, auf Parlament und Regierung „Einfluss" zu nehmen – denn wie kann ein solcher, offensichtlich als begrenzt vorgestellter Einfluss noch ausgeübt werden, wenn die Staatsorgane fast ausschließlich von Parteimitgliedern besetzt, wenn der Staat, in einer drastischen Formulierung, zur „Beute" der Parteien geworden ist? Auf diese Frage wird in Abschnitt 2.5 noch einmal eingegangen.

Innere Ordnung der Parteien

Der zweite Abschnitt des Parteiengesetzes hat die „innere Ordnung" von Parteien zum Gegenstand. Das BGB hatte, wie in Kapitel 4.1 erwähnt, an die Organisationsform „Verein" die Forderung gestellt, dass dieser über eine Mitgliederversammlung und einen daraus hervorgehenden Vorstand verfügen muss, und darüber hinaus auch u.a. noch Regeln zur Mitgliedschaft, Rechtsfähigkeit und Auflösung bestimmen muss. Für die organisationsinterne Willensbildung wurden jedoch keine speziellen Vorschriften gemacht. Für Parteien als diejenigen politischen Organisationen, die sich nicht lediglich innerhalb des demokratischen Rechtsstaates befinden, sondern explizit und unmittelbar an der Bildung des gesellschaftlichen und staatlichen Willens teilnehmen sollen, sind solche Vorkehrungen von grundsätzlicher Bedeutung. Politische Parteien sind also nicht nur Organisationen zur bloßen Interessenvermittlung, sondern solche, in denen die Aggregation der Interessen der Parteimitglieder – idealerweise – *demokratisch* abläuft. Es wäre paradox, wenn die politische Willensbildung in einem dem Demokratieprinzip verpflichteten Staat von Parteien getragen würde, die intern undemokratisch verfahren.

Um die organisationsinterne Demokratie gewährleisten zu können, sind also eine ganze Reihe von Vorkehrungen erforderlich: Parteien *müssen* u.a. über

— *Satzungen und Programme* (§6 PartG) verfügen. „Satzungen" verkörpern die interne Grundordnung einer Organisation und stellen, nach dem Grundgesetz und dem Parteiengesetz, die dritte Regelungsebene für die Parteien dar. Sie regeln Aufnahme und Austritt der Mitglieder, sie sehen Ordnungsmaßnahmen gegen einzelne Personen oder Gebietsverbände vor, bestimmen die Verfahren zur Einberufung der Mitgliederversammlungen usw. Des weiteren müssen Parteien
— eine in den Satzungen festgehaltene *Gliederung in Gebietsverbände* (§7) und *Organe* (§§8-9) aufweisen, durch die eine Mitwirkung an der internen Willensbildung ermöglicht wird; Parteien müssen
— Mitgliedern *Rechte gewähren* (§10), v.a. dasjenige auf gleiches Stimmrecht und auf jederzeitigen Austritt; schließlich sind
— *Verfahrensregeln* einzuhalten, d.h. parteiinterne Beschlüsse sind mit einfacher Mehrheit zu fassen; die Wahlen zum Vorstand und zu den Vertreterversammlungen müssen geheim erfolgen; das parteiinterne Antragsrecht muss auch Minderheiten beim Einfluss auf die Willensbildung eine Chance einräumen

Einzelne Regelungen

Der dritte und letzte Aspekt aus dem Parteiengesetz, der hier besprochen werden soll, „staatliche Finanzierung", ist zugleich einer der heikelsten – nicht nur, was die Parteien als besondere politische Organisationen angeht, sondern auch im Hinblick auf das Verhältnis des Staates zu ihnen.

Finanzierung der Parteien

Grundsätzlich können Parteien über Finanzmittel aus drei unterschiedlichen Quellen verfügen, nämlich über:[79]

— *Mitgliedsbeiträge*: sie sind, was ihre Herkunft anbelangt, unproblematisch. Müssten sich Parteien jedoch ausschließlich über die Mitglieder finanzieren, wären kleine, mitgliederschwache bzw. Minderheits-Organisationen im Nachteil, zudem würden durch die seit geraumer Zeit sinkenden Mitgliederzahlen auch die Volksparteien in Schwierigkeiten geraten
— *Spenden von Privatpersonen und Firmen*: mit ihnen könnten v.a. kleine Parteien ihren finanziellen Nachteil großen Parteien gegenüber kompensieren. Allerdings besteht bei Mitteln aus diesen Quellen die Gefahr, dass sich vermögende Einzelne oder Gruppen überproportionalen politischen Einfluss am politischen Gleichheitsprinzip vorbei erkaufen. Dass diese Gefahr nicht nur theoretisch besteht, sondern real ist, zeigt sich daran, dass die sog. „Parteispendenskandale" in der Bundesrepublik zu den größten politischen Skandalen der Nachkriegszeit gehören.[80]

---

79 Siehe dazu Uwe Volkmann, Stichwort „Parteienfinanzierung", in: Sommer/von Westphalen (1999), 679-681.
80 Die sog. „Flick(-Spenden)-Affäre" begann 1981, als bei dem Flick-Konzern Listen über frühere Geldzuwendungen an alle im Bundestag vertretenen Parteien gefunden wurden. Die Parteien hatten diese Spenden nicht ordnungsgemäß, d.h. nach dem damals geltenden Parteiengesetz, behandelt. Delikat waren diese Spenden aber v.a. deshalb, weil der Flick-Konzern für seinen aus einem Aktienverkauf Mitte der 70er Jahre erzielten Gewinn vom Wirtschaftsministerium eine Steuerbefreiung erteilt bekam. Dass, wie seinerzeit vermutet wurde, besagte Geldzuwendungen auch Einfluss auf die Entscheidungen zweier FDP-Wirtschaftsminister genommen hatten, konnte allerdings nicht nachgewiesen werden. En-

– *öffentliche Gelder* Durch eine ausschließlich staatliche Finanzierung wäre die Gefahr der Korruption zwar weitgehend gebannt, aber eine erhebliche ungewollte Nebenwirkung könnte bzw. würde darin bestehen, dass die materiell von ihrer Basis unabhängig gewordene Parteispitze (oder die „politische Klasse") sich auch inhaltlich-programmatisch von den Mitgliedern und Bürgern entfernt. Die demokratische Willensbildung unter Beteiligung der Parteien könnte also gerade durch diesen verkehrten Anreiz unmöglich werden.

In der Bundesrepublik sind anfangs unterschiedliche, wegen ihrer Einseitigkeit und letztlich auch Missbrauchsanfälligkeit unbefriedigende Modelle zur Lösung der Finanzierungsfrage ausprobiert worden:[81] wurde im ersten Jahrzehnt der Republik noch auf die Steuerbegünstigung privater Spenden gesetzt, so wurden ab 1958, nach einem Urteil des Bundesverfassungsgerichts, staatliche Subventionen favorisiert. Auch diese schnell etablierte, aber gegenüber kleinen Parteien unfaire Praxis hob das Gericht durch einen Urteilsspruch 1966 auf. Anstelle der sog. „Globalzuschüsse" trat damals eine Wahlkampfkostenerstattung, deren Einzelheiten 1967 in der Erstfassung des Parteiengesetzes geregelt wurden. Auf die Aushöhlung auch dieser Regelungen reagierte der Gesetzgeber dann Anfang der 80er Jahre mit einer Erhöhung der Spendenabzugsfähigkeit und der gleichzeitigen Erweiterung der Rechenschaftspflicht der Parteien für eingeworbene Gelder. Das Bundesverfassungsgericht wurde erneut angerufen, kassierte – vorerst zum letzten Mal – das bestehende Finanzierungskonzept und ebnete den Weg für ein neues, bis heute gültiges Finanzierungsmodell für die Parteien.

Die gegenwärtige Parteienfinanzierung

„Grundsätze und Umfang" der Parteienfinanzierung durch den Staat regelt §18 des Parteiengesetzes. Demnach bildet die staatliche Unterstützung eine *Teil*finanzierung der Parteien, die in Abhängigkeit von deren eigenen Bemühungen gewährt wird. D.h., die staatlichen Zuschüsse sind an die Erfolge bei Wahlen bzw. den Wählern sowie an die Höhe der Mitgliedsbeiträge und die eingeworbenen Spenden gekoppelt. Die in diesem Zusammenhang wichtigsten Regelungen schreiben folgendes vor:

– das *Gesamtvolumen* der Mittel, die der Staat *jährlich* den Parteien zukommen lassen kann, ist begrenzt; es hat eine „absolute Obergrenze" von zur Zeit 133 Mio. €.[82]

---

de 1999 wurden dann in Zusammenhang mit der sog. „CDU-Spendenaffäre" „schwarze Konten" im Ausland entdeckt, auf denen im Rechenschaftsbericht der Partei nicht ausgewiesene Gelder eingezahlt worden waren, die bei Bedarf, z.B. zur Finanzierung von Wahlkämpfen, wieder nach Deutschland zurückgeführt werden konnten. Alt-Bundeskanzler Kohl musste einräumen, in seiner Amtszeit ca. 2 Mio. DM an illegalen Spenden angenommen zu haben. Er glich den seiner Partei dadurch entstandenen finanziellen Schaden durch eine von ihm privat initiierte Sammlung von Geldern wieder aus, weigerte sich aber, im Zuge der politischen und juristischen Aufarbeitung der Affäre die Namen der Spender offenzulegen. Zu dieser zweiten Spendenaffäre siehe umfassend Hans Leyendekker, Heribert Prantl und Michael Stiller: Helmut Kohl, die Macht und das Geld, Göttingen 2000.

81 Karl-Heinz Naßmacher, Parteienfinanzierung in Deutschland, in: Oscar W. Gabriel, Oskar Niedermayer und Richard Stöss, Parteiendemokratie in Deutschland, Wiesbaden 2002, 159-178; Rudzio (2006), Kap. 4.2.

82 Die jährliche Anpassung dieser Obergrenze an die Preisentwicklung ist in §18 Abs. 6 PartG geregelt.

- aus diesem Topf erhalten Parteien *jährlich* 0,70€ für jede für ihre Liste abgegebene gültige Stimme sowie
- in Abweichung von dieser Regelung für die *ersten vier Millionen* gültigen Stimmen 0,85€ je Stimme; in der Berücksichtigung der Stimmen, die eine Partei erzielt hat, ist also eine Degression dergestalt enthalten, dass die ersten vier Millionen Stimmen einer Partei staatlicherseits stärker honoriert werden, als die darüber hinausgehend erzielten. Diese Regelung kommt den kleineren Parteien zugute
- die Parteien erhalten 0,38€ für jeden Euro, den sie als „Zuwendungen" erhalten haben; dazu zählen die Mitgliedsbeiträge, die Mandatsträgerbeiträge sowie die Spenden. Zuwendungen werden bis zu einer Höhe von maximal 3300€ berücksichtigt
- *anspruchsberechtigt* hinsichtlich dieser staatlichen Finanzierung sind nicht automatisch alle Parteien, sondern nur diejenigen, die bei *Europa-* und *Bundestags*wahlen mindestens 0,5% der gültigen Stimmen oder bei einer *Landtags*wahl mindestens 1% der Stimmen erzielt haben
- die Höhe der staatlichen Teilfinanzierung darf die Gesamteinnahmen einer Partei nicht übersteigen („relative Obergrenze")
- bei Spenden (und Mandatsträgerbeiträgen), die die Höhe von 10 000€ übersteigen, müssen Name und Anschrift der Spender sowie die Gesamthöhe der Spende im Rechenschaftsbericht der Partei ausgewiesen werden; Spenden über 50 000€ sind „unverzüglich" dem Bundestagspräsidenten anzuzeigen.[83]

In anderen Paragraphen regelt das Parteiengesetz den Umgang der Parteien mit Spenden sowie die steuerliche Begünstigung der Spender noch detaillierter. Wichtig sind in diesem Zusammenhang der fünfte Abschnitt über die Rechenschaftslegung, mit der die Parteien den Nachweis über die Herkunft der eingeworbenen (Spenden-)Mittel antreten müssen, sowie der sechste Abschnitt über die Verfahrensweise bei „unrichtigen" Rechenschaftsberichten.[84]

Mit dem Parteiengesetz von 1994 ist also ein neuer Anlauf unternommen worden, die überraschend undurchsichtige und auch unlautere Machenschaften aufweisende Finanzierungspraxis der Parteien solider zu gestalten: Die Parteien sollen einerseits zwar in nicht zu große finanzielle Abhängigkeit vom Staat geraten, aber andererseits muss dem Staat daran gelegen sein, dass die für sein Funktionieren unabdingbaren Organisationen über ausreichende Mittel verfügen. Insgesamt soll die Finanzierung der Parteien größtmöglicher Transparenz unterworfen werden.

---

83 Nachdem die FDP in den Jahren 2008-10 (und damit auch in unmittelbarer zeitlicher Nähe zur maßgeblich von ihr betriebenen Senkung der Mehrwertsteuer für das Hotelgewerbe) eine Spende der Mövenpick-Hotelgruppe von insgesamt über 1 Million € erhalten hatte, kam die Diskussion einer Obergrenze für Großspenden auf; siehe den Artikel „Neue Großspenden bringen FDP und CDU in Bedrängnis" vom 23. 1. 2010, www.spiegel.de/politik/deutschland (4. 1. 2011).

84 Nach §31a PartG ist der Bundestagspräsident befugt, die aufgrund unrichtiger Angaben erfolgte „Festsetzung der staatlichen Mittel" zurückzunehmen und entsprechende Rückforderungen zu stellen. Im Zusammenhang mit der oben erwähnten CDU-Spenden- bzw. Schwarzgeldaffäre hat der frühere Bundestagspräsident Thierse gegenüber der CDU eine Rückforderung von letztlich ca. 21 Mio. € festgesetzt. In einem 2004 ergangenen Urteil des Bundesverfassungsgerichts, vor das die CDU in dieser Angelegenheit gezogen war, wurde die Rechtmäßigkeit dieser Rückforderung bestätigt.

Abb. 4: Einnahmen aller Bundestagsparteien

Jahr	CDU		SPD		GRÜNE		FDP		DIE LINKE		CSU	
	in Tsd. €	%	in Tsd. €	%	in Tsd. €	%	in Tsd. €	%	in Tsd. €	%	in Tsd. €	%
1999	132.412	100,00	156.476	100,00	26.267	100,00	23.575	100,00	20.827	100,00	32.606	100,00
2000	130.877	100,00	149.301	100,00	23.469	100,00	23.107	100,00	20.113	100,00	28.025	100,00
2001	131.023	100,00	159.971	100,00	23.842	100,00	25.709	100,00	20.491	100,00	34.590	100,00
2002	141.961	100,00	158.773	100,00	26.334	100,00	31.541	100,00	21.914	100,00	46.081	100,00
2003	139.723	100,00	179.845	100,00	26.179	100,00	27.772	100,00	22.159	100,00	47.417	100,00
2004	151.592	100,00	170.126	100,00	25.392	100,00	29.331	100,00	21.050	100,00	39.814	100,00
2005	159.208	100,00	169.084	100,00	26.608	100,00	32.456	100,00	22.487	100,00	41.509	100,00
2006	146.464	100,00	166.950	100,00	25.958	100,00	29.738	100,00	22.632	100,00	38.311	100,00
2007	142.452	100,00	156.982	100,00	26.138	100,00	31.665	100,00	22.434	100,00	43.459	100,00
2008	147.979	100,00	167.509	100,00	27.372	100,00	31.925	100,00	25.185	100,00	50.522	100,00

1) Jeweiliger Anteil an den Gesamteinnahmen in Prozent.
2) Weitere in den "Gesamteinnahmen" enthaltene Einnahmearten sind: Mandatsträgerbeiträge und ähnliche regelmäßige Beiträge, Einnahmen aus Unternehmenstätigkeit und Beteiligungen, Einnahmen aus sonstigem Vermögen, Einnahmen aus Veranstaltungen, Vertrieb und Vervielfältigung von Druckschriften sowie sonstiger mit Einnahmen verbundener Tätigkeit und sonstige Einnahmen.

Quelle: Bundestagsdrucksache 17/3610, 8.

4.2.2 Gesellschaftliche Konfliktlinien und Parteiensystem

Historische Aspekte   Obwohl die Parteien heutzutage eindeutig gesellschaftliche Organisationen sind oder zumindest solche, die in einer Gesellschaft hinreichend verwurzelt sind oder sein sollten, verhält es sich historisch gesehen keineswegs so, dass Parteien zunächst außerhalb des politischen Systems entstanden sind und dann allmählich mit ihren Kandidaten die politischen Ämter übernommen haben. Wenn die verschlungene Geschichte der Parteienentwicklung, zumal über Ländergrenzen hinweg, überhaupt verallgemeinert werden kann, dann verhielt es sich eher umgekehrt, nämlich so, dass Gruppen gleichgesinnter Parlamentsangehöriger eine Art Kristallisationskern für parteiförmige gesellschaftliche Zusammenschlüsse abgaben.

Das gilt zumindest für die ältesten modernen Demokratien, d.h. für England und für die USA: In England lassen sich über den Umstand der Berücksichtigung oder der Nichtberücksichtigung im Rahmen der königlichen Ämtervergabe die Anfänge von Regierung- und Oppositionslager („Ins and Outs") im Parlament zurückverfolgen, in den USA standen sich aus der Zeit der Verfassungsgebung „Föderalisten" und „Republikaner" gegenüber. Gesinnungsgemeinschaften innerhalb einer bereits existierenden staatlichen Institution, dem Parlament, haben sich durch Schaffung einer förmlichen Organisation zugleich stabilisiert und verstetigt und sich danach erst der Gesellschaft zugewandt.[85]

Gesellschaft und Parteien   Dennoch lassen sich zumindest allgemeine *gesellschaftliche Bedingungen* der Entwicklung politischer Parteien oder der Parteiensysteme in modernen Ge-

---

85 Zu England siehe Kurt Kluxen, Geschichte und Problematik des Parlamentarismus, Frankfurt a.M. 1983, Kap. 3; zu den USA z.B. Peter Lösche, Die politischen Parteien, in: Wolfgang Jäger und Wolfgang Welz (Hrsg.), Regierungssystem der USA, München/Wien 1995, §14 II.

sellschaften angeben. In vielen Hinsichten lässt sich von einem sozialen Unterbau der Parteienlandschaft sprechen. Darin verkörpert sich nicht unbedingt eine grundsätzlich neue Einsicht – auch Karl Marx und später Max Weber hatten bereits von einer engen Beziehung der Gesellschaft, d.h. dem ökonomischen System einerseits und der Politik, d.h. dem Herrschaftssystem (Feudalmonarchie, bürgerliche Demokratie) andererseits gesprochen. Im Unterschied zu der eher eindimensionalen marxistischen Sicht vertritt die sog. „Konfliktlinientheorie", die gleich etwas näher vorgestellt wird, ein differenzierteres Bild. Sie stellt die Frage nach der Entwicklung der politischen Parteien in Europa in einen umfassenden historischen Kontext. Gleichwohl spricht auch sie von einer „demokratischen Übersetzung des Klassenkampfes" in die Politik.[86]

Zunächst ist zu fragen: was kann unter einer Konfliktlinie („cleavage") überhaupt verstanden werden? Ganz allgemein lässt sich sagen, sie entsteht durch unterschiedliche, nicht selten: diametral entgegengesetzte Auffassungen in zentralen Fragen.[87] Obwohl prinzipiell eine ganze Reihe von Themen Konfliktstoff enthalten, sind in modernen oder in der Modernisierung begriffene Gesellschaften meistens nur ganz bestimmte Probleme konfliktauslösend. Daran anschließend lässt sich zwischen *latenten* und *manifesten* Konfliktlinien unterscheiden, d.h. solchen, die strukturell gesehen zwar grundsätzlich angelegt, aber zumindest zeitweilig oder anfänglich unbedeutend sind und solchen, die dauerhaft offensichtlich und Politik bestimmend sind. Für moderne Gesellschaften und deren Parteiensysteme werden üblicherweise folgende verfestigte Interessenkonflikte angeführt:

Konfliktlinien

- eine *ökonomische* Konfliktlinie, d.h. diejenige von „Arbeit versus Kapital. Dieser Konflikt reicht in den europäischen Staaten zurück bis ins 19. Jahrhundert und ergibt sich aus den weiter oben bereits angesprochenen epochalen, durch die Industrialisierung bewirkten gesellschaftlichen Umwälzungen. Für die einen, eher reformerischen politischen Kräfte, dreht sich dieser Konflikt um die Gestaltung der Arbeit und die Verteilung des erwirtschafteten Wohlstands *innerhalb* der kapitalistischen Gesellschaft; für die anderen, stärker revolutionären Kräfte geht bzw. ging es um deren Abschaffung und Ersetzung durch eine sozialistische Gesellschaft

  ökonomisch

- eine aus *räumlich-territorialen* Problemen, d.h. aus der Differenz „Stadt versus Land" hervorgehende Konfliktlinie. Sie thematisiert die nicht selten gravierenden Unterschiede zwischen der Metropole („Stadt"), den Kernlanden oder Zentren eines Staates einerseits und den Randgebieten („Land") andererseits.[88] Stadt-Land-Unterschiede manifestieren sich nicht nur, aber

  räumlich-territorial

---

86 Seymour Martin Lipset, Political Man. The Social Bases of Politics. Erweiterte Ausgabe, London 1983, 230.
87 „A cleavage is a division on the basis of some criteria of individuals, groups or organizations among whom conflict may arise"; Jan-Erik Lane und Svante O. Ersson, Politics and Society in Western Europe, London u.a 1994, 53. Siehe zum Folgenden auch Franz Urban Pappi, Konfliktlinien, in: Nohlen (1991), 301-306 sowie Ulrich von Alemann, Das Parteiensystem der Bundesrepublik Deutschland, Opladen 2003, Kap. 5.
88 Der Konflikt von „Zentrum" und „Peripherie" hatte im 16. und 17. Jahrhundert einen anderen Inhalt, nämlich die Auseinandersetzung um die Stellung der Römischen Kirche als Führungsmacht des Abendlandes. Daraus resultierten bekanntlich die konfessionellen Abspaltungen in den, von Rom aus gesehen, „Randlagen" Europas, d.h. in England und Skandinavien; vgl. dazu Stein Rokkan, Die Entstehung und Entwicklung der nordeuropäi-

auch in den unterschiedlichen ökonomischen Interessen des industriellen Sektors (Arbeiterschaft) einerseits und des Agrarsektors (Bauern) andererseits

weltanschaulich
— eine *weltanschauliche* Unterschiede zum Ausdruck bringende Konfliktlinie „religiöse versus säkulare Einstellungen", die sich auch konkretisieren lässt sich zur Konfrontation „Kirche versus Staat" bzw. „Kirche versus Gesellschaft"; zu denken ist auch an das Konfliktpotenzial zwischen einzelnen Religionen bzw. Konfessionen. In diesem Zusammenhang sind insbesondere die unterschiedlichen Wertesysteme für die Meinungsverschiedenheiten verantwortlich. Der Rechts- bzw. Verfassungsstaat ist sich mit dem Christentum zwar einig in der absoluten Vorrangstellung der Würde des Einzelnen; Streitpunkte ergeben sich jedoch z.B. aus den Meinungsunterschieden zur Reichweite des kirchlichen Einflusses in Politik und Gesellschaft.

Zusätzlich zu den klassischen, von Lipset und Rokkan identifizierten Cleavages lassen sich auch noch andere Konfliktlinien angeben, etwa eine *ethnische*, die sich aus der unterschiedlichen Abstammung großer Teile der Bevölkerung oder der Staatsbürgerschaft eines Staates herleiten lässt und die meist mit *kulturellen* und *sprachlichen* Unterschieden einhergeht.

Das Bild, welches die Konfliktlinientheorie von der Gesellschaft zeichnet, ist insgesamt also kein harmonisches, zumindest moderne Gesellschaften sind ihm zufolge heterogene und keine homogenen Gebilde. Aus dieser Heterogenität bzw. Konflikthaftigkeit, was nicht zwangsläufig gleichbedeutend ist mit Feindseligkeit, resultiert die Notwendigkeit der Politik. Grundsätzlich können zwei oder mehrere der angeführten sozialen Cleavages in zwei unterschiedlichen Konstellationen auftreten: sie können sich entweder „überlagern" („overlapping cleavages") oder „überschneiden" („crosscutting cleavages").

Überlagerung
„Überlagerung" meint, dass zwei oder mehr Konfliktlinien eine Gesellschaft in zwei Lager teilen, wobei die ‚Tiefe' der Spaltung durch die sich überlagernden Konflikte vergrößert wird. Ein Beispiel für eine solche Überlagerung war das frühere Jugoslawien gegen Ende der 80er Jahre: dem „Zentrum" Belgrad bzw. Serbien stand die „Peripherie" Kroatien gegenüber. Ökonomische Probleme innerhalb der sozialistischen Marktwirtschaft Jugoslawiens resultierten zwar nicht aus dem Arbeitgeber-Arbeitnehmer-Konflikt, entstanden aber zwischen den eher weniger entwickelten serbischen Landesteilen im Inneren und dem u.a. durch den Tourismus an der Küste begünstigten Kroatien. Schließlich existierten tiefe konfessionelle (und damit einhergehend ethnische und sprachliche) Unterschiede zwischen den griechisch-orthodoxen Serben und den römisch-katholischen Kroaten. Der „Vielvölkerstaat" Jugoslawien war an dieser schwierigen Lage (und auch ihrer Verschärfung und Instrumentalisierung durch den serbischen Präsidenten Milosevic) zerbrochen – die verschiedenen Einzel-Konflikte hatten sich gegenseitig verstärkt und die zentrifugalen Kräfte zu stark werden lassen, der Graben zwischen dem serbischen und dem kroatischen Landesteil schien unüberwindbar geworden zu sein.

Überschneidung
Bei der anderen der beiden Konstellationen, also im Fall der „Überschneidung", verhält es sich so, dass Konfliktlinien sich in ihrer Wirkung nicht ver-

---

schen Demokratien, in: Franz Urban Pappi und Hermann Schmitt (Hrsg.), Parteien, Parlamente und Wahlen in Skandinavien, Frankfurt a.M. 1994, 31-55.

stärken, sondern schwächen. Diese Situation war in der frühen Bundesrepublik gegeben und lässt sich folgendermaßen darstellen:

Abb. 5: Konflikte und Parteiensystem in der BRD: die 50er und 60er Jahre

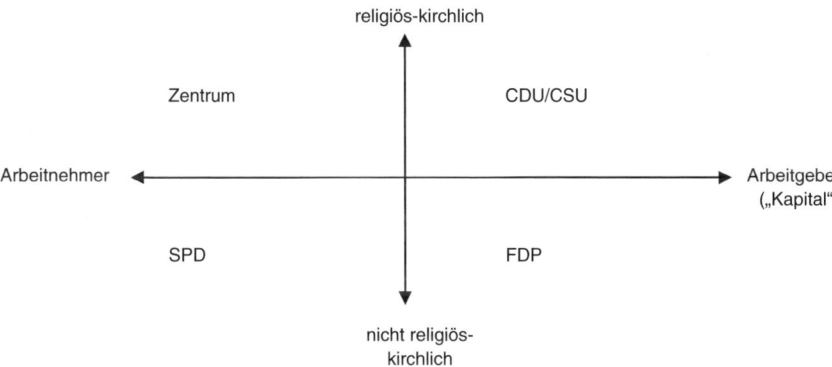

Nach: Alemann (2003), 101.

Das Parteiensystem der frühen Bundesrepublik ist in obenstehender Abbildung mit Hilfe zweier Konflikte veranschaulicht worden: zum einen mit demjenigen zwischen der Arbeitnehmerseite und der Arbeitgeber- resp. Kapitalseite, zu der auch noch die Selbstständigen und z.T. die Angestellten des öffentlichen Dienstes zu zählen sind; zum anderen mit dem Konflikt zwischen den praktizierenden Religionsanhängern bzw. Kirchgängern und den kirchlich bzw. religiös nicht Gebundenen. Konkret heißt dies, dass der „religiös versus säkular"-Konflikt sich mäßigend auf das ökonomische Cleavage auswirkt und umgekehrt. Es gibt demnach z.B. Gläubige und Nichtgläubige sowohl auf der Arbeitnehmer- als auch auf der Arbeitgeberseite. Daraus ergaben sich für die frühe Bundesrepublik insgesamt vier Kombinationsmöglichkeiten: Religionsanhänger, die zugleich dem Arbeitnehmerlager zuzurechnen sind (ehemaliges Zentrum) und solche, die dem Arbeitgeber- und Selbstständigenlager angehören (CDU/CSU); darüber hinaus gab es die säkular Eingestellten, die entweder der Arbeitnehmerseite (SPD) oder der Kapitalseite (FDP) angehörten.

Die BRD in den 50er und 60er Jahren

Solange keine neuen gesellschaftlichen Konflikte auftreten oder alte wiederbelebt werden, bleibt das Parteiensystem relativ stabil. Nun ist in den 70er Jahren des vergangenen Jahrhunderts ein neuer Themenkomplex auf der Agenda vieler westlicher Industriestaaten erschienen: Dazu gehörten v.a. die Gleichstellung der Frauen, die Grenzen des Wachstums, der internationale Frieden und die Ökologie. Im Unterschied zu den vielen eher „materialistischen" Themen der ‚alten' Politik lassen sich die Inhalte der ‚neuen' Politik zusammengenommen als „postmaterialistisch" bezeichnen. Zwar lässt sich die alte Politik keineswegs ausschließlich als materialistisch bezeichnen, z.B. weil Religionen und Kirchen bzw. weltliche Gerechtigkeitsvorstellungen in ihr durchaus eine Rolle spielten. Aber gegenüber den früher dominanten Orientierungen an der Steigerung des Lebensstandards und der Gewährleistung der kollektiven Sicherheit im Kalten Krieg bedeuteten Gleichstellungs-, Umwelt- und Friedensthemen doch ein No-

Postmaterialismus

vum, das sich bereits nach kurzer Zeit auch im politischen System in einer Parteineugründung niederschlug. Das modifizierte Parteiensystem der BRD in den 80er Jahren kennzeichneten dementsprechend folgende Konflikte bzw. Parteien:

Abb. 6: Konflikte und Parteiensystem in der BRD: die 80er Jahre

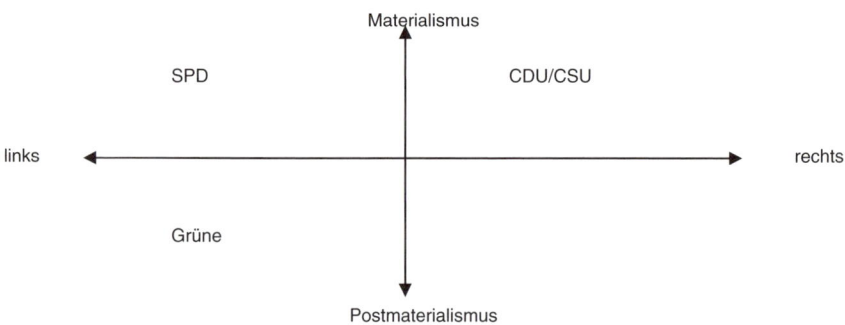

Nach: von Alemann (2003), 103.

Diese Abbildung enthält, wie die vorangegangene, ein hohes Maß an Generalisierung: im „Links"-Pol der (in Abweichung von der klassischen Cleavage-Theorie jetzt sogenannten) „Links versus Rechts"-Konfliktlinie ist die nichtreligiöse Orientierung mit der Arbeitnehmerseite (die sich inzwischen ihrerseits aber teilweise zum neuen Mittelstand gewandelt hat) zusammengeflossen; im „Rechts"-Pol dieser Konfliktlinie sind entsprechend die religiöse Orientierung und die Arbeitgeber- und Selbstständigen-Seite fusioniert. Aufgrund der ‚Überschneidung' mit dem neuen Materialismus-Postmaterialismus-Cleavage sind der Abbildung zufolge in dem deutschen Parteiensystem um die 80er Jahre nunmehr folgende politische Lager anzutreffen: eine „linke" materialistische Partei (SPD) und zwei mehr oder weniger konservative („rechte") materialistische Parteien (FDP und CDU/CSU). Darüber hinaus gibt es eine eher „linke" postmaterialistische Partei (Die Grünen). Eine rechte postmaterialistische Partei war damals (wie heute) nicht in Sicht. Die ‚Vermessung' des Parteiensystems mit Hilfe der Konfliktlinien ist, was z.B. die Erklärung der Entstehung der angeführten Parteien angeht, durchaus aufschlussreich; aus der oben vorgenommenen Verortung der Parteien innerhalb eines Quadranten können jedoch keine Schlussfolgerungen über die genaue Position (die Programmatik) der Parteien gezogen werden.

Neuere Entwicklungen

Nachdem der Postmaterialismus in den 80er und 90er eine Art Hochkonjunktur hatte, war im darauffolgenden Jahrzehnt ein vorübergehend nachlassendes Interesse für postmaterialistische Fragen festzustellen – vor allem als Folge der Börsen- und der Weltwirtschaftskrise 2003 und 2008/9. Außerdem waren – v.a. bedingt durch die Wiedervereinigung – neue Parteien im deutschen Parteiensystem aufgetaucht, Parteien, die entweder im Osten der Republik verankert oder dort erfolgreich waren: die frühere PDS einerseits und die NPD und die Republikaner andererseits. Unabhängig davon, welche der beiden obenstehenden Abbildungen, d.h. Konfliktlinienkombinationen z.Zt. als realistischer einzuschätzen ist: in beiden Fällen müssten jeweils links neben der SPD und rechts neben der CDU/CSU eine weitere materialistische Partei eingetragen werden.

Außer den von der Cleavage-Theorie thematisierten Entstehungsbedingungen lassen sich auch noch andere Merkmale eines Parteiensystems angeben, dazu gehören z.B. die Fragmentierung und die Polarisierung eines Parteiensystems. Die „Fragmentierung" eines Systems lässt sich quantitativ erfassen, indem die Zahl der „effektiven", also an der Politikgestaltung beteiligten Parteien angegeben wird.[89] „Polarisierung" bezieht sich dagegen auf die durch Dokumentenanalysen und Umfragen festzustellende ideologische Distanz der Parteien untereinander.

Klassifizierung der Parteiensysteme

Aufgrund dieser und weiterer Indikatoren haben sich für die Parteiensysteme westlicher Staaten in den *ersten Nachkriegsjahrzehnten* folgende Ausprägungen bzw. Konfigurationen ergeben:[90]

– *Zweiparteiensystem*: die beiden wichtigen Parteien erzielen in Wahlen annähernd je 50% der Stimmen, weitere Parteien sind zwar vorhanden, aber politisch nicht einflussreich (USA, Großbritannien)
– *Zweieinhalbparteiensystem*: eine Partei erhält 40-45% der Stimmen, eine andere ungefähr 35% und eine dritte ca. 15% (BRD bis Anfang der 80er Jahre, Luxemburg, Kanada)
– *Mehrparteiensystem mit einer dominanten Partei*: die stärkste Partei erhält 40-45% der Stimmen und auf drei bis vier Parteien entfällt der Rest der Stimmen (Skandinavien und Italien vor 1990)
– *Mehrparteiensystem ohne dominante Partei*: keine Partei erhält mehr als 25% der Stimmen und insgesamt vier bis fünf Parteien teilen sich die Stimmen zu ungefähr gleichen Teilen (Schweiz).

Giovanni Sartori hatte eine alternative, stärker auf die Beziehungen der Parteien in einem System abstellende Typologie entwickelt und darin ein Zweiparteiensystem, den gemäßigten und den polarisierten Pluralismus sowie den polarisierten Pluralismus mit einer hegemonialen Partei unterschieden.[91]

Neben der quantitativ bestimmbaren Fragmentierung und der inhaltlich-qualitativen Erfassung der Polarisierung sind auch noch die verschiedenen Varianten der Kooperation bzw. Konkurrenz innerhalb eines Parteiensystems anzuführen. Parteiensysteme sind, wie Systeme im Allgemeinen, als Beziehungsgeflechte zu analysieren, in denen die mehr oder weniger zahlreichen „Elemente", die Parteien, im Rahmen zuvor geschaffener oder bereits vorhandener „Strukturen" in Interaktion treten. Dieses Zusammenwirken wiederum hängt maßgeblich von zwei Variablen ab: von der Art des Parteienwettbewerbs und von den Be-

Weitere Merkmale – „Mechanik" des Parteiensystems

---

89 „Die ‚effektive' Anzahl der Parteien in einem Parteiensystem entspricht ... der realen Anzahl, wenn alle Parteien den gleichen Stimmenanteil aufweisen, also ein ausgeglichenes Machtverhältnis existiert; je ungleicher das Machtverhältnis ist, desto geringer ist die effektive im Verhältnis zur realen Anzahl"; Oskar Niedermayer, Nach der Vereinigung: Der Trend zum fluiden Parteiensystem, in: Gabriel u.a. (2002), 107-127, hier 107 Anm. 3. Anstatt „effektiver" läßt sich auch „relevanter" Parteien sagen.
90 Aufschlussreiche Klassifikationen von Teilaspekten der politischen Systeme, z.B. zum Parteiensystem, finden sich häufig in der vergleichenden Politikwissenschaft. Zum Folgenden vgl. Jean Blondel, Comparative Government, London u.a. 1995, 170f. Siehe auch Jürgen Winkler, Parteien und Parteisysteme, in: Hans-Joachim Lauth (Hrsg.) Vergleichende Regierungslehre, Opladen 2002, 213-238.
91 Siehe Klaus von Beyme, Stichwort Parteiensystem, in: Nohlen (1991), 458-462, hier 460.

ziehungen der Teilorganisationen der (Bundes-)Parteien untereinander.[92] Das heißt, im Ausgang, aber zugleich auch in Absetzung von der oben angeführten traditionellen Typologie lässt sich erstens die „Mechanik" eines Parteiensystems bestimmen, also der Modus, in dem der Wettbewerb organisiert ist. Als entscheidend wird dabei weniger die Anzahl und die ideologische Distanz, sondern vielmehr die „Konfiguration der Machtbeziehungen" der Parteien auf jeweils einer Ebene des Bundesstaates („horizontal") erachtet.

„Vertikale Struktur" des Parteiensystems

Zweitens ergeben sich Besonderheiten eines Parteiensystems, und dies ist im hiesigen Zusammenhang noch wichtiger, auch aus den „vertikalen" Beziehungen verschiedener Parteien oder der Teilorganisationen ein- und derselben Partei im Bundesstaat. Damit gemeint ist das Verhältnis der Organisation(en) auf der *Bundes*ebene zu denjenigen auf der *Gliedstaaten*- bzw. *Länder*ebene. Zwei Gesichtspunkte sind dabei auseinanderzuhalten. Zum einen ist zu untersuchen, ob die Parteiensysteme von Bund und Gliedstaaten überhaupt dieselben Elemente enthalten oder nicht. Befinden sich auf beiden Ebenen des Bundesstaates dieselben (relevanten) Parteien, dann ist das Parteiensystem des Bundesstaates insgesamt ein „kongruentes" Parteiensystem; tauchen auf der Länderebene andere wichtige Parteien als auf der Bundesebene auf, so handelt es sich insgesamt um ein „inkongruentes" System. Zum anderen ist das Verhältnis einer Bundespartei zu den Länderparteien zu bestimmen. Ist die Parteiprogrammatik z.B. auf beiden Ebenen kohärent und gibt es eine abgestimmte Koalitionspolitik sowie einen Personalaustausch zwischen den verschiedenen regionalen Parteigliederungen, so handelt es sich um eine „integrierte" Partei; sind diese Merkmale nicht oder nur schwach ausgeprägt, dann ist von einer „desintegrierten" Partei zu sprechen.

Mit Hilfe der angeführten Typologien lässt sich auch die Entwicklung des Parteiensystems der Bundesrepublik veranschaulichen. Dabei lässt sich folgende Phaseneinteilung vornehmen:[93]

Das Parteiensystem der BRD

Phase 1 1945-53

Alle Parteien mussten nach Ende des 2. Weltkrieges neu gegründet und von den Alliierten zugelassen werden. Gründung und Zulassung erfolgten zunächst nach Besatzungszonen getrennt, so dass die zonalen Organisationen sich später zu einer gesamtdeutschen bzw. zu einer Bundespartei zusammenschließen mussten. In die Gründungsphase in der Westzone fielen die Konstituierung von SPD, CDU, CSU, FDP. Zudem formierten sich eine ganze Reihe von kleineren Parteien, unter denen anfangs noch das Zentrum und die KPD herausragten.

---

92 Die in diesem Zusammenhang anzuführenden Differenzierungen ergänzen und revidieren z.T. auch die Erkenntnisse der zuvor angeführten älteren Parteiensystemforschung. Zum Folgenden Edgar Grande, Parteiensystem und Föderalismus. Institutionelle Strukturmuster und politische Dynamiken im internationalen Vergleich, in: Arthur Benz und Gerhard Lehmbruch (Hrsg.), Föderalismus. Analysen in entwicklungsgeschichtlicher und vergleichender Perspektive (PVS-Sonderheft 32), Wiesbaden 2002, 179-212, hier 185-189.

93 Die folgende Einteilung ist an Rudzio (2006), Kap. 4.3 orientiert; siehe auch von Alemann (2003), Kap. 3 sowie Eckhard Jesse, Die Parteien im westlichen Deutschland von 1945 bis zur deutschen Einheit 1990, in: Gabriel u.a. (2002), 59-83, hier 70-75.

Phaseneinteilung nach *Rudzio:*		Phaseneinteilung nach *von Alemann:*	
1945-51	Kontinuität und Neubeginn	1945-1953	Formierungsphase
1952-61	Konzentration	1953-1976	Konzentrierungsphase
1961-83	Zweieinhalbparteiensystem	1976-1990	Transformationsphase
ab 1983	Zwei-Parteigruppensystem und Regionalsystem Ost	1990-2000	Zentripetale Phase

Bei großen Teilen der westdeutschen Politiker und seitens der Westalliierten Phase 2: 1953-61
bestand ein ausgeprägtes Interesse an der Vermeidung sog. „Weimarer Verhältnisse", also einer zu starken Fragmentierung des Parteiensystems, durch die das gesamte politische System von Instabilität bedroht ist. Durch mehrere, voneinander unabhängige Entwicklungen wurde die gewünschte, stabilisierende Konzentration eingeleitet bzw. herbeigeführt: durch die allmählich einsetzende wirtschaftliche Erholung („Wirtschaftswunder") wurde einigen kleineren Parteien mit speziellen Interessen (etwa der Heimatvertriebenen) die Basis entzogen; die 1953 eingeführte 5%-Sperrklausel bewirkte, dass sich viele kleinere Parteien wegen ihrer Chancenlosigkeit bei Bundestagswahlen v.a. der CDU anschlossen; schließlich sind zwei Parteien, die SRP 1952 und die KPD 1956, als verfassungswidrige Organisationen verboten worden. Es spricht also vieles dafür, dass die Konzentrationsphase bereits Ende der 50er Jahre weitgehend abgeschlossen wurde.

Anfang der 60er Jahre beginnt dann die neue Phase des „Zweieinhalbparteien- Phase 3: 1961-83
systems". Diese Kennzeichnung zu gebrauchen ist sinnvoll, weil die damaligen deutschen Verhältnisse ihrerseits, wie anhand der klassischen Typologie von Blondel ersichtlich, begriffsbildend gewirkt haben. Die Hauptakteure in dieser Phase waren die CDU und die SPD: Die CDU war gegen Ende der 50er Jahre zur stärksten Partei geworden und dahinter hatte sich die SPD zur zweiten großen Volkspartei entwickelt. Die CSU, als formell eigenständige Partei, bildete mit der CDU eine Fraktionsgemeinschaft im Bundestag und wurde deshalb nicht als Partei gezählt (was jedoch nicht unumstritten ist); die von den damaligen Wähleranteilen her gesehen „kleine" (und deshalb im Größenvergleich mit den beiden Volksparteien „halbe") FDP agierte in dieser Phase als Mehrheitsbeschaffer zunächst für eine konservative, danach für eine sozialdemokratische Regierung. Die vier genannten Parteien konnten in den beiden Jahrzehnten von Anfang der 60er bis Anfang der 80er Jahre bei Bundestagswahlen jeweils mindestens 95% der Stimmen auf sich vereinigen.

Die Jahre 1982/3 markierten nicht nur den Beginn der konservativ-liberalen Phase 4: 1983-90
Regierung unter Helmut Kohl, sondern auch die Erweiterung des früheren Zweieinhalbparteiensystems zu einem Mehrparteiensystem mit zunächst vier relevanten Parteien. Genau genommen wird diese Konstellation von keiner der beiden angeführten älteren Parteiensystem-Typologien erfasst: es handelt sich weder um ein Mehrparteiensystem mit oder ohne dominante Partei (Blondel), noch um einen gemäßigten Pluralismus (Sartori). Deshalb ist die Kennzeichnung „Zwei-Parteigruppsystem" (Rudzio) durchaus zutreffend: die eine „Parteigruppe" bildeten CDU/CSU und FDP, die andere die SPD und die 1983 erstmals in den Bundestag gewählten Grünen.

Eine zusätzliche, fünfte Phaseneinteilung für das deutsche Parteiensystem Phase 5: seit 1990
lässt sich insofern rechtfertigen, als 1990 im Zuge der Wiedervereinigung mit der aus der früheren SED hervorgegangenen PDS eine weitere Partei auftauchte und sich auch behaupten konnte. Allerdings war der Wirkungskreis der PDS weitestgehend auf das Gebiet der ehemaligen DDR beschränkt. Deshalb ist mit Blick auf Ostdeutschland auch die Bezeichnung „Regionalsystem Ost" zutreffend (gewesen) – durch die PDS hatte nämlich zugleich die „Kongruenz" im bundesdeutschen Parteiensystem abgenommen. Es bleibt abzuwarten, ob mit der im Juni 2007 durch die Vereinigung der ostdeutschen PDS resp. „Linkspartei" mit der westdeutschen „Wahlalternative Soziale Gerechtigkeit" (WASG) vollzo-

genen Neugründung der Partei „Die Linke" das alte Maß an Kongruenz wieder hergestellt werden wird. Nach wie vor zutreffend ist dagegen die Feststellung, wonach das deutsche Parteiensystem von in hohem Maße „integrierten" Parteien gekennzeichnet ist.

Abb. 7: Mitgliederentwicklung der Parteien 1990–2008

	CDU[1]		SPD[2]		CSU		FDP		GRÜNE[3]		LINKE[4]	
	n	%	n	%	n	%	n	%	n	%	n	%
1990	789.609	-	943.402	-	186.198	-	178.625	-	41.316	-	280.882	-
1991	751.163	-4,9	919.871	-2,5	184.513	-0,9	137.853	-22,8	38.873	-5,9	172.579	-38,6
1992	713.846	-5,0	885.958	-3,7	181.757	-1,5	103.488	-24,9	36.320	-6,6	146.742	-15,0
1993	685.343	-4,0	861.480	-2,8	177.289	-2,5	94.197	-9,0	39.761	9,5	131.406	-10,5
1994	671.497	-2,0	849.374	-1,4	176.250	-0,6	87.992	-6,6	43.899	10,4	123.751	-5,8
1995	657.643	-2,1	817.650	-3,7	179.647	1,9	80.431	-8,6	46.410	5,7	114.940	-7,1
1996	645.786	-1,8	792.773	-3,0	179.312	-0,2	75.038	-6,7	48.034	3,5	105.029	-8,6
1997	631.700	-2,2	776.183	-2,1	178.457	-0,5	69.621	-7,2	48.980	2,0	98.624	-6,1
1998	626.342	-0,8	775.036	-0,1	179.520	0,6	67.897	-2,5	51.812	5,8	94.627	-4,1
1999	638.056	1,9	755.066	-2,6	181.873	1,3	64.407	-5,1	49.488	-4,5	88.594	-6,4
2000	616.722	-3,3	734.667	-2,7	178.347	-1,9	62.721	-2,6	46.631	-5,8	83.475	-5,8
2001	604.135	-2,0	717.513	-2,3	177.036	-0,7	64.063	2,1	44.053	-5,5	77.845	-6,7
2002	594.391	-1,6	693.894	-3,3	177.667	0,4	66.560	3,9	43.881	-0,4	70.805	-9,0
2003	587.244	-1,2	650.798	-6,2	176.950	-0,4	65.192	-2,1	44.052	0,4	65.753	-7,1
2004	579.526	-1,3	605.807	-6,9	172.855	-2,3	64.146	-1,6	44.322	0,6	61.385	-6,6
2005	571.881	-1,3	590.485	-2,5	170.084	-1,6	65.022	1,4	45.105	1,8	61.270	-0,2
2006	553.896	-3,1	561.239	-5,0	166.896	-1,9	64.880	-0,2	44.677	-0,9	60.338	-1,5
2007	536.668	-3,1	539.861	-3,8	166.364	-0,3	64.078	-1,2	44.320	-0,8	71.711	18,8
2008	528.972	-1,4	520.969	-3,5	162.533	-2,3	65.600	2,4	45.192	2,0	76.031	6,0

1) Am 31.12.1990 waren erst wenige ostdeutsche Mitglieder in der Zentralen Mitgliederkartei der CDU erfasst, die Erfassung wurde im Oktober 1991 abgeschlossen. Bestand für Ostdeutschland 1990 (134.409) daher nicht nach der Mitgliederstatistik, sondern nach dem Bericht der CDU-Bundesgeschäftsstelle zum 2. Parteitag der CDU am 14.-17.12.1991 in Dresden (S. 24).
2) Durch EDV-Umstellung Anfang 1998 sind insges. 5240 Mitglieder verlorengegangen.
3) 1993: Vereinigung mit Bündnis 90.
4) 1990 bestanden noch keine westdeutschen Landesverbände; Schätzung der westdeutschen Mitgliederzahl (etwa 600).

Quelle: Niedermayer, Oskar: Parteimitglieder in Deutschland: Version 1/2009. Arbeitshefte a.d. Otto-Stammer-Zentrum, Nr. 15, FU Berlin 2009.

Europäische Parteien – Parteien in Europa

Laut Grundgesetz wirken die Parteien bei der politischen Willensbildung des Volkes mit. Analog dazu heißt es in Art. 191 des EG-Vertrages über die Parteien „auf europäischer Ebene": „Sie tragen dazu bei, ein europäisches Bewusstsein herauszubilden und den politischen Willen der Bürger der Union zum Ausdruck zu bringen." Dazu sind die europäischen Parteien jedoch nicht gut gerüstet. Denn ähnlich wie die europäischen Interessenorganisationen, d.h. die Euroverbände, stellen die europäischen Parteien Dachverbände nationaler Organisationen dar. Diese Dachverbände sind im Vergleich zu den deutschen Parteien nur sehr schwache Organisationen, die bei Europawahlen kaum ein eigenständiges Profil entwickeln.

Insgesamt existieren bisher vier europäische Parteien, deren ‚Mitglieder' ganz überwiegend von den ideologisch sich nahestehenden nationalen Parteienorganisationen gestellt werden. Dabei handelt es sich um die Sozialdemokratische Partei Europas SPE (1992), die Europäische Liberaldemokratische Partei ELDR (1993), die Europäische Volkspartei EVP (1994) und die Europäische Grüne Partei EGP (2002).[94]

Parteien und Europawahl

Die Anreize für nationale Parteien, auf europäischer Ebene bzw. in den europäischen Dachorganisationen sich zu engagieren, sind bisher vergleichsweise gering gewesen. Das hängt vor allem mit dem politischen System der EU zusam-

---

94 Vgl. dazu Oskar Niedermayer, Die europäischen Parteienbünde, in: Gabriel u.a. (2002), 428-446, hier 429f. Die Jahreszahlen beziehen sich auf die Gründung der Partei*organisation*; lockere „Zusammenschlüsse" existierten bereits früher; siehe dazu Karl-Heinz Niclauß, Das Parteiensystem der Bundesrepublik Deutschland, 2002 Paderborn u.a., Kap. 8c.

men, in dem das Parlament lange Zeit nur über einen schwachen Einfluss verfügte. In der EU existiert bislang kein parlamentarisches Regierungssystem, in dem die Exekutive von der Mehrheitsfraktion im Parlament gewählt und gestützt wird, und in dem diese Fraktion wiederum einen Zusammenschluss der Abgeordneten einer Partei verkörpert. Exekutivaufgaben übernehmen vielmehr der Rat, in dem Mitglieder nationaler Regierungen qua Amt vertreten sind, und die vom Rat ernannte Europäische Kommission (der allerdings vom Parlament das Misstrauen ausgesprochen werden kann). Auch eine effektive Interessenaggregation war lange Zeit kaum möglich, weil die Kompetenzen des Parlaments und damit der Fraktionen[95] im Rahmen der Rechtsetzung sehr begrenzt waren. Im Vergleich mit den nationalen können die europäischen Parteien keine nennenswerte Wählermobilisierung betreiben, weil z.B. in Deutschland die nationalen Parteien die Europawahlen dominieren und sie immer noch mit nationalen Themen überfrachten. Das vor diesem generell ungünstigen Hintergrund die in der Öffentlichkeit ohnehin kaum wahrgenommenen europäischen Parteien in absehbarer Zeit zur Herausbildung eines „europäischen Bewusstseins" beitragen, wie es der EG-Vertrag vorsieht, ist nicht sehr wahrscheinlich.

4.2.3 Die relevanten Parteien in der Bundesrepublik Deutschland: Geschichte und Programmatik

Als „relevant", d.h. von mehr als 2% der Stimmberechtigten gewählt, müssen aufgrund der letzten bundesweiten Wahlen im Jahr 2009 folgende Parteien gelten: die SPD, CDU und CSU, die FDP, Bündnis 90/Die Grünen und Die Linke. Die genannten Parteien werden im Folgenden kurz porträtiert.[96]

Die mit großem Abstand älteste deutsche Partei ist die Sozialdemokratische Partei Deutschlands (SPD). Sie war, wie bereits in Kapitel 4.1.3 angesprochen, aus dem 1863 von Ferdinand Lassalle gegründeten ADAV hervorgegangen und hatte aufgrund dieser Abstammungslinie 1988 ihren 125jährigen Geburtstag feiern können. Bedingt durch das hohe Alter, aber vor allem durch die äußeren Umstände und die Konflikte im Innern kann die Partei auf eine äußerst bewegte Geschichte zurückblicken.[97]

SPD – Geschichte

---

95 Anders als im Bundestag sind die Fraktionen im EU-Parlament ‚Dachorganisationen' für politisch und ideologisch sich nahestehende Abgeordnete. Die größten Fraktionen sind z.Zt. die der Europäischen Volkspartei und die der Sozialdemokratischen Partei Europas mit 256 bzw. 186 Abgeordneten. Zur Bildung einer Fraktion sind mindestens 20 Parlamentsabgeordnete erforderlich, in jeder Fraktion müssen Abgeordnete aus wenigstens einem Fünftel (d.h. aus mindestens sechs) der Mitgliedsstaaten vertreten sein; siehe dazu www.europarl.europa.eu (4.1.2011).
96 Ausführlichere und zugleich aktuelle Porträts aller relevanten politischen Parteien der Bundesrepublik sind Mangelware. Gute, aber bereits etwas ältere Übersichtsdarstellungen der oben genannten, im Bundestag vertretenen Parteien finden sich in Oberreuter/Mintzel (1990), Kap. II, Kurzportraits z.B. in Glaeßner (2006), Kap. 9.4.; s. auch Günter Olzog und Hans-J. Liese, Die politischen Parteien in Deutschland, München 2000 sowie Niclauß (2002), 60-147. Ergänzende Literatur zu den einzelnen Parteien wird im Folgenden angeführt. Für aktuellste statistische Informationen sind die Internetportale der Parteien hilfreich.
97 Zum Folgenden Detlef Lehnert, Sozialdemokratie zwischen Protestbewegung und Regierungspartei. 1848-1983, Frankfurt a.M. 1983 sowie Hermann Schmitt, Die Sozialdemokratische Partei Deutschlands, in: Oberreuter/Mintzel (1990), 129-157.

Die Gründung der SPD bzw. ihrer Vorläuferorganisation steht in eindeutigem Zusammenhang mit der ökonomischen Situation großer Teile der Bevölkerung Mitte des 19. Jahrhunderts. Das ohne Zweifel gemeinsame (objektive) Interesse der Arbeiterschaft an der Verbesserung der allgemeinen Arbeits- und Lebensbedingungen schlug sich jedoch nicht in einer von Anfang an einheitlichen Organisation nieder – was bei der Größe der zu organisierenden Gruppe ohnehin verwunderlich gewesen wäre. Allerdings war der eigentliche Hinderungsgrund nicht die Gruppengröße, sondern die Uneinigkeit der Organisationseliten über den einzuschlagenden Weg. Bereits 1869 wurde von August Bebel und Wilhelm Liebknecht als Zusammenschluss der „außerpreußischen Sozialdemokratie" die „Sozialdemokratische Arbeiterpartei (SDAP) in Eisenach gegründet. 1875 wurden dann auf dem sogenannten Einigungsparteitag in Gotha ADAV und SDAP zur „Sozialistische Arbeiterpartei" (SAP) zusammengeschlossen. Seit 1890 nannte sich die Partei „Sozialdemokratische Partei Deutschlands" (SPD).

Sozialistengesetze und nationalsozialistische Verfolgung

Die 1878 unter Reichskanzler Bismarck beschlossenen und bis 1890 in Kraft gebliebenen „Sozialistengesetze" bedeuteten eine erhebliche Einschränkung der politischen Arbeit, da den Sozialdemokraten zwar die Teilnahme an Wahlkämpfen und die Mitwirkung im Parlament gestattet wurde, ansonsten jedoch jegliche öffentliche Betätigung untersagt blieb.[98] Die nächste Belastungsprobe für die Partei ergab sich während des 1. Weltkrieges aus der auch von der SPD mitgetragenen Zustimmung des Reichstags zu den Kriegskrediten. Die radikale Linke spaltete sich zunächst von der SPD ab und gründete 1917 die „Unabhängige Sozialdemokratische Partei" (USPD) und 1919, unter Mitwirkung von Rosa Luxemburg und Karl Liebknecht, die Kommunistische Partei Deutschlands (KPD). Die USPD löste sich aber bereits 1922 wieder auf und ihre Mitglieder wechselten entweder zurück in die SPD oder zur neugegründeten KPD. Von 1933 an war die SPD, die 1919 mit Friedrich Ebert den ersten Reichskanzler und später den ersten Reichspräsidenten stellte und damit zu einer staatstragenden Partei geworden war, einer alle Sozialisten und Kommunisten treffenden Verfolgung durch den Staat ausgesetzt, der sich viele Parteimitglieder durch den Rückzug ins Private[99], durch Anschluss an den Widerstand oder den Gang ins Exil entzogen.

Regierungsbeteiligung

Nach 1945 wurde die SPD in den Besatzungszonen wiedergegründet. In Westdeutschland entwickelte sie sich sie unter der Führung von Kurt Schumacher schnell wieder zu einer mitgliederstarken Partei, in Ostdeutschland wurde sie bereits 1946 durch Zwang mit der KPD zur SED zusammengeschlossen. Die ersten Wahlen in der Bundesrepublik verliefen relativ enttäuschend, da die Partei von dem Umstand, sich in den Jahren der nationalsozialistischen Herrschaft neben den Kommunisten als einzige Partei nicht kompromittiert zu haben, nicht ausreichend profitieren konnte. 1966 übernahm sie als der kleinere Partner in der ersten Großen Koalition (1966-1969) erstmals Regierungsverantwortung für die Bundesrepublik, bevor sie zunächst mit Willy Brandt (bis 1972) und dann mit Helmut Schmidt als Kanzler die sozialliberale Koalition von 1969-1982 anführte. Nach langen Jahren der Opposition bestimmte sie, zusammen mit Bündnis 90/Die Grünen, ab 1998 für sieben Jahre im Rahmen einer rot-grünen Koalition

---

98 Siehe dazu Lehnert (1983), 67-77. Äußerer Anlass für die Sozialistengesetze waren zwei Attentate auf Kaiser Wilhelm I.
99 Und sich dort z.T. als „Gesangvereine" tarnten; s. Lehnert (1983), 157; vgl. auch oben, Kap. 4.1.2.

die deutsche Politik, ehe sie von 2005-2009 unter Kanzlerin Angela Merkel wiederum zum Partner in der zweiten Großen Koalition wurde.

Eine Partei, die wie die SPD auf die politische Umgestaltung der Gesellschaft durch Reformen abzielt (und zeitweilig auch revolutionäre Maßnahmen nicht ausschloss), muss über ihre Ziele und Mittel jederzeit intern eine Verständigung erzielen und nach außen, gegenüber den Mitgliedern und potenziellen Wählern, Auskunft erteilen. Zumal, wenn sie eine genauso rasante wie unübersichtliche Entwicklung nimmt wie die SPD während der ersten 50 Jahre ihrer Existenz. Die großen Parteiprogramme[100] der SPD tragen häufig die Namen derjenigen Städte, in denen entweder neue Allianzen geschlossen oder neue Wege der Partei beschritten wurden: z.B. Gotha (1875), Erfurt (1891), Godesberg (1959) und Berlin (1989). Gegen Ende des 19. Jahrhunderts hatte die SPD enorme innere Konflikte über ihren zukünftigen Kurs zu bewältigen: wurde 1891 in Erfurt noch der Historische Materialismus, also der Marxismus, zur offiziellen Parteiideologie gekürt, so wurde bereits 1899 ein maßgeblich mit dem Namen Eduard Bernstein verbundener Versuch zur ‚Revision' dieser Position eingeleitet. Die damalige SPD sollte sich, so die Empfehlung, sowohl von der Verelendungstheorie als auch von dem Klassenkampfgedanken verabschieden, weil sie zum einen ohnehin nicht zum ideologischen Kern des Marxismus gehöre, zum anderen aber auch, weil sich die ökonomischen und politischen Verhältnisse in Deutschland inzwischen derart gewandelt hätten, dass eine *parlamentarische* Arbeit für Sozialdemokraten möglich und sinnvoll geworden sei.

Programmatik

Der Revisionismus trug dann Anfang des 20. Jahrhunderts sicher auch zur Abspaltung und organisatorischen Verselbstständigung des linken Flügels der SPD bei, vor allem aber bewirkte er nach dem 2. Weltkrieg eine grundlegende programmatische Neuorientierung, die sich deutlich im Godesberger Programm[101] niederschlug: die SPD bekannte sich darin zur Demokratie („wir widerstehen ... jeder Art totalitärer und autoritärer Herrschaft"; 6); sie anerkannte die Leistungsfähigkeit der Marktwirtschaft („stetiger Wirtschaftsaufschwung"; 12), garantiert das private Eigentum an Produktionsmitteln („soweit es nicht den Aufbau einer gerechten Sozialordnung hindert"; 14) und respektierte die Kirchen („Der Sozialismus ist kein Religionsersatz"; 23). Während die Sozialdemokratie auch Ende der 50er Jahre gleichwohl noch an dem Fernziel „demokratischer Sozialismus" festhielt, ist dieser identitätsstiftende Programmpunkt im Laufe der vergangenen Jahrzehnte stark relativiert worden – weniger in der Programmatik als in der politischen Praxis: Unter dem Druck einer globalisierten Ökonomie war das Ziel einer Demokratisierung auch nur des nationalen Wirt-

Godesberger und Berliner Programm

---

100 Neben den im Folgenden ausschließlich berücksichtigten *Grundsatzprogrammen*, in den die Prinzipien der Parteiarbeit (neu) festgelegt werden, lassen sich auch noch Wahlprogramme und Aktionsprogramme anführen. *Wahlprogramme* enthalten ein gebündeltes und mehr oder weniger ausführliches Angebot, das der Wählerschaft bei einer Wahl zu Abstimmung unterbreitet wird, *Aktionsprogramme* beziehen sich auf bestimmte Politikfelder. Idealerweise sind die beiden letztgenannten Ausformungen auf das Grundsatzprogramm abgestimmt; s. Hans-Dieter Klingemann und Andrea Volkens, Struktur und Entwicklung von Wahlprogrammen in der Bundesrepublik Deutschland 1949-1998, in: Gabriel u.a. (2002), 507-527, hier 513.

101 Grundsatzprogramm der Sozialdemokratischen Partei Deutschlands. Beschlossen vom Außerordentlichen Parteitag der Sozialdemokratischen Partei Deutschlands in Bad Godesberg vom 13. bis 15. November 1959. Die Seitenangaben oben im Text beziehen sich auf dieses Programm.

schaftssystems auf der Agenda der rot-grünen Regierung Schröder weit nach unten gerutscht. Damit vollzog auch die SPD, ähnlich, wenn auch moderater als die englische Labour Party unter ihrem Vorsitzenden Tony Blair („New Labour"), eine parteiintern umstrittene Abkehr von der tradierten Sozial- und Wirtschaftspolitik. Im „Hamburger Programm", dem neuen Grundsatzprogramm der Partei von 2007, verspricht die SPD die „politische Gestaltung der Globalisierung" bzw. „auf internationaler Ebene den Vorrang der Demokratie vor den Interessen der Wirtschaft durchzusetzen".[102] Auf nationaler Ebene gilt es zunächst jedoch, die partielle Abkehr von der unter Bundeskanzler Schröder durchgesetzten „Agenda 2010" zu bewerkstelligen, mit der zwar die in der Bundesrepublik überfälligen wirtschafts- und sozialpolitischen Reformen erfolgreich eingeleitet, zugleich aber auch schwere Auseinandersetzungen über das Selbstverständnis und den weiteren Kurs der Partei ausgelöst wurden. Mit 23% erzielte die SPD 2009 das schwächste Ergebnis ihrer Geschichte bei Bundestagswahlen.

CDU – Geschichte

Es erstaunt nicht, dass die Geschichte der CDU sich in wichtigen Hinsichten von derjenigen der SPD grundlegend unterscheidet: Die CDU ist eine Parteineugründung nach dem 2. Weltkrieg; sie war zunächst keine Mitgliederpartei gewesen und hatte auch lange Zeit über kein Parteiprogramm verfügt – obwohl sie die Geschicke der jungen Bundesrepublik maßgeblich bestimmte.

Volkspartei und soziale Marktwirtschaft

Die CDU ist die erste Volkspartei[103] der Bundesrepublik gewesen. Volksparteien sprechen nicht die Interessen einer speziellen Schicht oder eines besonderen „Milieus" an, sondern sind für mehrere Schichten, also die Mittel- und die Arbeiterschicht wählbar. Otto Kirchheimer hat dafür den Begriff „Allerweltspartei" („catch all-party") geprägt. Als Bundespartei ist die CDU erst gegründet worden, nachdem sich 1949 die CDU/CSU-Bundestagsfraktion konstituiert hatte.[104] Die Partei verstand sich zwar in erster Linie als Sammelbecken der christlichen Wähler, d.h. des politischen Katholizismus (der zuvor durch die Zentrumspartei vertreten war), aber auch des konservativen und des liberalen Protestantismus – die Zeiten des spannungsgeladenen und im „Kulturkampf" gipfelnden Verhältnisses zwischen den beiden Konfessionen waren nach dem 2. Weltkrieg weitgehend überwunden worden. Außerdem schlossen sich der CDU in der oben angeführten „Konzentrationsphase" des bundesdeutschen Parteiensystem zahlreiche kleinere Parteien an. Mit Konrad Adenauer an der Spitze gelangen der CDU, zusammen mit der „Schwesterpartei" CSU und dem kleinen Koalitionspartner FDP und unter vergleichsweise günstigen ökonomischen und bündnispolitischen Bedingungen, sowohl die Westintegration als auch der wirtschaftliche Aufschwung, der maßgeblich mit der von Wirtschaftsminister Ludwig Erhard propagierten und institutionalisierten sozialen Marktwirtschaft einherging. Die Kehrseite der erfolgreichen Kanzlerschaft Adenauers bestand für die Partei darin, dass die Bundesorganisation unter seiner Regierung kaum Eigenständigkeit entwickeln konnte – Unabhängigkeit von konkreten Personen ist aber ein wesentliches Merkmal stabiler Organisationen bzw. Institutionen.

---

102 www.spd.de/Politik/grundsatzprogramm (5.1.2011).
103 Siehe dazu Wulf Schönbohm, Die CDU wird moderne Volkspartei. Selbstverständnis, Mitglieder, Organisation und Apparat 1950-1980, Stuttgart 1985; allgemein Elmar Wiesendahl, Volkspartei, in: Nohlen (1991), 760-762.
104 Zum Folgenden Peter Haungs, Die CDU: Prototyp einer Volkspartei, in: Oberreuter/ Mintzel (1990), 158-199.

Nach Auflösung der großen Koalition 1969 ging die CDU in die Opposition und leitete dort, nach einem 1972 gescheiterten Misstrauensvotum gegen den damaligen Bundeskanzler Brandt, die notwendig gewordenen Neuerungen vor allem in organisatorischer und programmatischer Hinsicht ein. Beides zusammen bewirkte in den 70er Jahren eine nicht zuletzt durch das neu geschaffene Amt des Generalsekretärs eine deutliche Profilierung der Partei. Das Ende der sozialliberalen Koalition und die Ablösung der Regierung Schmidt durch die Regierung Kohl 1982 fiel zusammen mit der oben erwähnten Transformation des Zweieinhalbparteiensystems durch die Grünen. Die ersten Regierungsjahre Kohls, der bereits 1976 Kanzlerkandidat und Parteivorsitzender wurde, waren geprägt von einer im Westen allgemein verbreiteten Aufbruchstimmung im Geist des Neo-Konservatismus („Reagonomics" und „Thatcherismus"), und die von Generalsekretär Heiner Geißler geleitete Bundesgeschäftsstelle fungierte als „Ideenschmiede"[105]. Innerparteilich war Kohl Ende der 80er Jahre nicht mehr unumstritten, und es hieß, u.a. seine früheren Gefolgsleute Geißler und Biedenkopf hätten damals seinen Sturz vorbereitet. Der Fall der Berliner Mauer 1989 ließ die parteiinternen Querelen ganz in den Hintergrund treten und die schwierige, aber zügige Herbeiführung der deutschen Einheit muss Kohl als bleibendes politisches Verdienst angerechnet werden. Die sich selbst als „Partei der deutschen Einheit" bezeichnende CDU konnte in der Folge die beiden ersten gesamtdeutschen Wahlen überraschend klar für sich entscheiden. Mit dem Wechsel auf die Oppositionsbank 1998 standen der Partei unter anderem wegen der Spendenaffäre schmerzhafte Prozesse der Selbstreinigung bevor, die auch den Kanzler der deutschen Einheit nicht verschonten. Ende 1999 ging die damalige Generalsekretärin Merkel als erste auf Distanz zu Kohl, der seinerseits, nach der an ihn gerichteten Aufforderung, das Amt ruhen zu lassen, Anfang 2000 den Ehrenvorsitz der CDU niederlegte. Nach sieben Jahren in der Opposition ist 2005 eine, nach Wählerstimmen geurteilt, deutlich geschwächte CDU (27%) in der zweiten Großen Koalition und mit Kanzlerin Angela Merkel wieder zur Regierungspartei geworden. Mit demselben Stimmenanteil setzte sich die CDU nach den Bundestagswahlen 2009 ebenfalls wieder unter Merkel an die Spitze einer konservativ-liberalen Regierung.

Als Volkspartei unterscheidet sich die CDU grundsätzlich von einer Programmpartei wie der SPD, die weitreichende gesellschaftliche Umgestaltungen beabsichtigt(e). Darüber hinaus erschwerten die zahlreichen innerparteilichen Strömungen die Absteckung eines von allen Seiten geteilten Parteikurses. Quasi als Ersatz für ein ausgefeiltes Grundsatzprogramm dienten der jungen CDU zunächst die *Wahl- bzw. Regierungs*programme unter Adenauer. Darin standen an vorderster Stelle der Auf- und Ausbau einer Sozialen Marktwirtschaft sowie die Westintegration der Bundesrepublik. Existierten in den Gründer- bzw. Anfangsjahren der CDU nur wenige Seiten umfassende Programme („Ahlener Programm") oder Leitsätze („Düsseldorfer Leitsätze"), so verstärkten sich die Bemühungen zur prinzipiellen Bestimmung des Parteikurses nach 1969 in der Oppositionszeit und mündeten 1978 in das erste „Grundsatzprogramm". Dessen Hauptanliegen lassen sich mit dem Grundwert „Freiheit", der für die „Entfaltung der Person" unabdingbaren Institutionen der „Familie" und der „Erziehung" so-

Programmatik

---

[105] Glaeßner (2006), 449.

wie der „Sozialen Marktwirtschaft" charakterisieren.[106] Im 1994 verabschiedeten Grundsatzprogramm „Freiheit in Verantwortung" sowie im aktuellen, 2007 in Hannover beschlossenen Grundsatzprogramm „Freiheit und Sicherheit" bezeichnet sich die CDU selbst als „Volkspartei", die für „jeden offen" sei, „der die Würde und die Freiheit aller Menschen anerkennt." Als Grundwerte werden neben der Freiheit auch „Solidarität und Gerechtigkeit" benannt; „Ehe und Familie" bilden das „Fundament" der Gesellschaft, „andere Formen der Partnerschaft" werden jedoch „respektiert". Die soziale Marktwirtschaft soll zugleich „ökologisch" sein, von einem „Integrationsland Deutschland" ist die Rede. und davon, „dass sich aus dem christlichen Glauben kein bestimmtes politisches Programm ableiten lässt".[107]

CSU – Geschichte

Die „Christlich Soziale Union" (CSU) ist eine gegenüber der CDU eigenständige Partei, die auf Bundesebene allerdings seit langem eine Fraktionsgemeinschaft mit der CDU bildet.[108] Die CSU konstituierte sich Ende 1945 und wurde Anfang 1946 von den amerikanischen Militärbehörden offiziell zugelassen. Auch die CSU unter ihrem ersten Vorsitzenden Josef Müller konnte an Parteiorganisationen, die vor Ausbruch des 2. Weltkrieges bestanden, anschließen bzw. musste sich mit diesen auseinandersetzen. Dies war auf der einen Seite die frühere Bayerische Volkspartei (BVP), deren Anhänger nach dem Krieg in die CSU drängten und die die bayerische Eigenständigkeit gegenüber einem zukünftigen Bundesstaat in verfassungsrechtlicher und kulturell-religiöser Hinsicht gewahrt wissen wollten.[109] Auf der anderen Seite war der CSU 1946 mit der Bayernpartei (BP) zumindest anfangs eine regionale Konkurrenzorganisation entstanden, die ebenfalls radikal-föderalistische und bayerisch-vaterländische Ziele vertrat. Bei der zweiten bayerischen Landtagswahl 1950 konnte die BP immerhin fast 18% der Stimmen erzielte, während die CSU von über 52% (1946) auf knapp 27% absackte.[110]

Tradition und Modernisierung

Nachdem die internen Flügelkämpfe überwunden waren, konnte die Partei die Modernisierung, d.h. in erster Linie die nachholende Industrialisierung des damals zu großen Teilen noch agrarisch geprägten Bayern betreiben. Eingebettet in die günstige ökonomische Nachkriegsentwicklung in Deutschland und in Europa verlief dieser Prozeß v.a. unter den ersten Ministerpräsidenten Ehard und Seidel schonend, aber zugleich äußerst erfolgreich. Darüber hinaus konnte die CSU in dem kulturell, religiös und wirtschaftlich durchaus heterogenen Freistaat ein die meisten gesellschaftlichen Gruppierungen überwölbendes und selbstbewusstes Wir-Gefühl etablieren, das Traditionalität und ökonomische Modernisie-

---

106 Zu diesen Programmen der Jahre 1947-1978 siehe Die Programme der CDU, hrsg. von der CDU-Bundesgeschäftsstelle, Bonn (o.J.) Die Parole „Freiheit oder Sozialismus", mit der die CDU 1976 gegen die SPD in den Wahlkampf gezogen war, wirkt rückblickend seltsam überzogen und anachronistisch.
107 Lang- und Kurzfassung des aktuellen Programms finden sich unter www.cdu.de/partei (5. 1. 2011).
108 Zum Folgenden vor allem Alf Mintzel, Die Christlich Soziale Union in Bayern, in: Oberreuter/ders. (1990), 199-236.
109 Vor diesem Hintergrund wird besser nachvollziehbar, warum Bayern 1949 der Verabschiedung des Grundgesetzes nicht zugestimmt hatte; vgl. oben, Kap. 2.2. Mintzel schreibt, im Unterschied zu den BVP-Traditionalisten habe Müller eine „Politik der Öffnung nach Deutschland" betrieben, (ebd.), 200.
110 Olzog/Liese (1993), 193.

rung verbindet, und auf diesem Wege die bis vor kurzem andauernde regionale Vorherrschaft, wenn nicht Dominanz der Partei einleiten.[111]

Die zweifellos markanteste, aber auch schillerndste Persönlichkeit in der CSU war Franz Josef Strauß, von 1961-1988 Parteivorsitzender und bayerischer Ministerpräsident von 1978-1988. Von 1956-1962 gehörte Strauß der Regierung Adenauer als Verteidigungsminister an und sah sich gegen Ende dieser Amtszeit gleich in zwei Affären verstrickt: zum einen wurde ihm 1962 im Rahmen der sog. „Lockheed-Affäre" unterstellt, im Zuge der Flugzeugbeschaffung für die Bundeswehr vom amerikanischen Flugzeugbauer Lockheed bestochen worden zu sein. Ein Untersuchungsausschuss des Bundestags konnte dafür jedoch letztlich keinen Nachweis erbringen. Zum anderen war Strauß eine der treibenden Personen in der „Spiegel-Affäre", in deren Verlauf im Herbst 1962 die Redaktionsräume des „Spiegel" wegen des nie bestätigten Verdachts auf Landesverrat durchsucht und der Spiegel-Herausgeber Rudolf Augstein ein Vierteljahr in Untersuchungshaft saß.[112] 1980 war Strauß Kanzlerkandidat der Union, die CDU/CSU blieb aber mit 44,5% der Stimmen hinter den Erwartungen zurück. Nach dem Tod von Strauß 1988 kam es im Zuge der Nachfolgeregelungen zu innerparteilichen Spannungen: die Mitte der 90er Jahre erprobte „Doppelspitze", mit Theo Waigel als Parteivorsitzendem und Edmund Stoiber als Ministerpräsidenten, hat sich am Ende als nicht funktionsfähig erwiesen. Stoiber übernahm auch die Parteiführung und war im Jahr 2002 nur knapp als Kanzlerkandidat der CDU/CSU gescheitert. 2003 wurde er als Ministerpräsident mit einer Zweidrittelmehrheit der Wählerstimmen bestätigt, aber 2005 hatte er seine bis dato unangreifbare Stellung durch seinen überraschenden Rückzug aus der Regierungsmannschaft von Kanzlerin Merkel nachhaltig beschädigt. Zum Jahresbeginn 2007 musste er seinen vorzeitigen Rückzug von der Spitze der Staatsregierung und der Partei ankündigen.[113] Bei den Landtagswahlen 2008 musste die CSU einen noch nie da gewesenen Stimmenverlust von über 17%-Punkten (gegenüber dem überragenden Ergebnis von über 60% der Stimmen bei den Wahlen 2003) hinnehmen; der damalige Parteivorsitzende Huber sowie Ministerpräsident Huber traten daraufhin zurück. Beide Ämter hat seitdem Horst Seehofer inne, der einer CSU-FDP-Landesregierung vorsteht.

Die CSU hat seit ihrem Bestehen mehrere Programme gehabt. Außerpolitisch betrachtet ergab sich früher eine inhaltliche Konstante aus dem kompromisslosen Antikommunismus, der seinerseits auch die Skepsis gegenüber amerikanischen Entspannungsbemühungen bedingte und auch eine Annäherung an die DDR kategorisch ausschloss. Deshalb rief Bayern 1973 wegen des Grundlagen-

Programmatik

---

111 Der Weg dorthin verlief allerdings nicht vollkommen gerade, immerhin befand sich die CSU von 1954-57 im bayerischen Landtag in der Opposition(!).
112 Zur Analyse dieser Affäre siehe Theo Sommer, „Bald wird etwas passieren". Rückblick in den Abgrund – Die „Spiegel"-Affäre vor 40 Jahren war die erste große Krise der Bundesrepublik, in: Die Zeit, Nr. 43 und 44, 2002. Außerdem: Thomas Ellwein, Die Spiegelaffäre – Grundsätzliche Überlegungen, in: ders., Politische Wissenschaft. Beiträge zur Analyse von Politik und Gesellschaft, Opladen 1987, 80-98.
113 Diese Entwicklung zeichnete sich schon früh ab; siehe z.B. Peter Fahrenholz, Stoibers Niedergang, in: Süddeutsche Zeitung vom 9.12.2005, 4; Albert Schäfer, Jetzt kämpft Stoiber ums Überleben, Frankfurter Allgemeine Sonntagszeitung vom 24.12.2006, 12. Siehe dazu auch unten Kap. 4.2.4.

vertrages mit der DDR das Bundesverfassungsgericht an.[114] Von der Tendenz her waren und sind weiterhin viele Gemeinsamkeiten mit der Schwesterpartei CDU offensichtlich, auch wenn die CSU meist einen deutlich konservativeren Kurs verfolgte und außerdem jederzeit „staatsbayerische Akzente" setzte. Nichtsdestotrotz beschloss die CSU-Führung 1976 in Wildbad Kreuth (nach der gescheiterten ersten Kanzlerkandidatur von Kohl), mit einer eigenständigen Bundestagsfraktion eigene Wege zu gehen. Dieser Kreuther Beschluss wurde jedoch nicht umgesetzt und kurze Zeit später wieder aufgehoben. Die CSU hat 2007 ihr sechstes Grundsatzprogramm („Chancen für alle! In Freiheit und Verantwortung gemeinsam Zukunft gestalten") verabschiedet. Hauptprogrammpunkte darin, es war bereits angeklungen, sind einerseits die soziale Marktwirtschaft und die sozialstaatliche Grundsicherung der einzelnen (die aber nicht als „Versorgungsstaat" missverstanden werden dürfe), andererseits die „solidarische Leistungsgesellschaft", die von Chancengleichheit, aber auch individueller Verantwortung gekennzeichnet sein soll. Als Grundwerte firmieren des weiteren die Familie, aber auch die „aktive Bürgergesellschaft"; Wissenschaft und Technik sind ebenfalls von Bedeutung. Vor dem Hintergrund eines christlich geprägten Europabildes („Europa als Wertegemeinschaft") plädiert die CSU für eine privilegierte „Partnerschaft" zur Türkei.[115]

FDP – Geschichte

Der Liberalismus in Deutschland kann auf eine lange, wenn auch insgesamt eher weniger einflussreiche Geschichte zurückblicken. Bereits nach der gescheiterten Revolution von 1848/9 hatte sich die liberale Bewegung in zwei unterschiedliche Strömungen gespalten: in eine *national*liberale und in eine *links*liberale bzw. liberaldemokratische. Diese Spaltung prägte, wenn auch modifiziert, die parteipolitische Entwicklung des Liberalismus in der Bundesrepublik, in deren Zweieinhalbparteiensystem sich die FDP als dritte Kraft neben der CDU und der SPD zu etablieren vermochte.

Koalitionen mit CDU/CSU und SPD

Die „Freie Demokratische Partei" (FDP) wurde 1948 von den Abgeordneten der bereits zuvor bestehenden liberalen Landesorganisationen gegründet.[116] Die linksliberalen Verbände stammten überwiegend aus dem südwestdeutschen Raum sowie aus Hamburg und Bremen, die nationalliberalen aus Hessen, Nordrhein-Westfalen und Niedersachsen. Übereinstimmungen dieser beiden Strömungen bestanden in der Propagierung weniger der sozialen als der freien Marktwirtschaft sowie in der Zurückweisung überzogener Sozialstaatlichkeit bzw. sozialistischer Bestrebungen. Bei den ersten Wahlen zum deutschen Bundestag wurde die FDP 1949 drittstärkste Partei und damit Koalitionspartner in der ersten Regierung Adenauer; außerdem stellte sie im selben Jahr mit Theodor Heuss den ersten Bundespräsidenten der Republik. Nach dem Zerwürfnis mit der CDU/CSU im Zusammenhang mit der Saar-Frage und nach den von Adenauer angedeuteten Versuchen, sie durch Änderungen im Wahlrecht zu schwächen, ging die FDP 1956-1961 in die Opposition. Eine weitere Oppositionsphase während der ersten Großen Koalition (1966-1969) nutzte die Partei, wie zuvor schon die SPD, zur personellen und programmatischen Erneuerung. 1968 wurde Walter

---

114 Was den späteren bayerischen Ministerpräsidenten Strauß allerdings nicht daran hinderte, 1983 ohne Absprache mit der Bundesregierung für die DDR einen Kredit in Milliardenhöhe anzubahnen.
115 Das Grundsatzprogramm findet sich unter www.csu.de/partei/unsere_politik (5. 1. 2011).
116 Zum Folgenden Hans Vorländer, Die FDP zwischen Erfolg und Existenzgefährdung, in: Oberreuter/Mintzel (1990), 237-275.

Scheel, der spätere Bundespräsident, zum Parteivorsitzenden gewählt, Dietrich Genscher zu seinem Stellvertreter; 1969 wurde die Partei trotz eines enttäuschenden Ergebnisses bei den Bundestagswahlen Juniorpartner in der sozial-liberalen Koalition – u.a. auch deshalb, weil die SPD dem potenziellen Koalitionspartner zugesagt hatte, kein die FDP bzw. die kleinen Parteien insgesamt benachteiligendes Mehrheitswahlrecht einzuführen; außerdem hatte die SPD der FDP sog. „Leihstimmen" zukommen lassen.[117] Ideologische Gemeinsamkeiten in der sozial-liberalen Koalition ergaben sich in erster Linie auf den Gebieten der Außen- bzw. Ostpolitik sowie der Innen- und Rechtspolitik.

Vor allem die von dem rechten Parteiflügel geltend gemachten wirtschafts- und finanzpolitischen Unterschiede zur SPD führten Anfang der 80er zum allmählichen, am Schluss von der FDP forcierten Auseinanderfallen der Koalition.[118] Die FDP machte ihrem Namen des „Mehrheitsbeschaffers" alle Ehre und wurde 1982 Partner in der dann letztlich 16 Jahre dauernden konservativ-liberalen Koalition. Darin konnte unter Genscher die sozial-liberale Außenpolitik fortgesetzt werden und die FDP generell als liberales Gegengewicht zur CSU fungieren. Die personellen Umbesetzungen Mitte der 90er Jahre bzw. in der Oppositionszeit nach 1998 haben zu einigen Turbolenzen und Zerreißproben innerhalb der Partei geführt: Der Versuch seitens der Parteiführung, die FDP mit einer atemberaubenden programmatischen Ausdünnung zu einer volksparteiähnlichen Organisation zu machen, scheiterte zwar letztlich, die linksliberal-bürgerrechtliche Strömung blieb jedoch weiterhin gegenüber der neoliberalen im Hintergrund.

Die beiden unterschiedlichen, am Linksliberalismus und am Nationalliberalismus orientierten Strömungen verhinderten nach dem Krieg programmatische Festlegungen bereits im Rahmen der „Heppenheimer Gründungsproklamation" von 1948.[119] Allgemein zustimmungsfähig waren lediglich die wirtschaftsliberalen Positionen. Dem Bauern- und Mittelstand sollte ein von Staatseingriffen weitgehend ungehindertes Wirtschaften ermöglichst werden, was im Zuge des wirtschaftlichen Aufschwungs eine leicht zu erfüllende Forderung darstellte. Mit dem „Berliner Programm" von 1957 versuchte sich die Partei, unter Beibehaltung des Wirtschaftsliberalismus, innerhalb des ideologischen Spektrums zwischen Marxismus bzw. Sozialdemokratie einerseits und dem religiös-christlich geprägtem Konservatismus andererseits zu positionieren. Mit den von Karl-Hermann Flach, Werner Maihofer und Walter Scheel 1971, also in den ersten Jahren der sozial-liberale Koalition, veröffentlichten „Freiburger Thesen" wurde die programmatische Erneuerung der FDP dokumentiert. Damals stand der „politische" (im Unterschied zum ökonomischen) Liberalismus im Vordergrund: also der Schutz der individuellen Freiheit in der (post-)industriellen Gesellschaft sowie die politische Selbstbestimmung, aber auch die soziale Frage und die Ökologie wurden thematisiert und zu einem liberalen Anliegen erklärt. Dieses umfangreiche reformerische Programm wurde zwar auch noch Mitte der 70er Jahre unter der Mitwirkung von Maihofer und Gerhart Baum (die beide, nach-

Programmatik

---

117 Zu beidem s. auch unten, Kap. 5.2.
118 Für die FDP blieb mit wiederum vier Ministerposten unter Kanzler Kohl mehr oder weniger alles beim alten; die Art und Weise des Wechsels des Koalitionspartner führte jedoch zum Übertritt einiger prominenter linksliberaler Parteimitglieder (u.a. Günter Verheugen und Ingrid Matthäus-Maier) zur SPD bzw. zum Parteiaustritt.
119 Zum Folgenden Vorländer (1990), 258-264.

einander, das Amt des Bundesinnenministers bekleideten) fortgeschrieben, aber größeren Einfluss auf die Regierungspolitik erzielte es nicht.

Die Anfang der 80er Jahre sich auch in der Bundesrepublik durchsetzende neoliberale Strömung in Wirtschaft und Politik ließ diese Thesen vollends in Vergessenheit geraten. Das aktuelle Programm: „Wiesbadener Grundsätze – Für die liberale Bürgergesellschaft" von 1997 enthält zwar ebenfalls wieder Anknüpfungen an die Wurzeln des politischen Liberalismus und betont neben bzw. noch vor der „Teilhaberschaft" der Bürger an der „Wirtschaft" diejenige an „Gesellschaft" und „Staat". Die Zeiten, in denen für ein solch ehrgeiziges Programm auch die entsprechenden Persönlichkeiten für seine Umsetzung zur Verfügung standen, schienen jedoch vorbei zu sein. Die Bundespartei jedenfalls demonstrierte ihre Programmferne im Jahr 2001 beinahe umgehend mit der Auflage des im Unterschied zu den „Grundsätzen" von keinem Parteitag verabschiedeten „Projekts 18". Damit hatte, wie oben bereits angedeutet, die FDP unter dem neu gewählten Bundesvorsitzenden und früheren Generalsekretär Guido Westerwelle den Versuch unternommen, die Partei von ihrem keineswegs nur positiven Image als Mehrheitsbeschaffer zu befreien. Die Partei sollte, so lautete ein Zentralbegriff des Projekts, auf „Äquidistanz" zu den beiden Volksparteien gehen, und dies sollte durch Ausweitung der Wähler- bzw. Sympathisantenbasis geschehen – „Projekt 18" bedeutete u.a. auch das Ziel, zukünftig 18% der Stimmen bei Bundestagswahlen anzustreben. Zugleich entschloss sich Westerwelle 2002 zur Kanzlerkandidatur und bereiste im Wahlkampf in einem nach ihm benannten „Guidomobil" die Republik. Die FDP hatte die Grenze zur Spaßpartei sichtbar überschritten.[120] Die glaubhafte Abkehr von dem von der Parteispitze eingeleiteten, aber vom FDP-Klientel überwiegend nicht angenommenen neuen ‚Kurs' ist der Partei nicht leicht gefallen. Gleichwohl wurde die FDP bei den Bundestagswahlen 2005 drittstärkste Partei und erzielte 2009 sogar überraschende 14,6% der Stimmen. Als Juniorpartner in einer im Herbst 2009 nur mühsam gestarteten konservativ-liberalen Regierung verlor die Partei aber beinahe genauso schnell wieder an Ansehen und Unterstützung.

Die Grünen
Die Grünen sind die jüngste der relevanten Parteien im Parteiensystem der alten Bundesrepublik; sie weisen die Besonderheit auf, aus den unterschiedlichen lokalen und regionalen Bürgerinitiativen sowie der Anti-Atomkraft- und der Friedensbewegung hervorgegangen zu sein. Die Grünen sind diejenige Partei, die zur Modifizierung des früheren Zweieinhalbparteiensystems maßgeblich beitrugen. Oben, in Kapitel 4.2.2 war in diesem Zusammenhang gesagt worden, dass diese Partei ihre Existenz der in den 70er und 80er Jahren in den Vordergrund rückenden Konfliktlinie zwischen den materiellen und den postmateriellen Interessen verdankte. Dies ist nun insofern zu konkretisieren, als das postmaterielle

---

120 Die liberalen Parteien in den Niederlanden und in Dänemark waren der FDP in dieser Art der Selbstdarstellung vorangegangen und dabei nicht erfolglos geblieben. In dem unter www.liberale.de/Liberales-A-Z/ (5. 1. 2011) eingestellten Abriss der Parteigeschichte finden dagegen weder das „Projekt 18" noch einer seiner berühmten geistigen Väter, Jürgen W. Möllemann, eine Erwähnung. Möllemann war im nordrhein-westfälischen Landesverband und in der Bundes-FDP eine zentrale, aber immer auch umstrittene Figur, über viele Legislaturperioden Bundestagsabgeordneter sowie in den 90er Jahren Bundesminister gewesen. 2003 hob der Bundestag seine Immunität wegen des Verdachts auf Steuerhinterziehung auf; er kam er einem Ausschlussverfahren der Bundespartei durch Parteiaustritt zuvor; kurze Zeit später beging er – höchst wahrscheinlich – Suizid.

Generalthema der Grünen: Ökologie und Pazifismus nicht lediglich ein solches war, dem sich ‚politische Unternehmer' nach der Abarbeitung der konventionell-materialistischen Agenda auch noch zuwenden konnten. Vielmehr tauchten ökologische Probleme damals tatsächlich erstmals weithin sichtbar (und insofern: neu) auf.

Anfang der 70er Jahre machten erste skeptische Prognosen die „Grenzen des Wachstums" auch und gerade für die westlichen Überflussgesellschaften aus und die (bis heute ungelöste) Problematik der Entsorgung radioaktiver Abfälle zeichnete sich bereits deutlich ab. Zugleich drängte die (internationale) Friedensbewegung auf eine militärische Abrüstung, d.h. auf die Reduzierung der Overkill-Potenziale der beiden Supermächte im Allgemeinen und auf die Verhinderung der Umsetzung des „Nato-Doppelbeschlusses" auf dem Boden der Bundesrepublik im Besonderen. Auf diese Situation hatte das etablierte Parteiensystem weder rechtzeitig noch ausreichend reagieren können bzw. reagieren wollen, so dass sich die gesellschaftsweit vorhandenen ökologischen und pazifistischen Interessen über andere Kanäle artikulierten. Geschichte

Vor diesem Hintergrund sind als Vorläuferorganisationen der Bundespartei der Grünen z.B. die zahlreichen Bürgerinitiativen anzuführen, die sich Ende der 70er Jahre im Umfeld von Atomkraftwerken (Brokdorf; Grohnde), geplanten Zwischen- oder Endlager (Gorleben) sowie sog. Wiederaufbereitungsanlagen (Wackersdorf) bildeten und sich als alternative Listen sowohl auf Kommunal- als auch auf Landesebene an Wahlen beteiligten.[121] Politisch betrachtet war diese zunächst noch unorganisierte „neue soziale Bewegung" äußerst heterogen und pluralistisch: Es fanden sich, zumeist in den Großstädten Hamburg und Berlin, radikale (kommunistische oder maoistische) und undogmatische Linke genauso wie konservativ-religiöse geprägte Gruppen. Der Entstehungsprozess der Partei der Grünen lässt sich durchaus als basisdemokratisch beschreiben: Der Kurs der Organisation(en) wurde nicht als eine Angelegenheit von Eliten aufgefasst, sondern von „unten", von politisch aktiven Bürgern bestimmt. Von der Bewegung zur Partei

Dabei darf allerdings nicht vergessen werden, dass bei diesem Umwandlungsprozess der heterogenen Bewegung in eine Partei nicht alle Strömungen berücksichtigt wurden (z.B. scherten die linksradikalen Strömungen im Laufe der 80er Jahre aus). Und beim Wandel von der sozialen Bewegung zur Partei[122] musste sich die Einsicht durchsetzen, dass eine dem Parteiengesetz genügende, aber auch das Parteienprivileg genießende Organisation sich bestimmter politischer Aktionsformen enthalten muss, also vor allem gewalttätiger Widerstand gegen den Staat und seine Beamte inakzeptabel ist. Eine eindeutige Stellungnahme der Grünen zur Gewaltfrage war einer der Hauptstreitpunkte zwischen den als „Fundis" bezeichneten linksradikalen Ökosozialisten und den die Spielregeln des politischen Systems bzw. die freiheitlich demokratische Grundordnung respektierenden und am Machbaren orientierten „Realos". Der Sieg der realistischen Parteifraktion über die fundamentalistische lässt sich auch zum Sieg „Fundis" und „Realos"

---

121 S. dazu Ferdinand Müller-Rommel und Thomas Poguntke, Die Grünen, in: Oberreuter/Mintzel (1990), 276-310; zur Entstehungsphase der Grünen (ebd.), 276-286 sowie zum Thema Bürgerinitiativen Bernd Guggenberger und Udo Kempf (Hrsg.), Bürgerinitiativen und repräsentatives System, Opladen 1998.

122 Vgl. dazu Richard Stöss, Parteien und soziale Bewegungen, in: Roland Roth und Dieter Rucht (Hrsg.), Neue soziale Bewegungen in der Bundesrepublik Deutschland, Frankfurt a.M./New York 1987, 277-302.

des weite Parteikreise integrierenden „Realos" Joschka Fischer über den polarisierenden „Fundi" Jutta Ditfurth Ende der 80er Jahre personalisieren. Fischer wurde 1983 in Hessen Umweltminister unter dem Ministerpräsidenten Holger Börner, dem Chef der ersten rot-grünen Landesregierung. 1983 schafften die Grünen auch erstmals mit 5,6% der Stimmen den Sprung in den Deutschen Bundestag.

Beinahe zeitgleich mit dem Sieg der realistischen Fraktion stellte sich eine neue, noch gefährlichere Bedrohung für die gerade stabilisierte Partei ein: die deutsche Wiedervereinigung. Die Grünen favorisierten nach dem Fall der Mauer lange Zeit eine Zwei-Staaten-Lösung. Die inhaltlich nachvollziehbare, aber wahltaktisch unkluge Haltung wurde erst im Sommer 1990 korrigiert, als ein Zusammengehen mit dem ostdeutschen „Bündnis 90" beschlossen wurde. Bei den ersten gesamtdeutschen Bundestagswahlen im Dezember kandierten Die Grünen und Bündnis 90 noch getrennt in den Wahlgebieten West und Ost; während Die Grünen im alten Bundesgebiet an der Fünf-Prozent-Hürde scheiterten, gewann Bündnis 90 im Wahlgebiet der Ex-DDR acht Abgeordnetenmandate. Aus dem Wahlbündnis ging 1993 die Partei „Bündnis90/Die Grünen" hervor. Der aufgrund des schlechten Abschneidens der westdeutschen Grünen von Beobachtern in Politik und Wissenschaft als unvermeidbar prognostizierte ‚Niedergang' der Partei trat jedoch nicht ein. Die Grünen errangen bei den Bundestagswahlen 1998 wieder knapp 6% der Stimmen, wurden Koalitionspartner in der Regierung Schröder und stellten mit Fischer für sieben Jahre den Außenminister und Vizekanzler.

Programmatik Angesichts der eingangs geschilderten Schwierigkeiten im Vorfeld der Gründung der Grünen ist es nicht verwunderlich, dass das erste Bundesprogramm von 1980 zunächst auch der Selbstverständigung über ihre Identität, Ziele und Wege diente.[123] Die Grünen verstanden sich als ökologisch, sozial, basisdemokratisch und gewaltfrei: *Ökologische* und *soziale* Motive stehen im Zentrum eines gesellschafts- bzw. kapitalismuskritischen Denkens, das die Ausbeutung der Natur und die Ausbeutung der menschlichen Arbeit in einem engen Zusammenhang sieht; durch die Betonung der *Basisdemokratie* wird der Unterschied in der Form der Willensbildung zu den etablierten Parteien herausgestrichen; die *Gewaltfreiheit* schließlich ist ein Element, das für relevante bzw. verfassungskonforme Parteien innerhalb eines politischen Systems von selbst versteht, aufgrund der Herkunft zahlreicher grüner Parteimitglieder aus dem außerparlamentarisch-linksalternativen Milieu aber nicht selbstverständlich gewesen war. Obwohl z.B. der Naturschutz ein ursprünglich eher konservativer Gedanke ist, ergaben sich für die grünen die größeren programmatischen Übereinstimmungen nicht mit der CDU, sondern mit der SPD, so dass zunächst Koalitionen auf Landesebene (Hessen) und von 1998-2005 auch auf Bundebene möglich wurden. In Regierungsverantwortung stehend mussten Bündnis 90/Die Grünen erhebliche Zugeständnisse machen, z.B. indem sie 1999 den Einsatz der NATO im Kosovo mittrugen. Als Erfolg konnten sie den 2000 unter der Regierung Schröder vereinbarten und bis zum Jahr 2021 abzuschließenden Ausstieg aus der Kernenergie verbuchen. In dem neuen „Berliner" Grundsatzprogramm („Die Zukunft ist grün") aus dem Jahr 2002 präsentieren sich Bündnis 90/Die Grünen als linke, wertkonservative und liberale Partei mit ehrgeizigen Zielen, die u.a. eine ökologische Marktwirtschaft, eine partizipativ „erneuerte" Demokratie sowie die „geschlechtergerech-

---

123 Müller-Rommel/Poguntke (1990), 276ff.

te" Gesellschaft umfassen.[124] Dem Wahljahr 2011 blickt die Partei, unterstützt durch gute Umfragewerte, gelassen entgegen und sieht sich bei Landtagswahlen (Baden-Württemberg) bzw. Senatswahlen (Berlin) als ernst zu nehmende Herausforderin der Kandidaten der Volksparteien.

Die „Partei des Demokratischen Sozialismus" (PDS) ist 1990 aus der „Sozialistischen Einheitspartei Deutschlands" (SED) hervorgegangen, die ihre Existenz einer weitgehend erzwungenen Zusammenlegung von SPD und KPD in der sowjetischen Besatzungszone im Jahr 1946 verdankte. Als marxistisch-leninistische Partei befand sich die SED ständig in großer ideologischer Abhängigkeit von der „Kommunistischen Partei der Sowjetunion" (KPDSU), verstand sich dementsprechend als Vorhut der Arbeiterklasse der DDR und bekämpfte kontinuierlich die Anflüge eines internen „Sozialdemokratismus" als Gefahr der Aufweichung des strikt sozialistisch-kommunistischen Kurses. Mit ca. 2,3 Mio. Mitgliedern war Anfang 1989 beinahe jeder vierte Erwachsene DDR-Bürger Mitglied in der SED gewesen.[125] Nach dem Zusammenbruch der DDR wurde die SED zunächst in „SED-PDS" umbenannt, 1990 dann in „PDS". Bei der PDS handelt es sich also nicht um eine Parteineugründung.

Nach dem Scheitern des realexistierenden Sozialismus geriet die PDS in gewaltige Turbulenzen. Es kam sehr schnell zu einer riesigen Austrittswelle, in der alle diejenigen, die zu DDR-Zeiten unfreiwillig der Partei beigetreten waren oder ihr unter den neuen Rahmenbedingungen einer liberalen Demokratie nicht mehr angehören wollten, den Rücken kehrten. Die Mitgliederzahl sank noch 1990 auf unter 300 000 und hat sich 2005 auf ca. 60 000 eingependelt. Die Partei gibt selbst an, dass insgesamt 95% der Mitglieder der SED nicht zur PDS übergewechselt sind. Die PDS erzielte ihre politischen Erfolge ganz überwiegend in Ostdeutschland: bei den ersten gesamtdeutschen Bundestagswahlen erhielt sie bundesweit nur 2,4% der Stimmen, in den neuen Bundesländern jedoch über 11%.

Eine weitere Umstrukturierung der Partei ergab sich aus dem Umstand, dass die PDS es nicht schaffte, in den alten Bundesländern Fuß zu fassen, dort aber mit der WASG unter der Führung des früheren SPD-Parteivorsitzenden Oskar Lafontaine eine Partei links neben der SPD entstanden war. Für die Bundestagswahl 2005 einigten sich die beiden Parteien darauf, dass die WASG ihre Kandidaten nicht eigenständig ins Rennen schickte, sie aber dafür in die Listen der PDS aufgenommen werden konnten. Die intern, vor allem auf Seiten der WASG, nicht unumstrittene Fusion der beiden Parteien zur Partei „Die Linke" ist im Juni 2007 vollzogen worden.

Die Abgeordneten der Linken bilden im Bundestag die „Linksfraktion". Mit über 11% der Stimmen wurde Die Linke 2009 viertstärkste Fraktion im Bundestag. 2010 ist sie in insgesamt 13 Landtagen vertreten und an zwei Landeregierungen (in Berlin und in Brandenburg, jeweils mit der SPD) beteiligt. Inwiefern die Linke sich als bundesweit „relevante" Partei wird etablieren bzw. halten

PDS – Geschichte

Wahlen 2005 und 2009

---

124 Das Grundsatzprogramm aus dem Jahr 2002 findet sich unter www.gruene.de (5.1.2011).
125 Eckhard Jesse, Die Parteien in der SBZ/DDR 1945 bis 1989/90, in: Gabriel u.a. (2002), 84-106, hier 90-98; siehe auch Rausch/Stammen (1981), 214-228. Für eine umfassende soziologische Analyse siehe Sigrid Meuschel, Legitimation und Parteiherrschaft in der DDR, Frankfurt a.M. 1992.

können, bleibt abzuwarten.[126] Die Querelen um die Nachfolger für die Ost-West-Doppelspitze der Partei, Gregor Gysi und Oskar Lafontaine, im Sommer 2010 jedenfalls zeigten, dass die internen Flügelkämpfe bzw. die Ost-West-Differenzen bei den Linken noch nicht überwunden sind. Dass Gesine Lötzsch, eine der beiden neuen Vorsitzenden, im Januar 2011 über gangbare „Wege zum Kommunismus" referierte, darf, trotz nachvollziehbarer Provokations- bzw. Profilierungsabsichten, auch als ernst gemeinte Stellungnahme im parteiinternen Richtungsstreit verstanden werden.

Programmatik

Noch 1989 distanzierte sich die SED „unwiderruflich von der stalinistischen Tradition" und entschuldigte sich „beim Volk der DDR" für das begangene Unrecht. Nach heftigen parteiinternen Diskussionen wurde 1993 ein neues Programm verabschiedet: Die PDS sieht sich darin weiterhin dem Sozialismus verpflichtet und kämpft gegen die „Ausbeutung des Menschen durch den Menschen". Nach dem Zusammenbruch der DDR wird der Sozialismus jedoch nicht mehr als ein gebrauchsfertiges Gesellschaftsmodell verstanden. Die Partei bekennt sich überdies zu den Grundwerten der Freiheit und der Demokratie. Gleichwohl gibt es Strömungen innerhalb der Partei, die, wie die „Kommunistische Plattform, weiterhin an dem Fernziel „kommunistische Gesellschaft" festhalten und darum eine z.B. strikt antikapitalistische Auffassung vertreten. Unter anderem deshalb wird die Partei vom Verfassungsschutz als „linksextremistisch" eingeschätzt. Neben dem zentralen Ziel der sozialen Gerechtigkeit hat sich die PDS bzw. Die Linke auch der Verteidigung der Menschrechte sowie dem internationalen Frieden verschrieben; „humanitäre Interventionen" lehnt sie kategorisch ab.

Rechtsextremistische Parteien

Unter dem Gesichtspunkt der „Relevanz" – nach dem oben angeführten Kriterium müssen relevante Parteien mindestens 2% der Wählerstimmen auf sich vereinigen – spielen die verschiedenen rechtsextremistischen deutschen Parteien kaum eine Rolle in der Bundespolitik, obwohl sie vor allem auf der Landesebene immer wieder, wenn auch nur kurzfristig, Wahlerfolge erzielen konnten. Einige wichtige Stationen in der, was einzelne Parteien angeht, nicht kontinuierlichen, aber insgesamt unerfreulichen und immer wieder beunruhigenden Entwicklung des politischen Rechtsextremismus seien kurz genannt. Bereits 1952 kam es zum Verbot der von ehemaligen Nationalsozialisten gegründeten „Sozialistischen Reichspartei" (SRP) durch das Bundesverfassungsgericht; Ende der 60er Jahre konnte die „Nationaldemokratische Partei" (NPD) mit Stimmenanteilen zwischen 5 und 10% in zahlreiche Landesparlamente einziehen; in den 70er bzw. 80er Jahren tauchten zwei neue rechtsextremistische Parteien auf: die 1971 von dem Verleger Gerhard Frey gegründete und viele frühere NPD-Sympathisanten anziehende „Deutschen Volksunion" (DVU) sowie die 1983 von Franz Schönhuber gegründeten „Republikaner".

Neuere Entwicklung

Auch diese beiden Parteien erzielten bei Landtagswahlen in den 80er und 90er Jahren Stimmenanteile zwischen 3% und 13% (Sachsen-Anhalt 1998). So sie überhaupt in die Landtage einziehen, sind die genannten Parteien in der Opposition isoliert und machen allenfalls durch kalkulierte Provokationen die Öffentlichkeit auf sich aufmerksam. Von der im Januar 2011 vollzogenen Fusion

---

126 Zur kurzen, aber bewegten Geschichte von PDS bzw. Die Linke siehe u.a. www.die-linke.de/partei/geschichte (5. 1. 2011). Das Programm der Partei befindet sich Anfang 2011 noch im Entwurfsstadium.

der DVU mit der NPD (zur NPD – Die Volksunion) wurde kaum Notiz genommen. Die jüngere Entwicklung zeigt, dass sich das parteiförmig organisierte rechtsextremistische Lager verstärkt auf gewaltbereite Jugendgruppierungen wie etwa die Skinhead-Szene zubewegt.

Nicht nur in Sachen Relevanz, sondern auch in organisationeller Hinsicht bieten die Rechtsextremen wenig Anlass für eine Beschäftigung, weil sie es in Sachen Stabilität, Ausdifferenzierung und Effektivität mit den etablierten Parteiorganisationen nicht aufnehmen können. Höchst bedenklich, weil gegen die freiheitliche Grundordnung der Bundesrepublik gerichtet, sind jedoch die Programme bzw. die öffentlichen Äußerungen der Rechtsextremisten.[127] Die zeitgenössischen rechtsextremistischen Auffassungen wurzeln im faschistischen Gedankengut, das zu Beginn des 20. Jahrhunderts in Deutschland, aber auch z.B. in Italien und Spanien eine große Anhängerschaft fand. Es ist kaum verwunderlich, dass eine Gesellschaft, wie die deutsche, mit einer früher überwiegend undemokratischen und illiberalen, zudem „völkisch" ausgeprägten politischen Kultur[128], auch noch nach der Zerschlagung des Nationalsozialismus und den alliierten Umerziehungsbemühungen eine Anfälligkeit für rechtsextremistisches Gedankengut aufwies. Die heutigen Rechtsextremisten versuchen, an diese ‚Tradition' anzuknüpfen.

Ihr Weltbild kreist vor allem um folgende Auffassungen:

- *Übersteigerter Nationalismus* Der Nationalismus ist eine treibende politische Kraft des Staatenbildungsprozesses im 19. und 20. Jahrhundert in Europa gewesen. Meistens wird in diesem Zusammenhang die Auffassung vertreten, dass das Staatsvolk eine „Nation" bilden, d.h. aus Menschen bestehen müsse, die über eine gemeinsame Herkunft oder Abstammung und damit vor allem über eine einheitliche Kultur und Sprache verfügen. Der Nationalismus ist kein Produkt einer zuvor bereits bestehenden Staatsnation, sondern vielmehr ein ideelles Konstrukt, das überhaupt erst auf die Schaffung einer Nation und eines sie politisch organisierenden Staates zielt. Als „übersteigert" oder chauvinistisch muss der tendenziell schon aggressive und wenig friedliebende Nationalismus bezeichnet werden, wenn der ethnische Volksbegriff, also die Abstammung, politisch ausschlaggebend wird und die Wertschätzung des eigenen Volkes mit der Geringschätzung und Herabsetzung anderer Völker einhergeht. In diesem Zusammenhang kann der zeitgenössische Rechtsextremismus an die einschlägigen Parolen aus dem – bezeichnenderweise – vergangenen Jahrhundert anschließen.[129]
- *Ausländerfeindlichkeit* Mit dem Nationalismus zwar nicht zwangsläufig, aber doch sehr oft verbunden ist die Ausländerfeindlichkeit, eine Haltung,

Ideologie des Rechtsextremismus

---

127 Im Unterschied zum Rechtsextremismus vertritt der Rechts*radikalismus* zwar entschiedene – also „radikale" –, aber in der Regel verfassungskompatible Positionen. Diese Unterscheidung von „Radikalismus" und „Extremismus", die im Folgenden übernommen wird, trifft Richard Stöss in Anlehnung an die Sprachregelung des Verfassungsschutzes; siehe ders., Die Extreme Rechte in der Bundesrepublik: Entwicklung – Ursachen – Gegenmaßnahmen, Opladen 1989. Zum politischen Extremismus im Allgemeinen siehe Max Kaase, Politischer Extremismus, in: Nohlen (1991), 548-550; Eckhard Jesse, Extremismus, in: Andersen/Woyke (1995), 162-165; Hans-Gerd Jaschke, Politischer Extremismus, Wiesbaden 2006.
128 Vgl. oben, Kap. 2.1.
129 Zu Einzelheiten siehe z.B. Dieter Langewiesche, Nation, Nationalismus und Nationalstaat, München 2000.

die es nicht bei einer wie auch immer verklausulierten Ablehnung von Menschen anderer Nationalität belässt, sondern deren geistige und physische Integrität durch Beleidigung und Übergriffe bedroht. In der EU-Integration und der Globalisierung sehen Rechtsextremisten die Ursache für eine zunehmende „Überfremdung" Deutschlands. Die ethnisch oder kulturell als „Fremde" Identifizierten dienen den sog. Modernisierungsverlierern, also den durch gesellschaftliche Veränderungen Benachteiligten, oft als Sündenböcke für das individuelle oder (vermeintlich) gesellschaftliche Versagen.

— *Antisemitismus* Antisemitische Positionen, d.h. die generelle Feindseligkeit gegenüber den Juden und ihrer Lebensweise, gehören zum Standardrepertoire rechtsextremer Parteien. Diese versuchen, die in der Bevölkerung – weiterhin – vorhandenen Vorurteile gegenüber den Juden zu schüren. Das geschieht heutzutage v.a. dadurch, dass der Holocaust geleugnet oder verharmlost wird, der Völkermord an den Juden wird z.B. als erst noch zu klärendes bzw. als von den Westalliierten übertrieben dargestelltes Phänomen dargestellt. Zudem wird behauptet, die Juden selbst seien für den aktuellen Antisemitismus verantwortlich zu machen. Gepaart mit dem Antisemitismus ist gelegentlich auch ein (grundsätzlich eigenständiger) Geschichtsrevisionismus, mit dem die Schuld Deutschlands am 2. Weltkrieg geleugnet oder relativiert wird und ein Ende der angeblich von außen aufoktroyierten Vergangenheitsbewältigung gefordert wird.

— *Demokratiefeindlichkeit* Als demokratiefeindlich sind Rechtsextremisten einzustufen, weil sie eine autoritäre Staatsauffassung vertreten. Sie lehnen die demokratische Willensbildung von unten nach oben, d.h. von der Gesellschaft über die Parteien hin zu den staatlichen Organen, und damit auch den Pluralismus ab. An dessen Stelle setzen sie ein verquastes Bild einer Gemeinschaft, deren angebliche Harmonie nicht von Konfliktlinien der unterschiedlichsten Art getrübt wird. Der postulierte starke Staat ist der Realisierung bzw. Verordnung des Gemeinwohls verpflichtet, das Volk darf allenfalls im Rahmen der von ‚oben' angestrengten Volksabstimmungen aktiv werden.[130]

Der Rechtsextremismus in der skizzierten Form ist zunächst einmal ein Problem der alten Bundesrepublik gewesen, weil er dort immer wieder kleine Erfolge bei Landtags- und Kommunalwahlen erzielen konnte, indem er die Unterstützung der „Ewig-Gestrigen" zu mobilisieren verstand. Erst nach der Wiedervereinigung rückte in das öffentliche Bewusstsein, dass es auch in der DDR Nazis gab und Neonazis gibt – die offizielle antifaschistische Ideologie des „Arbeiter- und Bauernstaates" hatte daran nichts ändern können. Gegenwärtig befindet sich das Gravitationszentrum des Rechtsextremismus in den neuen Bundesländern, weil dort die Versatzstücke aus dem chauvinistischen Weltbild (Demokratie- und Ausländerfeindlichkeit) für jene Bürger attraktiv und z.T. auch handlungsleitend sind, die sich durch den im Zuge der deutschen Einheit herbeigeführten Systemwechsel benachteiligt fühlen oder orientierungslos geworden sind.

Aufgrund der mehr oder weniger offensichtlichen Verfassungsfeindlichkeit rechtsextremistischer Parteien ist immer wieder ein Verbot dieser Parteien gefordert worden. Ein Parteiverbot ist nach Art. 21. Abs. 2 GG grundsätzlich mög-

---

130 Für eine Zuordnung der aufgelisteten Punkte zur Partei der Republikaner siehe Richard Stöss, Die Republikaner, Köln 1990, Kap. 2.

lich, wenn Parteien durch ihre Ziele oder ihr Verhalten die freiheitliche Grundordnung beeinträchtigen oder beseitigen wollen. Die Möglichkeit eines solchen Verbots ist, im Vergleich mit anderen demokratischen Staaten, durchaus ungewöhnlich und erklärt sich aus der totalitären Vergangenheit Deutschlands. Ob von dieser Möglichkeit überhaupt Gebrauch gemacht werden soll, ist heute eine Frage politischer Klugheit.[131]

4.2.4 Willensbildung und Politik in Parteien

In Kapitel 4.1.1.1 wurden Organisationen im Allgemeinen als jene gesellschaftlichen Einrichtungen beschrieben, mit denen eine Menge von Individuen einen gemeinsamen Zweck verfolgt. Den Organisationen wurden dabei die Attribute der Zielorientiertheit, der Dauerhaftigkeit und der Strukturiertheit zugewiesen. Wenn Organisationsmitglieder also gemeinsam und arbeitsteilig Organisationsziele verfolgen, so wird damit beinahe zwangsläufig assoziiert, dass die Mitglieder nur diese im Auge haben und sie quasi selbstlos zu verwirklichen versuchen. Dem ist jedoch nicht so – Mitglieder besitzen durchaus Eigeninteressen, die sie konsequent verfolgen und die nicht unbedingt in vollkommener Übereinstimmung mit dem Zweck der Organisation stehen müssen.

Bezeichnenderweise sind solche Phänomene zunächst vor allem von Ökonomen und Psychologen untersucht worden. Denn die Eigeninteressen von Mitarbeitern und ihr womöglich opportunistisches Verhalten beeinflussen das Funktionieren einer Organisation erheblich, und die diesbezüglichen Kenntnisse sind für die Organisations-, d.h. Firmenleitung unabdingbar, um erfolgreich ‚gegensteuern' zu können. Individuelles Verhalten in Organisationen, das auf die Realisierung privater Ziele und den Erwerb der dafür erforderlichen Macht gerichtet ist, wird allgemein als „Mikropolitik" bezeichnet. Mikropolitik verhält sich komplementär zur „Makropolitik" und wird auch meistens nach diesem Vorbild modelliert. Das heißt, genauso wie politische Organisationen als Bestandteil eines politischen Systems um Machterwerb konkurrieren (z.B. die Parteien bei Bundestags- oder Landtagswahlen), so streben Einzelne *innerhalb* von Organisationen nach Macht. Während es z.B. das Ziel eines Industriebetriebes ist, ein bestimmtes Produkt kostengünstig und konkurrenzfähig zu produzieren, um damit Geld zu verdienen, kann es das (Haupt-)Ziel eines Mitarbeiters sein, das eigene Wohl zu befördern, das wiederum in materiellem Gewinn oder gesteigerter Anerkennung bestehen mag.[132]

Mikropolitik

Dieses Verhalten von Organisationsmitgliedern im Allgemeinen wirft die Frage nach der ‚Politik', im Sinn von Machtstreben, innerhalb der *politischen*

---

131 Die rot-grüne Regierung Schröder hatte 2003 einen Antrag auf Verbot der NPD, der beständigsten und einflussreichsten unter den rechtsextremistischen Parteien, gestellt. Das Bundesverfassungsgericht, das über ein solches Verbot entscheiden muss, hatte diesen Antrag jedoch abgelehnt, weil ein Teil des die NPD belastenden Materials von Aussagen der Verfassungsschutzbeamten stammte, die ihrerseits die Führungsgremien der Partei infiltriert hatten.
132 Siehe z.B: Oswald Neuberger, Mikropolitik. Der alltägliche Aufbau und Einsatz von Macht in Organisationen, Stuttgart 1995. Neuberger analysiert mikropolitische Phänomene im Kontext des betrieblichen Personalwesens; die dabei gewonnen Einsichten sind nicht ohne weiteres auf politische Organisationen übertragbar.

Organisationen auf. Dieses Phänomen lässt sich gut an den politischen Parteien studieren. Zwei Beispiele werden dazu etwas näher beleuchtet: die These von der Tendenz zur Oligarchiebildung in Organisationen und die Beobachtung der Konkurrenz von parteiinternen Machtzentren.

Oligarchie-These

Der Soziologe Robert Michels hat zu Beginn des 20. Jahrhunderts den Versuch unternommen, eine „Soziologie des Parteiwesens" zu entwerfen.[133] Gegenstand seiner Abhandlung ist das komplexe Verhältnis der Parteimitglieder („Massen") einerseits und der Parteielite („Führertum") andererseits. Die von Michels dabei diagnostizierte Abhängigkeit des Parteivolks von einem Führer hat seiner Auffassung nach viele Ursachen: erstens *organisationelle*, denn ein Zusammenschluss von vielen brauche zwangsläufig führende Repräsentanten und Richtungsgeber; zweitens *psychologische*, denn die vielen Parteimitglieder seien in der Regel schwach und zugleich verehrungswillig; drittens *intellektuelle*, denn die Führungspersönlichkeiten ragten mit ihren geistigen Fähigkeiten aus dieser durchschnittlichen Masse weit heraus. Die aufgrund dieser sozialen Rahmenbedingungen an die Spitze der Organisation Gelangten können, so Michels, ihre Position zudem festigen durch den Einsatz von Geld, Macht und Medien. Für (Massen-)Parteien mit einem explizit demokratischen Politikverständnis ist eine solche, wie Michels annimmt, zwangsläufige Hierarchiebildung besonders misslich, und die Partei, die er dabei im Auge hatte, war die SPD seiner Zeit.

Michels Analysen sind beunruhigend gewesen, weil sie den Sinn und Zweck der Parteiorganisation generell in Frage stellten: Ein großer Teil der Bevölkerung, die Arbeiter, gründen eine Organisation, um ihre Interessen besser vertreten zu können. Damit die Belage der Arbeiterschaft repräsentiert werden können, ist eine Willensbildung von unten nach oben, also eine Rückbindung der Parteispitze an die Parteibasis notwendig. Tatsächlich aber verhindert dann eine sich schnell herausbildende Parteioligarchie (im Sinn von Parteielite) den demokratischen Prozeß und führt zur Abkopplung und Isolierung der Parteiführung. Michels glaubte, diesen Befund sogar als Gesetz formulieren zu können:

> „Das soziologische Grundgesetz, dem die politischen Parteien ... bedingungslos unterworfen sind, mag, auf seine kürzeste Formel gebracht, etwa so lauten: die Organisation ist die Mutter der *Herrschaft der Gewählten* über die Wähler, der Beauftragten über die Auftraggeber, der Delegierten über die Delegierenden".[134]

Inwiefern es sich hier, beim „ehernen Gesetz der Oligarchie", tatsächlich um ein soziologisches oder sozialwissenschaftliches Gesetz handelt, das Ursache (Organisationsgründung) und Wirkung (Oligarchiebildung) in einen regelmäßigen Zusammenhang stellt, braucht hier nicht entschieden zu werden. Michels schwächt seine Aussage aber auch selbst ab, indem er an anderer Stelle von einer „Tendenz" zur Oligarchiebildung im „Gruppenleben" spricht. Diese modifizierte These ist durchaus diskutabel, denn wer wollte bestreiten, dass sich dies auch bei den heutigen Parteien beobachten ließe. Viele Sach- und Personalfragen zumindest der *Bundes*parteien werden so entschieden, dass aus den Führungsgremien heraus Vorschläge unterbreitet werden, für die dann auf den unteren Parteiebenen um Zustimmung geworben werden muss. Für diesen tendenziell ‚oligarchisch' bestimmten innerparteilichen Willensbildungsprozess spricht die bei Par-

---

[133] Robert Michels, Zur Soziologie des Parteiwesens in der modernen Demokratie. Untersuchung über die oligarchischen Tendenzen des Gruppenlebens, Stuttgart 1989 [1910].
[134] Michels (1989), 370f.

teifunktionären normalerweise durchaus vorhandene Expertise und die organisationelle Arbeitsteilung. Problematisch wird eine solche Vorgehensweise erst dann, wenn sich z.B. die Parteispitze gegenüber einer die Grundwerte einklagenden Basis verselbstständigt. In dieser Hinsicht ist Michels' These nach wie vor aussagekräftig.[135]

Mikropolitische Strategien lassen sich nicht nur bei den Parteieliten gegenüber den Mitgliedern ausmachen, nicht selten sind sie auch in den Auseinandersetzungen der Funktionäre untereinander zu beobachten. Die meisten der relevanten Parteien verfügen über mehrere Unterorganisationen, die in jeweils unterschiedlichen Politikarenen von Bedeutung sind und bei denen sich untereinander konkurrierende Parteikollegen in den Spitzenämtern befinden. Das lässt sich gut an der bayerischen CSU beobachten. Sie besetzt bzw. verfügt über folgende Organisationen:[136]

Konkurrenz der Machtzentren

- Die sog. *Landesleitung*; damit wird die Spitze der Parteiorganisation der nur in Bayern antretenden CSU bezeichnet. Die wichtigsten Akteure sind der Parteivorsitzende, dem normalerweise eine erhebliche Unterstützung durch den Generalsekretär der Partei, der auf seinen Vorschlag ernannt wird, zukommt, sowie Parteivorstand bzw. Präsidium, dem ca. 40 bzw. 20 Personen angehören.
- Die *Landtagsfraktion* der CSU im bayerischen Landtag verfügte meistens über komfortable Mehrheiten; bei den Landtagswahlen 2003 errang die CSU aufgrund von über 60% der Wählerstimmen sogar eine Zweidrittelmehrheit der Abgeordnetenmandate. Gleichwohl ist die Macht der Länderlegislativen und somit auch der Regierungs*fraktion* gegenüber der Exekutive begrenzt: das zeigt sich z.B. anhand der Gesetzesinitiativen, die überwiegend von Regierungsseite ergriffen wird. Vom Fraktionsvorsitzenden hängt es überdies ab, ob die Fraktion vergleichsweise autonom agiert oder nur zum verlängerten Arm des Ministerpräsidenten wird.
- Die *Staatsregierung* ist sicherlich das bedeutendste Machtzentrum, das eine Partei in Bayern besetzen kann. Sie umfasst den Ministerpräsidenten und dessen Staatskanzlei, die (Staats-)Minister sowie die Staatssekretäre. Weil zahlreiche Gesetzesentwürfe der *Bundes*regierung dem Bundesrat vorgelegt werden müssen, verfügt die bayerische Staatsregierung über einen erheblichen Informationsvorsprung gegenüber der Landtagsfraktion und u.U. auch gegenüber der Bundestagsfraktion der CDU/CSU, nämlich dann, wenn diese sich in der Opposition befindet.
- Als *Landesgruppe* werden die CSU-Abgeordneten innerhalb der CDU/CSU-Fraktion im Bundestag bezeichnet. Gewicht und Bedeutung dieser Gruppe hängen davon ab, ob die CDU/CSU-Fraktion an der Bundesregierung beteiligt ist oder nicht, und wie viele Landesgruppenmitglieder dem CSU-Parteivorstand angehören. Eine weitere Stärkung erfährt die Gruppe, wenn sie Bundesminister stellt.

Die genannten Unterorganisationen bzw. Machtzentren der CSU sind, was ihren Einfluss angeht, nicht gleichgewichtig. So wird die Landtagsfraktion normalerweise, wie in einem parlamentarischen Regierungssystem üblich, von der Staats-

---

135 Klaus von Beyme, Die politische Klasse im Parteienstaat, Frankfurt a.M. 1993, Kap. 1.
136 Zum Folgenden Andreas Kießling, Die CSU. Machterhalt und Machterneuerung, Wiesbaden 2004, Kap. 4.

regierung dominiert. Und bei den die Partei angehenden Personalfragen wird die Landesgruppe in Berlin aufgrund ihrer nicht nur geografischen, sondern gelegentlich auch inhaltlichen Distanz gegenüber der Münchener Staatsregierung einen Nachteil hinnehmen müssen. Ein erhebliches und von Gegenspielern kaum zu überwindendes Machtpotenzial ergibt sich aus der Kombination des Vorsitzes in der Landesleitung, also dem Parteivorsitz, mit dem Amt des Ministerpräsidenten. In Krisen- bzw. Übergangszeiten werden diese beiden Ämter allerdings zwischen den wichtigsten konkurrierenden Parteiströmungen aufgeteilt.

Alle genannten (Partei-)Organisationen bzw. die darin eingebundene Parteiprominenz wurden Anfang 2007 vor und nach der Ankündigung des vorzeitigen Rücktritts von Stoiber in den Bemühungen zur Suche eines Nachfolgers tätig:

– dem durch sein Taktieren in Sachen Mitgliedschaft im Kabinett Merkel zunehmend als unhaltbar betrachtete Ministerpräsident Stoiber erhielt zunächst vom *Parteipräsidium* das bedingungslose Vertrauen ausgesprochen, die Landeleitung wollte ihn ursprünglich auch nach 2008 sowohl als Parteivorsitzenden als auch als Ministerpräsidenten;
– auf der Klausurtagung der *Landesgruppe* in Wildbad Kreuth kündigte Stoiber deshalb an, nach seiner höchstwahrscheinlichen Wahl zum Ministerpräsidenten im Jahr 2008 noch bis 2013 im Amt bleiben zu wollen;
– Teile der *Landtagsfraktion* weigern sich daraufhin jedoch, Stoiber vorzeitig zum Kandidaten zu küren; der *Fraktionsvorsitzende* Herrmann äußert als einer der ersten Zweifel an Stoiber als Spitzenkandidaten; der Sprecher der *Landesgruppe* Ramsauer hält daraufhin eine Trennung von Parteivorsitz und Ministerpräsidentenamt für sinnvoll. Diese (vorübergehende) Machtteilung war auch schon bei der Nachfolge Strauß praktiziert worden.
– Nach seiner Rücktrittankündigung favorisieren der amtierende *Ministerpräsident bzw. die Parteispitze* zwei Regierungsmitglieder als Nachfolger: nämlich Erwin Huber im Amt des Parteivorsitzenden und Günther Beckstein als Regierungschef.
– *Bundesminister* Seehofer bewirbt sich ebenfalls um das Amt des Parteivorsitzenden (Nachfolger von Stoiber als Parteivorsitzendem war 2007 zunächst noch Huber geworden, nach der enttäuschenden Landtagswahl von 2008 wurde er jedoch von Seehofer abgelöst).

Diese Vorgänge verdeutlichen gut, wie anlässlich von wichtigen Personalfragen die im politischen Prozeß zentrale Organisation ‚Partei' intern selbst einen Schauplatz von Politik, verstanden als Streben um Macht, abgibt.

4.2.5 Die Bundesrepublik – ein Parteienstaat?

Die Parteienstaats-These

Am Ende des (Teil-)Kapitels über die Parteien in der Bundesrepublik steht die Betrachtung einer These, die bereits in den 20er Jahren des letzten Jahrhunderts vertreten wurde. In der Bundesrepublik ist die Parteienstaats-These maßgeblich mit dem Namen des früheren Bundesverfassungsrichters Gerhard Leibholz verbunden.[137] Diese These ist von der Mehrheit der Politik- und Rechtswissen-

---

137 Siehe zum Folgenden Gerhard Leibholz, Der Strukturwandel der modernen Demokratie, in: Grundprobleme der Demokratie, hrsg. von Ulrich Matz, Darmstadt 1973, 171-244; s.

schaftler nicht nur nicht vertreten, sondern auch vehement abgelehnt worden. Gleichwohl liefert sie bis heute Diskussionsstoff. Ausgangspunkt sind die Institutionen der liberalen Demokratie z.B. im England des 19. Jahrhunderts, d.h. ein auf die besitzende Klasse beschränktes Wahlrecht sowie das Honoratiorenparlament mit den nur ihrem Gewissen verpflichtenden Abgeordneten (freies Mandat). In diesem Rahmen seien politische Parteien nicht nur überflüssig, so die These, sondern auch gefährlich für die Eigenständigkeit der Volksvertreter gewesen. Deshalb existierten Parteien lediglich im Parlament als lose Zusammenschlüsse der Abgeordneten gleicher oder ähnlicher politischer Überzeugung.

Dennoch hätten sich Parteien bald als gesellschaftliche Organisationen herausgebildet, und zwar infolge eines „Strukturwandels", der sich in allen westlichen Demokratien vollzogen habe:[138] Ausgelöst durch gesellschaftliche Umwälzungen, die mit der Industrialisierung einhergingen, sei es zur Politisierung und zur verstärkten Organisierung der Arbeiter und in der Folge zur allmählichen Ausdehnung des Wahlrechts auf die Arbeiterklasse gekommen, wodurch die Zahl der Wahlberechtigten plötzlich enorm angestiegen sei. Für die Massendemokratie, d.h. für die Vermittlung der Interessen der großen Zahl der Bürger in die Staatsorgane, waren die Parteien unabdingbar geworden – die Überwindung der im Deutschland der Kaiserzeit und auch noch in der Weimarer Republik anzutreffenden Reserviertheit bzw. „Prüderie" den Parteien gegenüber war nur eine Frage der Zeit. Mit Art. 21 GG sei schließlich, so Leibholz, die längst überfällige „Anerkennung" einer bereits abgeschlossene Entwicklung vollzogen worden.

Merkmale des Parteienstaats

Leibholz verbindet mit der seiner Auffassung nach unabänderlichen Entwicklung zum Parteienstaat v.a. folgende Auswirkungen:[139]

— der Wille des Volkes wird durch die Parteienmehrheit in Parlament und Regierung gebildet
— Abgeordnete als Parteimitglieder sind dem Parteiwillen unterworfen
— im Parlament treffen sich folglich *gebundene*, in ihrem Gewissen nicht freie Parteibeauftragte
— die Diäten verlieren ihren Charakter als „Aufwandsentschädigungen" und werden zunehmend als „Besoldung" betrachtet
— Parlamentswahlen werden zu einem plebiszitären Akt in Bezug auf Kandidaten und Programme der Parteien.

In der Summe behauptet die Parteienstaats-These also, dass einerseits demokratische Willensbildung und Selbstregierung des Volkes ohne Parteien unmöglich geworden ist und dass andererseits die Parteien und ihre Funktionäre die Staatsorgane zwangsläufig in Beschlag nehmen und dominieren.

Der Parteienstaats-These ist vorgehalten worden, die Unterschiede zwischen der früheren liberalen und der zeitgenössischen parteienstaatlichen Demokratie zu überzeichnen, die Komplexität des politischen Prozesses zu unterschätzen und überdies kein empirisch überprüfbares Konzept geliefert zu haben. In der jungen Bundesrepublik seien zunächst überhaupt keine eindeutigen Anzeichen

Kritik

---

auch Alf Mintzel, Parteienstaat, in: Nohlen (1991), 456-458. Gelegentlich wird anstatt vom Parteienstaat auch von der „Parteiendemokratie" gesprochen; s. dazu Uwe Volkmann, Parteiendemokratie, in: Sommer/von Westphalen (1999), 677-679.
138 Vgl. oben, Kap. 4.1.2.
139 Leibholz (1973), 193ff.

eines Parteienstaates zu erkennen gewesen, aber die These, die dies behauptete, habe die Parteien überhaupt erst ermutigt, die Herbeiführung der angeblich schon existierenden Verhältnisse zu betreiben.[140] Diese Kritik hat Anfang der 90er Jahre Wilhelm Hennis noch einmal in Erinnerung gerufen: Auch er sieht Leibholz als relativ isolierten Parteienstaatstheoretiker, der in seiner Funktion als Verfassungsrichter jedoch einen enormen Einfluss auf diejenige Rechtsprechung des Bundesverfassungsgerichts ausgeübt habe, die den Status der Parteien im Allgemeinen und ihre Finanzierung durch den Staat im Besonderen zum Gegenstand hatte. Die Auffassung des Gerichts in Sachen Parteienfinanzierung sei in seinen verschiedenen Urteilen alles andere als geradlinig, aber sie sei jeweils vor dem Hintergrund der Parteienstaats-These zu sehen.[141] Erst recht schlage sie sich in dem Parteiengesetz von 1967 nieder, in dem bereits in §1 die Mitwirkung der Parteien an der Willensbildung „auf allen Gebieten des öffentlichen Lebens" festgestellt wird. Hennis' Fazit:

> „Die verfassungsrechtlich legitimierte Idee des »Parteienstaats« wirkte ... als Einfallstor auf dem Weg zu seinem weiteren Ausbau. Konkret faßbar wird dieser »Ausbau« in Appropriationswut und Pfründengeist."[142]

Wie groß auch immer der Beitrag der Parteienstaats-These zur Herbeiführung der Verhältnisse, die sie schon vorzufinden glaubte, eingeschätzt werden mag: Wer wollte heutzutage noch daran zweifeln, dass die Bundesrepublik seit langem überdeutliche Züge eines Parteienstaats aufweist, dass also insbesondere die immer noch vergleichsweise großen Volksparteien sich nicht nur der staatlichen Organe bemächtigt, sondern auch noch die Gesellschaft, in der sie verwurzelt sind bzw. sein sollen, ‚kolonisiert' haben – die Parteivertreter sind in den Führungsetagen z.B. der Verwaltung, der Medien, des Erziehungssystems[143] und auch der Wirtschaftsunternehmen beinahe omnipräsent. Die Wahrscheinlichkeit, dass der so ausgebaute Parteienstaat einen ihn selbst schmälernden und damit schwächenden Rückbau vornimmt, ist eher gering.

---

140 So z.B. Heinrich Oberreuter, Politische Parteien: Stellung und Funktion im Verfassungssystem der Bundesrepublik, in: ders./Mintzel (1990) 15-39, hier 26, sowie Niclauß (2002), 26.

141 So heißt schon es im 1. Parteienfinanzierungsurteil aus dem Jahr 1958, dass die Parteien eine „zentrale Stellung" im „gesamten(!) Verfassungsleben" einnehmen; BVerfGE 8, 51-71.

142 Wilhelm Hennis, Der <<Parteienstaat>> des Grundgesetzes. Eine gelungene Erfindung, in: Die Kontroverse. Weizsäckers Parteienkritik in der Diskussion, hrsg. von Gunter Hofmann und Werner A. Perger, Frankfurt a.M. 1992, 25-50, hier 47. Höchst interessant ist in diesem Zusammenhang auch das von Hennis berichtete Detail, dass der Art. 21 GG in dem Entwurf des Herrenchiemsee-Konvents noch eine andere Fassung hatte: Darin war die „Mitwirkung" der Parteien bei der Willensbildung nicht in Abs. 1, sondern in Abs. 3 von Art. 1 angeführt und lautete: „(3) Durch Bundesgesetz können die Rechtsverhältnisse der Parteien und ihre Mitwirkung bei der politischen Willensbildung näher geregelt werden", (ebd.), 20. Die „Mitwirkung" stand also ursprünglich gar nicht am Anfang des Parteien-Artikels und betraf auch nur eine, zudem von späteren Ausführungsgesetzen erst noch konkret zu regelnde Materie. Nimmt man die Auffassung des Juristen Erich Kaufmann hinzu, die Mitwirkung an der Willensbildung, von der in dem Grundgesetzartikel die Rede ist, dürfe nur „*in einem Organ, das dazu berufen ist*" (ebd., 32) stattfinden, nämlich im Parlament, dann wird deutlich, dass die Verfassungsväter den Parteien offensichtlich eine andere Rolle zugedacht hatten, als sie nun de facto einnehmen.

143 Siehe von Beyme (1993), Kap. II.3.

Zusammenfassung

Thema dieses Kapitels waren die Organisationen und Verfahren der gesellschaftlichen Willensbildung. Vereine und Verbände wurden als typische Formen der Zusammenschlüsse für die Interessenvertretung und -durchsetzung in modernen Gesellschaften begriffen. Interessenorganisationen können auf die Vermittlung materieller und immaterieller Interessen spezialisiert sein und sie versuchen ihr Anliegen an verschiedenen Stellen des politischen Systems – bei der Verwaltung, der Regierung, dem Parlament – geltend zu machen. Das Zusammenwirken der gesellschaftlichen und der politischen Organisationen im Allgemeinen kann unterschiedliche Formen annehmen, je nachdem, ob es sich um ein konkurrenz- oder ein konkordanzdemokratisches System handelt. Die politischen Parteien nehmen unter den Organisationen eine Sonderstellung ein, weil ihre Struktur und ihre Funktion einer besonderen rechtlichen Regelung unterliegen. Parteien und ihre Mitglieder verfolgen in erster Linie die gesetzten politischen Ziele, aber die Organisation bzw. der Parteiapparat kann auch für individuelle Interessen instrumentalisiert werden. Die im demokratischen Rechtsstaat für die politische Willensbildung unentbehrlichen Parteien haben aufgrund ihres Rechtsstatus und mangelnder Kontrolle eine Dominanz im politischen Prozeß erreicht, die teilweise bedenklich ist. Im Zuge der Europäisierung der Bundespolitik haben sich sowohl einige wichtige Interessenverbände als auch die relevanten Parteien in der Bundesrepublik den jeweiligen europäischen (Dach-)Organisationen angeschlossen. Die nationalen Organisationen üben jedoch nach wie vor den maßgeblichen Einfluss aus.

5. Parlamentarische Demokratie in der Bundesrepublik

Innerhalb der parlamentarischen Demokratie übernimmt die Institution „Parlament" eine zentrale Rolle. Dies rührt daher, dass die, je nach Sichtweise: politische Selbstbestimmung oder Herstellung der bindenden Entscheidungen, nicht unmittelbar und direkt, sondern indirekt und vermittelt durch eine Institution vonstatten geht. Die parlamentarische Demokratie ist in weiten Teilen eine repräsentative Demokratie: Das Volk wählt Vertreter ins Parlament, die die Selbstbestimmung und Entscheidungsproduktion an seiner Stelle wahrnehmen. Ein Dorf, eine Kleinstadt oder ein Kanton ließen sich noch ohne die Zwischenschaltung einer Institution regieren, es genügte, ein generelles Recht auf Teilnahme an der Regelung der allgemeinen Angelegenheiten sowie gleiches Stimmrecht zu gewährleisten. Die repräsentative parlamentarische Demokratie wird unumgänglich, wenn große politische Gemeinwesen oder Flächenstaaten demokratisch regiert werden sollen. Die demokratische Herrschaft für große Gruppen erfordert somit einen erheblichen institutionellen Aufwand: Es müssen Vereinigungsfreiheit und Meinungsfreiheit garantiert werden, damit z.B. partikulare Interessen öffentlich vertreten und Kandidaten für politische Ämter rekrutiert und beurteilt, d.h. empfohlen oder abgelehnt werden können – das war u.a. Thema in den Kapiteln 3 und 4. Darüber hinaus müssen auch noch ein faires Verfahren zur Bestimmung der Vertreter sowie Ämter und Positionen vorhanden sein, in die diese hineingewählt werden können – es müssen also ein Wahlsystem und die Institution einer Volksvertretung geschaffen werden.

Der Komplex der „parlamentarischen Demokratie" wird deshalb unter folgenden Gesichtspunkten vorgestellt: Zunächst wird ein Überblick über die Bandbreite der Partizipationsformen gegeben, mit denen Bürger grundsätzlich Einfluss auf die Politik nehmen können (5.1). In parlamentarischen Demokratien ist die Einflussnahme auf das politische Geschehen weitgehend auf die Wahl von Vertretern beschränkt; in diesem Zusammenhang werden Grundzüge des Wahlsystems der Bundesrepublik sowie Aspekte des Wahlverhaltens der Bundesbürger dargelegt (5.2). Im Anschluss daran werden Organisation und Funktion des Deutschen Bundestages näher untersucht (5.3). Mit diesen Betrachtungen wird deutlich, dass parlamentarische Demokratie einerseits ohne die Partizipation der Bürger nicht funktionsfähig ist, dass aber andererseits auch ein umfangreicher institutioneller Apparat vorhanden sein muss, mit dem diese politische Teilnahme in politische Entscheidungen umgesetzt werden kann. Abschließend wird die Vereinbarkeit der repräsentativen Demokratie mit direktdemokratischen Verfahren untersucht (5.4).

5.1 Formen politischer Partizipation

Partizipation und politisches System

Um die Beschaffenheit und die Funktionen politischer Partizipation näher bestimmen zu können, sei zunächst noch einmal auf das Modell des politischen Systems zurückgekommen. Damit ein politisches System bindende Entscheidung herstellen kann, braucht es zweierlei[1]: erstens spezifische Strukturen, aus denen diese Entscheidungen hervorgehen – in der Sprache der Systemtheorie sind dies die „Umwandlungsstrukturen", und dazu gehören in erster Linie gesetzgebende Einrichtungen. Zweitens müssen aber auch sog. „Inputs" aus der Umwelt des politischen System, d.h. der Gesellschaft vorhanden sein. Zweierlei Inputs sind zu unterscheiden: die „Forderungen" (demands) und die „Unterstützungen" (supports). Bei den *Unterstützungen* spielen zwei Sorten eine wichtige Rolle: die materiellen bzw. finanziellen in Form z.B. von Steuern sowie die eher ideellen, die sich z.B. in demokratischen Haltungen (d.h. Partizipation) oder in der Gesetzestreue niederschlagen. Die *Forderungen* beziehen sich auf die Leistungen, die das politische System in Form von allgemein verbindlichen und rechtsförmigen Regeln erbringen soll: hier kann es z.B. um die Zuteilung von Gütern oder um die Regulierung des Verhaltens gehen. „Partizipation" im weiten Sinne bezieht sich demnach auf den Erhalt des politischen Systems insgesamt, im engeren Sinn meint sie die Einflussnahme auf die bindenden Entscheidungen als Output dieses Systems mit Hilfe der Unterstützung und der Forderungen seitens der Bürger.

Definition

Zur politischen Partizipation können alle Tätigkeiten oder Handlungen gerechnet werden, „die Bürger freiwillig mit dem Ziel unternehmen, Entscheidungen auf den verschiedenen Ebenen des politischen Systems zu beeinflussen".[2] Politische Teilnahme zeichnet sich demnach im wesentlichen durch folgende Merkmale aus:

– *Zielgerichtetheit*: eine Teilnahme am politischen Prozess ergibt sich nur aus *absichtsvollen* Handlungen. Wenn z.B. ein Bürger auf dem Weg zur Arbeit oder beim Einkauf in einen Demonstrationszug gerät, so ist dies noch keine bewusst angestrebte Teilnahme
– *Handlungsförmigkeit:* dass Partizipation über individuelle *Aktionen* sich vollzieht, bedeutet, dass Bürger handelnd Einfluss nehmen müssen, also z.B. ein Kreuz auf einen Stimmzettel machen oder aus eigenem Entschluss an einer Demonstration teilnehmen. Sogenannte Haltungen („attitudes"), also bestimmte Auffassungen zu politischen Fragen, werden nicht zur Partizipation gerechnet. Allerdings wird man die öffentliche Äußerung einer politischen Einstellung, zumal vor größerem Publikum, sehr wohl als Handlung (Meinungsartikulation) bezeichnen können
– *Freiwilligkeit*: die politische Teilnahme darf *nicht erzwungen* werden, weder von Mitbürgern noch staatlicherseits. Eine aufgrund persönlicher Abhängigkeitsverhältnisse erfolgte Stimmabgabe oder eine verordnete Jubelfeier zu Ehren eines Diktators oder autoritären Regimes z.B. wäre nicht zur Partizipation im hier gemeinten Sinn zu rechnen.

---

1 Vgl. Almond und Powell (1976), 142ff. im Anschluss an Easton; vgl. o. Kap. 1.1.2.
2 So, mit Bezug auf die „westlichen Länder", Max Kaase, Partizipation, in: Nohlen (1991), 466-471, hier 466; siehe auch ders., Politische Beteiligung/Politische Partizipation, in: Andersen/Woyke (1995), 462-466.

– *politischen* Einfluss auszuüben heißt folglich, solche Inputs in das politische System einzuspeisen.

In der Politikwissenschaft werden, ausgehend von diesem Partizipationsverständnis, drei Kriterien zur näheren Bestimmung der politischen Teilnahme unterschieden:[3]

Kriterien der Partizipation

– *verfasst versus nicht verfasst*: Verfasstheit der politischen Partizipation meint, dass sie in verbindlicher und regelhafter Form vorgeschrieben ist. „Verfasst" ist also z.B. die Teilnahme an Wahlen auf europäischer Ebene bzw. Bundes- oder Landesebene, die Mitarbeit in politischen Parteien oder das Verfahren zum Bürgerbegehren auf kommunaler Ebene. „Nicht verfasst" ist dagegen die Mitwirkung in Bürgerinitiativen. Nicht alle verfassten Teilnahmemöglichkeiten sind mit einer existierenden Rechtsordnung vereinbar. Das führt zur nächsten Unterscheidung.
– *legal versus illegal*: in diesem Zusammenhang wird darauf abgestellt, ob die verfasste Mitwirkung auch eine *rechtliche* Grundlage hat, d.h. ob sie zulässig ist oder nicht. Gesetzliche Bestimmungen zur Wahl erfüllen diese Anforderung, die Mitarbeit in verbotenen Parteien, in terroristischen oder kriminellen Organisationen (die gleichwohl verfasst sein mag) nicht.
– *legitim versus illegitim*: dieses Gegensatzpaar bringt neben dem staatlichen Recht als Kriterium für die Zulässigkeit oder Erlaubtheit einer Handlung noch einen anderen Maßstab ins Spiel: den der Moral oder man könnte auch sagen des „moralischen Rechts". Konkrete Handlungen könnten demnach zwar als illegal und darum als verboten einzustufen sein, gleichwohl könnten sie aus einem moralischen Blickwinkel erlaubt und ggf. auch geboten sein. So wird in einem autoritären Regime die freie Rede, die Meinungsfreiheit oder das Verbreiten der Wahrheit (z.B. auch über das Regime) verboten und damit illegal sein, aber Dissidenten werden diese Handlungen dennoch als legitim ansehen. Überdies ist die Redefreiheit ein international anerkanntes Menschen- bzw. Grundrecht[4]. Eine illegale Handlungen, die zugleich illegitim, also unter keinen Umständen zu rechtfertigen ist, ist der Einsatz massiver individueller Gewalt zur Verfolgung politischer Ziele.[5]

In der Partizipationsforschung werden zudem „Dimensionen" der politischen Betätigung unterschieden, demnach manifestiert sie sich beim Wählen, bei wahl-

Dimensionen der Partizipation

---

3 Max Kaase, Vergleichende Politische Partizipationsforschung, in: Dirk Berg-Schlosser und Ferdinand Müller-Rommel (Hrsg.), Vergleichende Politikwissenschaft, Opladen 1997, 159-174, hier 160-163.
4 Z.B. in der Charta der Vereinten Nationen (Art. 19) und in der Europäischen Menschenrechtskonvention (Art. 10), siehe dazu: Fastenrath 2010. „Anerkennung" ist allerdings nicht gleichzusetzen mit wirksamem Schutz. In der empirischen Forschung wird „Legitimität", im Unterschied zur „Legalität", meist als subjektives Kriterium betrachtet. Das mag insofern zutreffen, als legitime Handlungen von Wertungen abhängen, die de facto nicht objektiv sind oder nicht intersubjektiv geteilt werden. Im Zusammenhang mit dem Rekurs auf Menschenrechte läßt sich die Legitimität jedoch auch als objektiver bzw. intersubjektiver Maßstab konstruieren.
5 Als zusätzliches, aber letztendlich untaugliches Kriterium zur Bestimmung der politischen Partizipation wird gelegentlich auch das Begriffspaar „konventionell versus unkonventionell" gebraucht, wobei konventionelle Teilnahmeaktivitäten eine starke Affinität zu verfassten, legalen Handlungen aufweisen, während die unkonventionelle meist unverfasste Handlungen verkörpern, ungeachtet ihrer Legalität oder Legitimität.

kampfbezogenen Aktivitäten, bei Gruppenaktivitäten in Gemeinden und im Rahmen personenbezogener Kontakte. Eine noch detailliertere Einteilung macht folgende Partizipations-Dimensionen geltend:[6]

- das *Wählen*, über das die Besetzung politische Ämter vollzogen wird, stellt die mit Abstand am häufigsten ausgeübte Form der politischen Beteiligung dar.[7] Neben dieser Mitwirkung bei den *Personal*fragen, so ist noch hinzuzufügen, erlaubt die *Abstimmung* bei Volksentscheiden auch eine Mitwirkung bei *Sach*fragen;
- *parteibezogene Mitarbeit*; vornehmlich bei der Auswahl des Führungspersonals und der Bestimmung des Parteiprogramms;
- *gemeinde- oder gruppenbezogene Aktivitäten* umfassen das durchaus heterogene Spektrum der Mitarbeit an lokalen resp. kommunalen Problemlösungen einerseits sowie den individuellen Kontakt zu einem Amtsinhaber und das Engagement in der Wahlkampfmannschaft eines Politikers andererseits;
- *legaler Protest* v.a. als Teilnahme an genehmigten Demonstrationen;
- *ziviler Ungehorsam* im Sinn einer bewussten Verletzung einzelner rechtlicher Regelungen in der Absicht, auf gravierende Mängel der Rechtsordnung hinzuweisen;
- *politische Gewalt* als Verletzung oder Tötung von Personen durch Attentate sowie die Beschädigung oder Zerstörung von Sachen (etwa bei Anschlägen auf Verkehrsmittel oder die Energieversorgung).

Zu den Dimensionen „legaler Protest" und „ziviler Ungehorsam" seien noch einige erläuternde Anmerkungen gemacht.

Legaler Protest Der legale Protest ist in den westlichen Ländern eine grundsätzlich anerkannte Partizipationsform. Bei genauerem Hinsehen entpuppen sich zumindest einige der auffälligeren Proteste als Demonstrationen der organisierten Interessen, in denen z.B. Lohnsteigerungen und Arbeitsplatzsicherheit in bestimmten Betrieben oder Branchen Thema sind. Im engeren Sinne politische Proteste beziehen sich dagegen v.a. auf den internationalen Frieden oder auf die (Kern-)Energiepolitik sowie auf bildungs- und sozialpolitische Ziele.[8] In liberalen Demokratien können legale Proteste behördlicherseits verboten werden, z.B. wenn Ausschreitungen oder Volksverhetzung zu befürchten sind. In autoritären Regimen werden Grundrechte generell ideologisch eingeschränkt und beschnitten: Das Recht auf Meinungsfreiheit in der DDR wurde z.B. gewährt, solange keine Abweichung von oder Widerspruch zum Kurs der SED zu erwarten war.[9]

Illegaler Protest – Montagsdemonstrationen in der DDR Insofern scheinen die *illegalen* Proteste im Vorfeld des Zusammenbruchs der DDR, die sog. „Montagsdemonstrationen" in Leipzig, Ausdruck einer beachtlichen Zivilcourage gewesen zu sein, die sich als Manifestation des oben in Kapitel 1 angeführten ‚politischen Menschen', des homo politicus, begreifen lassen. Gleichwohl lässt sich dasselbe Phänomen auch mit den Prämissen des homo oe-

---

6   Zum folgenden Oskar Niedermayer, Bürger und Politik. Politische Orientierungen und Verhaltensweisen der Deutschen, Wiesbaden 2005, 194f.
7   Dazu unten, Kap. 5.2.
8   Einzelheiten und Datenmaterial bringt Dieter Rucht, Politischer Protest in der Bundesrepublik Deutschland: Entwicklungen und Einflußfaktoren, in: Beate Hoecker (Hrsg.), Politische Partizipation zwischen Konvention und Protest, Opladen 2006, 184-208
9   Vgl. Rausch/Stammen (1981), 211f.

conomicus erklären und gewissermaßen entzaubern – partiell zumindest. Die individualistische Sozialtheorie geht, wie erinnerlich, davon aus, dass Akteure ihre Handlungen nach ihren Präferenzen oder ihren „internen Gründen" sowie nach äußeren, in Situationen vorhandenen Restriktionen ausrichten.[10] Zu den *internen Gründen* der Akteure in der DDR Ende der 80er Jahre waren zum einen die Unzufriedenheit mit der politischen und sozialen Lage zu zählen sowie mehr oder weniger stark internalisierte Protestnormen. Zu den *objektiven Bedingungen* der politischen Situation in der DDR zählte die Wahrscheinlichkeit von Sanktionen durch die Behörden sowie die Anreize aus der (internationalen) Umwelt. Die Situation Mitte 1989 änderte sich drastisch, weil die Unzufriedenheit vieler Bürger größer, ihre internalisierten Normen darum wirksamer wurden, vor allem aber weil die Anreize aus der internationalen Politik (Liberalisierung anderer Ostblockländer; Massaker auf dem Platz des Himmlischen Friedens; Botschaftsflüchtlinge in Prag) stärker, die Sanktionsgefahr aber insgesamt geringer wurden.

Anfangs kamen die Montagsdemonstrationen ohne zentrale Planung nur deshalb zustande, wenn mehrere Bürger gleichzeitig und unabhängig voneinander am selben Ort erschienen. In Leipzig war bekannt, dass die Teilnehmer an den montäglichen Friedensgebeten in der Nicolai-Kirche anschließend über den Karl-Marx-Platz gehen würden. Dadurch war vielen, auch weniger Engagierten oder Couragierten bzw. Nicht-Gläubigen die Möglichkeit gegeben, sich zu relativ geringen Kosten an die kleine Gruppe der primär idealistisch motivierten Bürgerrechtler anzuschließen und deren Einfluss zu stärken. Die steigende Zahl der ‚Mitläufer' wiederum lässt die Montagsdemonstration allmählich zu einem Großereignis werden, das staatlicherseits nur mit Gewalt hätte verhindert oder aufgelöst werden können.

Beim zivilen Ungehorsam handelt es sich zunächst einmal um eine illegale politische Handlung, denn sie erfährt keine rechtliche Regelung. Sie ist deshalb auch nicht gleichzusetzen mit dem Widerstandsrecht, vom dem im Art. 20 Abs. 4 GG die Rede ist. Es geht nicht um den von Bürgern praktizierten Schutz der allgemeinen Rechtsordnung gegenüber ihren Feinden, sondern um die Aufhebung einer als erhebliche Ungerechtigkeit erachteten konkreten Rechtsnorm innerhalb einer Verfassung. Zu diesem Zweck werden bewusste Verstöße gegen Gesetze oder Verordnungen (z.B. des Straßenverkehrs) vorgenommen. Für die Praktizierung des bürgerlichen Ungehorsams lassen sich jedoch Regeln angeben:

Ziviler Ungehorsam

– es müssen alle anderen *legalen* Mittel zur Erlangung eines politischen Ziels ausgeschöpft worden sein;
– es muss eine *öffentliche* und nicht eine im Verborgenen ausgeführte Handlung sein;
– diese Handlung muss *gewaltlos* sein und mit ihrer Gesetzwidrigkeit auf die Änderung von Gesetzen oder Politiken (und nicht auf die Erzielung eines individuellen Vorteils) abzielen.

Der zivile Ungehorsam ist also eine Form der politischen Partizipation, die sich zwar gegen die normale Politik wendet, sich aber in Übereinstimmung mit den

---

10 Zum folgenden Karl-Dieter Opp, DDR '89. Zu den Ursachen einer spontanen Revolution, in: Hans Joas und Martin Kohli (Hrsg.), Der Zusammenbruch der DDR, Ffm. 1993, 194-221.

grundlegenden Prinzipien einer Verfassung glaubt und somit von überzeugten Bürgerrechtlern und (Verfassungs-)Patrioten ausgeübt wird.[11]

<small>Neue Dimensionen der Partizipation?</small>
Abschließend ist noch zu fragen, ob die hier besprochenen Dimensionen das Phänomen „politische Partizipation" überhaupt hinreichend beschreiben. In letzter Zeit ist zumindest eine weitere Handlungs- oder Verhaltensweise aufgetaucht und thematisiert worden, die das bisherige Spektrum der Beteiligungsformen erweitern könnte: der politische Konsum. Diese Form des Konsums wird verstanden als „auf ethischen und politischen Überlegungen basierende Wahl von Herstellern und Produkten durch den Verbraucher".[12] In diesem Zusammenhang entscheiden sich Konsumenten nicht nur gezielt für oder gegen Waren von bestimmten Herstellern oder aus bestimmten Ländern, sondern sie rufen auch zum Boykott (bzw. „Buycott") von Anbietern (z.B. Mineralölkonzerne, Lebensmittelkonzerne oder Fast Food-Ketten) und Produkten (z.B. Pelzen) auf. Obwohl politische Konsumenten berechtigte Kritik an Produktion und Transport von Gütern üben können und damit auf den Wandel in den Konsumgewohnheiten der Mitbürger zielen, stellen ihre Aktivitäten letztlich doch keine politische Handlung im oben angeführten Sinn dar. Politisches Konsumieren lässt sich zwar durchaus als Handeln auffassen, das freiwillig und zielgerichtet geschieht, aber es fehlt der unmittelbare Einfluss auf das politische System. Der Adressat der Handlungen ist in der Regel ein internationaler Konzern, der sich zwar an geltendes nationales oder internationales Recht hält, der aber gerade dadurch Protest und Empörung hervorruft, weil dieses positive Recht seinerseits als mangelhaft (und für ihn vorteilhaft) erachtet wird.

5.2 Wahlen

Die Wahl von Personen ist die in der Bundesrepublik und in anderen westlichen Staaten mit Abstand am häufigsten praktizierte Form politischer Beteiligung. Im Folgenden werden zunächst die rechtliche Ausgestaltung der Wahlen auf Bundesebene und somit die Grundstruktur des Wahlsystems in Deutschland dargelegt (2.1). Daran anschließend wird anhand der Bundestagswahlen 2005 ein Blick auf Wahlen und Wähler geworfen.

---

11 Zur allgemeinen Diskussion siehe Peter Glotz (Hrsg.), Ziviler Ungehorsam im Rechtsstaat, Frankfurt a.M. 1983. Die oben beschriebene Version des zivilen Ungehorsams ist diejenige von John Rawls, Eine Theorie der Gerechtigkeit, Frankfurt a.M. 1979, Kap. 55. Den bürgerlichen Ungehorsam lediglich deshalb als „nicht legitim" zu bezeichnen, weil ihn „die breite Mehrheit der Bevölkerung" so einschätzt (vgl. Niedermayer (2005), 194 und 253) ist eine Einseitigkeit der empirischen Politikforschung, die lediglich abfragbare und nicht immer vollständig reflektierte Meinungen, aber keine wohlüberlegten Urteile bzw. „Gründe" berücksichtigt.
12 Dietlind Stolle, Marc Hoghe und Michele Micheletti, Zwischen Markt und Zivilgesellschaft: Politischer Konsum als bürgerschaftliches Engagement, in: Gosewinkel u.a. (2004), 151-171, hier 154.

5.2.1 Wahlrecht und Wahlsystem

Das Institut der Wahlen wird im Grundgesetz an zentraler Stelle, nämlich im Zusammenhang mit den Verfassungsgrundsätzen erwähnt. In Art. 20 Abs. 2 GG heißt es:

> „Alle Staatsgewalt geht vom Volke aus. Sie wird vom Volke in Wahlen und Abstimmungen und durch besondere Organe der Gesetzgebung, der vollziehenden Gewalt und der Rechtsprechung ausgeübt."

Art. 20 Abs. 2 GG

Dieser Passus enthält im ersten Satz ein grundsätzliches Bekenntnis zu der Souveränität des Volkes – von ihm soll alle „Gewalt" im Staate ausgehen. Das heißt nichts anderes, als dass die Bürger der Bundesrepublik in Übereinstimmung mit dem Grundsatz politischer Autonomie ihre politische Geschicke selbst bestimmen. Im zweiten Satz des zweiten Absatzes wird, noch vor der Erwähnung des Grundsatzes der Gewaltenteilung, angeführt, wie und durch welche Prozeduren diese Souveränität bzw. Autonomie ausgeübt werden soll, nämlich „über Wahlen und Abstimmungen". Der Begriff „Abstimmung", der die *direkte und nicht institutionell vermittelte* Einflussnahme auf politische Entscheidungen meint, wird im Grundgesetz nur in Art. 20 gebraucht. Diese und andere Formen der direkten Demokratie werden zunächst nicht weiter betrachtet, das Thema wird aber noch einmal unten, in Abschnitt 5.3.6. aufgegriffen.

Ähnlich wie bei der Politik insgesamt oder bei den Parteien kann auch im Zusammenhang mit den Wahlen von einem „System" gesprochen werden. Ohne den Begriff hier überstrapazieren zu wollen, lässt sich durchaus sagen, dass auch ein Wahlsystem Elemente, Strukturen und Prozesse aufweisen kann. Das lässt sich folgendermaßen bestimmen:

Definition Wahlsysteme

> „Wahlsysteme (beinhalten) den Modus, nach welchem die Wähler ihre Partei- und/ oder Kandidatenpräferenzen in Stimmen ausdrücken und diese in Mandate übertragen werden. Wahlsysteme regeln diesen Prozess durch Festlegung der Wahlkreiseinteilung, der Wahlwerbung, der Stimmgebung und der Stimmenverrechnung."[13]

In einer kurzen allgemeinen Betrachtung zur politischen Wahl lassen sich diese Regelmäßigkeiten identifizieren. Grundsätzlich lassen sich erst einmal verschiedene Typen von Wahlen mit je unterschiedlichen Funktionen erkennen:

Wahltypen

- der in den westlichen, liberalen Demokratien dominante Typus ist derjenige der *kompetitiven* Wahl; der Wettbewerbscharakter wird durch die Freiheit der Wahl bzw. Wähler sowie durch die Auswahlmöglichkeit zwischen zwei oder mehr Kandidaten garantiert. Darüber hinaus gibt es noch
- *semi-kompetitive* Wahlen in autoritären Staaten mit eingeschränkter Wahlfreiheit bzw. Auswahl sowie
- *nicht kompetitive* Wahlen in totalitären Staaten; hier sind Wahlfreiheit und Auswahlmöglichkeiten nicht vorhanden. Die politische Beteiligung ist nicht freiwillig und dient in erster Linie zur erzwungenen und sichtbaren Stabilisierung einer korrupten Regierung.

Kompetitive Wahlen haben primär die Aufgabe, Vertretungskörperschaften, also Parlamente, mit Legitimität auszustatten. Darüber hinaus geben sie aber auch

---

13 Dieter Nohlen, Wahlrecht und Parteiensystem. Über die politischen Auswirkungen von Wahlsystemen, Opladen 1990, 43. Zum Folgenden siehe (ebd.), Kap. 1.

dem Gedanken Ausdruck, dass die gewählten Vertreter, d.h. die Abgeordneten bis zu einem gewissen Grade der Kontrolle der Wählerschaft unterliegen und dieser verantwortlich sind.

Wahlgrundsätze

Damit dies möglich ist, muss das Wahlrecht bzw. die Prozedur der Wahl bestimmten Grundsätzen entsprechen und folgende Merkmale besitzen:

– *allgemein*: alle Staatsbürger (d.h. zugleich: *nicht* alle Bewohner eines Staatsgebiets) verfügen über das Stimmrecht – vorausgesetzt, sie besitzen ein vorgegebenes Mindestalter und sind im Besitz ihrer geistigen Kräfte
– *gleich*: das Gewicht jeder Stimme ist gleich und wird nicht nach Bildung oder Besitz („Klassenwahlrecht"), aber auch nicht nach sozialem Status (z.B. Familienoberhaupt im Pluralwahlrecht) gestaffelt; es gilt der Grundsatz „one man, one vote"
– *geheim*: die Wahlentscheidung ist für Außenstehende nicht erkennbar[14]
– *direkt*: die Wahl erfolgt normalerweise ohne Zwischengremien (eine bekannte Ausnahme: die amerikanischen Präsidentschaftswahlen)
– *frei*: die Teilnahme an der Wahl bzw. der Akt der Stimmabgabe darf nicht von äußerem Zwang begleitet sein.

Bundeswahlgesetz

Art. 38 Abs. 1 GG schreibt, in Übereinstimmung mit dem Voranstehenden, für die Wahlen (zum Bundestag) vor: „Die Abgeordneten des Bundestages werden in allgemeiner, unmittelbarer, freier, gleicher und geheimer Wahl gewählt." Die weitere rechtliche Ausgestaltung des Wahlsystems der BRD wird dann durch ein spezifisches Gesetz, das „Bundeswahlgesetz" (BWG)[15], vorgenommen. Dieses Gesetz regelt eine ganze Reihe von Angelegenheiten, so z.B. die Zahl der zu wählenden Abgeordneten, die Bildung der Wahlorgane, die Wählbarkeit von Bürgern, die Vorbereitung der Wahl sowie die „Feststellung des Wahlergebnisses".

Unter Bezug auf dieses Gesetz und auf die oben angeführte allgemeine Definition des Wahlsystems werden nachstehend die wichtigsten Elemente des bundesrepublikanischen Systems aufgeführt:[16]

– *Wahlkreise*: Die Organisation der (Bundestags-)Wahl erfordert zunächst eine Einteilung des Staatsgebiets der Bundesrepublik in Wahlkreise (BWG §3). Die Wahlkreiseinteilung kann nicht ein für alle Mal vorgenommen werden, weil v.a. Wanderungsbewegungen innerhalb Deutschlands eine kontinuierliche Anpassung erfordern. Die größtmögliche[17] Stimmengleichheit wird dadurch gewährleistet, dass im gesamten Wahlgebiet (d.h. in der BRD)

---

14 Der heutzutage wie selbstverständlich akzeptierte Grundsatz der geheimen Wahl war im 19. Jahrhundert im politisch fortschrittlichen England keineswegs unumstritten. Liberale wie John Stuart Mill erhofften sich von einer öffentlichen Wahl eine erzwungenermaßen größere Reflektiertheit der Entscheidung.
15 Der aktuelle, zuletzt 2008 geänderte Gesetzestext findet sich unter www.bundestag.de/dokumente/rechtsgrundlagen/bwahlg_pdf.pdf (6. 1. 2011). Enthalten sind dieses Gesetz und zahlreiche andere wichtige Gesetzestexte z.B. auch in der „Sammlung Basistexte Öffentliches Recht", hrsg. von Steffen Detterbeck, München 2010.
16 Siehe Nohlen (1990).
17 Vollkommene Gleichheit der Stimmen ist nicht erreichbar; §3 Abs. 1 BWG verlangt bzw. erlaubt: „Die Bevölkerungszahl eines Wahlkreises soll von der durchschnittlichen Bevölkerungszahl der Wahlkreise nicht um mehr als 25 vom Hundert nach oben oder unten abweichen".

auf einen bestimmten Anteil der Wahlberechtigten jeweils ein *Mandat* entfällt. Die Einteilung wird von einer unabhängigen, vom Bundespräsidenten zu ernennenden Kommission, der Wahlkreiskommission, vorgenommen.
- *Wahlkreisgröße*: Mit der „Größe" eines Wahlkreises wird nicht dessen territoriale Ausdehnung bezeichnet, sondern die Anzahl der in ihm insgesamt zu erlangenden Mandate. In kleinen Wahlkreisen stehen normalerweise 2-5 Mandate zur Wahl, in mittelgroßen 6-10 und in großen über 10 Mandate. Bei Bundestagswahlen wird in einem Wahlkreis nur ein Mandat vergeben.
- *Wahlbewerbung*: Die Bewerbung der Kandidaten um die Mandate kann entweder als Einzelbewerbung, in der BRD als sog. „Kreiswahlverschlag" (BWG, §20) durch die Parteien oder die nicht parteiförmig organisierten Wahlberechtigten in einem Wahlkreis, oder über Parteilisten stattfinden. Parteikandidaten müssen über eine ordentliche Mitgliederversammlung gewählt werden.
- *Stimmgebung*: Wähler können, je nach Wahlkreisgröße, über eine, zwei oder über mehrere Stimmen verfügen. In der Bundesrepublik erhalten Wähler, wegen der besonderen Form des Wahlrechts, über zwei Stimmen: eine für die Wahl eines *Wahlkreiskandidaten* und eine für die Wahl der *Landesliste* einer Partei (BWG, §4) (s. unten).
- *Stimmenverrechnung*: Um an der Verteilung der Stimmen auf die Abgeordnetenmandate teilnehmen zu können, müssen in einigen Wahlsystemen noch besondere Hürden überwunden werden. Dazu gehört in der Bundesrepublik die (im Bundeswahlgesetz nicht so genannte) „Sperrklausel", wonach bei der Verteilung der Sitze „nur Parteien berücksichtigt (werden), die mindestens 5 vom Hundert der im Wahlgebiet abgegebene Zweitstimmen erhalten oder in mindestens drei Wahlkreisen einen Sitz errungen haben" (BWG, §6 Abs. 6). Das bei der Verrechnung der Stimmen entscheidende Element ist jedoch die sog. *Entscheidungsregel*. Davon gibt es zwei unterschiedliche Versionen: nach der *Mehrheits-* oder *Majorzregel*, d.h. also im Rahmen der Mehrheitswahl, erhält das Mandat derjenige Kandidat, der die absolute oder relative Mehrheit der Stimmen in einem Wahlkreis auf sich hat vereinigen können. Nach der *Proporzregel*, d.h. im Rahmen der Verhältniswahl, werden Mandate im Verhältnis zu den erzielten Stimmen (also proportional) vergeben. Mit der Proporzregel wird ein gesondertes Verrechnungsverfahren notwendig.

Die Wahl zum Deutschen Bundestag, bei der normalerweise 598 Mandate zu vergeben sind, wird als „personalisierte Verhältniswahl" bezeichnet. Mit den beiden Stimmen, über die ein Wähler verfügt, werden Mehrheitswahl und Verhältniswahl kombiniert: Die erste Stimme oder *Erststimme* eines Wählers wird einem Wahlkreiskandidaten in einem der insgesamt 299 Einerwahlkreise gegeben. Das Mandat erhält, wer die relativ meisten (Erst-)Stimmen in einem Wahlkreis erzielt hat (Element der Mehrheitswahl). Mit der *Zweitstimme* wird keine Person, sondern eine Parteiliste gewählt. Insgesamt 299 Mandate werden über diese Listen zugeteilt, und Parteien erhalten Sitze im Verhältnis zu den insgesamt von ihnen erzielten Stimmen (Element der Verhältniswahl). Personalisierte Verhältniswahl

Diese proportionale Verteilung wird mit einem speziellen Verrechnungsverfahren vorgenommen. In der Bundesrepublik war dies bei Bundestagswahlen von 1985 bis 2009 das „Hare-Niemeyer-Verfahren", das die Mandatsverteilung nach folgender Formel vornimmt: Hare-Niemeyer-Verfahren

Gesamtzahl der Sitze x Stimmenzahl der Partei
Gesamtzahl der Stimmen aller Parteien

Divisorenverfahren Vor 1985 wurde die Stimmenverrechnung bei Bundestagswahlen nach einem „Divisorenverfahren" vorgenommen. Diese Verfahren regeln die Verrechnung grundsätzlich so, „dass durch Division der Stimmenzahlen, welche die Parteien erhielten, mittels Divisorenreihen für jede Partei der Größe nach abnehmende Zahlenreihen entstehen. Die Zuteilung der Mandate erfolgt nach den Höchstzahlen oder höchsten Quotienten."[18]

Verfahren d'Hondt Das nach dem belgischen Mathematiker Viktor d'Hondt benannte d'Hondtsche Höchstzahlverfahren impliziert z.B. eine Divisorenreihe mit ganzen Zahlen, also: 1, 2, 3, 4, 5 usw.

Abb. 1: D'Hondtsches Höchstzahlverfahren

	Partei A	Partei B	Partei C
:1	4.160 (1)	3.380 (2)	2.460 (3)
:2	2.080 (4)	1.690 (5)	1.230 (7)
:3	1.386 (6)	1.126 (8)	820
:4	1.040 (9)	845	615
:5	832	676	492

In dem angeführten Beispiel sind 9 Mandate zu vergeben. Für die Verrechnung der Stimmen in diese Mandate werden die Stimmenzahlen aller Parteien durch die Divisoren dividiert. Daraus ergeben sich Quotienten oder „Höchstzahlen" (in Klammern hinter den jeweiligen Quotienten angeführt).[19]

Verfahren Sainte-Laguë/Schepers Es gibt auch Divisorenverfahren, die mit anderen Divisorenreihen arbeiten, eines davon ist das Verfahren Sainte-Laguë/Schepers, das seit 2009 bei der Bundestagswahl Anwendung findet[20]. In diesem Verfahren lautet die Divisorenreihe 0,5, 1,5, 2,5, 3,5, 4,5 usw. Mit dieser modifizierten Reihe wird eine genauere Proportionalität von Stimmen und Mandate erzielt.

Nun gilt es noch, dasselbe Verfahren in das System der *personalisierten* Verhältniswahl der Bundesrepublik zu integrieren. Die Berechnung der Mandate lässt sich in vier Schritten darstellen:[21]

1. *Ermittlung der Ausgangszahl* der zur Verrechnung anstehenden Mandate:
   Von den normalerweise zu vergebenden 598 Sitzen des Bundestages werden diejenigen Direktmandate abgezogen, die den gewählten Wahlkreiskandidaten ohne Parteibindung zufielen oder die gewählte Kandidaten erhielten, deren Partei die 5%-Sperrklausel nicht überwinden konnte.
2. *Verteilung der Sitze im Wahlgebiet*
   Danach wird die verbleibende Zahl der Sitze nach dem Sainte-Laguë/Schepers-Verfahren zunächst proportional zu den erzielten Stimmen auf alle

---

18 Nohlen (1990), 78.
19 Das Beispiel findet sich unter www.bundestag.de/blickpunkt/103_Parlament/0403x43.html (1. 2. 2011).
20 Es wurde zuvor bereits bei der Berechnung der Ausschusssitze für die Fraktionen verwendet; vgl. unten Kap. 5.3.3.
21 Wichard Woyke, Stichwort Wahlen. Ein Ratgeber für Wähler, Wahlhelfer und Kandidaten, Wiesbaden 2005, S. 72f.; dieses Schema bezieht sich auf §6 BWG; vgl. dazu auch Nohlen (1990), 193ff.

diejenigen Parteien bzw. auf deren „Listenverbindungen" verteilt, die die Sperrklausel überwinden konnten („Die auf eine Listenverbindung entfallenden Sitze werden auf die beteiligten Landeslisten entsprechend § 6 Abs. 2 verteilt"; (§7 Abs. 3 BWG).

3. *Verteilung der Sitze auf die Landeslisten*
Im dritten Schritt wird das Sainte-Laguë/Schepers ein zweites Mal angewandt, dieses Mal um zu ermitteln, wie viele der Mandate, die eine *Bundespartei* resp. deren Listenverbindung insgesamt gewonnen hat, auf die einzelnen Glieder, also den jeweiligen *Landeslisten* entfallen: „Jede Landesliste erhält so viele Sitze, wie sich nach Teilung der Summe ihrer im Wahlgebiet erhaltenen Zweitstimmen durch einen Zuteilungsdivisor ergeben"; (§6 Abs. 2 BWG).

4. *Vergabe der Sitze an die Listenbewerber*
Von der nunmehr ermittelten Zahl an Mandaten, die den Landesparteien bzw. den einzelnen Landeslisten zustehen, werden diejenigen Mandate abgezogen, die Parteimitglieder als *Direkt*mandate gewonnen haben. Die danach verbleibenden Mandaten werden an die Listenbewerber vergeben (§6 Abs. 4 BWG).

An dem letzten der insgesamt vier Schritte zur Mandatsverteilung zeigt sich auch die Dominanz des Verhältniswahl-Elements über dasjenige der Mehrheitswahl. Personalisierte Verhältniswahl in der Bundesrepublik ist also letztlich Verhältniswahl.

Das durch das Bundeswahlgesetz bestimmte Wahlrecht der Bundesrepublik ist im Laufe der Jahre in einigen wichtigen Details verändert worden, z.B. durch die Einführung der 5%-Sperrklausel auf Bundesebene 1953 oder durch die Einführung des Hare/Niemeyer-Verfahrens 1985 und durch die Einführung des Verfahrens Sainte-Laguë/Schepers 2009. Am Verhältniswahlsystem wurde allerdings, trotz vereinzelt harscher Kritik, grundsätzlich festgehalten. Hauptanliegen dieses Systems ist die möglichst genaue Abbildung der unterschiedlichen sozialen Lager auf dem Gebiet der Politik, d.h. die Stimmenanteile sollen proportional in Parlamentsmandate transferiert werden. Dabei wird deutlich, dass die Entscheidung für einen Grundtyp des Wahlsystem eine höchst relevante politische Entscheidung darstellt, die nicht zuletzt vor dem Hintergrund soziokultureller (gesellschaftliche Heterogenität) und politischer Traditionen (Kompromiss und Konsens) vorzunehmen ist – das Verhältniswahlsystem ist typisch für die Konkordanzdemokratie.[22]

Am Wahlrechtssystem in Deutschland lassen sich die Vorteile der *Verhältniswahl* erkennen:

Vorteile der Verhältniswahl

– sie ermöglicht v.a. die Repräsentation vieler gesellschaftlicher Interessen;
– sie verhindert die bei der Mehrheitswahl möglichen „künstlichen Mehrheiten", bei denen eine Partei die Mehrheit der Sitze im Parlament erhalten kann, obwohl sie insgesamt *nicht* über die absolute Mehrheit der Stimmen verfügt; und
– sie trägt durch den stets vorhandenen Zwang zur Koalitionsbildung zur Mäßigung der Positionen bei.

---

22 Vgl. oben, Kap. 1.2.

Vorteile der Mehrheitswahl

Die *Mehrheitswahl* kann für sich die Vorzüge verbuchen, dass sie
- der Zersplitterung des Parteiensystems vorbeugt
- stabile Regierungen hervorbringt und
- über die Bildung der Regierung tatsächlich den Wähler und nicht die Koalitionsverhandlungen entscheiden lässt, wie dies in der Bundesrepublik normalerweise der Fall ist.[23]

Abb. 2: Wahlergebnisse der relevanten Parteien seit 1949 bei Bundestagswahlen

	CDU/CSU	SPD	FDP	Die Grünen	Bündnis 90/ Die Grünen	Die Linke. PDS[1]	Sonstige
2009	33,8	23,0	14,6		10,7	11,9	6,0
2005	35,2	34,2	9,8		8,1	8,7	4,0
2002	38,5	38,5	7,4		8,6	4,0	3,0
1998	35,2	40,9	6,2		6,7	4,1	5,9
1994	41,5	36,4	6,9		7,3	4,4[2]	3.5
1990	43,8	33,5	11,0	3,8	1,2	2,4	4.2
1987	44,3	37.0	9,1	8,3			1,3
1983	48,8	38,2	7,0	5,6			0,4
1980	44,5	42,9	10,6	1,5			0,5
1976	48,6	42,6	7,9				0,9
1972	44,9	45,8	8,4				0,9
1969	46,1	442,7	5,8				5,5
1965	47,6	39,3	9,5				3,6
1961	45,3	36,2	12,8				5.7
1957	50,2	31,8	7,7				10,5
1953	45,2	28,8	9,5				16,5
1949	31,0	29,3	11,9				27,9

1 ab 2005: die LINKE.
2 4 Direktmandate /§6 VI 1, 2.Alt.BWG)
Quelle: Eigene Darstellung nach www.bundestag.de/bundestag/wahlen/ergebnisse_seit1949.html

Wahlen zum EU-Parlament

Eine weitere Möglichkeit der politischen Partizipation ergibt sich aus der Wahl zum EU-Parlament. Auch die Abgeordneten des Europäischen Parlaments „werden in allgemeiner unmittelbarer Wahl" gewählt (Art. 190 EGV). Die Wahlen werden nach Einzelstaaten getrennt durchgeführt (müssen aber überall in derselben Woche stattfinden); das jeweilige Kontingent an Abgeordneten, das einem Mitgliedsland zusteht, wird grundsätzlich nach dem Verhältniswahlrecht gewählt, wobei nach nationale Besonderheiten, wie z.B. in Deutschland die 5%-Sperrklausel, erlaubt sind. Der Vertrag über die europäische Verfassung sah vor, europäische „Rahmengesetze" für die Wahlen in den Einzelstaaten zu erlassen, um eine hinreichende Einheitlichkeit der Verfahren zu gewährleisten. Da diese Verfassung nicht in Kraft getreten ist, stellt der sog. „Direktwahlakt" aus dem Jahr 1976 in der Fassung von 2002 mit den eben angeführten Kriterien die Grundlage für die Wahlen zum Europäischen Parlament dar.[24] Dass von dieser Wahlmöglichkeit auf EU-Ebene reger Gebrauch gemacht wird, lässt sich kaum sagen: die Beteiligung an den Europawahlen 2009 lag bei 43%.[25]

---

23 Nohlen (1990), 121f.; vgl. auch Woyke (2005), 38f.
24 Siehe unter dem Stichwort „Direktwahlakt" unter www.europarl.europa.eu/news/public (1. 2. 2011).
25 www.bundeswahlleiter.de/de/europawahlen/EU_BUND (6. 1. 2011). Zu den Wahlbeteiligungen früherer Wahlen (1984 und 1989) im europäischen Vergleich siehe Nohlen (1990), 235 (Tab. 39).

5.2.2 Wahlen und Wähler

Die Wahlentscheidung wird von vielen Faktoren beeinflusst. Einige davon prägen das Verhalten der Wähler langfristig, andere wiederum üben einen eher kurzfristigen Einfluss aus. Zunächst zur ersten Gruppe von Faktoren; zu ihr zählen die Schicht- und die Konfessionszugehörigkeit sowie das Alter.[26]

– *Schichtzugehörigkeit*: Lange Zeit hatte die Zugehörigkeit zu einer sozialen Schicht oder einem gesellschaftlichen Milieu großen Einfluss auf die Parteipräferenzen und in der Folge auch auf das Wahlverhalten von Individuen. Die Parteimitgliedschaft, die Identifikation mit oder zumindest die Sympathie zu einer Partei waren langfristig, wenn nicht unabänderlich festgelegt, Angehörige der Arbeiterschicht wählten überwiegend sozialdemokratisch, das kleine und mittlere Bürgertum meistens konservativ-liberal. Die veränderte sozialstrukturelle Lage in postindustriellen Gesellschaften hat zum einen dazu geführt, dass aus Weltanschauungsparteien Volksparteien geworden sind und dass zum anderen die oft lebenslang („von der Wiege bis zur Bahre") bestehenden Mitgliedschaften in Parteien oder auch nur Sympathien ihnen gegenüber erheblich zurückgegangen sind.
Die nach Berufsgruppen und Bildungsgrad unterscheidende Analyse für die Bundestagswahl 2005 belegt, dass die Volkspartei SPD auch von Angestellten und Beamten gewählt wird und die Volkspartei CDU/CSU starken Zuspruch aus dem Arbeiterlager erhält. Auch hinsichtlich des Bildungsgrades weist die Wählerschaft dieser beiden Parteien kaum oder zumindest keine gravierenden Unterschiede auf.[27]

– *Konfessionszugehörigkeit*: Die Zugehörigkeit zu einer Konfession beeinflusst ebenfalls das Wahlverhalten.[28] Ähnlich wie bei der Schichtzugehörigkeit ist zunächst einmal von einem stetigen Rückgang des Einflusses von Religion und Kirche im Zuge der Säkularisierung der Gesellschaft auszugehen. Ob dieser Trend sich weiter fortsetzt oder ob er inzwischen, aufgrund gewisser Resakralisierungsphänomene in der jüngsten Zeit, nicht doch gestoppt ist, kann noch nicht sicher gesagt werden. Am Wahlverhalten der Konfessionsangehörigen fällt auf, dass die Katholiken die CDU/CSU als christliche Parteien (48%) gegenüber der SPD (28%) wesentlich stärker bevorzugen als umgekehrt die Protestanten die SPD (39%) gegenüber der CDU/CSU (34%). Interessant sind auch die (aus dem Jahr 1990 stammenden) Zahlen für die Arbeiterschaft: 52% der katholischen Arbeiter wählten die CDU/CSU und nur 34% die SPD, während 55% der nicht-katholischen Arbeiter die SPD und nur 34% die CDU/CSU wählten. Dies kann auch als Bestätigung der in Kapitel 4.2.2 behandelten These der sich überschneidenden Konfliktlinien aufgefasst werden.

---

26 Vgl. zum Folgenden Rudzio (2006), Kap. 6.2.
27 Zum Voranstehenden siehe Rudzio (2006), 168 (Tabelle 3) und 170 (Tabellen 4 und 5) sowie Peter Gluchowski und Ulrich Willamowitz-Moellendorff, Sozialstrukturelle Grundlagen des Parteienwettbewerbs in der Bundesrepublik Deutschland, in: Gabriel u.a (1997), 179-208.
28 Allerdings ist zu beachten, dass dieses Kriterium über die Bindung der Wähler an die Kirche und noch genauer: über ihre Kirchgangshäufigkeit operationalisiert wird. Der tatsächliche Einfluss der *Religion* wird dadurch verzerrt wiedergegeben, weil es religiöse Menschen gibt, die nicht zur Kirche gehen und Kirchgänger, die nicht sonderlich religiös sind.

– *Alter* Schließlich übt auch das Alter der Wähler Einfluss auf ihre Entscheidungen aus.[29] Bei den Wahlen zum 16. Deutschen Bundestag zeigte sich, dass die jungen Wähler zwischen 18 und 24 Jahren relativ selten CDU/CSU wählten (24%), die älteren, d.h. über sechzigjährigen dagegen relativ häufig (43%). Junge Wähler entscheiden sich vergleichsweise oft für die FDP und die Grünen, während die SPD in allen Altersgruppen einen ziemlich gleichmäßigen Wähler-Anteil aufweisen kann. Diese Situation lässt sich unterschiedlich erklären: Zum einen vermutet die sog. *Generationen-These*, dass der Konservatismus vieler älterer Wähler und die korrespondiere ‚Fortschrittlichkeit' bei den jüngeren durch die je unterschiedlichen Sozialisationsmuster der Generationsangehörigen bedingt ist, z.B. die vergleichsweise starke Neigung zu den Grünen bei jungen Leuten durch das Aufkommen der Partei in den 80er Jahren bzw. den stärker werdenden Postmaterialismus. Die *Lebenszyklus-These* setzt dagegen nicht bei den Generationen bzw. Alterskohorten an, sondern beim Individuum und seinen Entwicklungsphasen. Demnach seien beim jungen Menschen eher fortschrittsfreundlich-idealistische Einstellungen vorhanden, beim älteren (und arrivierten) dagegen konservativ-materialistische.[30]

Sachfragen („issues") Neben den langfristig und oft latent wirkenden Einflussfaktoren auf die Wahlentscheidung sind auch noch die kurzfristigen zu berücksichtigen: die wichtigen Themen oder Sachfragen („issues") in einem Wahlkampf und die Kandidaten der Parteien. Bei *Sachfragen* existieren mehrheitlich vertretene Zuschreibungen von Lösungskompetenzen auf verschiedenen Politikfeldern: Die CDU/CSU wird z.B. als Expertin in Fragen der Arbeits- und Wirtschaftspolitik betrachtet, die SPD bei der sozialen Gerechtigkeit, die Grünen bei Umweltfragen und (früher) die FDP beim Grundrechtsschutz. Zusätzlich zu diesen grundsätzlich auch auf andere Parteien übertragbaren, aber mittelfristig doch relativ stabilen Zuschreibungen bestimmen auch noch die Einstellungen der Parteien zu aktuellen Problemen oder ihre Reaktionen auf unvorhersehbare Ereignisse die Wahl – manchmal sogar entscheidend. So nutzte 1990 der parteiintern bereits angeschlagene Kanzler Kohl die Gunst der Stunde und wurde durch eine kluge Diplomatie vor allem den ehemaligen Alliierten gegenüber und sicher auch wegen der in Aussicht gestellten „blühenden Landschaften" in Ostdeutschland zum „Kanzler der deutschen Einheit". 2002 konnte der amtierende, aber nicht unumstrittene Kanzler Schröder die effektiv gestaltete (und medial geschickt präsentierte) Soforthilfe der Bundesregierung beim Oderhochwasser als einen wahlentscheidenden Pluspunkt verbuchen. Auch seine Weigerung, die Bundesrepublik am von den USA forcierten Krieg gegen den Irak zu beteiligen, wurde allgemein als ein Grund für den knappen Wahlsieg gewertet.[31]

---

29 Siehe dazu Rudzio (2006), 178 (Tabelle 7).
30 Siehe Wilhelm Bürklin, Wählerverhalten und Wertewandel, Opladen 1988, 91ff. Wieso allerdings die idealistischen Motive „stärker emotional" und die materialistischen eher „vernunftbezogen" sein sollen (ebd. 92f.), erschließt sich nicht ohne weiteres.
31 In diesem Zusammenhang wird gelegentlich kritisch angemerkt, Schröder habe sich lediglich deshalb den Kriegsplänen der Bush-Regierung widersetzt, um seine Siegchancen bei den Bundestagswahlen zu vergrößern; er habe also opportunistisch gehandelt. Das richtige und von Schröder vorgebrachte Argument, es sei illegitim, an einem ungerechtfertigten Angriffskrieg mitzuwirken, wird dadurch jedoch nicht falsch.

Mindestens genauso wichtig wie die Themen beim Wahlkampf sind die Kandidaten. Insbesondere beim Wettbewerb um Spitzenämter ist seit geraumer Zeit eine sich zum Nachteil für die Inhalte der Politik auswirkende, erhebliche Personalisierung festzustellen. Bei Bundes- und Landtagswahlen investieren die Parteien große Summen, um ihre Spitzenkandidaten im Fernsehen, in Zeitungen und auf Plakatwänden zu präsentieren. Zwar zählen bei diesem Zuschnitt auf Personen nicht nur ‚äußere' Werte, denn die Kandidaten müssen sich auch einem mehr oder weniger verlässlichen, aber in jedem Fall öffentlichkeitswirksamen Tauglichkeitstest in Form von sog. „TV-Duellen" unterziehen – darauf können Sie sich jedoch gezielt vorbereiten (lassen). Außerdem ist es förderlich, Führungsqualitäten an anderer Stelle bereits unter Beweis gestellt zu haben, also an der Spitze einer Partei oder noch besser als Chef einer Landesregierung. Für eine (Wieder-)Wahl zuträglich ist schließlich auch der *Amtsbonus*, also der Vorzug gegenüber einem Herausforderer, das zu besetzende Amt schon einmal zufriedenstellend ausgefüllt zu haben.

Kandidaten

Alle genannten, die langfristig und die eher kurzfristig wirkenden Faktoren lassen sich in folgender Grafik veranschaulichen:

Abb. 3: Bestimmungsfaktoren der Wahlentscheidung

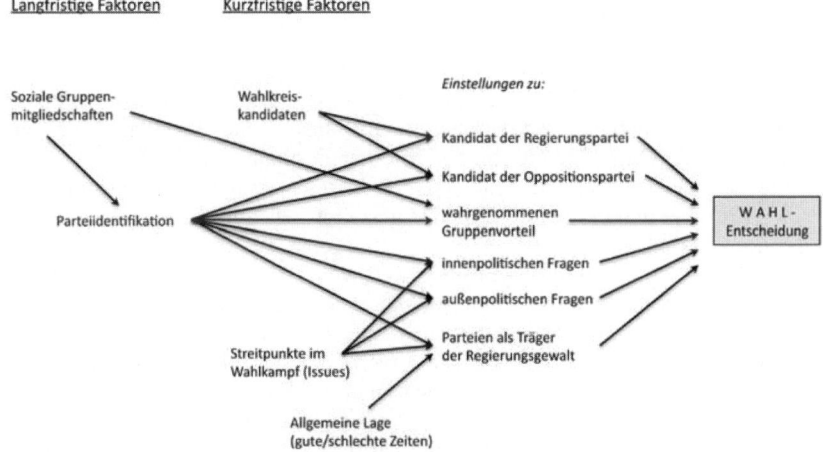

Quelle: Oskar W. Gabriel, Parteiidentifikation, Kandidaten und politische Sachfragen als Bestimmungsfaktoren des Parteienwettbewerbs, in: ders./Niedermayer/Stöss (1997), 241.

Die Wahlentscheidung kann aber nicht nur auf externe Einflussfaktoren zurückgeführt werden, sie lässt sich auch als ‚internes' Kalkül rationaler Akteure rekonstruieren. Das ist Thema der ökonomischen Theorie der Demokratie. Die Ausgangsüberlegung dabei ist die folgende:[32] Wenn Wähler sich wie Konsumenten verhalten, dann muss ihre (Produkt-)Wahl als eine Entscheidung unter Alternativen gesehen werden, die den individuellen Nutzen am besten befriedigt. Nutzen lässt sich in zweierlei Hinsichten berechnen: nämlich in Bezug auf den zukünftigen und auf den gegenwärtigen Nutzen. Für beide Fälle lassen sich sog. „Differenziale" bilden.

Rationale Wahl

---

32 Anthony Downs, Ökonomische Theorie der Demokratie, Tübingen 1968, 37-44.

Zukünftiger Nutzen

Bei der Frage nach dem zukünftigen Nutzen eines Wählers wird gefragt, wie hoch sein Nutzeneinkommen wäre, wenn verschiedene Parteien an der Macht wären – gemessen an den *Wahlversprechen* dieser Parteien. Daraus ergibt sich folgendes Differenzial:

$$E(U^A_{t+1}) - E(U^B_{t+1})$$

(„E" ist der jeweils erwartete („expected") Nutzen „U" („utility") der Parteien A und B zu einem zukünftigen Zeitpunkt („t+1")).

Ist dieses Differenzial positiv, so geht die Stimme an die gegenwärtige Regierung (A); ist es negativ, so erhält die gegenwärtige Opposition die Stimme; ist es Null, dann enthält sich der Wähler der Stimme, d.h. er ist „indifferent". Aussagekräftiger als das *erwartete* Parteidifferenzial (E) ist jedoch das *gegenwärtige* Parteidifferenzial, weil dabei ein *tatsächliches gegenwärtiges* mit einem *hypothetischen gegenwärtigen* Nutzeneinkommen verglichen wird:

$$(U^A_t) - E(U^B_t)$$

Probleme des Modells

Für dieses, mit Blick auf das Wählerverhalten nur grob dargestellte Parteiendemokratie-Modell ergeben sich allerdings Probleme:

– In einem *Mehrparteien*system kann es für einen Wähler rational sein, die präferierte Partei *nicht* zu wählen, nämlich dann, wenn sie keine Chance hat, an die Macht zu kommen. Gewählt wird dann eine Partei, die eine größere Chance hat, erfolgreich zu sein, und bei der der Wähler immer noch ein relativ hohes Nutzeneinkommen erzielt. Ein zusätzliches Problem ergibt sich aufgrund der Möglichkeit von *Koalitions*regierungen, weil sich dann einfache Kalkulationen nicht mehr erstellen lassen. Auch die Berücksichtigung der Entscheidungen anderer Wähler gestaltet den Entschluss des homo oeconomicus schwierig[33];

– Problematisch ist auch der Einfluss der *Informationskosten* im Vorfeld der Wahl: Wähler werden sich nur solange zusätzliche Informationen beschaffen, wie diese sich im Rahmen der Entscheidungsfindung lohnen; sozial schlecht Gestellte oder Ungebildete werden Probleme haben, sich ausreichend zu informieren. Da der Einfluss einer einzelnen Stimme auf den Wahlausgang als sehr gering veranschlagt werden muss, ist der Anreiz, sich zu informieren, ebenfalls sehr schwach. Als Folge werden meist ‚kostenlose', d.h. oberflächliche Informationen konsumiert.

Der insgesamt geringe Einfluss der einzelnen Stimme im Wahlsystem ließe eigentlich innerhalb einer rationalen Wählerschaft eine *geringe Wahlbeteiligung* erwarten. Da die tatsächliche Wahlbeteiligung in liberalen Demokratien aber vergleichsweise hoch ist, muss eine andere als nur auf Eigeninteressen rekurrierende Erklärung herangezogen werden. In diesem Zusammenhang wird die Stimmabgabe als „Wert an sich" begriffen oder das soziale bzw. politische Verantwor-

---

33 Und zwar aufgrund von „wechselseitigen Mutmaßungen": „Die Wahlentscheidung eines einzelnen hängt davon ab, was nach seiner Voraussage die anderen voraussagen, und die Voraussagen der anderen beruhen darauf, was nach ihrer Ansicht jeweils alle anderen voraussagen"; (Downs 1968, 147). Aus dieser verfahrenen Lage gibt es drei Auswege: zu Hause bleiben bzw. nicht wählen; die Reflexion abbrechen sowie mit den Mutmaßungen gar nicht erst anzufangen.

tungsbewusstsein der Wähler bemüht. Solche Konstruktionen sind jedoch nicht mehr ohne weiteres mit der ökonomischen Theorie der Demokratie zu vereinbaren. Das Wählerverhalten ist folglich alleine mit den Prämissen der Zweckrationalität nicht zufriedenstellend zu erklären.

5.3 Das Parlament: Der Deutsche Bundestag

Mit den Wahlen sind diejenigen Verfahren bzw. Partizipationsformen erörtert worden, die der Besetzung repräsentativer Körperschaften dienen. Im Folgenden sind der Aufbau und die Aufgaben dieser Institutionen zu betrachten. Nach einer knappen Skizze zur Geschichte des Parlaments bzw. des Parlamentarismus (5.3.1) und einem Exkurs zum Begriff der politischen Institution (5.3.2) werden zunächst die Organisationsstruktur (5.3.3) des Bundestages und dann seine Funktionen im politischen Prozess untersucht (5.3.4). Schließlich werden Betrachtungen zum Verhältnis von Bundestag und europäischem Rechtsetzungsprozess (5.3.5.) angestellt.

5.3.1 Geschichtliche Aspekte des Parlamentarismus

Die Geschichte des europäischen Parlamentarismus reicht bis ins Mittelalter zurück.[34] Sie ist zugleich ein anschauliches Beispiel dafür, welchen Veränderungen Institutionen im Laufe der Zeit unterliegen können. Das Wort „Parlament" stammt vom lateinischen „parabolare" ab, was soviel wie „besprechen" oder „beraten" bedeutete. Im 12. und 13. Jahrhundert waren in den Monarchien Frankreichs, Spaniens und Englands mit Adeligen besetzte Beratungsgremien des Königs geschaffen worden. Solche Einrichtungen waren anfangs nicht autonom, sondern wurden vom König einberufen, wenn er die Grundausrichtung seiner Politik erörtern wollte, also wenn es z.B. um die Bedrohung durch Nachbarstaaten, innere Unruhen, Verkehrswegebau ging. Die frühen Parlamente hatten zudem eine judikative Funktion, sie mussten also Streitfälle entscheiden, und sie konnten ihrerseits auch Eingaben beim König machen.

Ursprünge des Parlamentarismus

Erste Ansätze einer Gesetzgebungsfunktion im heutigen Sinn ergaben sich in England, wo solche „Petitionen" der im Unterhaus zusammengeschlossenen nicht adeligen Bürger („commons") immer häufiger Ausgangspunkt oder Grundlage für königliche Statuten („statutes") waren. Ungefähr seit der Mitte des 15. Jahrhunderts war die Zustimmung („assent") des Parlaments zu königlichen Gesetzen obligatorisch geworden. Einen weiteren Entwicklungsschub erhielt der englische Parlamentarismus durch die Abwendung des englischen Königs von Rom bzw. vom Katholizismus im Jahr 1533. Weil dieser epochale Einschnitt breitester politischer und gesellschaftlicher Unterstützung bedurfte, kam es unweigerlich auch zur Aufwertung des Parlaments – mit der Folge, dass es sich bei diesem immer weniger um eine der Herrschaft des Königs einfach zu Diensten

---

34 Vgl. zum Folgenden Christian Meier, Die parlamentarische Demokratie, München 1999, Kap. II sowie Kluxen (1983), 17ff. zur beispielhaften Entwicklung des Parlamentarismus in England.

stehende Einrichtung („King's Parliament") handelte und der König immer stärker zu einem Teil dieses Parlaments („King in Parliament") bzw. des sich ausdifferenzierenden parlamentarischen Systems wurde.

Weitere Entwicklungen
Die Reformation in England bedingte maßgeblich die unaufhaltsame Emanzipation bzw. Stärkung des Parlaments. Um nur einige der wichtigsten Stationen auf diesem Weg anzuführen:[35]

- Mit der „Bill of Rights" aus dem Jahr 1689 stellte das Parlament die Monarchie auf eine *konstitutionelle Grundlage*.
- Im ersten Drittel des 18. Jahrhunderts kam es zur Zweiteilung des Parlaments und damit zur *Einrichtung einer Opposition* – Ursache dazu war der Umstand gewesen, dass die Regierungen damals über eine ganze Reihe von Posten und anderen Vergünstigungen verfügte, um sich die Mehrheit der Abgeordneten gefügig zu machen. Diejenigen, die von der Regierung nicht ‚berücksichtigt' wurden, konstituierten sich als Gruppe („Outs") und platzierten sich im Unterhaus auf den Bänken gegenüber dem Schatzmeister.
- Zugleich wurde Parlamentsrecht in Form einer *Geschäftsordnung* geschaffen, die interne Verfahren verbindlich regelte und besondere Funktionen und Ämter wie z.B. den „Speaker" auswies.
- Die Opposition entdeckte zudem das Forum der *Öffentlichkeit* der wahlberechtigten Bürger, das sich in politischen Fragen mobilisieren ließ und sich allmählich zu einer eigenständigen ‚außerparlamentarischen' Kontrollinstanz der Regierungspolitik entwickelte.
- Schließlich verlor der König zunehmend seinen Einfluss auf die Regierungsbildung ans Parlament, es bildete sich mit anderen Worten ein parlamentarisches Regierungssystem heraus, in dem der Ministerpräsident auf die Unterstützung der Mehrheitsfraktion angewiesen war.

Niedergang des Parlaments?
Ungefähr in der Mitte des 19. Jahrhunderts hatte das englische Parlament seine stärkste Position erlangt, und einige Beobachter sprachen rückblickend von einem „goldenen Zeitalter".[36] Dabei wird oft übersehen, dass die damit gemeinte imposante Stellung des Parlaments in England in unübersichtlichen Umbruchzeiten erlangt wurde, dass also die Stärke der einen Institution auch aus der temporären Schwäche der anderen, z.B. der Exekutive resultierte. Außerdem war das Parlament in England, abgesehen von der Commonwealth-Episode der Jahre 1649-1660, nie ‚allmächtig' gewesen und sollte es auch nicht sein[37] – selbst in den Augen der Verfechter des liberalen Parlamentarismus nicht. Das zeigte sich auch bei einem modernen Klassiker, in den 1861 erschienenen „Betrachtungen über die repräsentative Regierung" von John Stuart Mill. Mill wurde in der Weimarer Republik von den rechten Kritikern[38] des politischen Liberalismus stets als Musterbeispiel für Liberale angeführt, die vom Parlament alle guten Dinge erwarteten. Dabei ist Mill keineswegs ein blauäugiger Anhänger des Parlamenta-

---

35 (ebd.), Kap. 3.
36 (ebd.), 128.
37 Vgl. dagegen Heidrun Abromeit, Volkssouveränität, Parlamentssouveränität, Verfassungssouveränität: Drei Realmodelle der Legitimation staatlichen Handelns, in: Politische Vierteljahresschrift, 1/1995, 49-66, 51f., die im Anschluss an den einflussreichen englischen Rechtsgelehrten A.V. Dicey die Souveränität i.S. vollkommener Uneingeschränktheit des britischen Parlaments versteht.
38 Vgl. oben, Kap. 2.1.

rismus gewesen. Ein Parlament, so heißt es bei ihm, könne zwar sehr gut eine Regierung kontrollieren und ihr z.B. die Zustimmung in Steuerfragen im Allgemeinen und zum Haushalt im Besonderen verweigern. Auch betrachtete er das Unterhaus als einen „Kongress der Meinungen", als eine Arena also, in der die geplanten Gesetzesvorhaben von den unterschiedlichsten Standpunkten diskutiert werden können – aber die inhaltliche Gestaltung der Gesetze sollte es *nicht* übernehmen, diese wichtige Aufgabe wäre an einen „Gesetzgebungsausschuss" zu überweisen.[39] Das Parlament könne allenfalls die Gesetzgebung veranlassen oder initiieren und die vom Ausschuss erarbeiteten Vorlagen später dann auch verabschieden.

Der Eindruck eines „Niedergangs" der modernen Parlamente in westlichen Regierungssystemen stellt sich also immer dann ein, wenn der Parlamentarismus mit dem Ideal der uneingeschränkten Souveränität des Gesetzgebungsorgans befrachtet wird – von allmächtigen Parlamenten war jedoch zumindest in der liberalen Theorie und Praxis nur selten die Rede.

Die voranstehenden Bemerkungen bezogen sich auf England, das Mutterland des Parlamentarismus. Die dort vorfindbare Entwicklung ist jedoch keinesfalls verallgemeinerbar und ansonsten nur noch im 19. Jahrhundert in Frankreich in Ansätzen erkennbar gewesen. Dass die Entwicklung in Deutschland anders als die englische verlief, hatte ökonomische, politische und kulturelle Ursachen: Die Industrialisierung und die damit einhergehend Herausbildung einer bürgerlichen Gesellschaft, es war bereits angesprochen worden, hatten in Deutschland vergleichsweise spät eingesetzt. Das Vorhandensein eines (Besitz-)Bürgertums ist jedoch, wie die englische Entwicklung zeigt, eine wichtige Bedingung für die Entstehung des Parlamentarismus: Die neu entstandene Gesellschaftsschicht ist einerseits wohlhabend genug, um besteuert zu werden, hat sich aber andererseits diese Abgaben nur aufgrund der Garantie politischer Teilnahme gefallen lassen. Diese Einflussnahme auf die Politik musste der Krone jedoch beharrlich abgetrotzt, sie musste erkämpft werden – das deutsche Bürgertum, im Vergleich mit dem englischen oder amerikanischen im 18. und 19. Jahrhundert, blieb mit seinen Bemühungen um politische Emanzipation dagegen letztlich erfolglos. Hinzu kommt noch, dass der Parlamentarismus auch mit dem Gedanken der Konkurrenz, sowohl derjenigen der Argumente als auch derjenigen der Personen um Ämter, verbunden ist. Und auch diese Bedingung war in dem erst noch seine politische Einheit anstrebenden Deutschland eher ungenügend erfüllt.

Deutscher Parlamentarismus

Zwar gab es im 19. Jahrhundert auch deutsche Parlamente, aber deren Macht war viel bescheidener und ihre Funktionen waren begrenzter als diejenigen des Deutschen Bundestages heutzutage.[40] Die deutsche Revolution von 1848 hatte immerhin das Paulskirchenparlament hervorgebracht, das die Ausarbeitung der ersten gesamtdeutschen Verfassung vornehmen sollte. Dem allerdings nur ein Jahr bestehenden Parlament folgte erst 1871 der Reichstag des Deutschen Reiches. Seine Mitglieder wurden auf der Grundlage eines für europäische Verhältnisse modernen Wahlrechts – für Männer – gewählt. Der zur Selbstorganisation autorisierte Reichstag war zwar unabdingbar bei der gesetzgeberischen Umgestaltung Deutschlands zu einem modernen Industriestaat und nahm folglich an der Gesetzgebung im Kaiserreich teil. Wichtige Politikfelder, z.B. die Außenpo-

---

39 John Stuart Mill, Considerations *On* Representative Government [1861], New York 1991, 116.
40 Zum Folgenden Meier (1999), 88-101 und Kluxen (1983), Kap. 7.1.

litik, wurden jedoch ohne den Reichstag gestaltet. Vor allem aber war die Spitze der Exekutive, der Reichskanzler, vom Parlament unabhängig und nur auf das Vertrauen des Kaisers angewiesen. Das heißt, der Reichstag war hauptsächlich deshalb kein mächtiges Parlament, weil es zu keiner Parlamentarisierung der Politik und des politischen Systems gekommen war.

Das Erbe Bismarcks — Gegen Ende der 1. Weltkrieges, als die politische Neuordnung Deutschlands notwendig wurde, hatte Max Weber die eklatanten Defizite des damaligen deutschen Parlamentarismus als „Erbschaft Bismarcks" identifiziert: Die herausragende Persönlichkeit des Reichskanzlers hatte über lange Jahre unangefochten und ungefährdet Politik und Parlament in Deutschland dominiert; erst 1912 wurde das Misstrauensvotum wenigstens gegenüber Ministern der Reichsregierung eingeführt.[41] Hinzukam eine außergewöhnlich starke, durch Corpsgeist und Expertise gleichermaßen ausgezeichnete Beamtenschaft, die de facto keiner politischen Kontrolle unterlag. Das gegenüber der Reichsleitung und der Bürokratie weitgehend einflusslose Parlament konnte deshalb auch eine andere wichtige informelle Funktion – die Anziehung bzw. Ausbildung von Personen mit „Führungsqualitäten" – nicht erfüllen. Im Unterschied zu einem echten Arbeitsparlament wie dem britischen kennzeichneten die parlamentarische Debatte oft demagogische Züge – eine Tendenz, die in der Weimarer Republik, trotz eines in seinen Kompetenzen aufgewerteten Reichstags, durch das extrem polarisierte Parteiensystem bzw. durch die systemfeindlichen Parteien, noch weiter verstärkt wurde.[42]

5.3.2 Der Bundestag als repräsentative Institution

In Kapitel 4.1, bei der Erörterung der Interessengruppen, waren Organisationen und Institutionen im Allgemeinen unterschieden worden. Dabei war gesagt worden, beide gesellschaftlichen Phänomene könnten hinsichtlich ihrer Entstehungsgeschichte unterschieden werden: Organisationen wären demnach diejenigen Einrichtungen, die zu einem bestimmten Zeitpunkt und zu einem konkreten Zweck geschaffen worden sind, während Institutionen keinen solchen intentionalen Ursprung hätten und sich erst im Laufe der Zeit über gesellschaftliche Praktiken und Gewohnheiten herausgebildet hätten.

In der politikwissenschaftlichen Theorie gibt es jedoch noch einen anderen Ansatz zur Erklärung der „Eigenart" politischer Institutionen. Politische Institutionen werden in diesem Zusammenhang allgemein definiert als

---

41 Webers Urteil über das Erbe der Bismarck-Zeit ist vernichtend: „Er (Bismarck; M.B.) hinterließ eine Nation *ohne alle und jede politische Erziehung*, tief unter dem Niveau, welches sie in dieser Hinsicht zwanzig Jahre vorher bereits erreicht hatte. Und vor allem eine Nation *ohne allen und jeden politischen Willen*, gewohnt, dass der große Staatsmann an ihrer Spitze für sie die Politik schon besorgen werde ... Jene Machtlosigkeit bedeutete aber zugleich: ein Parlament mit tief herabgedrücktem geistigem Niveau ... Denn darauf: *ob große Probleme* in einem Parlament nicht nur *beredet*, sondern *maßgeblich entschieden* werden – ob also etwas *und wie viel darauf ankommt, was im Parlament geschieht*, oder ob es nur der widerwillig geduldete Bewilligungs-Apparat einer herrschenden Bürokratie ist, stellt sich die Höhe oder Tiefe seines Niveaus ein"; Weber (1988), 211f.

42 Die in Kap. 2.1 angeführte antiliberale und destruktive Parlamentarismus-Kritik von Schmitt bezieht sich also auf einen zuvor tatsächlich angeschlagenen, aber sowieso nur ungenügend entwickelten Parlamentarismus in Deutschland.

"Regelsysteme der Herstellung und Durchführung verbindlicher, gesamtgesellschaftlich relevanter Entscheidungen und Instanzen der symbolischen Darstellung von Orientierungsleistungen einer Gesellschaft."[43]   *Definition*

Mit dieser Definition soll zum Ausdruck kommen, dass politische Institutionen (im Unterschied zu Organisationen) über *zwei* Funktionen verfügen: über eine *Steuerungs*funktion und über eine *Integrations*funktion. Der erste Teil der Definition, der die erste Funktion anspricht, bezieht sich auf Altbekanntes, weil in diesem Zusammenhang die bereits mehrfach angeführte Funktion des politischen Systems angesprochen wird – gesellschaftliche Steuerung wird durch die bindenden Entscheidungen der Politik bewirkt. Der zweite Teil der Definition bestimmt die zweite Institutionenfunktion als „Integration", die durch (Darstellung) von Orientierungsleistungen erzielt werden soll. Der Mehrwert politischer Institutionen würde demnach in dieser zweiten Funktion begründet sein. Eine solche Integration soll sich nach außen, gegenüber dem Volk, aber auch nach innen, in Bezug auf das Institutionenpersonal, z.B. die Abgeordneten, ergeben. Allerdings wird in diesem Zusammenhang nicht hinreichend deutlich, worin Orientierung und Integration eigentlich bestehen sollen. So wünschenswert eine tragfähige Unterscheidung zwischen gesellschaftlichen Organisationen und politischen Institutionen sein mag – der Verweis auf die integrierende Wirkung der „Prinzipien des gesellschaftlichen Zusammenlebens"[44], die eine Institution berücksichtigen muss, genügt als Konkretisierung jedenfalls nicht.

Aussichtsreicher ist dagegen eine Annäherung an die Eigenart politischer Institutionen, zumindest der gesetzgebenden, über den Repräsentationsgedanken.   *Demokratische Repräsentation*
Repräsentation heißt soviel wie „Vertretung" (von jemandem, der nicht anwesend ist) oder „Darstellung" (von etwas). Eine demokratische Repräsentation erfordert zunächst, dass die Repräsentierten den Repräsentanten autorisiert haben – eine unaufgeforderte Vertretung aus eigenen Stücken ist keine legitime Vertretung. Das Parlament ist demnach eine repräsentative Einrichtung, deren Mitglieder von den Bürgern im Rahmen von fairen und legalen Wahlen zu ihren Vertretern bestellt wurden. Zugleich sind die Abgeordneten ihrerseits dazu autorisiert, die Bürger auf die im Repräsentationsorgan getroffenen Entscheidungen zu verpflichten. Zwischen Repräsentierten und Repräsentanten besteht somit eine Art wechselseitiger Abhängigkeit. Aus der Idee der politischen Selbstbestimmung ergibt sich,

> „dass die einzelnen ... die alle gemeinsam angehenden Fragen des Zusammenlebens durch die Repräsentanten in einer Weise verhandelt und ausgetragen sehen, die ungeachtet von Meinungsverschiedenheiten und Auffassungsunterschieden eine Identifikation mit dieser Art der Behandlung und Entscheidung ermöglicht und hervorruft."[45]

---

43 Gerhard Göhler, Politische Institutionen und ihr Kontext. Begriffliche und konzeptionelle Überlegungen zur Theorie politischer Institutionen, in: ders. (Hrsg.), Die Eigenart der Institutionen. Zum Profil politischer Institutionentheorie, Baden-Baden 1994, 19-46, hier 39.
44 (Ebd.), 37f. Zur symbolischen Dimension von Institutionen siehe auch Werner J. Patzelt (Hrsg.), Parlamente und ihre Symbolik. Programm und Beispiele institutioneller Analyse, Opladen 2001 einerseits und Michael Becker, Orientierung an Symbolen? Zur Problematik eines zweidimensionalen Begriffes politischer Institutionen, in: Bamberger Beiträge zur Politikwissenschaft, Nr. I-5, 2003 andererseits.
45 Ernst-Wolfgang Böckenförde, Demokratische Willensbildung und Repräsentation, in: Handbuch des Staatsrechts, Bd. II, §30, Heidelberg 1998, Rn. 18.

Politisches Amt Wesentlich für dieses Verständnis der Repräsentation ist der Begriff des „Amtes". Ein Amt im staats- und verwaltungsrechtlichen Sinn ist kein Posten, dessen sich jemand bemächtigt hat, sondern institutioneller Bestandteil der öffentlichen Ordnung des Staates. Ein solches Amt wird nicht besessen, es wird ausgeübt von Personen, denen es „anvertraut" worden ist. Voraussetzung zur Ausübung eines Amtes ist also eine Vertrauensbeziehung, die im Falle des Abgeordnetenamtes durch die Wahl begründet wird. Zudem gehört zu einem öffentlichen Amt, im weit stärkeren Maße als bei privaten Organisationen, der Gedanke der „Fremdnützigkeit" im Unterschied zur Eigennützigkeit: Abgeordnete als Amtsinhaber zielen nicht (in erster Linie) auf die Realisierung eigener Interessen, sondern auf die Wahrung und Mehrung des Wohls des Volkes.

Verantwortlichkeit der Amtsinhaber Mit einem politischen Amt ist die „Verantwortlichkeit" des Amtsinhabers verbunden.[46] Diese kann an unterschiedlichen Stellen auftreten, z.B. im parlamentarischen Regierungssystem als Verantwortlichkeit der Regierung gegenüber der Parlamentsmehrheit oder als Verantwortlichkeit der Repräsentanten gegenüber den Wählern. Was das letztgenannte Beispiel angeht, so zeichnet sich verantwortliches Handeln von Abgeordneten vor allem durch überlegtes Abwägen der Entscheidungsalternativen im Rahmen der Gesetzgebung und der Stimmabgabe aus. „Verantwortet" werden können dabei durchaus auch mehrheitlich (z.B. von der Mehrheit der Wählerschaft eines Wahlkreises) als unpopulär betrachtete Optionen. Entscheidungen zu verantworten heißt konkret, sie gegenüber den von ihr Betroffenen oder den Wählern mit Gründen als wohlüberlegte Urteile zu rechtfertigen. Darüber hinaus hat ein Amtsinhaber (z.B. ein Minister als Leiter eines Ministeriums) auch Vorgänge verantworten, mit denen er u.U. gar nicht persönlich befasst war. Verantwortlich sein bedeutet generell, einer mit dem öffentlichen Amt verbundenen Rechenschaftspflicht zu entsprechen. Verstöße gegen diese Pflicht können durch öffentliche Kritik, Vertrauensentzug oder Amtsenthebung geahndet werden.[47]

Die politische Institution Parlament lässt sich folglich als eine Organisation begreifen, deren Funktionieren in konkrete Vorstellungen von Repräsentation, Verantwortlichkeit und politischer Selbstbestimmung eingebettet ist. Inwiefern die politische Realität diesem Anspruch genügt, bleibt noch zu untersuchen.

---

46 Zum Folgenden vgl. auch Hella Mandt, Stichwort „Verantwortlichkeit" in: Sommer/von Westphalen (1999), 932-934.

47 Weder „Verantwortlichkeit" noch „Fremdnützigkeit" erfordern eine enge Bindung an den Willen der (Mehrheit der) Repräsentierten.

Abb. 4: Sitzverteilung im 17. Deutschen Bundestag

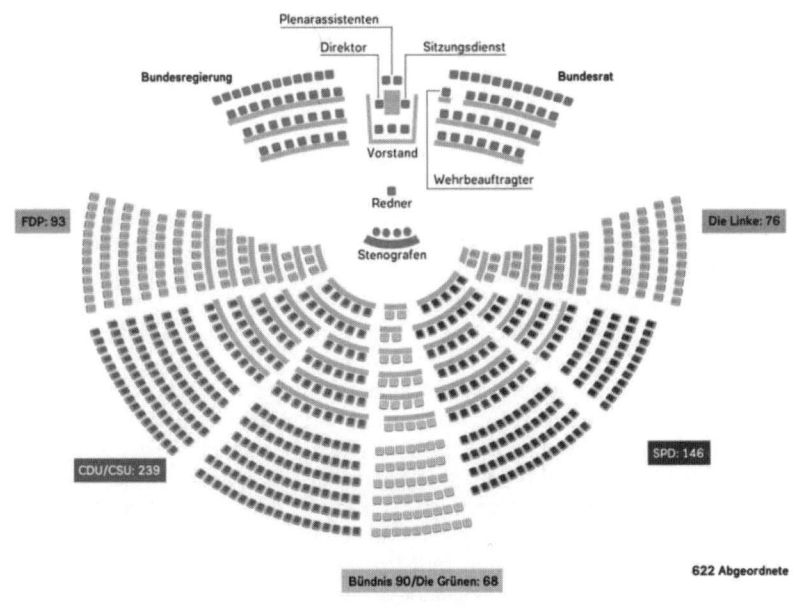

Quelle: http://www.bpb.de/themen/FUX0U6,1,0,Bundestag.html (28. 3. 2011)

5.3.3 Organisation des Bundestages

Politische Institutionen sind, anders als Organisationen, nicht vollkommen nach dem Zweck-Mittel-Schema zu verstehen, aber gleichwohl müssen auch sie über einen organisationellen Apparat verfügen, d.h. Institutionen lassen sich *auch* als Organisationen betrachten.[48]

Die Organisation der gesetzgebenden Institution Bundestag ist sowohl verfassungsrechtlich als gesetzlich bestimmt. In Kap. III (Art. 38-48) des Grundgesetzes werden einige grundlegende Fragen geregelt: Wahl, Zusammentritt, Präsident, obligatorische Ausschüsse sowie die Stellung der Abgeordneten. Zunächst einmal muss sich der Bundestag, der das in Art. 20 Abs. 2 GG angesprochene „besondere Organ der Gesetzgebung" verkörpert, konstituieren. Das geschieht im Anschluss an die in Art. 38 GG geregelte Wahl der Bundestagsabgeordneten. Die Gewählten müssen spätestens am 30. Tag nach der Wahl zusammenkommen, über „Schluss und Wiederbeginn" ihrer Sitzungen entscheiden sowie einen Präsidenten des Bundestages wählen. Des weiteren sieht Art. 40 GG den Beschluss einer „Geschäftsordnung" vor. Unter Bezugnahme auf diese in jeder Legislaturperiode neu zu beschließende Geschäftsordnung des Bundesta-

Konstituierung des Bundestages

---

48 Zumindest gilt dies für Institutionen „mit Akteuren" im Unterschied zu solchen „ohne Akteure" wie etwa eine Verfassung; vgl. Göhler (1994), 23.

ges (GOBT) werden nachfolgend die wichtigsten Untergliederungen des deutschen Parlaments vorgestellt.[49]

Präsidium und Ältestenrat

Das älteste Mitglied des Bundestags präsidiert als Alterspräsident die erste Sitzung des neu gewählten Bundestages, zu dessen Hauptaufgaben die Wahl des *Bundestagspräsidenten* und seiner Stellvertreter gehört.[50] Der Bundestagspräsident führt die Geschäfte des Bundestages und vertritt ihn nach außen. Nach dem Bundespräsidenten übt er das zweithöchste Staatsamt der Bundesrepublik aus. Der Bundestagspräsident bildet zusammen mit seinen Vertretern[51], deren Zahl sich nach der Anzahl der Fraktionen im Bundestag richtet, das *Präsidium*. Der *Ältestenrat* ist ein weiteres Organ des Bundestages. Es setzt sich zusammen aus dem Präsidium sowie weiteren 23 von den Fraktionen zu benennenden Abgeordneten. Der Ältestenrat unterstützt den Präsidenten bei der Geschäftsführung, insbesondere den Fraktionen gegenüber.

Fraktionen

Als „Fraktionen des Bundestages" werden diejenigen Zusammenschlüsse bezeichnet (§10 GOBT), denen mindestens fünf Prozent der Mitglieder des Bundestages angehören und die entweder derselben Partei oder aber Parteien angehören, die untereinander nicht in Konkurrenz um Wählerstimmen stehen (durch diese Regelung wird die *Fraktionsgemeinschaft* der beiden *Parteien* CDU und CSU ermöglicht). Die Fraktionen sind nach den Bestimmungen des „Abgeordnetengesetzes" „rechtfähige Vereinigungen", d.h. sie können klagen und verklagt werden, und sie haben „Anspruch auf Geld- und Sachleistungen aus dem Bundeshaushalt".[52] Die erwähnten fünf Prozent der Mitglieder des Bundestages werden auch als „Fraktionsmindeststärke" bezeichnet, die die Zugangsberechtigung zu den wichtigen Untergliederungen des Bundestages, des Ältestenrates und der Ausschüsse, darstellt und auch die Voraussetzung zum Gebrauch der sog. „Minderheitsrechte" ist. Abgeordnete, die sich zusammenschließen wollen, aber insgesamt über weniger als fünf Prozent der Sitze verfügen, können als „Gruppe" anerkannt werden, und es können ihnen auch fraktionsähnliche Befugnisse im Rahmen der Parlamentsarbeit zugestanden werden.

---

49 Die aktuelle Version der Geschäftsordnung in der Fassung der Bekanntmachung vom 2. Juli 1980 (BGBl. I S. 1237), zuletzt geändert laut Bekanntmachung vom 16. Juli 2010 findet sich unter www.bundestag.de/dokumente/rechtsgrundlagen/go_btg/ (6.1.2011). Vgl. auch „Basistexte Öffentliches Recht", Detterbeck (2010). Die Geschäftsordnung regelt die innere Verfassung des Parlaments, sie besitzt jedoch keinen Gesetzesrang und wird als „autonome Satzung" eines zur Selbstverwaltung fähigen Organs bezeichnet. Vgl. zum Folgenden auch Verwaltung des Deutschen Bundestages (Hrsg.), Datenhandbuch zur Geschichte des Deutschen Bundestages 1994-2003 (bearbeitet von Michael F. Feldkamp unter Mitarbeit von Birgit Ströbel), Berlin 2005; PDF-Version unter http://www.bundestag.de/service/glossar/D/datenhandbuch (6.1.2011). Siehe auch Wolfgang Ismayr, Der Deutsche Bundestag im politischen System der Bundesrepublik Deutschland, Opladen 2000, Kap. 4.
50 Ebenfalls zu den ersten Handlungen des Bundestages zählt die Wahl des Bundeskanzlers (dazu ausführlicher unten, Abschnitt 3.4).
51 Die Wahl der stellvertretenden Bundestagspräsidenten ist seitens der Regierung bzw. der Mehrheit im Bundestag wiederholt zur symbolischen Politik benutzt worden: Den 1983 erstmals ins Parlament eingezogenen Grünen wurde von der konservativ-liberalen Mehrheit unter Bundeskanzler Kohl bis 1994 ein Stellvertreterposten versagt; der PDS-Kandidat Bisky schaffte es 2005 auch nach vier Wahlgängen ohne ausreichende Unterstützung durch die anderen Fraktionen nicht, in das Amt zu kommen.
52 Zur Vertiefung der folgenden Ausführungen und zu weiteren Details, Gerald Kretschmer, Fraktionen. Parteien im Parlament, Heidelberg 1992, Kap. 3.

Erst nach den Ausführungen zu den Fraktionen kommt die Geschäftsordnung mit wenigen Paragrafen auf die „Mitglieder" des Bundestages zu sprechen. Allerdings ist zu berücksichtigen, dass die Geschäftsordnung Regelungen übernimmt, die an anderer Stelle, nämlich im schon einmal erwähnten Abgeordnetengesetz[53], getroffen wurden, übernimmt und dass die Abgeordneten immerhin gleich an mehreren Stellen im Grundgesetz Erwähnung finden. Dabei geht es zunächst um grundsätzliche Angelegenheiten, d.h. um mögliche rechtliche Folgen ihrer parlamentarischen Tätigkeit bzw. um ihre *rechtliche* Stellung im Allgemeinen:

Abgeordnete

- Die *Indemnität* (Straflosigkeit) des Abgeordneten garantiert Art. 46 Abs. 1 GG, wonach er „zu keiner Zeit wegen seiner Abstimmung oder wegen einer Äußerung, die er im Bundestage oder in einem seiner Ausschüsse getan hat, gerichtlich oder dienstlich verfolgt ... werden" darf.
- Die *Immunität* (Schutz vor Strafverfolgung) des Abgeordneten sichert Art. 46 Abs. 2 GG: „Wegen einer mit Strafe bedrohten Handlung darf ein Abgeordneter nur mit Genehmigung des Bundestages zur Verantwortung gezogen oder verhaftet werden."

An anderer Stelle, in Art. 38 kommt das Grundgesetz auf die *politische* Stellung des Abgeordneten, d.h. auf seine Verbindung zu den Wählern zu sprechen. In diesem Zusammenhang werden immer wieder zwei unterschiedliche Mandatsauffassungen diskutiert: Die Verfechter eines „freien" Mandats gehen davon aus, dass Abgeordnete keine Beauftragten sind, die im Parlament für ihren Wahlkreis bzw. die Mehrheit der dortigen Wähler „das Beste herausholen". Vielmehr sind sie mit Vernunft, Erfahrung und Urteilskraft ausgestattete Repräsentanten, die verbindliche Entscheidungen von einem allgemeinen Standpunkt, nach reiflicher Überlegung und unter Einschluss auch der Gegenargumente zum Wohl der gesamten Nation treffen. Die Vertreter des „imperativen" Mandats sehen den Abgeordneten dagegen als Erfüllungsgehilfen der Mehrheit der Wähler eines Wahlkreises; sie sind, als Agenten ihres Auftragsgebers, unbeweglich gegenüber anderen in der parlamentarischen Debatte geäußerten Standpunkten.[54]

Freies und imperatives Mandat

Das Grundgesetz führt nun zur Stellung der Abgeordneten in Art. 38 Abs. 1 aus:

„Die Abgeordneten ... sind Vertreter des ganzen Volkes, an Aufträge und Weisungen nicht gebunden und nur ihrem Gewissen unterworfen."[55]

---

53 „Gesetz über die Rechtsverhältnisse der Mitglieder des deutschen Bundestages" (Abgeordnetengesetz) (AbgG), in der Fassung vom 23. 10. 2008.
54 Die Diskussion reicht zurück in das späte 18. Jahrhundert. Das bis heute einflussreiche Plädoyer für das freie Mandat stammt aus einer Rede von Edmund Burke: „Das Parlament ist kein Kongreß von Botschaftern im Dienste verschiedener und feindlicher Interessen ..., sondern das Parlament ist die beratende Versammlung einer Nation, mit einem Interesse, dem des Ganzen, wo nicht lokale Zwecke, nicht lokale Vorurteile bestimmend sein sollten, sondern das allgemeine Wohl ... Wohl wählt ihr einen Abgeordneten, aber wenn ihr ihn gewählt habt, dann ist er nicht mehr Vertreter von Bristol, sondern ein Mitglied des Parlaments"; Edmund Burke, Rede an die Wähler von Bristol [1774], zitiert nach: Dieter Oberndörfer und Wolfgang Jäger (Hrsg.), Klassiker der Staatsphilosophie. Ausgewählte Texte, Stuttgart 1971, Bd. 2, 47f.
55 §13 AbgG besagt im Anschluss daran, dass der Abgeordnete seiner „Überzeugung und seinem Gewissen" folgt.

Für sich betrachtet liest sich diese Passage als eindeutige Bezugnahme auf das freie Mandat verstehen. Dem ist allerdings nicht unbedingt so, und dies liegt daran, dass Abgeordnete nicht nur Parlamentsmitglieder sind, sondern zugleich auch Partei- und Fraktionsmitglieder. Während Art. 21 Abs. 1 GG noch zurückhaltend von der „Mitwirkung" der Parteien an der politischen Willensbildung spricht, diagnostizierte die oben diskutierte Parteienstaats-These deutlich und unmissverständlich, dass Abgeordnete als Parteimitglieder dem Parteiwillen unterworfen sind und sich folglich im Parlament als *gebundene*, in ihrem Gewissen nicht freie Parteibeauftragte treffen. Und es lässt sich darüber streiten, ob Parlamente, in denen das freie Mandat uneingeschränkt praktiziert würde (wenn also kein Parteienstaat existierte), überhaupt funktionsfähig wären.

Fraktionsdisziplin

Tatsache ist, dass die Fraktionen im „Fraktionenparlament" Bundestag nicht umhinkommen, von ihren Mitgliedern eine erhebliche fraktionsdienliche *Disziplin* abzufordern, und zwar nicht nur um die von ihr bzw. der Partei beschlossenen Positionen durchzusetzen, sondern auch um die Regierung zu stützen und im Amt zu halten. Von einem Fraktions*zwang* zu sprechen ist dagegen übertrieben: zwar müssen die Abgeordneten als Fraktionsmitglieder ihre persönliche Meinung des öfteren hinter diejenige der Mehrheit in der Fraktion zurücknehmen, aber immerhin sind sie der Partei aus freien Stücken beigetreten und verdanken ihr u.U. die Platzierung auf einer Landesliste sowie die Unterstützung im Wahlkampf. Von daher ist die Annahme einer grundsätzlichen Übereinstimmung mit den programmatisch Parteizielen und dem Kurs der Fraktion, der im übrigen ja auch unter Mitwirkung der Fraktionsmitglieder abgesteckt werden muss, in der Regel sehr wahrscheinlich. Außerdem ist es bei vielen Debatten und Abstimmungen, in denen „Gewissensfragen" erörtert und entschieden werden, Brauch gewesen, die Abgeordneten von der Fraktionsdisziplin ausdrücklich zu entbinden.

Diäten

Außer den parteienstaatlich bedingten gibt es noch weitere Entwicklungen, die das nicht gerade wenig anspruchsvolle Bild des Abgeordneten, wie es im Zusammenhang mit dem freien Mandat entworfen wurde, als unrealistisch erscheinen lassen. Zwei der aktuellen Tendenzen lassen sich vor dem Hintergrund der Frage erörtern, ob Politiker „für" die Politik oder „von" ihr leben sollten.[56] Zu nennen sind dabei vor allem die Diäten sowie die Nebentätigkeiten der Abgeordneten. Ursprünglich sind die Diäten „Tagegelder" gewesen, die den Abgeordneten für Aufwendungen und Verdienstausfälle vom Staat gezahlt wurden.[57] Die umfangreiche Demokratisierung der Politik im vergangenen Jahrhundert bewirkte eine Verdrängung der Honoratiorenpolitiker und machte aus den Abgeordneten zunehmend Vollzeitbeschäftigte, die ihrem eigentlichen Beruf zumindest vorübergehend nicht nachgehen konnten und deshalb einer finanziellen Entschädigung bedurften. Auf der Grundlage von Art. 48 Abs. 3 GG, der Abgeordneten einen Anspruch auf eine „angemessene Entschädigung" einräumt, kam es mit

---

56 Vgl. dazu Max Weber, Politik als Beruf, in: ders., MWS I/17, Tübingen 1994, 35-88, hier 42f.:„(W)er ‚für' die Politik lebt macht im *inner*lichen Sinne ‚sein Leben daraus' ... ‚Von' der Politik lebt, wer danach strebt, daraus eine dauernde *Einnahme*quelle zu machen". „Für" die Politik leben also nicht nur selbstlose Gutmenschen, sondern auch machtbewusste Individuen; „von" der Politik zu leben meint, sie in erster Linie unter finanziellem Aspekt zu betreiben.

57 Vgl. Suzanne S. Schüttemeyer, Abgeordnetenentschädigung, in: Sommer/von Westphalen (1999), 3-5.

dem 1977 verabschiedeten Abgeordnetengesetz zu einer verbindlichen Regelung.[58] Die durch den Bundestag selbst beschlossenen Diätenerhöhungen der Abgeordneten erzeugten regelmäßig Unmut bei der interessierten Öffentlichkeit, weil die Berechnung der Höhe der Tagegelder lange Zeit ebenso unklar blieb wie die Frage, ob nicht doch ein externes, neutrales Gremium mit dieser Angelegenheit betraut werden sollte.

Die Nebentätigkeiten- bzw. -einkünfte von Abgeordneten werden ebenfalls oft beargwöhnt. Inzwischen wird diese Frage – so gut es eben geht – durch das Abgeordnetengesetz geregelt. Dessen Paragraf 44a hält zunächst fest, dass die Ausübung des Mandats „im Mittelpunkt"(!) der Tätigkeit eines Abgeordneten stehe. Zur Hervorhebung des an und für sich Selbstverständlichen hatte es kontinuierlich Anlass gegeben, weil Politiker und Bundestagsabgeordnete, zumal in exponierten Positionen, immer wieder beträchtliches, nicht angezeigtes bzw. veröffentlichtes Nebeneinkommen bezogen. Das eigentlich Problematische an den Nebentätigkeiten ist allerdings noch nicht einmal das zusätzliche Einkommen und seine öffentliche Deklarierung, sondern die Vereinbarkeit des politischen Mandats, im Sinne eines Amtes, mit einem lukrativen Posten in anderen gesellschaftlichen Bereichen, vor allem in der Wirtschaft. Es ist zweifelhaft, ob diese Frage gegenwärtig ausreichend geregelt bzw. überhaupt gesetzlich regelbar ist. 2006 hatte der CDU-Bundestagsabgeordnete Norbert Röttgen nach seiner Wahl zum Hauptgeschäftsführer des BDI und damit seiner Betrauung mit einer leitenden Funktion in einer einflussreichen *Interessenorganisation*, erklärt, er wolle sein Mandat vorerst weiter ausüben. Im Unterschied zu früheren Präsidenten des Industriellenverbandes hielten weder der amtierende Bundestagspräsident noch Parteikollegen diese Form der Doppelbeschäftigung für bedenklich oder gar für anstößig.[59] Das in der Presse und in der Öffentlichkeit aus gegebenem Anlass heftig kritisierte Abgeordnetenverhalten zeigt, wie bedenklich weit die Vorstellungen der Bürger und der Politiker in Bezug auf verantwortungsvolle und treuhänderische Amtsführung und wohl auch moralische Integrität inzwischen auseinander liegen.[60]

Nach der Festlegung wichtiger *Strukturen* (Fraktionen) des Bundestages regelt die Geschäftsordnung des Bundestages seine *Verfahren*, d.h. den Sitzungs-

Nebentätigkeiten

Parlamentarische Verfahren

---

58 Unter den über 50 Artikeln des Abgeordnetengesetzes sind beinahe 40 der Regulierung finanzieller Fragen gewidmet – eine ähnliche Tendenz, wie sie sich auch schon beim in Kap. 4.2. besprochenen Parteiengesetz abgezeichnet hatte. In §11 AbgG heißt es, die Abgeordnetenentschädigung orientiere sich an den Jahresbezügen der Richter bei einem obersten Gerichtshof des Bundes bzw. eines kommunalen Wahlbeamten. Für den 1. Januar 2003 wurde sie auf 7009€ monatlich festgelegt. Bereits 1975 hatte das Bundesverfassungsgericht in seinem Urteil zu den Abgeordnetendiäten in den Leitsätzen festgehalten, der Abgeordnete werde durch die staatliche Alimentation nicht zum „Beamten", aber dennoch beziehe er „aus der Staatskasse sein Einkommen": BVerfGE, 40, 296.
59 Ein Grund dafür mag sein, dass einige Bundestagsabgeordnete – zumindest in den staatstragenden Parteien – Postenhäufungen im außerparlamentarischen Bereich als normal ansehen. S. auch Heribert Prantl, Der Abgeordnete, in: Süddeutsche Zeitung Nr. 166 vom 21. 7. 2006, 4. Röttgen hat die Stelle beim BDI dann doch nicht angetreten.
60 Durch ein Urteil des Bundesverfassungsgerichts vom Juli 2007 konnten diejenigen Passagen der 2005 vorgenommenen Novellierung des Abgeordnetengesetzes umgesetzt werden, die eine Veröffentlichung der Nebeneinkünfte der Angeordneten vorschrieben. Die nunmehr offensichtliche Tatsache, dass doch einige der Parlamentarier über monatliche *Neben*einkünfte von 7000€ und mehr verfügen, wird die Zweifel an der richtigen Amtsauffassung manches Abgeordneten nicht kleiner werden lassen.

ablauf. Die diesbezüglichen Regelungen des VI. Abschnittes der Geschäftsordnung sind vergleichsweise umfangreich und können hier nur stichwortartig unter Anführung der jeweiligen Paragrafen besprochen werden:

- Die Sitzungen des Bundestages sind grundsätzlich öffentlich; die Öffentlichkeit kann jedoch auf Antrag ausgeschlossen werden (§19).
- Termine und Tagesordnung der Sitzungen werden normalerweise vom Ältestenrat festgelegt (§20), in bestimmten Fällen auch vom Präsidenten (§21).
- Die Sitzungen werden vom Präsidenten (abwechselnd mit Stellvertretern) geleitet (§22).
- Eine Sitzung des Bundestages kann vertagt werden (§26).
- Abgeordnete dürfen nur sprechen, wenn ihnen der Präsident das Wort erteilt hat. Zwischenfragen an den Redner bedürfen dessen Zustimmung (§27); gesprochen werden soll „grundsätzlich in freiem Vortrag" (§33); liegen andere Absprachen nicht vor, so darf die Rede einzelner Abgeordneten maximal 15 Minuten dauern, überschreitet ein Redner seine Redezeit, kann ihm das Wort entzogen werden (§35).
- Wegen „gröblicher Verletzung der Ordnung" können Abgeordnete von einer Sitzung ausgeschlossen werden (§38).
- Der Bundestag ist beschlussfähig, wenn mehr als die Hälfte seiner Mitglieder anwesend ist; tauchen Zweifel in Bezug auf die Beschlussfähigkeit auf, so kann diese im Zusammenhang mit einer Abstimmung, d.h. der Stimmenzählung festgestellt werden (§45).
- Abstimmungen werden „durch Handzeichen oder durch Aufstehen oder Sitzenbleiben" vorgenommen; normalerweise entscheidet dabei die einfache Mehrheit der Abgeordneten; bei Stimmengleichheit gilt die zur Abstimmung vorgelegte Frage als verneint (§48). Ist nach dieser Zählung kein eindeutiges Ergebnis zu erzielen, so wird die Abstimmung über den sog. „Hammelsprung"[61] vollzogen, zu dem die Abgeordneten den Plenarsaal zunächst verlassen und dann nur durch die mit „Ja", „Nein" oder „Enthaltung" überschriebenen Türen wieder betreten können und dabei gezählt werden (§51). Außerdem kann für bestimmte Themen eine „namentliche Abstimmung" beantragt werden, bei der die Abgeordneten sog. Abstimmungskarten mit ihrem Namen zur späteren Zählung in Urnen werfen (§52).

Bundestagsausschüsse
Zur Vorbereitung seiner Plenarsitzungen setzt der Bundestag Ausschüsse ein – Ausschüsse sind „vorbereitende Beschlussorgane" des Parlaments. Auch die diesbezüglichen Bestimmungen der Geschäftsordnung sind umfangreich und detailliert und z.T. auch kompliziert. Das zeigt sich besonders bei der Berechnung der *Ausschusssitze*, die einer Fraktion zustehen. Während die Fraktionen Zusammenschlüsse nach Parteizugehörigkeit darstellen, sind die Ausschüsse in ihrer Zusammensetzung ‚überparteilich': Gemäss §12 GOBT wird die Besetzung der Ausschüsse im „Verhältnis der Stärke der einzelnen Fraktionen" vorgenommen. Dabei muss – genauso wie bei der Berechnung der Sitze im Bundestag – ein Verrechnungsverfahren eingesetzt werden, auf das sich die (Mehrheits-)Fraktionen zu Beginn der Legislaturperiode einigen müssen. An Verfahren zur Verfü-

---

61 Der Hammelsprung ist benannt nach dem in einer Episode der Odyssee seine Hammel zählenden Kyklopen Polyphem.

gung stehen Hare/Niemeyer, St. Lague/Schepers und d'Hondt.[62] Ab der 16. Wahlperiode hat sich der Bundestag für das Verfahren St. Lague/Schepers entschieden, das sog. „Rangmaßzahlen" ermittelt: „Diese errechnet man, indem man die Gesamtzahl der Abgeordneten durch die Mitgliederstärke der einzelnen Fraktionen dividiert und diese Zahl mit 1, 2, 3 usw. – jeweils um 0,5 vermindert – multipliziert, also mit 0,5, 1,5, 2,5 usw.".[63] Danach ergibt sich folgende Berechnungsformel:

$$R_N = \frac{\text{Gesamtzahl der Abgeordneten}}{\text{Fraktionsstärke}} \times (N-0,5)$$

Ausschüsse umfassen normalerweise zwischen 15 und 40 Mitgliedern, in der 17. Wahlperiode hat der kleinste Ausschuss 13, der größte 41 Abgeordnete. Folglich müssen im einen Fall 13, im anderen 41 Rangmaßzahlen bestimmt werden. Darüber hinaus ist auch noch die Verteilung der Ausschuss*vorsitze* zu regeln. Auf die Übernahme der Vorsitze können sich die Parteien grundsätzlich im Ältestenrat verständigen und dabei versuchen, ihre jeweiligen Präferenzen zu berücksichtigen. Gelingt diese Einigung nicht, so kann das Verfahren St. Lague/Schepers auch als „Zugreifverfahren" angewandt werden, d.h. die Parteien erhalten die Vorsitze in der Reihenfolge der Rangmaßzahlen, die auf sie entfallen.[64]

Die Zahl der Ausschüsse wird ebenfalls am Beginn einer Wahlperiode festgelegt. In der 17. Wahlperiode hat der Bundestag 22 sog. „Ständige Ausschüsse" eingesetzt. In der Regel steht jedem Bundesministerium mindestens ein Ausschuss gegenüber. Viele Ausschüsse bilden noch einmal Unterausschüsse, die sich mit spezifischen Problemen ihres Sachgebietes befassen. Unter den Ständigen Ausschüssen gibt es auch solche, die vom Grundgesetz vorgeschrieben werden: der Ausschuss für Angelegenheiten der Europäischen Union, den Ausschuss für Auswärtiges und für Verteidigung sowie der Petitionsausschuss. Von den Ständigen Ausschüssen zu unterscheiden sind die

– *Sonderausschüsse*, die für eine begrenzte Zeit z.B. bei einem langwierigen Gesetzvorhaben eingesetzt werden können.
– *Untersuchungsausschüsse*, die nach Art. 44 Abs. 1 GG auf Verlangen eines Viertels der Mitglieder des Bundestages eingesetzt werden müssen; sie sollen Missstände oder politische Skandale aufdecken.
– *Enquetekommissionen*, die im Grunde genommen keine Ausschüsse sind, weil ihnen zum einen nicht nur Abgeordnete angehören und sich zum anderen auch nicht die parlamentarischen Mehrheitsverhältnisse widerspiegeln.

---

62 Die Verfahren weisen den großen Parteien eine unterschiedliche Zahl an Sitzen zu. Diese Unterschiede sind minimal, aber dennoch entscheidend für die Mehrheitsverhältnisse im Ausschuss. Zur aktuellen Situation vgl. die Informationen des Bundestages unter www.bundestag.de/bundestag/ausschuesse17/ (6.1.2011). Alle im Text gemachten Angaben zur 17. Wahlperiode sind den Informationsseiten des Bundestages entnommen.
63 Hermann Borgs-Maciejewski und Alfred Drescher, Parlamentsorganisation. Institutionen des Bundestages und ihre Aufgaben, Heidelberg 1993, 101. Die „Rangmaßzahlen" wurden oben, in Kap. 5.2. im Zusammenhang mit der Stimmenverrechnung bei Bundestagswahlen als „Höchstzahlen" bezeichnet.
64 www.bundestag.de/ausschuesse17/aufgaben.html (6.1.2011); ein Berechnungsbeispiel bringen Borgs-Maciejewski/Drescher (1993), 101f.

Mit diesen Einrichtungen wird Grundlagenforschung zu politisch brisanten Themen politisch initiiert[65]

Abb. 5: Das arbeitsteilige Fraktionenparlament

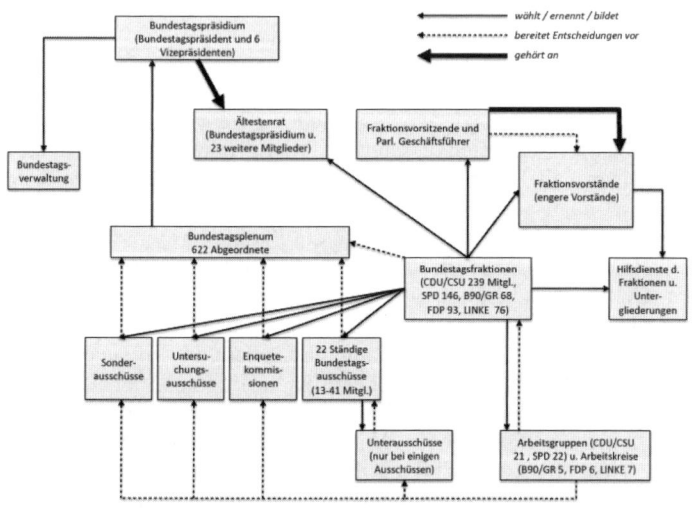

Quelle: Rudzio (2006), 208 (eigene Aktualisierung).

5.3.4 Funktionen des Bundestages im parlamentarischen Regierungssystem

Aus der voranstehenden Schilderung der Organisation des Bundestages ging hervor, dass es sich aus Gründen der Arbeitsteilung um eine komplexe, zum einen in Fraktionen und zum anderen in zahlreiche Ausschüsse untergliederte Institution handelt. Außerdem wurde deutlich, dass die Fraktionen, also die Parteien im Parlament, eine dominante Stellung einnehmen[66] und insofern die oben erörterte Parteienstaats-These bestätigt wird. Bei der bisherigen Betrachtung ist das Parlament weitgehend als eigenständige Institution aufgefasst worden, die die gesetzgebende Gewalt inne hat. Um die Rolle des Parlamentes vor allem im Legislativprozess angemessen darstellen zu können, muss aber seine Beziehung zur Exekutive, zur Regierung, bereits an dieser Stelle, im Kapitel über das Parlament, wenigstens schematisch mitberücksichtigt werden.

---

65 Näheres dazu (ebd.), Kap. 4 und 5.
66 Ähnlich wie im Parteiengesetz und der darin enthaltenen Passage zur „Mitwirkung" der Parteien bei der politischen Willensbildung heißt es im Abgeordnetengesetz: „Die Fraktionen wirken an der Erfüllung der Aufgaben des Deutschen Bundestages mit"; §45 AbgG.

Für die nähere Kennzeichnung der Legislativ-Exekutiv-Beziehung wird wiederum auf den Systembegriff rekurriert und von einem „Regierungssystem" gesprochen. Dessen wichtigste Ausprägungen sind zum einen das parlamentarische und zum anderen das präsidentielle Regierungssystem. Beide lassen sich aufgrund folgender Merkmale unterscheiden:[67]

Parlamentarisches und präsidentielles Regierungssystem

„Primäres" Unterscheidungsmerkmal zwischen parlamentarischem und präsidentiellem Regierungssystem ist

1. die *Abberufbarkeit der Regierung*. Ist die Regierung, d.h. der Regierungschef, vom Parlament absetzbar, so handelt es sich um ein parlamentarisches Regierungssystem.

Als weitere, „sekundäre" Merkmale des parlamentarischen Systems sind anzuführen:

1. das Recht der Exekutive auf *Parlamentsauflösung*;
2. die Möglichkeit von *Minderheitsregierungen*;
3. die *Ungleichgewichtigkeit* der beiden an der Gesetzgebung beteiligten Kammern *bzw. ein Einkammersystem* sowie
4. die Unvereinbarkeit (Inkompatibilität) von Abgeordnetenmandat und Regierungsamt.[68]

Im politischen System der Bundesrepublik sind nicht alle fünf genannten Merkmale des parlamentarischen Regierungssystems ausgeprägt – die Regierung kann das Parlament, formal gesehen, nicht auflösen und es existiert eine Vereinbarkeit von Mandat und Regierungsamt. Die anderen drei Merkmale, darunter das „primäre", sind jedoch vorhanden: der Bundestag kann über das konstruktive Misstrauensvotum die Regierung abberufen. Mit dieser engen, wenn auch im bundesrepublikanischen Fall nicht ganz symmetrischen Beziehung zwischen Legislative und Exekutive einher geht eine äußerst folgenreiche ‚Spaltung' des Parlaments in (Regierungs-)Mehrheit und Opposition. Die Mitglieder des Bundestages werden von daher nicht nur nach ihrer Partei- bzw. Fraktionszugehörigkeit unterscheiden, sondern in erster Linie danach, ob sie zur *Regierungs*-, d.h. in der Regel: Mehrheitsfraktion oder zur *Oppositions*fraktion gehören.[69] Die Konsequenz dieser Aufteilung besteht darin, dass die verschiedenen *Funktionen* des Parla-

---

67 S. zum Folgenden Winfried Steffani, Strukturtypen präsidentieller und parlamentarischer Regierungssysteme, in: ders., Parlamentarische und präsidentielle Demokratie. Strukturelle Aspekte westlicher Demokratien, Opladen 1979, 37-60. Einen umfassenden Vergleich zwischen dem im parlamentarischen System eingebetteten Bundestag und dem im präsidentiellen System verankerten US-Kongress bietet Uwe Thaysen u.a. (Hrsg.), Amerikanischer Kongress – Deutscher Bundestag, Opladen 1988.
68 Der Begriff „Regierungssystem" ist wesentlich enger als derjenige der „Konkurrenz"- oder „Konkordanz-Demokratie", die in Kap. 1.2 behandelt worden sind, und umfasst lediglich einen Aspekt der in diesem Zusammenhang angeführten „Regierung-Parteien-Dimension".
69 Einen sinnfälligen Ausdruck findet diese Zweiteilung des Parlaments und darüber hinaus auch die Konkurrenzdemokratie im britischen Unterhaus, in dem sich die Minister und Abgeordneten der Regierungsfraktion einerseits sowie die Oppositionsfraktion andererseits gegenübersitzen. Im Deutschen Bundestag verläuft die ‚Trennungslinie' zwischen den Regierungs- und Bundesratsbänken einerseits und dem Bundestagsplenum andererseits.

ments schwerpunktmäßig entweder von der Regierung oder von der Opposition ausgeübt werden.

Funktionen des Bundestages

Im politischen System der Bundesrepublik übernimmt das Parlament folgende Aufgaben:

– die *Wahlfunktion* – der Bundestag legitimiert seinerseits zentrale Verfassungsorgane,
– die *Kontrollfunktion* – der Bundestag kontrolliert die Regierung unter den Gesichtspunkten der Effektivität und der Legalität,
– die *Gesetzgebungsfunktion* – der Bundestag ist die für die bindenden Entscheidungen, d.h. für die Bundesgesetze zuständige Institution,
– die *Öffentlichkeitsfunktion* – die Politik, d.h. die Entscheidungsprozesse die im arbeitsteiligen Bundestag ablaufen, müssen für die Bürger nachvollziehbar sein.

Wahlfunktion – Kanzlerwahl

Der Kern der Wahlfunktion des Bundestages findet sich in Art. 63 Abs. 1 GG (also im Abschnitt über die Regierung und nicht im Abschnitt über den Bundestag): „Der Bundeskanzler wird auf Vorschlag des Bundespräsidenten vom Bundestage ohne Aussprache gewählt." Daraus geht hervor: Die Wahl des Kanzlers ist, formal gesehen, eine geheime Wahl und der Kandidat wird vom Bundespräsidenten vorgeschlagen. Art. 63 Abs. 2 GG bestimmt dann genauer, welche Mehrheit(en) ein zukünftiger Regierungschef erhalten muss. Dabei sind unterschiedliche Szenarien denkbar:

1) Der vom *Bundespräsident* vorgeschlagene Kandidat erhält die Stimmen der Mehrheit der Mitglieder des Bundestages, also die absolute Mehrheit, und *muss* vom Bundespräsidenten zum Kanzler ernannt werden.
2) Wird der vom Bundespräsidenten vorgeschlagene Kandidat nicht gewählt, so kann der *Bundestag* innerhalb von 14 Tagen einen neuen Kandidaten vorschlagen und mit absoluter Stimmenmehrheit wählen.
3) Erhält auch dieser Kandidat nicht die absolute Mehrheit, „so findet unverzüglich ein neuer Wahlgang statt, in dem gewählt ist, wer die meisten Stimmen erhält" (Art. 63. Abs. 4 GG). Erhält der oder die Gewählte dabei die *absolute* Stimmenmehrheit, dann *muss* ihn der Bundespräsident zum Kanzler ernennen; erhält der oder die Gewählte nur die *relative* Stimmenmehrheit, dann *kann* der Bundespräsident sie oder ihn innerhalb von sieben Tagen ernennen oder aber er muss den Bundestag auflösen.

In Ergänzung der grundgesetzlichen Bestimmungen und zugleich zur Relativierung der Parlamentsmacht muss berücksichtigt werden, dass die Kanzlerwahl durch das Parlament insofern erheblich vorentschieden ist, als die Bundestagswahlen von den Politkern und Wählern faktisch als Kanzlerwahl betrieben bzw. aufgefasst werden, bei der sich die Wähler für den Kanzlerkandidaten der präferierten Partei entscheiden. Der vom Bundespräsidenten dem Bundestag förmlich zu unterbreitende Wahlvorschlag bezieht sich dann in der Regel einfach auf den Kandidaten der stärksten Partei bzw. Fraktion.[70]

Weitere Wahlfunktionen

Darüber hinaus ist der Bundestag beteiligt an der

---

[70] Schwierigkeiten, bei denen unter Umständen ein zweiter und dritter Wahlgang anberaumt werden müssen, können sich aus knappen Mehrheiten ergeben bzw. aufgrund nicht akzeptierter Kandidatenvorschläge des Bundespräsidenten.

- *Wahl des Bundespräsidenten* (Art. 54 GG). Das Staatsoberhaupt wird durch die Bundesversammlung gewählt. Dieses Organ besteht aus den Mitgliedern des Bundestages und aus einer gleichgroßen Zahl von Mitgliedern, die ihrerseits von den Landtagen gewählt werden.
- Der Bundestag wählt die Hälfte der 16 *Richter des Bundesverfassungsgerichts* (Art. 94 GG), die andere Hälfte wird durch den Bundesart gewählt; genauer gesagt: der Bundestag wählt jeweils die Hälfte der beiden Senate des Gerichts (BVerfGG §§5 und 6). Die Wahl durch den Bundestag ist eine indirekte, denn der Bundestag wählt einen 12 Mitglieder umfassenden Richterwahlausschuss.
- Der Bundestag besetzt die Hälfte der Sitze (d.h. 16 von 32) im *Vermittlungsausschuss* (Art. 77 GG) nach Fraktionenproporz.
- Der Bundestag stellt „nach dem Stärkeverhältnis der Fraktionen" zwei Drittel der Mitglieder des *Gemeinsamen Ausschusses* (dieser Ausschuss verkörpert das Notstandsparlament im Verteidigungsfall; Art. 53a GG).

Die Kontrolle der Regierung durch das Parlament erfolgt unter verschiedenen Gesichtspunkten: Überprüft werden kann der politische Kurs, d.h. die Übereinstimmung mit Programmen oder Ankündigen im Wahlkampf; kontrolliert werden auch die Effizienz sowie die Legalität der Regierungsmaßnahmen, also ihre Vereinbarkeit mit dem Grundgesetz. Aufgrund der ‚Zweiteilung' des Parlaments in Mehrheits- und Oppositionsfraktion fällt die Kontrollfunktion vorwiegend in die Zuständigkeit der Opposition. Es stehen folgende Instrumente zur Verfügung:[71]

Kontrollfunktion

- *kleine Anfrage*: sie ist schriftlich einzubringen und bezieht auf bestimmte Sachverhalte der Regierungspolitik; diese Anfragen werden schriftlich beantwortet und nicht im Plenum diskutiert; antragsberechtigt sind Abgeordnete in Mindestfraktionsstärke,
- *große Anfrage*: sie ist ebenfalls schriftlich einzubringen und richtet sich auf „wichtige politische Fragen"; diese werden von der Bundesregierung schriftlich beantwortet und im Bundestag debattiert, wenn es von mindestens 5% der Abgeordneten verlangt wird. Darüber hinaus gibt es auch
- *die aktuelle Stunde, die Befragung der Bundesregierung sowie Fragen einzelner Abgeordneter*; sie sind die Gelegenheiten, bei denen die Regierung Auskunft über ein bezeichnetes Thema von „allgemeinem aktuellen Interesse" geben muss bzw. in denen sich einzelne Abgeordnete profilieren können
- *parlamentarischer Untersuchungsausschuss*: nach Art. 44 GG ist ein solcher Ausschuss einzusetzen auf Verlangen von mindestens 25% der Abgeordneten. Diese Ausschüsse sollen, wie bereits gesagt, Missstände und Skandale, für die eine (frühere) Regierung verantwortlich ist, aufdecken. Berühmt geworden und geblieben sind z.B. der Untersuchungsausschuss zur Flick-Affäre, zur Parteispenden-Affäre 1999 sowie zur Visa-Affäre 2004.

Die Einschätzung der Tauglichkeit der Untersuchungsausschüsse ist unterschiedlich: Die einen würdigen ihn als Einrichtung, die auch parlamentarischen Minderheiten zur Verfügung steht, in der die Opposition traditionell den Vorsitz führt und die in gerichtsförmiger Art und Weise Sachverhalte aufzuklären ver-

---

[71] Diese Kontrollinstrumente werden in den §§100 sowie 104-6 GOBT angeführt; zu weiteren Details s. Ismayr (2000), Kap. 7.5-7.9.

sucht. Die anderen halten den Ausschuss für eine stumpfe Waffe, weil amtierende Regierungen in ihm stets über die Mehrheit der Sitze verfügen und dadurch (trotz Minderheitsbericht) auch den Abschlussbericht bestimmen, also letztlich kaum Gefahr eines Regierungssturzes droht. Die Tatsache, dass die seit langem geführte Reformdiskussion bislang keine vorzeigbaren Ergebnisse gebracht hat, lässt vermuten, dass die Parteien selbst es sind, die eine Verschärfung der Zuständigkeiten des traditionsreichen und grundsätzlich sinnvollen Kontrollinstruments nicht interessiert sind.[72]

Haushaltskontrolle Bei der Effizienzkontrolle ist vor allem die Kontrolle des Vollzugs des Haushaltsplans der Bundesregierung durch den Haushaltsausschuss anzuführen. Dieser Ausschuss ist der größte der ständigen Ausschüsse, auch in ihm führt ein Abgeordneter der Opposition traditionellerweise den Vorsitz. Hauptaufgabe des Ausschusses ist die Beratung des jährlichen Bundeshaushaltes. Darüber hinaus prüft er die Vereinbarkeit von Gesetzentwürfen mit dem Haushalt sowie Beschaffungsvorhaben der Bundeswehr. Der Ausschuss kann durch sog. „Sperrvermerke" bewirken, dass bestimmte Haushaltmittel nur nach seiner Zustimmung ausgegeben werden dürfen. Im Unterschied zum Untersuchungsausschuss gibt es bei den „Haushältern" durchaus ein fraktionsübergreifendes Einverständnis über das Ziel des Ausschusses, also der verantwortungsvolle und sparsame Umgang mit den öffentlichen Mitteln. Gleichwohl ändert diese fraktionsübergreifende Grundeinstellung nichts daran, dass die Vertreter der Regierungsfraktion auch in diesem Ausschuss die Position und das heißt in diesem Fall: den Haushalt ihrer Regierung durchsetzen werden.[73]

Gesetzgebungsfunktion Die Gesetzgebung ist diejenige Funktion, die am engsten mit der Tätigkeit eines Parlaments in Verbindung gebracht wird. Das Grundgesetz regelt die Verfahren im Bundestag zur einfachen Gesetzgebung in den Art. 76-78, Art. 79 bezieht sich auf Verfassungsänderungen. Die wichtigsten Stationen bei der Gesetzgebung werden anhand der folgenden Abbildung skizziert.

Initiative Zum Einbringen eines Gesetzgebungsvorschlages sind berechtigt die Abgeordneten des Bundestages in Mindestfraktionsstärke, die Bundesregierung sowie der Bundesrat. Die Gesetzesinitiativen haben jedoch einen eindeutigen gouvernementalen Schwerpunkt: So stammten in der 16. Wahlperiode (2005-2009) von insgesamt 905 beim Bundestag eingebrachten Vorschläge 537 von der Regierung, 104 vom Bundesrat und (nur) 264 „aus der Mitte" des Bundestages (wovon wiederum knapp ein Drittel von der Regierungsfraktion eingebracht wurde).[74]

---

72 Vgl. Borgs-Maciejewski/Drescher (1993), 88f.
73 Deshalb ist die im Internet-Portal des Deutschen Bundestages zum Thema „Haushaltsausschuss" anzutreffende Behauptung „Die Bundesregierung erhält ohne Zustimmung des Bundestages keinen Cent"; www.bundestag.de/bundestag/ausschuesse17/ (6.1.2011), formal gesehen zwar nicht falsch, aber sicher auch nicht mißverständnisfrei formuliert. Zu Einzelheiten der Haushaltskontrolle s. Ismayr (2000), 354-363.
74 Diese Statistik zur Gesetzgebung findet sich unter www.bundestag.de/dokumente/ parlamentsdokumentation/gesetzgebung (24.1.2011).

Abb. 6: Ein Gesetz entsteht

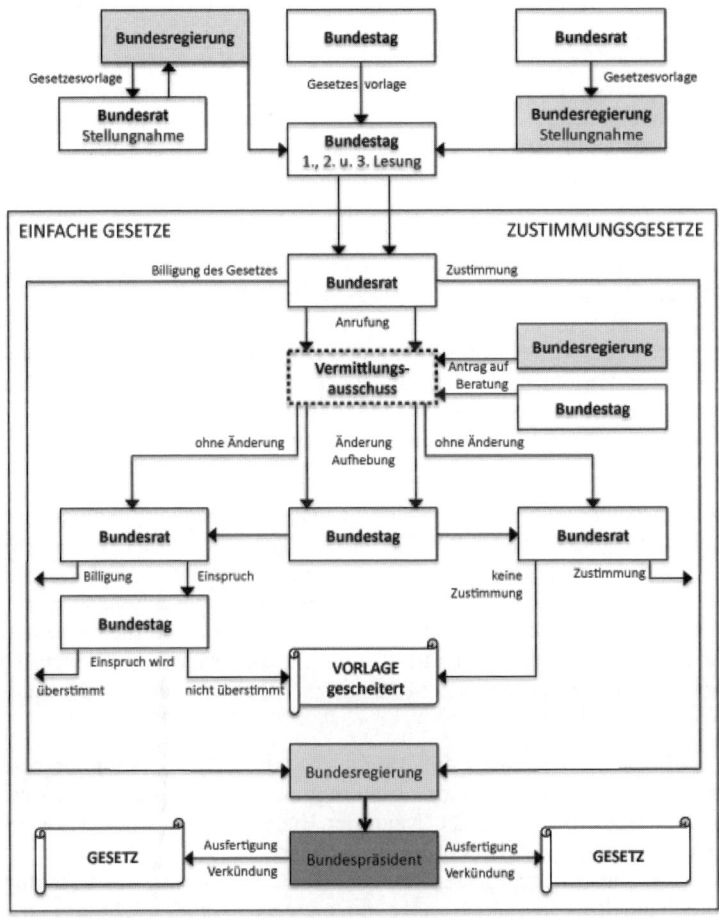

Quelle: Horst Pötzsch, Die deutsche Demokratie, Opladen 1995, 74

Die zahlreichen Regierungsvorlagen entstehen zunächst als Entwurf der jeweils zuständigen Referenten in den Ministerien. Danach werden sie dem Kabinett unterbreitet und von der Regierung als „Vorlage" beschlossen. Diese wird dem Bundesrat zur Stellungnahme weitergeleitet; mit dessen Vorschlägen versehen bringt die Regierung ihren Entwurf in den Bundestag ein. Die dortige 1. Lesung dient meist nur noch der Verweisung an den „federführenden Ausschuss"[75], wo der Entwurf von den Mitgliedern der Ausschusses, ggf. auch im Rahmen einer öffentlichen Anhörung von Experten („Hearing"), eingehend geprüft wird. Der nach dieser Prüfung in der Regel abgeänderte Entwurf, geht zurück in den Bun-

---

75 „Die Federführung erhält in der Praxis derjenige Ausschuss, der demjenigen Bundesministerium gegenübersteht, das im Bereich der Bundesregierung für die betreffende Materie federführend zuständig ist"; Ekkehard Handschuh, Gesetzgebung, in: Eckard Busch, ders. und Gerald Kretschmer, Wolfgang Zeh, Wegweiser Parlament, Bonn 1990, 348.

destag, wo in 2. Lesung Änderungsanträge im Plenum erörtert und zur Abstimmung gebracht werden. Eine letzte Plenardebatte mit anschließender Schlussabstimmung erfolgt in der 3. Lesung.

Vermittlung

Nach dieser Abstimmung im Bundestag hängt der weitere Verlauf der Gesetzgebung davon ab, um welche Art von Gesetz es sich handelt (vgl. Art. 77 GG). Zu unterscheiden sind sog. „einfache" Gesetze einerseits und „Zustimmungsgesetze" andererseits. Zunächst zu den einfachen Gesetzen.

Einfache Gesetze

Wenn ein einfaches Gesetz vom Bundestag in den Bundesrat gelangt ist, dann kann letzterer im Falle von Meinungsverschiedenheiten zum Bundestag den Vermittlungsausschuss anrufen. Dieses von Bundestag und Bundesrat paritätisch besetzte Gremium kann auf zweierlei Weise reagieren: es kann den Gesetzesentwurf unverändert lassen, so dass er direkt wieder zurück in den Bundes*rat* geht, oder aber es kann den Entwurf ändern, dann wird er zuerst in den Bundes*tag* zurücküberwiesen (dieser erhält ihn auch, wenn der Vermittlungsausschuss den Entwurf aufhebt), der ihn danach in den Bundesrat schickt. Nachdem der Entwurf, mit oder ohne Zwischenschaltung des Bundestages, also wieder beim Bundes*rat* angekommen ist, hat dieser zwei Möglichkeiten:

– er kann dem Gesetz nunmehr zustimmen oder aber
– er kann nach Art. 77 Abs. 3 GG „Einspruch" dagegen einlegen (deshalb heißen einfache Gesetze auch „Einspruchsgesetze"). Diesen Einspruch kann der Bundes*tag* jedoch wiederum seinerseits überstimmen: Hat der Bundesrat den Einspruch „mit der Mehrheit der Stimmen" beschlossen, so muss der Bundestag ebenfalls die Mehrheit seiner Stimmen zusammenbekommen; hat der Bundesrat den Einspruch mit einer 2/3-Mehrheit beschlossen, so muss auch der Bundestag eine 2/3-Mehrheit zur Überstimmung zu Stande bringen (Art. 77 Abs. 4 GG).

Im Falle der Billigung durch den Bundesrat oder der Überstimmung des Einspruchs geht das Gesetz über die Bundregierung zum Bundespräsidenten und wird ausgefertigt und verkündet. Kann der Bundestag den Bundesratseinspruch nicht überstimmen, so ist die Vorlage gescheitert.

Zustimmungsgesetze

Von den Einspruchsgesetzen zu unterscheiden sind die Zustimmungsgesetze. Dabei handelt es sich um Gesetze, die entweder von den Ländern ausgeführt werden müssen, Einfluss auf den Länderfinanzhaushalt haben oder aber die Verfassung ändern.[76] Bestehen in einem solchen Falle Meinungsverschiedenheiten, so können alle drei mit dem Initiativrecht ausgestatteten Organe: Bundestag, Bundesregierung und Bundesrat den Vermittlungsausschuss anrufen. Dieser hat wiederum zwei Entscheidungsoptionen: Abändern oder nicht abändern. Nicht geänderte Vorlagen gehen in den Bundesrat, solche, die geändert wurden, zuerst in den Bundestag und dann in den Bundesrat. Der wesentliche Unterschied zu den Einspruchsgesetzen besteht nun darin, dass *ohne Zustimmung* des Bundesrates nach der Vermittlungsphase die Vorlage *definitiv gescheitert* ist.

Redeparlament und Arbeitsparlament

Parlamente lassen sich grob danach charakterisieren, wo, in welchen Foren, die Arbeit an den Gesetzen schwerpunktmäßig stattfindet. Verdanken sich die Gesetzesvorlagen in erster Linie den argumentativen Auseinandersetzungen der Abgeordneten im Plenum, dann wird von einem *Rede*parlament gesprochen, überwiegt bei der Gesetzesproduktion dagegen die Arbeit in den Ausschüssen,

---

[76] S. dazu auch unten, Kap. 7.

dann entsprechend von einem *Arbeits*parlament.⁷⁷ Beide Begriffe beschreiben den Stil eines Parlaments jedoch nicht erschöpfend, denn auch in einem Arbeitsparlament wird selbstverständlich diskutiert und das Redeparlament verfügt ebenfalls über Ausschüsse. Die Begriffe schließen sich also einander nicht aus, sondern ergänzen sich. Als klassisches Beispiel für das Redeparlament wird stets das britische Unterhaus angeführt, für das Arbeitsparlament dagegen der US-Kongress oder der Deutsche Bundestag. Dass im britischen Parlament die Debatte tatsächlich im Vordergrund stand, hängt mit der Konkurrenzdemokratie zusammen, aber auch mit der vergleichsweise späten (1979) Spezialisierung und Differenzierung des Unterhauses, d.h. mit der späten Verlagerung des Schwerpunktes der Parlamentsarbeit in die Ausschüsse.

An der parlamentarischen Debatte scheiden sich gelegentlich die Geister. Dass die auf gegenseitiges Überzeugen ausgerichtete Diskussion zum Kern des liberalen Parlamentarismus gehört, bestreiten selbst dessen Kritiker nicht. Idealerweise würden die mit einem freien Mandat ausgestatteten Abgeordneten über die richtigen oder angemessenen Lösungen der öffentlichen Probleme streiten (Burke). Das Parlament wäre ein Kongress der Meinungen, wie Mill sagte, in dem alle unterschiedlichen Auffassungen eines Staatsvolkes zwar nicht gleich ausschlaggebend, aber jedenfalls vertreten wären. Mit dem Erstarken der politischen Parteien scheint jedoch diese Logik nicht mehr voll funktionsfähig zu sein. Denn die Parteien schicken Kandidaten ins Parlament, die von den Wählern mit imperativen Mandat ausgestattet sind (so zumindest die Parteienstaats-These). Für derart oder durch die Fraktionsdisziplin gebundene Parlamentarier verliert die Debatte ihre Bedeutung, die Reden dienen nicht der parlamentsinternen Auseinandersetzung, sondern werden zur Beruhigung der jeweiligen Wähler- oder Anhängerschaft „zum Fenster hinaus" gehalten (C. Schmitt).

Verständigung oder Heuchelei?

Die ökonomische Theorie der Demokratie treibt die – je nach Sichtweise – Aufklärung oder Desillusionierung der parlamentarischen Demokratie noch weiter. Ausgehend von der Prämisse, dass sich die grundsätzliche Eigeninteressiertheit des homo oeconomicus auf politischen Gebiet in einem Streben nach kontinuierlichen Macht niederschlägt, gewinnt die parlamentarische Debatte eine gänzlich andere, nämlich rein strategische Bedeutung: Ein Gesetzesvorschlag der Opposition ist ein Angebot zum Schlagabtausch, in der Debatte wird mit Worten anstatt mit Kugeln gefeuert; Ziel der Schlacht ist der Machterhalt bzw. Machtgewinn.⁷⁸ So gesehen dient der ganze Prozess der parlamentarischen Willensbildung und Entscheidungsfindung dem Machtstreben von Regierung und Opposition bzw. der darin involvierten Einzelnen. „Heuchelei" ist im Hinblick auf das Vorbringen von Argumenten dabei insofern im Spiel, als es den Debattierenden nicht in erster Linie um die Richtigkeit ihrer Behauptungen geht, sondern um den Sieg in einer Auseinandersetzung. Allerdings muss beachtet werden, dass auch die ökonomische Theorie nicht vorgibt, das Phänomen parlamentarische Demokratie in toto zu erklären. Vielmehr zeigt sie, wie die „soziale Funktion der parlamentarischen Tätigkeit", nämlich Gesetze hervorzubringen, mit den eigen-

---

77 Siehe dazu, auch in ländervergleichender Perspektive, Heinrich Oberreuter, Das Parlament als Gesetzgeber und Repräsentationsorgan, in: Oscar W. Gabriel und Frank Brettschneider (Hrsg.), Die EU-Staaten im Vergleich. Strukturen, Prozesse, Politikinhalte, Opladen 1992, 307-335.
78 Joseph A. Schumpeter, Kapitalismus, Sozialismus und Demokratie, Tübingen 1987, Kap. 22, hier 448.

interessierten Motiven der Politiker koexistiert. Oder anders formuliert: Am Prozess der parlamentarisch organisierten politischen Selbstbestimmung einer Bürgerschaft lassen sich immer auch egoistische Aspekte entdecken. Gäbe es diesen normativ gehegten und diskursiv strukturierten Prozess jedoch nicht, dann ließe er sich auch nicht für private Zwecke instrumentalisieren.[79]

Öffentlichkeitsfunktion

Die vierte und letzte hier anzusprechende Funktion des Bundestages ist die Öffentlichkeitsfunktion. Das Parlament ist, wie bereits gesagt, eine repräsentative Institution, mit der die Bürger vertreten werden. Die mit der Gesetzgebung befasste Repräsentationsinstanz Bundestag muss aber noch etwas anderes tun, als die *Bürger* zu „repräsentieren", sie muss auch die *Arbeit* an den bindenden Entscheidungen „darstellen" bzw. kommunizieren. d.h., die komplexe Gesetzgebungsarbeit muss, zumindest in den entscheidenden Phasen, nach außen, an das staatsbürgerliche Publikum vermittelt werden und dort grundsätzlich nachvollziehbar sein. Diese Aufgabe soll eine Reihe von Vorkehrungen seitens des Bundestages ermöglichen bzw. erleichtern: dazu gehören die generelle Öffentlichkeit der Plenardebatten, die ‚Verpflichtung' der Abgeordneten, möglichst interessante und frei vorgetragene Reden zu halten, sowie deren Vermittlung über Zeitung („Das Parlament") und Fernsehen (Dokumentationskanal „Phoenix").[80] Dem Deutschen Bundestag wird dabei gelegentlich und unter Bezugnahme auf die oben geschilderte mangelhafte deutsche Parlamentarismus-Tradition unterstellt, er erfülle die Pflicht zur öffentlichen Darstellung seiner Arbeit nur mäßig.[81] Zwar ist zuzugestehen, dass die Öffentlichkeitsfunktion heutzutage eine schwierig zu erfüllende Aufgabe ist – Politik, als von Haus aus „öffentliche Sache", findet in modernen Mediengesellschaften noch lange nicht jedermanns Interesse, und die Aufmerksamkeit des Publikums muss gegen die Angebote der Unterhaltungsindustrie immer wieder neu erstritten werden. Allerdings konterkarieren viele prominente Politiker die seriöse Öffentlichkeitsarbeit des Parlaments auch durch ihr inflationäres und letztlich privates Auftreten in Fernseh-Talkshows.

5.3.5 Bundestag und europäisches Recht

Entmachtung des Bundestages durch EU-Integration?

Am Schluss der Betrachtungen zum Deutschen Bundestag muss noch einmal auf die Frage nach der Macht der Parlamente aufgegriffen werden. In Abschnitt 5.3.1 war die These vom „Niedergang" des Parlaments relativiert worden durch den Hinweis, dass das Gesetzgebungsorgan zumindest nach liberaler Vorstellung ohnehin nicht hatte allmächtig bzw. „souverän" sein sollen. Nach dem Grundgesetz ist es an die „verfassungsmäßige Ordnung" gebunden, und die spezifische Funktionsweise des parlamentarischen Regierungssystems begrenzt, wie gese-

---

79 Zu den unterschiedlichen Sichtweisen der Institution Parlament und des Prozesses der Gesetzgebung innerhalb der politischen Theorie siehe z.B. Michael Becker, Verständigungsorientierte Kommunikation und rechtliche Ordnung, Baden-Baden 2003, Zweiter Teil, Kap. IV.
80 Auch die Begehbarkeit der Kuppel im Berliner Reichstagsgebäude leistet einen – symbolischen – Beitrag zur Transparenz bzw. Öffnung des Bundestags nach außen.
81 So Kurt Sontheimer und Wilhelm Bleek, Grundzüge des politischen Systems Deutschlands, München/Zürich 2002, 288-290; zum Thema Öffentlichkeitsfunktion bzw. Kommunikation des Bundestages siehe generell Wolfgang W. Patzelt, Parlamentskommunikation, in: Otfried Jarren, Ulrich Sarcinelli und Ulrich Saxer (Hrsg.) Politische Kommunikation in der demokratischen Gesellschaft, Opladen 1998, 431-441, hier 437-440.

hen, seine Autonomie zusätzlich. Was bleibt nun an Parlamentsmacht noch übrig, wenn außerdem in Rechnung gestellt wird, dass sich inzwischen weitere Einschränkungen der legislativen Gestaltungsmöglichkeiten durch die Einbindung der nationalen Parlamente (bzw. der parlamentarischen Regierungssysteme) in das transnationale System der Europäischen Union ergeben? Denn obwohl die Union nach wie vor keine Staatsqualität besitzt, schafft sie dennoch Rechtsnormen – Verordnungen, Richtlinien und (gerichtliche) Entscheidungen[82] – die die Mitgliedstaaten binden. Es fragt sich also, ob und wie nationale Gesetzgeber in diesen Prozess der Rechtsetzung auf europäischer Ebene eingebunden sind und inwiefern die europäische Normsetzung den Bundestag tangiert.

Was die Grundzüge der Gestaltung der Union angeht, so gibt es keine formal geregelten Partizipationsmöglichkeiten der Parlamente. Die bisherige ‚Verfassung' Europas ist das Ergebnis eines intergouvernementalen, auf das Handeln der nationalen Regierungen zurückführbaren Prozesses. Die neueren Ergebnisse dieser multinationalen Regierungstätigkeit, die Verträge von Maastricht bis Lissabon, bedürfen zwar, um ratifiziert werden zu können und wie alle anderen internationalen Abkommen, der Zustimmung des Bundestages, aber dieser kann lediglich zustimmen oder ablehnen, er hat keinen Einfluss mehr auf die Vertragsinhalte. *Ratifikation der Verträge*

Bei den Verordnungen und Richtlinien der Union verhält sich die Sache anders. In dem oben schon einmal zitierten Art. 23 GG ist für den Bund und die Länder die „Mitwirkung bei der Entwicklung der EU" geregelt. Die einzelnen Absätze des Artikels geben an, wie dies geschehen soll. Weil Bund und Länder durch Bundestag und Bundesrat „mitwirken", besteht nach Art. 23 Abs. 2 GG seitens der Bundesregierung die Verpflichtung, beide politischen Organe in Bezug auf Unionsangelegenheiten „umfassend und zum frühestmöglichen Zeitpunkten zu unterrichten". Art. 23 Abs. 3 GG führt aus, dass der Bundestag *vor* der Mitwirkung der Bundesregierung an Rechtsetzungsakten der EU Stellungnahmen abgeben kann, die die Regierung „berücksichtigt". *Mitwirkung nach Art. 23 Abs. 2 und 3 GG – Verordnungen und Richtlinien*

Zur Abfassung solcher Stellungnahmen kann der Bundestag den ständigen „Ausschuss für Angelegenheiten der Europäischen Union" autorisieren (Art. 45 GG).[83] Dieser Ausschuss setzt sich zurzeit aus 35 Mitgliedern des Bundestages sowie aus weiteren 16 „mitwirkungsberechtigten" deutschen Mitgliedern des Europäischen Parlaments zusammen.[84] Die mit den Verträgen von Amsterdam und Lissabon eingeführten Neuerungen binden die nationalen Parlamente also formal gesehen stärker in den Rechtsetzungsprozess ein. Das heißt, die Mitwirkung des Bundestages im Vorfeld des Zustandekommens von Verordnungen und Richtlinien ist gesichert. Bei einer *Verordnung* sind seine Einflussmöglichkeiten damit allerdings erschöpft, denn diese gilt nach ihrer Verabschiedung „unmittelbar in jedem Mitgliedstaat". Bei einer *Richtlinie* kann der Gesetzgeber theoretisch noch einmal ins Spiel kommen, denn sie ist lediglich „hinsichtlich des zu erreichenden Ziels verbindlich, überlässt jedoch den innerstaatlichen Stellen die Wahl der Form und der *EU-Ausschuss des Bundestages*

---

82 Art. 249 EGV.
83 Einzelheiten enthält das „Gesetz über die Zusammenarbeit von Bundesregierung und deutschem Bundestag in Angelegenheiten der Europäischen Union" v. 12.3.1993 i.d.F. v. 22.9.2009; siehe www.bundestag.de/bundestag/ausschuesse17/a21/rechtsgrundlagen (7.1.2011). Zu analogen Regelungen für die Einbindung des Bundesrates in die EU-Politik siehe unten Kap. 7.2.
84 www.bundestag.de/bundestag/ausschuesse17/a21/mitglieder (7.1.2011).

Mittel".⁸⁵ Aber wegen der detaillierten Vorgaben, die Richtlinien oft enthalten, fällt der nationale gesetzgeberische Gestaltungsspielraum auch hier entsprechend eng aus.

Kein „Letztentscheidungsrecht"

Zwar bedeutet die neue Regelung eine deutliche Verbesserung gegenüber früheren Zeiten, in denen der Bundestag in europäischen Angelegenheiten oft nur das Nachsehen hatte.⁸⁶ Allerdings hat sich aus der inzwischen immerhin grundgesetzlichen Verankerung des EU-Ausschusses und seiner daraus resultierenden rechtlichen Prominenz gegenüber anderen Ausschüssen keine Sonderstellung im politischen Alltag ergeben. Der EU-Ausschuss fungiert nun als „Adressat" für Unions-Vorlagen, diese werden aber nach Eingang zur weiteren Beratung an den „federführenden Fachausschuss" des Bundestages überwiesen.⁸⁷ In Bezug auf die oben aufgeworfene Frage nach dem Machtverlust des Bundestages durch die EU-Integration lässt sich sagen, dass seit der Ratifizierung des Maastricht-Vertrages die nationalen Parlamente stärker in den Prozess der exekutiven Rechtsetzung auf EU-Ebene eingebunden werden. Gleichwohl ist das, wenn man es überhaupt unterstellen will, „Letztentscheidungsrecht" des Parlaments „im Zuge der Europäisierung der politischen Entscheidungsstrukturen an die Regierung übergegangen".⁸⁸ Im Zusammenhang mit EU-Recht verfügt der Bundestag also keine gestaltende, allenfalls eine kontrollierende Funktion.

5.4 Repräsentative Demokratie und direkte Demokratie

Die parlamentarische Demokratie der Bundesrepublik ist als repräsentative Demokratie ausgestaltet. Die repräsentative Demokratie ist jedoch nicht die einzige Form der Institutionalisierung der Selbstbestimmung eines Volkes. Eine traditionsreiche Alternative verkörpern die Einrichtungen der direkten Demokratie. Ideengeschichtlich gesehen ist die direkte Demokratie vor allem mit Rousseaus Republik in Verbindung zu bringen. Rousseau konnte der seinerzeit in England sich entwickelnden parlamentarischen Demokratie nichts abgewinnen, da seiner Meinung nach unter ihrem Regime die Bürger nur am Tage der Wahl frei seien, sich also als Souverän betätigen könnten.⁸⁹ Seine Vorstellung von Autonomie forderte, dass die Bürger an der Gesetzgebung über die Stimmabgabe unmittelbar, ohne eine zwischengeschaltete Instanz beteiligt sein sollten. Direkte Demokratie zielt so gesehen insbesondere auf die Beteiligung des Demos an der Entscheidung über *Sach*fragen im Unterschied zu *Personal*fragen. Denn über Personen und Amtsinhaber (z.B. Bürgermeister und Landtags- und Bundestagsabgeordnete) können auch die Bürger in repräsentativen Demokratien entscheiden.

Volksabstimmungen

---

85 Art. 249 EGV.
86 „Nach früherer Überweisungspraxis hatte der EG-Ministerrat häufig bereits über eine EG-Vorlage entschieden, wenn sich der Fachausschuss des Bundestages oder das Plenum damit befasste ... So waren etwa zwei Drittel der EG-Vorlagen, mit denen sich das Plenum in den Jahren 1980-1986 befasste, zum Zeitpunkt ihrer Beratung ... bereits verkündet und in Kraft getreten"; Ismayr (2000), 292f.; dort auch weitere Details zur Behandlung der EU-Vorlagen im Bundestag.
87 Roland Sturm und Heinrich Pehle, Das neue deutsche Regierungssystem, Wiesbaden 2005, 76.
88 (Ebd.), 78.
89 Rousseau (1977), 158 (Drittes Buch, 15. Kapitel).

Mit Blick auf das Systemmodell der Politik lassen sich zwei unterschiedliche Gelegenheiten bzw. Gegenstände der direktdemokratischen Einflussnahme bestimmen: der Input in das politische System und dessen Output. Die Form der Abstimmung über den *Output* wird Volksabstimmung oder Referendum genannt. Bei den Referenden werden unterschieden:[90]

– *Obligatorisches* Referendum: eine Volksabstimmung wird *verbindlich vorgeschrieben*, d.h. durch verfassungsrechtliche Bestimmungen wird sie bei bestimmten Parlamentshandlungen automatisch ausgelöst. Auslöser sind meistens parlamentarisch beschlossene Verfassungsänderungen.
– *Fakultatives Referendum:* eine Volksabstimmung ist *möglich*, entweder weil die Mehrheit der Regierung oder des Parlamentes sie beantragt (*fakultativ-plebiszitär*) oder weil sie von einer Minderheit der Abgeordneten oder von den Bürgern über ein Referendumsbegehren beantragt wird (*fakultativ-minoritär*).

Zusätzlich zu diesen Instrumenten der direktdemokratischen Einflussnahmen auf den Output des politischen Systems gibt es noch die Möglichkeit, dass das Volk einen *Input* gibt, d.h. eine Initiative startet. In diesem Zusammenhang sind zu unterscheiden die *Verfassungs*initiative, durch die ein Antrag auf Änderung eines Teils der Verfassung gestellt wird, und die *Gesetzes*initiative, durch die einzelne Gesetzesvorhaben auf den Weg gebracht werden.[91] — *Verfassungs- und Gesetzesinitiative*

In der Bundesrepublik ist die fast durchgängige Enthaltsamkeit des Grundgesetzes[92] in Sachen direkter Demokratie oft durch die negativen Erfahrungen in der Weimarer Republik und mit ihrer Instrumentalisierung durch Nationalsozialisten erklärt worden.[93] Erst im Zuge der deutschen Wiedervereinigung sind Einrichtungen der direkten Demokratie verstärkt auf Landes- und Kommunalebene eingeführt worden. Zu den direktdemokratischen Einrichtungen auf Landesebene gehören:[94] — *Direkte Demokratie in der Bundesrepublik*

– *die Volksinitiative* – sie verkörpert das Recht einer bestimmten Anzahl von Bürgern, dem Landesparlament bestimmte Fragen zur Befassung vorzulegen[95],
– *das Volksbegehren* – dadurch wird ein Verfahren in Gang gesetzt, an dessen Ende ein Volksentscheid steht. Volksbegehren zielen z.B. auf die Änderung

---

90 Zum Folgenden Otmar Jung und Franz-Ludwig Knemeyer, Im Blickpunkt: Direkte Demokratie, München 2001, 16-20. Zur institutionellen Verankerung der direkten Demokratie in der Schweiz siehe Wolf Linder, Das politische System der Schweiz, in: Wolfgang Ismayr (Hrsg.), Die politischen Systeme Westeuropas, Opladen 1997, 445-477, hier 452-457; siehe auch Wolfgang Luthardt, Direkte Demokratie. Ein Vergleich in Westeuropa, Baden-Baden 1994.
91 Erstaunlicherweise gibt es das Institut der Gesetzesinitiative in der Schweiz zwar auf der Kantonsebene, aber auf der Bundesebene nicht: „Dem Stimmbürger wird zwar zugetraut, dass er fähig ist, die Verfassung zu ändern, nicht aber ein Gesetz ... Diese Unlogik ist ärgerlich"; Jean-Francois Aubert, So funktioniert die Schweiz, Bern 1987, 48.
92 Art. 20 Abs. 2 GG besagt zwar, dass die Staatsgewalt des Volkes „in Wahlen und Abstimmungen" ausgeübt wird, spricht dann allerdings nur noch in Art. 29. Abs. 2 GG (Neugliederung des Bundesgebiets) von der Notwendigkeit, dass ein Bundesgesetz durch „Volksentscheid" bestätigt werden müsse.
93 Zu den historischen Aspekten allgemein Thomas Würtenberger, Repräsentative und plebiszitäre Elemente in der deutschen Verfassungsgeschichte, in: Günther Rüther (Hrsg.), Repräsentative oder plebiszitäre Demokratie – eine Alternative?, Baden-Baden 1996, 95-117.
94 Einen Überblick bietet Bärbel Martina Weixner, Direkte Demokratie in den Bundesländern, in: Aus Politik und Zeitgeschichte, Nr. 10, 6.3.2006.
95 Vgl. z.B. Art. 47 der Niedersächsischen Landesverfassung.

eines Landesgesetzes oder eines Artikels der Landesverfassung. Es ist meistens zweistufig angelegt: Zuerst wird ein Antrag auf Zulassung eines Volksbegehrens gestellt und dann das eigentliche Volksbegehren durchgeführt. Volksbegehren müssen von Bundesland zu Bundesland unterschiedliche Quoren erfüllen (s. Abb.),
– *der Volksentscheid* – er ist eine bindende Entscheidung des Volkes über eine zur Abstimmung vorgelegte Frage bzw. einen Gesetzentwurf[96].

Abb. 7: Volksentscheid in den Bundesländern:

BUNDESLAND	VOLKSBEGEHREN		VOLKSENTSCHEID	
	Unterschriftenquorum	Eintragungsfrist Amt (A) oder frei (F)[1]	Zustimmungsquorum einfaches Gesetz	Zustimmungsquorum verfassungsänderndes Gesetz
Baden-Württemberg	16,6%	14 Tage (A)	33%	50%
Bayern	10%	14 Tage (A)	Kein Quorum	25%
Berlin	7% einfache G. 20% Verf.änd.	4 Monate (F+A)	25%	50% + 2/3 Mehrheit
Brandenburg	ca. 4%	4 Monate (A)	25%	50% + 2/3 Mehrheit
Bremen	5% / 20%[2]	3 Monate (F)	20%	50%
Hamburg	5%	21 Tage (F+A)	Kein Quorum[3]/ 20%	Kein Quorum[3] + 2/3 Mehrheit
Hessen	20%	14 Tage (A)	Kein Quorum	Nicht möglich
Mecklenburg-Vorpommern	120.000 ca. 8,5%	Keine Frist (F)[4]	33%	50% +2/3 Mehrheit
Niedersachsen	10%	12 Monate (F)	25%	50%
Nordrhein-Westfalen	8%	8 Wochen (A)	15%	50% Beteilig.quote + 2/3 Mehrheit
Rheinland-Pfalz	ca. 10%	2 Monate (A)	25%[5]	50%
Saarland	20%	14 Tage (A)	50%	Nicht möglich
Sachsen	ca. 12%	8 Monate (F)	Kein Quorum	50%
Sachsen-Anhalt	11%	6 Monate (F)	25%[6]	50% + 2/3 Mehrheit
Schleswig-Holstein	5%	6 Monate (A)[7]	25%	50% +2/3 Mehrheit
Thüringen	10 % (F) 8% (A)	4 Monate (F) 2 Monate (A)	25%	40%

[1] Die Unterschriften müssen entweder frei auf der Strasse gesammelt (F) oder dürfen nur in Amtsstuben geleistet werden (A).
[2] Die zweite Zahl bezieht sich auf die nötige Unterschriftenzahl bei verfassungsändernden Volksbegehren.
[3] Es gilt kein zusätzliches Zustimmungsquorum. Bei einfachen Gesetzen ist der Volksentscheid erfolgreich, wenn er zwei Kriterien erfüllt: Die Mehrheit der Abstimmenden muss zustimmen. Außerdem muss der Vorschlag im Volksentscheid mindestens so viele Ja-Stimmen erhalten, wie der Mehrheit der in dem gleichzeitig gewählten Parlament repräsentierten Hamburger Stimmen entspricht. Bei verfassungsändernden Gesetzen ist der Volksentscheid erfolgreich, wenn er eine Zweidrittelmehrheit der Abstimmenden und mindestens so viele Stimmen erhält, wie der Zweidrittelmehrheit der in dem gleichzeitig gewählten Parlament repräsentierten Hamburger Stimmen entspricht. Bei einfachen Gesetzen kann die Abstimmung auch außerhalb/unabhängig von der Bundestags- oder Bürgerschaftswahl durchgeführt werden. In diesem Fall gilt ein 20 %-Zustimmungsquorum.
[4] Neben der freien Sammlung kann eine zweimonatige Amtseintragung beantragt werden.
[5] Es handelt sich um ein BETEILIGUNGsquorum von 25%.
[6] Das Zustimmungsquorum entfällt, wenn der Landtag eine Konkurrenzvorlage beim Volksentscheid zur Abstimmung stellt.
[7] Neben Ämtern und Behörden können weitere Eintragungsstellen beantragt werden.

Quelle: wissen.mehr-demokratie.de/verfahren-volksbegehren.html (28. 1. 2011).

---

96 Vgl. z.B. Art. 60 der Baden-Württembergischen Landesverfassung.

Beim Pro und Contra um die Einführung bzw. den Ausbau direktdemokratischer Beteiligungsverfahren werden u.a. folgende Punkte geltend gemacht:

- Die Befürworter der direkten Demokratie erblicken in ihr eine wichtige, die Wahlen ergänzende Einrichtung zur *politischen Partizipation*. Die Kritiker befürchten eine Überforderung der Stimmberechtigten bei komplizierten (z.B. steuerrechtlichen) Problemen. Die Befürworter kontern diesen Einwand damit, dass über eine einzelne und konkrete Sachfrage bei Referenden leichter zu befinden sei als über die Frage, welche Partei bei den nächsten Parlamentswahlen zu wählen sei, weil dabei die Leistungen der gesamten Legislaturperiode in Betracht gezogen werden müssen.[97]
- Kritiker geben zu bedenken, dass die *Beteiligung* der Bürger an Referenden nicht besonders hoch ist; Befürworter verweisen darauf, dass eine niedrige Beteiligung auch bei konventionellen Wahlen zu verzeichnen ist.
- Befürworter führen die *Kontrolle von Regierung und Parlament* als Pluspunkt an, während die Skeptiker darauf verweisen, dass diese Aufgabe von der Opposition und, was die rechtliche Seite angeht, besser von einem Verfassungsgericht übernommen wird.
- Befürworter sehen eine größere *Responsivität* der Politik z.B. durch fakultative Referenden gegeben, während Kritiker auf eine durch die Dauer der Verfahren entstehende Schwerfälligkeit und Zögerlichkeit bei Reformen beobachten.

Bei der Betrachtung des Für und Wider im Streit um die direkte Demokratie wird deutlich, dass die Prinzipien der repräsentativen und der direkten Demokratie in ein- und demselben politischen System nicht gleichzeitig zu optimieren sind. Zwischen beiden Politik- bzw. Beteiligungsformen besteht so etwas wie eine Nullsummenbeziehung, in der die Vorteile zugunsten der einen Partizipationsform nur auf Kosten der anderen erzielt werden können. Das heißt, die inzwischen bewährte repräsentative Demokratie der Bundesrepublik lässt sich nicht ohne weiteres in eine direkte Demokratie nach Schweizer Vorbild umwandeln. Selbst wenn dadurch die Auswüchse des deutschen Parteienstaats überwunden werden könnten, gälte es immer noch, auf die institutionelle Logik des repräsentativen Systems Rücksicht zu nehmen. Aus diesem Befund lässt sich jedoch nicht ein uneingeschränktes Plädoyer für den Status quo ableiten. Die Innovationen auf landes- und kommunalpolitischer Ebene in den 90er Jahren zeigen, dass die Verträglichkeit der beiden Demokratievarianten nur in der konkreten politischen Auseinandersetzung überprüft werden kann.

Zusammenfassung

Der Komplex der parlamentarischen Demokratie ist in diesem Kapitel unter partizipatorischen und institutionellen Gesichtspunkten betrachtet worden. In diesem Zusammenhang sind in Abschnitt 5.1 zunächst die verschiedenen Möglichkeiten dargestellt worden, Einfluss auf die politischen Entscheidungen zu nehmen. Als unentbehrlich, weil system- bzw. staatstragend, erwiesen sich dabei die konventionellen und legalen Beteiligungsformen, aber auch die unkonventio-

---

97 Zur Komplexität der Bildung eines Parteidifferenzials siehe oben Kap. 5.2.2.

nellen (aber legitimen) Partizipationsformen sind von Bedeutung, da durch sie in der Vergangenheit nicht selten qualitative Verbesserungen, d.h. mehr rechtliche Freiheit erzielt worden sind. Da parlamentarische Demokratie überwiegend repräsentative Demokratie ist, wurde in Abschnitt 5.2 zunächst die personalisierte Verhältniswahl erörtert, bei der die Wähler sowohl über eine Stimme für Wahlkreiskandidaten als auch für Parteilisten verfügen. Abschnitt 5.3 betrachtete die Institution Deutscher Bundestag, die im Zentrum der parlamentarischen Demokratie in Deutschland steht. Organisation und Verfahren des normalerweise 598 Angeordnete umfassenden Bundestages sind in einer Geschäftsordnung festgehalten. Die Struktur des Parlaments ist wesentlich durch Fraktionen und Ausschüsse geprägt. In parlamentarischen Regierungssystemen ist das Parlament zudem zweigeteilt zwischen der Oppositionsfraktion einerseits und der Regierungsfraktion andererseits. Direkten Einfluss auf die Produktion bindender Entscheidungen (die ‚Gesetzgebung') auf der EU-Ebene hat der Bundestag nicht, gleichwohl verfügt er diesbezüglich inzwischen über Kontrollrechte. Direktdemokratische Institutionen, Thema von Abschnitt 5.4, sind in der Bundesrepublik zumindest auf Bundesebene kaum ausgebildet. Ihre prinzipiell jederzeit mögliche Einführung würde die repräsentative parlamentarische Demokratie jedoch vermutlich nicht unwesentlich ändern.

6. Regierung und Verwaltung

In den Ausführungen des vorangegangenen Kapitels wurde deutlich, dass das Staatsorgan „Bundestag" bei seiner Arbeit in erheblichem Maß von einem anderen Staatsorgan, dem der „Bundesregierung", beeinflusst wird. Die parlamentarische Demokratie lässt sich, so war dabei gezeigt worden, in wichtigen Hinsichten als parlamentarisches *Regierungs*system betrachten. Und dies bedeutete wiederum, dass die politischen Gewalten Legislative und Exekutive unter dem Grundgesetz zwar geteilt, aber nicht strikt separiert, sondern miteinander verschränkt sind. Im Folgenden werden nun die Bundesregierung, die exekutive Komponente des parlamentarischen Regierungssystems (6.1), sowie die ebenfalls zur Exekutivgewalt gehörende Verwaltung vorgestellt (6.2).

6.1 Die Bundesregierung

Mit dem Wort „Regierung" lassen sich zunächst zwei verschiedene, aber aufeinander bezogene Sachverhalte bezeichnen: zum einen geht es um den institutionellen Apparat, mit dem das Regieren ermöglicht wird, verfassungsrechtlich gesprochen also um *Organe* des Regierens, zum anderen um die *Tätigkeit* des Regierens. Was mit diesem zweiten Aspekt gemeint ist, lässt sich nicht ohne weiteres erkennen: Das systemtheoretische Modell der Politik z.B. nennt als Exekutivfunktion nur die „Regelanwendung" („rule application") im Sinne der Umsetzung der zuvor andernorts getroffenen bindenden Entscheidungen. Damit ist aber nicht die ganze Breite der Tätigkeit des Regierens erfasst. Das ging bereits daraus hervor, dass im parlamentarischen Regierungssystem, wie oben geschildert, die Exekutive mit der Legislative auf besondere Weise zusammenarbeitet und das heißt: auch an der Herstellung der bindenden Entscheidungen maßgeblich beteiligt ist. Über diese beiden Tätigkeitsformen, der Mitwirkung an der Gesetzgebung und dem Vollzug von Gesetzen, hinaus ist noch ein dritter Aspekt des Regierens zu nennen: die *Politikgestaltung*. Denn wäre das Regieren auf das „Ausführen" von Entscheidungen beschränkt, wäre kaum erklärbar, wieso Regierungsämter so attraktiv sind. Diese Attraktivität resultiert zu einem großen Teil aus der Gestaltungsmacht, die mit solchen Ämtern verbunden ist. Gestaltend oder innovativ tätig zu sein meint die vergleichsweise komplexe und anspruchsvolle Aufgabe, auf vorgefundene Situationen und neue Problemlagen in der Gesellschaft mit politischen Mitteln zu reagieren.

Eine solche Gestaltung durch Politik kann nicht beliebig sein, weil sie ja innerhalb der „vier Ecken der Verfassung" und auch vor dem Hintergrund der zu-

Aspekte der „Regierung"

mindest vorläufigen Geltung einfachen Rechts stattfinden muss. Insofern impliziert Regieren zwangsläufig auch die Pflege des Regelbestands. Aber ausgehend von diesem Status quo bleiben einer Regierung immer noch Spielräume für die Lösung dringlicher gesellschaftlicher Probleme. Der Wahlkampf im Rahmen der repräsentativen Demokratie gibt die Gelegenheit für den Wettbewerb um die Gunst und die Stimmen der Wähler, deren Zustimmung notwendig ist, um den versprochenen Kurs für die als notwendig erachtete „Zukunftssicherung" einzuschlagen.[1] Die gestaltende Tätigkeit ist, wie gesagt, zwar eng mit der gesetzgeberischen verknüpft, aber sie ist nicht mit ihr identisch. Die Herbeiführung guter Beziehungen zu anderen Staaten etwa ist ein wichtiges Ziel der Außenpolitik, schlägt sich aber nur zu einem Teil in Gesetzen nieder.

Das Kapitel über die „Regierung" behandelt folgende Themen: Nach der Beschäftigung mit den genannten Funktionen der Regierung und deren verfassungsrechtlicher Verankerung (6.1.1) werden die Prinzipien und Organisationen der „Kanzlerdemokratie" vorgestellt (6.1.2). Daran anschließend erfolgen ein kurzer Blick auf die Einbindung der Bundesregierung in die Politik der EU (6.1.3) sowie die Darstellung wichtiger Aspekte der Regierungsorganisation und der Politikinhalte bei den bisherigen Kanzlern der Bundesrepublik (6.1.4). Der letzte Abschnitt von Kapitel 6.1 ist dem Amt des Bundespräsidenten gewidmet (6.1.5).

6.1.1 Funktionen der Bundesregierung

Mit der Regierung lassen sich also, wie eingangs angeführt, grundsätzlich drei Funktionen verbinden:[2]

- Mitwirkung bei der Gesetzgebung (d.h. beim Treffen der bindenden Entscheidungen)
- Vollzug von Entscheidungen bzw. diesbezügliche Aufsicht
- Gestaltung der Zukunft (auch mit Hilfe der Gesetzgebung)

Richtlinienkompetenz   Was diese drei Aufgaben angeht, so war die „Mitwirkung" der Regierung an der Gesetzgebung bereits in Kapitel 5.3.4 erörtert worden; und das Regieren als „Vollzug" von politischen Entscheidungen wird anschließend in Abschnitt zwei

---

[1] Aus der Sicht der ökonomischen Theorie der Politik wäre daran zu erinnern, dass diese soziale Funktion der Politik mit den je eigennützigen Kalkülen sowohl der Wähler als auch der Politiker verknüpft ist bzw. sein kann.

[2] Rudzio (2006), 239 unterscheidet zwischen der „Durchführungsfunktion" und der „Steuerungsfunktion" der Regierung, wobei „Steuerung" hauptsächlich durch die Regierungsfraktion im Bundestag vorgenommen wird. „Regieren" läßt sich auch als Bewältigung einer Fülle von Detailaufgaben beschreiben: „Regieren, *gubernare*, heißt lenken, steuern, Richtung geben, heute nicht zuletzt zusammenordnen, die Fäden bündeln, koordinieren"; Wilhelm Hennis, Aufgaben einer modernen Regierungslehre, in: Politische Vierteljahresschrift, 4/1965, 422-441, hier 433. Regieren erfordert folglich v.a. das Abstecken eines Kurses und die Festlegung der Leitlinien; die Regierungspolitik muss intern, zwischen den einzelnen organisationellen Untergliederungen und mit den Interessenorganisationen abgestimmt werden; die Regierung muss Personal aus den Parteien und Fraktionen und gelegentlich auch aus der Gesellschaft rekrutieren und fördern und sie muss Selbstdarstellung nach außen betreiben. Siehe dazu auch Hans-Ulrich Derlien, „Regieren" – Notizen zu einem Schlüsselbegriff der Regierungslehre, in: Hans-Hermann Hartwich und Göttrik Wewer: Regieren in der Bundesrepublik; Bd. I, Opladen 1990, 77-88.

dieses Kapitels noch behandelt werden. Deshalb ist hier zunächst auf den dritten, den kreativen Aspekt der Regierung einzugehen; er wird in Art. 65 Abs. 1 Satz 1 GG angesprochen:

> „Der Bundeskanzler bestimmt die Richtlinien der Politik und trägt dafür die Verantwortung."

Solche Richtlinien können in abstrakten Grundsätzen z.B. einer Regierungserklärung formuliert sein, aber auch als im Rahmen von Kabinettssitzungen oder Koalitionsrunden als „Einzelanordnungen" an die Bundesminister ergehen. Der Bundeskanzler ist dabei an keine Form gebunden und muss seine Weisungen nicht ausdrücklich als „Richtlinien" bezeichnen.[3] Mit dieser sog. Richtlinienkompetenz wird der Chef der Exekutive im parlamentarischen Regierungssystem zu einem mächtigen Politiker. Allerdings regiert der Bundeskanzler nicht alleine. Unter Bezug auf Art. 62 GG, demzufolge die Bundesregierung aus dem Kanzler und den Bundesministern besteht, heißt es in Art. 65 GG weiter:

> „Innerhalb dieser Richtlinien leitet jeder Bundesminister seinen Geschäftsbereich selbständig und unter eigener Verantwortung. Über Meinungsverschiedenheiten zwischen den Bundesministern entscheidet die Bundesregierung."

Damit sind in Art. 65 GG alle die Regierungsarbeit bestimmenden Prinzipien genannt: Das Kanzlerprinzip, das Ressortprinzip und das Kabinettsprinzip. Bevor sie näher betrachtet werden, ist jedoch noch ein Blick auf das enge Verhältnis von Exekutive und Legislative in der Bundesrepublik erforderlich. Der Bundeskanzler, dies war bereits im Zusammenhang mit der Wahlfunktion des Bundestages in Kapitel 5 angeführt worden, wird von der Mehrheit der Mitglieder des Bundestages gewählt (Art. 63 GG). Die Beziehung von Regierung und Parlament hat darüber hinaus auch noch eine Regelung durch das konstruktive Misstrauensvotum einerseits und die Vertrauensfrage andererseits erfahren. Beide Instrumente und ihre Anwendung bedürfen einer etwas ausführlicheren Erörterung.

„Primäres" Kennzeichen parlamentarischer Regierungssysteme, so war oben gesagt worden, ist die Abberufbarkeit der Regierung durch das Parlament. Dies wird in der Bundesrepublik durch das „konstruktive Misstrauensvotum" in Art. 67 Abs. 1 GG geregelt:

Konstruktives Misstrauensvotum

> „Der Bundestag kann dem Bundeskanzler das Misstrauen nur dadurch aussprechen, dass er mit der Mehrheit seiner Mitglieder einen Nachfolger wählt und den Bundespräsidenten ersucht, den Bundeskanzler zu entlassen. Der Bundespräsident muss dem Ersuchen entsprechen und den Gewählten ernennen."

Ein amtierender Kanzler wird also abberufen, indem ihm das Misstrauen ausgesprochen wird, was bedeutet, dass die Regierungsmehrheit eine vertrauensvolle Zusammenarbeit mit dem Regierungschef als nicht mehr möglich erachtet. Die Besonderheit dieser Abberufungsregel des Grundgesetzes besteht in ihrer ‚Konstruktivität', wonach mit der Abberufung des alten unweigerlich die Wahl eines neuen Kanzlers verbunden ist bzw. die Abberufung *durch* die Neuwahl geschieht. Damit sollen die Unwägbarkeiten einer regierungslosen Zeit vermieden werden. Es genügt also nicht, dass die Mehrheit der Parlamentarier nicht mehr hinter dem amtierenden Regierungschef steht, sie muss sich auch auf einen Nachfolger einigen.

---

[3] Hans-Achim Roll, Bundeskanzler, in: Sommer/Westphalen (1999), 142-143, hier 143.

Vertrauensfrage   Eine symmetrische Beziehung zwischen Exekutive und Legislative würde verlangen, dass der Chef der Regierung nicht nur abberufen werden kann, sondern seinerseits auch zur Auflösung des Parlaments berechtigt ist. In vielen parlamentarischen Regierungssystemen, z.B. in Großbritannien, ist dies auch der Fall. In Grundgesetz der Bundesrepublik ist ein solches Parlamentsauflösungsrecht jedoch nicht vorgesehen. Allerdings gibt es ein Verfahren, das auf die Auflösung des Bundestages hinauslaufen *kann* – nämlich die „Vertrauensfrage" nach Art. 68 Abs. 1 GG:

> „Findet ein Antrag des Bundeskanzlers, ihm das Vertrauen auszusprechen, nicht die Zustimmung der Mehrheit der Mitglieder des Bundestages, so kann der Bundespräsident auf Vorschlag des Bundeskanzlers binnen einundzwanzig Tagen den Bundestag auflösen."

Im Unterschied zum konstruktiven Misstrauensvotum geht bei der Vertrauensfrage die Initiative vom Kanzler aus, der entweder anlässlich konkreter Gesetzesvorhaben oder aber unabhängig davon und ganz allgemein versuchen kann, sich das Vertrauen der Abgeordneten der Regierungskoalition bekunden zu lassen. Ursprünglicher Sinn und Zweck dieses Verfahrens ist die Disziplinierung der Mehrheitsfraktion – dass die Vertrauensfrage auch anders, nämlich für die Parlamentsauflösung genutzt werden kann, wird gleich gezeigt.

Anwendungsfälle   Beide Instrumente, das konstruktive Misstrauensvotum und die Vertrauensfrage, werden in politischen Krisensituationen und damit meist auch für einen politischen Kurswechsel benutzt. Dementsprechend war ihr Einsatz in der Vergangenheit immer wieder Gegenstand gesteigerter Aufmerksamkeit.

Das *konstruktive Misstrauensvotum* wurde in der Geschichte der Bundesrepublik bisher zweimal angewandt:

1. 1972 versuchte die CDU/CSU-Fraktion den amtierenden Bundeskanzler Brandt zu stürzen, dessen Mehrheit im Bundestag wegen seiner politisch umstrittenen Ostpolitik, d.h. v.a. wegen der Annäherung an die DDR, bis auf eine Stimme zusammengeschmolzen war. In der entscheidenden Abstimmung wurde Rainer Barzel als Kanzlerkandidat der Opposition jedoch nicht gewählt.[4] Die danach anberaumten Neuwahlen gewann Brandt mit großem Vorsprung.
2. Das 1982 gegen Bundeskanzler Schmidt gerichtete Misstrauensvotum war dagegen erfolgreich, Helmut Kohl wurde zum neuen Kanzler gewählt.

Die *Vertrauensfrage* wurde häufiger, nämlich insgesamt sechsmal gestellt, und zwar in folgenden Fällen:[5]

1. Im Herbst 1966 kam dem damaligen Bundeskanzler Erhard der Koalitionspartner FDP während der Legislaturperiode abhanden. Die oppositionelle SPD forderte daraufhin Erhard im Parlament offiziell auf, die Vertrauensfrage zu stellen. Ein Gegenantrag der CDU/CSU, diesen Antrag für unzulässig zu erklären, scheiterte, was einem Misstrauensbeweis aus den eigenen Reihen gleichkam. Erhard trat im November desselben Jahres zurück.

---

4   Zur Ostpolitik vgl. Kap. 2.3.2. Um die Gründe für das Scheitern des Misstrauensvotum ranken sich Gerüchte, die SPD-Fraktion habe Stimmen der Opposition gekauft; dazu Glaeßner (2006), 126f.
5   Vgl. zum Folgenden Rudzio (2006), 217-218.

2. 1972 besaß Bundeskanzler Brandt – nach dem Scheitern des oppositionellen Misstrauensvotums – weiterhin keine Mehrheit im Bundestag. Da der deutsche Bundeskanzler, wie erwähnt, kein formelles Recht zur Auflösung des Bundestages besitzt, wurde diese durch Art. 68 GG absichtlich herbeigeführt, d.h. die Mitglieder der SPD-Fraktion enthielten sich bei der Abstimmung über die Vertrauensfrage der Stimme, so dass der Bundespräsident das Parlament auflösen konnte.
3. Bundeskanzler Schmidt stellte 1982 die Vertrauensfrage, um die unsicher gewordene Unterstützung durch den liberalen Koalitionspartner einzufordern. Schmidt wurde zwar das Vertrauen ausgesprochen, aber die FDP war weiterhin zu einem politischen Kurswechsel entschlossen und ermöglichte ein knappes halbes Jahr später das konstruktive Misstrauensvotum, durch das Kohl zum Kanzler gewählt wurde (s.o.).
4. Der frisch gewählte Kanzler Kohl stellte Ende 1982 seinerseits die Vertrauensfrage, um die von ihm angeführte konservativ-liberale Koalition durch Neuwahlen legitimieren zu lassen. Die Abgeordneten des Regierungslagers enthielten sich verabredungsgemäß ihrer Stimmen, der Bundestag konnte aufgelöst und eine Neuwahl anberaumt werden.
5. 2001 forderte Bundeskanzler Schröder den Vertrauensbeweis der Regierungskoalition, um die von der rot-grünen Koalition beschlossene, aber intern nicht unumstrittene Entsendung von Bundeswehreinheiten nach Afghanistan möglichst einhellig zu unterstützen.
6. Schröder stellte 2005 die Vertrauensfrage ein zweites Mal, nachdem die SPD (auch) im Zusammenhang mit der maßgeblich von ihr betriebenen Reformgesetzgebung eine ganze Reihe von Landtagswahlen verloren hatte und eine starke Opposition im Bundesrat dem Kanzler das Regieren schwer machte. Durch strategische Stimmenthaltungen in der Regierungskoalition wurde dem Kanzler das Vertrauen nicht ausgesprochen und der Bundestag wurde ausgelöst.

Aus den angeführten Beispielen geht hervor, dass die Vertrauensfrage manchmal nicht im Sinn der Verfassungsväter gebraucht wurde. Immerhin in drei von sechs Fällen diente sie eindeutig nicht dem Ziel der Vertrauensbekundung, sondern der Auflösung des Bundestages. In diesen drei Fällen war die jeweilige Begründung allerdings unterschiedlich überzeugend. Am wenigsten problematisch war sie 1972 bei Brandt, als nach dem gescheiterten Misstrauensvotum die Vertrauensfrage der einzige Ausweg aus der Pattsituation (Brandt hatte keine Mehrheit, der Bundestag konnte sich auf keinen Nachfolger einigen) im Bundestag gewesen war. Am umstrittensten war der Einsatz der Vertrauensfrage im Dezember 1982 durch Bundeskanzler Kohl.

Kohl war wenige Wochen zuvor durch das konstruktive Misstrauensvotum mit der Mehrheit der Bundestagsabgeordneten gewählt worden. Er war jedoch der Auffassung, dass der damit eingeleitete Kurswechsel, der von ihm und seinen Anhänger immerhin auch als „geistig-politische Wende" apostrophiert wurde, einer demokratischen bzw. plebiszitären Bestätigung bedürfe und insofern Neuwahlen nötig seien. Zur Überprüfung der Rechtmäßigkeit der dann tatsächlich erfolgten Bundestagsauflösung hatten Abgeordnete das Bundesverfassungsgericht angerufen. Dieses hatte in seinem Urteil vom Februar 1983 folgendes befunden:[6]

Kohls Vertrauensfrage

---

6 Siehe die Leitsätze in BVerfGE, 62, 1ff.

- Art. 68 GG ist eine sog. „offene" Verfassungsnorm, deren notwendige situationsbezogene Konkretisierung von den obersten Verfassungsorganen, d.h. auch vom Bundeskanzler und vom Bundespräsidenten, vorgenommen werden kann.
- Die Mehrheitsverhältnisse im Bundestag müssen nicht nur schwierig sein, sie müssen den Kanzler „so beeinträchtigen oder lähmen, dass er eine vom stetigen Vertrauen der Mehrheit getragene Politik nicht sinnvoll zu verfolgen vermag".
- Ist die Mehrheit eines Kanzlers dagegen „ausreichend", so darf er die Vertrauensfrage mit dem Ziel der Bundestagsauflösung grundsätzlich *nicht* einsetzen.
- Die Einschätzung, ob er über ausreichendes Vertrauen verfügt, obliegt allein dem Bundeskanzler; der Bundespräsident hat lediglich zu überprüfen, ob der Antrag des Bundeskanzlers verfassungskompatibel und folglich der Bundestag aufzulösen ist. Dies wiederum stellt eine „politische Leitentscheidung" in der Kompetenz des Bundespräsidenten dar.
- Durch die geschilderten Ermessensspielräume sowohl auf Seiten des Regierungschefs als auch auf Seiten des Bundespräsidenten ist eine Überprüfbarkeit durch das Bundesverfassungsgericht „weiter zurückgenommen als in den Bereichen Rechtsetzung und Normvollzug", d.h. das Gericht hält in dieser Frage eine richterliche Selbstbeschränkung für angebracht.

Mit anderen Worten: Das Vorgehen von Bundeskanzler Kohl und von Bundespräsident Carstens war nach mehrheitlicher, wenn auch nicht einstimmiger Auffassung der Verfassungsrichter *rechtlich* nicht zu beanstanden. In der Frage, ob die Lagebeurteilung des Kanzlers die *politisch* einzig mögliche gewesen war, hielt das Gericht sich für nicht zuständig.

Schröders Vertrauensfrage

Auch die Vertrauensfrage, die Kanzler Schröder am Ende seiner zweiten Amtszeit 2005 gestellt hatte, wurde als zweckentfremdet bzw. ‚unecht' bezeichnet, weil auch seine Fraktion sich an der Herbeiführung der Niederlage aktiv beteiligte. Schröder hielt sich, wie gesagt, wegen der für ihn äußerst ungünstigen Mehrheitsverhältnisse im Bundes*rat* sowie der nicht geschlossenen Unterstützung durch die Fraktion in Sachen Reformgesetzgebung für weitgehend handlungsunfähig. Allerdings unterschied sich diese Situation im wichtigen Hinsichten von derjenigen von 1982. Zunächst hatte, und dies ist nicht unerheblich, Kohls von den anderen Verfassungsorganen überwiegend gebilligtes Vorgehen einen Präzedenzfall geschaffen, der sich auf das zukünftige Verhalten der Verfassungsorgane, v.a. der Kanzler, auswirken konnte. Sodann ging der Vertrauensfrage von 2005, anders als bei derjenigen von 1982, die Wahl desjenigen Kanzlers, der nun die Vertrauensfrage stellte, nicht unmittelbar voraus. Und schließlich hatte Schröder im Vorfeld seiner Vertrauensfrage die Haltung der anderen Fraktionen, wenn auch nicht diejenige des Bundespräsidenten, sondiert. Das auch 2005 angerufene Verfassungsgericht hat, in Weiterentwicklung seiner Argumentation aus dem Jahr 1983, die Haltungen und Handlungen der beteiligten Organe als nicht verfassungswidrig betrachtet und dabei im übrigen auch die in der Öffentlichkeit häufig gebrauchte Unterscheidung zwischen „echter" und „unechter" Vertrauensfrage *nicht* nachvollzogen, weil dem Kanzler jeder mit der Verfassung zu vereinbarende Weg der politischen Stabilisierung offenstehe – also auch die „unechte" Vertrauensfrage mit dem Ziel der Bundestagsauflösung.[7]

---

[7] Zu diesem Urteil siehe www.bundesverfassungsgericht.de/pressemitteilungen/bvg05-078 (8. 1. 2011).

6.1.2 Prinzipien der „Kanzlerdemokratie"

Es hat sich eingebürgert, die im Grundgesetz expressis verbis nicht so genannten drei Grundsätze, nach denen die *Bundesregierung* organisiert ist und funktioniert, das Kanzlerprinzip, das Ressortprinzip und das Kabinettsprinzip zu nennen.[8]

Der Bundeskanzler wird, es wurde im Zusammenhang mit den Wahlfunktionen des Bundestages bereits erörtert, von dem neu gewählten Bundestag ohne Aussprache erwählt. Der Kanzler braucht also die Unterstützung durch die Mehrheit der Mitglieder des Parlaments.

1. Kanzlerprinzip

Als gewählter Regierungschef hat er sodann eine Reihe von Vollmachten:

- nach Art. 64 Abs. 1 GG werden die Bundesminister „auf Vorschlag des Bundeskanzlers vom Bundespräsidenten ernannt und entlassen"; de facto stellt der Kanzler sein Kabinett nach seinen Vorstellungen zusammen, und der Bundespräsident bestätigt dies lediglich im Akt der Ernennung bzw. Entlassung
- nach Art. 69 Abs. 1 ernennt der Kanzler einen *Stellvertreter* (der bei den in der Bundesrepublik üblichen Koalitionsregierungen normalerweise aus der Partei des kleineren Koalitionspartners kommt und zudem das Amt des Außenministers bekleidet); außerdem hat der Kanzler
- die *Organisationsgewalt*; das Recht zur Einrichtung der Ministerien ergibt sich aus Art. 64 Abs. 1 GG sowie aus der Geschäftsordnung, die die Bundesregierung beschließt.[9]

Dem Bundeskanzler steht zur Erfüllung seiner Aufgaben ein umfangreicher Verwaltungsapparat zur Verfügung, das Bundeskanzleramt.

Bundeskanzleramt

Zur sog. „Leitungsebene" des Bundeskanzleramtes gehören der Kanzler, die Staatssekretäre sowie der Leiter der Behörde. Auf den „Arbeitsebenen" sind insgesamt sechs Abteilungen angesiedelt, in denen sich die „Spiegelreferate" zu den Referaten in den Bundesministerien befinden. Das Amt soll den Kanzler über die allgemeine Politik und die Arbeit in den Ministerien informieren, seine Entscheidungen vorbereiten und deren Durchführung verfolgen[10] – das heißt, für die Bundesregierung übernimmt es die Rolle eines Sekretariats. Um die „Einheitlichkeit der Geschäftsführung" der Bundesregierung zu gewährleisten (GOBReG §2) besitzt das Bundeskanzleramt hinsichtlich der einzelnen Ressorts eine koordinierende Funktion bzw. die Aufgabe, Meinungsverschiedenheiten der Ressorts auszuräumen. Ein Mitarbeiter des Kanzleramtes ist zur Erteilung von Auskünften und ohne Stimmrecht im Vermittlungsausschuss anwesend; schließlich gehen ihm die verschiedenen Anfragen seitens des Parlaments zu, die es an die zuständigen Ressorts weiterleitet.

Die Bundesminister fungieren als Scharnier zwischen Regierung und Verwaltung, da sie einerseits Kabinettsmitglieder und andererseits Ressortleiter sind. Einem Minister fällt die ressortinterne Organisation sowie die Formulierung der

Ressortprinzip

---

8 Vgl. zum Folgenden auch Manfred G. Schmidt, Regierung, in: Nohlen (1991), 573-579; Dietrich Thränhardt, Bundesregierung, in: Andersen/Woyke (1995), 62-68
9 „Der Geschäftsbereich der einzelnen Minister wird durch den Bundeskanzler festgelegt"; §9 der Geschäftsordnung der Bundesregierung (GOBReg); s. z.B. www.bundesregierung. de. (8.1.2011).
10 Volker Busse, Bundeskanzleramt und Bundesregierung, Heidelberg 1994, 51ff.

Ressortpolitik „innerhalb der Richtlinien" des Kanzlers zu. Die fünf „klassischen" Ressorts sind

- das *Bundesministerium der Finanzen* – ein Teil der Regierungspolitik steht unter seinem Widerspruchsvorbehalt, z.B. ist seine Zustimmung bei „außerplanmäßigen" Ausgaben erforderlich
- die *Bundesministerien der Justiz und des Innern*; sie kontrollieren die Rechtmäßigkeit der Kabinettsentscheidungen[11]
- das *Bundesministerium der Verteidigung*, das in Friedenszeiten über die militärische „Befehls- und Kommandogewalt" verfügt (Art. 65a GG)
- das Außenministerium.

Die Einrichtung der weiteren Ressorts ist z.T. auch von personalpolitischen Erwägungen bzw. Zwängen sowie von neuen Politikfeldern (in den 80er Jahren war dies z.B. die Umweltpolitik) abhängig.

Staatssekretäre

Formal nicht zur Regierung gehörig, weil nicht stimmberechtigt bei den Kabinettssitzungen, aber dennoch in das engere Umfeld der Exekutive gehören die Staatssekretäre. Zu unterscheiden sind[12]

Der *parlamentarische Staatssekretär*; er muss Bundestagsabgeordneter sein und ist einem Bundesminister zugeordnet. Er unterstützt den Minister in seiner Beziehung zum Bundestag, etwa indem er parlamentarische Anfragen beantwortet oder in der aktuellen Stunde im Parlament zugegen ist. Parlamentarische Staatssekretäre können zu Staatsministern ernannt werden (so z.B. des öfteren im Bundeskanzleramt und im Außenministerium). Das Amt wurde 1967 nach englischem Vorbild eingeführt und sollte auch als Sprungbrett für Ministeranwärter dienen.

Der *beamtete Staatssekretär* steht dagegen an der Spitze eines Ministeriums und übernimmt Leitungsaufgaben im Rahmen der Weisungen des Ministers; der beamtete Sekretär ist ein sog. „politischer Beamter", der einerseits weisungsgebunden ist, andererseits aber auch an der politischen Leitung des Ministeriums teilhat. Wegen seiner zwangsläufig engen Beziehung zu seinem Vorgesetzten kann er bei einem Regierungswechsel in den einstweiligen Ruhestand versetzt werden.

---

11 §26 Abs. 1 und 2 GOBReg räumen ein Widerspruchsrecht der genannten Ministerien ein: „(1) Beschließt die Bundesregierung in einer Frage von finanzieller Bedeutung gegen oder ohne die Stimme des Bundesministers der Finanzen, so kann dieser gegen den Beschluss ausdrücklich Widerspruch erheben". Dasselbe Recht haben der Bundesminister der Justiz oder der Bundesminister des Innern gegenüber einem Gesetz- oder Verordnungsentwurf oder einer Maßnahme der Bundesregierung, die sie für unvereinbar mit geltendem Recht halten.

12 Busse (1994), 41f. sowie Ulrich Hufeld, Staatssekretär, in: Sommer/von Westphalen (1999), 861f. und Hermann Groß, Parlamentarischer Staatssekretär, in: (ebd.), 646f.

Abb. 1: Kontinuität und Wandel von Kabinettsressorts

Ressort	Existent seit / bis	Kanzlerschaften
Inneres	seit 1949	sämtliche Kanzler ab Adenauer
Justiz	seit 1949	sämtliche Kanzler ab Adenauer
Finanzen [1]	seit 1949	sämtliche Kanzler ab Adenauer
Wirtschaft	seit 1949	sämtliche Kanzler ab Adenauer
Ernährung, Landwirtschaft, Forsten, Verbraucherschutz	seit 1949	sämtliche Kanzler ab Adenauer
Arbeit [2]	seit 1949	sämtliche Kanzler ab Adenauer
Verkehr [3]	seit 1949	sämtliche Kanzler ab Adenauer
Bau, Wohnungsbau [4]	seit 1949	sämtliche Kanzler ab Adenauer
Marshall Plan/wirtschaftliche Zusammenarbeit [5]	1949-1957	Adenauer
Vertriebene, Flüchtlinge, Kriegsgeschädigte	1949-1969	Adenauer, Erhard, Kiesinger
Bundesrat/Länder	1949-1969	Adenauer, Erhard, Kiesinger
Innerdeutsche Beziehungen/ Gesamtdeutsche Angelegenheiten	1949-1990	Adenauer, Erhard, Kiesinger, Brandt, Schmidt, Kohl
Post und Telekommunikation [3]	1949-1969	Adenauer, Erhard, Kiesinger
	1980-1997	Schmidt, Kohl
Äußeres	seit 1951	sämtliche Kanzler ab Adenauer
Familie, Jugend, Frauen, Gesundheit [6]	seit 1953	sämtliche Kanzler ab Adenauer
Verteidigung	seit 1955	sämtliche Kanzler ab Adenauer
Atomenergie [7]	1955-1962	Adenauer
Angelegenheiten des Verteidigungsrates	1957-1961	Adenauer
Wirtschaftlicher Besitz des Bundes/Bundesschatz [8]	1957-1969	Adenauer, Erhard, Kiesinger
Entwicklung	seit 1961	sämtliche Kanzler ab Adenauer
Bildung und Wissenschaft [9]	seit 1962	sämtliche Kanzler ab Adenauer
Forschung und Technologie [10]	seit 1972	sämtliche Kanzler ab Brandt
Umwelt, Naturschutz, Reaktorsicherheit	seit 1986	sämtliche Kanzler seit Kohl

[1] zwischen Mai 1971 und Dezember 1972 mit dem Wirtschaftsministerium zum Bundesministerium für Wirtschaft und Finanzen vereint;
[2] zwischen 1949 und 1957 nur Bundesministerium für Arbeit; ab 1957 Arbeit und Sozialordnung; seit 2002 mit dem Ressort Finanzen zum Bundesministerium für Wirtschaft und Arbeit vereint;
[3] Verkehr und Post/Telekommunikation, zwischen 1969 und 1972 und zwischen 1974 und 1980 zusammengelegt; seit 1998 mit dem Ressort Bau und Wohnungswesen zum Bundesministerium für Verkehr, Bau- und Wohnungswesen zusammengelegt;
[4] zwischen 1961 und 1965 sowie zwischen 1972 und 1998 unter Einschluss der Raumordnung, 1998 mit dem Ressort Verkehr zum Bundesministerium für Verkehr, Bau- und Wohnungswesen vereint;
[5] zunächst Angelegenheiten des Marshallplans, 1953 umbenannt in Bundesministerium für europäische wirtschaftliche Zusammenarbeit;
[6] zwischen 1953 und 1957 nur Familienfragen, zwischen 1957 und 1969 Familie und Jugend einerseits und Gesundheit andererseits als getrennte Ressorts, ab 1969 Jugend, Familie und Gesundheit, ab 1986 Jugend, Familie, Frauen und Gesundheit, zwischen 1991 und 1994 Aufteilung in drei Ressorts: Familie und Senioren, Frauen und Jugend, Gesundheit; ab 1994 Aufteilung der Zuständigkeiten auf zwei Ressorts: Familie, Senioren, Frauen und Jugend; Gesundheit;
[7] nach Erweiterung der Zuständigkeitsbereiche 1961 um die Gebiete Weltraumforschung, Raumfahrtsforschung und Raumfahrttechnik geht das Ressort schließlich 1962 im neu geschaffenen Bundesministerium für wissenschaftliche Forschung auf;
[8] ab 1957 zunächst wirtschaftlicher Besitz des Bundes, zwischen 1961 und 1969 Bundesschatz;
[9] zwischen 1962 und 1969 zunächst unter der Bezeichnung wissenschaftliche Forschung; 1994 mit dem Bundesministerium für Forschung und Technologie zusammengelegt, seit 1998 unter der Bezeichnung Bundesministerium für Bildung und Forschung;
[10] zwischen 1994 und 1998 Bildung, Wissenschaft, Forschung und Technologie; 1998 umbenannt in Bundesministerium für Bildung und Forschung.

Quelle: Ludger Helms, Regierungsorganisation und politische Führung in Deutschland, Wiesbaden 2005, 98

Kabinettsprinzip Die den Kanzler und die Minister umfassende Regierung wird auch als „Kabinett" bezeichnet; dieses tritt als Träger wichtiger politischer Befugnisse in Erscheinung:

- nicht der Bundeskanzler, sondern das Kabinett hat als „Bundesregierung" das Recht zur *Gesetzesinitiative* und zur Stellungnahme zu *Bundesrats*vorlagen (Art. 76 GG)
- das Kabinett hat das Recht zum Beschluss der *Geschäftsordnung* (Art. 65 GG) sowie zum
- Erlass von Rechtsverordnungen (Art. 80 GG) und zur
- Anrufung des Bundesverfassungsgerichts (Art. 93 Abs. 1 GG)

Darüber hinaus übernimmt das Kabinett auch regierungsintern Funktionen wahr:

- es entscheidet bei „Meinungsverschiedenheiten zwischen den Bundesministern" (Art. 65 Satz 3 GG). Allerdings ist dies nur als ultima ratio gedacht, wenn vorherige Vermittlungsversuche des Kanzlers vergeblich waren[13],
- es entscheidet über Vorschläge zur Ernennung politischer und höherer Beamte.

Das Kabinett tagt einmal pro Woche, in der Regel Mittwochvormittag.[14] Für die Kabinettssitzungen bestimmt die Geschäftsordnung der Bundesregierung weitere Einzelheiten (GOBReg §§20ff.): die Termine der Sitzungen werden durch den Chef des Bundeskanzleramtes festgelegt; Beschlussfähigkeit setzt die Anwesenheit mindestens der Hälfte der Kabinettsmitglieder voraus; die Beschlüsse werden mit der Stimmenmehrheit getroffen, bei Stimmengleichheit entscheidet die Stimme des Vorsitzenden, d.h. der Kanzlerin oder des Kanzlers.

Kabinettsausschüsse Die Regierung als Organisation weist verschiedene Unterorganisationen auf, die, genauso wie im Bundestag, als „Ausschüsse" bezeichnet werden. Solche Untergliederungen werden ebenfalls aus Gründen der Arbeitsteilung und Effektivität vorgenommen. Üblicherweise waren dies der Bundessicherheitsrat sowie die Ausschüsse für „Europapolitik", für die „Neuen Bundesländer" und für „Wirtschaft und Zukunftstechnologien". Anders als die Bundestagsausschüsse verkörpern diejenigen des Kabinetts jedoch „keine notwendige oder auch nur regelmäßige Vorstufe zur Beratung im Gesamtkabinett. Sie haben auch keine rechtlich eigenständige Beschlusskompetenz."[15] Die Kabinettsausschüsse tagen unter dem Vorsitz des Kanzlers bzw. seines Stellvertreters.

---

13 „Der Bundeskanzler kann Meinungsverschiedenheiten vor der Beratung im Kabinett mit einer Ministerbesprechung mit den beteiligten Bundesministern unter seinem Vorsitz erörtern"; (§17 Abs. 2 GOBReg).
14 Busse (1994), 118.
15 Busse (1994), 89; zur Kontinuität dieser und anderer Ausschüsse siehe die Übersicht bei Rudzio (2006), 247. Für die 16. Wahlperiode z.B. hatte die Regierung beschlossen und auf der Regierungspressekonferenz am 14. 12. 2005 mitgeteilt, „dass der Bundessicherheitsrat natürlich weiterhin eingerichtet bleibt. Die (sic) Kabinettsausschuss für Wirtschaft und der Kabinettsausschuss Neue Länder werden beibehalten. ... Nicht mehr fortgesetzt wird die Arbeit der Kabinettsausschüsse für Zukunftstechnologie und Umwelt und Gesundheit"; www.bundesregierung.de/ (9. 1. 2011).

6.1.3 Bundeskanzler und Regierungspolitik

Die insgesamt acht Regierungen in 17 Legislaturperioden haben die Politik der Bundesrepublik nach innen und nach außen maßgeblich und nachhaltig geprägt. Auch bei einer nur flüchtigen Betrachtung der einzelnen Regierungen wird deutlich, dass „Regierung" nicht ausschließlich eine *Institution* bzw. eine *Tätigkeit* des Entscheidens und Gestaltens meint. Auch eine Regierung wird erheblich durch ihr Personal – den Kanzler und den Ministern – geprägt; sie ist mit anderen Worten, wie das Parlament, eine „Institution mit Personen". Die wichtigsten soziopolitischen Rahmenbedingungen, die institutionellen Errungenschaften, die politischen Erfolge, aber auch Versäumnisse der Kanzler der Bundesrepublik seien nachstehend kurz angeführt.[16]

Im ersten Nachkriegsjahrzehnt sind von Bundeskanzler Adenauer die grundlegenden innenpolitischen, aber auch außenpolitischen Weichenstellungen vorgenommen worden. Innenpolitisch war zunächst, eingebettet in die massive Hilfe im Rahmen des Marshall-Planes, der Wiederaufbau Deutschlands, d.h. Bereitstellung der Infrastruktur, die Ankurbelung der industriellen Produktion und die Beschaffung von Wohnraum zu leisten. Ordnungspolitisch war die Errichtung der sozialen Marktwirtschaft zu bewerkstelligen und außenpolitisch, wie in Kapitel 2 ausgeführt, die Einbindung der Bundesrepublik in die westliche Staatengemeinschaft. Dies geschah durch den Beitritt zur NATO (1955) sowie durch Schaffung der Europäischen Wirtschaftsgemeinschaft. In seinen letzten Amtsjahren war der über achtzigjährige Kanzler parteiintern nicht mehr unumstritten; beim Bau der Berliner Mauer verhielt er sich nach allgemeiner Auffassung zu passiv. Nach Vorankündigung trat Adenauer in seiner vierten Amtszeit 1963 zurück.

Konrad Adenauer
(1949-1963)

Was die institutionelle Seite der Politik anging, hatte Adenauer als erster Kanzler der Bundesrepublik einerseits ebenfalls mühevolle Aufbauarbeit zu leisten, er konnte dabei aber anderseits und im Unterschied zu seinen Nachfolgern viel eher eigene Vorstellungen realisieren und den neu geschaffenen Institutionen seinen Stempel aufdrücken. Das kam z.B. kurz nach seiner Wahl in der Schaffung des Bundeskanzleramtes zum Ausdruck, aus dem heraus unter der Leitung von Hans Globke anfänglich noch die Außen- und die Verteidigungspolitik geführt worden war. Adenauers Kabinett umfasste, bis 1951 zunächst noch ohne Außenministerium, insgesamt 13 anstatt der von der Länderministerpräsidenten ursprünglich vorgesehenen acht Ministerien. Neu geschaffen wurden auch der von Anfang an dem Kanzleramt zugeordnete Bundesnachrichtendienst

---

16 Für die inhaltlichen Aspekte vgl. Glaeßner (2006), Kap. 3 sowie Manfred G. Schmidt, Regieren in der Bundesrepublik Deutschland, Opladen 1992, Teil 2, der die Leistungen der Regierungen auf wichtigen Politikfeldern untersucht. Zu den organisationellen Aspekten der Kanzlerschaften vgl. v.a. Helms (2005) Kap. 5; siehe auch Rudzio (2006), Kap. 8.2. Politikinhalte und Organisationsfragen erörtert umfassend: Karl-Heinz Niclauß, Kanzlerdemokratie, Paderborn u.a. 2004. Die „Kanzlerdemokratie" verkörpert nach Niclauß eine besondere Ausprägung des parlamentarischen Regierungssystems und umfasst fünf Merkmale, die bei jeder Regierung mehr oder weniger stark ausgebildet waren: 1. Stützung des Kanzlerprinzips durch das Grundgesetz, 2. Führungsposition des Kanzlers in der größten Regierungspartei (d.h. seiner eigenen Partei), 3. deutlicher Gegensatz zwischen Regierung und Opposition, 4. Engagement des Kanzlers in der Außenpolitik und 5. Personalisierung und Medienpräsenz des Kanzlers; (ebd.), 68f.

sowie das „Presse- und Informationsamt der Bundesregierung". 1957 bildete Adenauer, obwohl die CDU/CSU bei den Bundestagswahlen die absolute Mehrheit gewonnen hatte, aus wahltaktischen Gründen wiederum eine Koalition, diesmal mit der Deutschen Partei; nach dem Übertritt der ihr angehörenden Regierungsmitglieder in die CDU/CSU führte Adenauer 1960-61 eine Einparteien-Mehrheitsregierung; im Herbst 1962 stand er für wenige Wochen einer Einparteien-Minderheitsregierung vor. Adenauer dominierte seine Kabinette zwar, ließ den Ressortchefs jedoch auch Raum zur Eigeninitiative und traf gar nicht so viele seiner wichtigen Entscheidungen „einsam", wie das traditionelle Adenauer-Bild behauptet, sondern oft erst nach Konsultation der Kabinettskollegen oder der Koalitionsgremien („Koalitionsgespräche" oder „Koalitionsausschüsse").[17]

Abb. 2: Regierungen und Koalitionen 1949-2011

Kabinetts-Nr.	Kanzler/in	Beginn der Amtszeit	Regierungsparteien
1	Adenauer	15.09.1949	CDU/CSU-FDP-DP
2	Adenauer	09.10.1953	CDU CSU-FDP-DP-GB/BHE
3	Adenauer	23.07.1955	CDU/CSU-FDP-DP
4	Adenauer	25.02.1956	CDU/CSU-DP-DA/FVP
5	Adenauer	22.10.1957	CDU/CSU-DP
6	Adenauer	02.07.1960	CDU/CSU
7	Adenauer	07.11.1961	CDU/CSU-FDP
8	Adenauer	19.11.1962	CDU/CSU
9	Adenauer	13.12.1962	CDU/CSU-FDP
10	Erhard	16.10.1963	CDU/CSU-FDP
11	Erhard	20.10.1965	CDU/CSU-FDP
12	Erhard	28.10.1966	CDU/CSU
13	Kiesinger	01.12.1966	CDU/CSU-SPD
14	Brandt	21.10.1969	SPD-FDP
15	Brandt	14.12.1972	SPD-FDP
16	Schmidt	16.05.1974	SPD-FDP
17	Schmidt	15.12.1976	SPD-FDP
18	Schmidt	05.11.1980	SPD-FDP
19	Schmidt	17.09.1982	SPD
20	Kohl	01.10.1982	CDU/CSU-FDP
21	Kohl	29.03.1983	CDU/CSU-FDP
22	Kohl	11.03.1987	CDU/CSU-FDP
23	Kohl	30.10.1990	CDU/CSU-FDP-DSU
24	Kohl	17.01.1991	CDU/CSU-FDP
25	Kohl	15.11.1994	CDU/CSU-FDP
26	Schröder	27.10.1998	SPD-Grüne
27	Schröder	22.10.2002	SPD-Grüne
28	Merkel	22.11.2005	CDU/CSU-SPD
29	Merkel	28.10.2009	CDU/CSU-FDP

Quelle: Helms (2005), 96 (abgeänderte und aktualisierte Darstellung).

---

17 Vgl. Helms (2005), 110f.

Ludwig Erhard, der zweite deutsche Bundeskanzler, war unter Adenauer ein äu-   Ludwig Erhard
ßerst erfolgreicher Wirtschaftsminister gewesen und in den Augen vieler Deutscher der „Vater der Marktwirtschaft". Der Akademiker Erhard hatte allerdings schlechtere Rahmenbedingungen für seine Politik als sein Vorgänger: Zunächst war ihm Adenauer nicht sonderlich wohl gesonnen, aber auch CDU und CSU, letztere in der Person von Strauß, standen nicht geschlossen hinter ihm und seiner Politik; Erhard blieb der „Wirtschaftsprofessor" und wurde kein Parteipolitiker, auch weil er im Vergleich mit Adenauer ein relativ unpolitisches Amtsverständnis hatte. Zudem waren die Jahre des rasanten wirtschaftlichen Aufschwungs vorüber, die Wachstumsraten glichen sich denen anderer Industrienationen an und tendierten bald gegen null, ohne dass Erhard ein Erfolg versprechendes Programm zur Gegensteuerung hatte entwickeln können; mit der ersten Rezession 1966 stellten sich zugleich größere Konflikte zwischen den Tarifpartnern ein. Von Oktober bis Dezember 1966 führte Erhard eine CDU/CSU-Minderheitsregierung; er kündigte im November seinen Rücktritt an, als die Große Koalition von CDU und SPD beschlossene Sache war. Erhard leitete durch Schaffung einer neuen Abteilung, die Kontakte zu gesellschaftlichen Interessengruppen pflegen sollte, die Ausdifferenzierung der Organisation „Kanzleramt" ein, die unter Adenauer über eine nur sehr geringe institutionelle Autonomie verfügte. Gleichzeitig wurden die von Adenauer eingerichteten informellen Entscheidungsstrukturen (wie z.B. die „Koalitionsgespräche") zugunsten des Kabinetts wieder relativiert.[18]

Die erste Große Koalition der Bundesrepublik (1966-1969) wird oft als eine we-   Kurt-Georg Kiesinger
nig ereignisreiche Episode zwischen der konservativ-liberalen und der soziallibe-   (1966-1969)
ralen Regierungsphase betrachtet. Dabei hat sie in den wenigen Jahren ihrer Existenz zahlreiche Neuerungen und weitreichende Reformen zustande gebracht. Auf wirtschaftlichem Gebiet sind für 1967 zunächst die Konzertierte Aktion[19] der Spitzenverbände der Arbeitnehmer und der Arbeitgeber sowie der Regierung zu nennen; im gleichen Jahr wird auch das sog. „Stabilitätsgesetz" zur Sicherung der Vollbeschäftigung(!) und der Preisstabilität verabschiedet. Einschneidendstes Ereignis der Kanzlerschaft von Kiesinger war jedoch die Gesetzgebung zum sog. „Notstand", wodurch das Grundgesetz 1968 Elemente einer Notstandsverfassung erhielt.[20] Damit wurden verfassungsrechtliche Vorkehrungen für verschiedene Szenarien getroffen:

- im *Katastrophenfall*, d.h. bei Naturkatastrophen und Unglücken, sind Bund- und Länderbehörden zu gegenseitiger Hilfe verpflichtet; auch der Einsatz des Bundesgrenzschutzes und der Streitkräfte ist möglich (Art. 35 GG),
- für den *Spannungsfall*, verstanden als Phase verstärkter internationaler Konfrontation entlang der früheren „Block"-Grenzen im kalten Krieg, wird die

---

18 (Ebd.), 113f.
19 Vgl. oben, Kap. 4.1.4.2.
20 Die Ergänzung des Grundgesetzes durch die sog. „Notstandsverfassung" war formal notwendig geworden, „um noch bestehende alliierte Vorbehaltsrechte im Bereich der inneren Sicherheit abzulösen, ... (wurde) aber in der Öffentlichkeit als Schritt zur Ausschaltung des Parlaments und in den autoritären Notverordnungsstaat kritisiert"; Glaeßner (2006), 111.

Anwendung von Vorschriften, die das Grundgesetz an anderer Stelle[21] sowie Bundesgesetze für den Verteidigungsfall machten, geregelt (Art. 80a GG),
- für den *Verteidigungsfall* sind die Notstandsbefugnisse der drei politischen Gewalten festgelegt, u.a. ein verkürztes Gesetzgebungsverfahren sowie besondere Befugnisse der Bundesregierung (Art. 115a-f GG),
- bei einem *inneren Notstand*, in dem die freiheitlich-demokratische Grundordnung im Bund oder in einem Bundesland bedroht ist, können Polizeikräfte aus anderen Bundesländern angefordert werden (Art. 91 GG),
- schließlich wurde, weil mit den voranstehend genannten Änderungen u.U. erhebliche Einschränkungen der Grundrechte verbunden sein können, mit Art. 20 Abs. 4 GG ein allgemeines individuelles *Recht* eingeräumt, dasjenige auf Widerstand im Falle einer Bedrohung der verfassungsmäßigen Ordnung.

Unter den Bedingungen der Großen Koalition vollzieht sich das Regieren jedoch anders als im Rahmen einer Einparteienregierung oder, was bisher der Normalfall für die Bundesrepublik war, einer Koalitionsregierung mit einem großen und einem kleinen Partner. Dies trifft insbesondere auf die Stellung des Kanzlers zu. Werden die mit seinem Amt verbundenen beträchtlichen Vollmachten und Kompetenzen gelegentlich als „monokratisch" bezeichnet, so ändert sich der Handlungsspielraum des Regierungschefs grundlegend, wenn eine an Ministern nahezu gleichstarke Partei mitregiert. Soll diese nicht durch einen allzu souveränen Politikstil verprellt werden, dann wird der Kanzler einer großen Koalition nicht allzu oft auf seine Richtlinienkompetenz zurückgreifen können. Der spätere Bundeskanzler Helmut Schmidt soll zur Rechtfertigung der ersten Großen Koalition gegenüber seiner Partei gesagt haben: „Es gibt keine Richtlinien gegen Brandt und Wehner". Will heißen: die Formulierung der Bundespolitik wird als eine Gemeinschaftsaufgabe der beiden Partei- bzw. Fraktionsführungen betrachtet. Kiesinger stand nicht nur unter erheblichem Druck, die immerhin 19 Kabinettsposten unter den beiden Koalitionspartnern annähernd „symmetrisch" zu verteilen, er ist darüber hinaus auch als „wandelnder Vermittlungsausschuss" bezeichnet worden, als Regierungschef, der stets um die Zustimmung sowohl seines Koalitionspartners als auch seiner eigenen Fraktion und Partei bemüht sein musste.[22] Als ein weiteres Spezifikum der Regierung Kiesinger wird die professionellere, weil Expertise anstatt persönliche Beziehungen in den Vordergrund stellende Rekrutierung der Mitarbeiter des Kanzleramtes gewertet, aber auch die allmähliche Verlagerung der Entscheidungen vom Kabinett auf den sog. „Kreßbronner Kreis", in den die Partei- und Fraktionsvorsitzenden der Koalitionsparteien sowie deren Generalsekretäre aufgenommen wurden. Zu weiteren Stützen der Großen Koalition avancierten die beiden Fraktionsvorsitzenden Barzel und Schmidt.[23]

Willy Brandt (1969-1974) Große Koalitionen sind meistens eine zweischneidige Angelegenheit: Zum einen eröffnet sich ihnen aufgrund der komfortablen Mehrheit im Parlament die Möglichkeit, wichtige und seit langem anstehende, aber aufgeschobene große Refor-

---

21 Art. 12a Abs. 4 GG (Wehr – und Dienstpflicht) sowie Art. 87a Abs. 3 GG (Aufstellung und Einsatz der Streitkräfte).
22 Niclauß (2004), 122.
23 Helms (2005), 116f.

men oder Verfassungsänderungen durchzuführen. Zum anderen schüren sie, mit bedingt durch die schwache innerparlamentarische Opposition gegenüber den im Umgang untereinander sehr moderaten, weil aufeinander angewiesenen großen Parteien, die gesellschaftliche Unzufriedenheit. Die Große Koalition unter Kiesinger hatte mit der vor allem wegen der Gefahr der Grundrechtseinschränkung beargwöhnten Notstandsverfassung an sich schon erhebliche Proteste der oppositionellen Gruppen und der Intellektuellen herausgefordert. Diese wurden in ihrer politik- bzw. systemkritischen Haltung bestärkt durch die antikapitalistisch bzw. antiimperialistisch ausgerichteten Studentenunruhen seit Mitte der 60er Jahre v.a. in Frankreich und den USA. Hinzu kam schließlich, dass die Nachkriegsgeneration in der Bundesrepublik über die ökonomischen Erfolge hinweg die Aufarbeitung der „deutschen Katastrophe" vollständig verdrängt sah. Diese vielschichtigen Konflikte entluden sich im Laufe der Regierungszeit der sozialliberalen Koalition.

Als Nachfolger Kiesingers konnte Willy Brandt vor allem bei der jungen Generation Pluspunkte verbuchen, weil er während der Hitlerzeit ins Exil nach Norwegen gegangen war und sich dort dem Widerstand angeschlossen hatte. Beim Amtsantritt 1969 versprach er, „mehr Demokratie" zu wagen. 1970, im zweiten Jahr seiner Kanzlerschaft, hatte er im Rahmen seiner Ostpolitik die spektakuläre, aber nicht unumstrittene Annäherung an die DDR sowie an die UdSSR und an Polen erreicht, wofür er 1971 den Friedensnobelpreis erhielt. Die Jahre 1972-74 waren turbulent:[24] So verlief z.B. die Diskussion um die Liberalisierung des Abtreibungsrechts äußerst kontrovers und höchst emotional; das oppositionelle Misstrauensvotum gegen Brandt im April 1972 scheiterte völlig überraschend; mit dem Attentat auf das Olympiadorf in München im August 1972 erreichte der internationale Terrorismus Deutschland; 1973 traf die Ölkrise die westlichen Volkswirtschaften schwer, die Arbeitslosenzahlen stiegen – und in alledem agierte Brandt mit eklatanten Führungsschwächen. Diese wurden u.a. auf seinen stellenweise visionären, aber insgesamt zu wenig pragmatischen und auch kaum ‚autoritären' Führungsstil zurückgeführt.

Innerhalb des gegenüber der Großen Koalition auf 14 Ministerposten verkleinerten Kabinetts richtete Brandt 1971 ein sog. „Superministerium" für „Wirtschaft und Finanzen" ein. Den überwältigenden Wahlsieg nach dem überstandenen Misstrauensvotum konnte er einerseits nicht in einen entsprechenden Machtzugewinn für die SPD umsetzen; aus den Verhandlungen zur Regierungsbildung ging der Koalitionspartner FDP mit zwei zusätzlichen Ministerposten gestärkt hervor. Andererseits ignorierte Brandt das Ressortprinzip dadurch, dass er nicht selten die Politik seines Außenministers Scheel bevormundete. Das Kanzleramt erfuhr unter Brandt eine weitere, erhebliche Aufwertung durch eine Verdreifachung des Personals sowie durch Schaffung der Abteilung „politische Planung", die die Aufgabe der Koordination der Regierungsarbeit effektiv wahrnehmen sollte.[25] Der Popularitätsverlust Brandts in der zweiten Amtsperiode ging einher mit dem zunehmend zerrütteten Verhältnis zu dem SPD-Fraktionschef Herbert Wehner; hinzu kam schließlich die Verhaftung des DDR-Spions Günter Guillaume, der Mitarbeiter im Kanzleramt und persönlicher Berater Brandts gewesen war. Brandt ist im Mai 1974 von seinem Amt zurückgetreten.

---

24 Vgl. auch die umfassende Darstellung bei Arnulf Baring, Machtwechsel. Die Ära Brandt-Scheel, München 1984, Kap. III und IV.
25 Vgl. dazu Helms (2005), 118 bzw. 90f.

Helmut Schmidt (1974-1982) Mit Helmut Schmidt wurde 1974 ein ganz anderer Politiker-Typus zum Kanzler gewählt. Schmidt galt vielen als „Macher", der sich schon als Kabinettsmitglied unter Brandt großen Einfluss zu schaffen wusste. Schmidt musste seine Regierungspolitik jedoch schon bald zu einem erheblichen Teil als Krisenmanagement betreiben. Denn zum einen hatte die Weltwirtschaftskrise in allen westlichen Industrienationen zu schwerwiegenden ökonomischen Problemen – sinkendes Bruttosozialprodukt und steigende Arbeitslosigkeit – geführt. Zum anderen hatte sich die terroristische Rote Armee-Fraktion zur Totalkonfrontation mit den Staatsorganen der Bundesrepublik entschlossen, deren angeblich latenter Faschismus durch Terroranschläge sichtbar gemacht werden sollte. Die Terroristen wurden von der Regierung – u.a. durch Rasterfahndung und Kontaktsperren für Inhaftierte – als Staatsfeinde behandelt. Aber auch der entschlossene Realpolitiker Schmidt, der in den genannten Krisen Führungsstärke bewiesen hatte, stieß auf innerparteiliche und innerfraktionelle Widerstände, und zwar sowohl bei den Parteikollegen, die im Sinne Brandts „mehr Demokratie" einforderten, als auch bei denjenigen, die die Mitte der 70er Jahre sich allmählich abzeichnenden ökologischen Probleme ernst nahmen. Der von der Regierung Schmidt zwecks größerer Unabhängigkeit vom arabischen Öl beschlossene Ausbau der Kernenergie stand dem diametral entgegen. Ein drittes, nicht nur parteiinternes, sondern gesellschaftsweites Konfliktfeld ergab sich aus dem auch von der Bundesrepublik mitgetragenen NATO-Doppelbeschluss. Darin war beschlossen worden, die NATO sollte die Sowjetunion entweder zum Abbau ihrer neu stationierten Mittelstreckenraketen bewegen oder, im Falle des Scheiterns der diesbezüglichen Verhandlungen, selbst Raketen dieses Typs aufstellen, also „nachrüsten".

Der Zerfall der sozialliberalen Koalition zeichnete sich Anfang der 80er Jahre deutlich ab.[26] Ausschlaggebend waren parteiinterne, koalitionsinterne sowie gesellschaftliche Gründe: zunächst die Spannungen zwischen Schmidt und dem Parteivorsitzenden Brandt bzw. dem Fraktionsvorsitzenden Wehner; sodann die Differenzen mit dem Koalitionspartner FDP vor allem in außenpolitischer sowie in wirtschafts- und finanzpolitischer Hinsicht; schließlich der rigide und letztlich gesellschaftlich nicht mehrheitsfähige Kurs in Sachen Friedens- und Umweltpolitik. Diese unterschiedlichen ‚Konfliktlinien' führten Anfang Oktober 1982, nachdem zuvor vier FDP-Minister zurückgetreten waren, zum erfolgreichen konstruktiven Misstrauensvotum gegen Schmidt und damit zur Wahl Helmut Kohls zum neuen Bundeskanzler. Schmidt war in seiner ersten Regierungszeit darum bemüht, führende Köpfe aus dem Umfeld von Brandt (wie z.B. Egon Bahr und Horst Ehmke) zu neutralisieren und zugleich das Leitungspersonal im Kanzleramt stärker in die Regierungsgeschäfte einzubinden. Aus der deshalb notwendig gewordenen Kommunikation mit den führenden Mitarbeitern des Amtes ist auch die Lagebesprechung (die sogenannte „Lage") als Informationsquelle hervorgegangen. Schmidt verfolgte zunächst den Kurs, wichtige Entscheidungen nicht in informellen Gremien, sondern im Kabinett zu treffen, weil er dort mit weniger Widerstand anderer Führungspersönlichkeiten rechnen musste. Nach 1979 ging der allmähliche Machtverlust des Kanzlers jedoch mit der Aufwertung der „Koalitionsgespräche" einher.

---

26 Niclauß (2004), Kap. VI.5.

Die Wahl Kohls war eingebettet in eine Wende zum Konservatismus, die in führenden Nationen der westlichen Welt zu beobachten war. Mit der Wahl von Margaret Thatcher 1979 in Großbritannien und Ronald Reagan 1980 in den USA waren Politiker an die Regierungsspitze ihrer Länder gewählt worden, die den damals massiven wirtschaftlichen Problemen mit einem konservativen Programm begegnen wollten, das sich vor allem in einer neoliberalen Wirtschaftspolitik zur Bekämpfung der Massenarbeitslosigkeit und Sanierung des Haushalts sowie einem sog. „schlanken Staat" niederschlagen sollte. Auch in der Bundesrepublik war neben der Umstellung der Wirtschaft von der nachfrage- auf eine angebotsorientierte Wirtschaftspolitik und einem Rückbau des Sozialstaats eine „geistige Erneuerung" angestrebt, die seitens der Bürger eine für die politischen Reformen kompatible, v.a. in Leistung und Eigenverantwortung gründende Haltung erforderte.[27]

Helmut Kohl (1982-1998)

Allerdings wurde die Politik den von ihr gestellten Anforderungen oft selbst nicht gerecht: Wirtschaftsminister Lambsdorff musste bereits 1984 wegen der Aufdeckung seiner Verwicklung in die Flick-Affäre, weswegen er dann 1987 rechtskräftig verurteilt wurde, zurücktreten; der CDU-Ministerpräsident von Schleswig-Holstein, Uwe Barschel, hatte seinen politischen Kontrahenten und Oppositionsführer Björn Engholm abhören lassen und dies 1987 mit seinem öffentlich abgelegten „Ehrenwort" bestritten; der Kanzler selbst hatte sich 1985 mit US-Präsident Reagan auf dem Friedhof in Bitburg getroffen, wo auch Angehörige der Waffen-SS beerdigt sind und damit erhebliche Irritationen ausgelöst. Trotz der Erfolge auf wirtschaftspolitischem Gebiet blieb Kohl ein vergleichsweise wenig innovativer, weil viele Probleme „aussitzender" Kanzler, der zudem, Umfragen zufolge, nur eine mäßige Wertschätzung in der Öffentlichkeit erfuhr.

Gegenüber einer starken parteiinternen Opposition unter der Führung der Parteispitzen Geißler, Späth und Süßmuth, die Anfang 1989 auf die Ablösung Kohls vom Amt des Kanzlers hinarbeitete, konnte der „Machtpolitiker" Kohl sich jedoch behaupten. Der Fall der Mauer im November 1989 ließ diese Querelen dann vollkommen in den Hintergrund treten. Die Herbeiführung bzw. Gestaltung der deutschen Einheit ist, neben seinen Erfolgen bei der europäische Integration, die herausragende Leistung der sechzehnjährigen Kanzlerschaft Kohls: Er vermochte die zunächst skeptischen West-Alliierten, dann aber auch den sowjetischen Präsidenten Gorbatschow von seinen Plänen zur Wiedervereinigung zu überzeugen. Innenpolitisch muss die Gestaltung der Wiedervereinigung dagegen als weitgehend missglückt eingeschätzt werden: In der nachvollziehbaren Vereinigungseuphorie wurden die enormen Anstrengungen, die eine ökonomische, soziale und letztlich auch politische Wiedervereinigung Deutschlands mit sich bringen würden, nicht thematisiert, sondern „blühende Landschaften" in den neuen Bundesländern versprochen, die absehbar auch nicht mit den enormen Transferzahlungen von West nach Ost hatten herbeigeführt werden können. Mitte der 90er Jahre wurde zudem deutlich, dass die über Jahre hinweg mit sich selbst beschäftigte Bundesrepublik die in den meisten Staaten der westlichen Welt vorgenommenen Anpassungen an die Bedingungen einer globalisierten Wirtschaft verpasst hatte und Strukturreformen überfällig geworden waren.

---

27 Vgl. zum Folgenden auch Glaeßner (2006), Kap. 3.4.3 und 3.4.4.

Kohl ist eine „informelle Regierungsweise" nachgesagt worden, in der die „Koalitionsrunden" und Kabinettsausschüsse nicht selten bedeutender waren als die Regierungsmannschaft als ganze und in der zumindest anfänglich die Kontakte zu persönlichen Beratern wichtiger waren als die Unterstützung aus dem Bundeskanzleramt. Das Kabinett musste auch häufig spontan zusammenkommen, angeblich, um dem Kanzler einen relativen Wissensvorsprung gegenüber den dann weniger gut vorbereiteten Ministern zu sichern.[28] Die von ihm stets straff und effizient geführte, größtenteils hinter im stehende Partei hat er in seinen letzten Kanzlerjahren, auch hier unter Umgehung offizieller Strukturen, „im Stile eines Barockfürsten" geleitet.[29]

Gerhard Schröder (1998-2005)

Dass eine abgewählte Regierung ihrer Nachfolgerin eine Reihe ungelöster Probleme hinterlässt, gilt auch für die volle vier Legislaturperioden amtierende Regierung Kohl. Pikanterweise war es eine sozialdemokratischen Regierung, die die über Jahre versäumten Reformen von Wirtschaft und Sozialstaat einzuleiten versuchte. Im Wahlprogramm der SPD von 1998 wurde die Verbesserung der Arbeitsmarksituation, mehr soziale Gerechtigkeit und Initiativen auf dem Wissenschafts- und Ökologiesektor versprochen. Mit diesem Programm konnte sich Schröder gegenüber Kohl durchsetzen. Das erste Jahr der rot-grünen Koalition verlief unzufriedenstellend: Mangelnde Abstimmung zwischen den Koalitionspartnern wurde offensichtlich und bei einigen Gesetzesvorhaben unterliefen der Regierung gravierende „handwerkliche" Fehler; der unerwartete Rücktritt Oskar Lafontaines vom Amt des Finanzministers und Parteivorsitzenden machte deutlich, wie tief der Riss zwischen Schröder und Lafontaine, der während des Wahlkampfs übertüncht wurde, tatsächlich gewesen bzw. geworden war. Darüber hinaus musste die Regierung 2002, wie auch in den drei folgenden Jahren, einräumen, dass die im Bundeshaushalt aufgenommene Neuverschuldung über der im Vertrag von Maastricht vereinbarten Obergrenze von 3% des Bruttosozialprodukte liegen würde. Erfolge konnte die Regierung, zumindest aus ihrer Sicht, bei dem im Jahr 2000 mit den deutschen Energieunternehmen vereinbarten Ausstieg aus der Atomenergiewirtschaft sowie bei der Steuerreform erzielen. Parteiintern und in der Öffentlichkeit umstritten waren dagegen die vom Bericht der Hartz-Kommission vorgeschlagenen Änderungen im Jahr 2002 sowie die ein Jahr später verkündete Agenda 2010, mit denen Schröder die Sozialsysteme und den Arbeitsmarkt umzugestalten gedachte. Ziele waren u.a. die Senkung der Lohnnebenkosten, die Schaffung von Einstellungsanreizen für Arbeitgeber, die Reduzierung der Ansprüche von Arbeitslosen und Sozialhilfeempfängern – alles in allem ein nicht unerheblich neoliberales Programm, das der Regierung Schröder die harsche Kritik der Gewerkschaften und des linken Parteiflügels der SPD einbrachte, von dem sich 2004 konsequenterweise die WASG abspaltete.

In schweres Wetter geriet die rot-grüne Regierung auch in der Außenpolitik: Bereits ein halbes Jahr nach seinem Amtsantritt im Herbst 1998 musste Schröder im darauffolgenden Frühjahr den Auslandseinsatz der Bundeswehr im Zusammenhang mit dem Kosovo-Krieg bzw. den NATO-Luftangriffen auf Serbien rechtfertigen.[30] Knapp zwei Jahre später, am 11. September 2001, löste der An-

---

28 Helms (2005), 123.
29 Niclauß (2004), 239 bzw. 296.
30 Schröder deshalb als „Kriegskanzler" zu titulieren, zumal er sich gegenüber George Bush jr. weigerte, deutsche Truppen in den zweiten Irak-Krieg zu entsenden, ist nicht nachvoll-

griff von Bin Ladens Al Quaida auf die USA den Bündnisfall aus, und die Bundesrepublik entsandte, zusammen mit anderen NATO-Staaten, Bodentruppen nach Afghanistan, um die dortige politische Situation nach dem von den USA herbeigeführten Sturz des terroristenfreundlichen und selbst fundamentalistisch sich gerierenden Taliban-Regimes zu stabilisieren. War das transatlantische Verhältnis durch die geschlossene Reaktion der NATO auf den 11. September noch intakt, so beschwor Schröders Weigerung, sich am Krieg der USA gegen der Irak zu beteiligen, eine tiefe Krise in den deutsch-amerikanischen Beziehungen herauf. Schröders Verhalten muss, selbst wenn es rein strategisch motiviert gewesen sein sollte, im Nachhinein als Regierungserfolg gewertet werden. Allerdings war seine Außenpolitik keineswegs durchgehend Prinzipien bestimmt, wie die offensichtlich als vollkommen unproblematisch erachteten Beziehungen zum autoritären China und zum noch weit von demokratischen Verhältnissen entfernten Russland zeigten.

Die erste rot-grüne Regierung zeichnete sich durch eine vergleichsweise hohe Fluktuation aus, insgesamt gaben zwischen 1998 und 2002 sieben Ministerinnen und Minister ihre Ämter auf; die Regierungen von Schröder wiesen zudem einen hohen Frauenanteil auf, in der 2002 gebildeten gab es sechs Ministerinnen; zwischenzeitlich kam es auch zur Neuauflage eines Superministeriums, desjenigen für „Wirtschaft und Arbeit". Der an sich informelle Koalitionsausschuss erlangte durch die ab 2002 im Koalitionsvertrag vorgesehenen monatlichen Treffen größere Bedeutung, nicht zuletzt als Instrument der Krisenbewältigung. Im Kanzleramt gab es Anlaufschwierigkeiten, weil dessen von Schröder eingesetzter Chef Bodo Hombach zwar ein Vertrauter des Kanzlers, aber in Verwaltungsfragen unerfahren war. Dies änderte sich mit der Nominierung von Frank Walter Steinmeier, der es bald mit den meisten Kabinettsmitgliedern an Einfluss aufnehmen konnte.[31]

Bei der durch die Bundestagsauflösung im Mai 2005 notwendig gewordenen Neuwahlen schnitt der angeschlagene und deshalb bereits abgeschriebene Kanzler erstaunlich gut, die Herausforderin Merkel relativ schlecht ab (die Union verlor gegenüber der Wahl von 2002 knapp fünf Prozentpunkte ihrer Stimmen). Dass Merkel weiterhin Kanzlerkandidatin der Union bleiben und später Kanzlerin der zweiten Großen Koalition werden würde, war am Wahlabend keineswegs sicher. Die vom Bundespräsidenten mit der Regierungsbildung beauftragte Kandidatin erhielt am 22. November 2005 von den insgesamt 448 Abgeordneten der verabredeten Großen Koalition 397 Stimmen und war damit zur Kanzlerin gewählt.

Die aus den Bundestagswahlen und den kleinen (durch Einlassungen des noch amtierenden Kanzler Schröder ausgelösten) Turbulenzen am Wahlabend nicht gerade gestärkt hervorgegangene Kanzlerkandidatin befand sich als Regierungschefin zu Beginn der zweiten Großen Koalition zunächst in vergleichsweise ruhigem Fahrwasser: Zusammen mit den eher moderaten und kooperationswilligen SPD-Vizekanzlern Müntefering und Steinmeier erstellte sie eine Agenda, auf der

Angela Merkel (seit 2005)

---

ziehbar; so aber Karl-Rudolf Korte und Manuel Fröhlich, Politik und Regieren in Deutschland, Paderborn u.a. 2004, 255. Andere Einschätzungen des Regierungsstils von Schröder – „Präsentationsdemokratie" (ebd.), 340ff. und „Sofa-Government" (ebd.), 344 – haben keinen analytischen Wert.
31 Helms (2005), 91f.

die Föderalismus- und die Gesundheitsreform sowie die Energiepolitik zu den herausragenden Themen gehörten. Insbesondere auf außenpolitischem Gebiet erwarb sich die Kanzlerin Ansehen: so z.B. beim G-8-Gipfel 2007 in Heiligendamm, bei der EU-Ratspräsidentschaft sowie beim Empfang des Dalai Lama im selben Jahr. Schon bald mussten jedoch Krisenbewältigungsstrategien entwickelt werden, als der Ende 2007 sich in den USA abzeichnenden und 2008 dann voll auch auf die Bundesrepublik sich auswirkenden Finanzkrise entgegengetreten werden musste. In diesem Zusammenhang wurde, in enger Abstimmung mit dem sich in der Krise profilierenden Finanzminister Per Steinbrück, u.a. eine staatliche Garantieerklärung für Spareinlagen in Deutschland abgegeben, es wurde für 2009 – zur Unterstützung der Auto-Industrie – eine sog. „Umweltprämie" bei der Anschaffung eines Neuwagens eingeführt sowie ein allgemeines Konjunkturpaket verabschiedet. Diese und andere Maßnahmen führten dazu, dass Deutschland die bedrohliche Weltwirtschaftskrise bereits 2010 erstaunlich gut überstanden zu haben schien.

Aus den Bundestagswahlen 2009 ging eine konservativ-liberale Regierung unter Kanzlerin Merkel hervor. Der Start dieser Koalition verlief schlecht, vor allem weil die Schwester-Partei der CDU, die CSU, aufgrund ihrer Wahlniederlage im Herbst 2008 in Bayern wieder verlorenen Boden gut machen und sich bundespolitisch profilieren wollte und dabei auf eine aus den Bundestagwahlen in ihrem Selbstbewusstsein enorm gestärkte FDP traf. Die FDP hatte im Wahlkampf u.a. Steuersenkungen versprochen und hielt auch in der Weltwirtschafts-Krise mit leeren öffentlichen Kassen hartnäckig an diesem Versprechen fest. Die Gesundheitsreform, die der FDP-Minister Rösler in die Wege leiten sollte, war ein weiteres Streitthema zwischen CSU und FDP. Insgesamt hielt sich die Kanzlerin bei diesen und anderen Koalitionsstreitigkeiten auffällig zurück, was ihr wiederholt als Führungs- bzw. Entscheidungsschwäche ausgelegt wurde. 2010 ergriff Merkel wiederum auf außenpolitischem Gebiet die Initiative, als sie die Hilfszusagen der EU für das durch seinen hochverschuldeten öffentlichen Haushalt in Bedrängnis geratene Griechenland öffentlich von einschneidenden Reformen abhängig machte.

6.1.4 Bundesregierung und Europäische Union

Die nationalen Regierungen sind innerhalb der bisherigen Entwicklung der Europäischen Union die entscheidenden treibenden (und gelegentlich auch die bremsenden) Kräfte gewesen – das ist die Kernaussage des gouvernementalistischen Modells[32] der EU. Warum sich dies so verhält, wird deutlich bei Betrachtung der wichtigsten EU-Institutionen. Es zeigt sich, dass die Regierungen der Einzelstaaten qua Amt, ‚automatisch' sozusagen, sowohl an der weiteren politischen Gestaltung der Union als auch an dem Prozess der Rechtsetzung beteiligt sind. Die erste Aufgabe übernimmt der Europäische Rat, die zweite der Rat der Europäischen Union.

Europäischer Rat

Der Europäische Rat verkörpert die mächtigste Institution der EU. Nach Art. 4 des EU-Vertrages besteht er aus den Staats- und Regierungschefs der Mitgliedstaaten und dem Präsidenten der Kommission. Sie werden unterstützt von den

---

32 Vgl. oben Kap. 3.6.

nationalen Außenministern. Der Europäische Rat „gibt der Union die für ihre Entwicklung erforderlichen Impulse und legt die allgemeinen politischen Zielvorstellungen für diese Entwicklung fest." Für die Abstimmungen gibt es keine formalen Regeln, allerdings wird für die Beschlüsse Konsens angestrebt. Inzwischen finden jährlich vier Treffen („Gipfel") in Brüssel statt und zwar unter dem Vorsitz desjenigen Mitgliedstaates, der im Rat der Europäischen Union den Vorsitz inne hat (im ersten Halbjahr 2007 war dies z.B. die Bundesrepublik).

Der Rat der Europäischen Union oder einfach „Rat", es war bereits gesagt worden, setzt sich aus je einem Vertreter je Mitgliedstaat zusammen (Art. 203 EG-Vertrag), d.h. jedes Land entsendet einen Minister. Der Rat tagt in unterschiedlichen Zusammensetzungen, je nachdem, welche Politikfelder zur Beratung anstehen. Bei den Abstimmungen im Rat sind verschiedene Prozeduren zu unterscheiden: Grundsätzlich, aber eher selten entscheidet der Rat „mit der Mehrheit seiner Mitglieder" (das sind inzwischen 14 Stimmen). Auf einigen Politikfeldern, wie der Steuer-, der Asyl- und der Einwanderungspolitik, sind einstimmige Beschlüsse erforderlich, d.h. jeder Mitgliedstaat kann in diesen Fragen sein Veto einlegen. Häufig wird jedoch nach einem dritten Verfahren entschieden, nach dem der „qualifizierten Mehrheit":

Rat der Europäischen Union – Entscheidungsverfahren

> „Eine qualifizierte Mehrheit ist dann erreicht, wenn die folgenden beiden Bedingungen erfüllt sind:
> – Eine Mehrheit der Mitgliedstaaten gibt ihre Zustimmung (in bestimmten Fällen eine Zweidrittelmehrheit).
> – Mindestens 255 von insgesamt 345 Stimmen stimmen für den Vorschlag ab."[33]

Auf Antrag eines Mitgliedstaats kann überdies geprüft werden, ob die Ja-Stimmen mindestens 62 % der Gesamtbevölkerung der Union entsprechen. Falls nicht, kann der Beschluss nicht angenommen werden. Für die Mehrheits-Ermittlung müssen die Stimmen der einzelnen Staaten gewichtet werden. Dies geschieht im ungefähren Verhältnis zur Einwohnerzahl eines Landes, jedoch mit erheblicher Verzerrung zugunsten der kleinen Staaten.[34]

Durch die Vertretung in den beiden Räten verfügt die Bundesregierung, zumal im Vergleich mit den eher bescheidenen Beteiligungsmöglichkeiten des Bundestages, über ein enormes Mitspracherecht bei der Rechtsetzung innerhalb der EU. Nicht zu vergessen ist dabei jedoch, dass diese Einflussmöglichkeit zum

---

33 www.consilium.europa.eu/ (9.1.2011). Mit dem Vertrag von Lissabon wurde das Verfahren der „doppelten Mehrheit" beschlossen. Dieses Kriterium wird erfüllt, wenn durch eine Entscheidung sowohl 55% der Mitgliedstaaten als auch mindestens 65% der EU-Bevölkerung repräsentiert werden. Die doppelte Mehrheit soll spätestens ab 2017 eingeführt werden.

34 Daraus ergibt sich folgende Stimmenzahl im Rat (vgl. ebd.):

Deutschland, Frankreich, Italien und Vereinigtes Königreich:	29
Spanien und Polen:	27
Rumänien:	14
Niederlande:	13
Belgien, Tschechien, Griechenland, Ungarn und Portugal:	12
Bulgarien, Österreich und Schweden:10 Dänemark, Irland, Litauen, Slowakei und Finnland:	7
Zypern, Estland, Lettland, Luxemburg und Slowenien:	4
Malta:	3
Insgesamt	345

einen nur zusammen mit den Regierungen der anderen EU-Staaten und zum anderen mit Unterstützung der Bundestagsmehrheit, d.h. der Regierungsfraktion(en) wahrgenommen werden kann.

Eine Beschäftigung mit den Europaangelegenheiten findet schließlich auch in besonderen Regierungseinrichtungen statt. Zu nennen sind in diesem Zusammenhang z.B. die Europaabteilungen in vielen Bundesministerien; auch das Bundeskanzleramt verfügt über eine solche Abteilung seit 2002. Die Koordinierung der Tätigkeiten der einzelnen Ministerien gegenüber der EU teilen sich das Wirtschafts- und das Finanzministerium einerseits und das Außenministerium andererseits. Die jeweilige Feinsteuerung hängt von den regierungs- bzw. koalitionsinternen Erwägungen der Kanzler ab.

6.1.5 Der Bundespräsident

Wahl des Bundespräsidenten

Der Bundespräsident ist das Staatsoberhaupt der Bundesrepublik Deutschland. Seine Wahl und die mit dem Amt verbundenen Kompetenzen werden in Abschnitt V des Grundgesetzes aufgeführt. Der Bundespräsident wird von der Bundesversammlung „ohne Aussprache" gewählt (Art. 54 Abs. 1 GG). Kandidaten müssen die deutsche Staatsbürgerschaft besitzen, über das aktive Wahlrecht verfügen sowie mindestens 40 Jahre alt sein. Die als Wahlorgan fungierende Bundesversammlung setzt sich aus den Abgeordneten des Bundestages und einer „gleichen Anzahl von Mitgliedern", die von den Landtagen nach der „Verhältniswahl" gewählt werden, zusammen.[35] In den ersten beiden Wahlgängen ist die absolute Mehrheit der Stimmen erforderlich, im dritten Wahlgang genügt die relative Mehrheit (Art. 54 Abs. 6 GG).

Abb. 3: Bundespräsidenten der Bundesrepublik Deutschland

1. Theodor Heuß (FDP)	1949 - 1959
2. Heinrich Lübke (CDU)	1959 - 1969
3. Gustav Heinemann (SPD)	1969 - 1974
4. Walter Scheel (FDP)	1974 - 1979
5. Karl Carstens (CDU)	1979 - 1984
6. Richard von Weizsäcker (CDU)	1984 - 1994
7. Roman Herzog (CDU)	1994 - 1999
8. Johannes Rau (SPD)	1999 - 2004
9. Horst Köhler (CDU)	2004 - 2010
10. Christian Wulff (CDU)	seit 2010

Quelle: www.bundespraesident.de/-,11055/Die-deutschen-Bundespraesident.htm (31.01.2011).

Kompetenzen des Bundespräsidenten

Die Zuständigkeiten des Bundespräsidenten sind im parlamentarischen Regierungssystem der Bundesrepublik mit dem Bundeskanzler an Spitze der Exekutive sehr begrenzt. Er hat keine dem Bundeskanzler vergleichbaren Regierungskompetenzen, sondern verkörpert die Einheit des Staates über Parteigrenzen und eventuelle Organstreitigkeiten hinweg. Im Rahmen der Staatsform Republik,

---

35 In der 17. Wahlperiode umfasste die Bundesversammlung 1244 Mitglieder, je 622 aus Bundestag und Bundesrat; www.bundestag.de/bundestag/aufgaben/weitereaufgaben/ bundesversammlung/index.html (31. 1. 2011).

verstanden als Nichtmonarchie, übernimmt er die Funktion eines „Ersatzmonarchen" – so ließ sich früher zumindest sagen. Heutzutage ist es angemessener, den Bundespräsidenten als „neutrale Gewalt" zu bezeichnen, der laut Grundgesetz über folgende Kompetenzen verfügt:

- die *völkerrechtliche Vertretungsmacht* der Bundesrepublik. Er kann „im Namen des Bundes" mit anderen Staaten Verträge schließen, ist dabei jedoch auf Zustimmung und Mitwirkung von Bundestag und Bundesrat bzw. auf ein Bundesgesetz angewiesen (Art. 59 GG),
- die *Ernennung von Bundesbeamten und Soldaten* sowie das *Begnadigungsrecht* (Art. 60 GG).

Darüber hinaus fallen dem Bundespräsidenten auch Aufgaben im Kontext der bereits besprochenen Funktionen anderer Staatsorgane zu, dazu gehören u.a.

- das *Vorschlagsrecht* bei der Wahl des Bundeskanzlers (Art. 63 Abs. 1 GG), wobei der Bundespräsident zuvor Sondierungsgespräche mit den Fraktionen führt und sich an den Mehrheitsverhältnissen im Bundestag orientiert.
- Bei der *Ernennung des Bundeskanzlers* gibt es drei Möglichkeiten: wird der vorgeschlagene Kandidat mit absoluter Mehrheit vom Bundestag gewählt, so *muss* der Bundespräsident diesen ernennen; wird der Kandidat nicht gewählt, so kann der Bundestag innerhalb von 14 Tagen einen eigenen Kandidaten wählen (dazu ist ebenfalls die absolute Stimmenmehrheit erforderlich). Findet diese Wahl nicht statt, so wird ein neuer Wahlgang anberaumt, in dem derjenige Kandidat gewählt ist, der die absolute Mehrheit erhält – er muss vom Bundespräsidenten ernannt werden. Erhält der Kandidat nicht die absolute Mehrheit, so liegt es am Bundespräsidenten, ob er den mit relativer Mehrheit Gewählten ernennt oder aber statt dessen den *Bundestag auflöst* (Art. 63 Abs. 3 und 4 GG).
- Über das *Recht zur Parlamentsauflösung* verfügt der Bundespräsident auch im Falle der Vertrauensfrage, nämlich dann, wenn dem Bundeskanzler nicht das Vertrauen ausgesprochen wurde und dieser den Bundespräsidenten bittet, den Bundestag aufzulösen. Dieses Recht erlischt, sobald der Bundestag einen neuen Bundeskanzler wählt (Art. 68 Abs. 1 GG). Dieses Recht wird brisant in den Fällen, in denen die Vertrauensfrage ‚unecht' war.[36]
- Wird der Bundestag im Zusammenhang mit einer gescheiterten Vertrauensfrage *nicht aufgelöst*, so kann der Bundespräsident auf Bitten des Bundeskanzlers und mit Zustimmung des Bundesrates den *Gesetzgebungsnotstand* erklären, in dem ein Gesetz trotz mehrheitlicher Ablehnung im Bundestag dann verschiedet werden kann, wenn der Bundesrat ihm zustimmt; dieser Notstand ist auf maximal sechs Monate begrenzt (Art. 81 GG).
- Der Bundespräsident ist schließlich involviert beim *Inkrafttreten der Gesetze*, die er „ausfertigen", d.h. unterzeichnen muss. Allerdings bedarf es dazu jeweils der „Gegenzeichnung" entweder durch den Bundeskanzler oder durch einen Bundesminister (Art. 82 Abs. 1 GG). Der Bundespräsident besitzt dabei ein *formales Prüfungsrecht*, d.h. er darf und muss seine Unterschrift verweigern bei einem Gesetz, das nicht in Übereinstimmung mit dem im Grundgesetz vorgezeichneten Verfahren zustande gekommen ist, wenn

---

36 Als ‚unechte' Vertrauensfragen werden diejenige von Helmut Kohl (1983) und Gerhard Schröder (2005) bezeichnet ; vgl. oben Kap. 6.1.1.

also z.B. bei einem zustimmungspflichtigen Gesetz der Bundesrat nicht beteiligt gewesen sein sollte. Eine *inhaltliche* Prüfung der ihm vorgelegten Gesetze besteht dem Bundespräsidenten nicht zu, er tritt hier also nicht in Konkurrenz zur abstrakten Normenkontrolle des Bundesverfassungsgerichts. Gleichwohl können inhaltliche Bedenken gegenüber vom Bundestag verabschiedete und vom Bundespräsidenten unterzeichnete Gesetze vorgebracht werden, so wie es z.B. Horst Köhler 2006 im Hinblick auf das Luftsicherheitsgesetz getan hatte.

Mit den im Grundgesetz angeführten Kompetenzen alleine ist das Amt des Bundespräsidenten noch nicht erschöpfend beschrieben – zumal die Möglichkeit, den Gesetzgebungsnotstand zu erklären, auch als „Reservefunktion" bezeichnet wird, die nur in einer krisenähnlich sich zuspitzenden Ausnahme vom politischen Alltag zum Tragen kommt. Rein organisatorisch betrachtet unterstützt das ca. 150 Personen umfassende Bundespräsidialamt die Arbeit des Bundespräsidenten, d.h. es berät ihn „in allen Fragen seiner Amtsführung" und bereitet seine Entscheidungen vor. Die unter Umständen größte Möglichkeit der Einflussnahme auf die Politik stehen dem Bundespräsidenten jedoch mit den eher informellen Instrumenten der Kommentierung der Tages- bzw. Parteipolitik sowie seinen Reden zur Verfügung.

Stellungnahmen und Reden

Bundespräsident Richard von Weizsäcker hatte von beiden Optionen Gebrauch gemacht, indem er zum einen Anfang der neunziger Jahre den deutschen Parteien in ungewöhnlich scharfer Form die Leviten las. Zum anderen hatte er zu Beginn seiner Amtszeit die deutsche Kapitulation am Ende des 2. Weltkrieges bzw. den 8. Mai 1945 als einen „Tag der Befreiung" bezeichnet und damit in den damals gelegentlich heftigen Streit unter deutschen Historikern eine klare Stellung bezogen.[37] Seit Weizsäcker wurden von den Bundespräsidenten solche Interventionen durchaus erwartet. Sein Nachfolger Herzog konnte mit seiner Berliner („Ruck"-)Rede von 1997, in der er längst überfällige gesellschaftliche Reformen anmahnte und ein neues verantwortungsbewussteres deutsches Selbstverständnis forderte, diesen hohen Erwartungen noch in etwa entsprechen. Allerdings hängen solche und andere geglückten präsidialen Reden sowohl von den außeralltäglichen Gelegenheiten, die erst einmal ergriffen sein wollen, als auch von dem individuellen Vermögen ab, Problemlagen auf den Begriff und dann auch zum Ausdruck bringen zu können. Von Horst Köhler wurden während der sich Ende 2007 allmählich abzeichnenden weltweiten Finanzkrise des öfteren richtungsweisende Stellungnahmen erwartet, zumal er vor seiner Wahl zum Bundespräsidenten Vorsitzender des Internationalen Währungsfonds gewesen war. Dass er dieser Erwartung nicht oder nur in ungenügendem Maße entsprochen hatte, war ein Grund für die Entfremdung zwischen ihm und dem konservativ-liberalen Lager, das ihn einst gewählt hatte. Köhler trat 2010 vollkommen überraschend von seinem Amt zurück.

Umgang mit dem Präsidentenamt

Sowohl Köhlers Rücktritt als auch die Suche nach einem Nachfolger hatten Diskussionen um den Umgang mit dem Amt des Bundespräsidenten ausgelöst. Zum einen wurde kritisiert, dass das Amt der Staatsoberhauptes immer wieder Gegenstand der mehr oder weniger borniertenen parteitaktischen Überlegungen wird, zumal in Koalitionsregierungen. Im Vorfeld der Neuwahlen hätte mit Joachim Gauck ein Kandidat zur Verfügung gestanden, den breite Kreise sowohl in

---

37 Weizsäcker (1987), 9ff.

den Regierungs- als auch in den Oppositionsparteien mitgetragen hätten. Die in den ersten Monaten ihrer zweiten Kanzlerschaft nicht sonderlich glücklich agierende Kanzlerin setzte jedoch Christian Wulff als Kandidaten durch, der schließlich erst im 3. Wahlgang gewählt wurde. Zum anderen wurden bei Köhlers Rücktritt jedoch auch Stimmen laut, denen zufolge ein Amtsinhaber in schwierigen Zeiten nicht einfach aufgeben könne und auch trotz individueller Enttäuschungen durch Parteifreunde und Förderer im Amt bleiben müsse.

6.2 Die öffentliche Verwaltung

Im zweiten Teil dieses Kapitels ist die Verwaltung als Element der Exekutive das Thema: Hierbei geht es zunächst um die Funktion (6.2.1) und anschließend um die Organisation der Staatsverwaltung (6.2.2); danach werden Aspekte des Berufsbeamtentums erörtert (6.2.3). Am Schluss erfolgt ein Blick auf Ansätze zur Verwaltungsreform (6.2.4) sowie auf einige Effekte der Europäisierung der Verwaltung (6.2.5).

6.2.1 Funktionen der öffentlichen Verwaltung

In den vorangegangenen Kapiteln wurde gezeigt, wie die Repräsentativkörperschaft Parlament durch Wahlen bestellt wird, wie diese den Bundeskanzler wählt, der dann mit der Regierungsfraktion die bindenden Entscheidungen unter Mitwirkung von Interessenorganisationen und Parteien herbeiführt. Nachdem somit dargelegt worden ist, wie der komplexe Prozess der politischen Willensbildung in die Gesetzgebung mündet, müssen nun die institutionellen und prozessualen Vorkehrungen betrachtet werden, durch welche die daraus hervorgehenden Regeln zur Anwendung gelangen. Die für die Verwaltung eines Staates notwendigen Einrichtungen sind so umfang- und einflussreich, dass nach ihnen gelegentlich auch der Staat als Ganzes bezeichnet wird: Demnach gibt es nicht nur den Gesetzgebungs- oder Jurisdiktionsstaat, sondern auch den „Verwaltungsstaat".

Zunächst seien einige Definitionen der zentralen Bestandteile dieses Verwaltungsstaates, öffentlicher Dienst und öffentliche Verwaltung, vorgestellt: Öffentlicher Dienst – Definition

> „Der öffentliche Dienst lässt sich definieren als: die Gesamtheit der (abhängigen) Berufe, die dem Vollzug der Staatsaufgaben gewidmet und in die Staatsorganisation eingegliedert sind."[38]

Der öffentliche Dienst unterscheidet sich sowohl von der Privatwirtschaft als auch dem Ehrenamt und der politischen Führung des Staates, der Regierung. Der *öffentliche Dienst* im weiteren Sinne umfasst i) die Berufsbeamten, ii) die Arbeitnehmer im öffentlichen Dienst sowie iii) die Berufsrichter und Berufssolda- Öffentlicher Dienst – öffentliche Verwaltung

---

38 Josef Isensee, Öffentlicher Dienst, in Handbuch des Verfassungsrechts, hrsg. von Ernst Benda, Werner Maihofer und Hans-Jochen Vogel, Berlin/New York 1995, Bd. 2, 1527-1577, hier Rn. 2; zum Folgenden (ebd.); siehe auch Wilhelm Bleek und Stefan Machura, Öffentlicher Dienst, in: Andersen/Woyke (1995), 418-422.

ten. Im engeren Sinne umfasst der öffentliche Dienst nur die ersten beiden Gruppen, zur *öffentlichen Verwaltung* zählen nur die Berufsbeamten.

Abb. 4: Beschäftigte im öffentlichen Dienst

Beschäftigungsbereich Umfang des Beschäftigungsverhältnisses	Beamte/-innen und Richter/-innen	Berufs- und Zeitsoldaten/-innen	Arbeitnehmer	Insgesamt	
		1 000			
		30.06.2009			30.06.2008
Bund	129,1	185,0	146,3	460,4	462,2
Länder	1 239,7	-	681,8	1 921,5	1 929,1
Gemeinden[1]	184,3	-	1 107,6	1 291,8	1 276,5
Bundeseisenbahnvermögen	43,7	-	2,3	46,0	46,9
Mittelbarer öffentlicher Dienst[2]	77,4	-	750,4	827,8	790,4
Insgesamt	1 674,2	185,0	2 688,4	4 547,6	4 505,1
Vollzeitbeschäftigte	1 269,8	184,7	1 666,5	3 121,0	3 105,7
Teilzeitbeschäftigte	404,3	0,4	1 021,9	1 426,6	1 399,3

[1] Einschließlich Gemeindeverbände und Zweckverbände.
[2] Bundesagentur für Arbeit, Deutsche Bundesbank, Sozialversicherungsträger (einschließlich Betriebskrankenkassen) und Anstalten und Körperschaften soweit erfasst.
- = Nichts vorhanden.

Quelle: Statistisches Bundesamt www.destatis.de/jetspeed/portal (9. 1. 2011)

Wie aus der voranstehenden Tabelle hervorgeht, waren 2009 insgesamt ca. 4,5 Millionen Personen im öffentlichen Dienst beschäftigt, davon waren fast 1,7 Millionen Beamte.[39] Die Zahl der Beamten ist ungleich über die einzelnen Ebenen des Bundesstaates verteilt: Der Bund selbst verfügt über einen vergleichsweise kleinen bürokratischen Apparat und darum auch über einen nur kleinen Anteil der Beamten (ca. 130 000). Das Gros der Beamten sind Länderbeamte, ca. 1,24 Mio., nur ca. 184 000 sind Kommunalbeamte. Die untenstehende Abbildung zeigt, dass ein erheblicher Teil der Beschäftigten (über 30%) in Bereichen arbeitet, der mit Gesetzesvollzug im engen Sinne nichts zu tun hat: das ist der Bereich Bildung, Wissenschaft und Forschung. Über ein Drittel der Beschäftigte gehört zu den „allgemeinen Diensten", wozu die „zentrale Verwaltung", die öffentliche Sicherheit (Polizei), der Rechtsschutz und die Finanzverwaltung gerechnet werden.

---

39 Richter machen insgesamt nur einen ganz kleinen Teil der Beamten aus; sie werden gesondert erwähnt, weil sie zwar verbeamtet sind, aber keinen Weisungen von Vorgesetzten unterliegen.

Abb. 5: Beschäftigte im öffentlichen Dienst nach Aufgabenbereichen
(Stand: Juni 2009)

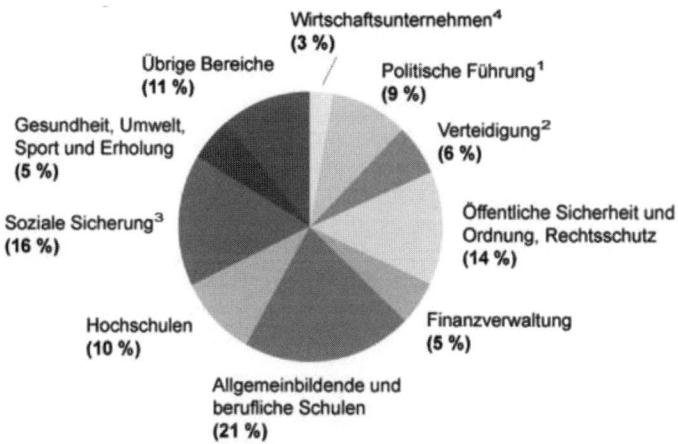

¹ Einschließlich zentraler Verwaltung und auswärtiger Angelegenheiten.
² Einschließlich Berufs- / Zeitsoldaten und -soldatinnen, ohne Grundwehrdienstleistende.
³ Einschließlich gesetzliche Krankenversicherung, Rentenversicherung, Unfallversicherung, Bundesagentur für Arbeit.
⁴ Einschließlich Bundeseisenbahnvermögen, kommunale Versorgungs- und Verkehrsunternehmen.

Quelle: Statistisches Bundesamt www.destatis.de (9. 1. 2011).

Der so untergliederte öffentliche Dienst hat abstrakt formuliert, und damit lässt sich die oben begonnene Definition fortführen, die „Realisierung des Verfassungsstaates" zur Aufgabe, d.h.,

> „die Gewährleistung der physischen Sicherheit des Bürgers und des Schutzes seiner Rechte. Der öffentliche Dienst ist dazu da, die rechtlichen Rahmenbedingungen der Bürgerfreiheit herzustellen und zu sichern."⁴⁰

Unter der öffentlichen Verwaltung, als das im Folgenden allein interessierende Element des öffentlichen Dienstes, wird verstanden

<small>Definition „öffentliche Verwaltung"</small>

> „die Administrative, d.h. die im Rahmen gesetzten (Gesetzgebung) und gesprochenen Rechts (Rechtsprechung) und von der Regierung ... beauftragten Verwaltung zur Wahrnehmung der Angelegenheiten von Gemeinwesen durch Sachwalter."⁴¹

Eine eingängige Kurzfassung dieser Definition lautet: Öffentliche Verwaltung ist diejenige Staatstätigkeit, die nicht Gesetzgebung, nicht Rechtsprechung und nicht Regierung ist.

Aus dieser allgemeinen Bestimmung lassen sich konkrete Funktionen der *öffentlichen Verwaltung*, also des Berufsbeamtentums, ableiten. Normalerweise wird unterschieden zwischen der Eingriffs- und der Leistungsverwaltung. Die *Eingriffsverwaltung* greift mit hoheitlichen Anordnungen (d.h. mit gesetzlicher Grundlage) in die Rechts- und Freiheitssphäre der Bürger ein, z.B. mit dem Polizei- und dem Ordnungsrecht. Die *Leistungsverwaltung* ist in erster Linie für die

---

40 Isensee (1995), Rn. 30.
41 Peter Eichborn, Verwaltungslexikon, Baden-Baden 2003, 760f.

"Daseinsvorsorge" der Bürger zuständig; sie trifft *Vorsorge*, etwa auf den Gebieten Verkehr, Bildung, Gesundheit, Energie, und sie gewährt *Förderungen und Subventionen*.

Die Aufgaben der öffentlichen Verwaltung lassen sich aber auch noch nach anderen Gesichtspunkten unterscheiden:[42]

- die *Ordnungsverwaltung* dient dem Erhalt der rechtsstaatlichen Ordnung; sie vollzieht Gesetze und Verordnungen und prüft, ob diese eingehalten werden
- die *Dienstleistungsverwaltung* erbringt technische und personale Leistungen (und entspricht der oben angeführten „Leistungsverwaltung")
- die *Organisationsverwaltung* ist die „Verwaltung der Verwaltung" und besteht in den Tätigkeiten, durch die andere Verwaltungseinrichtungen überhaupt erst entstehen, z.B. durch Einstellung des Personals
- die *politische Verwaltung* leistet die planerische Unterstützung und Entscheidungsvorbereitung für die Regierung; politische Verwaltung ist also Ministerialverwaltung

Abb. 6: Arten von Verwaltungstätigkeiten

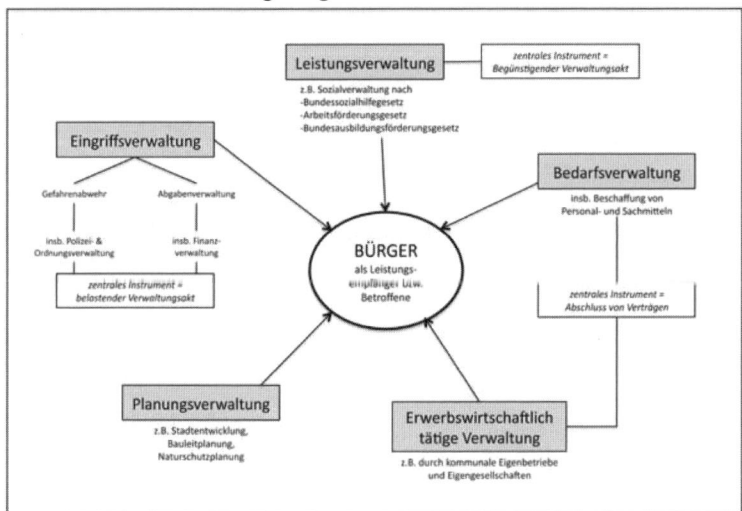

Quelle: Eigene Darstellung nach Dieter Grommas u.a., Staatsrecht, Allgemeines Verwaltungsrecht, Verfahrensrecht, Ordnungsrecht, Rinteln 2004, 104.

6.2.2 Verwaltungsorganisation

Um nun die Verwaltung im oben definierten Sinn durchführen zu können, sind eine ganze Reihe von organisatorischen Vorkehrungen notwendig. In diesem Zusammenhang zeigt sich deutlich, dass ein Rechts- und Verfassungsstaat, der bisher vor allem unter den Gesichtspunkten der Grundrechtssicherung und der Regierungsorganisation betrachtet wurde, eines umfassenden administrativen Apparates und Unterbaues bedarf, der die Anwendung rechtlicher Regelungen

---

42 Vgl. Hesse/Ellwein (1992), 308f.

flächendeckend und in jedem Einzelfall verbindlich gewährleistet. Mit dem Begriff des „state building"[43] lässt sich diese gewaltige organisatorische Aufgabe gut veranschaulichen: Der ‚Aufbau' eines Staates ist nicht mit der Bestimmung der Staatsgrenzen und der Staatsangehörigkeit sowie mit der Schaffung staatlicher Gewalten abgeschlossen, sondern beginnt gewissermaßen erst mit der Errichtung von Ämtern der unterschiedlichsten Art, mit denen die alltägliche Verwaltung eines Territoriums vorgenommen werden kann. Die Verstaatlichung einer Gesellschaft ist erst mit ihrer vollständigen institutionellen Durchdringung erreicht.

In Bezug auf die Organisation der Verwaltung in der Bundesrepublik ist zu unterscheiden zwischen den „Verwaltungsebenen" und den „Verwaltungsträgern".

Das föderative System der Bundesrepublik umfasst drei Verwaltungsebenen: die des Bundes, der Länder und der Kommunen:[44]   *Verwaltungsebenen*

1) auf der *Bundesebene* sind zu unterscheiden zum einen die *Bundesregierung* als politisch kreatives Organ mit ihrer, wie oben ausgeführt, politisch gestaltenden und auch an der Gesetzgebung mitwirkenden Tätigkeit, und zum anderen die Behörden, die die Ergebnisse dieser Regierungstätigkeit umsetzen. *Oberste Bundesbehörden* sind die Bundesregierung, d.h. der Kanzler mit dem Bundeskanzleramt sowie die Bundesministerien;[45] sodann folgen die den obersten Bundesbehörden nachgeordneten *Bundesoberbehörden*, z.B. das Bundesamt für Verfassungsschutz, das Umweltbundesamt und das Statistische Bundesamt. Außerdem gibt es die *Bundesmittelbehörden* (z.B. die Oberfinanzdirektionen) und die *unteren Bundesbehörden* (z.B. Kreiswehrersatzämter, Hauptzollämter).

2) Auch auf der *Landesebene* existiert die Differenzierung zwischen den an der politischen Gestaltung beteiligten Exekutivorganen und den ausschließlich vollziehenden: d.h. es gibt die Landesregierung in der Doppelrolle als kreativ-gesetzgebendes und als Vollzugsorgan; in der letztgenannten Funktion sind die *Landesministerien* die *obersten Landesbehörden*. Außerdem sind in vielen Ländern die *oberen* Landesbehörden und die *Mittelbehörden* sowie schließlich die *unteren Landesbehörden* anzutreffen. Allerdings ist die Verwaltungsorganisation auf Landesebene nicht einheitlich: In kleinen Ländern sind keine Mittelbehörden anzutreffen und auch einige der Flächenstaaten (Niedersachsen und Sachsen-Anhalt) sind im Begriff, die mittlere Verwaltungsstufe abzuschaffen.

3) Auf der *Kommunalebene* schließlich findet der Großteil der die Bürger betreffenden Verwaltungsangelegenheiten bzw. die Selbstverwaltung[46] statt.

---

43 Almond/Powell (1976), 154. Wie langwierig und schwierig, wenn nicht aussichtslos diese Aufgabe ist bzw. werden kann, läßt sich immer wieder bei den meistens von außen, d.h. von Dritten unternommenen Versuchen des state building in gescheiterten Staaten (z.B. Somalia) oder ehemaligen Diktaturen (z.B. Irak) beobachten.
44 Die folgende Darstellung orientiert sich an der verwaltungs*rechtlichen* Betrachtung der Verwaltungsorganisation in der Bundesrepublik; siehe Hartmut Maurer, Allgemeines Verwaltungsrecht, München 2004, 6. Teil.
45 (Ebd.), § 22, Rn. 37ff.
46 Gemeinden und Landkreise übernehmen eine ‚Doppelrolle', weil sie sowohl Verwaltungseinheiten als auch zur politischen Selbstbestimmung autorisierte Körperschaften sind.

Die Errichtung der kommunalen Gebietskörperschaften (Gemeinden und Kreise) ist eine Angelegenheit der Länder.

Verwaltungsträger Der Vollzug der staatlichen Verwaltung liegt bei den Verwaltungsträgern. „Originärer" Verwaltungsträger ist der Staat[47], in der Bundesrepublik sind das der Bund und die Länder. Die Verwaltung durch Bundes- oder Landesbehörden wird auch als „unmittelbare" Staatsverwaltung bezeichnet. Die Organisationsgewalt für die *Errichtung* einer Behörde liegt grundsätzlich beim Gesetzgeber und bedarf einer gesetzlichen Grundlage, während die *Einrichtung* i.S. der organisatorischen Ausgestaltung der Behörde von der Exekutive vorgenommen wird.[48] Verwaltungsorgane werden dem Verwaltungsträger „eingegliedert" und haben keine eigenen Zuständigkeiten, sondern führen diejenigen des Trägers aus. Darüber hinaus sind mit den Verwaltungsaufgaben aber auch Organisationen betraut, die vom Staat eigens dazu geschaffen werden und die über eine rechtlich festgelegte Selbstständigkeit verfügen. Die Verwaltung mit Hilfe solcher zwischengeschalteter Organisationen heißt „mittelbare" Staatsverwaltung. Die dazu geschaffenen Einheiten sind: die rechtsfähigen Körperschaften, die Anstalten sowie die Stiftungen des öffentlichen Rechts.

Unmittelbare Staatsverwaltung – Grundlagen Die Grundlagen der Verwaltungsorganisation finden sich im Grundgesetz an unterschiedlichen Stellen: Ausgehend von der Bestimmung der Bundesrepublik als einem Bundesstaat (Art. 20 Abs. 1 GG) heißt es in Art. 30 GG, dass die „Ausübung der staatlichen Befugnisse und die Erfüllung der staatlichen Aufgaben" grundsätzlich eine „Sache der Länder" sei.[49] Darauf nimmt wiederum der Abschnitt VIII des Grundgesetzes („Die Ausführung der Bundesgesetze und die Bundesverwaltung") Bezug. Demnach sind folgende Konstellationen zu unterscheiden:

– *Vollzug der Bundesgesetze durch die Länder als eigene Angelegenheit* (Art. 83 GG). Das ist der Regelfall: die Länder vollziehen die Bundesgesetze durch ihre Verwaltungsbehörden wie ihre eigenen, d.h. wie Ländergesetze. Außerdem gibt es den
– *Vollzug der Bundesgesetze durch die Länder im Auftrag des Bundes* (Art. 85 GG). Ein solcher Vollzug kann zwingend vorgeschrieben oder durch Gesetz ermöglicht werden. Auch bei dieser sog. „Bundesauftragsverwaltung" handelt es sich um Landesverwaltung. Der Unterschied zum Vollzug „als eigene Angelegenheit" besteht in den mit der Auftragsverwaltung verbundenen größeren Einflussmöglichkeiten des Bundes. Dieser kann nämlich die *Zweckmäßigkeit* des Vollzuges überprüfen und entsprechende „Weisungen" erlassen, deren Erfüllung die Landesbehörden sicherstellen müssen.[50] Schließlich gibt es noch den

---

47 Da er die „ursprüngliche", nicht abgeleitete Herrschaftsgewalt besitzt; vgl. Maurer (2004), §21, Rn. 7.
48 Auf die Organisationsgewalt des Bundestages wird z.B. in Art. 87 Abs. 3 GG Bezug genommen. Die oben angeführte Unterscheidung zwischen der „Errichtung" und der „Einrichtung" von Behörden wird nicht überall im Grundgesetz nachvollzogen.
49 Vgl. dazu das Kap. 7.5. zur Politikverflechtung im Bundesstaat.
50 Das kann zu Konflikten führen, wenn Bundes- und Landesregierungen unterschiedlicher Auffassung sind, wie z.B. in den 80er Jahren, als die Atompolitik der Kohl-Regierung auf den Widerspruch von Landesministerien (z.B. in Hessen) stieß und mit Weisungen durchgesetzt werden sollte.

– *Vollzug der Bundesgesetze durch den Bund*, d.h. durch dessen eigene Verwaltungsbehörden (vgl. Art. 86 und 87 GG). Diese *obligatorische* Bundesverwaltung regelt Art. 87 Abs. 1 GG; danach sind u.a. der Auswärtige Dienst, die Bundesfinanz- und die Bundeswehrverwaltung Angelegenheiten der Bundesverwaltung; zur *fakultativen* Bundesverwaltung zählt z.B. der Bundesgrenzschutz

Der Bund verfügt in der Regel nur über Behörden der „Oberstufe", das sind, wie bereits erwähnt, die obersten Bundesbehörden und die Bundesoberbehörden. Diese Behörden besitzen keinen weiteren Unterbau. Nur bei bestimmten Sachbereichen wird der Verwaltungsaufbau dreistufig, z.B. bei der Bundeswehrverwaltung, bei der er folgende Stufen umfasst: Bundesverteidigungsminister – Wehrbereichsverwaltungen – Kreiswehrersatzämter.

Unmittelbare Staatsverwaltung – der Bund

Die Bundesministerien erfüllen zweierlei Aufgaben: sie übernehmen einerseits die aufwendige Vorbereitung für die zahlreichen Gesetzentwürfe, die als Regierungsvorlagen in den Bundestag eingebracht werden, andererseits überwachen sie auch den Gesetzesvollzug durch die Behörden auf den nachgeordneten Verwaltungsebenen. Die Bundes- und auch viele Landesministerien verfügen normalerweise über den folgenden Aufbau:[51]

– An der Spitze des Ministeriums steht der vom Kanzler nominierte und vom Bundespräsidenten ernannte *Minister.*
– Der Minister wird in seiner Arbeit von den *Staatssekretären* unterstützt: der *parlamentarische* Staatssekretär ist für die Verbindung zu Bundestag und Bundesrat zuständig, der *beamtete* Staatssekretär unterstützt den Minister in der Leitung der Behörde.
– Dem Minister steht ein persönlicher Referent und eine Pressestelle zur Verfügung.
– Die Ministerien gliedern sich in Abteilungen, Unterabteilungen und Referate.

Ein Ministerium ist, seinem Organisationsplan zufolge, streng hierarchisch geordnet.[52] Der Auftrag für die ministeriumsinterne Politikformulierung erfolgt demnach von der Leitungsebene aus, von oben bzw. vom Minister, und diffundiert nach unten bis in die mit Detailfragen befassten Referate. Die Akkumulation des Sachverstandes soll sich dann wieder in umgekehrter Richtung niederschlagen und verläuft dementsprechend von unten nach oben. Ein solches Funktionieren nach Plan und Dienstweg wird sich jedoch tatsächlich kaum irgendwo finden lassen, weder in einem öffentlichen Ministerium noch in einer privaten Organisation. Denn gegen die Annahme, dass tatsächlich alle Informationen, die innerhalb einer großen Behörde vorhanden sind oder gewonnen wurden, über die formal vorgeschriebenen Wege an der Spitze zusammenlaufen, spricht bereits deren Komplexität. Vollständige Aufsicht und Kontrolle durch Vorgesetzte wird deshalb nicht immer möglich sein; außerdem gibt es bei den Referaten Überschneidungen in Sachen Zuständigkeit, aus denen ebenfalls Unübersicht-

Formale und informelle Strukturen

---

51 Vgl. Jörg Bogumil und Werner Jann, Verwaltung und Verwaltungswissenschaft in Deutschland, Wiesbaden 2005, 130.
52 Einzelheiten der Organisation und des internen Arbeitsablaufs bestimmt die Gemeinsame Geschäftsordnung der Bundesministerien (GGO). Sogenannte „Organigramme" finden sich auf den Internetseiten der verschiedenen Ministerien; siehe z.B. www.bmbf.de/pub/orgplan.pdf (28.1.2011).

lichkeiten entstehen. Von daher sind in einem Ministerium auch jene Strukturen von großer Bedeutung, die „informell" genannt werden und sich quasi in Ergänzung zur formalen Struktur herausbilden.[53]

Exkurs Gesetzgebung und Verwaltung

Von dieser an der Organisation „Bundesministerium" beobachteten Aufweichung hierarchischer Strukturen lässt sich noch einmal auf das Thema „Gesetzgebung" zurückkommen. Bei der Erörterung des parlamentarischen Regierungssystems war deutlich geworden, dass die Gesetzentwürfe überwiegend als Regierungsvorlagen eingebracht werden. Nun, nach der Betrachtung der verschiedenen Regierungs- und Ministeriumsorganisationen, kann der Ort der Entstehung und maßgeblichen Prägung solcher Entwürfe noch etwas genauer bestimmt werden unter Bezug auf den sog. „Referentenentwurf": Regierungsvorlagen entstehen als Entwürfe in den einzelnen Referaten der Unterabteilungen der Bundesministerien, weil vor allem dort die Expertise zur Formulierung von Lösungsansätzen für spezifische politische Probleme vorhanden ist. Dieser Umstand lässt sich unterschiedlich analysieren: Die Referenten können z.B. als diejenigen gesehen werden, die die Meinung des Kabinetts oder der Mehrheitsfraktion „antizipieren", und lediglich dasjenige konkretisieren, was ohnehin schon zuvor, wenn auch diffus, politisch gewollt wird.[54] Mit dieser Konstruktion bliebe gewissermaßen der Vorrang des Parlaments gewahrt.

Wird dagegen angenommen, dass „Politik" faktisch (häufig) in den organisatorischen Verzweigungen der Ministerien *beginnt*, dann entstehen womöglich Legitimationsprobleme, zumindest jedoch Unvereinbarkeiten mit den Prinzipien der politischen Autonomie und der Volkssouveränität. Denn diese fordern, dass die bindenden Entscheidungen grundsätzlich von denen, die ihnen unterliegen, also den Bürgern selbst oder zumindest von ihren Repräsentanten, getroffen werden und nicht von den Angehörigen der Exekutive. Allerdings ergeben sich derartige Probleme nur, wenn das Parlament nicht nur formal gesehen das letzte Wort über einen Gesetzentwurf haben soll, indem es ihn verabschiedet, sondern auch noch über die Gesetzes*inhalte* souverän bestimmen können soll. Dass dies nicht zwangsläufig der Fall sein muss, um in Rahmen einer repräsentativen Demokratie von legitimen Gesetzen sprechen zu können, diese Auffassung hatte z.B. Mills Parlamentarismustheorie plausibel machen können.[55] Die auch in der Praxis häufig festzustellende Führungsrolle exekutiver Organe in Sachen ‚normaler' Gesetzgebung schließt jedoch nicht aus bzw. darf nicht verhindern, dass

---

53 Hesse/Ellwein (1992), 340. In der Organisationsforschung werden diese informellen Strukturen als vollkommen normale Erscheinung betrachtet; siehe z.B. Schreyögg (2003), Kap. 6.1.
54 „Die höhere Ministerialbürokratie betreibt Politikvorbereitung, also Politik. Der Referent, der ein Gesetz entwirft, will, dass es ‚durchkommt'. Er antizipiert deshalb Entscheidungen seiner Vorgesetzten, seines Ministers, des Kabinetts, der Mehrheitsfraktion"; Hesse/Ellwein (1992), 268.
55 Vgl. oben, Kap. 5.3.1. Autoren, die Volkssouveränität für eine ‚alteuropäische' Angelegenheit halten, sprechen in diesem Zusammenhang genüsslich und keineswegs unberechtigt von einem „Gegenkreislauf" zum „Hierarchiemodell der Tradition", das sich ja auch im Grundgesetz niedergeschlagen hat: „Die Verwaltung fertigt die Vorlagen für die Politik an und dominiert in Parlamentsausschüssen und ähnlichen Einrichtungen. Die Politik suggeriert mit Hilfe ihrer Parteiorganisationen dem Publikum, was es wählen soll und warum. Das Publikum wirkt ... auf den verschiedensten Kanälen, über Interessenorganisationen oder Tränen im Amtszimmer auf die Verwaltung ein"; Niklas Luhmann, Politische Theorie im Wohlfahrtsstaat, München 1981, 46.

Fragen von herausragender Bedeutung auch inhaltlich von der Volksvertretung entschieden werden. Parlamente wie der Deutsche Bundestag sind dazu auch ohne weiteres in der Lage, weil sie ihrerseits über beachtliches Expertenwissen in den mit Detailfragen der Gesetzesprojekte befassten Unterorganisationen, den Ausschüssen, verfügen. Das zeigt sich immer wieder beim Verfahren in wichtigen Entscheidungen, wie z.B. in Sachen Abtreibung, Asylregelung, Embryonenschutz: In allen diesen Fällen wird der vom Grundgesetz vorgesehene offizielle und zugleich aufwendige und langwierige Legitimationskreislauf eingehalten. Der Grundsatz der Volkssouveränität wäre aus dieser Sicht dadurch gewahrt, dass dem Parlament gegenüber der Verwaltung immer dann die Führungsrolle überlassen wird, wenn es diese ausdrücklich einfordert.

Nach diesem kleinen Exkurs wieder zurück zur Verwaltungsorganisation. Die Bundesländer als Verwaltungsträger bestimmen ihre Verwaltungsorganisation selbst. Einige Länder haben dazu Verwaltungsgesetze erlassen. Behörden der Bundes- und Landesverwaltung sind grundsätzlich getrennt, d.h. es gibt nur ausnahmsweise eine sog. „Mischverwaltung", bei der etwa eine Bundesbehörde einer Landesbehörde übergeordnet oder eine Abstimmung zwischen beiden erforderlich wäre. Bei der unmittelbaren Staatsverwaltung wird – aufgrund der Breite der jeweiligen behördlichen Zuständigkeit – unterschieden zwischen der „allgemeinen Verwaltung" und den „Sonderverwaltungsbehörden". Der Verwaltungsaufbau auf Landesebene ist in der Regel *dreistufig*:[56]

Unmittelbare Staatsverwaltung – Länder

- auf der *Oberstufe* existieren erstens die *obersten Landesbehörden* die, wie gesagt, von der Landesregierung, d.h. dem Ministerpräsidenten und seinen Ministern bzw. Ministerien verkörpert werden. Zweitens gibt es die nachgeordneten *Landesoberbehörden* und *Landesämter* (beides sind Sonderverwaltungsbehörden).
- Auf der *Mittelstufe* sind die *Bezirksregierungen* mit den *Regierungspräsidenten* an der Spitze die wichtigsten allgemeinen Verwaltungsbehörden; hinzukommen Sonderverwaltungsbehörden wie Forstdirektionen und Oberschulämter. Dieser Aufbau ist jedoch, wie bereits gesagt, nicht in kleinen Länder und Stadtstaaten sowie in solchen Ländern anzutreffen, die sich zur Abschaffung der Mittelbehörden entschlossen haben.
- Auf der *Unterstufe* schließlich repräsentieren *Landrat* und *Landratsamt* die allgemeinen Verwaltungsbehörden, zahlreiche Ämter existieren wiederum als Sonderbehörden.

Genauso wie zwischen den Bundes- und Landesbehörden so existiert auch innerhalb der dreistufigen Verwaltungsaufbaus der Länder ein Weisungsrecht der höheren gegenüber den niederen Behörden.

Die mittelbare Staatsverwaltung umfasst diejenigen Aufgaben, die nicht durch den Staat selbst, sondern durch rechtlich selbstständige Organisationen erfüllt werden. Dass ein Staat auch als „Organisationsstaat" zu verstehen ist, kommt also nicht nur dadurch zum Ausdruck, dass es in ihm viele Interessenorganisationen gibt, die auf die politische Willensbildung Einfluss nehmen, sondern auch darin, dass ein Staat, und zwar gerade im Zusammenhang mit Exekutivaufgaben, selbst (Unter-)Organisationen ausbildet. Dies sind, wie bereits er-

Mittelbare Staatsverwaltung

---

56 Maurer (2004), § 22, Rn 14ff.

wähnt, die rechtsfähigen Körperschaften, die Anstalten und die Stiftungen des öffentlichen Rechts:

- *Körperschaften* sind juristische (also nicht: natürliche) Personen des öffentlichen Rechts, denen Rechtsfähigkeit verliehen worden ist und die somit Träger von Rechten und Pflichten sind. Körperschaften im Allgemeinen stellen „mitgliedschaftlich organisierte Verbände" dar und verfügen im wesentlichen über zwei Ausprägungen: das sind zum einen die *Personalkörperschaften*, die ihre Mitglieder nach „beruflichen, wirtschaftlichen, sozialen, kulturellen oder sonstigen Gesichtspunkten"[57] bestimmen. Zum anderen gibt es die *Gebietskörperschaften*. In ihnen werden Bürger einer Gemeinde zu einem ‚Verband' mit Rechten und Pflichten zusammengeschlossen. *Gebiets*körperschaft bedeutet, dass sich die Befugnisse der Körperschaft nicht nur auf eine bestimmte Personengruppe beziehen, sondern auch auf das Gebiet, sozusagen das Territorium, auf dem die Personen ansässig sind (dazu gleich). Des weiteren gibt es die
- *Anstalten*, die zur Bereitstellung bestimmter Leistungen gegründet werden und über besondere Betriebsmittel und Experten verfügen. Eine „Anstalt" hat, anders als Körperschaften, keine Mitglieder, sondern „Benutzer", die für den Genuss der Anstaltsleistung „Gebühren" entrichten müssen; bekannte Beispiele sind die öffentlich-rechtlichen Rundfunkanstalten und, bis vor gar nicht so langer Zeit, die öffentlichen Badeanstalten. Zur erwähnen sind schließlich noch die
- *Stiftungen*, die der „Verwaltung eines von einem Stifter zweckgebunden übergegeben Bestands an Vermögenswerten"[58] dienen.

Politische Strukturen auf der Kommunalebene – die Gemeinden

Gemeinden sind als sog. „Gebietskörperschaften" Körperschaften des öffentlichen Rechts und Bestandteil der „mittelbaren Staatsverwaltung". Zugleich gilt in den Gemeinden aber auch das Prinzip der „kommunalen Selbstverwaltung": Die Bürger einer Gemeinde dürfen und sollen, wie Art. 28 Abs. GG ausführt, die sie betreffenden Angelegenheiten „im Rahmen der Gesetze" selbst regeln. Aufgrund dieser Sachlage müssen sich die Kommunen zweier unterschiedlicher Aufgabenbereiche annehmen – den Auftragsangelegenheiten und den Selbstverwaltungsangelegenheiten:[59]

Auftragsangelegenheiten

- Zu den Auftragsangelegenheiten zählen diejenigen Aufgaben, die den Gemeinden als Teil der mittelbaren Staatsverwaltung übertragen worden sind. Sie sind grundsätzlich überörtlicher Natur und bei ihrer Erfüllung bestehen für die örtlichen Behörden keinerlei Spielräume, sie unterliegen vielmehr dem Weisungsrecht der Aufsichtsbehörden entweder des Bundes oder der Länder. Zu diesem Aufgabenbereich gehören z.B. das Pass- und Meldewesen, das Personenstandswesen, die Kraftfahrzeugzulassung und die Schulaufsicht.

Selbstverwaltungsangelegenheiten

- die Selbstverwaltungsangelegenheiten umfassen dagegen „eigene" Angelegenheiten einer Gebietskörperschaft. Zu unterscheiden sind dabei die *frei-*

---

57 Maurer (2004), § 23, Rn 30. Zu diesen Personenkörperschaften zählen z.B. Industrie- und Handelskammern, die Kammern der sog. „freien Berufe" (Ärzte, Rechtsanwälte, Architekten), Krankenkassen und Hochschulen.
58 (Ebd.), Rn. 55.
59 (Ebd.), Rn. 12ff. und Bogumil/Jann (2005), 82f.

willigen Aufgaben (Einrichtung und Unterhaltung z.B. von Verkehrsbetrieben, Badeanstalten oder Krankenhäusern) einerseits und die *Pflichtaufgaben* (wie Bauaufsicht, Feuerwehr, Müllabfuhr, Abwasserbeseitigung u.ä.). Ihre eigenen Angelegenheiten müssen die Gemeinden, wie gesagt, im Rahmen der geltenden Gesetze erledigen; auch hierbei unterliegen sie deshalb einer staatlichen Aufsicht.

Da die Gemeinden eine Doppelfunktion ausfüllen (Auftragsverwaltung und Selbstverwaltung), wird der Schwerpunkt ihrer politischen Tätigkeit entweder in der Verwaltung oder aber in der Selbstbestimmung gesehen:

Diejenigen, die den Schwerpunkt kommunaler Tätigkeit in der *Verwaltung* sehen, betonen, dass dies eindeutig eine Exekutivaufgabe darstellt, also weder mit Gesetzgebung noch mit Rechtsprechung und letztlich auch nur wenig mit dem „Gestalten" in Verbindung gebracht werden kann. Für diese Sichtweise spricht auch, dass ein Großteil der Bemühungen um eine Reform der Verwaltung auf kommunaler Ebene angesiedelt war bzw. ist.

Andere sehen, trotz der unbestreitbar umfangreichen administrativen Aufgaben, die die Kommunen erfüllen müssen, nicht nur genügend Spielraum für die politische *Selbstbestimmung* von Bürgern, sondern erachten die Gemeinden geradezu als „Schule der Demokratie", weil in ihnen nicht nur die Mitwirkung an der Besetzung der Regierungs- bzw. Repräsentativinstitutionen möglich ist, sondern auch direktdemokratisches Engagement bei Bürgerbegehren und Bürgerentscheid (als den kommunalen Pendants zum Volksbegehren und zum Volksentscheid auf Landesebene[60]).

Die Wahl der Bürgermeister, als ein wesentliches Element der repräsentativen Demokratie, wird durch die Gemeindeverfassungen geregelt. Anders als es der Name vermuten lässt, sind diese Verfassungen kein Bestandteil des Verfassungs-, sondern des Verwaltungsrechts. Hauptelemente der Gemeindeverfassungen sind

<small>Gemeindeverfassungen</small>

1. die *Gemeindevertretung*; dabei repräsentieren der (Gemeinde-)Rat oder die Stadtverordnetenversammlung das Gemeindevolk.[61] Als Parlament im herkömmlichen Sinn ist diese Vertretung jedoch kaum zu bezeichnen, da sie im Unterschied zum Bundestag und zu den Landtagen kein gesetzgebendes, sondern ganz überwiegend ein verwaltendes Organ ist,
2. die *Leitung der Gemeindeverwaltung*, die meistens in den Händen des Bürgermeisters liegt, der, ab einer bestimmten Gemeindegröße, von gewählten Beigeordneten unterstützt wird.

Unterscheiden lassen sich Gemeindeverfassungen nach zwei verschiedenen Kriterien: erstens nach der Anzahl der von den Bürgern unmittelbar zu wählenden Organen. In diesem Zusammenhang differieren ein monistisches und ein dualistisches Modell: Im *monistischen* Modell gibt es nur ein von den Bürgern direkt

---

60 Franz-Ludwig Knemeyer und Christian Gebhardt, Bürgerbegehren und Bürgerentscheid – Ein wesentliches Strukturelement in den reformierten Kommunalverfassungen, in: Jung/Knemeyer (2001), 75-121; zu den politischen Partizipationsmöglichkeiten in Gemeinden im Allgemeinen Roland Roth, Die Kommunen als Ort der Bürgerbeteiligung, in: Ansgar Klein und Rainer Schmalz-Bruns (Hrsg.), Politische Beteiligung und Bürgerengagement in Deutschland, Bonn 1997, 404-447.
61 Gemäß Art. 28 Abs. 1 Satz 2 GG: „In den Ländern, Kreisen und Gemeinden muss das Volk eine Vertretung haben, die aus allgemeinen, unmittelbaren, freien, gleichen, und geheimen Wahlen hervorgegangen ist."

gewähltes Organ, das der Gemeindevertretung; im *dualistischen* Modell werden zwei Organe gewählt, nämlich Vertretung und Exekutivorgan. Ein zweites Unterscheidungsmerkmal für Gemeindeverfassungen ist die Anzahl der Mitglieder des Exekutivorgans: dieses kann entweder von *kollegialem* oder von *monokratischem* Zuschnitt sein.

Aufgrund verschiedener Kombinationen der genannten beiden Merkmale ließen sich in der Bundesrepublik ursprünglich folgende Typen kommunaler Verfassungen unterscheiden:[62]

– die *Magistratsverfassung*: in ihr übernimmt ein von der Gemeindevertretung gewähltes Kollegialorgan – der Magistrat, bestehend aus Bürgermeister und Beigeordneten – die Leitung der Gemeindeverwaltung
– die *Bürgermeisterverfassung* mit einer monokratischen, von der Gemeindevertretung gewählten Gemeindeleitung
– die *Norddeutsche Ratsverfassung* mit einer direkt gewählten Gemeindevertretung, dem Rat, und einer Gemeinde- oder Stadtdirektor genannten Verwaltungsleitung
– die *Süddeutsche Ratsverfassung* mit zwei unmittelbar gewählten Gemeindeorganen, dem Gemeinderat und dem Bürgermeister (ursprünglich nur in Baden-Württemberg und Bayern, seit den 1990er Jahren in den meisten Bundesländern).

Nach der deutschen Wiedervereinigung wurde diese Vielfalt kommunaler Verfassungen jedoch weitgehend aufgehoben, weil einerseits in den alten Bundesländern die Kommunalverfassungen entweder an die Süddeutsche Ratsverfassung angeglichen oder ganz von ihr ersetzt wurden und weil andererseits in allen neuen Bundesländern das süddeutsche Modell von Anfang an übernommen worden war.

6.2.3 Bürokratische Herrschaft und Berufsbeamtentum

Idealtypus „bürokratische Herrschaft"

Im Zusammenhang mit „Verwaltung" lässt sich auch von einer „bürokratischen Herrschaft" sprechen. Bürokratische Herrschaft meint, dass die moderne Verwaltung zentraler Bestandteil einer bestimmten Form von *Herrschaft* ist, die sich von anderen Ausprägungen unterscheidet. Bürokratische Herrschaft ist – im Kontext der Idealtypen Max Webers – „legale" Herrschaft.[63] Merkmale dieser bürokratischen Herrschaft sind:[64]

– hauptamtliches Personal
– Laufbahnprinzip
– Arbeitsteilung
– Hierarchie mit Dienstweg
– Regelgebundenheit i.S. der Bindung an Gesetz und Recht (vgl. Art. 20 Abs. 3 GG)
– Schriftlichkeit und Aktenmäßigkeit der Verwaltungsakte.

---

62 Siehe Maurer (2004), §23, Rn. 9.
63 Im Unterschied entweder zur „traditionalen" und zur „charismatischen" Herrschaft; siehe z.B. Max Weber, Die drei reinen Typen der legitimen Herrschaft, in: ders., Soziologie. Universalgeschichtliche Analysen. Politik, Stuttgart 1973, 151-166.
64 Vgl. dazu Bogumil/Jann (2005), 115.

In dieser Aufzählung enthalten sind sowohl Merkmale der bürokratischen Tätigkeit der Beamten als auch Aspekte des Rechtsstatus, den diese genießen. In dem so gezeichneten Bild wird bürokratische Herrschaft zu einem in der Wirklichkeit nur selten oder gar nicht vorfindbaren Typus verdichtet.[65] Dieser Idealtypus gibt gleichwohl Aufschluss über die Grundsätze der einen im Unterschied zu denen einer anderen Verwaltungspraxis. Und immerhin finden sich im Grundgesetz Anknüpfungspunkte an dieses klassische Beamten- bzw. Herrschaftsmodell, und zwar zunächst in Art. 33 GG, der die staatsbürgerlichen Rechte und die „Zulassung zu öffentlichen Ämtern" regelt. In Art. 33 Abs. 4 GG heißt es:

> „Die Ausübung hoheitsrechtlicher Befugnisse ist als ständige Aufgabe in der Regel Angehörigen des öffentlichen Dienstes zu übertragen, die in einem öffentlich-rechtlichen Dienst- und Treueverhältnis stehen."

Mit den „hoheitsrechtlichen Befugnissen" sind zunächst diejenigen staatlichen Handlungen gemeint, mit denen der Staat, v.a. zum Schutz der Allgemeinheit, d.h. der anderen Bürger, in die Rechte des Einzelnen eingreifen muss (in diesem Sinn war bereits der Begriff „Eingriffsverwaltung" eingeführt worden). Angehörige des öffentliches Dienstes, die in einem *besonderen* Dienst- und Treueverhältnis stehen, sind ausschließlich die Beamten. Art. 33 Abs. 5 GG führt dazu aus:

> „Das Recht des öffentlichen Dienstes ist unter Berücksichtigung der hergebrachten Grundsätze des Berufsbeamtentums zu regeln und fortzuentwickeln."

Diese Prinzipien haben sich im Laufe der Zeit auf dem Gebiet der staatlichen Verwaltung herausgebildet, insofern sind sie „hergebracht" und zugleich bewährt. Zu ihnen gehören einige Punkte, die bereits bei Webers Bürokratiemodell angesprochen waren und die sich auch in dem heute geltenden Bundesbeamtengesetz (BBG) finden.[66] Das sind v.a.

– die gerechte, unparteiliche und gemeinwohlorientierte Amtsführung (BBG §52),
– die volle Hingabe an den Beruf; z.B. in Form ständiger Dienstbereitschaft (BBG §54),
– die Amtsverschwiegenheit, auch noch nach Beendigung des aktiven Beamtenverhältnisses (BBG §§61-63),
– die Unbestechlichkeit (BBG, §§70-71 bzgl. Annahme von Belohnungen).

Mit den „hergebrachten" Grundsätzen ebenfalls verbunden werden

---

[65] Zu berücksichtigen ist auch, dass Webers Beschreibung vom Anfang des vergangenen Jahrhunderts stammt, und es ist fraglich, ob sie auf die gegenwärtigen Verhältnisse noch passt bzw. verallgemeinert werden kann. Darauf wird noch zurückzukommen sein. Einen Überblick über das klassische und über neuere Modelle der Verwaltung gibt Arthur Benz, Verwaltung als Mehrebenensystem, in: Bernhard Blanke, Stephan von Bandemer, Frank Nullmeier und Göttrik Wewer (Hrsg.), Handbuch zur Verwaltungsreform, Wiesbaden 2005, 18-26.

[66] Das Bundesbeamtengesetz in der Fassung vom 05. 12. 2006 ist zu finden auf der Seite des Bundesministeriums der Justiz http://www.gesetze-im-internet.de/bbg_2009 (17. 1. 2011). Den dort aufgeführten Pflichten des Berufsbeamten stehen die ebenfalls gesetzlich festgehaltenen Rechte gegenüber, die sich u.a. aus den „Fürsorgepflichten" des Dienstherren ergeben. Siehe auch Hans Peter Bull, Berufsbeamtentum, in: Sommer/von Westphalen (1999), 76-78.

- das Streikverbot für Beamte (was keineswegs unumstritten ist) sowie das Verbot des „Dienstes nach Vorschrift",
- das generell achtungs- und vertrauenswürdige Verhalten: Beamte sind als Repräsentanten des Staates verpflichtet, ihr Gebaren innerhalb und außerhalb des Dienstes so auszurichten, dass es den Erfordernissen ihres Berufes gerecht wird.[67]

Insgesamt bilden die angeführten Grundsätze also die Voraussetzung für den Vollzug der Gesetze und damit letztlich für die Gewährleistung der „Bürgerfreiheit". Beamte erscheinen in dieser Perspektive als selbstlose Subjekte und neutrale Sachwalter. Die ihnen aufgetragene Anwendung der rechtsstaatlichen Regeln geht dann gewissermaßen „sine ira et studio" vonstatten, also ohne Zorn und Eifer, ohne Parteinahme in einem konkreten Fall oder für eine bestimmte Person. Allerdings ist mit dieser Betrachtung die Tätigkeit der Beamten noch nicht erschöpfend analysiert. Wie bereits im Zusammenhang mit dem Bundestag, d.h. mit dem wählenden Bürger einerseits und der Tätigkeit der gewählten Parlamentsabgeordneten andererseits dargelegt, ist es aufschlussreich, politische Akteure einmal als ausschließlich (zweck-)rationale Akteure darzustellen. Das ist auch beim Beamten der Fall; die Hypothese ist dann, dass auch beamtete Amtsinhaber eigene Interessen verfolgen und die „neutrale Amtsführung", also die soziale Funktion der Verwaltung, nebenbei erledigt wird.

Der Beamte als rationaler Akteur

Erste Ansätze aus dem Umfeld der ökonomischen Theorie der Politik unterstellten den Beamten zunächst pauschal das Motiv der (Macht-)Akkumulation. Danach ist alles bürokratische Handeln auf die Steigerung entweder der individuellen Ressourcen oder derjenigen einer Behörde ausgerichtet. Diese These klingt zunächst sehr plausibel, weil mit ihr das stetige Wachstum bürokratischer Organisationen erklärbar scheint: dieses hinge dann nicht (nur) an dem objektiv womöglich feststellbaren Zuwachs an Verwaltungsaufgaben, sondern (in erster Linie) an der Eigeninteressiertheit der Beamten.[68] Allerdings ist dieser Erklärungsversuch zu einseitig – der Motivhaushalt rationaler Akteure ist umfangreicher.

Ein komplexeres Verhaltens- bzw. Handlungsmodell hat Downs geliefert. Folgende Akteurs-Typen lassen sich seiner Auffassung nach innerhalb der bürokratischen Organisation analytisch unterscheiden.[69] Ausschließlich eigeninteressiert sind der

i) der *Aufsteiger („climber")*: er will Macht, Einkommen, Prestige und Ressourcen steigern; er strebt nach Beförderung und ist risikofreudig
ii) der *Bewahrer („conserver")*: er versucht nicht, seine Ressourcen zu vergrößern, sondern seine berufliche Sicherheit und Bequemlichkeit zu erhöhen; er achtet aber auch darauf, keine Verluste zu erleiden. Bewahrer sind Risikovermeider: Da individuelle Entscheidungen immer schwierig sind und zudem nicht selten umstritten sein werden, ist für ihn die strikte Regelbefolgung am unproblematischsten. Nach Downs kommen Bewahrer verhältnis-

---

67 Zur Interpretation der besonderen „Treuepflicht" der Beamten dem Staat gegenüber siehe BVerfGE, 39, 334-375 (Extremisten im öffentlichen Dienst).
68 Diesen Ansatz der „budgetmaximierenden" Bürokratie hat William Niskanen vertreten; vgl. dazu Franz Lehner, Einführung in die neue Politische Ökonomie, Königstein, 1981, Kap. 4.1.
69 Anthony Downs, Inside Bureaucracy, Prospect Heights 1994 [1967], Kap. VIII und IX.

mäßig häufig in mittleren Laufbahnen vor, da sich dort viele ehemalige Aufsteiger befinden, die sich nun ‚konservativ' verhalten.

Darüber hinaus gibt es auch Beamte mit „gemischten Motiven"; bei ihnen ist das Eigeninteresse gepaart mit Amtsloyalität. Derart motiviert sind

iii) der *Eiferer („zealot")*: er will zwar seine individuelle Macht vergrößern, aber er tut dies, indem er bestimmte *Politiken* („policies") verfolgt, die er als zuträglich für das Gemeinwohl einschätzt

iv) der *Anwalt („advocat")* ist einerseits machtorientiert, andererseits aber loyal zu seiner Verwaltungseinheit; er glaubt, das Gemeinwohl hänge in erster Linie vom guten Funktionieren *seines Amtes* ab

v) der *Staatsdiener („statesman")*: er entspricht am ehesten dem klassischen (Weberschen) Beamtentypus; sein Verhalten variiert zwischen Trägheit und Hyperaktivität, er tendiert zum Grundsätzlichen und ist gemeinwohlorientiert.

Dieser Typus des Staatsdieners kommt faktisch jedoch, nach Downs' Einschätzung, am seltensten vor:

> "(I)t is our ironic conclusion that bureaucracies have few places for officials who are loyal to society as a whole. This is true even though all adminstrative textbooks and nearly all administrators at least verbally exhort all officials to exhibit such loyalty."[70]

Mit dieser Palette von Akteurstypen wird das herkömmliche Bild der Verwaltung und der Beamten durchaus relativiert. Allerdings besitzt dieses Bürokratiemodell seinerseits über eine begrenzte Reichweite bzw. Erklärungskraft. Denn es ist zu berücksichtigen, dass diese Analyse der bürokratischen Herrschaft vor dem Hintergrund nicht der deutschen oder einer westeuropäischen, sondern der US-amerikanischen Verwaltungs-Kultur vorgenommen wurde, die den Begriff des „Staates" und darum auch den des „Staatsdieners" aus praktischer Anschauung kaum kennt. Darüber hinaus ist festzustellen, ähnlich wie bei der ökonomischen Analyse des parlamentarischen Betriebes, dass zunächst einmal eine funktionierende Praxis oder zumindest eine Vorstellung davon vorhanden sein muss, bevor sie von rationalen Akteuren ‚ausgebeutet' werden kann.[71] Gleichwohl kann der ökonomische Ansatz viel zum Verständnis von Organisation und Funktion von Verwaltung beitragen.

Die bisherige Skizze des Verwaltungsaufbaus in der Bundesrepublik hat deutlich gemacht, dass es sich bei der exekutiven Gewalt um einen enormen organisationellen Apparat handelt, der durch seine Ausdehnung über mehrere Ebenen des Bundesstaates und durch seine zahlreichen Verzweigungen sehr komplex und durch die große Zahl von Mitarbeitern äußerst personalintensiv ist. Es versteht sich von selbst, dass eine derartige Organisation Routinen ausbilden und Eigendynamiken entwickeln kann, die sich auf die Erfüllung seiner Funk-

Kooperative Verwaltung

---

70 (Ebd.), 111.
71 Interessanterweise hat Schumpeters realistisches *Demokratie*modell, das mit rationalen, d.h. eigeninteressierten Politikern und Wählern rechnet, eine reibungslos funktionierende *Verwaltung* zur Voraussetzung, bei der die Eigeninteressiertheit der Verwalter gerade nicht das Hauptmerkmal zu sein scheint: Eine demokratische Regierung muss nach Schumpeter nämlich u.a. „über die Dienste einer gut ausgebildeten Bürokratie von hohem Rang, guter Tradition, starkem Pflichtgefühl(!) und einem nicht weniger starken *esprit de corps* verfügen können"; Schumpeter (1987), 465.

tionen auswirken und das herkömmliche Bild der Verwaltung ebenfalls relativieren können. Ein dazu zählendes und seit geraumer Zeit zu beobachtendes Phänomen ist das der „kooperativen Verwaltung". Während mit der Vorstellung der Verwaltungstätigkeit oft gesetzlich legitimierte, mit staatlichem Zwang verbundene und nicht aufschiebbare Eingriffe verbunden sind, gestaltet sich der tatsächliche Gesetzesvollzug oft komplizierter und zugleich flexibler. Bei der Anwendung von Normen existiert generell ein Ermessensspielraum auf Seiten der Beamten, weil viele Rechtsbegriffe vom Gesetzgeber absichtlich „unbestimmt" gelassen wurden, um auf die Besonderheiten einer Situation besser reagieren zu können.[72] Darüber hinaus können Behörden jedoch auch vom Vollzug einer Rechtsnorm (vorübergehend) absehen, obwohl deren Anwendungsbedingungen erfüllt sind, etwa dann, wenn es um die Abwägung wichtiger, einander widersprechender Interessen geht. Beim Überschreiten bestimmter Grenzwerte für Emissionen z.B. wäre normalerweise ein Industriebetrieb durch die zuständigen Behörden stillzulegen, aber das Interesse am Erhalt von Arbeitsplätzen in diesem Betrieb kann von einem sofortigen Vollzug der entsprechenden Norm absehen lassen. Die Behörden können sich dem betreffenden Unternehmen gegenüber kooperativ verhalten, wenn dieses effektive Anstrengungen zur baldigen Beseitigung der rechtswidrigen Produktion nachweisen kann.[73]

6.2.4 Verwaltungsreform

Die bei der Großorganisation „Verwaltung" für notwendig gehaltenen Reformen gestalteten sich bisher als schwierig. Dies hängt zum einen mit der schieren Größe des Verwaltungsapparates, dann aber vor allem auch mit seiner spezifischen Aufgabe zusammen.

Nach der Gründung der Bundesrepublik sind mehr oder weniger sukzessive verschiedene Versuche der Verwaltungsreform unternommen worden. Folgende vier Phasen lassen sich unterscheiden:[74]

i) Unmittelbar nach dem 2. Weltkrieg wurden in einer ersten Phase der für die Verwaltung verbindliche Bestand an *rechtlichen Normen* „bereinigt", d.h. die Gesetze und Verordnungen auf Bundes-, Landes- und Kommunalebene wurden auf ihre Geltung hin überprüft, untereinander in Übereinstimmung gebracht und in Einzelfällen auch mit Verfallsklauseln versehen.

ii) In einer zweiten Phase wurden *territoriale Reformen* unternommen. Dabei standen zwar immer wieder auch Fragen der Länderneugliederung auf der Tagesordnung, zuletzt nach der deutschen Wiedervereinigung, aber diese wurden am Ende nicht weiterverfolgt.[75] Der Großteil der tatsächlichen Reformen fand auf der Kommunalebene statt und war in einer ersten Welle in

---

72 Siehe dazu Maurer (2004), § 7.
73 Zu der nach außen gerichteten, aber auch verwaltungsintern, also zwischen den Abteilungen einer Behörde stattfindenden Zusammenarbeit siehe umfassend Arthur Benz, Die kooperative Verwaltung, Baden-Baden 1994.
74 Zum Folgenden Hesse/Ellwein (1992), 319ff. und Bogumil/Jann (2005), Kap. 5.2.
75 Mit einer Ausnahme: 1996 war von den Landesregierungen die Fusion der beiden Bundesländer Berlin und Brandenburg geplant. In der dazu abgehaltenen Volksabstimmung sprachen sich die Brandenburger Bürger jedoch mehrheitlich gegen eine Zusammenlegung aus.

den 60er und 70er Jahren auf die über 24 000 Gemeinden in Westdeutschland bezogen. Durch die keineswegs immer willkommenen Auflösungen bzw. Zusammenlegungen (aus der Sicht der betroffenen Gemeinden: „Eingemeindungen") der sehr kleinen Gemeinden entstanden leistungsfähigere Verwaltungseinheiten. Im Zuge einer zweiten Welle, die nach 1989 in Ostdeutschland einsetzte und gegenwärtig noch andauert, wurde die Zahl der Gemeinden auf insgesamt ca. 12 000 halbiert.

iii) Die sog. *Funktionalreform* als dritte Phase, bei der es u.a. darum hätte gehen müssen, im Anschluss an die Gebietsreformen mehr Kompetenzen von der höheren Verwaltungsebene (dem Land) auf die niedrigere (Regierungsbezirke und Kreise) zu übertragen, ist am wenigsten weit gediehen: z.T. deswegen, weil die Landesregierungen nicht bereit waren, Zuständigkeiten abzutreten, z.T. aber auch, weil die Kreise und Gemeinden immer noch nicht groß genug waren, um bestimmte Aufgaben (wie z.B. die Raumordnung) selbst wahrnehmen zu können.

iv) Die langwierigste und schwierigste Reform (vierte Phase) ist jedoch diejenige der Organisation und der Funktion des *öffentlichen Dienstes*. Um Erfolge zu erzielen, müssten sowohl die Arbeitsabläufe als auch die Einstellungen der Angehörigen des öffentlichen Dienstes geändert werden.

Die diesbezüglichen Anstrengungen reichen zurück bis in die 70er Jahre und stehen vor nur schwer lösbaren Aufgaben. Ein gravierendes Problem besteht bereits darin, dass z.B. ein Rückbau des Verwaltungsapparates zwangsläufig gekoppelt ist an die Reduzierung des Inputs in das bürokratische System, d.h. an einen Rückgang neu verabschiedeter Gesetze. Dass sich in modernen Gesetzgebungsstaaten in dieser Hinsicht in absehbarer Zeit merkliche Veränderungen ergeben werden, ist jedoch alles in allem eine unrealistische Annahme. Ein Großteil der Reformen zielte überdies auf mehr „Bürgernähe" und „Bürgerfreundlichkeit" der Behörden. Denn gewissermaßen als Kehrseite einer gut funktionierenden Verwaltung mit einer dem Typus des „Staatsdieners" ähnelnden Beamtenschaft war bisher eine erhebliche Sprödigkeit gegenüber den Bürgern auszumachen. Wenn die politische Kultur der Bundesrepublik in der Nachkriegszeit als „Untertanenkultur" bezeichnet werden musste, dann lag dies nicht nur an der mangelnden Partizipationsbereitschaft der Bürger, sondern auch an der Einstellung der Beamten, die ihre ‚Kundschaft' wie Untertanen behandelte. In den vielen Kontakten in den „Amtsstuben", etwa im Zusammenhang mit der Einkommensteuererklärung, einem Bauantrag oder dem Vorsprechen beim Einwohnermeldeamt, erschienen die Beamten oft weniger als Dienstleister, sondern eher als unzugängliche, Distanz wahrende und durchaus auch machtbewusste Vollstrecker hoheitlicher Aufgaben.

<small>Reform des öffentlichen Dienstes</small>

Die auf die Abstellung dieser Defizite gerichteten Reformen mussten zunächst ein vom klassischen Bürokratiemodell sich unterscheidendes Konzept entwickeln. Ein solches Konzept lässt sich in dem „Neuen Steuerungsmodell" (NSM) erblicken. In diesem, Anfang der 90er Jahre aufgekommenen Modell lässt sich eine vielen konkreten Reformbemühungen gemeinsame Zielrichtung erblicken. Im Folgenden werden kurz die Ausgangslage sowie die vom Neuen Steuerungsmodell empfohlenen Abhilfen betrachtet.[76]

<small>Neues Steuerungsmodell</small>

---

76 Das deutsche Neue Steuerungsmodell weist viele Überschneidungen mit dem v.a. in den angelsächsischen Staaten und in den Niederlanden betriebenen „New Public Manage-

Die Ausgangslage in der Bundesrepublik ähnelte, wie gesagt, dem oben beschriebenen klassischen Bürokratiemodell. Bei ihm stellen sich eine Reihe von Mängeln bzw. „Steuerungslücken" ein:[77]

- eine *Effizienzlücke* ergab sich aus den bei Ämtern und Amtswaltern fehlenden Anreizen zur angemessenen und zugleich sparsamen Mittelverwendung,
- eine *Managementlücke* bedingte die unzureichende Verbesserung sowohl in Sachen Leistungssteigerung, Mittelumschichtung und Anpassung an die Nachfrage von Dienstleistungen,
- die *Attraktivitätslücke* signalisierte das sinkende Ansehen des öffentlichen Sektors,
- die *Legitimitätslücke* schließlich bestand in der Unfähigkeit der Verwaltung, den Nachweis der Qualität und der Notwendigkeit ihrer Arbeit zu liefern.

Auf diese Mängel versucht das NSM mit Mitteln und Strategien zu reagieren, die vornehmlich aus dem Bereich des Management, also aus der Führung *privatwirtschaftlicher* Betriebe stammen. Der Umbau vorhandener Verwaltungsstrukturen will v.a. auf eine dezentrale Organisationsstruktur, auf eine Outputsteuerung sowie auf die Initiierung von Wettbewerb und Kundenorientierung bewirken. Im Einzelnen:[78]

- Eine im Unterschied zur traditionellen Verwaltung *dezentrale Organisationsstruktur* soll erzielt werden durch verbindliche Absprachen zwischen einzelnen Organisationsebenen über die zu erbringende Leistung sowie über die dazu benötigten Mittel (*Kontraktmanagement*). Für die damit vergleichsweise unabhängig operierenden Abteilungen und Fachbereiche muss als Gegengewicht eine („schlanke") zentrale Steuerungseinheit eingerichtet werden, die das Zusammenwirken der autonomen Einheiten sicherstellt und unerwünschte Verselbstständigungen verhindert.
- *Outputsteuerung* bedeutet die Abkehr von der über die pauschale Zuteilung finanzieller, personaler und sachlicher Mittel laufende Inputsteuerung; statt dessen sollen für die vereinbarten Leistungsanforderungen „Produktbudgets" zugewiesen werden und die damit erbrachten Leistungen einer ständigen Kontrolle u.a. auch durch die Abnehmer resp. Kunden unterworfen werden.
- *Wettbewerbsverhältnisse* sind verwaltungsintern nur begrenzt herzustellen. Z.B. ist es unmöglich, im Bereich der Eingriffsverwaltung konkurrierende Verwaltungseinheiten aufzubauen. Zu denken ist allerdings an Leistungsvergleiche zwischen einzelnen Verwaltungsträgern (z.B. Gemeinden). Stellenweise ist auch der Vergleich mit anderen, privaten Anbietern möglich; daraus können Fremdvergabe bzw. „Outsourcing" von Leistungen resultieren (z.B. Betreiben einer Kantine, Wachdienst).

---

ment" (NPM) auf; zu letzterem siehe z.B. Kuno Schedler und Isabella Proeller, New Public Management, Bern 2003.

77 Siehe Werner Jann, Neues Steuerungsmodell, in: Blanke u.a. (2005), 74-84, hier 75. Die Inhalte des Neuen Steuerungsmodells wurden maßgeblich von der schon 1949 eingerichteten Kommunalen Gemeinschaftsstelle für Verwaltungsvereinfachung (KGSt) bestimmt bzw. zusammengestellt.

78 (Ebd.), 77ff.

Die mit dem NSM einhergehenden Vorstellungen und die mit ihm verbundenen Hoffnungen hatten Anfang der 90er Jahre eine regelrechte Reformeuphorie ausgelöst, vor allem in den Kommunen.[79] Allerdings sind die Bemühungen zur Überwindung der genannten Bürokratiedefizite ihrerseits nicht unumstritten geblieben: Die Abstammung der vermeintlichen Allheilmittel aus dem Bereich der Ökonomie wird dabei genauso beargwöhnt wie die Tragfähigkeit ihrer Empfehlungen bezweifelt wird. Auch ist die Umsetzung des neuen Konzeptes nicht ohne Kosten zu haben; die Fragmentierung der Verwaltung z.B., so Skeptiker, werde durch die reformbedingt größer werdende sektorale Autonomie noch zunehmen. Außerdem stellen sich den intendierten Änderungen diejenigen Teile der Beamtenschaft entgegen, die durch die Neustrukturierungen Macht- und Ansehensverluste befürchten müssen – auch innerhalb von Organisationen und Behörden gibt es „Modernisierungsverlierer".[80] Die grundsätzliche Frage ist jedoch, ob demokratisch legitimierte Entscheidungen, wenn schon nicht von privaten Organisationen, so aber doch von Organisationen, die nach privatwirtschaftlichen Grundsätzen betrieben werden, ausgeführt werden können und sollen. Bereits anlässlich der Rationalisierungsmaßnahmen, die Unternehmensberatungen nicht primär ökonomischen Zwecken dienenden Organisationen, z.B. staatlichen Theatern, empfohlen hatten, wurde deutlich, dass Institutionen, die anderen „Leitideen" als derjenigen der Profitmaximierung verpflichtet sind, nicht einfach ein nutzenmaximierendes Korsett, das andernorts erfolgreich ist, angepasst werden kann. Darüber hinaus ist zu berücksichtigen, dass sich die vergleichsweise spät einsetzende Modernisierungswelle in der Bundesrepublik inzwischen auch deshalb wieder abgeschwächt hat, weil erste ernüchternde Ergebnisse aus den Pionierstaaten des NPM vorliegen.[81] Es ist also keineswegs mehr gewiss, dass sich die zweifelsohne notwendige Schaffung bzw. Verstärkung von Kundennähe und Effizienz der Verwaltung ausschließlich durch ihre Ökonomisierung erzielen lassen.

6.2.5 Europäisierung der Verwaltung

Durch die zunehmende Bedeutung der europäischen Politikebene ergaben sich für die Verwaltungs*strukturen* der Bundesrepublik zunächst keine größeren Änderungen, denn die Europäische Union verfügt über keinen eigenen Verwaltungsunterbau und ist zur Umsetzung ihrer rechtlichen Normen auf den Behördenapparat der Mitgliedstaaten angewiesen. Zwar schreibt die Union, wie bei den letzten Beitrittswellen zu beobachten war, im Rahmen der Kopenhagener Kriterien das Vorhandensein zahlreicher Behörden zwingend vor, aber diese sind zumindest bei den langjährigen Mitgliedern der Union bereits in ausreichendem Maße vorhanden.

---

79 Christoph Reichard, Umdenken im Rathaus. Neues Steuerungsmodell in der deutschen Kommunalverwaltung, Berlin 1996.
80 Siehe Markus Göbel, Verwaltungsmanagement unter Veränderungsdruck! Eine mikropolitische Analyse, München und Mering 1999. In diesem Zusammenhang wird deutlich, dass Verwaltungsreformen auch als Beispiel für „Politik in Organisationen" aufgefasst werden können.
81 Siehe z.B. Eckhard Schröter und Hellmut Wollmann, New Public Management, in: Blanke u.a. (2005), 63-74, hier 72ff.

Modifikation der Aufgaben kommunaler Verwaltung

Einschneidende Umstellungen sind dagegen auf wichtigen *Tätigkeitsfeldern* der kommunalen Verwaltung zu verzeichnen. Dies hängt damit zusammen, dass das Sekundärrecht der EU zum großen Teil auf der Kommunalebene zur Geltung kommt. Betroffen sind davon u.a.[82]

- *das kommunale Wahlrecht*: In diesem Zusammenhang sind die Gemeinden allerdings weniger als Verwaltungs-, sondern als Selbstbestimmungskörperschaften tangiert. Art. 19 des EG-Vertrages räumt allen Unionsbürgern an ihrem Wohnsitz das aktive und passive Wahlrecht bei Kommunalwahlen ein. Diese Bestimmung wurde im Grundgesetz in Art. 28 Abs. 1 aufgenommen,
- *die kommunale Gewerbeförderung*: Art. 87-89 des EG-Vertrages regeln die Wettbewerbskontrolle europaweit. Danach sind staatliche Beihilfen mit dem Gemeinsamen Markt „unvereinbar". Allerdings gibt es zahlreiche Ausnahmen. Kriterien sind hierbei u.a. die Mitarbeiter- bzw. Umsatzzahlen der Betriebe, die Beihilfen erhalten sollen, sowie der Marktwert der Grundstücke, die die Gemeinden an investitionswillige Firmen veräußern wollen,
- die *kommunale Auftragsvergabe* muss ab einem bestimmten Auftragsvolumen europaweit ausgeschrieben werden und kann sich nicht mehr ohne weiteres, wie früher üblich, ausschließlich an lokale oder regionale Firmen wenden,
- unter Wettbewerbsbedingungen soll auch eine ganz bestimmte Aufgabe kommunaler Verwaltung gestellt werden: die *Daseinsvorsorge*, die die Kommunen zuvor in quasi monopolartiger Form auf den Gebieten Verkehr, Bildung, Gesundheit, Energieversorgung, Abfallentsorgung etc. geleistet hatten.

Die Europäisierung der genannten Aspekte kommunaler Politik bzw. Selbstverwaltung geht nicht reibungslos vonstatten. So wird einerseits die Pflicht zu einer europaweiten Auftragsvergabe durch die Gemeinden z.B. dadurch umgangen, dass sie Projekte „stückeln" und damit das Auftragsvolumen verkleinern. Andererseits ist die Europäische Kommission, die auch in diesem Zusammenhang die Rolle der Wettbewerbshüterin übernimmt, gar nicht in der Lage, die Ausschreibungsmodalitäten in den 27 Staaten der Union lückenlos zu überprüfen. Was die Regulierung der Daseinsvorsorge angeht, so kollidieren die diesbezüglichen Anstrengungen mit der von der Union zugleich und grundsätzlichen gewährten Anerkennung der „nationalen Identität". Die derzeitige Position der Kommission, die zwischen den beiden Prinzipien des freien Wettbewerbs und der Selbstverwaltung abwägen muss, besteht darin, die Daseinsvorsorge dann vom Marktmechanismus abzukoppeln, wenn dadurch deren Ziele gefährdet würden.[83]

Modifikation der Verwaltungsstrukturen

Zumindest mittelfristig gesehen werden aber doch auch einige durch die EU-Integration bedingte allgemeine Veränderungen in den Verwaltungsstrukturen der Mitgliedstaaten zu beobachten sein. Denn die Union manifestiert sich nicht nur in einem Gemeinsamen Markt, sondern auch in einem mehr oder weniger homogenen „Verwaltungsraum", in dem das EU-Recht zur Anwendung gelangen muss.[84] Durch die Erfordernisse der Kopenhagener Kriterien, also durch

---

82 Zum Folgenden Sturm/Pehle (2005), 115ff.
83 (Ebd.), 120.
84 Eckhard Schröter, Europäischer Verwaltungsraum und Reform des öffentlichen Sektors, in: Blanke u.a. (2005), 510-518; Bogumil/Jann (2005), Kap. 5.4.4.

‚Zwang', aber auch durch Nachahmungen und schließlich durch mehr oder weniger unbeabsichtigte Anpassungen gleichen sich die nationalen Verwaltungen untereinander stärker an. Dies gilt etwa

- für das *öffentliche Dienstrecht*; hier sind von Bedeutung die Garantie der „Freizügigkeit" aller Arbeitnehmer innerhalb der EU, die mit der z.B. in der Bundesrepublik anzutreffenden Regelung, bestimmte, nämlich „hoheitliche" Aufgaben deutschen Staatsbürgern vorzubehalten, kollidieren können. Der Europäische Gerichtshof hat die Auffassung vertreten, solche Vorbehalte könnten nur für „besonders ‚staatsnahe'" Bereiche geltend gemacht werden, so dass EU-Ausländern grundsätzlich der Zugang zur deutschen Beamtenlaufbahn ermöglicht werden muss. Auch die Gleichstellungs-Richtlinie der EU hatte bereits Auswirkungen auf öffentliche Beschäftigungsverhältnisse, wie sich u.a. an der Öffnung der Bundeswehr für den freiwilligen Dienst von Frauen ablesen ließ.
- Annäherungstendenzen sind zudem bei den *Verwaltungsverfahren* zu verzeichnen. Auch hier ist der Europäische Gerichtshof ein wichtiger Wegbereiter, weil er zentrale Elemente des nationalen Verwaltungsrechts – Verfahrensrecht, Grundsatz der Verhältnismäßigkeit, Rechtsschutz, Informationspflicht der Behörden – übernimmt und sie in seinen Urteilen als Standards in den europäischen Verwaltungsraum einspeist.

Im Unterschied zur Schaffung des Gemeinsamen Marktes sind die Konvergenzen auf dem Verwaltungssektor weniger den Aktivitäten des europäischen ‚Gesetzgebers' zuzuschreiben; sie sind eher das Nebenprodukt eben jener Bemühungen um die Installierung eines europäischen Wirtschaftsraumes, dann aber auch das Ergebnis der Judikatur des obersten europäischen Gerichts und schließlich der Übernahme bzw. Nachahmung der andernorts bewährten Verfahren und Institutionen.

Zusammenfassung

Die Tätigkeit des Regierens bedeutet zweierlei: Zum einen geht es um das verbindliche Lösen zentraler politischer Probleme einer staatlich organisierten Gemeinschaft sowie um die Gestaltung ihrer Zukunft vor allem mit den Mitteln des Rechts. Im Rahmen des Grundgesetzes kann die Kanzlerin oder der Kanzler zusammen mit der Bundesregierung und mit der Unterstützung der Regierungsmehrheit im Bundestag sich dieser Aufgabe annehmen. Zum anderen bedeutet Regieren Vollzug der bereits bestehenden und der von dem Gestaltungsorgan Bundesregierung geschaffenen Gesetze. Mit diesen reinen Exekutivaufgaben ist ein komplexer Verwaltungsapparat auf den unterschiedlichen Ebenen des Bundesstaates beschäftigt. Zu den hauptsächlichen Aufgaben der öffentlichen Verwaltung gehören die Sicherung der bürgerlichen Freiheit und die Daseinsvorsorge. Seit geraumer Zeit ist die Organisation „Verwaltung" Gegenstand von mehr oder umfangreichen Reformanstrengungen, deren Ergebnisse noch nicht absehbar sind. Durch die Europäisierung schließlich haben sich die Bedingungen der Verwaltungstätigkeit auf einigen Gebieten erheblich gewandelt.

7. Deutschland als Bundesstaat

Die Bundesstaatlichkeit Deutschlands ist in Art. 20 GG als Verfassungsgrundsatz ausgewiesen und damit ein grundsätzlich unabänderliches Merkmal der deutschen Republik. Im Folgenden werden zunächst einige Prinzipien sowie die Rechtfertigung einer föderalen Staatsorganisation im Allgemeinen erläutert (7.1). Im Anschluss an einen Blick auf die historische Entwicklung föderaler Strukturen in Deutschland (7.2) werden dann Grundlinien der Regierungssysteme der Länder skizziert (7.3) und die Aufteilung der Gesetzgebungskompetenzen zwischen Bund und Ländern und die sog. Finanzverfassung (7.4) dargelegt. Am Schluss des Kapitels werden die Reformversuche hinsichtlich der problematischen Bestandteile des deutschen Bundesstaates betrachtet (7.5).

7.1 Geschichte, Prinzipien und Organisationen des Föderalismus

Der Bundesstaat, das ist unmittelbar aus der Wortbedeutung ersichtlich, ist ein Kompositum, also ein aus mehreren Teilen bzw. Staaten zusammengesetzter Staat. Historisch gesehen gehen Bundesstaaten aus zuvor bereits bestehenden anderen staatlichen Organisationsformen hervor. Einen berühmten Prototyp von Bundesstaatlichkeit verkörpert das durch den „Rütli-Schwur" der Abgesandten dreier Schweizer Kantone („Waldstätten") am Ufer des Vierwaldstätter Sees 1291 begründete Bündnis. Föderale Strukturen im zeitgenössischen Sinne sind 1787 durch die Unterzeichnung der Verfassung der Vereinigten Staaten von Amerika entstanden. Bereits einige Zeit zuvor hatten sich auf nordamerikanischem Boden (ohne Rücksicht auf die einheimische Bevölkerung) einzelne kleinere Staaten als politische Organisationsformen der Siedler aus England herausgebildet, unter denen zunächst nur eine lockere Verbindung im Sinne einer *Konföderation*, also eines auf Kooperation angelegten Bündnisses unabhängiger Staaten, bestand. Gegen Ende des 18. Jahrhunderts ergab sich vor allem aus ökonomischen Gründen, d.h. wegen der Verbesserung des zwischenstaatlichen Handels, aber auch aus außenpolitischen Gründen, d.h. wegen der Abstimmung der einzelstaatlichen Politik gegenüber dem Mutterland England, die Notwendigkeit einer engeren Zusammenarbeit. Den deshalb einberufenen Kongress hatten die „Föderalisten" als Verfechter einer bundesstaatlichen Lösung in beeindruckender wiewohl nicht ganz legaler Weise zu einer verfassunggebenden Ver-

Geschichte

sammlung umfunktioniert[1], die die 1787 dann verabschiedete Verfassung ausarbeitete. Seitdem sind die USA das Musterbeispiel föderaler Staatsorganisation.[2]

Grundbegriffe

Die Grundzüge der föderalen Staatsorganisation lassen sich folgendermaßen bestimmen:[3]

– Ein *Bundesstaat* ist ein aus mehreren Glied- oder Einzelstaaten bestehender Staat, in dem die Gliedstaaten über verfassungsrechtlich festgelegte Kompetenzen, wozu vor allem eine Beteiligung an der Bundesgesetzgebung gehört, sowie über eine politisch relativ eigenständige Regierung (die außenpolitisch allerdings nicht souverän ist) verfügen. In einem Bundesstaat gilt der Grundsatz der *Bundestreue*: Sowohl der Gesamtstaat als auch die Einzelstaaten haben bei der Ausübung ihrer konstitutionell verbürgten Kompetenzen die Aufrechterhaltung der föderalen Gesamtordnung zu gewährleisten.

Im Laufe der Zeit können sich innerhalb eines etablierten Bundesstaates jedoch Tendenzen ergeben, die die vom Verfassungsgeber geschaffene Ordnung erheblich verändern oder sogar in ihrem Bestand bedrohen:

– eine *Unitarisierung*, d.h. Vereinheitlichung des Bundesstaates tritt ein, wenn der Bundesstaat eine Stärkung seiner Kompetenzen auf Kosten derjenigen der Gliedstaaten unternimmt,
– von einem *Partikularismus* wird dagegen gesprochen, wenn eine Dominanz einzelner oder aller Gliedstaaten gegenüber dem Bund besteht,
– ein *Separatismus* liegt schließlich vor, wenn sich Gliedstaaten vom Bundesstaat abspalten (wie z.B. im Falle der Loslösung Sloweniens und Kroatiens von der „föderativen Republik" Jugoslawien Anfang der 90er Jahre) bzw. wenn der gesamte Bundesstaat in Auflösung begriffen ist.

Das Gegenteil des Bundesstaates ist der *Einheits- oder Zentralstaat*, dessen Untergliederungen (wie z.B. die Regionen und Departments in Frankreich) nur administrative, aber keine gesetzgeberische Funktionen besitzen.

Dem Zusammenschluss von Einzelstaaten zu einem Bundesstaat muss ein starkes und normalerweise von allen oder doch zumindest von der großen Mehrheit dieser kleinen Staaten geteiltes Interesse zugrunde liegen, das den unvermeidlichen Machtverlust bzw. die Einbuße an Unabhängigkeit überwiegt. Historisch betrachtet ist dies im Falle eines zuvor nur lose existierenden Staatenbundes (Konföderation) meist die Stärkung der Position gegenüber anderen Staaten.

Zur Rechtfertigung bundesstaatlicher Strukturen bzw. für die (schrittweise) Einrichtung des Föderalismus wird eine Reihe von Gründen angeführt:[4]

---

1 Vgl. oben, Kap. 3.1.
2 Siehe dazu Jürgen Heideking, Revolution, Verfassung und Nationalstaatsgründung, 1763-1815, in: Willi Paul Adams u.a. (Hrsg.), Die Vereinigten Staaten von Amerika, Bd.1, Frankfurt/New York 1992, 64-86; zur Ideengeschichte vgl. Hamilton u.a. (1993), v.a. die Artikel 2-14 zur „Bedeutung der Union".
3 Vgl. dazu Konrad Reutter, Föderalismus, Heidelberg 1991, 16f. und Uwe Andersen, Bundesstaat/Föderalismus, in: ders./Woyke (1995), 80-88, hier 80. Eine umfassende vergleichende Betrachtung des zeitgenössischen Föderalismus bieten Benz/Lehmbruch (2002).
4 Zum Folgenden, Heinz Laufer, Das föderative System der Bundesrepublik Deutschland, München 1991, Kap. 3.1.

- zunächst kann die schiere *Größe*, d.h. die geografische Ausdehnung eines Staates die Errichtung einer zusätzlichen Ebene mit politischen Entscheidungsstrukturen notwendig machen,
- sodann kann die *Heterogenität des Demos* in einem Staat föderale Strukturen angeraten sein lassen. Besteht die Bürgerschaft aus mehreren ethnisch oder kulturell homogenen Gruppen, dann bietet eine bundesstaatliche Organisation die Möglichkeit der Selbstbestimmung dieser Gruppen im Rahmen der Gliedstaaten,
- unabhängig von der Zusammensetzung der Staatsbürgerschaft zeichnet sich der Bundesstaat durch seine allgemeine *Demokratiefreundlichkeit* aus: Die Bürger haben zusätzlich zur Mitwirkung im Bund auf der Gliedstaatenebene umfangreiche Partizipationsmöglichkeiten; zudem sind die dort getroffenen Entscheidungen transparenter und leichter zurechenbar,
- Bundesstaaten verfügen aufgrund ihrer komplexeren politischen Organisation über eine zusätzliche Form der Gewaltenteilung: Neben der horizontalen Gewaltenteilung auf der Bundesebene besteht eine *vertikale Gewaltenteilung* zwischen dem Bund und den Gliedstaaten (in denen ebenfalls eine horizontale Teilung der Gewalten existiert),
- bundesstaatliche Strukturen bewirken insgesamt eine Stärkung des politischen Wettbewerbes; die Oppositionspartei im Bund kann auf der Gliedstaatenebene in der Regierungsverantwortung stehen, die Regierungspartei im Bund kann sich in Gliedstaaten in der Opposition befinden
- schließlich kann in Bundesstaaten der gesellschaftliche Pluralismus, z.B. im Bereich der Bildung und der Medien befördert werden.

Die beiden erstgenannten Gründe treffen bzw. trafen für die alte Bundesrepublik allerdings kaum zu: weder war die alte Bundesrepublik flächenmäßig ein sehr großer Staat (sie war z.B. kleiner als das zentralstaatlich organisierte Frankreich), noch waren die Deutschen in ethnischer Hinsicht besonders heterogen (wie z.B. die Schweizer oder Kanadier). Die mit dem Föderalismus verbundene Demokratiefreundlichkeit und die zusätzliche, vertikale Ebene der Gewaltenteilung waren dagegen von den Westalliierten (USA und Frankreich) ausdrücklich als institutionelle Voraussetzungen für ein posttotalitäres, liberales und demokratisches Deutschland betrachtet worden. Auch hat die föderale Ordnung einiges zur Förderung der Konkurrenz unter den beiden großen Parteien beigetragen, weil Bundespolitik durch die Länder konterkariert werden konnte und von dort auch einige Ministerpräsidenten als erfolgreiche Kanzlerkandidaten angetreten waren. Die kulturelle Vielfalt in den Ländern ist nach der Föderalismusreform von 2006, z.B. auf dem Bildungssektor, gestärkt worden; der Pluralismus im Medienbereich, vor allem bei den Fernsehanstalten, ist dagegen seit der Etablierung der Privatsender geringer geworden.

7.2 Entwicklung der Bundesstaatlichkeit in Deutschland und Bundesrat

Deutsches Reich

Die Grundstruktur des 1871 gegründeten Deutschen Reiches wies folgende bundesstaatliche Besonderheiten auf.[5] Die insgesamt 25 Gliedstaaten entsandten 58 Vertreter in den damaligen Bundesrat. Der von seiner Ausdehnung und seiner Bevölkerungsgröße einflussreichste Einzelstaat war das Königreich Preußen. Der Bundesrat und nicht der Reichstag (das Parlament) wurde als Träger der staatlichen Souveränität betrachtet; dies kam u.a. darin zum Ausdruck, dass der Bundesrat über ein Veto gegenüber den Gesetzesbeschlüssen des Reichstages verfügte und für Verfassungsänderungen drei Viertel seiner Stimmen notwendig waren. Im Unterschied zur Bundesrepublik konnte der Reichstag zwar an der Gesetzgebung, jedoch nicht an der Regierung partizipieren; es existierte kein parlamentarisches System im heutigen Sinne, weil der Chef der Exekutive, der Reichskanzler, nicht vom Vertrauen der Mehrheit des Parlamentes abhängig war, sondern vom deutschen Kaiser berufen bzw. entlassen wurde.

Was das Verhältnis des deutschen zum US-amerikanischen Föderalismus im 19. Jahrhundert angeht, so ist auch von einer „Fehlinterpretation" des maßgeblichen Vorbilds gesprochen worden, die aus dem besonderen Politik- bzw. Staatsverständnis in Deutschland hergerührt habe. Diese Unterstellung ist, berücksichtigt man die verspäteten Bemühungen um die nationale Einheit, durchaus plausibel.[6] Denn nach 1871 zeichneten sich im deutschen Bundesstaat unter der Hegemonie Preußens bald Unitarisierungs-, d.h. Vereinheitlichungstendenzen hinsichtlich der einzelnen Rechts- und Wirtschaftsordnungen ab; darüber hinaus waren auch erste Ansätze einer Politikverflechtung zu beobachten. Diese resultierten zum einen aus der erwähnten Vorrangstellung Preußens bzw. aus der daraus sich ergebenden Folge, dass andere größere Einzelstaaten, wie z.B. Bayern, ihrerseits ebenfalls „Sonderinteressen" geltend machten, die die Reichsregierung dann berücksichtigen musste. Zum anderen wurden die Bundes- und die Einzelstaatenebene sowohl über Finanz- als auch Mitbestimmungsfragen enger verzahnt. Auf den Punkt gebracht lässt sich diese Entwicklung so zusammenfassen, dass das auf Unabhängigkeit von den Steuermitteln der Gliedstaaten drängende Reich sich die Verfügung über eigene Steuerquellen durch Zugeständnisse auf politischer Ebene erkaufen und somit eine stärkere Mitbestimmung dieser Staaten zulassen musste.

---

5 Dazu Heinz Laufer und Ursula Münch, Das föderative System der Bundesrepublik Deutschland, Wiesbaden 2006, Kap. 2.4 und 2.5 sowie Gerhard Lehmbruch, Parteienwettbewerb im Bundesstaat, Opladen 2000, Kap. 3.

6 Zur Föderalismuskonzeption der damals zwar nicht in Kraft getretenen Reichsverfassung von 1848, die später aber die bundesstaatliche Struktur des Deutschen Reiches prägte, heißt es: „Da man ... in Deutschland damals am Souveränitätsbegriff als Merkmal des Staates festhielt, sah man die nordamerikanischen Gliedstaaten nicht als Staaten, hielt sie vielmehr für bevorrechtigte Provinzen und verkannte das tatsächliche Nebeneinander von Union und Einzelstaaten, das sich u.a. in einer Trennung der Verwaltung, der Finanzen und des gesamten Organbestandes ausdrückte. Infolgedessen übernahm die Verfassung von 1848 wohl wesentliche Teile der nordamerikanischen bundesstaatlichen Ordnung, stellte aber abweichend vom Modell die Einzelstaaten unter das Reich, sprach diesem eine Oberaufsicht zu und ließ es sich der einzelstaatlichen Verwaltung bedienen"; Hesse/Ellwein (1992), 86.

Die Weimarer Verfassung von 1919 trug den Entwicklungen in Richtung auf eine „Parlamentarisierung" des Deutschen Reiches insofern Rechnung, als sie den realen Machtzuwachs des Reichstages anerkannte, der sich daraus ergeben hatte, dass er zunehmend zum Verhandlungspartner der Reichsregierung geworden war und in dieser Funktion den Bundesrat verdrängt hatte – die Weimarer Republik erhielt ein parlamentarisches Regierungssystem. Im Reichsrat der Republik waren die Länder gemäß der Stärke ihrer Bevölkerungszahl vertreten. Die Kompetenzen des Reichsrates waren begrenzt: hinsichtlich der Reichsgesetzgebung verfügte er lediglich über ein Einspruchsrecht, die Gesetzesinitiative wurde ihm nicht zugebilligt. Durch ein sog. „Überweisungssystem" wurden den Ländern prozentuale Anteile an den Reichssteuern zugewiesen. Nach wie vor Bestand hatte das Übergewicht des Gliedstaates Preußen.

Weimarer Republik

Nach 1945 war die Ausgestaltung der zukünftigen bundesstaatlichen Strukturen Deutschlands ein zentrales Thema des Herrenchiemsee-Konvents und des Parlamentarischen Rates.[7] Weitgehend unstrittig war, dass der neue deutsche Staat ein Bundesstaat und nicht lediglich ein „Bund deutscher Länder" sein sollte. Kontrovers wurde dagegen die Frage einer zweiten Kammer, der Länderkammer diskutiert. Uneinigkeit bestand zwischen den Parteien zunächst hinsichtlich der Legitimation dieser Kammer sowie im Hinblick auf deren Repräsentationsbasis und Kompetenzen. Zwei verschiedene Modelle oder Lösungen standen dabei zur Auswahl:

Föderalismus in der Bundesrepublik – Bundesrat statt Senat

– bei der sog. *Senatslösung* würde die zweite Kammer, nach US-amerikanischem Vorbild, durch direkt vom Volk gewählte Senatoren gebildet; jedes Bundesland sollte mindestens einen und höchstens fünf Senatoren stellen,
– bei der sog. *Bundesratslösung* sollte sich, nach dem Vorbild der Verfassung von 1871, das föderative Organ aus weisungsgebundenen Mitgliedern bzw. Vertretern der Landesregierungen zusammensetzen.

An beiden Modellen wurden Schwächen moniert: So hätten mit der Bundesratslösung die zukünftigen Bundesräte nur über eine schwache, weil indirekte demokratische Legitimation verfügt; mit der Senatslösung wäre dagegen, unter parteienstaatlichen Bedingungen, lediglich eine Verdoppelung der Verhältnisse im Bundestag zu erwarten gewesen. Kompromissfähig war schließlich die „abgeschwächte Bundesratslösung": mit ihr würden die einzelnen Bundesländer, in ungefährer Entsprechung zur Bevölkerungszahl, zwischen drei und sechs Sitze erhalten; die Bundesratsmitglieder sollten Mitglieder der Landesregierungen sein und von dieser ernannt werden. Die zweite Kammer sollte hinsichtlich der Kompetenzen dem Bundestag nicht vollkommen gleichgestellt sein. Gleichwohl würde der Bundesrat gegenüber dem Weimarer Reichsrat wieder aufgewertet sein, weil ihm grundsätzlich die Mitwirkung an der Bundesgesetzgebung zugestanden wurde und weil er durch die Zustimmungsgesetze sogar über ein absolutes Veto zum Schutz der Länderinteressen verfügen sollte.

---

7 Laufer/Münch (2006), Kap. 3.4. Zur Vorgeschichte des Grundgesetzes siehe auch oben, Kap. 2.2.

Abb. 1: Die Stimmenverteilung im Bundesrat

Land	Einwohnerzahl in Millionen	Stimmen im Bundesrat	Regierungsparteien
Baden - Württemberg	10,75	6	CDU / FDP
Bayern	12,51	6	CSU / FDP
Berlin	3,44	4	SPD / DIE LINKE.
Brandenburg	2,51	4	SPD / DIE LINKE.
Bremen	0,66	3	SPD / BÜNDNIS 90 / DIE GRÜNEN
Hamburg	1,78	3	CDU
Hessen	6,06	5	CDU / FDP
Mecklenburg - Vorpommern	1,65	3	SPD / CDU
Niedersachsen	7,94	6	CDU / FDP
Nordrhein - Westfalen	17,89	6	SPD / BÜNDNIS 90 / DIE GRÜNEN
Rheinland - Pfalz	4,02	4	SPD
Saarland	1,02	3	CDU / FDP / BÜNDNIS 90 / DIE GRÜNEN
Sachsen	4,17	4	CDU / FDP
Sachsen - Anhalt	2,36	4	CDU / SPD
Schleswig - Holstein	2,83	4	CDU / FDP
Thüringen	2,25	4	CDU / SPD

Quelle: www.bundesrat.de (28. 1. 2011)

Der Bundesrat als „Widerlager"

Von den Verfassungsvätern war der Bundesrat durchaus als „Widerlager zur Parteipolitik" konstruiert worden:[8] Demnach sollte die zweite Kammer ein besonnenes Gegengewicht zum Gezänk der politischen Parteien auf Bundesebene bilden und aufgrund der Tatsache, dass seine Mitglieder von den Landesregierungen bestimmt und nicht von Volk gewählt würden, zu einer sachlicheren und objektiveren Politik beitragen. Weil der Einfluss der Bundes- auf die Landesparteien damals noch nicht sonderlich stark war und zudem einige der Länderministerpräsidenten gar keiner Partei angehörten, war diese Zielsetzung so unrealistisch, wie sie sich heute ausnimmt, nicht gewesen. Ein Beleg für diese der Länderkammer zugedachte hehre Rolle lässt sich in Art. 81 GG erblicken, durch den der sog. „Gesetzgebungsnotstand"[9] geregelt wird und wodurch der Bundesrat als sog. „Legalitätsreserve" fungiert. Der Hintergrund dieser Regelung ist

---

8 Dazu Lehmbruch (2000), 77ff.
9 Der Gesetzgebungsnotstand ist zu unterscheiden von der „Notstandsgesetzgebung"; vgl. dazu oben Kap. 6.1.3.

folgender: Im Zusammenhang mit einer vom Bundeskanzler gestellten und vom Parlament negativ beantworteten Vertrauensfrage kann es durchaus sein, dass der Bundespräsident den Bundestag *nicht* auflöst. In diesem nicht sonderlich wahrscheinlichen, bisher zumindest nicht eingetretenen, aber auch nicht unmöglichen Fall verfügt Art. 81 Abs. 1 GG, dass

> „der Bundespräsident auf Antrag der Bundesregierung mit Zustimmung des Bundesrats für eine Gesetzesvorlage den Gesetzgebungsnotstand erklären" kann.

Und weiter heißt es:

> „Lehnt der Bundestag die Gesetzesvorlage nach der Erklärung des Gesetzgebungsnotstandes erneut ab ... so gilt das Gesetz als zustande gekommen, soweit der Bundesrat ihm zustimmt" (Art. 81 Abs. 2 GG).

Dieser von den Verfassungsvätern also im Grundgesetz verankerten Vorstellung vom Bundesrat als einer zweiten Kammer, die der handlungsunfähigen, weil vom Bundestag nicht ausreichend unterstützten Bundesregierung in wichtigen Gesetzesvorhaben zur Seite springt, kommt heutzutage kaum noch Bedeutung zu – im Gegenteil: Seit geraumer Zeit lässt sich in den Entscheidungen des Bundesrates beinahe nur noch eine Fortsetzung der Parteipolitik mit anderen Mitteln erblicken.

Parallel zu den grundgesetzlichen Bestimmungen über die Mitwirkung des Bundes*tages* bei der EU-Politik (Art. 23 Abs. 2 und 3 GG)[10] waren mit der Grundgesetzänderung von 1992 auch Regelungen zur Einbindung des Bundesrates in europäische Angelegenheiten vorgenommen worden. Eine diesbezügliche Beteiligung des Bundesrates ergibt sich, gewissermaßen per Analogieschluss, nach Art. 23 Abs. 4 GG dann, wenn er „an einer entsprechenden innerstaatlichen Maßnahme mitzuwirken hätte oder soweit die Länder innerstaatlich zuständig wären." Die Art der Mitwirkung bzw. „Berücksichtigung" der Position des Bundesrates durch die Bundesregierung hängt von den jeweiligen Entscheidungsmaterien ab:

Bundesrat und europäische Angelegenheiten

– werden *Länderinteressen* bei *ausschließlicher Bundeszuständigkeit* berührt, so wird die Stellungnahme des Bundesrates „berücksichtigt";
– sind „im Schwerpunkt" z.B. *Gesetzgebungsbefugnisse der Länder* oder die *Einrichtung ihrer Behörden* betroffen, so wird die Auffassung des Bundesrates „maßgeblich" berücksichtigt;
– sind *ausschließliche Gesetzgebungsbefugnisse der Länder* tangiert, dann kann ein vom Bundesrat benannter Vertreter die Bundesregierung (bzw. die Bundesrepublik) in der Wahrnehmung ihrer Rechte in der Europäischen Kommission und im Rat der Europäischen Union vertreten.[11]

Nach Art. 52 Abs. 3a GG verfügt der Bundesrat über eine „Europakammer", die an seiner Stelle Beschlüsse in europäischen Angelegenheiten fassen darf. Von dieser Möglichkeit wurde bisher jedoch selten Gebrauch gemacht, weil die Europaangelegenheiten meistens im konventionellen EU-Ausschuss des Bundesrates

---

10 Vgl. oben, Kap. 5.3.5.
11 Siehe §6 im „Gesetz über die Zusammenarbeit von Bund und Ländern in Angelegenheiten der Europäischen Union" v. 12.3.93 (EUZBLG). Der Text des Gesetzes ist z.B. abgedruckt in Läufer (2004) (Vertrag von Nizza) bzw. als PDF eingestellt auf www.gesetze-im-internet.de/euzblg/ (17.1.2011).

behandelt worden sind. Die Einbindung des Bundesrates in die Europaangelegenheiten ist zwar, genauso wie diejenige des Bundestages, grundgesetzlich gesichert, sein tatsächlicher Einfluss auf die deutsche Europapolitik ist jedoch sehr begrenzt.[12]

7.3 Gesetzgebung im Bundesstaat und Politik der Länder

Gesetzgebungsvarianten

Im Zusammenhang mit der Gesetzgebung im Bundestag war bereits auf Einspruchsgesetze einerseits und auf Zustimmungsgesetze andererseits verwiesen worden; bei letzteren kann der Bundesrat das Zustandekommen mit seinem Veto vereiteln. Der Abschnitt VII des Grundgesetzes regelt die „Gesetzgebung des Bundes" im Bundesstaat allgemein und weist Bund und Ländern verschiedene Gesetzgebungskompetenzen zu. Vier Varianten der Gesetzgebung sind in diesem Zusammenhang zu unterscheiden:

- die *ausschließliche Landesgesetzgebung* nach Art. 70 Abs. 1 GG, wonach die Länder das Recht zur Gesetzgebung haben, soweit das Grundgesetz es nicht ausdrücklich dem Bund zuweist,
- die *ausschließliche Bundesgesetzgebung* nach Art. 71 GG (Art. 73 GG enthält die „Gegenstände" der ausschließlichen Gesetzgebung des Bundes: dies sind z.B. auswärtige Angelegenheiten und die der Verteidigung, Staatsangehörigkeitsfragen, Passwesen),
- die *konkurrierende Gesetzgebung* nach Art. 72 GG, wonach die Länder gesetzgeberisch tätig werden können, solange der Bund von seiner Zuständigkeit keinen Gebrauch gemacht hat (nach Art. 74 und 74a GG sind Gegenstände der konkurrierenden Gesetzgebung z.B. das bürgerliche Recht, das Strafrecht, das Vereins- und Versammlungsrecht),
- die *Gemeinschaftsaufgaben* nach Art. 91a GG, bei denen der Bund die Länder bei denjenigen Aufgaben unterstützt, die „für die Gesamtheit von Bedeutung sind" (das sind z.B. die regionalen Wirtschaftsstrukturen und der Küstenschutz; früher auch der Hochschulbau).

Bis zur Föderalismusreform gab es außerdem noch die Möglichkeit der *Rahmengesetzgebung des Bundes* nach Art. 75 GG (a.F), wonach der Bund im Bereich der konkurrierenden Gesetzgebung das Recht hatte, Rahmenvorschriften für die Gesetzgebung der Länder zu erlassen. Die Gegenstände dieser früheren Gesetzgebungsvariante fallen seit der Reform 2006 unter die konkurrierende Gesetzgebung, d.h. den Ländern wird generell die Möglichkeit der Abweichung von Bundesrecht zugestanden.

Die Länder der Bundesrepublik

In Art. 20 Abs. 1 GG ist die Bundesstaatlichkeit als Verfassungsgrundsatz angeführt und durch den Art. 79 Abs. 3 GG wird sie mit der Unabänderlichkeitsgarantie ausgestattet. Eine Länderneugliederung, auch eine weitreichende, ist dadurch jedoch nicht ausgeschlossen. Der grundgesetzlichen Anforderung, dass sich der Bund „in Länder" zu gliedern habe, würde theoretisch auch noch dann entsprochen, wenn es nur noch zwei Bundesländer gäbe.

---

12 Rudzio (2006), 498.

Die Gliedstaaten der Bundesrepublik besitzen, genauso wie der Bund, „Staatsqualität", d.h. sie verfügen über eine Verfassung, über institutionalisierte politische Gewalten sowie über die Steuerhoheit. In einem Bundesstaat existieren also „Staaten im Staat". Allerdings ergibt sich aus dem Grundgesetz als der *Bundes*verfassung eine Einschränkung der Länder-Souveränität insofern, als nach Art. 28 GG ihre konstitutionelle Ordnung den Grundsätzen des republikanischen, demokratischen und sozialen Rechtsstaates entsprechen muss (Homogenitätsgebot). Art. 31 GG erklärt zudem den Vorrang des Bundesrechts vor Landesrecht, wobei aber zu berücksichtigen ist, dass die Länder ihrerseits an der Schaffung des Bundesrechts beteiligt sind.

Zu den Grundstrukturen der Politik in den Ländern lässt sich allgemein folgendes sagen:[13]   Politik in den Ländern

- *Partizipation*: In zahlreichen Bundesländern finden die Landtagswahlen nur alle fünf Jahre statt; dafür sind die Instrumente des Volksbegehrens und des Volksentscheids im Vergleich zum Bund stark ausgebaut,[14]
- *Regierungsbildung*: In einigen Bundesländern (z.B. in Berlin, Brandenburg, Mecklenburg-Vorpommern und Nordrhein-Westfalen) gleichen die Verhältnisse denen auf der Bundesebene: das Gesetzgebungsorgan (Landtag) wählt den Chef der Exekutive (Ministerpräsident), und dieser stellt selbstständig sein Kabinett zusammen. In anderen Bundesländern (z.B. in Baden-Württemberg) müssen die Kabinette vom Landtag bestätigt werden. In den Stadtstaaten wählen bzw. bestätigen die Parlamente alle Regierungsmitglieder,[15]
- die *Richtlinienkompetenz* liegt jeweils bei den Ministerpräsidenten, in den Stadtstaaten beim Regierenden Bürgermeister; in Bremen allerdings bei der Bürgerschaft, d.h. dem Parlament,
- *Abberufbarkeit der Regierung:* In acht Ländern existiert das *konstruktive* Misstrauensvotum in der Form, wie es in Art. 67 GG für den Bund formuliert ist; die anderen Länderverfassungen sehen nur ein *negatives* Misstrauensvotum, d.h. die Abwahl des Regierungschefs vor. In einigen Bundesländern ist die Bekundung des Misstrauens auch gegenüber einzelnen Regierungsmitgliedern möglich (Berlin, Bremen, Rheinland-Pfalz und Saarland).

Auf der Länderebene sehen sich die Gesetzgebungsorgane mit einer ähnlichen Dominanz der Exekutive konfrontiert, wie sie auf der Bundesebene zu beobachten ist. Erschwerend kommt hinzu, dass Bedeutung und Macht der Landtage durch die umfangreiche Bund-Länder-Zusammenarbeit auf der *Regierungs*ebene noch weiter relativiert wird als diejenige des Bundestages.

Politischer Einfluss und Selbstständigkeit der Länder werden jedoch nicht   Bundesländer und EU
nur durch Unitarisierungstendenzen innerhalb der Bundesrepublik eingeschränkt, sondern seit geraumer Zeit auch durch die europäische Integration. Die Europäische Union ist ein politisches System, in dem die mehr oder weniger einflussreichen Entscheidungsträger entweder von den nationalen Regierungen selbst ge-

---

13 Ausführlicher Rudzio (2006), Kap. 10.1.
14 Vgl. oben Kap. 5.3.5.
15 Siehe zum Beispiel Art. 41 Abs. 1 u. 2 der Verfassung von Berlin: „(1) Der Regierende Bürgermeister wird mit der Mehrheit der abgegebenen Stimmen vom Abgeordnetenhaus gewählt. (2) Die Wahl des Bürgermeisters und der Senatoren erfolgt auf Vorschlag der Regierenden Bürgermeisters durch das Abgeordnetenhaus"; zitiert nach: Verfassungen der deutschen Bundesländer, hrsg. v. Christian Pestalozza, München 1995, 298.

stellt werden (Rat der Europäischen Union), von den EU-Staatsbürgern gewählt werden (Europäisches Parlament) oder von diesen beiden Organen bestimmt bzw. gestützt werden (Europäische Kommission). Die Bundesländer geraten ins Hintertreffen, wenn immer mehr wichtige Entscheidungen auf der europäischen Ebene getroffen werden, dort aber keine ausreichende Ländermitwirkung gewährleistet ist. Zwar garantiert die EU in ihren Verträgen die Identität der Mitgliedstaaten auch hinsichtlich ihrer regionalen und kommunalen Strukturen, aber dadurch werden die Besonderheiten des deutschen Föderalismus nicht ausreichend geschützt. Das ist nicht verwunderlich, weil kaum ein anderer EU-Staat über eine vergleichbar institutionalisierte Bundesstaatlichkeit mit einer ähnlich großen Autonomie der Gliedstaaten verfügt. Die deutschen Bundesländer, als verfasste staatliche Einheiten, haben deshalb nur wenige Mitstreiter, die denselben Status haben und dieselben Interessen verfolgen; allenfalls in Belgien und in Österreich ist dies noch der Fall.

Ausschuss der Regionen und Europabeauftragte

Prinzipiell ist die Mitwirkung der Länder in Sachen EU über den Bundesrat möglich; die Einflussnahme über diesen Kanal ist jedoch, wie gesagt, sehr begrenzt und lässt auf Seiten der Bundesregierung zudem die Befürchtung entstehen, die deutschen Interessen könnten durch eine uneinheitliche Haltung der Länder untereinander geschwächt werden. Neben der Bundesratsoption existiert aber auch noch eine direkte Teilnahmemöglichkeit über einen durch den Maastricht-Vertrag (Art. 263-265 EG-Vertrag) geschaffenen „Ausschuss der Regionen". Dieser Ausschuss hat z.Zt. 344 Sitze, die einzelnen Staaten erhalten darin Sitze entsprechend ihrer Größe (Malta verfügt z.B. über 5, die Bundesrepublik über 24 Sitze).[16] Im Regionen-Ausschuss sind vor allem europäische Regionen im geografischen bzw. kulturellen Sinne vertreten, aber auch Kommunen, Städte und andere Gebietskörperschaften der Mitgliedstaaten, deren Interessen sich von denjenigen der deutschen Länder durchaus unterscheiden. Auch ist der politische Einfluss des Ausschusses begrenzt, da er nur ein beratendes Organ ist, das gehört werden kann und nur in einigen, die Regionen direkt betreffenden Angelegenheiten auch gehört werden muss. Die deutschen Bundesländer verfügen schließlich auch über eigene „Europabeauftragte", deren Hauptaufgabe es ist, die Europapolitik der Länder intern zu koordinieren. Diese Posten waren notwendig geworden, weil bereits seit den 80er Jahren in einigen Länderministerien die Stellen von Europareferenten eingerichtet worden waren, deren Arbeit wiederum gebündelt werden musste. Die Europabeauftragten vertreten die Länder nach ‚außen', d.h. gegenüber der Bundesregierung, den europäischen Institutionen und theoretisch auch in der Europakammer des Bundesrates. Die Länder unterhalten zudem in Brüssel sog. „Länderbüros", die ursprünglich den Status von Interessenorganisationen innehatten, seit dem Vertrag von Maastricht jedoch als „Körperschaften des öffentlichen Rechts" (nicht jedoch als diplomatische „Vertretungen") gelten[17].

Insgesamt ergibt sich der Eindruck, dass das Verhältnis von deutschem Bundesstaat und Europäischer Union von nicht allzu großer Harmonie geprägt ist: Einerseits fühlen sich die Länder bei den Entscheidungen auf der europäischen Ebene nicht ausreichend eingebunden bzw. berücksichtigt; andererseits konkurrieren sie mit der Politik der Bundesregierung, wenn sie gegen die Verletzung

---

16 Zu diesen Angaben siehe www.europa.eu/institutions/ (17. 1. 2011).
17 Sturm/Pehle (2005), 102 und 110.

der durch das Subsidiaritätsprinzip eingeräumten Kompetenzen auf rechtlichem Wege vorgehen, d.h. vor dem Europäischen Gerichtshof klagen.[18]

7.4 Föderale Finanzverfassung

Wesentliche Regelungen des Finanzverbunds zwischen Bund und Ländern sowie zwischen den Ländern enthält der Abschnitt X. des Grundgesetzes („Finanzwesen"), seine Hauptthemen sind die Abgrenzung der Ausgaben von Bund und Ländern, die über die Steuergesetzgebung vorzunehmende Aufteilung der Mittel auf Bundes- und Landesebene sowie der Finanzausgleich.

Finanzverbund – Prinzipien

Was die Abgrenzung der Ausgaben betrifft, so geht das Grundgesetz in Art. 104a Abs. 1 zwar davon aus, dass Bund und Länder für die mit der Wahrnehmung ihrer Aufgaben verbundenen Kosten grundsätzlich selbst aufkommen – von diesem Prinzip sind jedoch folgenreiche Abweichungen möglich, die in den Absätzen zwei und drei desselben Artikels angeführt werden:

Abgrenzung der Ausgaben

- „Handeln die Länder im Auftrage des Bundes, trägt der Bund die sich daraus ergebenden Ausgaben" (Art. 104a Abs. 2 GG), d.h. im Falle einer *Bundesauftragsverwaltung* muss der Bund die anfallenden Kosten übernehmen.
- „Bundesgesetze, die Geldleistungen gewähren und von den Ländern ausgeführt werden, können bestimmen, dass die Geldleistungen ganz oder zum Teil vom Bund getragen werden" (Art. 104a Abs. 3 GG); ein mit Geldleistungen verbundenes Bundesgesetz ist z.B. das Bundesausbildungsförderungsgesetz (BaFöG). Außerdem besagt Art. 104b Abs. 1 GG:
- „Der Bund kann, soweit dieses Grundgesetz ihm Gesetzgebungsbefugnisse verleiht, den Ländern Finanzhilfen für besonders bedeutsame Investitionen der Länder und Gemeinden (Gemeindeverbände) gewähren, die

    1. zur Abwehr einer Störung des gesamtwirtschaftlichen Gleichgewichts oder
    2. zum Ausgleich unterschiedlicher Wirtschaftskraft im Bundesgebiet oder
    3. zur Förderung des wirtschaftlichen Wachstums erforderlich sind".

Nicht nur der Bund, sondern auch die Länder, wie bereits gesagt, verfügen über „Staatsqualität". Und in diesem Zusammenhang rückt ein weiteres Merkmal von Staatlichkeit in den Vordergrund, das mit den in Art. 20 GG Abs. 1 genannten Verfassungsgrundsätzen noch nicht thematisiert worden war: Gemeint ist der Umstand, dass Bund und Länder die „Steuerhoheit" besitzen, d.h. zur Erhebung von Steuern berechtigt sind. Unter Steuern versteht man

Steuergesetzgebung

> „die einmalige oder laufende Geldleistung, die nicht eine Gegenleistung für eine besondere Leistung darstellt und die von einem öffentlich-rechtlichen Gemeinwesen

---

18 Das Subsidiaritätsprinzip besagt, daß die Union in denjenigen Politikbereichen, die nicht ihrer ausschließlichen Zuständigkeit unterliegen, nur dann aktiv werden darf, wenn die angestrebten Ziele auf der Ebene der Mitgliedstaaten nicht ausreichend verwirklicht werden können. Das Subsidiaritätsprinzip ist in Art. 2 EU-Vertrag und in Art. 5 EG-Vertrag angeführt. Inwiefern die deutschen Bundesländer zur Berücksichtigung dieses Prinzips im Vertrag vom Maastricht beigetragen haben, siehe Heiderose Kilper und Roland Lhotta, Föderalismus in der Bundesrepublik Deutschland, Opladen 1996, 225ff.

zur Erzielung von Einnahmen allen auferlegt wird, bei denen der Tatbestand zutrifft, an den das Gesetz die Leistungspflicht knüpft."[19]

Ähnlich wie bei der Gesetzgebung im Allgemeinen, so müssen generelle Bundes- und Landeszuständigkeiten auch auf steuergesetzlichem Gebiet durch das Grundgesetz geregelt werden. Die diesbezüglichen Bestimmungen sind komplex, zugleich kompliziert und außerdem Gegenstand einer (noch ausstehenden) zweiten Stufe der Föderalismusreform. Im Folgenden können also nur die Grundzüge der bundesdeutschen „Finanzverfassung" skizziert werden. In diesem Zusammenhang zu unterscheiden sind zum einen ein „Trennsystem" und zum anderen ein „Verbundsystem".

Das *Trennsystem* wird in den Art. 105 und 106 GG umrissen. Nach Art. 105 GG fällt in die Zuständigkeit des Bundes

1. die ausschließliche Gesetzgebung über Zölle und Finanzmonopole,
2. die konkurrierende Gesetzgebung über die „übrigen Steuern", wenn ihm das Steueraufkommen ganz oder teilweise zusteht oder wenn Art. 72 Abs. 2 GG greift.

Die unter Punkt 1) angeführten Einnahmen des Bundes verringern sich kontinuierlich: Die Steuereinnahmen aus Finanzmonopolen sind z.T. abgeschafft (bei „Zündwaren" z.B. 1983), diejenigen aus Zöllen sind ständig rückläufig (wegen des EU-Marktes bzw. der Liberalisierung des Welthandels). Von der konkurrierenden Gesetzgebung bei den „übrigen Steuern" macht der Bund ausgiebigen Gebrauch, weil Art. 72 Abs. 2 GG dies für die „Herstellung gleichwertiger Lebensverhältnisse" vorsieht, d.h. die nach Rechtslage konkurrierende Gesetzgebung ist de facto eine ausschließliche des Bundes. Art. 105 GG bestimmt außerdem, dass

3. den Ländern die Gesetzgebung über die örtlichen Verbrauchs- und Aufwandssteuern zusteht und, dass die
4. Bundesgesetze über Steuern, die teilweise oder ganz den Ländern und Gemeinden zufließen, der Zustimmung des Bundesrates bedürfen.

Mit Punkt 4) wird den Ländern immerhin eine Mitbestimmung bei zentralen Fragen der Steuergesetzgebung eingeräumt, während das Aufkommen aus den in Punkt 3) genannten „örtlichen" Steuern vernachlässigbar ist. Wie die nachstehende Abbildung zeigt, sind die reinen Landessteuern, deren Zustandekommen nach Art. 106 Abs. 2 GG geregelt wird, äußerst gering, sie machten im Jahr 2009 nur knapp 3 % des gesamten Steueraufkommens in der Bundesrepublik aus; die in Art. 106 Abs. 2 GG geregelten reinen Bundessteuern dagegen immerhin 17%. Den Löwenanteil am Gesamtsteueraufkommen stellen jedoch mit 70% die Gemeinschaftssteuern dar.

---

19 Weber (2000), 1243 (Stichwort „Steuer").

Abb. 2: Steuereinnahmen nach Steuerarten 2006-2009 (BMF)

Steuerart	2006 Mio. Euro	2006 Veränd. ggü. VJ. in %	2007 Mio. Euro	2007 Veränd. ggü. VJ. in %	2008 Mio. Euro	2008 Veränd. ggü. VJ. in %	2009 Mio. Euro	2009 Veränd. ggü. VJ. in %
I. Gemeinschaftl. Steuern								
Lohnsteuer	122.612	3,1	131.773	7,5	141.895	7,7	135.165	-4,7
Veranl. Einkommensteuer[1]	17.566	79,9	25.027	42,5	32.685	30,6	26.430	-19,1
Nicht veranl. Steuern v. Ertrag[1]	11.904	19,6	13.791	15,8	16.575	20,2	12.474	-24,7
Abgeltungsteuer[2]	7.633	9,2	11.178	46,4	13.459	20,4	12.442	-7,6
Körperschaftsteuer[1]	22.898	40,2	22.929	0,1	15.868	-30,8	7.173	-54,8
Steuern vom Umsatz	146.688	5,0	169.636	15,6	175.989	3,7	176.991	0,6
davon: Umsatzsteuer	111.318	2,7	127.522	14,6	130.789	2,6	141.907	8,5
Einfuhrumsatzsteuer	35.370	13,1	42.114	19,1	45.200	7,3	35.084	-22,4
Gemeinschaftl. Steuern insgesamt	329.302	9,2	374.334	13,7	396.472	5,9	370.676	-6,5
II. Bundessteuern								
Versicherungsteuer	8.775	0,3	10.331	17,7	10.478	1,4	10.548	0,7
Tabaksteuer	14.387	0,8	14.254	-0,9	13.575	-4,8	13.366	-1,5
Kaffeesteuer	973	-3,0	1.086	11,7	1.008	-7,2	997	-1,1
Branntweinsteuer	2.160	0,9	1.959	-9,3	2.126	8,5	2.101	-1,2
Alkopopsteuer	6	-38,0	3	-52,7	3	-2,7	2	-20,1
Schaumweinsteuer	421	-0,8	371	-11,7	430	15,7	446	3,8
Zwischenerzeugnissteuer	26	-3,0	25	-3,5	27	6,4	26	-5,2
Energiesteuer	39.916	-0,5	38.955	-2,4	39.248	0,8	39.822	1,5
Stromsteuer	6.273	-2,9	6.355	1,3	6.261	-1,5	6.278	0,3
Kraftfahrzeugsteuer[3]	.	.	.	.	.	.	3.803	.
Solidaritätszuschlag	11.277	9,3	12.349	9,5	13.146	6,5	11.927	-9,3
pausch. Einfuhrabgaben	1	-33,5	1	-8,1	2	60,7	3	21,0
sonstige Bundessteuern	0	0,0	0	0,0	0	0,0	0	0,0
Bundessteuern insgesamt	84.215	0,8	85.690	1,8	86.302	0,7	89.318	3,5
III. Ländersteuern								
Vermögensteuer	27	-72,0	5	-81,8	-7	.	7	0,0
Erbschaftsteuer	3.763	-8,2	4.203	11,7	4.771	13,5	4.550	-4,6
Grunderwerbsteuer	6.125	27,9	6.952	13,5	5.728	-17,6	4.857	-15,2
Kraftfahrzeugsteuer[3]	8.937	3,0	8.898	-0,4	8.842	-0,6	4.398	-50,3
Rennwett- und Lotteriesteuer	1.775	-2,1	1.702	-4,1	1.536	-9,7	1.511	-1,6
Feuerschutzsteuer	322	-2,8	319	-0,8	327	2,5	324	-1,1
Biersteuer	779	0,3	757	-2,9	739	-2,3	730	-1,3
Ländersteuern insgesamt	21.729	5,6	22.836	5,1	21.937	-3,9	16.375	-25,4
IV. Gemeindesteuern								
Gewerbesteuer (100 v.H.)	38.369	19,4	40.116	4,6	41.037	2,3	32.421	-21,0
Grundsteuer A	353	0,7	355	0,6	356	0,2	356	0,2
Grundsteuer B	10.045	1,5	10.358	3,1	10.451	0,9	10.580	1,2
Grunderwerbsteuer	0	.	0	.	0	.	0	.
Sonstige Gemeindesteuern	551	-2,6	572	3,8	624	9,2	671	7,5
Gemeindesteuern insgesamt	49.319	14,9	51.401	4,2	52.468	2,1	44.028	-16,1
V. Zölle								
Zölle (100 v.H.)	3.880	14,9	3.983	2,7	4.002	0,5	3.604	-10,0
Steuereinnahmen insgesamt	**488.444**	**8,0**	**538.243**	**10,2**	**561.182**	**4,3**	**524.001**	**-6,6**
nachr. Spielbankabgaben	484	-13,9	418	-13,7	235	-43,8	173	-26,5

[1] Nach Abzug der Erstattungen des Bundeszentralamtes für Steuern.
[2] Bis 2008: Zinsabschlag; ab 2009: Abgeltungsteuer auf Zins- und Veräußerungserträge (einschl. ehem. Zinsabschlag).
[3] ab Juli 2009 ist die Kfz-Steuer eine Bundessteuer.

Quelle: www.bundesfinanzministerium.de (28. 1. 2011)

Verbundsystem	Die „Gemeinschaftssteuern" ergeben sich aus dem parallel zum Trennsystem existierenden *Verbundsystem*, das in Art. 106 Abs. 3 formuliert wird: demnach steht Bund und Ländern das Aufkommen aus der Einkommen-, der Körperschaft- und der Mehrwert- bzw. Umsatzsteuer gemeinsam zu. Das Grundgesetz weist das Aufkommen an den ersten beiden Steuerarten – nach Abzug des gesetzlich zu regelnden Anteils der Gemeinden – Bund und Ländern je zur Hälfte zu; auch die Aufteilung der Mehrwertsteuer muss eigens durch ein Bundesgesetz geregelt werden. Das betreffende Gesetz ist das „Gesetz über den Finanzausgleich zwischen Bund und Ländern", der darin festgelegte Anteil des Bundes an der Umsatzsteuer beträgt derzeit 50,5%, derjenige der Länder 49,5%.[20]
Finanzausgleich	Der Finanzausgleich unternimmt eine Angleichung der je unterschiedlichen Finanzkraft der Bundesländer über das Instrument der Steuerverteilung. Die Kriterien, nach denen diese Umverteilung vorgenommen werden soll, sind ebenfalls im Art. 106 Abs. 3 GG angeführt. Dort ist festgelegt, dass Bund und Länder erstens „gleichmäßig Anspruch auf Deckung ihrer notwendigen Ausgaben" haben und dass zweitens zwischen den Bedürfnissen von Bund und Ländern ein „billiger Ausgleich" hergestellt wird, und zwar v.a. unter Wahrung der „Einheitlichkeit der Lebensverhältnisse im Bundesgebiet". Vor dem Hintergrund dieser stark konkretisierungsbedürftigen, aber wohl nie vollkommen konsensfähig interpretierbaren Anforderungen werden zwei verschiedene Formen des finanziellen Ausgleichs herbeigeführt:

1. Der *horizontale* Finanzausgleich – Art. 107 Abs. 2 Satz 1 GG schafft für den Bund die Verpflichtung, durch ein Gesetz zu gewährleisten, „dass die unterschiedliche Finanzkraft der Länder angemessen ausgeglichen wird". In dem bereits erwähnten Finanzausgleichsgesetz werden zunächst Finanzkraft und Finanzbedarf der einzelnen Bundesländer ermittelt und auf dieser Grundlage dann entweder eine Ausgleichs*berechtigung* oder eine Ausgleichs*pflicht* festgestellt. In den Paragrafen 5-10 des Gesetzes ist dieser Transfer zwischen den Ländern genau geregelt.[21]
2. Der *vertikale* Finanzausgleich – Art. 104a Abs. 4 GG ermöglicht Finanzhilfen des Bundes „für besonders bedeutsame Investitionen der Länder und Gemeinden"; Art. 107 Abs. 2 GG sieht darüber hinaus vor, dass durch das Finanzausgleichsgesetz „Bundesergänzungszuweisungen" zum „allgemeinen Finanzbedarf" der Länder vorgenommen werden können. Zudem ermöglicht

---

20 Das Gesetz regelt außerdem zahlreiche zusätzliche Sonderzuweisungen; der Text des Finanzausgleichsgesetzes (FAG) i.d.F. vom 20. 12. 2001 findet sich unter www.gesetze-im-internet.de/bundesrecht/finausglg_2005/ (17. 1. 2011).
21 Pflicht bzw. Berechtigung zum Finanzausgleich ergeben sich aus dem Verhältnis zweier Indizes: Ausgleichspflichtig sind diejenigen Länder, bei denen die sog „Finanzkraftmeßzahl" die sog. „Ausgleichsmeßzahl" übersteigt; ausgleichsberechtigt sind jene Länder, bei denen die erste Zahl kleiner ist als die zweite (vgl. FAG, §5). Die Finanzkraftmeßzahl eines Landes setzt sich zusammen aus den Einnahmen des Landes und den Steuereinnahmen seiner Gemeinden; die Ausgleichsmeßzahl wird wie folgt bestimmt: „Die Ausgleichsmesszahl eines Landes ist die Summe der beiden Messzahlen, die zum Ausgleich der Einnahmen der Länder nach § 7 und zum Ausgleich der Steuereinnahmen der Gemeinden nach § 8 getrennt festgestellt werden. Die Messzahlen ergeben sich aus den auszugleichenden Einnahmen je Einwohner der Ländergesamtheit, vervielfacht mit der Einwohnerzahl des Landes; hierbei sind die nach §9 gewerteten Einwohnerzahlen zugrunde zu legen"; FAG, §6, zitiert nach http://www.gesetze-im-internet.de (17. 1. 2011).

das Gesetz die Gewährung sog. „Sonderbedarfs-Bundesergänzungszuweisungen" zur Deckung „teilungsbedingter Sonderlasten" vor.[22]

Abb. 3: Horizontaler Finanzausgleich in der Bundesrepublik im Jahr 2009

1. Endgültige Ausgleichsbeiträge	
von Baden-Württemberg	1 488 243 907,33 Euro
von Bayern	3 353 983 523,98 Euro
von Hamburg	44 870 177,65 Euro
von Hessen	1 901 756 099,42 Euro
von Nordrhein-Westfalen	58 940 847,50 Euro
2. Endgültige Ausgleichszuweisungen	
an Berlin	2 877 452 632,62 Euro
an Brandenburg	500 798 173,86 Euro
an Bremen	433 202 832,07 Euro
an Mecklenburg-Vorpommern	450 115 847,87 Euro
an Niedersachsen	110 321 360,44 Euro
an Rheinland-Pfalz	292 606 781,01 Euro
an das Saarland	93 035 086,61 Euro
an Sachsen	910 164 262,16 Euro
an Sachsen-Anhalt	514 006 531,96 Euro
an Schleswig-Holstein	169 325 212,11 Euro
an Thüringen	496 765 835,16 Euro.

Quelle:www.bundesfinanzministerium.de/nn_4480/DE/Wirtschaft__und__Verwaltung/Finanz und_Wirtschaftspolitik/Foederale_Finanzbeziehungen/ (17. 1. 2011).

7.5 Bundesstaat, Politikverflechtung und Föderalismusreform

In Kapitel 1 wurde das politische System der Bundesrepublik vor dem Hintergrund der Modelle der Konkurrenz- und der Konsensdemokratie als eher konsensdemokratisch bezeichnet – allerdings mit Einschränkungen, weil z.B. das deutsche *Parteien*system aufgrund seiner Bipolarität eindeutig konkurrenzdemokratische Züge trägt. Diesem Umstand kommt nun insofern Bedeutung zu, als die verschiedenen Teilsysteme des politischen Systems der Bundesrepublik oder die „Arenen" von „inkongruenten Handlungslogiken" bestimmt sind:[23] das Parteiensystem und das davon geprägte Regierungssystem (zusammengenommen: der „Parteienparlamentarismus") vom *Konkurrenz*prinzip, das Bundesstaatssystem dagegen vom *Konsens*prinzip, also von Verhandlung und Kompromiss. Die konsensdemokratische ‚Logik' erweist sich dann als unumgänglich, wenn eine Vielzahl untereinander abhängiger gesellschaftlicher Akteure direkt oder indirekt an politischen Entscheidungsprozessen beteiligt ist. Eine deshalb erforderliche breite Interessenberücksichtigung kennzeichnet folglich nicht nur das neokorporatistische Interessenvermittlungssystem[24], sondern auch den deutschen

Inkongruente Handlungslogiken

---
22 FAG, §11.
23 Siehe zum Folgenden Lehmbruch (2000), Kap. 1.
24 Siehe oben, Kap. 4.1.

Föderalismus, bei dessen Finanzverfassung die Abhängigkeit der einzelnen Akteure offensichtlich ist.

„Enge Kopplung" und Reformstau

Dysfunktionen und Reformstau im politischen System Deutschlands können sich also daraus ergeben, dass die beiden Bereiche „Bundesstaat" und „Parteienparlamentarismus" mit ihren unterschiedlichen Koordinierungsmechanismen zu sehr verschränkt sind. Dies zeigte sich z.B. deutlich, als die konservativ-liberale Bundesregierung 1997 bei der von ihr geplanten, weitreichenden Steuerreform im Verbundföderalismus auf die Zustimmung des Bundesrates angewiesen war, dort aber die Opposition die Mehrheit der Landesregierungen stellte, die die Pläne scheitern ließ. Die beiden Arenen sind für die erfolgreiche Bewältigung solcher Probleme zu „eng gekoppelt", sie behindern sich in ihrem je eigenen Prozedere und bewirken für das Gesamtsystem der Politik nur sehr schwierig zu überwindende Blockaden.[25] Eine Verbesserung der Situation würde also durch eine stärkere Entkoppelung der beiden Arenen bewirkt werden, und dies wiederum wäre u.a. durch eine Reduzierung der Zahl der zustimmungspflichtigen Gesetze, eine Restriktion des Bundes bei der Wahrnehmung der konkurrierenden Gesetzgebung sowie durch eine Reform des Verbundsteuersystems erreichbar. Diesen Aufgaben hatte sich die zweite Große Koalition unter Kanzlerin Merkel angenommen – teilweise zumindest, wie gleich zu sehen sein wird.

Stationen der Politikverflechtung

Die Verfassungen von Staaten sind keine unveränderbaren, statischen Gebilde. Obwohl das Grundgesetz und andere Verfassungen der westlichen Welt die Menschenrechte und die Volksherrschaft als so gut wie unveränderbare Prinzipien enthalten, verändert sich der übrige konstitutionelle Normbestand andauernd – das lässt sich an den über 50 seit 1949 verabschiedeten Änderungsgesetzen zum Grundgesetz ablesen. Verfassungsänderungen sind manchmal unumgänglich und gelegentlich unnötig; sie sind häufig umstritten und in einigen Fällen führen sie auch zur Verschlechterung des Status quo. Bei der Ausgestaltung der Bundesstaatlichkeit durch das Grundgesetz scheint sich ein solcher Schadensfall in Form einer unüberschaubaren und kontraproduktiven „Verflechtung" föderaler Ebenen und Politiken über einen längeren Zeitraum hinweg eingestellt zu haben.[26] Diese Vermutung lässt sich durch eine Zusammenschau der einschlägigen Fakten erhärten.[27]

Die erste Große Koalition der Jahre 1966-69 beschloss gleich eine ganze Reihe von einschneidenden Maßnahmen. Zu den von ihr in Angriff genommenen Grundgesetzänderungen gehörten einerseits die oben schon einmal erwähnte Notstandsverfassung, andererseits aber auch die große Finanzreform durch das Finanzreformgesetz von 1969: In diesem Zusammenhang wurden die Gemeinschaftsaufgaben, die Finanzhilfen des Bundes an Länder und Gemeinden, die

---

25 Ein „anderer Engpaß", der zum Scheitern der Steuerreform führte, bestand jedoch darin, dass die damalige Bundesregierung aufgrund interner Probleme mit ihrem Koalitionspartner ihrerseits keine Zugeständnisse mehr gegenüber dem Bundesrat machen konnte; Lehmbruch (2000), 193.
26 Siehe schon früh Fritz W. Scharpf, Die Theorie der Politikverflechtung: Ein kurz gefasster Leitfaden, in: Joachim Jens Hesse (Hrsg.), Politikverflechtung im föderativen Staat, Baden-Baden 1978, 21-31. „Verflechtung" entsteht allgemein aus dem Zusammentreffen zweier Faktoren: i) die Entscheidungen der höheren (der Bundesebene) sind von der Zustimmung der Regierungen auf der unteren Ebene (der Landesebene) abhängig; ii) diese Zustimmung erfordert den Konsens der Regierungen, muss also einstimmig oder nahezu einstimmig erfolgen.
27 Zum Folgenden Lehmbruch (2000), Kap. 4.4. – 4.6.

Aufteilung des Steueraufkommens sowie schließlich der Finanzausgleich neu geregelt bzw. geschaffen. Durch die Umgestaltung der Finanzverfassung in Richtung auf einen „großen Steuerverbund" zwischen Bund und Ländern wurden zugleich folgenreiche Eingriffe in die Bundespolitik vorgenommen, weil nun noch mehr Gesetzesmaterien der Zustimmung des Bundesrates, d.h. der Länder bedurften. Die seit langem beklagte und inzwischen auch als „Falle" analysierte Politikverflechtung[28] hatte vor allem in solchen Neuerungen wie den „Gemeinschaftsaufgaben" ihren Ursprung, durch die die Länder zwar einen Teil ihrer Unabhängigkeit einbüßten, dafür jedoch ein größeres Mitspracherecht bei der Bundespolitik erhielten.

Die Kehrseiten dieser Finanzreform bzw. des Finanzausgleichs zeigten sich dann verstärkt nach der Ölkrise von 1973, als in der Bundesrepublik allmählich eine neue Konfliktlinie sichtbar wurde, diejenige zwischen den armen und den reichen Bundesländern. In dieser Hinsicht hatte sich in den ersten Jahrzehnten der Bundesrepublik eine erstaunliche Wende vollzogen: Nach dem 2. Weltkrieg standen zunächst stark landwirtschaftlich geprägte Länder wie Niedersachsen und Schleswig-Holstein, aber auch Bayern als vergleichsweise „arme" Länder den reichen Industrie-Ländern Nordrhein-Westfalen, Baden-Württemberg und Hessen gegenüber. Bedingt durch das Ende des Wirtschaftsbooms, durch die mit dem Wandel zur postindustriellen Gesellschaft generell notwendig gewordenen Umstrukturierungen und vor allem aufgrund des seit den 70er Jahren vom Bund zwangsläufig gewährten und von einigen Ländern innovativ genutzten Spielraums auf zentralen Politikfeldern (Wirtschafts-, Industrie- und Technologiepolitik) ergab sich eine neue Situation: Das maßgeblich von der krisengeschüttelten Schwerindustrie geprägte Nordrhein-Westfalen gehörte nun ebenso wie die kleineren und an spezifische Industriezweige gebundenen Länder Bremen (Schiffbau) und Saarland (Bergbau) zu den Verlierern, während z.B. Bayern die beachtenswerten Erfolge einer konsequenten Modernisierung einfahren konnte und in die Riege der reichen Länder aufstieg.

Die Spannungen im deutschen Föderalismus verstärkten sich schließlich noch durch die deutsche Wiedervereinigung, weil dadurch, vor dem Hintergrund des Finanzausgleichs betrachtet, fünf weitere ausgleichs*berechtigte* Länder hinzukamen.[29] Wäre der alte Ausgleichs-Mechanismus unverändert in Kraft geblieben, so wären bis auf Bremen alle alten Bundesländer ausgleichs*pflichtig* geworden. Auch eine zusätzlich geplante Aufstockung des Bundesanteils an der Umsatzsteuer hätte nicht genügt, um den enormen Finanzbedarf der neuen Bun-

---

28 „Die Politikverflechtungs-Falle kann also ... beschrieben werden als eine zwei oder mehr Ebenen verbindende Entscheidungsstruktur, die aus ihrer institutionellen Logik heraus systematisch ... ineffiziente und problem-unangemessene Entscheidungen erzeugt, und die zugleich unfähig ist, die institutionellen Bedingungen ihrer Entscheidungslogik zu verändern", Fritz W. Scharpf, Die Politikverflechtungs-Falle: Europäische Integration und deutscher Föderalismus im Vergleich, in: Politische Vierteljahresschrift, 1985, 323-356, hier 349f.

29 Rein theoretisch hätte die DDR auch als ganze der alten Bundesrepublik beitreten können, aber dies war politisch nicht gewollt: „Denn als zwölftes Bundesland hätte sie (die DDR; M.B.) von der Einwohnerzahl her ein Gegengewicht zu dem etwa ebenso bevölkerungsreichen Nordrhein-Westfalen dargestellt, und sie hätte sich womöglich mit der Suche einer zwar erneuerten, aber jedenfalls eigenen politisch-historischen Identität als ein ziemlich sperriger Partner erweisen und die alte Bundesrepublik zu schwierigen und konfliktreichen Anpassungsprozessen zwingen können"; Lehmbruch (2000), 128.

desländer zu befriedigen. Eine Entspannung dieser Lage brachte dann der 1990 von der alten Bundesrepublik beschlossene und überwiegend kreditfinanzierte „Fonds Deutsche Einheit" mit sich.[30]

Reform des Föderalismus

Die Institutionen und Verfahren, in denen sich die Bundesstaatlichkeit in Deutschland am Ende des 20. Jahrhunderts manifestierte, hatte sich also nach und nach zu einem System entwickelt, in dem die viel gepriesenen Vorzüge des Föderalismus nicht nur zunehmend unkenntlich, sondern z.T. auch unwirksam geworden waren. Die seitens der Politikwissenschaft als „Falle" beschriebene Situation hatte sich derart zugespitzt, dass der Leidensdruck auch für die Politik offensichtlich zu groß geworden war und über die Parteigrenzen hinweg allgemeine Reformbereitschaft signalisiert wurde. Unter der Regierung Schröder wurde deshalb 2003 die „Kommission von Bundestag und Bundesrat zur Modernisierung der bundesstaatlichen Ordnung" eingesetzt, die unter dem gemeinsamen Vorsitz des damaligen SPD-Fraktionsvorsitzenden Müntefering und des bayerischen Ministerpräsidenten Stoiber arbeitete. Trotz guten Willens scheiterte dieser Reformversuch Ende 2004 an den unterschiedlichen Auffassungen von Bund und Ländern in Sachen Bildungspolitik sowie an Differenzen der Länder untereinander.[31] Erst unter der Regierung Merkel und damit unter den für weitreichende Reformen grundsätzlich günstige(re)n Bedingungen der Großen Koalition wurden die Reformbemühungen wieder aufgenommen und teilweise abgeschlossen.

Ergebnisse der Föderalismusreform I

Eine wesentliche Aufgabenvereinfachung ergab sich allerdings daraus, dass die schwierige Reform der Finanzverfassung komplett ausgespart und auf das Jahr 2007 verschoben wurde („Föderalismusreform II"). Gegenstand der im September 2006 verabschiedeten Reformen („Föderalismusreform I") sind somit die im engeren Sinn politischen, vor allem die Gesetzgebung betreffenden Fragen:[32]

- der Anteil der zustimmungspflichtigen Gesetze soll von vormals knapp 60% auf ca. 40% reduziert werden; ausgenommen bleibt die Zustimmungspflicht bei Gesetzen, deren Ausführung die Länder mit erheblichen Kosten belastet. Möglich wird dies durch Art. 84 GG n. F., durch den die Zustimmung der Länder bei denjenigen Gesetzen entfällt, die zugleich auch Vorschriften für ihren Vollzug (durch die Länder) enthalten – die Länder können jetzt ihrerseits „abweichende" Verfahrensregelungen treffen.
- Als Ausgleich für diesen Verlust an Mitbestimmung erhalten die Länder auf einigen Gebieten das Recht zur ausschließlichen Gesetzgebung, z.B. beim Beamten- bzw. Besoldungsrecht und beim Gaststätten- und Ladenschlussrecht.

---

30 Zunächst wurde beschlossen, den Fonds mit ca. 115 Mrd. DM auszustatten, wovon 20 Mrd. aus Bundesmitteln und 95 Mrd. durch Kreditaufnahme aufgebracht werden sollten; den Schuldendienst übernehmen Bund und Länder jeweils zur Hälfte; vgl. Heinrich Mäding, Öffentliche Finanzen, in: Andersen/Woyke (1995), 401-410. Zusätzliche Maßnahmen zur Überwindung der unterschiedlichen Finanzkraft von Ost- und West-Deutschland wurden mit den Solidarpakten I und II ergriffen.

31 Dazu Arthur Benz, Kein Ausweg aus der Politikverflechtung? – Warum die Bundesstaatskommission scheiterte, aber nicht scheitern musste, in: PVS, 46. Jahrgang (2005), 204-214.

32 Siehe dazu die Übersicht „Kernpunkte der Föderalismusreform" bei „Regierung online" unter www.bundesregierung.de (17. 1. 2011).

- Auf den Feldern Umwelt- und Bildungspolitik erhalten die Länder die Möglichkeit, eigene, von den Bundesgesetzen abweichende Landesgesetze zu erlassen (die Regel „Bundesrecht bricht Landesrecht" gilt dann in diesen Fällen nicht mehr[33]). Allerdings bezieht sich diese Neuregelung auf bildungspolitischem Gebiet nur noch auf die Fragen der Zulassung und der Abschlüsse an Hochschulen – im übrigen ist Bildungspolitik Ländersache. Die frühere Gemeinschaftsaufgabe „Hochschulbau" wie auch die gemeinsame Bildungsplanung wurden, wie erwähnt, abgeschafft
- die Terrorismusbekämpfung ist Sache des Bundes

Beinahe zwangsläufig hat die in einigen Hinsichten halbherzige Föderalismusreform Kritik auf sich gezogen: Neben einzelnen Kritikpunkten, wonach die Zustimmung des Bundesrates gerade bei wichtigen Fragen weiterhin erforderlich ist oder auf den nunmehr von den Ländern zu regulierenden Gebieten der Bildungs- und Umweltpolitik weiterhin ein Bedarf an bundeseinheitlichen Gesetzen besteht, wird generell moniert, dass vor allem die Länder zu rigide am Grundsatz der Trennung der Kompetenzen orientiert gewesen seien und deshalb auch getrennt worden sei, was aufgrund des „objektiven Mehrebenencharakters der meisten Politikfelder"[34] besser zusammen-, d.h. in Bundeskompetenz geblieben wäre.

Finanzpolitische Fragen wurden durch den zweiten Teil der Bundesstaatsreform 2009 u.a. insofern geregelt, als nach Art. 109 Abs. 3 GG n.F. die „Haushalte von Bund und Ländern grundsätzlich ohne Einnahmen aus Krediten auszugleichen (sind)". Für diese Regelung kann es konjunkturbedingte Ausnahmen geben. Weitere Vereinbarungen der auch als „Schuldenbremse" bezeichneten Schuldenbegrenzung sehen vor, dass der Bund von 2011 an (mit einer Übergangszeit bis 2016) eine Neuverschuldungsobergrenze von 0,35% des Bruttoinlandsproduktes einhalten muss. Die fünf finanzschwächsten Länder sollen bis 2019 mit jährlich insgesamt 800 Millionen Euro beim Schuldenabbau unterstützt werden. Mit dem neuen Art. 91c GG wurde überdies die Grundlage für eine Bund-Länder-Zusammenarbeit auf dem Gebiet der *Informationstechnik* geschaffen, wodurch unübersichtliche Strukturen beseitigt und einheitliche Standards für die Verwaltung der Bundesrepublik geschaffen werden sollen.[35] Schließlich sollen durch den Art. 91d GG Leistungsvergleiche der Verwaltungen durch „Vergleichsstudien" des Bundes und der Länder möglich werden.[36]

Ergebnisse der Föderalismusreform II

Zusammenfassung

Die Bundesrepublik Deutschland ist ein Bundesstaat, in dem die 16 Bundesländer alle über „Staatsqualität" verfügen. Das politische System Deutschlands untergliedert sich also in zahlreiche kleinere Teil-Systeme, deren Struktur in

---

33 Werner Reutter, Regieren nach der Föderalismusreform, in: Aus Politik und Zeitgeschichte 50/2006, 12-17, hier 14.
34 Fritz W. Scharpf, Föderalismusreform: Weshalb wurde so wenig erreicht?, in: (ebd.), 6-11, hier 10.
35 Diese Reformbemühungen schlagen sich u.a. in dem „IT-Netz-Gesetz" nieder; siehe www.gesetze-im-internet.de/it-netzg (24. 1. 2011).
36 Vgl. dazu oben Kap. 6.2.4 zur Verwaltungsreform.

grundsätzlicher Übereinstimmung mit derjenigen des Bundes stehen muss. Die Vorteile eines föderalen Mehrebenensystems bestehen, theoretisch, in den gesteigerten Partizipationsmöglichkeiten auf unterschiedlichen Politikebenen, d.h. der Bundes- oder der Länderebene und zunehmend auch der EU-Ebene; Bundesstaaten ermöglichen in höherem Maße als zentralistisch organisierte Staaten politischen Wettbewerb sowie die relativ bürgernahe und darum transparente Produktion politischer Entscheidungen.

Die Kehrseite der Bundesstaatlichkeit, in Deutschland zumindest, zeigt sich in der Praxis in einer lange Zeit weitgehend unkontrollierten Tendenz zur Verflechtung der eigentlich separaten Ebenen, wodurch Problemlösungen erschwert werden und oft politische Blockaden entstehen. Die Föderalismus-Reform im deutschen Parteienstaat gestaltet sich gleichwohl schwierig. Bei der Erörterung sowohl der positiven als auch der negativen Aspekte der Bundesstaatlichkeit wurde ein weiteres Mal deutlich, wie sehr ein politisches System bzw. der moderne Staat „Rechts-Staat" ist, d.h. wie sehr seine Organisation auf die Mittel des (demokratisch gesetzten) Rechts angewiesen ist.

8. Das Bundesverfassungsgericht

Der in den vorangegangenen Kapiteln mit seinen verschiedenen Organen und Verfahren betrachtete Rechts- bzw. Verfassungsstaat zeichnet sich durch zweierlei aus: Eine die Menschenrechte positivierende und demokratisch legitimierte Verfassung wie das Grundgesetz macht erstens der ‚normalen' Politik rechtliche Vorgaben, deren Beachtung höchstrichterlich überprüft werden muss (obwohl, wie bereits gesagt, die von Exekutive und Legislative betriebene Verfassungspolitik ihrerseits die bestehende, Vorgaben machende konstitutionelle Ordnung in weiten Teilen ändern kann). Zweitens ist daran zu erinnern, dass eine staatliche Ordnung ja in erster Linie der Sicherung der Freiheit der Bürger dient und dass folglich das Handeln der Staatsorgane gegenüber den Staatsangehörigen und darüber hinaus gegenüber allen von diesem Handeln Betroffenen auf seine Verfassungskompatibilität geprüft werden muss. Diese Aufgabe übernimmt in einer konstitutionellen Demokratie ein Verfassungsgericht. Im Folgenden werden Organisation und Kompetenzen des Bundesverfassungsgerichts skizziert (8.1) sowie einige seiner wichtigeren Urteile angeführt (8.2). Danach erfolgt ein Blick auf das spannungsreiche Verhältnis des Gerichts zum Europäischen Gerichtshof (8.3).

8.1 Organisation und Kompetenzen

Abschnitt IX des Grundgesetzes (Art. 92–104) ist der Rechtsprechung im Allgemeinen gewidmet. Dort werden u.a. die Einrichtung der obersten Gerichtshöfe der Bundesrepublik sowie die Rechtsstellung und die Unabhängigkeit der Richter geregelt. Die Art. 93 und 94 GG sind speziell dem in Karlsruhe ansässigen Verfassungsgericht gewidmet; Art. 94 Abs. 2 führt an, dass ein Bundesgesetz die „Verfassung und das Verfahren" dieses Gerichtes regelt. Dieses Gesetz ist das „Bundesverfassungsgerichtsgesetz".[1]

Bundesverfassungsgerichtsgesetz

Für die Organisation des Gerichts sind folgende Bestimmungen maßgeblich:

Organisation

– Das Bundesverfassungsgericht besteht aus *zwei Senaten* mit jeweils acht

---

1 Mit knapp über 100 Paragrafen ist dieses Gesetz vergleichsweise umfangreich. Im Folgenden werden lediglich der I. und II. Teil des Bundesverfassungsgerichtsgesetzes (BVerfGG) besprochen, in denen die Organisation, die Kompetenzen und Verfahren dieses speziellen Bundesgerichts geregelt werden. Die im Text angegebenen Paragrafen beziehen sich auf dieses Gesetz.

Richtern; je drei Richter pro Senat müssen aus einem anderen obersten Gericht des Bundes stammen (§2). Die Richter müssen mindestens 40 Jahre alt sein, die Befähigung zum Richteramt besitzen und dürfen weder dem Bundestag, dem Bundesrat oder der Bundesregierung angehören (§3). Die Richter werden auf 12 Jahre gewählt und müssen mit dem vollendeten 68. Lebensjahr aus dem Amt ausscheiden, eine Wiederwahl ist nicht möglich (§4).

- Die Richter jedes Senats werden zur Hälfte vom Bundestag und zur Hälfte vom Bundesrat gewählt (§5). Dabei unterscheiden sich die Wahlverfahren in diesen beiden Organen erheblich (§6): der *Bundesrat* wählt mit Zweidrittelmehrheit die von ihm zu bestellenden Richter direkt; der *Bundestag* wählt dagegen nach dem Prinzip der Verhältniswahl zunächst einen 12 Mitglieder umfassenden Wahlausschuss. Zum Richter ist dann gewählt, wer mindestens acht Stimmen dieses Wahlausschusses, d.h. die Zweidrittelmehrheit erhält. Bundestag und Bundesrat wählen im Wechsel den Präsidenten des Gerichts.
- Die Senate untergliedern sich für die Dauer von maximal drei Jahren in mehrere „Kammern" mit jeweils drei Richtern (§15a). Diese Kammern entscheiden in der Regel über die Annahme von Verfassungsbeschwerden zur Entscheidung (§93b). In den Senaten wird normalerweise mit der Mehrheit der an der Entscheidung Beteiligten entschieden; in bestimmten Fällen, wie bei der Entscheidung über die Verwirkung von Grundrechten oder dem Parteienverbot, ist die Zweidrittelmehrheit der Mitglieder eines Senats erforderlich. Bei Stimmengleichheit „kann ein Verstoß gegen das Grundgesetz oder sonstiges Bundesrecht nicht festgestellt werden" (§15). Das Gericht entscheidet in der Regel aufgrund einer mündlichen Verhandlung; die daraus hervorgehende Entscheidung heißt „Urteil", eine Entscheidung ohne eine solche vorausgegangene Verhandlung heißt „Beschluss" (§25). „Abweichende Meinungen" einzelner Richter können in einem „Sondervotum" begründet werden, das zusammen mit der Mehrheitsentscheidung veröffentlicht wird (§30). Alle Entscheidungen ergehen „im Namen des Volkes".[2] Die Entscheidungen des Gerichts binden die anderen Verfassungsorgane; in einigen Fällen hat die höchstrichterliche Entscheidung „Gesetzeskraft" (§31).

Kompetenzen Die Kompetenzen des bundesdeutschen Verfassungsgerichts sind vielfältig und umfangreich und werden in §13 BVerfGG benannt; die wichtigsten von ihnen werden nachstehend angeführt.[3] Zu den Aufgaben eines *Bundes*verfassungsgerichts gehört zunächst die Entscheidung von Problemen, die sich aus der föderalen Staatsstruktur ergeben, d.h. aus

1. Meinungsverschiedenheiten über die Vereinbarkeit von Bundesrecht und Landesrecht,
2. Meinungsverschiedenheiten darüber, ob ein Gesetz den Voraussetzungen des Artikels 72 Abs. 2 GG entspricht, demgemäss der Bund zuständig ist für die „Herstellung gleichwertiger Lebensverhältnisse",
3. Meinungsverschiedenheiten über „Rechte und Pflichten des Bundes und der Länder, insbesondere bei der *Ausführung von Bundesrecht durch die Länder*",

---

2 Zu der in diesen Entscheidungen enthaltenen Form der „Repräsentativität" siehe Robert Alexy, Abwägung, Verfassungsgerichtsbarkeit und Repräsentation, in: Becker/Zimmerling (2006), 250-258, hier 255ff.
3 Vgl. auch die etwas komprimiertere Auflistung in Art. 93 Abs. 1 GG.

4. bei anderen „Streitigkeiten", die entweder zwischen Bund und Ländern oder zwischen einzelnen Ländern oder auch *innerhalb* eines Landes (zwischen dessen verschiedenen Organen) entstehen können.

Darüber hinaus sind Entscheidungen eines Verfassungsgerichts notwendig im Zusammenhang mit einem

5. *Organstreit*, wenn also die Staatsorgane der Bundesrepublik (Bundestag, Bundesregierung, Bundesrat) unterschiedliche Rechtsauffassungen vertreten sowie im Rahmen der
6. *Präsidentenanklage* (Art. 61 GG) und der
7. Anklage gegen Bundes- und Landesrichter (Art. 98 GG).

Des weiteren ist das Verfassungsgericht zuständig für die

8. *abstrakte* Normenkontrolle, d.h. für die Überprüfung der grundsätzlichen Vereinbarkeit von Gesetzen mit dem Grundgesetz,
9. *konkrete* Normenkontrolle, d.h. für die Überprüfung der Verfassungskompatibilität einer Norm, die in einem laufenden (konkreten) Gerichtsprozess entscheidungsrelevant wäre,
10. *Verfassungsbeschwerde* von „jedermann" (nach Ausschöpfung des Rechtsweges),
11. Verwirkung von Grundrechten (Art. 18 GG),
12. *Parteienverbot* (Art. 21 Abs. 2 GG).

Abb. 1: Verfahren vor dem Bundesverfassungsgericht von 1951-2009

Anhängig wurden insgesamt:	182.388	davon:	
		175.900 (96,44%)	Verfassungsbeschwerden,
		3.622 (1,99%)	abstrakte[1] und konkrete[2] Normenkontrollverfahren,
		8 (0,01%)	Parteiverbotsverfahren,
		2.833 (1,55%)	andere Verfahren, z.B. Bund-, Länder-streitigkeiten, Organ- und andere Verfassungsstreitigkeiten in Bund und Ländern,
		25 (0,01%)	frühere Verfahren, die bis 1960 geführt wurden[3]
Erledigt sind insgesamt:	179.483	davon:	
		173.100 (96,44%)	Verfassungsbeschwerden; davon 4.205 erfolgreich = 2,4%
		3.538 (1,97%)	abstrakte und konkrete Normenkontrollverfahren,
		8 (0,01%)	Parteiverbotsverfahren,
		2.812 (1,57%)	andere Verfahren,
		25 (0,01%)	frühere Verfahren, die bis 1960 geführt wurden
Noch anhängig sind:	2.905	davon:	
		2.800 (96,39%)	Verfassungsbeschwerden,
		84 (2,89%)	abstrakte und konkrete Normenkontrollverfahren,
		21 (0,72%)	andere Verfahren
	davon im:		
	Ersten Senat	1.741 (59,93%)	
	Zweiten Senat	1.164 (40,07%)	

[1] Art. 93 Abs. 1 Nr. 2 GG; [2] Art. 100 Abs. 1 GG; [3] AZ: BvT und PBvV siehe A-I-4

Quelle: www.bundesverfassungsgericht.de/organisation/statistik_2009 (18. 1. 2011).

Aus der Statistik geht hervor, dass die Verfassungsbeschwerden in den vergangenen 60 Jahren die mit großem Abstand (über 96%) häufigste vom Gericht zu verhandelnde Materie darstellten. Danach folgen mit knapp 2% die Normenkontrollverfahren sowie mit ca. 1,5 % die „anderen" Verfahren, in denen vor allem Organ- oder Bund-Länder-Streitigkeiten zu entscheiden waren. Zu den beiden erstgenannten Verfahrensarten sei noch folgendes angemerkt:[4]

Die individuelle[5], also natürlichen, aber auch juristischen Personen mögliche Verfassungsbeschwerde ist eine Einrichtung zum Schutz der von der Verfassung

Verfassungsbeschwerde

---
[4] Siehe dazu Horst Säcker, Bundesverfassungsgericht, München 1998, Kap. III

gewährten Grundrechte. Voraussetzung ist, dass der Beschwerdeführer selbst von einem Gesetz oder einem Verwaltungsakt einer Behörde betroffen und in einem seiner in den Art. 1-19 GG aufgeführten Rechten ungebührlich eingeschränkt oder verletzt worden ist. Eine weitere Bedingung für die Verfassungsbeschwerde besteht darin, dass der Beschwerdeführer den normalen Rechtsweg ausgeschöpft und dabei keinen Erfolg erzielt, d.h. kein Recht erhalten hat. In gewissem Sinne ‚Bedingung' einer Beschwerde ist auch, dass das Institut nur in begründeten Fällen und nicht z.B. spaßeshalber genutzt wird. Solcher und anderer Missbrauch soll dadurch verhindert werden, dass das Gericht im Falle einer missbräuchlichen Beschwerde eine Strafe in Höhe von 2600€ verhängen kann. Über die Zulässigkeit einer Beschwerde befinden, wie erwähnt, die Kammern der beiden Senate. Dass Verfassungsbeschwerden, wenn ihnen stattgegeben wird (das war in der Vergangenheit bei 2,5% aller Beschwerden der Fall), eine erhebliche, über den konkreten Fall hinausgehende Wirkung haben können, belegt z.B. der Kruzifix-Beschluss von 1995 (dazu unten).

Normenkontrollverfahren

Rein zahlenmäßig betrachtet viel seltener, aber in ihren Auswirkungen ebenfalls enorm, sind die beiden Versionen des Normenkontrollverfahrens. Bei der *konkreten* Normenkontrolle stammt der Antrag auf Überprüfung einer Rechtsnorm von einem Gericht bzw. Richter, der zur Entscheidung eines bei ihm anhängigen Falles auf eine Norm zurückgreifen muss, die ihm verfassungswidrig erscheint. Bis zur Entscheidung dieser Frage durch das Bundesverfassungsgericht ruht das die Überprüfung auslösende Gerichtsverfahren. Die *abstrakte* unterscheidet sich von der konkreten Normenkontrolle formell gesehen durch die Antragsteller: hier ist es nicht ein Gericht, sondern es sind entweder die Bundes- oder die Landesregierung oder mindestens ein Drittel der Mitglieder des Bundestages. Beide Verfahren der Normprüfung haben auf die Rechtslage in der Bundesrepublik Einfluss genommen (auch dazu unten).

Kritik

Insbesondere das Verfahren der abstrakten Normenkontrolle ist von Anfang an beargwöhnt worden. Der Hauptvorwurf lautet, dass das Verfassungsgericht die Teilung bzw. Verschränkung der politischen Gewalten im Staat unterlaufe und sich mit der Ungültigerklärung von formal korrekt zustande gekommenen Gesetzen sogar zu einem (Ersatz-)Gesetzgeber aufschwinge. In der diesbezüglichen Diskussion zeigen sich grundlegende Unterschiede im Verständnis der konstitutionellen Demokratie:

Im Lager der *Kritiker* eines starken Verfassungsgerichts werden zwei unterschiedliche Positionen vertreten: Die einen halten eine höchstrichterliche Überprüfung parlamentarischer Gesetze für vollkommen unvereinbar mit der Souveränität des Volkes bzw. – im Rahmen einer repräsentativen Demokratie – für unvereinbar mit der Souveränität des Parlamentes oder der Parlamentsmehrheit. Die anderen sehen durchaus einen Bedarf für die abstrakte Normenkontrolle, wollen sie aber auf ein bestimmtes Gebiet einschränken: Wenn die Produktion der gesellschaftsweit bindenden Entscheidungen oder die politische Selbstbestimmung nur mittels der (oben geschilderten) komplizierten Verfahren möglich ist, dann gehört es zu den legitimen und unverzichtbaren Aufgaben eines Verfassungsgerichts, diese konstitutionell vorgeschriebenen Wege der Gesetzgebung

---

5   Zusätzlich zur in Art. 93 Abs. 1 Nr. 4a GG geregelten individuellen Verfassungsbeschwerde gibt es noch die Möglichkeit einer Beschwerde „von Gemeinden und Gemeindeverbänden wegen Verletzung des Rechts auf Selbstverwaltung nach Art. 28"; Art. 93 Abs. Nr. 4b GG.

vor Übergriffen des (einfachen) Gesetzgebers zu schützen. Das Bundesverfassungsgericht wäre demnach ein Wächter des politischen Prozesses und wäre aus den genannten prozeduralistischen Gründen erforderlich.

Beide Positionen werden jedoch nicht dem Umstand gerecht, so argumentieren die *Verfechter* einer starken Verfassungsgerichtsbarkeit, dass eine Verfassung wie das Grundgesetz nicht lediglich den politischen Prozess durch Verfahrensvorschriften reglementiert und die *in dieser Hinsicht* unabdingbaren individuellen Grundrechte wie z.B. freie Meinungsäußerung und Vereinigungsfreiheit gewährt, sondern darüber hinaus auch und vielleicht sogar in erster Linie solche Rechte, die ‚unpolitisch' sind, weil sie in keinem (direkten) Zusammenhang mit der Meinungsbildung und der Gesetzgebung stehen. Das in Art. 2 GG zum „allgemeinen Persönlichkeitsrecht" ausgestaltete Freiheitsprinzip geht nicht im Recht auf Teilnahme an der politischen Selbstbestimmung auf und enthält neben dieser „positiven" auch eine „negative" Bedeutungskomponente, derzufolge Bürgern eine größtmögliche Freiheit von äußeren Einschränkungen gewährt werden muss. Deutlich wird dies bei der von Art. 4 GG garantierten Glaubens- und Gewissensfreiheit. Auch solche unpolitischen Rechtsansprüche müssen gegen Übergriffe durch den Gesetzgeber oder durch andere Bürger höchstrichterlich verteidigt werden.

Natürlich ist auch die (inzwischen von einigen Staaten Osteuropas übernommene) Institution einer starken Verfassungsgerichtsbarkeit nicht unfehlbar – das lässt sich anhand einiger Urteile in konstitutionellen Demokratien leicht belegen – und sie kann auch Fehlentwicklungen auf dem Gebiet der Politik verstärken oder zumindest konservieren.[6] Gleichwohl ist die mit der abstrakten Normenkontrolle durch ein höchstes Gericht sozusagen ausgelagerte Überprüfung der Verfassungskompatibilität bindender politischer Entscheidungen weitaus überzeugender als die gelegentlich geäußerte Meinung, diese könnte auch vom Gesetzgeber, vom Parlament, selbst vorgenommen werden. Dagegen spricht aber bereits der Grundsatz, dass man nicht Richter in eigener Sache sein sollte, zumal Parlamentarier durchaus ein persönliches Interesse an der Realisierung bestimmter Politiken haben können, während die Verfassungsrichter hinsichtlich der überprüften Politikinhalte grundsätzlich ‚uninteressiert', d.h. unvoreingenommen sind.[7] Gegen die parlamentarische Normenkontrolle spricht aber auch die im Allgemeinen wohl wesentlich geringere Expertise der Abgeordneten in Fragen des Verfassungsrechts, das in solchen Verfahren konsultiert und ausgelegt werden muss.

Alles in allem wird man also nicht sagen können, dass die Verfassungsgerichtsbarkeit in wichtigen Fragen die Politik gängelt oder dominiert.[8] Das geht bereits daraus hervor, dass das Bundesverfassungsgericht nur auf Antrag tätig wird, der Anstoß zur Überprüfung aus der Politik und meistens aus dem Parla-

---

6   F. Scharpf hat in diesem Zusammenhang die These geäußert, dass das Bundesverfassungsgericht mit seiner Spruchpraxis einen erheblichen Anteil an der Beibehaltung der problematischen föderalen Politikverflechtung in der Bundesrepublik gehabt hat, siehe ders., Recht und Politik in der Reform des deutschen Föderalismus, in: Bekker/Zimmerling (2006), 306-332, bes. 329.

7   Inwiefern Verfassungsrichter sich als Privatpersonen bzw. Bürger in die normale Politik ‚einmischen' oder statt dessen Zurückhaltung üben sollten, steht auf einem anderen Blatt.

8   Die abstrakte Normenkontrolle findet außerdem vergleichsweise selten statt. Im Zeitraum von 1999-2009 gab es 25 solcher Verfahren, seit 1951 insgesamt 165; www. bundesverfassungsgericht. de/organisation/gb2009 (18.1.2011).

ment bzw. aus der dortigen Opposition stammt. Darüber hinaus und vor allem ist es dem Gesetzgeber unbenommen, sich durch verfassungsändernde und teilweise auch (was die Besetzung des Gerichts angeht) durch einfache Gesetzgebung die politischen Gestaltungsräume zu verschaffen, die er gelegentlich glaubt haben zu müssen: So könnte er diejenigen Grundgesetzartikel, die einem konkreten Gesetzesvorhaben im Wege stehen, mit einer Zweidrittelmehrheit modifizieren oder abschaffen; oder der Gesetzgeber könnte die Zusammensetzung des Gerichts verändern, indem er z.B. im Zuge von Neubesetzungen verstärkt Parlamentariern Zugang zum Gericht verschaffen würde. Und schließlich könnte er die abstrakte Normenkontrolle dem Verfassungsgericht ganz entziehen und sie tatsächlich dem Bundestag zuweisen. Dass all dies bisher nicht geschehen ist, muss als Anzeichen dafür verstanden werden, dass die bisherige Regelung der abstrakten Normenkontrolle in der politischen Praxis grundsätzlich unumstritten ist.

8.2 Ausgewählte Entscheidungen

Das Bundesverfassungsgericht hat mit seinen Entscheidungen Politik und Gesellschaft der Bundesrepublik nachhaltig beeinflusst. Der Tenor einiger wichtiger Urteile aus der jüngeren Vergangenheit sei nachstehend kurz wiedergegeben.[9]

Politik

In Kapitel 6 wurde bereits etwas ausführlicher auf die Entscheidung des Gerichts zur Auflösung des Bundestages durch die sog. unechte Vertrauensfrage eingegangen. Zur Politik im engeren und weiteren Sinn gehörten auch folgende Entscheidungen:

Regionalisierte 5%-Sperrklausel

Anlässlich der ersten gesamtdeutschen Wahl 1990, bei der das bundesrepublikanische Wahlgesetz inklusive der vergleichsweise hohen 5%-Sperrklausel auf das *gesamte* Wahlgebiet, also auch auf Ostdeutschland, ausgedehnt werden sollte, strengten mehrere Parteien ein Organstreitverfahren an und legten zwei Wahlbewerber Verfassungsbeschwerde ein. Im Urteil des 2.Senats von 1990 hieß es u.a.:

> „Die Vereinbarkeit einer Sperrklausel mit dem Grundsatz der Gleichheit der Wahl kann nicht ein für allemal abstrakt beurteilt werden ... Findet der Wahlgesetzgeber besondere Umstände vor, die ein Quorum 5 v. H. unzulässig werden lassen, so muß er ihnen Rechnung tragen ... Die erste gesamtdeutsche Wahl des Deutschen Bundestages findet unter besonderen Umständen statt, die eine unveränderte Aufrechterhaltung der herkömmlichen, wahlgebietsbezogenen Sperrklausel von 5 v. H. nicht erlauben. Unter den besonderen Bedingungen dieser Wahl ist eine Sperrklausel verfassungsrechtlich unbedenklich, die nicht auf das gesamte Wahlgebiet bezogen ist, sondern Parteien am Verhältnisausgleich teilnehmen läßt, wenn sie entweder im bisherigen Gebiet der Bundesrepublik Deutschland einschließlich Berlin (West) oder im Gebiet der Deutschen Demokratischen Republik einschließlich Berlin (Ost) 5 v.H. der für ihre Landeslisten abgegebenen Stimmen erreichen"; (BVerfGE 82, 322f).

Parteifinanzierung

Nachdem eine gegen Missbrauch geschützte, aber auch faire und gerechte Parteienfinanzierung mehrfach gescheitert war,[10] wurde 1988 ein erneuter Anlauf

---

9 Alle Zitate erfolgen, wenn keine andere Angaben gemacht werden, nach Entscheidungen des Bundesverfassungsgerichts (Studienauswahl), hrsg. von Dieter Grimm und Paul Kirchhof, Tübingen 1997, Bd. 2.
10 Vgl. oben, Kap. 4.2.1.

zur Regelung unternommen. Gegen das neue Gesetz wandten sich die Grünen auf dem Weg der Organklage, weil sie sich dadurch in ihrer Chancengleichheit verletzt sahen. Der 2. Senat gab der Klage statt und begründete 1992 sein Urteil u.a. folgendermaßen:

> „Entgegen(!) der bisher vom Senat vertretenen Auffassung ist der Staat verfassungsrechtlich nicht gehindert, den Parteien Mittel für die Finanzierung der *allgemein* ihnen nach dem Grundgesetz obliegenden Tätigkeit zu gewähren. Der Grundsatz der Staatsfreiheit erlaubt jedoch nur eine Teilfinanzierung ... aus staatlichen Mitteln ... Das Gesamtvolumen solcher staatlicher Zuwendungen an eine Partei darf die Summe ihrer selbsterwirtschafteten Einnahmen ... nicht überschreiten ('relative Obergrenze') ... Der sich aus diesen Zuwendungen (der Jahre 1989-1992; M.B.) als Mittelwert für ein Jahr ergebende Beitrag bildet das Gesamtvolumen staatlicher Mittel ... ('absolute Obergrenze')"; (BVerfGE, 85, 264f.).

Anfang der 90er Jahre fand sich die Bundesregierung unter Kanzler Kohl in der neuen Situation, dass von dem NATO-Mitglied Bundesrepublik personale und logistische Unterstützung bei multinationalen Einsätzen erwartet wurden. Die Regierung Kohl hatte beschlossen, sich u.a. mit Flugzeugen an der Überwachung des Embargos gegen die Republik Jugoslawien zu beteiligen und Soldaten als Besatzung für die AWACS-Flugzeuge zur Verfügung zu stellen. Die SPD- und die FDP-Fraktion hatten durch eine Organklage geltend gemacht, durch diesen Regierungsbeschluss in ihren parlamentarischen Mitwirkungsrechten verletzt worden zu sein. Im Urteil des 2. Senats von 1994 hieß es u.a.: *Auslandseinsatz der Bundeswehr*

> „Die Ermächtigung des Art. 24 Abs. 2 GG berechtigt den Bund nicht nur zum Eintritt in ein System gegenseitiger kollektiver Sicherheit ... Sie bietet vielmehr auch die verfassungsrechtliche Grundlage für die Übernahme der mit der Zugehörigkeit zu einem solchen System typischerweise verbundenen Aufgaben ... Das Grundgesetz verpflichtet die Bundesregierung, für einen Einsatz bewaffneter Streitkräfte die – grundsätzlich vorherige – konstitutive Zustimmung des Deutschen Bundestages einzuholen ... Hat der Gesetzgeber der Einordnung in ein System gegenseitiger kollektiver Sicherheit zugestimmt, so ergreift diese Zustimmung auch ... eine Beteiligung von Soldaten an militärischen Aktionen des Systems"; (BVerfGE, 90, 286f.).

Gegen das vom Deutschen Bundestag verabschiedete Zustimmungsgesetz zum Maastricht-Vertrag waren Verfassungsbeschwerden eingelegt worden, die insbesondere die Verletzung von Grundrechten im Rahmen der vom Grundgesetz gewährten demokratischen Selbstbestimmung geltend machten und zudem die Aufgabe der Staatlichkeit Deutschlands durch eine Mitgliedschaft in der EU befürchteten. Im Urteil vom Oktober 1993 wies der 2. Senat des Gerichts die Beschwerden u.a. mit den folgenden Gründen zurück: *Maastricht-Vertrag*

> „Im Anwendungsbereich des Art. 23 GG (Europäische Union; M.B.) schließt Art. 38 GG (Wahl zum Bundestag; M.B.) aus ..., daß das demokratische Prinzip, soweit es Art. 79 Abs. 3 in Verbindung mit Art. 20 Abs. 1 und 2 GG für unantastbar erklärt, verletzt wird. Das Demokratieprinzip hindert die Bundesrepublik Deutschland nicht an einer Mitgliedschaft in einer – supranational organisierten – zwischenstaatlichen Gemeinschaft ... Nimmt ein Verbund demokratischer Staaten hoheitliche Aufgaben wahr und übt dazu hoheitliche Befugnisse aus, sind es zuvörderst die Staatsvölker der Mitgliedstaaten, die dies über die nationalen Parlamente demokratisch zu legitimieren haben ... Art. 38 GG wird verletzt, wenn ein Gesetz, das die deutsche Rechtsordnung für die unmittelbare Geltung und Anwendung von Recht der – supranationalen – Europäischen Gemeinschaften öffnet, die zur Wahrnehmung übertragenen

Rechte und das beabsichtigte Integrationsprogramm nicht hinreichend bestimmbar festlegt"; (BVerfGE, 89, 155f.).[11]

Gesellschaft

Verfassungsgerichtliche Entscheidungen klären nicht nur die Verfassungskompatibilität staatlichen, sondern auch individuellen Handelns. In diesem Zusammenhang sind folgende Urteile aus den 90er Jahren von größerer Bedeutung:

Abtreibung

Bis 1992 galt in der Bundesrepublik die 1976 beschlossene sog. „Indikationsregelung", die im Falle einer „allgemeinen Notlage" der schwangeren Frau einen Schwangerschaftsabbruch innerhalb der ersten drei Monate straffrei ermöglichte. Durch die deutsche Wiedervereinigung wurde eine Neuregelung zum Recht auf Schwangerschaftsabbruch notwendig, weil in der DDR eine liberalere Fristenregelung *ohne* Indikation gegolten hatte. Gegen die deshalb 1992 vom Gesetzgeber vorgenommene Neuregelung, die eine bundeseinheitliche Norm einführen sollte, leiteten Bundestagsabgeordnete und die Bayerische Staatsregierung das Verfahren der abstrakten Normenkontrolle ein. Im Urteil des 2. Senats von 1993 wurde in diesem Zusammenhang ausgeführt:

> „Menschenwürde kommt schon dem ungeborenen menschlichen Leben zu. Die Rechtsordnung muß die rechtlichen Voraussetzungen seiner Entfaltung im Sinne eines eigenen Lebensrechts des Ungeborenen gewährleisten ... Rechtlicher Schutz gebührt dem Ungeborenen auch gegenüber seiner Mutter ... Das Lebensrecht des Ungeborenen darf nicht, wenn auch nur für eine begrenzte Zeit, der freien, rechtlich nicht gebundenen Entscheidung eines Dritten, und sei es selbst der Mutter, überantwortet werden ... Grundrechte der Frau tragen nicht so weit, daß die Rechtspflicht zum Austragen des Kindes – auch nur für eine bestimmte Zeit – generell aufgehoben wäre. Die Grundrechtspositionen der Frau führen allerdings dazu, daß es in Ausnahmelagen zulässig, in manchen dieser Fälle womöglich geboten ist, eine solche Rechtspflicht nicht aufzuerlegen"; (BVerfGE 88, 203f.).

Rauschgift/Cannabis

Aufgrund einer Richtervorlage (konkrete Normenkontrolle) und einer Verfassungsbeschwerde musste das Bundesverfassungsgericht darüber befinden, ob bestimmte Vorschriften des Betäubungsmittelgesetzes mit dem Grundgesetz vereinbar sind. Dabei wurde u.a. anderem moniert, dass Cannabis(-Konsum) unter das Betäubungsmittelgesetz falle, der insgesamt gefährlichere Gebrauch von Alkohol und Nikotin jedoch nicht. Die Richtervorlage leitete zudem aus der vom Grundgesetz gewährten allgemeinen Handlungsfreiheit ein „Recht auf Rausch" ab. Im Beschluss des 2. Senats hieß es 1994 u.a.:

> „Für den Umgang mit Drogen gelten die Schranken des Art. 2 Abs. 1 GG. Ein ‚Recht auf Rausch', das diesen Beschränkungen entzogen wäre, gibt es nicht ... Soweit die Strafvorschriften des Betäubungsmittelgesetzes Verhaltensweisen mit Strafe bedrohen, die ausschließlich den gelegentlichen Eigenverbrauch geringer Mengen von Cannabisprodukten vorbereiten ... verstoßen sie deshalb nicht gegen das Übermaßverbot, weil der Gesetzgeber es den Strafverfolgungsorganen ermöglicht, durch das Absehen von Strafe ... oder Strafverfolgung ... einem geringen individuellen Unrechts- und Schuldgehalt der Tat Rechnung zu tragen ... Der Gleichheitssatz gebietet nicht, alle potentiell gleich schädlichen Drogen gleichermaßen zu verbieten oder zuzulassen"; (BVerfGE, 90, 145f.).

---

11 Im Urteil des Gerichts finden sich Formulierungen aus beiden – dem intergouvernementalistischen und dem supranationalen – Modellen der EU (vgl. oben, Kap. 3.6); an einer Stelle erfolgt sogar eine Fusion beider („ ... supranational organisierten – zwischenstaatlichen Gemeinschaft...").

1989 hatten ein als Kriegsdienstverweigerer anerkannter Mann auf einem Flug-   Meinungsfreiheit
blatt sowie der Schreiber eines Leserbriefes die Formulierungen „Soldaten werden zu Mördern ausgebildet" bzw. „Alle Soldaten sind potentielle Mörder!" gebraucht; sie wurden daraufhin wegen Beleidigung der Soldaten bzw. der Bundeswehr zu Geldstrafen verurteilt. Dagegen legten die Verurteilten Verfassungsbeschwerde ein. Im Beschluss des 1. Senats im Oktober 1995 hieß es dazu u.a.:

> „In der Bestrafung wegen dieser Äußerungen liegt ein Eingriff in den Schutzbereich des Grundrechts auf Meinungsfreiheit ... Art. 5 Abs. 1 GG Satz 1 (verlangt) eine Gewichtung der Beeinträchtigung, die der persönlichen Ehre auf der einen und der Meinungsfreiheit auf der anderen Seite droht ... Es begegnet ... keinen Bedenken, dass die Gerichte in der Bezeichnung eines Soldaten als Mörder einen schwerwiegenden Angriff auf dessen Ehre gesehen haben ... Die Gerichte haben sich aber nicht hinreichend vergewissert, daß die mit Strafe belegten Äußerungen diesen Sinn auch wirklich hatten. Sie mußten alternativen Deutungen nachgehen ... In den vorliegenden Fällen bestanden Alternativen zu der von den Gerichten angenommenen Deutung"; (BVerfGE, 93, 289ff.).

8.3 Bundesverfassungsgericht und Europäischer Gerichtshof

In Kapitel 2.4 war bereits etwas ausführlicher die Integration der Bundesrepublik in die Europäische Union behandelt worden. Dabei wurde deutlich, dass die anfangs wirtschaftsbezogenen Gemeinschaften der EGKS bzw. der EG im Laufe der zurückliegenden Jahrzehnte auch zu einem politischen System weiterentwickelt worden waren. Dieses ist zwar in einigen institutionellen und prozeduralen Hinsichten noch nicht mit einem Nationalstaat vergleichbar, aber es hat gleichwohl ein komplexes und für die Unionsstaaten bindendes Rechtssystem hervorgebracht. Das wiederum bedeutet, sowohl von der Ebene der Mitgliedstaaten als auch von EU-Ebene aus betrachtet, dass seit nun schon geraumer Zeit ein nicht unproblematisches Nebeneinander zweier Rechtsordnungen – der jeweils nationalen und der supranationalen – gegeben ist.[12]

Zusätzliche Schwierigkeiten entstehen aus dem Umstand, dass die nationale und die supranationale Ebene eng verschränkt sind: Das primäre EU-Recht kann nur unter Mitwirkung der politischen Organe der Mitgliedstaaten, d.h. der Regierungen weiterentwickelt werden, aber diese müssen, zumindest in der Bundesrepublik, von ‚ihrer' Verfassung auch dazu autorisiert sein. Im Folgenden soll die schwierige Koexistenz zweier Rechtssysteme jedoch nicht aus der Perspektive der Rechtsetzung, sondern aus derjenigen der Gerichte bzw. der Rechtsprechung betrachtet werden. Genauer gesagt geht es um einige markante Positionen, die das Bundesverfassungsgericht, als das an Kompetenzen vermutlich mächtigste nationale Verfassungsgericht in der Union, in den letzten Jahren zur Vereinbarkeit von Bundesrecht und Unionsrecht und auch zur eigenen Rolle eingenommen hat.[13]

Nicht unbedeutend bei der Bestimmung der eigenen Aufgaben im europä-   Europäischer
ischen Staatenbund war die Rollenzuschreibung, die das deutsche Gericht gegen-   Gerichtshof
über seinem Pendant auf europäischer Ebene, dem Europäischen Gerichtshof,

---

12 Siehe dazu auch Kap. 3.6.
13 Zum Folgenden Sturm/Pehle (2005), Kap. 3.6.

vornahm. In der EU sichert der Europäische Gerichtshof (EuGH) die „Wahrung des Rechts bei der Auslegung und Anwendung" des EG-Vertrags (Art. 220 EGV). Seine Einrichtung geht zurück bis auf den EGKS-Vertrag von 1952. Der Gerichtshof besteht aus 27 Richtern, deren jeweilige Amtszeit sechs Jahre beträgt. In ihrer Arbeit unterstützt werden sie durch acht Generalanwälte (Art. 222 EGV). Seit 1989 besteht ein „Gericht erster Instanz" (Art. 224 EGV) mit ebenfalls 27 Richtern, das zur Entlastung des Gerichtshofs beitragen soll. Der EuGH übt die Rechtsprechung unabhängig von den Nationalstaaten aus, seine Rechtsprechung ist für alle Mitgliedstaaten bindend und läuft de facto auf eine Einschränkung der Souveränität der Mitgliedstaaten hinaus.

Der EuGH ist v.a. zuständig bei

– *Vertragsverletzungen*, bei denen die Kommission das Gericht wegen Nichteinhaltung des EG-Vertrages anruft (Art. 226 und 227 EGV),
– *Nichtigkeitsklagen*, mit denen die Rechtmäßigkeit der Handlungen der EU-Organe angezweifelt wird (Art. 230 EGV),
– *Vorabentscheidungen*, bei denen Gerichte aus den Mitgliedstaaten für diejenigen bei ihnen anhängigen Fälle, die sich auf die beiden zuvor genannten Bereiche beziehen, die Meinung bzw. das Urteil des EuGH einholen können bzw. müssen (Art. 234 EGV).

Die Urteile des EuGH haben erheblichen Einfluss auf das Gelingen der bisherigen Integration gehabt.[14]

Grundrechtsschutz und EU-Recht

Der Prozess, durch den das europäische Recht gegenüber nationalen Rechtsordnungen wie dem Grundgesetz allmählich auch im juristischen Alltag die Dominanz erlangte, die in der Verträgen immer wieder abstrakt formuliert worden war, wurde von den Entscheidungen des deutschen Verfassungsgerichts von Anfang an begleitet. Seine kritische Auseinandersetzung mit dem von den europäischen Organen geschaffenen Recht beginnt deshalb schon lange vor dem Vertrag von Maastricht und dem darauf bezogenen Urteil des Gerichts. Eine erste markante Entscheidung traf das Gericht bereits 1974 im Rahmen einer konkreten Normenkontrolle (also aufgrund einer Richtervorlage), in der die Vereinbarkeit einer EWG-Verordnung mit deutschem Recht geprüft werden sollte. Einer der Kernsätze des Beschlusses stellte fest, dass sekundäres Gemeinschaftsrecht legitimerweise der nationalen höchstrichterlichen Überprüfung unterworfen bleibe,

Solange I

„solange der Integrationsprozess der Gemeinschaft nicht so weit fortgeschritten ist, dass das Gemeinschaftsrecht auch einen vom Parlament beschlossenen und in Geltung stehenden formulierten Katalog von Grundrechten enthält, der dem Grundrechtskatalog des Grundgesetzes adäquat ist".[15]

Das Gericht, als Hüter der Verfassung und folglich der im Grundgesetz enthaltenen Grundrechte, behält sich demnach vor, Rechtsnormen der europäischen Gemeinschaft für die Bundesrepublik als ungültig zu erklären, wenn sie die in der BRD gewährten grundrechtlichen Ansprüche verletzen. Und diese nationale

---

14 Wegweisend war z.B. das Urteil von 1979 im Fall „Cassis de Dijon": „Es besagt, dass Produkte, die in einem Mitgliedstaat nach den dortigen Rechtsnormen produziert wurden, in einem anderen Mitgliedstaat ohne Einschränkungen auf den Markt gebracht werden dürfen, auch wenn sie den dort geltenden Gesetzen nicht entsprechen"; Tömmel (2003), 81. Das ist ein anschauliches Beispiel für den Grundsatz „EU-Recht bricht Bundesrecht".
15 BVerfGE 37, 285 (zitiert nach Sturm/Pehle (2005), 137).

Normenkontrolle bleibe „solange" erforderlich, wie die (damals noch so genannte) Europäische Wirtschaftsgemeinschaft für ihre Bürger keinen dem Grundrechtsteil des Grundgesetzes vergleichbaren Schutz gewährleiste. Wenn dies aber einmal zu einem späteren Zeitpunkt der Fall sein sollte, so die Implikation des Beschlusses, dann würde auf europäischer Ebene der gleiche Normenkontrollprozess möglich sein wie jetzt im Rahmen des deutschen Rechtssystems – grundrechtsverletzende Rechtsnormen würden dann bereits auf der in ihrem Grundrechtsgehalt mit der deutschen identischen *europäischen* Rechtsebene vom EuGH ausgefiltert und könnten erst gar nicht bis zum deutschen Rechtssystem vorstoßen.

Der im Gerichts-Beschluss formulierte Kontrollvorbehalt ist konsequent von der Warte eines das Grundgesetz hütenden Verfassungsgerichtes aus, von Seiten der europäischen Wirtschaftsgemeinschaft verkörperte er eine kontinuierliche und, mit Blick auf die anderen Mitgliedstaaten, außergewöhnliche Infragestellung des (wirtschaftlichen) Integrationsprozesses. Das Bundesverfassungsgericht wich dann jedoch 1986 mit einem neuen von dem früheren, „Solange I" genannten Beschluss ab und formulierte einen Vorbehalt ganz anderer Art: Es werde zukünftig Gemeinschaftsrecht nicht mehr auf Vereinbarkeit mit dem Grundgesetz prüfen:

> „Solange die Europäischen Gemeinschaften, insbesondere die Rechtsprechung des Gerichtshofs der Gemeinschaften einen wirksamen Schutz der Grundrechte gegenüber der Hoheitsgewalt der Gemeinschaften generell gewährleisten ..., wird das Bundesverfassungsgericht seine Gerichtsbarkeit über die Anwendung von abgeleitetem Gemeinschaftsrecht ... nicht mehr ausüben"; (BVerfGE, 73, 340).   Solange II

Das Gericht hatte mit diesem als „Solange II" bezeichneten Beschluss die grundrechtsschützende Kontrollkompetenz zwar prinzipiell dem EuGH überlassen, in einigen Kommentaren zu diesem Beschluss, darunter auch derjenige eines Karlsruher Richters, wurde jedoch deutlich, dass das Gericht seinen Anspruch auf Überprüfung der Rechtsetzungsakte von EU-Organen nur ruhen lassen wollte, aber nicht vollständig aufgegeben hatte. Der Konflikt, der sich aus dem nach wie vor bestehenden Vorbehalt des Gerichts ergeben konnte, war zwar entschärft, konnte aber jederzeit wieder aufbrechen.

In seinem 1993 ergangenen, oben bereits angesprochenen Urteil zum Maastricht-Vertrag schien es dann so, als habe das Gericht auch noch diese modifizierte Position aufgegeben. Aus dem umfangreichen und komplexen Maastricht-Urteil, in dem viele grundlegende, aber hier nicht zu berücksichtigende Fragen der EU-Mitgliedschaft des Nationalstaates Bundesrepublik erörtert werden, ist v.a. folgende Passage interessant:

> „Auch Akte einer besonderen, von der Staatsgewalt der Mitgliedstaaten geschiedenen öffentlichen Gewalt einer supranationalen Organisation betreffen die Grundrechtsberechtigten in Deutschland. Sie berühren damit die Gewährleistungen des Grundgesetzes und die Aufgaben des Bundesverfassungsgerichts ... Allerdings übt das Bundesverfassungsgericht seine Rechtsprechung über die Anwendbarkeit von abgeleitetem (d.h. sekundärem; M.B.) Gemeinschaftsrecht in Deutschland in einem »Kooperationsverhältnis« zum Europäischen Gerichtshof aus"; (BVerfGE 89, 156).

Diese „Kooperation" soll nach der hier geäußerten Auffassung des Gerichts konkret darin bestehen, dass der EuGH für den europaweiten Grundrechtsschutz „in jedem Einzelfall" zuständig ist, während es selbst die „generelle Gewährleistung" für die Grundrechtsberechtigten in Deutschland übernimmt (BVerfG 89, 175).

Lissabon-Urteil
2009 hatte das Gericht dann Gelegenheit, anlässlich einer Verfassungsbeschwerde bzw. einer von der Fraktion der „Linken" angestrengten Organklage sich erneut zum Verhältnis von nationaler Souveränität und intergouvernemental herbeigeführter EU-Integration bzw. zur Beziehung von Grundgesetz und EU-Primärrecht zu äußern. In dem Urteil, zumindest im Hinblick auf die in seinen „Leitsätzen" gebrauchte Terminologie, scheint das Gericht gegenüber dem Maastricht-Urteil wieder stärker die Staatenbund-Qualität der Europäischen Union zu betonen („Vertragsunion souveräner Staaten"). Im Zusammenhang mit dem Verfassungsgrundsatz „Demokratie" einerseits und der weiteren Entwicklung der EU andererseits wird außerdem zweierlei ausgeführt: Erstens hätten in dieser Angelegenheit neben der Bundesregierung auch Bundestag und Bundesrat, also „die gesetzgebenden Körperschaften eine besondere Verantwortung ... (Integrationsverantwortung)"; zweitens könne über ein Aufgehen der Bundesrepublik in einem europäischen Bundesstaat allein der deutsche Souverän entscheiden:

> „Die Wahlberechtigten besitzen nach dem Grundgesetz das Recht, über den Identitätswechsel der Bundesrepublik Deutschland, wie er durch Umbildung zu einem Gliedstaat eines europäischen Bundesstaates bewirkt werden würde, und die damit einhergehende Ablösung des Grundgesetzes „in freier Entscheidung" zu befinden. Art. 146 GG schafft ... ein Teilhaberecht des wahlberechtigten Bürgers ..."[16].

Insgesamt zeichneten sich bei der hier lediglich grob skizzierten Folge von vier Entscheidungen die generellen Schwierigkeiten im Prozess der allmählichen Hierarchisierung zweier Rechtssysteme ab. Die Probleme wurden in der Bundesrepublik nur deshalb besonders deutlich, weil dort ein starkes Verfassungsgericht einen umfangreichen Grundrechtskatalog schützt. Prinzipiell ergibt sich die ‚Kolonisierung' bzw. partielle Unterordnung nationalen Rechts durch bzw. unter EU-Recht aber auch in allen anderen Mitgliedstaaten.[17]

Rückblickend geurteilt war die anfangs wenig integrationsfreundliche (aber nicht von allen Karlsruher Richtern geteilte) Haltung des Bundesverfassungsgerichts durchaus produktiv für die Schaffung grundgesetzähnlicher Grundrechtsstandards durch die Rechtsprechung des EuGH – das Karlsruher Gericht kann also nicht ohne weiteres als „Verlierer" der Europäisierung des politischen Systems der Bundesrepublik bezeichnet werden.[18] Überdies wird deutlich, dass die Fortentwicklung des europäischen Rechtssystems nicht ausschließlich von den Rechtssetzungsorganen der EU betrieben wird, sondern auch von deren oberstem Rechtsprechungsorgan. Und schließlich ist die Entwicklung des EU-Rechts

---

16 BVerfGE 123, 179. Im Anschluss an die zitierte Passage heißt es weiter : „Art. 146 GG bestätigt das vorverfassungsrechtliche Recht, sich eine Verfassung zu geben, aus der die verfasste Gewalt hervorgeht und an die sie gebunden ist"; (ebd.). Vgl. dazu die Ausführungen oben in Kap. 3.1; zum Lissabon-Urteil siehe z.B. Peter-Christian Müller-Graff, Das Lissabon-Urteil: Implikationen für die Europapolitik, in: Aus Politik und Zeitgeschichte 18/2010 v. 3. 5. 2010.
17 Siehe z.B. Jürgen Schwarze, Die europäische Dimension des Verfassungsrechts, in: ders. (Hrsg.), Verfassungsrecht und Verfassungsgerichtsbarkeit im Zeichen Europas, Baden-Baden 1998, 137-167.
18 So aber Rudzio (2006), 507. Genauso wenig zutreffend ist es zu sagen, der EuGH sei inzwischen zum „Bestandteil" des politischen Systems der Bundesrepublik geworden; Sturm/Pehle (2005), 148.

ein Beispiel dafür, dass europäische Integration im Sinne einer Harmonisierung von Standards nicht immer eine Einigung auf den kleinsten gemeinsamen Nenner mit sich bringt – die im Jahr 2000 im Zuge des Vertrags von Nizza proklamierte „Charta der Grundrechte der EU"[19] enthält keinen minimalen, sondern einen sehr umfangreichen Grundrechtsschutz.

Zusammenfassung

Das Grundgesetz hat dem Bundesverfassungsgericht eine Reihe wichtiger Aufgaben zugewiesen: dazu gehören vor allem die Sicherstellung der grundgesetzlich bestimmten Funktionsweise der Staatsorgane, d.h. die Wahrung der Gewaltenteilung, sowie die Gewährleistung des umfangreichen Grundrechtsschutzes für die Bürger. Das Verfassungsgericht verkörpert keinen Ersatzgesetzgeber und ist mit dem Demokratieprinzip des Grundgesetzes voll kompatibel – obwohl sich seine Funktionen nicht auf die Aufrechterhaltung des demokratischen Prozesses reduzieren lassen. Zwar wird sich das Institut der „Vorabentscheidung" des EuGH in Fragen der Auslegung des Primärrechts der EU nicht anders als Überordnung des europäischen über die nationalen Gerichte verstehen lassen können. Aber das Ausmaß der damit verbundenen ‚Machteinbuße' wird nicht ganz zufällig oft von denjenigen übertrieben dargestellt, die das Verfassungsgericht zuvor als über die Maßen einflussreich kritisiert haben.

---

19 Abgedruckt in Detterbeck (2010); die „Charta" ist allerdings kein Teil des EU-Vertrages.

9. Schlussbetrachtungen

Die vorangegangenen Kapitel hatten die Grundstrukturen der Politik in der Bundesrepublik Deutschland aufgezeigt. In diesem Zusammenhang sind politische Institutionen, (kollektive) Akteure und Prozesse vorgestellt und analysiert worden. Insgesamt sind damit die Konturen eines politischen Gemeinwesens sichtbar geworden, das nunmehr seit über 60 Jahren Bestand hat. Zum Schluss werden noch einmal die wichtigsten Aspekte des politischen Systems in der Bundesrepublik zusammengefasst.

Nach dem am Ende des 2. Weltkrieges erfolgten Zusammenbruch des Deutschen Reiches ging 1949 aus den drei Westzonen die Bundesrepublik Deutschland hervor, als die Gesetzgebungsorgane der zuvor bereits konstituierten Länder, die Landtage, das Grundgesetz für den westdeutschen Staat verabschiedeten. Die zunächst nur als Provisorium betrachtete Verfassung zog in ihrem Organisationsteil Lehren aus der Weimarer Republik und legte sich auf ein parlamentarisches Regierungssystem fest. Der Grundrechtsteil weist das Grundgesetz als eine liberale Verfassung aus und stellte damals den verfassungsrechtlichen Beitrag zur Westintegration Deutschland dar. Weitere Schritte zur politischen und wirtschaftlichen Integration des jungen Deutschland wurden dann durch die Gründung der EGKS, der Vorläuferorganisation der heutigen EU, sowie den Beitritt zur NATO eingeleitet.

Die Bundesrepublik im Wandel

Während sich also das „state building" in Deutschland mit der Verabschiedung einer an liberalen Prinzipien orientierten Verfassung vergleichsweise einfach bewerkstelligen ließ, brauchte der Prozess der Normalisierung der politischen Kultur resp. der ‚Verwestlichung' der Gesellschaft und damit des Staates insgesamt, wesentlich mehr Zeit. Er war im Grunde von einer Generation, die Liberalismus und westliche Demokratie mehrheitlich abgelehnt hatte, gar nicht zu bewältigen. Dass den Westdeutschen noch Anfang der 60er Jahre im Rahmen der vergleichenden politischen Kulturforschung eine „Untertanenmentalität" attestiert wurde, war darum nicht verwunderlich. Die Unzufriedenheit mit einer zwangsläufig nur teilweise gelungenen Entnazifizierung hatte die junge Bundesrepublik noch lange Zeit beschäftigt und wurde z.B. von der 1968er Generation noch einmal deutlich artikuliert. Auch wenn sich die Bundesrepublik inzwischen schon seit längerem als liberaler und demokratischer Staat bewährt hat und als solcher auch anerkannt ist, wird die Konfrontation mit bzw. die Bewältigung der nationalsozialistischen Vergangenheit weiterhin zum politischen Alltag in Deutschland gehören.[20]

---

20 Siehe dazu Heinrich August Winkler, Auf ewig in Hitlers Schatten? Über die Deutschen und ihre Geschichte, München 2007.

Die gravierendsten Änderungen, die die Bundesrepublik in den Jahrzehnten ihrer Existenz erfahren hat, ergaben sich aus dem Fall der Berliner Mauer und der im Anschluss daran herbeigeführten Wiedervereinigung der beiden deutschen Staaten in den Jahren 1989 bzw. 1990: Die alte Bundesrepublik wurde, was die Ausdehnung ihres Staatsgebietes angeht, um ca. ein Drittel größer; das „Staatsvolk" hatte sich um ein Viertel von ca. 62 Mio. auf über 80 Mio. Bürger vergrößert. Schwierig zu bewältigen waren auch in diesem Zusammenhang weniger die Prozesse des state building – die neuen Bundesländer waren dem Geltungsbereich des Grundgesetz beigetreten, das parlamentarische Regierungssystem sowie die westdeutschen Verwaltungsstrukturen wurden übernommen – als die des „nation building" im Sinne einer Einbindung der ostdeutschen Bevölkerung in die politische Kultur Westdeutschlands. Die jahrzehntelange Indoktrinierung und Gängelung durch ein autoritäres sozialistisches Regime macht für viele Ostdeutsche den Rollenwechsel vom Untertanen zum mündigen Bürger schwierig, wenn nicht unmöglich. Im Vergleich mit den alten Bundesländern ist deshalb der Zuspruch zum bzw. die Anfälligkeit für rechtsextremistisches Gedankengut in den neuen Bundesländern relativ hoch. Auch in diesem Zusammenhang lässt sich von einer Generationenaufgabe sprechen.

Grundgesetzänderungen

Die Verfassung eines Staates ist, trotz der für unerschütterbar erklärten liberalen und demokratischen Verfassungsgrundsätze und einer im Grundgesetz ausgesprochenen Ewigkeitsgarantie, kein starres Gebilde. Der verfassungsändernde Gesetzgeber in der Bundesrepublik hat das Grundgesetz in den zurückliegenden Jahrzehnten über 50-mal abgeändert. Diese Änderungen ließen den Gesamtcharakter der Verfassung jedoch weitgehend unangetastet. Das trifft letztlich, gemessen an den damals vorgebrachten Veränderungswünschen, auch auf die Grundgesetzänderungen im Anschluss an die Wiedervereinigung zu. Von dieser allgemeinen Einschätzung auszunehmen sind zum einen die Neuerungen im Rahmen der sog. Notstandsverfassung, die 1968 unter der damaligen Großen Koalition verabschiedet wurde und die Regelungen sowohl für den Katastrophen- wie für den Spannungs- bzw. Verteidigungsfall enthielt. Die zudem getroffenen Vorkehrungen für den „inneren Notsand" war der damaligen politischen Linken ein weiterer Beleg für die tatsächliche Illiberalität des deutschen Staates. In der breiten Öffentlichkeit wenig zur Kenntnis genommene drastische Auswirkungen, wenn auch nicht gegenüber Bundesbürgern, hatte zum anderen der sog. „Asylkompromiss" aus dem Jahr 1993. Mit ihm wurde das einst großzügig gewährte und allseits als Lehre aus der politischen Verfolgung im Dritten Reich befürwortete deutsche Asylrecht durch Bestimmungen über sichere „Dritt"- bzw. „Herkunftsstaaten" weitgehend eingeschränkt. Von grundlegender Bedeutung ist auch die Entscheidung, die Bundeswehr auch außerhalb des bundesdeutschen Territoriums bzw. unabhängig von Verteidigungsmaßnahmen einzusetzen. Dies war bzw. ist eine nicht unumstrittene, aber letztlich richtige Reaktion auf den Umstand, dass die Bundesrepublik, und mit ihr weitere Staaten der EU, inzwischen nicht nur das Ziel sog. „Wohlstandsflüchtlinge" ist, sondern auch das mehr oder weniger deutlich identifizierte Feindbild islamistischer Terroristen und ihrer Sympathisanten. Die Bemühungen, die Sicherheit der deutschen Bevölkerung einerseits durch Truppen im Ausland und durch restriktive, u.U. grundrechtseinschränkende Gesetzgebung zu sichern, werden auch weiterhin die innen- und außenpolitische Diskussion in der Bundesrepublik bestimmen.

Die Bundesrepublik in der internationalen Politik

Führt der internationale Terrorismus bzw. der terroristische Islamismus eindringlich vor Augen, dass Nationalstaaten in ein globales politisches System eingebunden sind, in dem auch Nichtregierungsorganisationen und Terrorgruppen Einfluss auf wichtige nationale Entscheidungen ausüben können[21], so stellt der inzwischen über 50 Jahre währende europäische Integrationsprozess eine – im großen und ganzen – positive Form regionaler Interdependenz dar. Dieser Prozess, der eine immer engere Kooperation und Koordination der EU-Staaten bedingt und der zu einem späteren Zeitpunkt vielleicht auch zu den Vereinigten Staaten von Europa führen wird, hat seinen Preis in der Aufweichung bzw. Relativierung nationalstaatlicher Strukturen und Entscheidungen. Über eine Vielzahl von Politikfeldern wird bereits heute nicht mehr in Berlin, sondern in Brüssel und Luxemburg bzw. Straßburg entschieden. Das mag in Einzelfällen zu Rückschritten oder Verschlechterungen des bisher im nationalen Rahmen Erreichten führen. Insgesamt ist die Europäische Union jedoch, unter anderem auch als ein ‚Schutzwall' gegenüber unabsehbaren ökonomischen Einflüssen in einer globalisierten Welt, positiv zu bewerten. Die Vorteile einer solchen Integration für die daran beteiligten Einzelstaaten werden von außen, in den nicht integrierten Regionen der Welt, viel eher wahrgenommen als in Europa selbst, wo der Nationalstaat, eine Hervorbringung des 19. Jahrhunderts, die in der Vergangenheit bekanntlich nicht nur positive Auswirkungen gehabt hatte, von manchem als der politischen Weisheit letzter Schluss angesehen wird.[22] Der Prozess der europäischen Integration scheint mit dem Kompromiss bzw. Reformvertrag von Lissabon im Oktober 2007 jedoch konsolidiert worden zu sein.

Die Europäisierung der Politik der Nationalstaaten schlägt sich nicht nur in den komplexeren (vertraglichen) Außenbeziehungen der einzelnen politischen Systeme nieder, sondern auch in den internen Prozessen der gesellschaftlichen und politischen Institutionen und deren Aktionen. Auf die Interessenvermittlung wirkt sich dies insofern aus, als mit den entscheidungsrelevanten EU-Institutionen neue Ansprechpartner entstanden sind, auf die die nationalen Interessenorganisationen ihrerseits u.a. mit zusätzlichen Zusammenschlüssen reagiert haben. Die Entwicklung vieler nationaler Gesellschaften in Europa zu postindustriellen oder Dienstleistungsgesellschaften lässt sich auch daran ablesen, dass zahlreiche neue Beschäftigungsfelder, wie z.B. die IT-Branche, gewerkschaftlich nur schwach oder gar nicht organisiert sind bzw. eine solche Organisation von der Arbeitgeberseite (v.a. durch großzügige materielle Anreize) bewusst unterbunden wird. Aber auch die Industriegewerkschaften haben, wie der DGB im Allgemeinen, mit einem empfindlichen und offensichtlich immer noch nicht zum Stillstand gekommenen Mitgliederschwund zu kämpfen. Die noch nicht bei allen Gewerkschaftsfunktionären realisierte Einsicht, dass eine stärkere Umverteilung des Wohlstands nicht mehr das primäre Ziel gewerkschaftlicher Arbeit sein kann sowie die Auswirkungen des Gemeinsamen Europäischen Marktes und der Globalisierung, wodurch viele Anstrengungen der nationalen Politik konterkariert werden, haben dazu beigetragen. Vor allem bei der Bestimmung und Festlegung von

Organisierte Interessen in Deutschland und der EU

---

21 Dies traf auf die Bombenanschläge auf Madrider Vorortzüge im Frühjahr 2004, die *einen* Grund für die Abwahl der konservativen Regierung Aznar darstellten (die zuvor Truppen in den Irak entsendt hatte) genauso zu wie auf die Angriffe gegen die in Afghanistan stationierten Bundeswehr-Einheiten, mit denen die Beratungen über die Verlängerung der Stationierung im Deutschen Bundestag beeinflusst werden sollen.

22 Einschlägige Topoi in diesem Zusammenhang sind z.B. das „Hineinregieren" der EU in die nationale Politik; die „Krake" EU oder die Bezeichnung der gemeinsamen Politiken als „Büchse der Pandora"; siehe dazu Rudzio (2006), 488.

(branchenspezifischen) Mindeststandards für europäische Arbeitnehmer wäre ein handlungsfähiger europäischer Gewerkschaftsbund ein wichtiger Partner für die Politik. Wie schwierig die Konstituierung europaweiter Organisationen jedoch ist, zeigte sich bereits an den vergleichsweise schwachen Arbeitgeberdachverbänden in Europa, wobei allerdings deren Schwäche mit der Stärke nationaler Dach- oder Einzelverbände einhergeht.

Ein ähnlicher Befund gilt bisher auch für die Europa-Parteien. Die Hauptursache ihrer Schwäche liegt darin, dass europäische Parteien bisher keine wichtige oder gar zentrale Funktion im Rahmen der politischen Willensbildung spielen: Das Parlament, als supranationales Organ der EU, steht an Einfluss immer noch hinter den intergouvernemental besetzten bzw. gesteuerten Organen (Rat und Kommission) zurück. Die deutschen Parteien, als diejenigen gesellschaftlichen Interessenorganisationen, die sich auf die Teilnahme an Wahlen und die Besetzung von politischen Ämtern spezialisiert haben, sehen sich einem ähnlichen Mitgliederschwund wie die Gewerkschaften gegenüber. Das gilt vor allem für die beiden Volksparteien CDU/CSU und SPD und liegt auch daran, dass ausgerechnet bei den der Demokratie verpflichteten Institutionen intern demokratische Grundsätze nicht immer einfach zu realisieren sind und der Mitgliedereinfluss auf die Parteipolitik dementsprechend gering ist. Seit vielen Jahren ist deshalb eine Parteiverdrossenheit zu beobachten.

Neue Parteien und Beteiligungsformen

Das deutsche Parteiensystem ist seit den achtziger Jahren in Bewegung. Die Hauptkonfliktlinien sind nach wie vor prägend, und es scheint, als ob das in Zeiten des Postmaterialismus entschärfte cleavage „Arbeit vs. Kapital" erneut in den Mittelpunkt der Politik rückt, sei es aus Gründen der Privatisierung großer Staatsbetriebe wie der Deutschen Bahn oder wegen des gemeinsamen europäischen Marktes (Stichwort „Entsendegesetz") bzw. der Globalisierung (d.h. internationalen Finanzinvestoren bzw. „Heuschrecken"). Knapp 25 Jahre nach der überwiegend postmaterialistischen Partei der „Grünen" ist mit der „Linken" eine wiederum eher materialistische Partei auf der politischen Bühne der Bundesrepublik aufgetaucht. Beide Neugründungen erfolgten in erster Linie zu Lasten der SPD, die es zukünftig schwer(er) haben dürfte, mit der CDU/CSU in der Wählergunst gleichzuziehen. Aus Gründen der stärkeren Profilierung hat die SPD Ende 2007 in ihr neues (Hamburger) Parteiprogramm den alten Begriff des „demokratischen Sozialismus" aufgenommen.

Parteiverdrossenheit muss nicht gleichgesetzt werden mit Politikverdrossenheit. Gelegentlich scheint es, als ob sich Teile der interessierten Bürgerschaft auf andere, alternative Organisations- bzw. Partizipationsformen verlegt hätten. Zwar mögen die Hoch-Zeiten der Hunderttausende Demonstranten aktivierenden der Friedens- bzw. Antiatomkraft-Bewegung erst einmal vorbei sein. Gleichwohl lässt sich zumindest zeitweise weit sichtbarer Protest anlässlich einzelner politischer Großereignisse mobilisieren, was z.B. beim G8-Gipfel in Heiligendamm 2007 deutlich wurde. Allerdings zeichnet sich die politische Partizipation in diesem Zusammenhang nicht nur durch ihre temporäre Begrenztheit aus, sie ist zugleich, wie sich etwa bei der globalisierungskritischen Organisation ATTAC zeigt, von einem eher diffusen Politikverständnis getragen und sie vermag sich zudem nicht immer ausreichend von gewaltbereiten bzw. kriminellen Elementen der Protestszene zu distanzieren. Ebenso bleibt abzuwarten, ob der Widerstand gegen technologische Großprojekte wie Eisenbahn- oder Stromtrassen, Pumpspeicherkraftwerke, Start-und Landebahnen etc. politisch zu verstehen ist oder nicht doch eher als Ausfluss einer egoistischen „Not in my backyard"-Haltung. Sog. „Wutbürger" müssen jedenfalls nicht zwangsläufig das Gemeinwohl im Auge haben.

Nach der Verfassung ist der Deutsche Bundestag das „Hohe Haus", in das der deutsche Souverän seine Stellvertreter gewählt hat. Er ist das einzig direkt legitimierte politische Organ und nominell das Gesetzgebungsorgan der Bundesrepublik, das die bindenden Entscheidungen trifft, die ihrseits die Grundlage des Regierungshandelns bilden. Das Prinzip strikter Gewaltenteilung bzw. -separierung ist im Grundgesetz damit nicht realisiert. Denn die Funktionsweise des parlamentarischen Regierungssystems bedingt eine starke Abhängigkeit der Regierung von der Parlamentsmehrheit sowie eine faktische Zweiteilung der Legislative in Regierungsmehrheit und Oppositionsminderheit. Davon abgesehen findet die Gesetzesarbeit, unabhängig von der Art des Regierungssystems, auch nicht ausschließlich im (Arbeits-)Parlament statt, weil die wichtige erste Phase eines Gesetzentwurfes in die mit Sachverstand und Kontakten zu den relevanten Interessenorganisationen ausgestatteten Ministerialbehörden gewissermaßen ausgelagert wird. Es muss auch damit gerechnet werden, dass die Institution Parlament vom Institutionenpersonal, d.h. den Parlamentariern, zu eigenen Zwecken genutzt wird bzw. Parlamentarier ihre gleichzeitige Mitgliedschaft in anderen gesellschaftlichen Interessenorganisationen zumindest nicht geringer schätzen.

Moderne Parlamente sind also in der Regel weniger mächtig, als es auf den ersten Blick scheint, weil sie nicht alleine für den Gesetzgebungsprozess zuständig sind, und sie stehen mit den durchaus auch eigeninteressierten Abgeordneten weitaus tiefer im ‚normalen' Leben, als es feierliche Etikettierungen gelegentlich suggerieren. Trotz dieser und anderer ernüchternder Relativierungen ist der Bundestag aber nicht lediglich ein Ort für allenfalls symbolische Politik. In Fragen mit außergewöhnlicher Bedeutung – etwa zum Umgang mit den neuen Möglichkeiten der Biotechnik oder zur Außenpolitik – vermag es das Parlament, den effektiven, aber hehren demokratischen Idealen wenig entsprechenden Routinemodus ‚umzudrehen', so dass es tatsächlich Herr des Verfahrens wird. D.h., der Bundestag wird dann zum tatsächlichen Zentrum politischer Autonomie und verleiht der Idee einer autonomen repräsentativen Körperschaft vorübergehend Ausdruck.

In parlamentarischen Regierungssystemen ist die vom Parlament legitimierte und gestützte Regierung der wichtigste Akteur bzw. das mächtigste Organ. Um die komplexe Regierungs- bzw. Führungsarbeit bewältigen zu können, bedarf es eines umfangreichen Apparates, der im Auftrage der Kanzlerin oder des Kanzlers plant, koordiniert und Außendarstellung betreibt. Diese Aufgabe übernimmt das Bundeskanzleramt. Der große Einfluss dieses Amtes lässt sich nicht zuletzt am pompösen, erhebliches exekutives Selbstbewusstsein ausstrahlenden Neubau des Regierungssitzes vis à vis des Reichstagsgebäudes ablesen. Allgemeine Gestaltungs- und Führungsmacht erhält der Bundeskanzler durch die im Grundgesetz angeführte Richtlinienkompetenz, die er auch gegenüber den Kabinettsmitgliedern behaupten kann. Einfluss und Macht des Bundeskanzlers sind zusätzlich noch einmal vergrößert worden durch den Prozess der europäischen Integration, dessen Verlauf immer noch maßgeblich von den Regierungen, d.h. der Regierungschefs der Mitgliedstaaten, also „intergouvernemental" geprägt ist. Damit einher geht die öffentliche Wahrnehmung, dass Politik von (einzelnen) Personen und nicht von Institutionen gemacht wird, und folglich Wahlkämpfe

Bundestag und moderner Parlamentarismus

„Kanzlerdemokratie"

seit langem bereits eine Personalisierung nach US-amerikanischem Muster erfahren. Das zeigt sich z.B. daran, dass die Wahlen zum Deutschen Bundestag in der Öffentlichkeit als (direkte) Kanzlerwahlen aufgefasst werden.

Bundesstaat und Politikverflechtung

Zu den charakteristischen Zügen des politischen Systems der Bundesrepublik gehört die Bundesstaatlichkeit, deren Anfänge sich in Deutschland bis ins 19. Jahrhundert zurückverfolgen lassen. Die Vorteile einer bundesstaatlichen Ordnung liegen auf der Hand: Die zusätzliche Ebene, die durch die Einrichtung von Staaten im Staat geschaffen wird, erlaubt prinzipiell mehr politische Partizipation und Pluralismus und sorgt so für eine gewisse Ausgewogenheit und Minderheitenschutz. Allerdings ergeben sich auch Nachteile aus der gegenüber Zentralstaaten viel größeren institutionellen Komplexität: Die grundgesetzlich vorgesehene Machtverteilung im Bundesstaat ist nämlich nicht statisch; sie unterliegt einem stetigen Wandel bzw. Veränderungswillen, was sich dann entweder in zentripetalen oder zentrifugalen Tendenzen, d.h. in Entwicklungen hin zu einem mächtigen Zentralstaat (Unitarisierung) oder zu einer stärkeren Unabhängigkeit der Gliedstaaten (Partikularismus) niederschlägt. Nachteilig wirkt sich die bundesstaatliche Struktur auch dadurch aus, dass brisante Probleme, deren Lösung den politischen Akteuren vorhersehbar wenig Sympathie einbringen oder sogar „Stimmen kosten" wird, auf die jeweils andere Ebene verschoben werden; eine Praxis, in die inzwischen oft auch die Politik auf der EU-Ebene einbezogen wird. Der grundsätzlich erwünschte politische Pluralismus wird überdies kontraproduktiv, wenn er im Rahmen eines ‚divided government', also im Falle unterschiedlich zusammengesetzter Mehrheiten in Bundestag und Bundesrat, nur noch zu Blockaden führt. Aufgrund der zahlreichen, im Laufe der Zeit entstandenen „Verflechtungen" der beiden nationalen Politikebenen hat sich der Föderalismus in Deutschland am Ende des 20. Jahrhunderts als ein Hemmschuh sondergleichen für die im europäischen Vergleich ohnehin schon spät beschlossenen Reformen in Staat und Gesellschaft erwiesen. Die enormen Schwierigkeiten der von allen Seiten grundsätzlich befürworteten Föderalismusreform resultieren daraus, dass sie zwangsläufig unter den Bedingungen dieser partiell problematischen Bundesstaatlichkeit stattfinden muss.

Hüter des Grundgesetzes

Unter anderem die verbindliche Beilegung von Konflikten zwischen den einzelnen Institutionen des föderalen Staates fallen in die Zuständigkeit des Bundesverfassungsgerichtes. Zudem entscheidet es die Bund-Länder-Streitigkeiten und legt die Meinungsunterschiede zwischen einzelnen Bundesländern bei und befindet über Verfassungsbeschwerden, die jedermann nach Ausschöpfung des normalen Rechtsweges anstrengen kann. Die eigentliche ‚Macht' des Karlsruher Gerichts rührt jedoch von einer weiteren seiner zahlreichen Kompetenzen her: vom Institut der abstrakten Normenkontrolle, bei der Rechtsnormen (Gesetze) als verfassungswidrig verworfen werden können. In dieser Funktion kann das Gericht jedoch nur auf Antrag seitens der Politik, d.h. im konkreten Fall oft: einer in der Konkurrenzdemokratie unterlegenen Partei oder Fraktion, tätig werden. Diese Art der Normenkontrolle stellt keine verkappte Form der Gesetzgebung dar, sie ist vielmehr Rechtsprechung, in deren Rahmen die Verfassung als Produkt des Verfassungsgesetzgebers vor dem unüberlegten Handeln des einfachen Gesetzgebers geschützt wird. Das Verfassungsgericht hat allerdings deshalb nicht das definitiv letzte Wort im demokratischen Verfassungsstaat, weil der Verfassungsgesetzgeber prinzipiell jederzeit eine Verfassungsänderung in seinem Sinne vornehmen kann.

Verfassungsrechtsprechung und Verfassungspolitik führen noch einmal vor Augen, dass die Grundstrukturen der Politik in der Bundesrepublik, wie in anderen konstitutionellen Demokratien auch, im wesentlichen *rechtliche* Strukturen sind: Seien es gesellschaftliche Organisationen wie Verbände oder Parteien oder politische Institutionen wie Parlamente und Regierungen – in jedem Falle handelt es sich um rechtlich verfasste Körperschaften, die über mehr oder weniger direkte Beziehungen ihre Legitimation aus dem Grundgesetz beziehen. Die Politik als bewusste Gestaltung der Lebenswirklichkeit einer Gesellschaft wird folglich von rechtlich konstituierten Organisationen und Institutionen mit im übrigen durchaus auch eigeninteressierten Akteuren gemacht. Dabei ist der grundgesetzliche Rahmen zu respektieren, es sei denn, er wird seinerseits Gegenstand verfassungsändernder demokratischer Politik. Am Ende bleiben nur ganz wenige Grundsätze, die als politisch unveränderbar gelten: Dazu gehört ohne Zweifel das Prinzip der Freiheit, das der Verfassungsstaat letztlich über die ansonsten im politischen Alltag dominanten Interessen stellt.

<aside>Rechtliche Grundstrukturen der Politik</aside>

10. Literaturverzeichnis

Abelshauser, Werner 2006: Der wahre Wert der Mitbestimmung, in: Die Zeit, Nr. 39 v. 21.09. 2006
Abromeit, Heidrun 1995: Volkssouveränität, Parlamentssouveränität, Verfassungssouveränität: Drei Realmodelle der Legitimation staatlichen Handelns, in: Politische Vierteljahresschrift, 361, 49-66
Abromeit, Heidrun 1993: Interessenvermittlung zwischen Konkurrenz und Konkordanz. Opladen: Leske + Budrich
Abromeit, Heidrun 1989: Sind die Kirchen Interessenverbände?, in: Abromeit, Heidrun/Wewer, Göttrik (Hrsg.): Die Kirchen und die Politik. Opladen: Westdeutscher Verlag, 244-257
Ackerman, Bruce 1993: Ein neuer Anfang für Europa. Nach dem utopischen Zeitalter. Berlin: Siedler
Alemann, Ulrich von 2003: Das Parteiensystem der Bundesrepublik Deutschland. Opladen: Leske + Budrich
Alemann, Ulrich von 1989: Organisierte Interessen in der Bundesrepublik. Opladen: Leske + Budrich
Alemann, Ulrich von/Heinze, Rolf G. (Hrsg.) 1981: Verbände und Staat. Vom Pluralismus zum Korporatismus. Analysen, Positionen, Dokumente. Opladen: Westdeutscher Verlag
Alexy, Robert 2006: Abwägung, Verfassungsgerichtsbarkeit und Repräsentation, in: Becker, Michael/Zimmerling, Ruth (Hrsg.): Politik und Recht. Wiesbaden: VS Verlag, 250-258
Almond, Gabriel A./Powell, G. Bingham 1996: Comparative Politics. A Theoretical Framework. New York: Harper Collins College Publishers
Almond, Gabriel A./Powell, G. Bingham 1976: Vergleichende Politikwissenschaft – Ein Überblick, in: Stammen, Theo (Hrsg.): Vergleichende Regierungslehre. Darmstadt: Wissenschaftliche Buchgesellschaft, 132-161
Almond, Gabriel A./Verba, Sidney 1963: The Civic Culture. Political Attitudes and Democracy in Five Nations. Princeton: Princeton University Press
Andersen, Uwe 1995: Bundesstaat/Föderalismus, in: Andersen, Uwe/Woyke, Wichard (Hrsg.): Handwörterbuch des politischen Systems der Bundesrepublik Deutschland. Bonn: Bundeszentrale für politische Bildung, 80-88
Aubert, Jean-Francois 1987: So funktioniert die Schweiz. Bern: Cosmos-Verlag
Augstein, Rudolf u.a. 1987: Historikerstreit. Die Dokumentation der Kontroverse um die Einzigartigkeit der nationalsozialistischen Judenvernichtung. München/Zürich: Piper
Baring, Arnulf 1984: Machtwechsel. Die Ära Brandt-Scheel. München: dtv
Batt, Helge-Lothar 1996: Die Grundgesetzreform nach der deutschen Einheit. Akteure, politischer Prozeß und Ergebnisse. Opladen: Leske + Budrich
Becker, Michael/Zimmerling, Ruth (Hrsg.) 2006: Politik und Recht. PVS Sonderheft 36. Wiesbaden VS Verlag
Becker, Michael 2003: Verständigungsorientierte Kommunikation und rechtliche Ordnung. Baden-Baden: Nomos
Becker, Michael 2002: Orientierung an Symbolen? Zur Problematik eines zwei-dimensionalen Begriffes politischer Institutionen, in: Bamberger Beiträge zur Politikwissenschaft, Nr. 1-5, http://web.uni-bamberg.de/sowi/politik/bbp/ BBP-I-5.pdf

Benda, Ernst 1994: Menschenwürde und Persönlichkeitsrecht, in: Benda, Ernst/Maihofer, Werner/Vogel, Jochen (Hrsg.) 1994: Handbuch des Verfassungsrechts der Bundesrepublik Deutschland. Bd. 1. Berlin/New York: de Gruyter, §6.
Benz, Arthur 2006: Selbstbindung des Souveräns: Der Staat als Rechtsordnung, in: Becker, Michael/Zimmerling, Ruth (Hrsg.): Politik und Recht PVS-Sonderheft 36. Wiesbaden: VS Verlag, 143-163
Benz, Arthur 2005a: Kein Ausweg aus der Politikverflechtung? – Warum die Bundesstaatskommission scheiterte, aber nicht scheitern musste, in: Politische Vierteljahresschrift, 462, 204-214
Benz, Arthur 2005b: Verwaltung als Mehrebenensystem, in: Blanke, Bernhard/Bandemer, Stephan von/Nullmeier, Frank u.a. (Hrsg.): Handbuch zur Verwaltungsreform. Wiesbaden: VS Verlag, 18-26
Benz, Arthur 2001: Der moderne Staat. Grundlagen der politologischen Analyse. München/Wien: Oldenbourg
Benz, Arthur 1994: Die kooperative Verwaltung. Baden-Baden: Nomos
Benz, Arthur/Lehmbruch, Gerhard (Hrsg.) 2002: Föderalismus. Analysen in entwicklungsgeschichtlicher und vergleichender Perspektive PVS-Sonderheft 32. Wiesbaden: VS Verlag
Benz, Wolfgang 1989: Von der Besatzungsherrschaft zur Bundesrepublik. Stationen einer Staatsgründung 1946-1949. Frankfurt a.M.: Fischer
Berber, Friedrich/Randelzhofer, Albrecht (Hrsg.) 1983: Völkerrechtliche Verträge. München: dtv
Berghahn, Volker/Vitols, Sigurt (Hrsg.) 2006: Gibt es einen deutschen Kapitalismus? Tradition und globale Perspektiven der sozialen Marktwirtschaft. Frankfurt a.M./New York: Campus
Berghahn, Volker 1985: Unternehmer und Politik in der Bundesrepublik. Frankfurt a.M.: Suhrkamp
Beyme, Klaus von 1993: Die politische Klasse im Parteienstaat. Frankfurt a.M.: Suhrkamp
Beyme, Klaus von 1991: Parteiensystem, in: Nohlen Dieter (Hrsg.): Wörterbuch Staat und Politik. Bonn: Bundeszentrale für politische Bildung, 458-462
Blanke, Bernhard/Bandemer, Stephan von/Nullmeier, Frank u.a. (Hrsg.) 2005: Handbuch zur Verwaltungsreform. Wiesbaden: VS Verlag
Bleek, Wilhelm 2001: Geschichte der Politikwissenschaft in Deutschland. München: Beck
Bleek, Wilhelm/Machura, Stefan 1995: Öffentlicher Dienst, in: Andersen, Uwe/Woyke, Wichard (Hrsg.): Handwörterbuch Internationale Organisationen. Opladen: Leske + Budrich, 418-422
Blondel, Jean 1995: Comparative Government. London u.a.: Prentice Hall/Harvester Wheatsheaf
Böckenförde, Ernst-Wolfgang 1998: Demokratische Willensbildung und Repräsentation, in: Isensee, Josef/Kirchhof, Paul (Hrsg.): Handbuch des Staatsrechts der Bundesrepublik Deutschland, Bd. II. Heidelberg: Müller, §30
Böckenförde, Ernst-Wolfgang 1991a: Die verfassunggebende Gewalt des Volkes – Ein Grenzbegriff des Verfassungsrechts, in: Böckenförde, Ernst-Wolfgang: Staat, Verfassung, Demokratie. Studien zur Verfassungstheorie und zum Verfassungsrecht. Frankfurt a.M.: Suhrkamp, 90-112
Böckenförde, Ernst-Wolfgang 1991b: Demokratie als Verfassungsprinzip, in: Böckenförde, Ernst-Wolfgang: Staat, Verfassung, Demokratie. Studien zur Verfassungstheorie und zum Verfassungsrecht. Frankfurt a.M.: Suhrkamp, 289-378
Böckenförde, Ernst-Wolfgang 1991c: Entstehung und Wandel des Rechtsstaatsbegriffs, in: Böckenförde, Ernst-Wolfgang: Recht, Staat, Freiheit. Studien zur Rechtsphilosophie. Staatstheorie und Verfassungsgeschichte. Frankfurt a.M.: Suhrkamp
Bogumil, Jörg/Jann, Werner 2005: Verwaltung und Verwaltungswissenschaft in Deutschland. Wiesbaden: VS-Verlag
Borgs-Maciejewski, Hermann/Drescher, Alfred (Hrsg.) 1993: Parlamentsorganisation. Institutionen des Bundestages und ihre Aufgaben. Heidelberg: Hüthig
Bull, Hans Peter 1999: Berufsbeamtentum, in: Sommer, Gerlinde/Westphalen, Raban Graf von (Hrsg.): Staatsbürgerlexikon. München/Wien: Oldenbourg, 76-78
Bürklin, Wilhelm 1988: Wählerverhalten und Wertewandel. Opladen: Leske + Budrich
Busse, Volker 1994: Bundeskanzleramt und Bundesregierung. Heidelberg: Hüthig
Coleman, James S. 1995: Grundlagen der Sozialtheorie, Bd. 2: Körperschaften und die moderne Gesellschaft. München/Wien: Oldenbourg

Crouch, Colin 2008: Postdemokratie. Frankfurt a.M.: Suhrkamp
Czada, S. Roland 1991: Korporatismus /Neo-Korporatismus, in: Nohlen, Dieter (Hrsg.): Wörterbuch Staat und Politik. Bonn: Bundeszentrale für politische Bildung, 322-326
Dahrendorf, Ralf 1977: Homo Sociologicus. Opladen: Westdeutscher Verlag
Der Fischer Weltalmanach 2006 2005: Zahlen, Daten, Fakten. Frankfurt a.M.: Fischer
Derlien, Hans-Ulrich 1990: „Regieren" – Notizen zu einem Schlüsselbegriff der Regierungslehre, in: Hartwich, Hans-Hermann/Wewer, Göttrik (Hrsg.): Regieren in der Bundesrepublik, Bd. I. Opladen: Leske + Budrich, 77-88
Detterbeck, Steffen (Hrsg.) 2010: Basistexte Öffentliches Recht. München: dtv
Die Programme der CDU, hrsg. von der CDU-Bundesgeschäftsstelle, Bonn o.J.
Downs, Anthony 1994[1967]: Inside Bureaucracy. Prospect Heights: Waveland Press
Downs, Anthony 1968: Ökonomische Theorie der Demokratie. Tübingen: Mohr
Dworkin, Ronald 1984: Das Regelmodell I, in: Dworkin, Ronald: Bürgerrechte ernstgenommen. Frankfurt a.M.: Suhrkamp
Eder, Klaus 1985: Geschichte als Lernprozeß? Zur Pathogenese politischer Modernität in Deutschland. Frankfurt a.M.: Suhrkamp
Eichborn, Peter 2003: Verwaltungslexikon. Baden-Baden: Nomos
Eisfeld, Rainer 1991: Pluralismus/Pluralismustheorie, in: Nohlen, Dieter (Hrsg.): Wörterbuch Staat und Politik. Bonn: Bundeszentrale für politische Bildung, 485-490
Elias, Norbert 1976 [1936]: Über den Prozeß der Zivilisation. Bd. 1. Frankfurt a.M.: Suhrkamp
Ellwein, Thomas 1987: Die Spiegelaffäre – Grundsätzliche Überlegungen, in: Ellwein, Thomas/ Zoll, Ralf (Hrsg.): Politische Wissenschaft. Beiträge zur Analyse von Politik und Gesellschaft. Opladen: Westdeutscher Verlag, 80-98
Fahrenholz, Peter 2005: Stoibers Niedergang, in: Süddeutsche Zeitung v. 09.12.2005
Fastenrath, Ulrich 2010 (Hrsg.): Menschenrechte. Ihr internationaler Schutz. München: dtv
Feldkamp, Michael F. 1999: Die Entstehung des Grundgesetzes für die Bundesrepublik Deutschland 1949. Eine Dokumentation. Stuttgart: Reclam
Fichte, Johann Gottlieb 1971: Reden an die deutsche Nation, in: Fichte, Immanuel H. (Hrsg.): Fichtes Werke. Zur Politik, Moral und Philosophie der Geschichte, Bd. VII. Berlin: de Gruyter, 257-516
Fraenkel, Ernst 1991[1964]: Der Pluralismus als Strukturelement der freiheitlich-rechtlichen Demokratie, in: Fraenkel, Ernst: Deutschland und die westlichen Demokratien. Frankfurt a.M.: Suhrkamp, 297-325
Gabriel, Oscar W./Niedermayer, Oskar/Stöss, Richard (Hrsg.) 2002: Parteiendemokratie in Deutschland. Wiesbaden: Westdeutscher Verlag
Geißler, Rainer 1992: Die Sozialstruktur Deutschlands. Opladen: Westdeutscher Verlag
Glaeßner, Gert-Joachim 2006: Politik in Deutschland. Wiesbaden: VS Verlag
Glotz, Peter (Hrsg.) 1983: Ziviler Ungehorsam im Rechtsstaat. Frankfurt a.M.: Suhrkamp
Gluchowski, Peter/Willamowitz-Moellendorff, Ulrich 1997: Sozialstrukturelle Grundlagen des Parteienwettbewerbs in der Bundesrepublik Deutschland, in: Gabriel, Oscar W./Niedermayer, Oskar/Stöss, Richard (Hrsg.): Parteiendemokratie in Deutschland. Opladen: Westdeutscher Verlag, 179-208
Göbel, Markus 1999: Verwaltungsmanagement unter Veränderungsdruck! Eine mikropolitische Analyse. München u.a.: Hampp
Göhler, Gerhard 1994: Politische Institutionen und ihr Kontext. Begriffliche und konzeptionelle Überlegungen zur Theorie politischer Institutionen, in: Göhler, Gerhard (Hrsg.): Die Eigenart der Institutionen. Zum Profil politischer Institutionentheorie, Baden-Baden: Nomos, 19-46
Grande, Edgar 2002: Parteiensystem und Föderalismus. Institutionelle Strukturmuster und politische Dynamiken im internationalen Vergleich, in: Benz, Arthur/Lehmbruch, Gerhard (Hrsg.): Föderalismus. Analysen in entwicklungsgeschichtlicher und vergleichender Perspektive PVS-Sonderheft 32. Wiesbaden: Westdeutscher Verlag, 179-212
Grimm, Dieter 1987: Die sozialgeschichtliche und verfassungsrechtliche Entwicklung zum Sozialstaat, in: Grimm, Dieter (Hrsg.): Recht und Staat der bürgerlichen Gesellschaft. Frankfurt a.M.: Suhrkamp, 138-161
Grimm, Dieter/Kirchhof, Paul (Hrsg.) 1997: Entscheidungen des Bundesverfassungsgerichts: Studienauswahl, 2 Bde. Tübingen: Mohr Siebeck

Grommas, Dieter/Schäfer, Wilfried/Stellmacher, Gabriele u.a. 2004: Staatsrecht, allgemeines Verwaltungs- und Verfahrensrecht, Ordnungsrecht. Rinteln: Merkur-Verlag

Groß, Hermann 1999: Parlamentarischer Staatsekretär, in: Sommer, Gerlinde/Westphalen, Raban Graf von (Hrsg.): Staatsbürgerlexikon. München/ Wien: Oldenbourg, 646-647

Grüner, Wolf D./Woyke, Wichard 2007: Europa-Lexikon. Länder – Politik -Institutionen. München: Beck

Guggenberger, Bernd/Kempf, Udo (Hrsg.) 1998: Bürgerinitiativen und repräsentatives System. Opladen: Westdeutscher Verlag

Guggenberger, Bernd/Offe, Claus (Hrsg.) 1984: An den Grenzen der Mehrheitsdemokratie. Politik und Soziologie der Mehrheitsregel. Opladen: Westdeutscher Verlag

Guggenberger, Bernd/Preuß, Ulrich K./Ullmann, Wolfgang (Hrsg.) 1991: Eine Verfassung für Deutschland. Manifest, Text, Plädoyers. München/Wien: Hanser

Gukenbiehl, Helmut 2006: Institution und Organisation, in: Korte, Hermann/Schäfers, Bernhard (Hrsg.): Einführung in Hauptbegriffe der Soziologie. Wiesbaden: VS Verlag

Hamilton, Alexander/Madison, James/Jay, John 1993: Die Federalist Papers. Übersetzt, eingeleitet und mit Anmerkungen versehen von Barbara Zehnpfennig. Darmstadt: Wiss. Buchgesellschaft

Handschuh, Ekkehard 1990: Gesetzgebung, in: Busch, Eckard/Handschuh, Ek-kehard/Kretschmer, Gerald u.a.. Wegweiser Parlament. Bonn: Bundeszentrale für politische Bildung, 293-400

Hartwich, Hans-Hermann/Wewer, Göttrik 1990: Regieren in der Bundesrepublik Bd. I. Opladen: Leske + Budrich

Haungs, Peter 1990: Die CDU: Prototyp einer Volkspartei, in: Oberreuter, Heinrich/Mintzel, Alf (Hrsg.): Parteien in der Bundesrepublik Deutschland. München: Olzog, 158-199

Hayek, Friedrich A. von 1991: Die Verfassung der Freiheit. Tübingen: Mohr

Heideking, Jürgen 1992: Revolution, Verfassung und Nationalstaatsgründung 1763-1815, in: Adams, Willi Paul u.a. (Hrsg.): Die Vereinigten Staaten von Amerika, Bd. 1. Frankfurt/New York: Campus

Heinze, Rolf G./Voelzkow, Helmut 1995: Interessengruppen, in: Andersen, Uwe/Woyke, Wichard (Hrsg.): Handwörterbuch des politischen Systems der Bundesrepublik Deutschland. Bonn: Bundeszentrale für politische Bildung, 235-240

Heller, Hermann 1983[1934]: Staatslehre. Tübingen: Mohr

Helms, Ludger 2005: Regierungsorganisation und politische Führung in Deutschland. Wiesbaden: VS Verlag

Henke, Wilhelm 1987: Die Republik, in: Isensee, Josef/Kirchhof, Paul (Hrsg.): Handbuch des Staatsrechts, Bd. I. Heidelberg: Müller, §21

Henkin, Louis 1994: Revolutionen und Verfassungen, in: Preuß, Ulrich K. (Hrsg.): Zum Begriff der Verfassung. Die Ordnung des Politischen. Frankfurt a.M.: Fischer, 213-247

Hennis, Wilhelm 1992: Der «Parteienstaat» des Grundgesetzes. Eine gelungene Erfindung, in: Hofmann, Gunter/Perger, Werner A. (Hrsg.): Die Kontroverse. Weizsäckers Parteienkritik in der Diskussion. Frankfurt a.M.: Eichborn, 25-50

Hennis, Wilhelm 1965: Aufgaben einer modernen Regierungslehre, in: Politische Vierteljahresschrift, 64, 422-441

Hesse, Joachim Jens/Ellwein, Thomas 1992: Das Regierungssystem der Bundesrepublik Deutschland, Bd. 1. Opladen: Westdeutscher Verlag

Hesse, Konrad 1990: Grundzüge des Verfassungsrechts der Bundesrepublik Deutschland. Heidelberg: Müller

Hirschman, Albert O. 1987: Leidenschaften und Interessen. Politische Begründungen des Kapitalismus vor seinem Sieg. Frankfurt a.M.: Suhrkamp

Höffe, Otfried 2004: Wirtschaftsbürger, Staatsbürger, Weltbürger. Politische Ethik im Zeitalter der Globalisierung. München: Beck

Hofmann, Hasso 2002: Legitimität gegen Legalität. Der Weg der politischen Philosophie Carl Schmitts. Berlin: Duncker & Humblot

Hufeld, Ulrich 1999: Staatssekretär, in: Sommer, Gerlinde/Westphalen, Raban Graf von (Hrsg.): Staatsbürgerlexikon. München/Wien: Oldenbourg, 861-862

Hume, David 1988: Über die Unabhängigkeit des Parlaments, in: Politische und Ökonomische Essays, Teilbd. 1, mit einer Einleitung (Hrsg.) von Udo Bermbach. Hamburg: Meiner, 36-43

Huntington, Samuel P. 1996: Kampf der Kulturen. München/Wien: Europaverlag
Huntington, Samuel P. 1968: Political Order in Changing Societies. New Haven/London: Yale University Press
Isensee, Josef 1995a: Staat und Verfassung, in: Isensee, Josef/Kirchhof, Paul (Hrsg.): Handbuch des Staatsrechts der Bundesrepublik Deutschland Bd. I. Heidelberg: Müller, §13
Isensee, Josef 1995b: Öffentlicher Dienst, in: Benda, Ernst/Maihofer, Werner/Vogel, Werner u.a. (Hrsg.): Handbuch des Verfassungsrechts Bd. 2. Berlin/New York: de Gruyter, §32
Ismayr, Wolfgang 2000: Der Deutsche Bundestag im politischen System der Bundesrepublik Deutschland. Opladen: Leske + Budrich
Jann, Werner 2005: Neues Steuerungsmodell, in: Blanke, Bernhard/Bandemer, Stephan von/Nullmeier, Frank u.a. (Hrsg.): Handbuch zur Verwaltungsreform. Wiesbaden: VS Verlag, 74-84
Jaschke, Hans-Gerd 2006: Politischer Extremismus. Wiesbaden: VS Verlag
Jesse, Eckhard 2002a: Die Parteien im westlichen Deutschland von 1945 bis zur deutschen Einheit 1990, in: Gabriel, Oscar W./Niedermayer, Oskar/Stöss, Richard (Hrsg.): Parteiendemokratie in Deutschland. Wiesbaden: Westdeutscher Verlag, 59-83
Jesse, Eckhard 2002b: Die Parteien in der SBZ/DDR 1945 – 1989/90, in: Gabriel, Oscar W./Niedermayer, Oskar/Stöss, Richard (Hrsg.): Parteiendemokratie in Deutschland. Wiesbaden: Westdeutscher Verlag, 84-106
Jesse, Eckhard 1995: Extremismus, in: Andersen, Uwe/Woyke, Wichard (Hrsg.): Handwörterbuch des politischen Systems der Bundesrepublik Deutschland. Opladen: Leske + Budrich, 162-165
Jesse, Eckhard/Müller, Armin (Hrsg.) 1992: Die Gestaltung der deutschen Einheit. Bonn: Bundeszentrale für politische Bildung
Joas, Hans/Kohli, Martin (Hrsg.) 1993: Der Zusammenbruch der DDR. Frankfurt a.M.: Suhrkamp
Jung, Otmar/Knemeyer, Franz-Ludwig (Hrsg.) 2001: Im Blickpunkt: Direkte Demokratie. München: Olzog
Kaase, Max 1997: Vergleichende Politische Partizipationsforschung, in: Berg-Schlosser, Dirk/Müller-Rommel, Ferdinand (Hrsg.): Vergleichende Politikwissenschaft. Opladen: Leske + Budrich, 159-174
Kaase, Max 1995: Politische Beteiligung/Politische Partizipation, in: Andersen, Uwe/Woyke, Wichard (Hrsg.): Handwörterbuch des politischen Systems der Bundesrepublik Deutschland. Opladen: Leske + Budrich, 462-466
Kaase, Max 1991a: Politischer Extremismus, in: Nohlen, Dieter (Hrsg.): Wörterbuch Staat und Politik. Bonn: Bundeszentrale für politische Bildung, 548-550
Kaase, Max 1991b: Partizipation, in: Nohlen, Dieter (Hrsg.): Wörterbuch Staat und Politik. Bonn: Bundeszentrale für politische Bildung, 466-471
Kant, Immanuel 1982: Werkausgabe, hrsg. von Wilhelm Weischedel. Frankfurt a.M.: Suhrkamp
Kieser, Alfred/Walgenbach, Peter 2003: Organisation. Stuttgart: Schäffer-Poeschel
Kießling, Andreas 2004: Die CSU. Machterhalt und Machterneuerung. Wiesbaden: VS Verlag
Kilper, Heiderose/Lhotta, Roland 1996: Föderalismus in der Bundesrepublik Deutschland. Opladen: Leske + Budrich
Kimmel, Adolf (Hrsg.) 2005: Verfassungen der EU-Mitgliedstaaten. München: dtv
Kirchgässner, Gebhard 1991: Homo oeconomicus. Tübingen: Mohr
Klein, Hans-Joachim 1998: Vereine, in: Schäfers, Bernhard/Zapf, Wolfgang (Hrsg.): Handwörterbuch zur Gesellschaft Deutschlands. Bonn: Bundeszentrale für politische Bildung, 676-687
Klingemann, Hans-Dieter/Volkens, Andrea 2002: Struktur und Entwicklung von Wahlprogrammen in der Bundesrepublik Deutschland 1949 – 1998, in: Gabriel, Oscar W./Niedermayer, Oskar/Stöss, Richard (Hrsg.): Parteiendemokratie in Deutschland. Wiesbaden: Westdeutscher Verlag, 507-527
Kluxen, Kurt 1983: Geschichte und Problematik des Parlamentarismus. Frankfurt a.M.: Suhrkamp
Knemeyer, Franz-Ludwig/Gebhardt, Christian 2001: Bürgerbegehren und Bürgerentscheid – Ein wesentliches Strukturelement in den reformierten Kommunalverfassungen, in: Jung,

Otmar/Knemeyer, Franz-Ludwig (Hrsg.): Im Blickpunkt: Direkte Demokratie. München: Olzog, 75-121

Kohler-Koch, Beate 1996: Die Gestaltungsmacht organisierter Interessen, in: Jachtenfuchs, Markus/Kohler-Koch, Beate (Hrsg.): Europäische Integration. Opladen: Leske + Budrich, 193-222

Korte, Karl-Rudolf/Fröhlich, Manuel 2004: Politik und Regieren in Deutschland. Paderborn u.a.: Schöningh

Kretschmer, Gerald 1992: Fraktionen. Parteien im Parlament. Heidelberg: Decker & Müller

Kriele, Martin 1988: Einführung in die Staatslehre. Die geschichtlichen Legitimationsgrundlagen des demokratischen Verfassungsstaates. Opladen: Westdeutscher Verlag

Lane, Jan-Erik/Ersson, Svante O. 1994: Politics and Society in Western Europe. London u.a.: Sage

Langewiesche, Dieter 2000: Nation, Nationalismus und Nationalstaat. München: Beck

Laufer, Heinz/Münch, Ursula 2006: Das föderative System der Bundesrepublik Deutschland. Wiesbaden: VS Verlag

Laufer, Heinz 1991: Das föderative System der Bundesrepublik Deutschland. München: Bayerische Landeszentrale für Politische Bildungsarbeit

Läufer, Thomas (Hrsg.) 2004: Der Vertrag von Nizza. Bonn: Bundeszentrale für politische Bildung

Lehmbruch, Gerhard 2000: Parteienwettbewerb im Bundesstaat. Wiesbaden: Westdeutscher Verlag

Lehner, Franz 1981: Einführung in die neue Politische Ökonomie. Königstein: Athenäum

Lehnert, Detlef 1983: Sozialdemokratie zwischen Protestbewegung und Regierungspartei 1848-1983. Frankfurt a.M.: Suhrkamp

Leibholz, Gerhard 1973: Der Strukturwandel der modernen Demokratie, in: Matz, Ulrich (Hrsg.): Grundprobleme der Demokratie. Darmstadt: Wiss. Buchgesellschaft, 171-244

Leyendecker, Hans/Prantl, Heribert/Stiller, Michael 2000: Helmut Kohl, die Macht und das Geld. Göttingen: Steidl

Lijphart, Arend 1999: Patterns of Democracy. New Haven/London: Yale University Press

Linder, Wolf 1997: Das politische System der Schweiz, in: Ismayr, Wolfgang (Hrsg.): Die politischen Systeme Westeuropas. Opladen: Leske + Budrich, 445-477

Lipset, Seymour Martin 1983: Political Man. The Social Bases of Politics. London: Heinemann

Lösche, Peter 1995: Die politischen Parteien, in: Jäger, Wolfgang/Welz, Wolfgang (Hrsg.): Regierungssystem der USA. München u.a.: Oldenbourg

Lübbe, Hermann 1963: Politische Philosophie in Deutschland. Studien zu ihrer Geschichte. Basel/Stuttgart: Schwabe

Luhmann, Niklas 2010: Politische Soziologie. Berlin: Suhrkamp

Luhmann, Niklas 1981: Politische Theorie im Wohlfahrtsstaat. München: Olzog

Luthardt, Wolfgang 1994: Direkte Demokratie. Ein Vergleich in Westeuropa. Baden-Baden: Nomos

Mäding, Heinrich 1995: Öffentliche Finanzen, in: Andersen, Uwe/Woyke, Wichard (Hrsg.): Handwörterbuch des politischen Systems der Bundesrepublik Deutschland. Bonn: Bundeszentrale für politische Bildung, 401-410

Mandt, Hella 1999: Verantwortlichkeit, in: Sommer, Gerlinde/Westphalen, Raban Graf von (Hrsg.): Staatsbürgerlexikon. München/Wien: Oldenbourg. 932-934

Marshall, Thomas H. 1992: Staatsbürgerrechte und soziale Klassen, in: Marshall, Thomas H. (Hrsg.): Bürgerrechte und soziale Klassen. Zur Soziologie des Wohlfahrtsstaates. Frankfurt a.M./New York: Campus Verlag, 33-94

Marx, Karl/Engels, Friedrich 1979 [1848]: Manifest der Kommunistischen Partei. Stuttgart: Reclam

Maurer, Hartmut 2004: Allgemeines Verwaltungsrecht. München: Beck

Maus, Ingeborg 1992: Zur Aufklärung der Demokratietheorie. Rechts- und demokratietheoretische Überlegungen im Anschluß an Kant. Frankfurt a.M.: Suhrkamp

Meier, Christian 1999: Die parlamentarische Demokratie. München: Hanser.

Meinecke, Friedrich 1946: Die deutsche Katastrophe. Wiesbaden: Brockhaus

Meuschel, Sigrid 1992: Legitimation und Parteiherrschaft in der DDR. Frankfurt a.M.: Suhrkamp

Michels, Robert 1989[1911]: Zur Soziologie des Parteiwesens in der modernen Demokratie. Untersuchung über die oligarchischen Tendenzen des Gruppenlebens. Stuttgart: Kröner

Mielke, Siegfried 1995: Gewerkschaften, in: Andersen, Uwe/Woyke, Wichard (Hrsg.): Handwörterbuch des politischen Systems der Bundesrepublik Deutschland. Bonn: Bundeszentrale für politische Bildung, 211-218

Mill, John Stuart 2004[1859]: Über die Freiheit. Stuttgart: Reclam

Mill, John Stuart 1991[1861]:Considerations On Representative Government. Buffalo, N.Y.: Prometheus Books

Minkenberg, Michael/Willems, Ulrich (Hrsg.) 2003: Politik und Religion PVS Sonderheft 33. Wiesbaden: VS Verlag

Mintzel, Alf 1991: Parteienstaat, in: Nohlen, Dieter (Hrsg.): Wörterbuch Staat und Politik. Bonn: Bundeszentrale für politische Bildung, 456-458

Mintzel, Alf 1990: Die Christlich Soziale Union in Bayern, in: Oberreuter, Heinrich/Mintzel, Alf (Hrsg.): Parteien in der Bundesrepublik Deutschland. München: Olzog, 199-236

Müller-Graff, Peter-Christian 2010: Das Lissabon-Urteil: Implikationen für die Europapolitik, in: Aus Politik und Zeitgeschichte Nr. 18/2010

Müller-Rommel, Ferdinand/Poguntke, Thomas 1990: Die Grünen, in: Oberreuter, Heinrich/ Mintzel, Alf (Hrsg.): Parteien in der Bundesrepublik Deutschland. München: Olzog, 276-310

Mußgnug, Reinhard 1995: Zustandekommen des Grundgesetzes und Entstehen der Bundesrepublik, in: Isensee, Josef/Kirchhof, Paul (Hrsg.): Handbuch des Staatsrechts der Bundesrepublik Deutschlands, Bd. I. Heidelberg: Müller, §6

Naßmacher, Karl-Heinz 2002: Parteienfinanzierung in Deutschland, in: Gabriel, Oscar W./ Niedermayer, Oskar/Stöss, Richard (Hrsg.): Parteiendemokratie in Deutschland. Wiesbaden: Westdeutscher Verlag, 159-178

Neuberger, Oswald 1995: Mikropolitik. Der alltägliche Aufbau und Einsatz von Macht in Organisationen. Stuttgart: Enke

Neumann, Ulfrid 1998: Die Tyrannei der Würde. Argumentationstheoretische Erwägungen zum Menschenwürdeprinzip, in: Archiv für Rechts- und Sozialphilosophie 84, 153-166

Niclauß, Karl-Heinz 2004: Kanzlerdemokratie. Paderborn u.a.: Schöningh

Niclauß, Karl-Heinz 2002: Das Parteiensystem der Bundesrepublik Deutschland. Paderborn u.a.: Schöningh

Niedermayer, Oskar 2009: Parteimitglieder in Deutschland: Version 1/2009. Arbeitshefte a.d. Otto-Stammer-Zentrum, Nr. 15, FU Berlin

Niedermayer, Oskar 2005: Bürger und Politik. Politische Orientierungen und Verhaltensweisen der Deutschen. Wiesbaden: VS Verlag

Niedermayer, Oskar 2002a: Die europäischen Parteienbünde, in: Gabriel, Oscar W./Niedermayer, Oskar/Stöss, Richard (Hrsg.): Parteiendemokratie in Deutschland. Wiesbaden: Westdeutscher Verlag, 428-446

Niedermayer, Oskar 2002b: Nach der Vereinigung: Der Trend zum fluiden Parteiensystem, in: Gabriel, Oscar W./Niedermayer, Oskar/Stöss, Richard (Hrsg.): Parteiendemokratie in Deutschland. Wiesbaden: Westdeutscher Verlag, 107-127

Noblen, Dieter 1990: Wahlrecht und Parteiensystem. Über die politischen Auswirkungen von Wahlsystemen. Opladen: Leske + Budrich

North, Douglass C. 1992: Institutionen, institutioneller Wandel und Wirtschaftsleistung. Tübingen: Mohr

Nürnberger Menschenrechtszentrum (Hrsg.) 1996: Von Nürnberg nach Den Haag. Menschenrechtsverbrechen vor Gericht. Zur Aktualität der Nürnberger Prozesse. Hamburg: EVA

Oberndörfer, Dieter/Jäger, Wolfgang (Hrsg.) 1971: Klassiker der Staatsphilosophie. Ausgewählte Texte. Stuttgart: Koehler, Bd. 2

Oberreuter, Heinrich 1992: Das Parlament als Gesetzgeber und Repräsentationsorgan, in: Gabriel, Oscar W./Brettschneider, Frank (Hrsg.): Die EU-Staaten im Vergleich. Strukturen, Prozesse, Politikinhalte. Opladen: Westdeutscher Verlag, 307-335

Oberreuter, Heinrich 1990: Politische Parteien: Stellung und Funktion im Verfassungssystem der Bundesrepublik, in: Oberreuter, Heinrich/Mintzel, Alf (Hrsg.): Parteien in der Bundesrepublik Deutschland. München: Olzog, 15-39

Oberreuter, Heinrich/Mintzel, Alf 1990: Parteien in der Bundesrepublik Deutschland. München: Olzog

Olzog, Günter/Liese, Hans-Joachim 2000: Die politischen Parteien in Deutschland: Geschichte, Programmatik, Organisation, Personen, Finanzierung. München: Olzog
Opp, Karl-Dieter 1993: DDR '89. Zu den Ursachen einer spontanen Revolution, in: Joas, Hans/ Kohli, Martin (Hrsg.): Der Zusammenbruch der DDR. Frankfurt a.M.: Suhrkamp, 194-221
Pappi, Franz Urban 1991: Konfliktlinien, in: Nohlen, Dieter (Hrsg.): Wörterbuch Staat und Politik. Bonn: Bundeszentrale für politische Bildung, 301-306
Patzelt, Werner J. (Hrsg.) 2001 : Parlamente und ihre Symbolik. Programm und Beispiele institutioneller Analyse. Wiesbaden: Westdeutscher Verlag
Patzelt, Wolfgang W. 1998: Parlamentskommunikation, in: Jarren, Otfried/Sarcinelli, Ulrich/Saxer, Ulrich (Hrsg.): Politische Kommunikation in der demokratischen Gesellschaft. Opladen: Westdeutscher Verlag, 431-441
Pestalozza, Christian (Hrsg.) 1995: Verfassungen der deutschen Bundesländer. München: dtv
Plessner, Helmuth 1982 [1935]: Die verspätete Nation. Über die politische Verführbarkeit bürgerlichen Geistes. Gesammelte Schriften, Bd. VI, (Hrsg.) von Günter Dux. Frankfurt a.M.: Suhrkamp, 34-223
Pötzsch, Horst 1995: Die deutsche Demokratie. Opladen: Leske + Budrich.
Prantl, Heribert 2006: Der Abgeordnete. In: Süddeutsche Zeitung v. 21.07.2006
Priller, Eckhard/Zimmer, Annette 2004: Dritte-Sektor-Organisationen zwischen „Markt" und „Mission", in: Gosewinkel, Dieter/Rucht, Dieter/van den Daele, Wolfgang u.a. (Hrsg.): Zivilgesellschaft – national und transnational. Berlin: Edition Sigma, 105-127
Rausch, Heinz/Stammen, Theo (Hrsg.) 1981: DDR. Das politische, wirtschaftliche und soziale System. München: Bayerische Landeszentrale für politische Bildungsarbeit
Rawls, John 2002: Die Idee der öffentlichen Vernunft. In: Rawls, John: Das Recht der Völker. Berlin/New York: de Gruyter, 165-218
Rawls, John 1979: Eine Theorie der Gerechtigkeit. Frankfurt a.M.: Suhrkamp
Rees, Georg 1995: Grundlagen und Entwicklung der innerdeutschen Beziehungen, in: Isensee, Josef/Kirchhof, Paul (Hrsg.): Handbuch des Staatsrechts der Bundesrepublik Deutschland, Bd. I, Grundlagen von Staat und Verfassung. Heidelberg: Müller, §11
Reichard, Christoph 1996: Umdenken im Rathaus. Neue Steuerungsmodelle in der deutschen Kommunalverwaltung. Berlin: Edition Sigma
Reutter, Konrad 1991: Föderalismus. Heidelberg: Müller
Reutter, Werner 2006: Regieren nach der Föderalismusreform. In: Aus Politik und Zeitgeschichte 5650, 12-17
Rittberger, Berthold/Schimmelfennig, Frank 2005: Integrationstheorien: Entstehung und Entwicklung der EU, in: Holzinger, Katharina/Knill, Christoph u.a.: Die Europäische Union. Theorien und Analysekonzepte. Paderborn: Schöningh, 19-80
Rokkan, Stein 1994: Die Entstehung und Entwicklung der nordeuropäischen Demokratien, in: Pappi, Franz Urban/Schmitt, Hermann (Hrsg.): Parteien, Parlamente und Wahlen in Skandinavien. Frankfurt a.M./New York: Campus, 31-55
Roll, Hans-Achim 1999: Bundeskanzler, in: Sommer, Gerlinde/Westphalen, Raban Graf von (Hrsg.): Staatsbürgerlexikon. München/Wien: Oldenbourg, 142-143
Roth, Roland 1997: Die Kommunen als Ort der Bürgerbeteiligung, in: Klein, Ansgar/Schmalz-Bruns, Rainer (Hrsg.): Politische Beteiligung und Bürgerengagement in Deutschland. Baden-Baden: Nomos, 404-447
Rousseau, Jean-Jacques 1977[1762]: Vom Gesellschaftsvertrag oder Prinzipien des Staatsrechts, in: Rousseau, Jean-Jacques: Politische Schriften Bd. l, Übersetzung und Einführung von Ludwig Schmidts. Paderborn: Schöningh
Rucht, Dieter 2006: Politischer Protest in der Bundesrepublik Deutschland: Entwicklungen und Einflussfaktoren, in: Hoecker, Beate (Hrsg.): Politische Partizipation zwischen Konvention und Protest. Opladen: Budrich, 184-208
Rudzio, Wolfgang 2006: Das politische System der Bundesrepublik Deutschland. Wiesbaden: VS Verlag
Rudzio, Wolfgang 1982: Die organisierte Demokratie. Parteien und Verbände in der Bundesrepublik. Stuttgart: J.B. Metzler
Sachße, Christoph/Engelhardt, H. Tristram (Hrsg.) 1990: Sicherheit und Freiheit. Zur Ethik des Wohlfahrtsstaates. Frankfurt a.M.: Suhrkamp

Säcker, Horst 1998: Bundesverfassungsgericht. München: Bayerische Landeszentrale für Politische Bildungsarbeit
Sautter, Udo 1976: Geschichte der Vereinigten Staaten von Amerika. Stuttgart: Kröner
Schäfer, Albert 2006: Jetzt kämpft Stoiber ums Überleben, in: Frankfurter Allgemeine Sonntagszeitung v. 24.12.2006
Scharpf, Fritz W. 2006a: Föderalismusreform: Weshalb wurde so wenig erreicht?, in: Aus Politik und Zeitgeschichte 5650, 6-11
Scharpf, Fritz W. 2006b: Recht und Politik in der Reform des deutschen Föderalismus, in: Becker, Michael/Zimmerling, Ruth (Hrsg.): Politik und Recht, 306-332
Scharpf, Fritz W. 1985: Die Politikverflechtungs-Falle: Europäische Integration und deutscher Föderalismus im Vergleich, in: Politische Vierteljahresschrift 264, 323-356
Scharpf, Fritz W. 1978: Die Theorie der Politikverflechtung: Ein kurzgefaßter Leitfaden, in: Hesse, Joachim Jens (Hrsg.): Politikverflechtung im föderativen Staat. Baden-Baden: Nomos, 21-31
Schedler, Kuno/Proeller, Isabella 2003: New Public Management. Bern: Haupt
Schley, Nicole/Busse, Sabine/Brökelmann, Sebastian J. 2004: Knaurs Handbuch Europa. München: Knaurs Taschenbuch Verlag
Schmidt, Manfred G. 1992: Regieren in der Bundesrepublik Deutschland. Opladen: Leske + Budrich
Schmidt, Manfred G. 1991: Regieren, in: Nohlen, Dieter (Hrsg.): Wörterbuch Staat und Politik. Bonn: Bundeszentrale für politische Bildung, 573-579
Schmidt, Manfred G. 1988: Sozialpolitik. Historische Entwicklung und internationaler Vergleich. Opladen: Leske + Budrich
Schmidt-Aßmann, Eberhard 1995: Der Rechtsstaat, in: Isensee, Josef/Kirchhof, Paul (Hrsg.): Handbuch des Staatsrechts der Bundesrepublik Deutschland, Bd. I, Grundlagen von Staat und Verfassung. Heidelberg: Müller, §24
Schmitt, Carl 1991 [1923]: Die geistesgeschichtliche Lage des heutigen Parlamentarismus. Berlin: Duncker & Humblot
Schmitt, Hermann 1990: Die Sozialdemokratische Partei Deutschlands, in: Oberreuter, Heinrich/Mintzel, Alf (Hrsg.): Parteien in der Bundesrepublik Deutschland. München: Olzog, 129-157
Schönbohm, Wulf 1985: Die CDU wird moderne Volkspartei. Selbstverständnis, Mitglieder, Organisation und Apparat 1950-1980. Stuttgart: Klett-Cotta
Schönhoven, Klaus 1987: Die deutschen Gewerkschaften. Frankfurt a.M.: Suhrkamp
Schreyögg, Georg 2003: Organisation. Grundlagen moderner Organisationsgestaltung. Wiesbaden: Gabler
Schröter, Eckhard 2005: Europäischer Verwaltungsraum und Reform des öffentlichen Sektors, in: Blanke, Bernhard/Bandemer, Stephan von/Nullmeier, Frank u.a. (Hrsg.): Handbuch zur Verwaltungsreform. Wiesbaden: VS Verlag, 510-518
Schröter, Eckhard/Wollmann, Hellmut 2005: New Public Management, in: Blanke, Bernhard/Bandemer, Stephan von/Nullmeier, Frank u.a. (Hrsg.): Handbuch zur Verwaltungsreform. Wiesbaden: VS Verlag, 63-74
Schulten, Thorsten 2010: Perspektiven des gewerkschaftlichen Kerngeschäfts: Zur Reichweite der Tarifpolitik in Europa, in: Aus Politik und Zeitgeschichte, Nr. 13-14/2010.
Schumpeter, Joseph A. 1987[1942]: Kapitalismus, Sozialismus und Demokratie. Tübingen: Francke
Schüttemeyer, Suzanne S. 1999: Abgeordnetenentschädigung, in: Sommer, Ger-linde/Westphalen, Raban Graf von (Hrsg.): Staatsbürgerlexikon. München/Wien: Oldenbourg, 3-5
Schwarze, Jürgen 1998: Die europäische Dimension des Verfassungsrechts, in: Schwarze, Jürgen (Hrsg.): Verfassungsrecht und Verfassungsgerichtsbarkeit im Zeichen Europas. Baden-Baden: Nomos, 137-167
Sebaldt, Martin/Straßner, Alexander 2004: Verbände in der Bundesrepublik Deutschland. Wiesbaden: VS Verlag
Seibel, Wolfgang 1994: Normen und Institutionen des demokratischen Verfassungsstaates, in: Alemann, Ulrich von/Loss, Kay/Vowe, Gerhard (Hrsg.): Politik. Eine Einführung. Opladen: Westdeutscher Verlag, 74-156
Simmel, Georg 1999: Deutschlands innere Wandlung, in: Simmel, Georg: Gesamtausgabe Bd. 16, hrsg. v. Gregor Fitzi u. Otthein Rammstedt. Frankfurt a.M.: Suhrkamp, 13-29

Sombart, Nicolaus 1986: Jugend in Berlin. 1933-1943. Ein Bericht. Frankfurt a.M.: Fischer, 249-276

Sommer, Theo 2002: „Bald wird etwas passieren". Rückblick in den Abgrund – Die „Spiegel"-Affäre vor 40 Jahren war die erste große Krise der Bundesrepublik, in: Die Zeit, Nr. 43 und 44

Sontheimer, Kurt 1978: Antidemokratisches Denken in der Weimarer Republik. Die politischen Ideen des deutschen Nationalismus zwischen 1918 und 1933. München: dtv

Sontheimer, Kurt/Bleek, Wilhelm 2002: Grundzüge des politischen Systems Deutschlands. München u.a.: Piper

Sörgel, Werner 1985[1969]: Konsensus und Interessen. Eine Studie zur Entstehung des Grundgesetzes. Opladen: Leske + Budrich

Staatsrecht der Bundesrepublik Deutschland 1995: Bonn: Bundeszentrale für politische Bildung

Steffani, Winfried 1979: Strukturtypen präsidentieller und parlamentarischer Regierungssysteme, in: Steffani, Winfried: Parlamentarische und präsidentielle Demokratie. Strukturelle Aspekte westlicher Demokratien. Opladen: Westdeutscher Verlag, 37-60

Stein, Ekkehart 1998: Staatsrecht. Tübingen: Mohr Siebeck

Stolle, Dietlind/Hoghe, Marc/Micheletti, Michele 2004: Zwischen Markt und Zivilgesellschaft: Politischer Konsum als bürgerschaftliches Engagement, in: Gosewinkel, Dieter/Rucht, Dieter/van den Daele, Wolfgang u.a. (Hrsg.): Zivilgesellschaft – national und transnational. Berlin: Edition Sigma, 151-171

Stolleis, Michael 1995: Besatzungsherrschaft und Wiederaufbau, in: Isensee, Josef/Kirchhof, Paul (Hrsg.): Handbuch des Staatsrechts der Bundesrepublik Deutschland, Bd. I, Grundlagen von Staat und Verfassung. Heidelberg: Müller, §5

Stöss, Richard 1990: Die Republikaner. Köln: Bund-Verlag

Stöss, Richard 1989: Die Extreme Rechte in der Bundesrepublik: Entwicklung -Ursachen – Gegenmaßnahmen. Opladen: Westdeutscher Verlag

Stöss, Richard 1987: Parteien und soziale Bewegungen, in: Rom, Roland/Rucht, Dieter (Hrsg.): Neue soziale Bewegungen in der Bundesrepublik Deutschland. Frankfurt a.M./New York: Campus, 277-302

Streeck, Wolfgang (Hrsg.) 1994: Staat und Verbände. PVS-Sonderheft 25. Opladen: Westdeutscher Verlag

Sturm, Roland/Pehle, Heinrich 2005: Das neue deutsche Regierungssystem. Die Europäisierung von Institutionen, Entscheidungsprozessen und Politikfeldern in der Bundesrepublik Deutschland. Opladen: Leske + Budrich

TaschenAtlas Europäische Union 2007: Gotha/Stuttgart: Klett

Thaysen, Uwe 1990: Der Runde Tisch oder: Wo blieb das Volk? Der Weg der DDR in die Demokratie. Opladen: Westdeutscher Verlag

Thaysen, Uwe (Hrsg.) 1988: Amerikanischer Kongreß – Deutscher Bundestag. Opladen: Westdeutscher Verlag

Thränhardt, Dietrich 1995: Bundesregierung, in: Andersen, Uwe/Woyke, Wichard (Hrsg.): Handwörterbuch des politischen Systems der Bundesrepublik Deutschland. Opladen: Leske + Budrich, 62-68

Tocqueville, Alexis de 1990 [1835; 1840]: Über die Demokratie in Amerika. Stuttgart: Reclam

Tömmel, Ingeborg 2003: Das politische System der EU. München u.a.: Oldenbourg

Tönnies, Ferdinand 1991 [1887]: Gemeinschaft und Gesellschaft. Grundbegriffe der reinen Soziologie. Darmstadt: Wiss. Buchgesellschaft

Ullmann, Wolfgang 1999: Deutsche Einheit II: historisch-politisch, in: Sommer, Gerlinde/Westphalen, Raban Graf von (Hrsg.): Staatsbürgerlexikon. München/Wien: Oldenbourg, 234-241

Verwaltung des Deutschen Bundestages (Hrsg.) 2005: Datenhandbuch zur Geschichte des Deutschen Bundestages 1994-2003, bearbeitet von Michael F. Feldkamp unter Mitarbeit von Birgit Sträbel. Baden-Baden: Nomos

Voelzkow, Helmut 1995: Neokorporatismus, in: Andersen, Uwe/Woyke, Wichard (Hrsg.): Handwörterbuch des politischen Systems der Bundesrepublik Deutschland. Bonn: Bundeszentrale für politische Bildung, 393-396

Volkmann, Uwe 1999a: Parteiendemokratie, in: Sommer, Gerlinde/Westphalen, Raban Graf von (Hrsg.): Staatsbürgerlexikon. München/Wien: Oldenbourg, 677-679

Volkmann, Uwe 1999b: Parteienfinanzierung, in: Sommer, Gerlinde/Westphalen, Raban Graf von (Hrsg.): Staatsbürgerlexikon. München/Wien: Oldenbourg, 679-681

Vorländer, Hans 1990: Die FDP zwischen Erfolg und Existenzgefährdung, in: Oberreuter, Heinrich/Mintzel, Alf (Hrsg.): Parteien in der Bundesrepublik Deutschland. München: Olzog, 237-275

Weber, Klaus (Hrsg.) 2000: Creifelds Rechtswörterbuch. München: Beck

Weber, Max 1994: Politik als Beruf, in: Weber, Max: Studienausgabe der Max-Weber-Gesamtausgabe 1/17, Wissenschaft als Beruf 1917-1919, Politik als Beruf 1919, hrsg. von Wolfgang J. Mommsen. Tübingen: Mohr, 35-88

Weber, Max 1988: Parlament und Regierung im neugeordneten Deutschland, in: Weber, Max: Studienausgabe der Max-Weber-Gesamtausgabe 1/15, Zur Politik im Weltkrieg: Schriften und Reden, 1914-1918, hrsg. von Wolfgang J. Mommsen. Tübingen: Mohr, 202-302

Weber, Max 1973: Die drei reinen Typen der legitimen Herrschaft, in: Weber, Max: Soziologie, universalgeschichtliche Analysen, Politik, hrsg. von Johannes Winkelmann. Stuttgart: Kröner

Wehler, Hans-Ulrich 2006: Nationalismus. Geschichte, Folgen, Formen. München: Beck

Wehler, Hans-Ulrich 1995: Deutsche Gesellschaftsgeschichte, Dritter Band: 1849-1914. München: Beck

Weidenfeld, Werner/Wessels, Wolfgang (Hrsg.) 1995: Europa von A – Z: Taschenbuch der europäischen Integration. Bonn: Bundeszentrale für politische Bildung

Weixner, Bärbel M. 2006: Direkte Demokratie in den Bundesländern. In: Aus Politik und Zeitgeschichte, Nr. 10, 18-24

Weizsäcker, Richard von 1987: Der 8. Mai 1945 – 40 Jahre danach, in: Weizsäcker, Richard von: Von Deutschland aus. München: dtv, 9-35

Wiesendahl, Elmar 1991: Volkspartei, in: Nohlen, Dieter (Hrsg.): Wörterbuch Staat und Politik. Bonn: Bundeszentrale für politische Bildung, 760-762

Winkler, Heinrich August 2007: Auf ewig in Hitlers Schatten? Über die Deutschen und ihre Geschichte. München: Beck

Winkler, Heinrich August 2006: Auf ewig in Hitlers Schatten? Über die Deutschen und ihre Geschichte. München: Beck

Winkler, Jürgen 2002: Parteien und Parteisysteme, in: Lauth, Hans-Joachim (Hrsg.): Vergleichende Regierungslehre. Wiesbaden: Westdeutscher Verlag, 213-238

Woyke, Wichard 2005: Stichwort Wahlen. Ein Ratgeber für Wähler, Wahlhelfer und Kandidaten. Wiesbaden: VS Verlag

Woyke, Wichard 1995: Pluralismus, in: Andersen, Uwe/Woyke, Wichard (Hrsg.): Handwörterbuch des politischen Systems der Bundesrepublik Deutschland. Bonn: Bundeszentrale für politische Bildung

Würtenberger, Thomas 1996: Repräsentative und plebiszitäre Elemente in der deutschen Verfassungsgeschichte, in: Rüther, Günther (Hrsg.): Repräsentative oder plebiszitäre Demokratie – eine Alternative? Baden-Baden: Nomos, 95-117

Parteien – und deren Zukunft?

UWE JUN
OSKAR NIEDERMAYER
ELMAR WIESENDAHL (HRSG.)
Die Zukunft der Mitgliederpartei
2009. 290 S. Kt. 33,00 € (D), 34,00 € (A), 47,90 SFr
ISBN 978-3-86649-204-2

Das Buch bietet einen guten Überblick über die Mitgliederdebatte, analysiert die Bemühungen der Politik, den Verlust aufzuhalten und schließt mit einer Selbsteinschätzung von Parteivertretern.
politik&kommunikation 7/09

ELMAR WIESENDAHL
Volksparteien
Aufstieg, Niedergang und Zukunft
2011. Ca. 220 S. Kt.
Ca. 19,90 € (D), 20,50 € (A), 30,50 SFr
ISBN 978-3-86649-385-8

Die Volksparteien in Deutschland befinden sich gegenwärtig in einer Krise. Welches sind die Hintergründe dieser Krise? Wie wird die Zukunft der Volksparteien aussehen?

Immer wissen, was kommt:
Fordern Sie unsere aktuellen
Kataloge und unseren
regelmäßigen Newsletter an!
Kurze eMail genügt:
info@budrich-verlag.de

Gleich bestellen – in Ihrer Buchhandlung oder direkt:
Verlag Barbara Budrich • Barbara Budrich Publishers
Stauffenbergstr. 7. D-51379 Leverkusen. Tel +49 (0)2171.344.594 • Fax +49 (0)2171.344.693 • info@budrich-verlag.de
www.budrich-verlag.de

Grundlagen

**ANDRÉ BRODOCZ
GARY SCHAAL
(HRSG.)
Politische
Theorien
der Gegenwart I**

und

**Politische
Theorien
der Gegenwart II**

Eine Einführung

UTB S. 3., erw. und akt. Auflage 2009.

Band I: 550 S. Kt.
19,90 € (D), 20,50 € (A), 30,50 SFr,
ISBN 978-3-8252-2218-5

Band II: 604 S. Kt.
19,90 € (D), 20,50 € (A), 30,50 SFr,
ISBN 978-3-8252-2219-2

Die zeitgenössische politische Theorie ist unübersichtlich. Die beiden Bände reduzieren diese Unübersichtlichkeit innerhalb der Theorieentwicklung und liefern einen Überblick über die politischen Theorien der Gegenwart. Der erste Band stellt die klassischen politischen Theorien des 20. Jahrhunderts vor, die für die aktuelle Theoriediskussion prägend sind. Im zweiten Band werden darauf aufbauend die gegenwärtig diskutierten politischen Theorien vorgestellt.

**FELIX HEIDENREICH
Theorien der
Gerechtigkeit**
Eine Einführung
2011. Ca. 250 S. Kt.
Ca. 16,90 € (D),
17,40 € (A),
24,90 SFr
ISBN
978-3-8252-3136-1

Gerechtigkeit ist ein Schlüsselbegriff der Politischen Theorie, der Moralphilosophie und der Rechtsphilosophie. Anhand ausgewählter Theoretiker führt der Band systematisch in die Geschichte dieses zentralen Begriffes ein und verweist zur Veranschaulichung auf prägende Denkbilder und literarische Szenen. So erweist sich die tragische Situation Antigones im Lichte der verschiedenen Positionen als Ausgangspunkt zahlreicher möglicher Deutungen. Ein systematischer Ausblick rekonstruiert aktuelle Debatten und veranschaulicht die Aktualität klassischer Positionen.

Immer wissen, was kommt:
Fordern Sie unsere aktuellen Kataloge und unseren regelmäßigen Newsletter an!

Kurze E-Mail genügt:
info@budrich-verlag.de

Gleich bestellen – in Ihrer Buchhandlung oder direkt:

Verlag Barbara Budrich • Barbara Budrich Publishers
Stauffenbergstr. 7. D-51379 Leverkusen. Tel +49 (0)2171.344.594 • Fax +49 (0)2171.344.693 •
info@budrich-verlag.de
www.budrich-verlag.de